高等院校经济金融类核心课程教材

上海科技大学校级教材建设项目

财务分析原理与估值

贾建军　陈欣　官峰　编著

Principles of Financial Analysis and Valuation

本教材围绕财务分析原理与估值，基于价值投资的理念，将企业价值创造的驱动因素进行分解，构建系统化的价值创造、价值评估体系，帮助读者将基础理论、基本财务分析方法与投资估值相融合，并与我国典型公司的案例分析相结合，体现理论与实务的统一。

本教材适合经济学类、管理学类专业的本科生和硕士研究生，也适合需要学习金融、财务和会计的其他专业学生，它可以提高金融专业学生利用会计信息的能力，同时也为财务、会计专业学生进行实证分析与研究提供了入门工具，对 MBA 层次的学习也有实践指导意义。

图书在版编目（CIP）数据

财务分析原理与估值 / 贾建军，陈欣，官峰编著 . 北京 : 机械工业出版社，2025. 6. -- (高等院校经济金融类核心课程教材). -- ISBN 978-7-111-78198-1

Ⅰ . F231.2

中国国家版本馆 CIP 数据核字第 20252ZX707 号

机械工业出版社（北京市百万庄大街 22 号　邮政编码 100037）

策划编辑：王洪波　　责任编辑：王洪波　章承林

责任校对：马荣华　李可意　景　飞　　责任印制：任维东

河北鹏盛贤印刷有限公司印刷

2025 年 7 月第 1 版第 1 次印刷

185mm × 260mm · 26.25 印张 · 684 千字

标准书号：ISBN 978-7-111-78198-1

定价：79.00 元

电话服务

客服电话：010-88361066

010-88379833

010-68326294

网络服务

机　工　官　网：www.cmpbook.com

机　工　官　博：weibo.com/cmp1952

金　　书　　网：www.golden-book.com

机工教育服务网：www.cmpedu.com

前言 PREFACE

高效的资源配置是经济高质量发展和生产率提升的重要前提。市场机制是资源配置最有效的途径，完善的资本市场是金融资源直接分配的最优机制，解决资本提供者和资本需求者之间天然存在的信息不对称问题是现代财务报告产生的原因。投资者和分析师通过财务分析深入了解公司当下的盈利能力和风险，同时利用这些信息来预测未来的盈利能力和风险，并对公司进行估值，帮助投资者做出明智的投资决策。然而，财务报告的首要特征是“对外”，其披露的对象主要是投资者、债权人等外部信息使用者。因此，财务报告产生的机制与专门为了内部管理需要的管理会计报告相比，具有较大的不同。财务报告的内容和披露的时点并不完全具有随机性和客观性，而是具有较强的选择性和主观性。

会计是科学还是艺术是一个仁者见仁、智者见智的话题，我们认为财务报告的编制和披露具有较大的判断空间，不完全符合科学的本质，却体现着艺术作品的典型特征。如果将上市公司理解为一张面孔，财务报告就像是其需要对外展示的画像。这张画像不仅可能经过了上市公司的粉饰，甚至还可能经过了会计师事务所的“艺术加工”。在这种情况下，价值投资者判断该面孔背后的实质是否具有内在魅力，就需要深刻理解财务报告编制和分析的理论与方法。

首先应该探讨的是，包括会计指标在内的财务报告信息对投资者具有什么样的价值？比如，财务报告信息能用来预测回报率。现代金融学理论认为有效的市场能充分对信息定价，在经典的资本资产定价模型中最终只有系统风险β应该被定价。根据有效市场假说，如果市场达到弱有效的话，包括K线图在内的技术指标并不能用来预测市场价格的变动；如果市场达到半强有效的话，包括财务报告信息在内的所有公开信息也会失效。当然，如果市场达到强有效的话，连内幕信息也被充分定价，大家就不用再费心去看财务报告了。

然而，各类学术研究不断提出基于财务指标的各种市场异象（market anomaly）来挑战有效市场假说。比如不少研究发现，小公司和高成长性公司在调整市场风险后仍倾向于获得更高的回报率。对此，诺贝尔经济学奖得主、有效市场假说创始人尤金·法玛（Eugene F. Fama）等学者提出了三因子模型来进行解释（Fama 和 French，1993）。而后，三因子模型又被扩展为五因子模型（Fama 和 French，2015）。按照此思路，加入新的因子就可以用来解释新发现的市场异象。一般来说，主流的有效市场学派并不认可这些市场异象代表着持续的套利机会，而是倾向于从风险的角度去解释：认为这些能预测市场异象的财务指标实际上代表着某种更大的风险，因而获得了更高的回报。

然而，部分学者并不认同该观点。比如，Lakonishok、Shleifer 和 Vishny（以下简称 LSV，1994）发现，在 1968 年至 1989 年之间基于低市盈率等指标的价值股组合调整风险后在绝大多数年份下能跑赢高估值的成长股组合。本书的作者之一陈欣教授在 1999 年读博士期间曾使用 20 世纪 90 年代的数据去重复他们的研究，发现这种超额收益已经消失，但这并不妨碍此类策略在业界实操层面变得普及起来。LSV 这三位知名学者于 1995 年共同成立了 LSV 资产管理公司，在不到 10 年的时间里，这家公司管理的资产就扩张至 400 亿美元。再比如，Sloan（1996）发现，会计利润中的非现金成分，也就是会计应计部分，与下期的股票回报之间呈现负相关。这种现象被称为“应计异象”（accrual anomaly），它被广泛认为对“有效市场假说”提出了严重挑战。目前，财务指标仍普遍被投资机构用于构建投资组合时的选股标准。最典型的是量化基金，相关机构的基本面量化策略往往基于大样本的财务数据指标来进行基本面分析和预测。近年来此类产品的发行规模日益增加，说明美国市场相信公开财务信息能够预测股价的变动。

一般来说，学术界认为美国市场在中长期能达到半强有效。而我国 A 股市场尚不成熟，其定价效率更低，还达不到半强有效。理论上，在 A 股市场中运用公开财务报表信息应该比在美股市场更容易获取超额收益。然而，有证据表明，在我国市场使用基本的财务数据更难预测股票的回报率。Chen 等（2010）研究了在美国市场可以预测超额收益的十八种基本面指标，包括公司规模、市盈率、市净率、销售增长率、盈利能力指标和会计盈余管理指标等财务指标。他们发现这些基于财报指标的策略在 A 股预测股票回报率的能力远弱于在美国市场的能力。

这似乎与我们此前关于市场有效性的讨论相悖。中国的 A 股市场更缺乏效率，不是意味着更容易发现基于财报信息的套利机会吗？这是什么原因呢？一种解释是，我们的股票本身定价并不准确，并不能充分反映公司的基本面。A 股市场的独特制度背景导致上市公司“壳”的价值较高，而且大量散户以投机的形式参与交易，致使股价波动中存在大量与公司财务基本面指标无关的“噪声”。衡量股票定价效率的指标之一是个股价格波动和市场涨跌的同步性（synchronicity）。平均来说，市场上的股票跟大盘之间的同涨同跌程度越小越好，这意味着价格的波动反映了更多个股层面的信息。平均来看，A 股市场中个股的短期波动能够用大盘来解释的平均百分比超过 40%（Morck、Yeung 和 Yu，2000），远大于美国 3% 左右的比例，在全世界主要市场中最高。

另一种解释是，A 股的财务指标本身质量就不高，也同样充斥着与公司内在价值相关性不强的“噪声”。一方面，我国独特的资本市场制度导致上市公司进行较多盈余管理来规避现有监管要求。比如，一段时间内新股发行的 IPO 定价存在窗口指导市盈率倍数；配股和公开增发要求公司的盈利能力达到一定门槛；ST 制度导致上市公司存在较强的规避亏损需求和财务“大洗澡”动机。另一方面，A 股证券市场制度设立初期，对上市公司的财务造假处罚偏轻。而违法成本过低导致部分上市公司进行系统性造假，扭曲了财务指标。较为典型的康得新和康美药业，一度被市场认为是绩优“白马”股，但它们都被证监会发现进行了大规模的财务造假，虚增了利润。

在此背景下，如果我们简单地用一些噪声非常大的财务指标，去预测噪声同样相当大的股价波动，所得到的预测能力一定是比较差的。如果我们能降低这两方面指标的噪声，就能增强财务指标预测股票回报的能力。Chen 等（2010）在研究中发现，对于股价与大盘波动的同步性较低的股票，这些股票的价格反映个股信息更为充分，其财务指标预测股价的能力更强；在江浙沪地区这样市场化程度较高的省、直辖市，上市公司所提供财务指标的平均质量更高，因而财务指标预测股价的能力也能得到改善。

综上分析，历史上影响 A 股短期投资收益波动最主要的因素是大盘的涨跌，而非公司的个股层面信息。然而，A 股的短期股价波动中缺乏个股信息的反映，反而意味着大量信息没有被深度定价。进行深层次财务报表数据的挖掘与分析，可去除股价和财务指标中的噪声，从长期来看具有创造价值的空间。

被誉为“现代证券分析之父”的本杰明·格雷厄姆在其价值投资的经典著作《证券分析》中就警告投资者不应将其投资决策绑定少数量化指标，而是建议对标的进行综合的基本面分析后再进行决策，即使是在九十年后的今天，格雷厄姆的观点仍具有其闪光点。

财务指标具有滞后性的特点，且可以被管理层的会计判断所影响，而公司的价值主要取决于其未来的盈利能力。因此，只有当历史财务指标可以预测公司未来盈利能力时，财务指标自身才对判断公司的价值有帮助。而从历史的财务数据如何判断未来则是一个复杂过程，需要大量其他基本面信息进行辅助。基本面分析就是利用相关的经济、财务和其他定性以及量化指标来评估证券内在价值的方法，从而为价值投资提供决策依据。

然而，Bodie、Kane 和 Marcus（2017）等所著的经典商学院教科书说明，近年来美国学术界总体上认为其市场已接近于有效，也就是说绝大多数证券都在风险和回报的层面被合理定价。在该假设下，深度研究公司基本面难以获得超额收益。因此，越来越多的华尔街机构趋向于采用可以迅速扩大资金管理规模的量化投资（quantitative investment）策略。

就此现象，前文中发现“应计异象”的理查德·斯隆（Richard Sloan）教授在圣迭戈召开的 2017 年美国会计学年会的主旨演讲中提出：忽视对所投企业的基本面进行深度分析，而仅依赖于少数财务指标进行量化投资的方法可能会引发决策错误，导致选择了具有扭曲会计指标的股票，而非发现了低估的标的。此次著名的演讲内容后来以《基本面分析再现》(*Fundamental Analysis Redux*）为题得以发表（Sloan，2019）。Sloan 教授以怀丁石油公司（Whiting Petroleum）为例说明，在此类具有长期无形资产（油气开采权）的公司中，其会计上确认的公允价值减值往往大幅滞后于其经济价值上发生的减值。油价大幅下跌引发的股价下降会导致其市净率偏低，如果仅基于低市净率的标准决定买入，就会造成错判，带来损失。另一个例子是大五运动用品公司（Big Five Sporting Goods）。在 2016 年年底至 2017 年年初期间，该公司的市盈率等估值指标偏低，但 ROE 等公司质量指标又较高，加上其他量化指标的配合，吸引了黑石等多家量化基金的大举买入。然而，基本面分析却表明该公司的实际经营正在恶化。最终，这些量化机构遭受了较大的投资损失。

这些案例说明，即使是在美国这样定价效率较高的市场，也需要结合基本面分析来理解财务指标，从而对其真实的经营状况进行更好的判断。如果缺乏深度基本面分析的过程，仅从几个简单的财务指标出发进行判断，就容易被财务假象欺骗。

在中国A股独特的市场及制度环境下，市场定价效率更低，且财务指标被操纵更为明显，采用仅基于财务指标的策略就更难在股票市场上取得良好的回报。那么，A股投资者应如何基于财务报表信息进行价值投资？

第一，要更好地理解财务报表的“艺术”，就应该了解该作品所处的时代背景和社会生活场景。也就是说，要通过财务报表来判断A股上市公司的内在价值，需要先理解当前的中国制度环境。中国存在一些西方市场不具备的独特经济制度，这些制度对上市公司的盈利模式和价值创造的持续性具有深远影响。例如，地方政府的产业政策允许对招商引入的大型企业给予金额较大的补贴和奖励，这些扶持资金在上市公司的财务报表中以何种形式出现会极大地影响市场对股票的价值判断。如果地方政府按常规操作，扶持资金会体现在公司的营业外收入中，市场倾向于将其判断为一次性收入；而如果地方政府和企业沟通后选择以工程或项目的形式进行扶持，相关利益会反映在公司的营业收入和经常性利润中，市场则通常给予更高的估值。再比如，A股市场对水泥、钢铁、煤炭等高度竞争的传统强周期行业倾向于给予较低估值。国家对于“产能过剩行业”实施的供给侧结构性改革对相关产业带来集中度提升、风险下降、盈利趋稳等长期影响。评估所涉及上市公司的内在价值，就取决于投资者如何判断国家政策的执行和持续性，需要将公司的财务报表信息与对政府产业政策的理解相结合。

第二，要解析财务报表的“艺术”，需要看懂上市公司实际控制人和管理层的利益诉求及市值管理动机。就像鉴赏艺术作品，要设身处地站在作品中主人公的角度来感受其心理，这样才能更好地品味作品所传达的感情。我国存在大量国有控股上市公司，其实际控制人主要是各级国资部门，其经营目标并非仅是公司经济利益最大化，往往还面临维护就业、社会稳定、地方经济增长等多重政策性目标（Liao等，2009）。国有控股上市公司的管理层又受到国家的任期限制、薪酬管制的影响，导致激励不足，即使公司具有较强的盈利能力，也缺乏意愿进行利润释放。对于此类企业，混改和股权激励对公司财务报告的“艺术”会带来重大影响。管理层可能根据其自身的利益诉求，通过影响公司的会计判断乃至实际运营，来调控公司的利润释放节奏，并引导市场股价走势朝对其有利的方向进行。

而对民营控股上市公司的主要关注点则在于其实际控制人。由于“壳”资源价值的存在，大量A股上市公司的估值远高于其基本面代表的内在价值。一方面，大量围绕“壳”资源的资本运作带来对财务报表的“艺术”加工动机。另一方面，大股东和管理层在股票估值偏高时减持意愿较强，也会导致公司的财务报表“艺术性”增强。此外，民营企业集团的融资渠道不如国有企业畅通，往往要通过其上市公司平台进行融资，进而为关联方提供发展资金。该动机导致民营上市公司在本身发展资金不足的情况下，还需要在会计层面维持较好业绩增长，对财务报表的“艺术性”提出了较高要求。

总体上，A股上市公司的财务报表中存在大量未被市场有效定价的信息，投资者在运用财务指标分析公司内在价值时应融入大量非财务的定量和定性信息，基于基本面分析的角度去深刻解读这些信息。而解读这些信息，首先需要基于对中国经济和社会制度的深刻理解，来判断上市公司的价值创造来源及其可持续性。此外，还需要从人性的角度观察公司的实际控制人和管理层，充分理解他们的利益诉求和目的。这样才能更好地了解和预测公司业绩的变化，为价值投资的决策提供有效参考。

企业财务管理的目标是企业价值最大化，只有那些能够创造高于资本成本的投入资本回报率（ROIC）的企业才能真正创造价值。收入增长和利润增长也有助于推动股价，但是收入增长和利润增长都未能充分反映公司的风险水平，快速增长的公司如果不能维持高于资本成本的投入资本回报率，就不会真正创造价值，我国房地产市场的恒大就是一个例证，恒大凭借收入的快速增长和规模的扩大在2016年7月20日首次入围《财富》世界500强，列第496位，创造了民营企业最快的《财富》世界500强入选纪录，但是公司的负债和财务杠杆快速增长，导致债务违约，最终在2024年1月29日被香港高等法院正式颁令清盘。

基于以上分析，无论是会计专业还是非会计专业的学生，都需要具备财务分析的基本技能，但是财务分析的视角决定了分析的重点，不同的会计信息使用者的需求存在差异，比如债权人更加关注企业的流动性和风险；股权投资者更关注企业的盈利能力和发展前景；企业的内部管理者拥有更多的信息来源，可以完全根据决策需求来选择和使用定制化的分析方法。

本教材站在价值投资者投资估值的角度安排和组织教材的内容，不同于常规的财务报表分析教材的"报表结构介绍、报表科目分析、财务比率分析"的体例安排，本教材突破就报表论报表的财务分析方法，从估值的角度看待和分析企业财务报表，将价值投资的理念与财务分析方法相结合，提升读者对报表数字背后的经济内涵和实质的理解，帮助读者判断企业会计信息的质量和未来的发展前景。

本教材的内容包括四个基本模块：第一部分是对会计信息的作用及估值视角财务分析框架的介绍，帮助读者建立整体的分析框架；第二部分是对基本会计循环、资产负债表、利润表和现金流量表的介绍，让没有会计基础的读者对财务报表的产生过程和结果有充分的理解，奠定财务分析的基础；第三部分是财务分析的基本方法，包括盈利能力和管理效率分析、风险分析、现金流量分析以及投入资本回报率；第四部分是估值，包括风险和资本成本、财务预测、公司股权的估值、初创企业估值等。

本教材具有以下特点。

一是大量运用中国证券市场的案例，主要讲授在中国独特的资本市场制度环境下应如何进行财务报表分析，借此评估公司的内在价值并进行投资决策。随着中国证券市场的发展，积累了大量的鲜活案例，通过这些案例可以帮助读者将财务分析的基本理论和方法与实践相结合，提升读者的学习兴趣和实战能力。除了每章单独的导入案例之外，结合每章的知识点，使用大量的小案例进行讲解和分析。同时教材还配套了二维码阅读材料，丰富案例的内容。

二是从价值创造的视角来分析公司的投资价值。我国证券分析和财务监管的实践比较重视利润指标，包括净利润、每股收益、资产收益率等，但容易把利润等同于价值，从而忽略了风险。而真正的价值创造和价值投资必须考虑风险因素，本教材将近年来得到国内外财务分析实务界重视的投入资本回报率单独作为一章，运用中国上市公司的数据进行实证检验，只有当投入资本回报率高于公司的资本成本时才能真正创造价值。

三是将公司的经营分析与财务分析相结合，帮助读者理解企业的战略、商业模式和经营策略对财务结果的影响。正如价值投资大师巴菲特所说的，投资者持有的股份代表的是企业的一部分份额，因此投资者需要理解企业的业务才能够真正理解财务指标。本教材在基本面风险分析的部分，将经营杠杆和财务杠杆结合起来分析公司的整体风险，使读者能够更加深入理解风险的来源和影响因素。

四是在上市企业估值的内容之外，增加了初创企业估值的内容。传统的估值方法主要适用于成熟企业的估值分析，随着我国科技创业和风险投资的发展，无论是风险投资人还是创业者都需要了解初创企业的估值方法和理论，从而更好地与交易对手进行谈判和沟通。投资人了解初创企业估值的特殊性，同时创业者了解风险投资机构估值的思路，有助于缩小双方的认知差异，促成交易与合作。

本教材由长期从事会计和财务教学研究的三位教授合作编写，上海科技大学创业与管理学院贾建军副教授负责全书框架和体例设计，并负责除第 3 章和第 12 章以外其他章节的编写，上海财经大学滴水湖高级金融学院陈欣教授负责第 12 章的编写，上海财经大学会计学院官峰副教授负责第 3 章的编写，本教材还得到了上海科技大学教材建设项目的支持。

虽然编写者尽其所能提升教材内容的质量，但教材中难免存在不足和局限，后续我们会根据反馈进一步修订完善。

目 录
CONTENTS

会计信息与决策

■ 学习目标

1. 理解会计作为商业语言的作用及会计信息在决策中的作用；
2. 理解会计信息系统在会计信息的生产和传递中的作用；
3. 理解企业的利益相关者及其对会计信息的不同需求；
4. 理解主要财务报表的内容和结构及其所反映的信息的差异；
5. 能够解释不同财务报表之间的相互关系；
6. 应用所有者权益变动表解释所有者权益变动的原因及影响因素；
7. 理解股票价值与会计信息之间的关系。

■ 导入案例

厦华电子的退市

2022年6月30日厦门华侨电子股份有限公司（简称“厦华电子”）被上海证券交易所予以摘牌退市。根据统计数据显示，2022年共有40多家上市公司退市，其中除了“ST平能”被吸收合并退市外，其他上市公司被强制退市，创下2020年上海证券交易所、深圳证券交易所修订发布的退市相关规则生效后的新高，如图1-1所示。

厦华电子创立于1985年，是我国第一台等离子电视的制造者和我国第一家从显像管（CRT）电视转型为平板电视的企业。它于1995年在上海证券交易所上市，曾是中国最大的彩电出口企业之一，甚至被外界称为“电子大王”。但是在20世纪末，厦华电子开始了多元化扩张战略，先后进入手机、计算机、显示器、传真机、系统集成、微波通信设备、电子商务等领域，由于经营不善，厦华电子在2003年、2004年连续两年亏损，开始回归曾经的主业——平板电视。但此时的平板电视行业群

扫码阅读
上市公司退市新规

雄并起，竞争处于白热化阶段，且上游的屏幕等元器件成本占比增加，回归主业并非易事。2006—2008年期间厦华电子累计亏损20亿元，其中2008年一年就亏损了10亿元；由于连续三年的亏损，按照当时的证券监管法规，厦华电子开始戴上了“*ST”的帽子，如果2009年不能扭亏为盈则将退市。在此后的5年中，厦华电子都在反反复复的戴帽和摘帽之间度过，沦落到依靠出售厂房度日的境地，最终在2014年3月份退出电视机生产业务，并将彩电的相关资产及“厦华”系列商标也租赁、转让给福建民营企业万利达，其中“厦华”系列商标以1 200万元被卖出。随后厦华电子分别涉足互联网金融、大数据和数字新媒体（TMT），甚至转型农产品供应链管理业务，主要产品为肉类产品，但是都难以挽救公司的颓势，2017年至2021年连续5年扣非净利润为负值，财务报告被年审会计师出具带“与持续经营相关的重大不确定性”强调事项段的无保留意见审计报告，并指出“公司现有经营业务的持续性存在较大的不确定性，尚处于形成稳定盈利模式的转型期”。2020年经审计的净利润为负值且营业收入低于1亿元，2020年4月29日，公司披露的2021年年度报告和年审会计师出具的专项核查意见显示，公司扣除非经常性损益后的净利润为−623.77万元，营业收入为1.52亿元，扣除与主营业务无关或不具备商业实质的收入后的金额为0元（2021年，该公司冻肉业务实现营收约1.35亿元，占公司总营收比例近90%），触发了《上海证券交易所股票上市规则》（2022年1月修订）第9.3.11条规定的终止上市情形。2021年5月6日起，厦华电子被实施退市风险警示，2022年5月25日，上海证券交易所对厦华电子作出终止上市决定。2022年6月2日，厦华电子股票进入退市整理期，6月23日结束退市整理期，并于6月30日被上海证券交易所予以摘牌，曾经的中国彩电行业霸主正式告别股市。

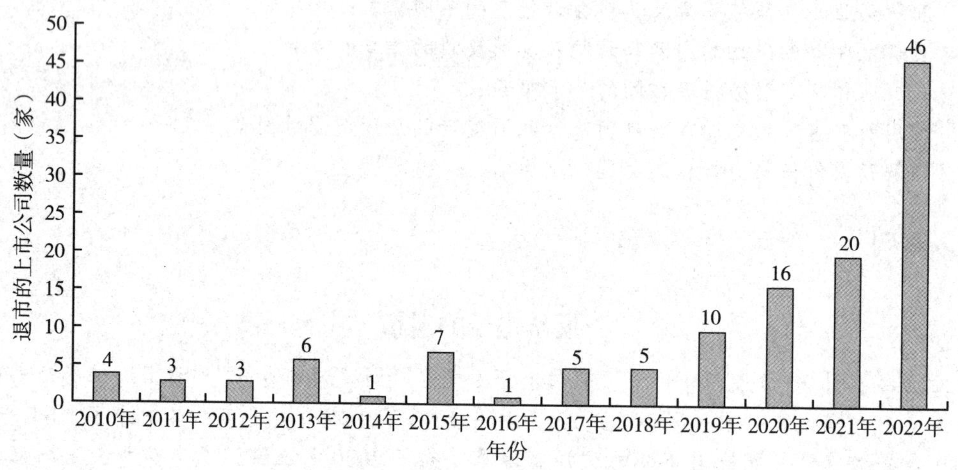

图 1-1 2010—2022年退市的上市公司数量

资料来源：根据Wind数据库数据统计所得。

厦华电子对此决定不服，向上海金融法院提起行政诉讼。厦华电子诉称，2018年以来该公司即以农产品进口为主营业务，在2021年相应的营业收入核查中，应当被认定为主要营业收入，上海证券交易所根据审计机构专项审核意见认定厦华电子营业收入为0元，并据此给出《终止上市决定》，属于认定事实不清。2022年9月9日，上海金融法院审理后认为审计机构依据《上海证券交易所股票上市规则》等规范所确立的标准出具专项核查意见，对核查过程予以明确说明，上海证券交易所结合厦华电子在公开市场的披露文件，认定厦华电子2021年营业收入在扣除与主营业务无关或不具备商业实质的收入后的金额为0元，并据此给出《终止上市决定》，认定事实清楚、适用法律正确、程序正当。上海金融法院当庭作出一审判决，驳回原告厦华电子的诉讼请求。

理解和使用会计信息是任何商业活动的重要组成部分。会计信息除了在商业决策中使用外，政府监管机构、税务机构也需要使用会计信息对企业进行监管和税收征管，公司对外发行股票或者债券都需要对外披露详细的会计信息，满足证券监管的要求。

销售收入、净利润、成本、费用、营业利润和现金流等术语在会计领域具有明确定义，并且常用于和企业内外部人士的沟通中。提供给对公司有兴趣的外部各方的信息有时被称为财务会计信息，管理层和其他人内部使用的信息通常被称为管理会计信息。这两类信息有不同的目的，服务于不同的群体，但它们具有某些共同的属性。例如，无论是财务会计信息还是管理会计信息都应遵守公司的内部控制制度。

企业根据经济业务编制对内和对外报告，但这需要大量的职业判断。财务报告是企业发布的有关自身财务状况、经营成果和现金流量信息的报告，公司向投资者（资金提供者）寻求资金需要提供财务报告以帮助投资者决定是否投资。投资者期望公司为其创造价值并使其获得相应回报，投资者通过阅读和分析财务报告来评估公司价值创造能力。财务报告也用于其他目的，政府在制定社会和经济决策时需要掌握企业的会计信息，反垄断机构、金融市场监管机构和银行检查员等监管机构使用会计信息来监控商业活动，企业的高级管理人员使用财务数据来评估下属及部门的业绩。法院和出庭作证的专家证人使用财务报告来评估诉讼中的损失。

不同类型的用户都需要了解财务报告和其中财务报表的结构和内容，同时需要知道这些财务报表编制的基本原则和可能存在的缺陷。财务报表分析和估值的过程旨在帮助投资者和分析师深入了解公司当下的盈利能力和风险，并利用这些信息对公司未来的盈利能力和风险进行预测，进而对公司进行合理估值，从而做出明智的投资决策。

1.1　会计信息与决策

会计作为一种商业语言已经有超过 5 000 年的历史。考古学家曾在美索不达米亚（今伊拉克）境内，发现了约 5 000 年前的一块泥板，其上记载着被称为“库辛”的人在 37 个月内收到了 29 086 单位的大麦。[⊖] 不谋而合的是，在我国商代甲骨文中就有出猎收获内容的记载，包括时间、地点、种类和数量等信息。从会计早期起源可以看出，原始会计记录与人类群体生活过程中的生产活动密切相关。而近代意义上的会计诞生于 1494 年，意大利数学家卢卡・帕乔利在威尼斯出版了一本数学教科书《算术、几何、比及比例概要》奠定了今天全球通行的复式记账规则基础，他被誉为现代会计之父。现代会计之所以诞生于意大利威尼斯，与中世纪文艺复兴时期意大利威尼斯高度发达的商业活动相关。而随着现代公司制企业发展，尤其是公开上市公司对社会公众公开发行股票，企业的所有权和经营权分离，因此，公司的经营管理者需要定期向股东报告公司的经营状况和财务业绩，会计信息的重要性日益凸显，会计信息成为影响公司股票价格波动的重要信息。

如何有效地将储蓄转化为投资，并向需要资金的创业者分配，这对一个国家和地区的经济发展非常重要。基本的资金分配机制有两种：计划机制和市场机制，前者依靠政府的计划分配

⊖ 赫拉利. 人类简史［M］. 北京：中信出版社，2014.

资源，后者主要是通过市场这只无形的手进行调节和分配。计划机制已经被各国实践证明是一种低效的机制。由于资金供给方和需要资金的创业者直接进行交易会受到信息不对称、利益冲突和储蓄者技能的限制，因此需要金融中介机构和信息中介机构的参与和帮助。信息不对称是指创业者（资金需求方）对创业机会或者企业掌握更多的信息，而资金供给方无法区分低质量企业和高质量企业，为了保护自己的资金，资金供给方可能会低估这些投资机会的价值，导致高质量企业被低质量企业挤出市场，这可能会导致市场分配机制失灵。金融中介机构扮演了解决信息不对称问题的角色，比如公司 IPO（首次公开发行）时，承销商会通过发布盈利预测和估值报告等向投资者推介发行企业。信息中介机构也会提供有关企业的信息给资金供给方，包括审计师、财务分析师、信用评级机构、财经媒体等。金融中介机构和信息中介机构都需要依赖企业披露的会计信息，现代会计是关于收集、分析和传递财务信息的一门学科，最主要的信息传递手段仍然是定期编制的财务报告，因为它可以帮助企业的利益相关者（所有者、管理者和投资者等）做出更加明智的决策。

1.1.1 企业及其会计信息

1. 会计信息的类型

正如经济决策有多种类型一样，会计信息也有多种类型。财务会计信息、管理会计信息和税务会计信息是各界广泛使用的三种会计信息。

（1）财务会计信息。财务会计信息是指企业对外部使用者提供的信息，反映企业拥有的财务资源、承担的义务和经营活动的结果。财务会计信息主要是帮助投资者和债权人决定将稀缺的资金投放在哪里。这些决策对社会很重要，因为它们决定哪些公司和行业将获得增长所需的财务资源。财务会计信息也被用于管理会计和所得税，事实上，财务会计信息有多种不同的用途，因此通常被称为“通用”会计信息，财务会计信息的提供必须遵循会计准则的要求，才能确保不同公司会计信息的可比性。

财务会计信息是通过企业定期编制的财务报表来提供的，包括反映财务状况的资产负债表、反映经营成果的利润表、反映现金流变动的现金流量表和反映所有者权益变化的所有者权益变动表。会计准则是编制财务报表的基本依据，财务报表提供的是高度汇总后的历史信息，企业除了提供财务报表之外，还需要提供附注以详细解释信息，从而帮助使用者分析和理解财务信息。

各个国家和地区的会计准则会随着时间和环境的变化而进行修订，公司出于不同的目的可能会影响会计准则的制定和修改，见案例 1-1。

⊙案例 1-1

苹果非公认会计原则下的财务业绩

苹果公司（简称“苹果”）2008 年第四季度季报首次在基于美国一般公认会计原则（GAAP）的业绩指标外，披露了非 GAAP 业绩数据，GAAP 下的收入和净利润分别为 78.95 亿美元和 11.36 亿美元，非 GAAP 下的收入和净利润分别是 116.82 亿美元和 24.37 亿美元，GAAP 和非 GAAP 下的收入和净利润之差分别达到 37.87 亿美元和 13.01 亿美元，其他财务指标也存在重大差异（见表 1-1），两者的巨大差异引起了财经媒体和投资者的激烈争论：到底应该相信哪一个业绩指标？

表 1-1 苹果公司财务业绩 单位：亿美元

项目	GAAP	非 GAAP	项目	GAAP	非 GAAP
销售收入	78.95	116.82	其他收入和费用	1.40	1.40
销售成本	51.56	71.31	税前利润	15.82	33.94
毛利	27.39	45.51	所得税费用	4.46	9.57
营业费用	12.97	12.97	净利润	11.36	24.37
营业利润	14.42	32.54			

两者相差悬殊，针对这一问题，苹果前首席执行官史蒂夫·乔布斯在公司与财务分析师的电话会议上罕见地解释了这一问题：

我想谈谈关于非 GAAP 的财务结果，因为我认为这是一件很重要的事情。除了出色的季度报告外，今天我们还引进了非 GAAP 的财务结果，消除了订阅会计的影响。由于订阅会计扩大了 iPhone 对苹果总销售额、毛利率和两年以上净利润的影响，它可能使苹果公司的经理或普通投资者更难评估公司的整体业绩。事实上，只要我们的 iPhone 业务规模相对于我们的 Mac 和音乐业务规模较小，那就并不重要，但是在过去的一个季度，如您所知，我们的 iPhone 业务已经增长到约 46 亿美元，占苹果总业务的 39%，这显然对于苹果管理层或投资者来说太大了，无法忽视。

苹果与美国电话电报公司合作以两年合约套餐方式销售 iPhone 手机，即购买苹果手机的客户可以免费在苹果应用商店下载应用程序，而购买苹果的其他产品（如 iPod 和 Mac）的客户则需要付费下载这些软件。按照 2008 年的美国会计准则规定的订阅会计（Subscription Accounting）原则，苹果的手机销售所得款项需要在套餐合约期内（24 个月）以直线法分摊确认为收入，同时分摊确认相关的销售成本。在苹果采用订阅会计原则七个月后，随着苹果手机销售量的增长，收入递延的金额越来越大，影响到投资者对苹果的业绩评价与估值，因此苹果决定披露非 GAAP 调整后的收入和成本，以及由此对营业利润和净利润等指标的影响。主要的原因是苹果认为按照当时的美国订阅会计原则确认的收入和相应的成本不能够反映苹果手机销售业务的经济实质，误导了投资者对苹果未来发展前景的判断。苹果在 2007 年首次推出手机时，宣布使用 SOP97–2“软件收入确认”来确认手机和软件销售收入。按照这项会计准则，苹果公司需要将出售获得款项在手机和软件之间进行分配，软件相关的款项需要递延到未来提供服务期间确认收入，而苹果其他产品比如 iPod 和 Mac 的收入在销售时便可全额确认，因为苹果不对购买这些产品的客户免费提供应用软件及其更新的下载服务。

当时的苹果公司财务总监奥本海默解释说：“由于我们将定期向 iPhone 客户免费提供新的软件功能，因此我们将使用订阅会计原则，并在 24 个月内以直线方式确认与 iPhone 销售相关的已售商品的收入和产品成本。因此，尽管 iPhone 销售的现金将在销售时收取，但我们将在资产负债表上记录递延收入和销售商品的成本，并在 24 个月内以直线方式将两者分摊到我们的收入中。此会计政策对现金流或我们业务的经济性不会造成任何影响。”

但是随着手机销量剧增，产品销售在苹果业务中的比重不断提高，收入和相关销售成本递延造成的现金流与利润之间的差异不断扩大，影响了投资者对于苹果业绩的判断。因此苹果

2008 年第 4 季度在公布 GAAP 业绩指标的同时公布了调整后的非 GAAP 业绩指标。

而对于软件和电子产品等的捆绑销售，国际财务报告准则（IFRS）允许在公司无法确定未来交付物（如软件升级）客观和独立售价的情况下，使用更主观的计量方式，即成本加毛利法或者成本加成法（cost plus margin）。公司管理层可以估算出软件升级的成本和毛利率，并且只需要将捆绑销售中的这部分收入从总收入中分拆出来，推迟到升级时予以确认或在合约期间分期摊销确认。因此按照 IFRS 相关准则，苹果公司可以在销售手机的早期确认更多的收入。美国类似的信息和软件企业认为 SOP 97–2 规定的订阅会计原则削弱了这类企业与采用 IFRS 的对手的竞争力，因此，这些企业极力游说美国财务会计准则委员会（Financial Accounting Standards Board，FASB）修改相关的会计准则。在准则正式修订前，苹果和其他相似公司采用按照管理层判断来确认捆绑销售相关的非 GAAP 业绩指标，提供补充信息。

在订阅会计模式下公司不能将向客户收取的订阅费一次性计入当期收入，需要按照订购期限分期计入相应期间的收入。原因是苹果和微软等公司的很多服务是在一段时间持续提供服务。

美国高科技行业公司和苹果一起最终成功说服 FASB 修订相关准则（EITF00–21 和 SOP97–2），FASB 于 2009 年发布了紧急问题小组公告（EITF08–01 和 EITF09–03），基本上认可了苹果在 2008 年年报中的非 GAAP 收入和相关成本确认方法。

资料来源：根据苹果公司的年报整理所得。

（2）管理会计信息。管理会计是指提供给管理层经营决策和控制所需要的会计信息，管理者利用这些信息来制定公司的经营目标、评估目标的实现程度以及部门和个人的绩效，并对于偏离目标的行为通过预算和激励进行控制。公司的经理和员工需要管理会计信息来控制日常业务运营。例如，他们需要知道公司银行账户中有多少钱；公司仓库中商品的类型、数量和金额；欠特定债权人的金额等。

管理会计信息可以按照管理者的需要来提供，不同于财务会计信息需要按照公认会计准则要求来编制和提供，管理会计信息服务于管理者决策需要，可以提供面向未来的信息，但是外部使用者难以获取此类信息。

（3）税务会计信息。所得税申报是一项专门的会计工作。虽然纳税申报表是基于财务会计信息的，但这些信息通常需要根据税法的要求进行调整或重组。税务会计信息以财务会计信息为基础，通过调整税务和财务会计的差异来计算出当期应缴纳的税费。

2．企业法律组织形式

不同的企业具有不同的法律组织形式，不同的法律组织形式会影响企业所有者之间、所有者与债权人、所有者与管理者之间的关系，从而产生对会计信息的不同需求。根据我国相关法律，现行企业的法律组织形式包括个人独资企业、合伙企业和公司制企业三种。

（1）个人独资企业。个人独资企业是指依照《中华人民共和国个人独资企业法》在中国境内设立，由一个自然人投资，财产为投资者个人所有，投资者以其个人财产[⊖]对企业债务承担

⊖ 个人独资企业投资人以个人财产出资或者以其家庭共有财产作为个人出资的，应当在设立申请书中予以明确，没有明确以其家庭共有资产出资的通常默认为以个人资产出资。

无限责任的经营实体。个人独资企业的投资人对本企业的财产依法享有所有权，其有关权利可以依法进行转让或继承，个人承担经营风险并享有全部经营收益，个人独资企业的生产经营所得需要按照个人所得税法的规定缴纳个人所得税。个人独资企业为非法人组织，没有法人资格，不具备对外独立承担民事责任的能力。

（2）合伙企业。合伙企业是指由两个或者两个以上的人为了共同目的，相互约定共同出资、共同经营、共享收益、共担风险的自愿联合体。我国的合伙企业是指自然人、法人和其他组织依照《中华人民共和国合伙企业法》在中国境内设立的普通合伙企业和有限合伙企业。

普通合伙企业由普通合伙人组成，合伙人对合伙企业的债务承担无限连带责任。有限合伙企业由普通合伙人和有限合伙人组成，普通合伙人对合伙企业债务承担无限连带责任，有限合伙人以其认缴的出资额为限对合伙企业债务承担责任。

以专业知识和专门技能为客户提供有偿服务的专业服务机构可以设立为特殊的普通合伙企业，常见的是会计师事务所和律师事务所。在特殊的普通合伙企业中，一个合伙人或者数个合伙人在执业活动中因故意或者重大过失造成合伙企业债务的，应当承担无限责任或无限连带责任，其他合伙人以其在合伙企业中的财产份额为限承担责任。合伙人在执业活动中非因故意或者重大过失造成的合伙企业债务以及合伙企业的其他债务，由全体合伙人承担无限连带责任。合伙人执业活动中因故意或者重大过失造成的合伙企业债务，以合伙企业财产对外承担责任后，该合伙人应当按照合伙协议的约定对给合伙企业造成的损失承担赔偿责任。合伙企业的生产经营所得和其他所得，由合伙人分别缴纳个人所得税。个人独资企业和合伙企业的共同点是所有者与企业不可分离，不具备独立的法人资格。

（3）公司制企业。与个人独资企业和合伙企业不同的是：公司是独立企业法人，拥有独立的法人财产，享有法人财产权，公司以其全部财产对公司的债务承担责任。《中华人民共和国公司法》规定的公司包括有限责任公司和股份有限公司。有限责任公司的股东以其认缴的出资额为限对公司承担责任，股份有限公司的股东以其认购的股份为限对公司承担责任。有限责任公司的权益总额不进行等额划分，而股份公司的全部资本分为数额较小、每一股金额相等的股份，股东的表决权按认缴的出资额计算，每股享有一票表决权（除了约定有特殊表决权股份，即同股不同权）。有限责任公司只能由发起人集资，不能向社会公开募集资金，也不能发行股票，不能上市。

公司制是人类历史上一项伟大的制度发明。公司由职业经理人经营管理，股东以投资额为限、公司以全部财产对外承担有限责任，降低了经营失败对股东个人的风险，可以动员更多的社会资金进行投资，促进社会经济的发展。公司制的有效运行离不开对财产权利的有效保护和具有流动性的资本市场（Thomas A.King，2012），正是由于公司制企业的有限责任特点，为了保护债权人和社会公众，大部分国家都对公司制企业的设立、运行和清算进行比较严格的监管。不同法律组织形式差异对比如表1-2所示。

表1-2 不同法律组织形式差异对比

项目	个人独资企业	合伙企业	公司制企业
法律地位	非独立法律实体	非独立法律实体	独立法律实体
所有者对企业债务责任	承担个人无限连带责任	普通合伙人承担个人无限连带责任、有限合伙人承担有限责任	承担个人有限责任

（续）

项目	个人独资企业	合伙企业	公司制企业
会计地位	独立会计主体	独立会计主体	独立会计主体
税收地位	个人所有者缴纳个人所得税	合伙人缴纳个人所得税	公司按照企业所得税法缴纳企业所得税，现金分红由股东缴纳个人所得税
双重征税	否	否	是
企业存续性	所有者终止经营或者死亡	合伙期满或者终止	不受所有权转让影响，无限期存续
所有权和经营权是否分离	否	否（有限合伙人不参与经营）	是
代理问题	否	LP 和 GP 之间的代理问题	股东和经营者之间的代理问题

3. 资本市场与企业融资

资本市场是连接拥有资金的投资者和需要资金的企业之间的桥梁，是由投资者（资金提供者）、筹资者（资金需求方）、监管机构、中介机构共同组成的有机整体，包括私募股权市场和公开交易市场（见图 1-2）。公司制实现了所有权和经营权的分离，企业管理者作为股东的代理人对企业日常进行经营管理，投资者和企业之间存在着信息不对称问题，需要金融中介机构（证券公司、商业银行、共同基金等）汇集个人投资者的资金，分析和选择投资机会，进行投资决策。相对于个人投资者，机构投资者拥有更多的资源和更高的能力对被投资企业进行监督，而公开透明的信息披露是监督的基础。

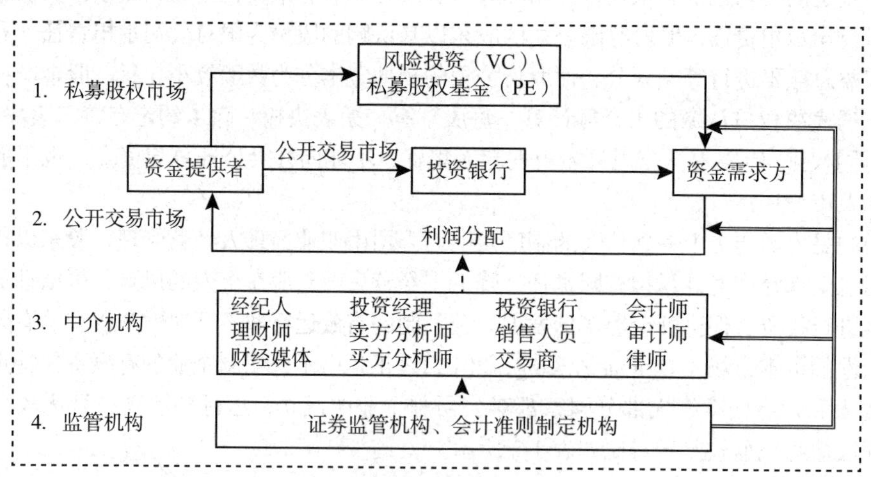

图 1-2 资本市场资金和信息流动

注：实线箭头表示资金流动，虚线箭头表示信息流动，双线箭头表示监管行动。

图 1-2 中，私募股权市场是指投资者通过风险投资（venture capital，VC）或者私募股权基金（private equity，PE）直接投资于未上市公司，PE 或者 VC 投资者持有的股份流通转让难度较大，并且 PE 或者 VC 投资者会直接参与企业的重要经营和投融资决策，PE 或者 VC 是初创科技型企业直接融资的主要渠道。

公开市场发行是需要资金的发行方通过证券承销机构向投资者发行股票（一级市场）或者债券融资，这个过程通常需要律师进行相应的鉴证。股票发行包括首次公开发行（initial public offering，IPO）和首次发行后增发股票（seasonal equity offering，SEO）两种，股票和债券发行后，投资者可以在二级市场公开买卖交易。

由于面向社会公众发行股票或者债券，为了保护公众利益和维持证券交易秩序，各国的证券监管机构会对股票和债券的发行、上市、交易和退市进行一定程度的监管，比如本章开篇案例中厦华电子由于触发退市条件被退市。同时筹资方需要定期向投资者披露公司的财务和经营状况等相关信息。财务信息是披露的重点，企业需要根据会计准则定期编制和发布财务报告，同时需要注册会计师对定期报告进行审计鉴证，发表审计意见以提升发布信息的可信度。

4．投资者回报与企业价值

为了评估企业的价值，分析师需要充分了解企业如何运作、如何增加价值以及如何为投资者创造价值。当个人或机构投资者投资于某一公司时，意味着他们会放弃当前的一部分消费，希望未来获得更高的回报。投资方式包括以债权形式进行投资，如购买公司发行的债券，和以股权形式进行投资，包括从二级市场购买公开交易的股票或者投资于非上市企业的股权，非上市企业的股权的流动性（可转让性）低于上市公司的股权。

公司发行的证券包括普通的股权和债务证券，也包括可转换债券、期权、认股权证、优先股，投资者投资于此类证券的收益取决于公司股票或债券的价格以及公司的分红，债券有合同约定的明确的现金流（包括还本付息的方式、时间和金额），因此被称为固定收益证券，在公司破产清算时债券投资者拥有比普通股股东优先的清偿权。

股权的价值是财务分析的重点，股东权益是所有者对企业的索取权，该索取权是在其他债权人权益得到满足后对公司价值的剩余索取权（residual claim）。债权人的索取权是对本金和利息返还的要求权，本金和利息的返还方式通常都会在合同中约定，由于有合同约定的明确的现金流，因此债券的估值相对简单，而股权的估值难度较大，股权的估值是本教材的重点。

无论是股权估值还是债券的估值都需要相关信息，对股权或者预期未来的现金流折现得到理论价值是最基本的估值方法，二级市场投资者估值所需要的信息的最重要来源是公司的信息披露，高质量的信息披露是证券市场有效运行的基本保障，可以缓解投资者和被投资企业之间的信息不对称问题。

1.1.2　公司上市及上市公司信息披露

1．公司上市要求

根据《中华人民共和国公司法》（简称《公司法》）、《中华人民共和国证券法》（简称《证券法》）、《首次公开发行股票并上市管理办法》《上海证券交易所股票上市规则》等法律法规，企业首次公开发行股票并上市的主要条件如下。

1）主体类型必须是依法设立且合法存续的股份有限公司，有限责任公司必须经过股份制改造才能满足基本上市要求。

2）公司必须持续经营三年以上，并且在此期间主营业务没有发生重大变化，董事、高级管理人员没有发生重大变化。

3）必须满足财务会计指标要求。

2．上市公司信息披露要求

上市公司信息披露从公司招股和募集资金开始，到上市后的持续信息披露包括招股说明书、募集说明书、上市公告书、定期报告、临时报告等，凡是对投资者做出价值判断和投资决策有重大影响的信息，均应当披露。我国已经建立了相对完整的以《公司法》《证券法》为核心的上市公司信息披露监管制度体系。

（1）招股说明书。招股说明书是公司向公众发行股票前向监管机构提交的对于发行情况说明的法律文件，是企业发行上市过程中最核心、最重要的法律文件，也是投资者做出价值判断和投资决策的基本依据。[㊀] 招股意向书（Preliminary Prospectus）是公司发行股票前向符合条件的投资者发布的法律文件，招股意向书不包括尚未正式确定的发行价格、发行市盈率、预计募集资金金额等，这些信息在正式的招股说明书中披露，除此之外，招股说明书需要对公司的基本情况、产品和服务、管理团队、最近的财务报告、发行股数和价格、募集资金预期用途、公司股利政策、公司发展前景和面临的风险等主要信息进行说明，来帮助投资者判断公司的盈利和成长前景以便决定是否购买公司发行的股票。

（2）上市公告书。上市公告书是公司发行股票上市前向投资者公告发行与上市有关事项的信息披露文件，包括发行企业概况、股票发行与上市情况、发行人、实际控制人及股东持股情况、监事及高级管理人员持股情况、公司设立、关联企业及关联交易、股本结构及大股东持股情况、财务会计信息等。

（3）定期报告。按照我国现行法规，上市公司的定期报告包括年度报告和中期报告。中期报告包括季度报告、半年度报告。年度报告应当在每个会计年度结束之日起四个月内，即每年 4 月 30 日之前披露上一年的年度报告。中期报告应当在每个会计年度的上半年结束之日起两个月内编制完成并披露，即每年 8 月 31 日之前披露本年的半年度报告。年度报告需要披露主要会计数据和财务指标；公司股票、债券发行及变动情况，报告期末股票、债券总额、股东总数，公司前十大股东持股情况；持股 5% 以上股东、控股股东及实际控制人情况；董事、监事、高级管理人员的任职情况、持股变动情况、年度报酬情况；董事会报告；管理层讨论与分析；报告期内重大事件及对公司的影响；财务会计报告和审计报告全文。

定期报告的核心是财务报告，包括反映公司某一时点财务状况的资产负债表、反映某一期间经营成果的利润表、反映某一期间现金流量的现金流量表和所有者权益变动表，以及财务状况的说明。年度报告中的财务会计报告应当经符合《中华人民共和国证券法》规定的会计师事务所审计，而中期报告一般不需要审计。

（4）临时报告。除了定期报告外，上市公司发生可能对其证券及其衍生品交易价格产生较大影响的重大事件，投资者尚未得知时，上市公司应当立即披露，说明事件的起因、目前的状态和可能产生的影响。自从 2019 年 6 月科创板注册制实施后，确立了以信息披露为核心的股票发行制度。公司真实、准确、完整、及时地披露相关信息是投资者判断公司价值进而做出理性决策的前提。与审批制和核准制相比，公司上市和退市更多体现市场化机制的约束，没有发

㊀ 中国证监会，证监会发布《关于注册制下提高招股说明书信息披露质量的指导意见》，2022-01-28，http://www.csrc.gov.cn/csrc/c100028/c1805208/content.shtml。

展前景的公司更容易被市场淘汰，如开篇案例中的信息，我国自注册制实施后，退市公司数量增多，投资者面临更高的投资风险。

上市公司作为信息披露的责任主体，它们所披露的信息需要独立的第三方审计师发表审计意见，为使用者提供信息质量的鉴证，因此审计师也被誉为证券市场的看门人（watchdog）。除了审计师之外，还有大量的信息中介机构，比如投资分析师、资产评估师、信用评级机构、财经媒体、专业数据公司在上市公司披露原始信息之外，收集其他可能影响公司价值的重要信息，发布分析报告，为投资者投资决策提供依据。

金融市场的金融中介机构和信息中介机构也可能由于利益冲突而发布不客观的审计意见和误导性的分析意见，甚至出现审计师与被审计公司之间串通造假损害投资者利益的现象，我国和西方证券市场都曾出现严重的财务造假行为，因此各国监管机构都越来越重视投资者权益保护，尤其是我国注册制实施后，投资者权益保护的重要性日益凸显。

3．信息类型

根据我国现行法规和会计准则的规定，上市公司披露的信息可以划分为定量信息和定性信息，财务报表的信息基本上都是定量信息，而非财务信息可能以定量或者定性的方式进行披露。

定量信息包括财务和非财务信息，前者包括企业的经营信息、财务会计信息、管理会计信息和税务会计信息，后者包括人力资源、无形资产、产品信息等，通常在上市公司年度报告的“管理层讨论与分析”部分披露。

本教材之后章节的分析除了另有说明外，都是以上市公司作为基本的分析对象。

1.2 会计信息使用者

上市公司作为公众持股公司，相比于非上市公司而言，其经营活动会影响到广泛的社会群体，包括内部管理者、资源提供者、监管机构、税务机构、社会公众、潜在投资者等利益相关者，上述群体需要使用会计信息满足不同的决策需求。

1.2.1 内部管理者

企业管理人员作为企业内部管理者，需要使用会计信息评价经营业绩、激励员工、对外提供监管机构要求公开披露的信息，对外公开披露的信息是为了满足其他外部信息使用人员的需求，要求按照《企业会计准则》和证券监管法规的规定进行编报和披露，提供的是通用会计信息，而内部决策使用的信息可以根据决策需要提供，属于管理会计信息。

1.2.2 资源提供者

1．债权人和股东

虽然债权人和股东都是企业资金的提供者，但他们对会计信息的需求存在重大差异，债权人获得的是固定回报，关注的是企业能否按期还本付息，即企业的偿债能力。债权人在企业经营不善破产清算时的清偿顺序排在普通股股东之前，但是能否收回欠款取决于清算时企业拥有多少有价值的资产可以用于偿债。债权人有权在债务人不能按期清偿债务时向法院提起诉讼，要求强制执行（见案例 1-2），而股东享有的是剩余收益，更加关注企业的盈利能力和分红能力。

⊙案例 1-2

碧桂园被提请清盘

2024 年 2 月 28 日，港股“碧桂园”股价跳水大跌，原因是其被债权人向法院提出了清盘呈请。债权人是一家名为建滔集团的香港公司，该公司主营业务是覆铜面板、化工产品及房地产，让债权人决定公开向香港法院提出清盘呈请的导火索是一笔本金 16 亿港元的贷款及利息。按照约定，碧桂园本应该在 2023 年年底就偿还这笔本金和利息，但由于深陷债务危机，直到 2024 年 2 月底前仍未偿还。

碧桂园与建滔集团之间的借款开始于 2021 年年底，当时碧桂园向对方借了 18.8 亿港元，在偿还了第一笔约 3 亿港元的债务之后，财务逐渐紧张的碧桂园就没能继续还钱。一直到 2023 年 8 月份，碧桂园想了一招“债转股”，其宣布以 0.77 港元 / 股的价格发行 3.51 亿股，这个价格是个诚意价，比当时碧桂园股价略低，而发行对象就是债权人建滔集团。通过这笔交易，建滔集团也成了碧桂园的第三大股东，持股比例为 1.25%，抵扣之后的剩余债务约为 16 亿港元。

2023 年 10 月份，碧桂园宣布推动境外债务重组，但是到目前为止没有公布实质性进展，建滔集团是目前唯一提请要求碧桂园清算偿债的债权人。按照流程，香港法院会综合评估这个申请，然后决定是否颁发清盘令。碧桂园表示极力反对清盘呈请，称提出清盘呈请不代表就能成功对公司进行清盘。并且，建滔集团的债务金额在整体境外债中占比很低，“单一债权人的激进行动不会产生重大影响”。

资料来源：谢逸枫，碧桂园拼命求生存，腾讯网，2024-09-13。

潜在的投资者是企业会计信息的主要使用者群体，他们可能基于企业的当前财务信息预测企业未来的盈利能力，判断公司的股价走势，对是否投资做出决策。本教材的分析与估值是站在现有和潜在投资者的角度进行分析的。

2．供应商

企业从上游供应商处取得货物，通常的商业交易是赊销交易，供应商关注的重点是能够及时收回赊销的货款，因此，供应商更加关注企业的偿债能力，基于对企业信用状况的判断和交易历史经验决定是否给予赊账以及赊账期限。企业从供应商那里获得的商业信用的能力会影响公司的现金流量状况。

3．员工

员工作为人力资源的提供者，需要获得相应的补偿，企业的薪酬水平和支付能力会影响到企业员工的切身利益，同时企业为了激励员工通常会提供股权激励，即授予符合条件的员工以优惠条件购买本公司股票的权力。

由于初创企业和高科技企业资金短缺，因此他们经常使用股权来激励高级管理人员和核心技术骨干，常用的股权激励方式包括限制性股票和股票期权，限制性股票是允许符合条件的受激励对象按照一定价格购买本公司的股票，设置一定的锁定期限（目前我国通常为一年），锁定期结束后受激励对象可以自由转让股票。股票期权是给予符合条件的受激励对象按照一定的价格在未来一段时间内购买公司股票的权力。限制性股票的授予价格原则上不得低于有效的市场参考价的 50%；股票期权的行权价格原则上不得低于有效的市场参考价。不同于限制性股票，股票期权是一种看涨买入权，限制性股票可能因为股票价格下跌而产生损失，股票期权在股票价格低于行权价格时可以放弃行权，受激励对象不会产生损失。

股权激励计划的目标是对员工进行长期激励，构造他们与股东的共同利益，提升公司的业绩，但是员工是否参与股权激励取决于员工对公司发展前景的判断和股权激励的条件，他们会关注公司的财务信息来做出是否参与股权激励计划的决策。

4．客户

客户是公司产品或者服务的使用者，客户关注企业的经营状况是出于能否获得可靠稳定的产品和服务供给决策的需要，另外部分公司可能会要求客户预付货款之后发货，这种情况下客户为企业提供了融资支持，在交付约定的产品或服务前，客户同时也是公司的债权人，会关注企业能否按照约定期限交货或提供服务。

随着企业社会责任（corporate social responsibility，CSR）理念影响的扩大，企业需要关注供应链上游企业的劳动者权益保护、环境保护措施和成效，目前越来越多的上市公司发布企业社会责任报告，满足投资者对企业社会责任信息的需求。

1.2.3　信息中介：财务分析师

证券发行过程中为了让投资者更好地了解发行公司的状况和未来的发展前景，就职于投资银行（券商）的分析师和就职于独立机构以出售财务分析报告为目的的分析师（统称为卖方分析师，sell-side analysts）会发布对公司未来盈利的预测报告，向外部客户进行股票定价和推荐。股票发行上市后，就职于对冲基金和私募基金的分析师（买方分析师，buy-side analysts）也会对内部投资交易部门发布盈利预测报告，为基金资产配置的买入决策提供信息。无论是卖方分析师还是买方分析师，财务会计信息是他们分析报告的主要信息来源，但是相对于个人投资者，他们会对分析标的公司进行现场访问，以获得更多的佐证信息。会计信息使用者类型及其关注的重点如表 1-3 所示。

表 1-3　会计信息使用者类型及其关注重点

使用者类型	关注重点
股东	公司的盈利能力、可持续发展能力及分红政策
管理层	公司的盈利能力、管理效率、风险
债权人	公司的盈利能力、风险
监管机构	公司的经营、信息披露是否合规
政府	公司是否依法纳税
潜在投资者	公司的盈利能力、成长性
员工	公司的薪酬政策和水平
财务分析师	公司的盈利能力、未来发展潜力
信用评级机构	公司的偿债能力和信用状况

⊙案例 1-3

长城证券——金龙鱼公司深度报告：鲤跃龙门　鲲鹏九天

长城证券在 2021 年 3 月发布了金龙鱼公司的证券研究报告，其中对金龙鱼公司 2020—2022 年的财务数据进行了预测（见图 1-3），并发表了核心观点。

盈利预测	2018A	2019A	2020E	2021E	2022E
营业收入（百万元）	167 074	170 743	194 921	222 073	252 675
（+/–%）	10.8%	2.2%	14.2%	13.9%	13.8%
净利润（百万元）	5 128	5 408	6 001	7 615	8 827
（+/–%）	2.5%	5.5%	11.0%	26.9%	15.9%
摊薄EPS（元/股）		1.11	1.15	1.40	1.63
PE		73	70	58	50

图 1-3　金龙鱼公司 2020—2022 年盈利预测

注：年份后的“A”表示实际（actual）数据，“E”表示预测（estimate）数据。

长城证券发表的核心观点包括以下内容：

千亿营收，公司发展态势好，利润率较低，未来提升空间大。公司近五年营业收入均突破千亿元，公司 2019 年的营业收入为 1 707.43 亿元，整体发展态势较好，管理能力强，是粮油业当之无愧的巨无霸。公司目前销售净利率、毛利率等利润率水平较低，2019 年分别为 4.1%、11.4%，尚不及所在行业的平均值，增长空间较大，未来公司可依托自身销售渠道、产业链、原材料等方面的优势，提升利润率。

厨房食品行业作为日常消费品产销量稳定，饲料油脂行业景气度上升，未来行业将以小包装食品、专用产品为主。厨房食品作为生活必需品持续稳定增长，2018—2019 年保持 10% 以上增长，饲料油脂发展空间广阔。行业未来将以小包装食品、专用产品为主，同时会利好电商平台市场，原因在于：①消费者消费理念的转变——居民收入的提高 + 对食品安全的重视；②消费者生活、娱乐方式的改变——分享生活等新社交模式兴起；③新型的产品购买方式和宣传方式——直播、电商平台的迅速崛起。

金龙鱼公司的核心优势：处于行业龙头地位 + 品牌力强大 + 多元化销售渠道。作为厨房食品、饲料油脂行业的龙头企业，多项产品如小包装食用油、包装米和面粉的市场销售份额位居第一，资源优势明显；公司致力于成为综合性食品集团，产品多样、品牌众多，品牌影响力、延伸力强大；公司拥有多元化、全渠道的销售网络，能够保证产销量为企业构筑护城河；公司注重研发创新，保障产品附加值。

投资建议：长城证券预测 2020—2022 年金龙鱼公司分别实现营业收入 1 949.21 亿元、2 220.73 亿元和 2 526.75 亿元，实现净利润 60.01 亿元、76.15 亿元和 88.27 亿元，EPS 分别为 1.15 元、1.40 元和 1.63 元，对应 PE 分别为 70 倍、58 倍和 50 倍。首次覆盖，给予“推荐”评级。

资料来源：https://bigdata-s3.wmcloud.com/researchreport/hy/65b024a14afde19352299f4c07320f1e.pdf。

在企业外部有许多专业人士都会对企业进行分析和估值，除了证券分析师、投资顾问、资金经理和股票经纪人外，会计师和评估师也会对公司进行估值。外部分析师可以分为两种主要类型，第一类是股票分析师，包括前面的卖方分析师和买方分析师，第二类是信用分析师，例如债券评级机构（例如标准普尔、穆迪投资者服务公司等）的信用分析师等，他们评估企业价值主要关注企业的债务风险以及价值。

1.2.4　外部监管者

1．税务机构

及时足额纳税是每个企业应尽的责任和义务。由于各个国家和地区的税率可能存在差异，这给跨国经营的公司进行税收筹划提供了可能，通过合理的税收筹划降低税收负担从而提升公司的价值。同时各国的税务机构会对企业是否存在偷税漏税行为进行监管，财务会计信息是税务机构监管的重要依据和信息来源，虽然税务核算和会计核算分别遵循税法和会计准则，两者之间存在差异，但企业需要按照税法的规定计算出应缴纳的企业所得税和其他税收，避免因为税务违规造成损失。

2．证券监管机构

（1）美国证券监管。证券市场可能会由于信息不对称而运转失灵，同时内幕交易也会损害投资者权益。投资者利益保护需要建立高效的证券监管机构，美国《1933 年证券法》和《1934 年证券交易法》确立了统一的证券发行注册制和以信息披露为中心的制度框架，形成了证券监管的两个核心理念：向公众发行证券的公司必须告知公众有关公司的真相、发行的证券以及投资该证券可能面临的风险；销售和交易证券的经纪商、交易所必须诚实公平地对待投资者。美国证券交易委员会（Securities and Exchange Commission，SEC）有三个基本宗旨：投资者保护，维持市场公平、有序高效地交易以及促进资本形成。[⊖]

（2）中国证券监管。我国建立了以《中华人民共和国公司法》和《中华人民共和国证券法》为核心的证券监管法律制度，建立了从证券发行、交易到退市等相对完整的证券监管体系，中国证券监督管理委员会（简称“中国证监会”）和证券交易所是证券监管的主体。我国对上市公司的监管主要体现在三个方面，即信息披露、公司治理与市场退出。同时我国的证券监管除了体现投资者权益保护原则之外，还肩负着实现国家重大发展战略的重任。从证券市场建立初期为国有企业提供融资服务到科创板的设立都体现了服务于国家重大发展战略意图的要求。

不同目的使用者对会计信息的需求存在重大差异，外部使用者依赖的会计信息是由企业按照会计准则和证券监管法规要求统一发布和提供的，这部分使用者需要根据自己的需求进行调整和分析，得出对决策有用的信息。

对财务报表进行调整的前提是对财务报表编制的基本原理和报表的结构有充分的理解。本教材的出发点是证券投资者投资决策需求，即帮助投资者理解财务信息，对公司的价值进行评估，为证券投资决策提供支持。

⊖ https://www.investor.gov/introduction-investing/investing-basics/role-sec。

1.3 财务分析与估值的基本框架

不同的会计信息使用者对会计信息的需求存在差异，财务分析的目的也不同，不同的目的决定了财务分析的重点和方法存在差异，比如信用评级机构和债权人更加关注公司的偿债能力和信用风险，而股东更关注公司的盈利能力，财务分析的原始数据来源都是公司按照会计准则规定对外披露的统一财务报表，这些报表中的信息都是历史信息，而基于投资估值目的的财务分析需要关注公司未来的发展潜力和风险，本教材从股权投资估值的角度讨论财务分析的原理和方法，在对历史信息分析的基础上预测公司未来的现金流量，采用合理的方法进行估值，为股权投资者做出决策提供依据。公司财务分析与估值过程通常包括公司所在行业经济特征和竞争动态分析、公司的竞争优势和战略分析、评估公司的财务报表质量、分析公司的盈利能力和风险、编制预测财务报表、评估公司价值这六步，如图 1-4 所示。

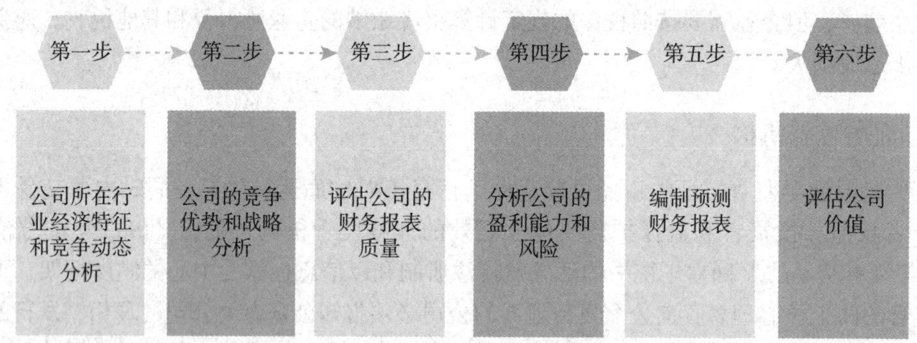

图 1-4 公司财务分析与估值六步法

1.3.1 公司所在行业的经济特征和竞争动态分析

行业的经济特征和竞争态势决定了行业整体的盈利能力和发展前景。波特五力模型是行业的经济特征和竞争动态分析的常用方法。价值链分析涉及公司产品和 / 或服务的创建、制造和分销。

1.3.2 公司的竞争优势和战略分析

公司提供的产品和 / 或服务的性质，包括产品的独特性、利润率水平、品牌忠诚度的建立和成本控制。此外，还应考虑供应链整合、地域多元化和行业多元化等因素。

公司的竞争优势和战略分析需要回答以下问题：为了在行业中脱颖而出并取得成功，公司形成了什么样的商业模式？公司有竞争优势吗？如果有，它们的可持续性如何？其产品的设计是为了满足特定细分市场的需求（例如民族食品或保健食品），还是面向更广泛的消费市场（例如典型的杂货店和家庭餐馆）？公司是否后向整合为其产品制造提供稳定可靠的原材料来源（例如一家钢铁公司拥有铁矿）？公司是否已整合到面向最终消费者的零售业（例如经营零售店来销售其产品的运动鞋制造商）？公司是否在多个地理市场或行业进行多元化经营？具体的分析方法和理论见第 2 章相关内容。

1.3.3 评估公司的财务报表质量

高质量可靠的财务报表是财务分析和估值的基础，分析师需要了解会计准则才能客观评价公司财务报表提供的信息质量。在分析资产负债表账户时，确认、估值和分类等问题是正确评估的关键。资产负债表分析的重点是该资产负债表是否完整地反映了公司的经济状况。在评估利润表时，重点是正确评估盈利质量，分析利润的结构和可持续性。对现金流量表的评估有助于了解公司流动性状况，分析其一段时期内的经营、投资和筹资活动对现金流量的影响，本质上是需要回答资金从哪里来、到哪里去以及公司整体流动性状况如何等问题。

1.3.4 分析公司的盈利能力和风险

对公司盈利能力和风险分析是估值的前提，最常见的分析法包括比率分析法、趋势分析法和结构百分比分析法（又称“纵向分析”），比率分析包括流动性、资产管理效率、盈利能力、债务比率和风险比率。

关于盈利能力分析需要考虑两个关键问题：一是公司整体（资产）的盈利能力如何？二是从股东的角度来看公司的盈利能力如何。通过将资产和股东权益盈利能力指标分解可以发现影响盈利能力的因素，除了财务比率分析外，纵向比较（与历史数据比对）或横向比较（相对于其他公司或行业平均水平）可以反映公司的盈利能力和风险的变动趋势以及在行业中所处的位置。

1.3.5 编制预测财务报表

公司公开对外提供的财务报表是历史信息，而对公司的估值是面向未来的，需要对公司未来的发展情况进行预测，虽然对公司未来的发展情况进行预测具有挑战性，但分析师必须对公司及其所处行业的未来变化做出合理假设，并确定这些假设将如何影响公司未来的现金流和融资需求。通常分析师采用编制预测财务报表的形式对公司的未来进行预测，具体包括预测利润表、资产负债表和现金流量表，估值预测的重点是预测公司的未来自由现金流。

1.3.6 评估公司价值

虽然估值方法有很多种，但最常见的方法是贴现现金流量法，这些现金流可以是流向股东或企业的自由现金流。其他方法包括相对估值法，例如市盈率和市净率等方法。估值方法的选择受到公司发展阶段的影响，不同的估值方法选择时需要考虑适用环境的差异，尽可能选择多种方法进行估值。

1.4 我国股票发行制度的演变

股票发行审核制度和发行定价制度是公司进入资本市场的准入监管制度。发行审核制度规定谁有资格发行股票以及发行数量，而发行定价制度决定公司的股票发行价格确定机制和方法。我国的证券发行制度也从审批制（1990—2000年）逐步过渡到核准制（2001—2022年2月）与注册制（2019年6月科创板先实行）并行阶段，全面的注册制从2023年3月份开始实施。

1.4.1 审批制

证券发行审批制是2000年以前中国的证券发行监管模式。在此阶段拟发行公司征得主管部门同意后，向所属证券管理部门正式提出发行申请，被受理审核同意后，转报中国证监会核准发行额度，公司可正式制作申报材料，提出申请，经审核、复审，由中国证监会出具批准发行的有关文件，方可发行。1996年8月国务院证券委员会㊀发布了《关于1996年全国证券期货工作安排意见》，确定了新股发行计划改为"总量控制，限报家数"的管理办法，即由国家计委㊁、证券委共同制定股票发行总规模，证监会在确定的总规模内，根据市场情况向各地区、各部门下达发行企业个数，并对企业进行审核。这一阶段的发行制度具有典型的计划经济色彩，导致股票发行成为稀缺资源，盈利要求（连续三年盈利并且预期利润率应当等于或高于同期银行存款利率）是上市的核心监管指标。审批制下，新股定价主要采用的方式为固定价格、固定市盈率（每股价格与每股收益的比率）倍数定价。

1.4.2 核准制

《中华人民共和国证券法》于1999年7月1日正式实施，该法第十一条规定"公开发行股票，必须依照公司法规定的条件，报经国务院证券监督管理机构核准"。2001年3月16日，中国证监会发布《股票发行核准程序》，股票发行核准制正式启动。在核准制下，拟发行公司与有资格的证券公司签订辅导（保荐）协议，辅导时间为一年，辅导期满后拟发行公司提出发行申请，证券公司依法予以推荐（保荐），中国证监会进行合规性初审后，提交发行审核委员会审核，由发审委专家投票表决，最终由中国证监会进行核准后，决定其是否具有发行资格。核准制的重心在于强制性信息披露，旨在强化中介机构的责任，减少行政干预。证券发行逐渐引入询价机制，主要包括初步询价和累计投标询价两步，初步询价是指发行人及其主承销商向询价对象进行询价，并根据询价对象的报价结果确定发行价格区间及相应的市盈率区间，再进入累计投标询价环节，确定发行价格，自2014年3月以来，新股定价以23倍市盈率为上限。

1.4.3 注册制

证券发行注册制是指政府对发行人发行证券，事先不做实质性审查，仅对申请文件进行形式审查，发行者在申报申请文件以后的一定时期内，若没有被政府否定，即可以发行证券。

2018年11月5日，习近平总书记在上海举行的首届中国国际进口博览会开幕式上宣布，将在上海证券交易所设立科创板并试点注册制；2019年6月13日，科创板正式开板。2020年8月24日，深圳创业板正式实施注册制。2021年11月15日，北京证券交易所揭牌开市，同

㊀ 1998年3月撤销，其工作由中国证监会承担。

㊁ 2003年3月改组为国家发展改革委。

步试点注册制。注册制取消了2014年以来的23倍发行市盈率的窗口指导，也不再对企业的盈利情况做过多的强制性规定，而是改为以确保信息披露的真实、完整、准确为核心的监管制度。

2019年12月28日，第十三届全国人大常委会第十五次会议审议通过了修订后的《中华人民共和国证券法》，全面推行证券发行注册制度，修订后的《中华人民共和国证券法》于2020年3月1日起施行。中国证监会于2023年2月1日就全面实行股票发行注册制主要制度规则向社会公开征求意见。这标志着经过4年的试点后，全面实行股票发行注册制改革正式启动，股票发行注册制将正式在全市场推开。

注册制最重要的特征在于证券发行审核机构只对注册文件进行形式审查，不进行实质判断，投资者依据披露信息自行做出投资决策。美国和日本等比较发达的国家是注册制的代表。注册制下，注册制新股发行采取了市场化的IPO询价制度，将定价权下放给市场主体，不再行政管控发行价格，逐渐发挥市场的定价功能。

我国的注册制实行证券交易所审核、中国证监会注册两个环节的审核注册架构，在证券交易所审核环节，证券交易所需要承担全面审核判断企业是否符合发行条件、上市条件和信息披露要求的责任，并形成审核意见。中国证监会负责监督证券交易所审核标准是否一致。

注册制与核准制相比，大幅优化了发行上市条件，仅保留了企业公开发行股票必要的资格条件、合规条件，将核准制下的实质性门槛尽可能转化为信息披露要求，监管部门不再对企业的投资价值做出判断，沪深主板设置多元包容的上市条件，并与科创板、创业板拉开距离。注册制是以信息披露为核心的监管，审核工作主要通过问询来进行，督促发行人真实、准确、完整披露信息。审核注册的标准、程序、内容、过程、结果全部向社会公开，公权力运行全程透明，严格制衡，接受社会监督。

1.4.4　不同股票发行制度的对比

股票发行的注册制与审批制和核准制相比，在上市标准、上市条件以及发行定价方面更加市场化（见表1-4），监管部门主要承担的是形式审核职能，强调以信息披露为核心的监管思想，同时更加强化退市制度的执行，通过市场化机制实现上市公司的优胜劣汰。

表1-4　不同股票发行制度的比较

	审批制	核准制	注册制
发行指标和额度	有	无	无
发行上市标准及盈利性要求	有，必须实现盈利	有，必须实现盈利	有，未实现盈利也可上市
主要推（保）荐人	政府或者行业主管部门	券商	券商
对发行主体做出实质判断的主体	中国证监会	中国证监会、中介机构（会计师、券商等）	中国证监会、中介机构（会计师、券商等）
发行监管制度	中国证监会实质审核	中国证监会、中介机构实质审核	中国证监会形式审核、中介机构实质审核
市场化程度	行政决定	逐步市场化	完全市场化
发行定价制度	市盈率倍数	询价制度加市盈率定价上限，新股发行市场化机制开始建立	询价制度，取消市盈率上限，新股发行市场化机制逐步完善

1.5 股票价值与会计信息

1.5.1 股票与公司所有权

股票是公司所有权的凭证，持有股票的投资者按照其拥有股票的份额享有公司的分红权、表决权，通过行使表决权来影响公司的重大决策，享有经营成果的分配权，因此股票的价值取决于其背后公司的价值。股票投资大师沃伦·巴菲特说：买股票就是买企业，投资人应把自己当成经理人，深入了解企业创造财富的活动[㊀]。从长期来看，企业价值决定股票价格，股票的估值是对企业价值创造能力的评估。投资人可从财务报表解析企业竞争力，或从企业公布的财务数据发现其不合理之处，从而做出正确的投资决策（刘顺仁，2018）。

只有当企业取得的回报超过投入资本的成本时才会真正创造价值，这一思想自经济学家阿尔弗雷德·马歇尔（Alfred Marshall）在 1890 年提出后得到了广泛的应用和检验，但是金融市场投资者、公司管理人员、董事会成员在金融市场过高涨时往往会忽略这一基本原则。17 世纪的郁金香泡沫到 21 世纪初的互联网泡沫以及美国次贷危机引发的全球金融危机，还有我国 2015 年的股灾都是典型的例证。

企业创造的回报高于其资本成本的价值创造原则看似简明扼要，但是在实际应用时面临很多挑战，其中一个挑战是短期回报和长期回报之间的不一致，另外信息不对称也导致投资者对于公司的价值判断存在困难。比如公司可以通过削减当期研发投入提高当期利润来支撑短期股价，或者是通过提高生产效率降低成本提升利润，前者可能危及公司未来的发展潜力和盈利能力，而后者则会让公司在竞争中获得更大的优势，而信息披露的不透明可能导致投资者无法判断利润提高的真正原因，管理层可能利用信息优势操纵利润误导投资者。

1.5.2 有效市场与会计信息

自从尤金·法玛（Eugene Fama）于 1970 年提出有效市场假说后，金融理论和实践对于证券市场是否有效以及有效程度都存在争议。2013 年，尤金·法玛、彼得·汉森（Peter Hansen）和罗伯特·席勒（Robert J. Shiller）获得诺贝尔经济学奖，他们的研究成果奠定了人们目前对资产价格理解的基础，尤金·法玛的有效市场假说认为资产价格依赖波动风险和风险态度，而罗伯特·席勒的行为金融理论认为资产价格与行为偏差和市场摩擦相关。彼得·汉森的观点则介于两者之间。兴业银行首席经济学家鲁政委评价称：法玛勾勒了人完全理性时精妙有序的“有效市场”，提供了金融市场分析的基准……席勒则系统记录了人在动物精神驱动下金融市场的“非理性繁荣”乱象。夹在中间的汉森，他的研究显示了理性人试图克服“动物精神”的努力。[㊁]

有效市场假说认为股票价格反映了所有信息，任何投资者不可能持续赚取超额投资收

㊀ 格雷厄姆. 聪明的投资者：第 4 版［M］. 王中华，黄一文，译. 北京：人民邮电出版社，2016.

㊁ 2013 年诺贝尔经济学奖“花落三家”，https://www.cas.cn/zt/sszt/2013/jjxj/201310/t20131021_3960341.shtml，2013-10-21。

益。根据这一假说，股票价格反映了其公允价值和所有信息（公开和未公开信息），任何投资者不可能找到价值被低估的股票，投资者不能通过择时和择股战胜市场，投资者获得高收益的唯一选择是购买高风险的证券。有效市场假说还认为证券价格总是能够正确反映证券的价值，不存在错误定价的证券。这一假说存在较强的假定，包括活跃市场存在大量理性的利润最大化的投资者，所有市场参与者都拥有同样的信息。这些假定在现实中难以完全满足，资本市场根据有效程度的高低分为三个层次：与资产定价有关的历史信息都已充分反映在资产价格中（弱式有效市场）；与资产定价有关的公开信息都已充分反映在资产价格中（半强式有效市场）；与资产定价有关的信息（包括已公开的和未公开的，包括历史的、当前的、内幕的信息）都已充分及时反映在资产价格中（强式有效市场）。如果以上假说成立，在弱式有效市场中，技术分析失效，基本面分析和内幕消息有效；在半强式有效市场中，技术分析和基本面失效，内幕消息有效；在强式有效市场中，技术分析、基本面分析和内幕消息均失效。如果市场强式有效，则投资者无须进行投资分析，只需要跟随市场构建投资组合，其回报取决于投资组合的风险程度。

市场是否有效以及多大程度上有效的争议短期内不会消失，不同发展程度的市场上的不同投资者对此看法自然会存在差异。股票价格的短期波动更多地反映投资者的情绪，但是一个公司的价值取决于公司在长期内创造的价值，如果公司不能创造价值，股票价格短期波动就是投资者之间的零和博弈。从表 1-5 和表 1-6 可以看出，美国股市 1802 年到 2012 年期间实际回报率（通货膨胀调整后）约为 6.6%，但是在不同阶段波动较大，尤其是 1966 年到 1981 年期间实际回报率为 –0.4%，而如果从互联网泡沫高峰的 2000 年到 2012 年，实际回报率为 –0.1%。

表 1-5　1802 年至 2012 年期间美国股市不同时间段的回报率

期间		实际回报率（%）
长期	1802—2012 年	6.6
子阶段	1802—1870 年	6.7
	1987—1925 年	6.6
	1926—2012 年	6.4

表 1-6　第二次世界大战后美国股市不同时间段的回报率

期间		实际回报率（%）
长期	1946—2012 年	6.4
子阶段	1946—1965 年	10.0
	1966—1981 年	–0.4
	1982—1999 年	13.6
	2000—2012 年	–0.1

资料来源：SIEGEL J J. Earnings，inflation，and future stock and bond returns［J］. Proceedings of the American Philosophical Society，2014，158（3），222-228.

1.5.3　股票价值与公司财务业绩

以沃伦·巴菲特为代表的价值投资者认为，股票不仅仅是可以买卖的一纸证券，实际上股票代表的是对公司所有权的凭证，是对公司的部分所有权。股票的价值长期来看取决于公司创造的价值，即公司的内在价值，公司的内在价值是其存续期内创造的现金流的折现值，这是一个估计值并非精确值。股票市场是公开交易证券的机制或者场所，提供了可以买入或者卖出的机会，股票交易价格并不能代表公司的价值。投资的本质是对未来进行预测，但对未来的预测存在高度的不确定性，投资时需要预留足够的安全边际，即当市场价格大幅度低于内在价值时买入股票，以保留足够的安全边际。

公司的内在价值是公司未来现金流或者利润的现值，公司内在价值的判断取决于未来现金流及其不确定性的估计。公司财务报表提供的信息是历史信息，虽然有助于使用者预测未来，但是需要使用者分析公司经营的基本面信息，分析未来公司经营规划及其实现能力和公司的运营能力，判断公司能否创造超过其资本成本的回报从而为股东创造价值。

分析师必须对企业的业务有充分的了解，例如，电信行业分析师必须了解该行业以及该公司在其中的地位，比如必须了解电信网络规模、行业的技术路径，以及未来如何传输语音、数据和多媒体，电信行业分析师还必须了解政府法规，专注于行业领域，因为了解业务的性质是分析业务的必要条件。分析师还必须了解公司的竞争优势，了解财务报表是如何衡量企业的经营成果的，通过选择适合的估值方法将这种理解转化为估值结果，为投资决策提供支持。

本章小结

财务报告是公司外部信息使用者最主要和最广泛的信息来源，财务报告的核心是财务报表。财务报表是企业通过会计核算系统运用《企业会计准则》将企业的业务和经济事项进行分类汇总后形成的高度汇总报表，包括资产负债表、利润表、现金流量表和所有者权益变动表，它们分别反映了一个公司在特定时点的财务状况和一段时间的经营成果、现金流量以及所有者权益变动的信息。

高质量的会计信息是资本市场顺利运作的基础，会计信息的使用者包括内部的管理人员和外部的资源提供者、金融信息中介和监管者。金融信息中介依赖企业提供的财务信息和非财务信息，同时收集其他来源的信息进行加工分析，发布财务预测和估值报告，从而影响市场投资者进行决策。财务分析师通过分析企业内外部宏观环境、行业特征和公司的发展战略，分析公司的历史财务业绩并预测公司未来的发展前景，对公司的股票进行价值评估，发布行业或者股票的研究报告，为买方或者卖方的投资决策提供参考依据。

思考题

1. 会计信息在资本市场上发挥着什么样的作用？
2. 四张主要的财务报表反映的内容有什么差异？它们之间的内在关系是什么？
3. 主要的会计信息使用者有哪些群体？他们使用会计信息的目的分别有哪些？
4. 许多市场参与者认为，金融市场是有效的，会计信息使用者无法通过例行分析财务报表来发现定价错误的证券。这种观点可能会导致一些人认为财务报表分析没有什么价值。你是否同意这一观点？财务报表分析在有效资本市场中发挥着什么样的作用？
5. 不同的证券发行上市制度的差异主要体现在哪些方面？这些差异对于上市公司的估值可能会产生哪些影响？

参考文献

[1] ASNESS C S，MOSKOWITZ T J ，PEDERSEN L H .Value and momentum everywhere [J]. Journal of finance，2013，68（3）：929-985.

[2] BASU S .Investment performance of common stocks in relation to their price-earnings ratios：a test of the efficient market hypothesis. [J]. Journal of finance，1977，32（3）：663-682.

[3] CHAN L K C，HAMAO Y，LAKONISHOK J. Fundamentals and stock returns in Japan [J]. Journal of finance，1991，46（5）：1739–1764.

[4] CHAN L K C，LAKONISHOK J. Value and growth investing：review and update [J]. Financial analysts journal，2004，60（1）：71–86.

[5] CHUNG H Y，KIM J B. A structured financial statement analysis and the direct prediction of stock prices in Korea [J]. Asia–Pacific financial markets，2001，8：87–117.

[6] FAMA E F，FRENCH K R. The cross–section of expected stock returns [J]. Journal of finance，1992，47（2）：427–465.

[7] FAMA E F，FRENCH K R. Value versus growth：the international evidence [J]. Journal of finance，1998，53（6）：1975–1999.

[8] PÄTÄRI E，LEIVO T. A closer look at value premium：literature review and synthesis [J]. Journal of economic surveys，2017，31（1）：79–168.

[9] RAYNOR M E. End shareholder value tyranny：put the corporation first [J]. Strategy & Leadership，2009，37（1）：4–11.

[10] 高敬忠，王媛媛. 中国 IPO 制度的变迁及改革启示 [J]. 财会月刊，2018（23）：161–166.

[11] 刘顺仁. 财报就像一本故事书 [M]. 太原：山西人民出版社，2018.

[12] 张文贤. 21 世纪 100 个会计学难题 [M]. 上海：立信会计出版社，2010.

财务分析与估值整合框架

■ 学习目标

1. 理解财务分析与估值六步法的基本框架以及六个步骤之间的逻辑关系；
2. 掌握并应用 PESTEL 宏观分析模型；
3. 理解行业竞争结构，掌握并应用波特五力模型、价值链分析等产业分析模型；
4. 掌握将宏观环境、行业特征与公司的战略结合，分析和预测公司财务业绩的方法；
5. 理解公司不同战略类型以及不同的战略在财务报表上的表现。

■ 导入案例

阿里巴巴与京东的财务报表

纵观电商行业发展的这些年，在激烈的竞争条件下，阿里巴巴和京东作为知名的电商行业巨头，以其独特的商业模式在全球范围内取得了巨大的成功。那么这两家中国电商巨头在商业模式上有什么不同？两个公司的财务报表是否体现了他们各自的独特商业模式？

1．阿里巴巴

阿里巴巴成立于 1999 年，公司使命是“让天下没有难做的生意”，旨在赋能企业改变营销和经营方式，提高企业效率。阿里巴巴为商家、品牌商和其他企业提供交易基础设施和营销平台，让它们借助新技术与用户、客户进行互动，以更高效的方式开展运营。截至 2015 年 3 月底，阿里巴巴的核心电商平台包括淘宝网、天猫、聚划算三大国内零售平台，国际零售平台全球速卖通（AliExpress），国际批发平台阿里巴巴国际站（Alibaba.com）和国内批发平台阿里巴巴（1688.com）。

淘宝和天猫直接服务于第三方商家和买家，并收取服务费，是买卖双方的交易平台，在核心电商平台之外，阿里巴巴还搭建了支付体系（支付宝）、数据服务（阿里云）、物流服务（菜鸟网络）等服务平台，为线上交易的各个环节提供服务和技术支持，如图 2-1 所示。

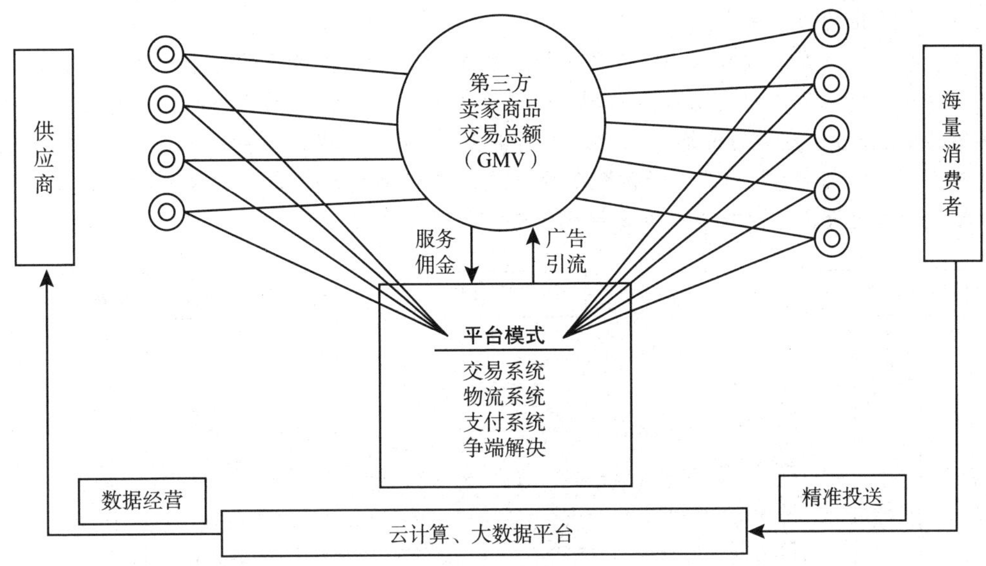

图 2-1　淘宝和天猫的平台模式

资料来源：薛云奎．如何利用财报分析互联网的商业模式［J］．会计之友，2022（16）：2-18.

在 PC（个人计算机）端时代，搜索引擎是最重要的流量入口之一。早在 2005 年，阿里巴巴就收购了著名的互联网门户网站雅虎，享有雅虎品牌和技术在中国的独家使用权；雅虎则获得阿里巴巴 40% 的经济利益和 35% 的投票权。2012 年，阿里巴巴以 63 亿美元现金和 8 亿美元优先股，回购雅虎持有的阿里巴巴 20% 的股份，并向雅虎一次性支付技术使用费 5.5 亿美元现金：并协议约定未来阿里巴巴上市时有权优先购买雅虎所持剩余的 20% 股份。

从 2010 年开始，阿里巴巴便加快了在社交应用、搜索引擎、定位服务等领域的布局，以锁定更多的流量入口。阿里巴巴先后收购 UCWeb100% 的股权和新浪微博 30% 的股权，以获得更多的客户流量。

2013 年 4 月，阿里巴巴完成对高德地图的收购，让定位服务成为营销的核心。2013 年 10 月，阿里巴巴推出社交应用“来往”。移动端消费的兴起也打开了广阔的 O2O 市场，手机淘宝围绕本地生活服务铺开了一张大网，囊括了购物、旅游、餐饮、娱乐等生活场景，通过支付宝形成交易闭环。围绕“Double H”战略，一方面，阿里巴巴收购了中信 21 世纪（后更名为“阿里健康”）38.1% 的股权，布局健康产业；另一方面，阿里巴巴先后收购了虾米音乐、天天动听（后升级为“阿里星球”）、文化中国（后更名为“阿里影业”），投资优酷土豆：收购 UC 旗下的 UC 九游，成立游戏分发平台；并投资华数传媒，进入互联网机顶盒市场。

在移动互联网时代，更多与日常生活相关的传统行业通过手机与电商产生交集，流量场景和流量入口更加多样化。阿里巴巴通过加快推进对外并购活动，投资交易范围涉及 O2O、数字传媒、医疗及物流、金融、文化、娱乐、健康等业务，使得商业生态圈不断完善。

2．京东

京东成立于 1998 年，2004 年开始涉足电商。京东的使命是“技术为本，让生活更美好”，广告语是“多快好省”。京东以自营为主，一直被认为是中国版的亚马逊；同时自建物流体系，提供配送服务，致力于提高供给端的效率。正品保证和良好的购物体验一直是京东吸引并留住用户的金字招牌。

（1）多元化的商品种类

成立之初，京东主要销售 3C 产品（计算机类、通信类和消费类电子产品）。3C 产品具有高标准化的特点，价格容易相互比较。京东抓住用户对 3C 产品价格敏感的特点，以低于传统销售渠道 10% 左右的价格，在网络上销售 3C 产品，并提供质量保证。因此，京东迅速打开市场，初步奠定“正品”“低价”形象，这是直营模式的优势（见图 2-2），并且早期渠道、物流投入巨大，一旦建成就具有规模优势，形成了壁垒。

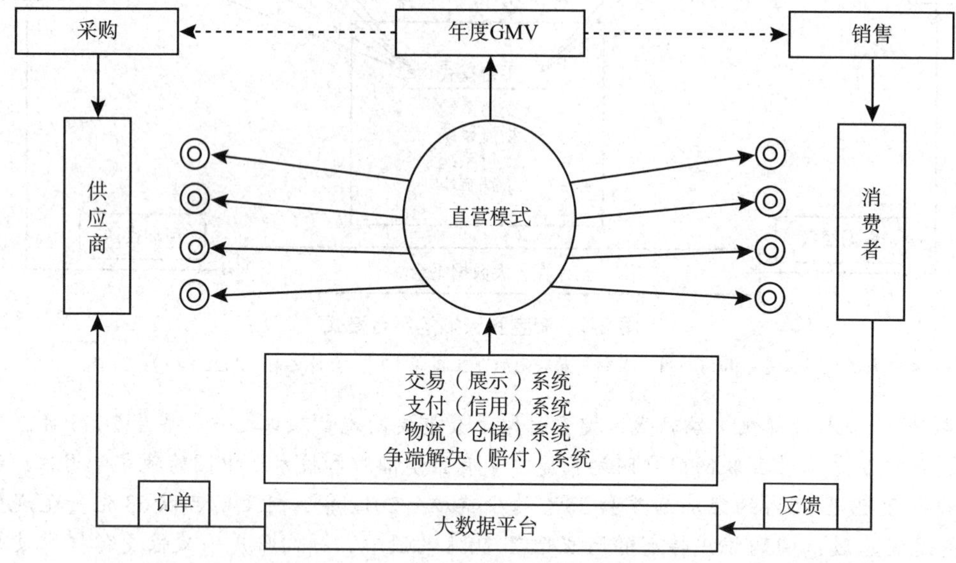

图 2-2　京东自营的“直营模式”

资料来源：薛云奎．如何利用财报分析互联网的商业模式［J］．会计之友，2022（16）：2-18.

2010 年，京东正式开放第三方平台。京东允许第三方商家入驻京东平台，直接向用户销售商品。入驻平台的商家可以借助京东的仓储、配送、客服、售后、货到付款、退换货、自提货等服务，优化用户的购物体验。截至 2014 年年底，京东有超过 60 000 个第三方商家，第三方平台成交总额达到 1 009 亿元，同比增长 217%。

（2）完善的物流体系

京东从 2007 年开始自建物流体系。与第三方物流相比，自建物流体系的前期投入非常高。2009 年，京东获得 2 100 万美元的投资，其中 70% 的资金投入建设物流体系。2011 年，京东获得约 15 亿美元的投资，并将全部资金投入物流和技术建设。京东采用分布式仓储模式，即京东在主要城市建立一级仓储中心，在三四线城市建立二级仓库，再将每个仓库细分成 1 020 个小的区域仓，每个区域仓负责为附近区域供货。这种仓储布局是一种以空间换时间的做法：供应商只需要提前将货物送到仓库，用户在平台下单后，京东便可立刻从距离用户最近的仓库发货，并以最短的时间将商品送到用户手上。

除了仓储布局，京东还开发了高效的仓储管理系统。2010 年，通过自主研发的仓储管理系统，京东逐渐摆脱纸单登记、手工拣货等落后模式。在仓储布局和仓储管理系统的支持下，京东相继推出了“211 限时达”“夜间配”“极速达”等配送服务，通过高效的物流和适时的配送服务，不断提高用户的购物体验。但高效的物流服务背后是巨额的履约费用（包括进货、验货、仓储、分拣、运输、投递等费用），2014 年，京东的履约费用达到 80.67 亿元，占总收入的 7.01%。

表2-1和表2-2是阿里巴巴和京东的利润表（简表）和资产负债表（简表）。

表2-1 阿里巴巴和京东的利润表（简表）

项目	阿里巴巴（2015FY[⊖]）		京东（2014FY）	
	金额（百万）	占收入比率	金额（百万）	占收入比率
营业总收入	76 204	100.00%	115 002	100%
零售业务	61 500	80.70%	—	—
批发业务	7 923	10.40%	—	—
云计算和互联网基础设施收入	1 271	1.67%	—	—
其他收入	5 510	7.23%	—	—
网上直销收入	—	—	108 549	94.39%
服务及其他收入	—	—	6 453	5.61%
营业成本	23 834	31.28%	101 631	88.37%
履约费用	—	—	8 067	7.01%
研发费用	10 658	13.99%	1 836	1.60%
销售费用	8 513	11.17%	4 010	3.49%
管理费用	7 800	10.24%	5 260	4.57%
营业利润	23 135	30.36%	–5 802	–5.05%
净利润	24 320	31.91%	–4 996	–4.34%

注：阿里巴巴在境外上市，会计年度截止时间是每年的3月31日，因此阿里巴巴2015年的年报反映的时间是2014年4月1日到2015年3月31日，而京东的会计年度截止时间是每年的12月31日。

资料来源：阿里巴巴和京东的财务报告。

表2-2 阿里巴巴和京东的资产负债表（简表）

项目	阿里巴巴（2015FY）		京东（2014FY）	
	金额（百万）	占收入比率	金额（百万）	占收入比率
现金及现金等价物	108 193	42.36%	16 915	25.44%
存货	—	—	12 191	18.33%
流动资产合计	142 109	55.63%	49 942	75.11%
权益性投资	33 877	13.26%	587	0.88%
固定资产	9 139	3.58%	2 408	3.62%
在建工程	—	—	1 929	2.90%
商誉	41 933	16.42%	2 622	3.94%
非流动资产合计	113 325	44.37%	16 551	24.89%
资产总计	255 434	100.00%	66 493	100.00%
应付账款	—	—	16 364	24.61%

⊖ Financial year的缩写，表示会计年度。

（续）

项目	阿里巴巴（2015FY）		京东（2014FY）	
	金额（百万）	占收入比率	金额（百万）	占收入比率
其他流动负债	34 314	13.43%	10 505	15.80%
流动负债合计	39 672	15.53%	28 995	43.61%
长期借款	1 609	0.63%	—	—
无抵押优先票据	48 994	19.18%	—	—
非流动负债合计	57 691	22.59%	—	—
负债合计	97 363	38.12%	28 995	43.62%
股本溢价	117 142	45.86%	47 131	70.88%
留存收益	24 842	9.73%	−9 272	−13.94%
所有者权益合计	158 071	61.88%	37 498	56.39%

注：阿里巴巴境外上市，会计年度截止时间是每年的3月31日，因此阿里巴巴2015年的年报反映的时间是2014年4月1日到2015年3月31日，而京东的会计年度截止时间是每年的12月31日。

资料来源：阿里巴巴和京东的财务报告。

从两个公司的报表中你能看出它们的战略和商业模式的差异吗？

一个公司的价值取决于其运用资本赚取超过资本成本的回报的能力，资本成本主要受资本市场的影响，受外部环境的影响更大；而公司的盈利能力则与公司的战略密切相关。公司的战略包括对于行业的选择，以及在特定行业采用的竞争策略和定位等。

财务报表是管理层根据会计准则要求将经济业务转化为汇总信息传递给使用者的最重要的工具，会计准则给予管理层职业判断空间让管理层报告经济业务的实质，管理层的职业判断可能由于经济利益的冲突导致会计信息的扭曲。会计信息使用者需要将财务报表的信息进行分解、还原，以判断企业的业务发展前景，从而对企业进行合理的估值。财务分析与估值需要对企业面临的外部宏观环境、产业，以及公司的发展战略进行深入了解，同时对企业的会计信息质量进行判断，在此基础上对企业的盈利能力和风险进行分析，预测公司未来的发展前景，运用合适的估值方法对企业进行估值。

有效的财务报表分析通常包括以下几个步骤：①对企业所在领域的行业经济特征和现状进行评价；②对企业在特定领域进行竞争的竞争策略进行评价；③评估公司的财务报表是否反映了公司的战略决策和行动的经济影响，该评估需要了解财务报表编制背后的会计原则和方法；④使用财务报表比率和其他分析工具评估公司的盈利能力和风险状况；⑤结合有关行业经济、市场预期和公司的战略变化等信息，预测公司未来的盈利能力和风险；⑥使用各种估值方法对公司进行估值，通过比较股票价值的可能范围与观察到的股价来做出是否投资的决定。以上这六步构成了本教材的财务分析和估值的基本框架体系。

行业分析和竞争分析是在宏观经济分析的大背景下进行的。作为一种预测方法，这种预测方法从宏观经济预测到行业预测，再到单个公司和资产预测，被称为自上而下的预测方法。分析师可以从宏观经济活动水平的预测开始，预测整个行业的销售额以及公司在整个行业中的市场份额。还可以将分析师对各个公司的预测汇总为行业预测，最后汇总为宏观经济预测，这样的方法称为自下而上的预测方法。图 2-3 说明了这两种方法，自下而上的预测方法存在假设不一致的问题。例如，不同的分析师可能假设不同的通货膨胀环境，这可能会影响最终个股估值的可比性。在自上而下的方法中，组织可以确保所有分析师使用相同的通货膨胀假设。

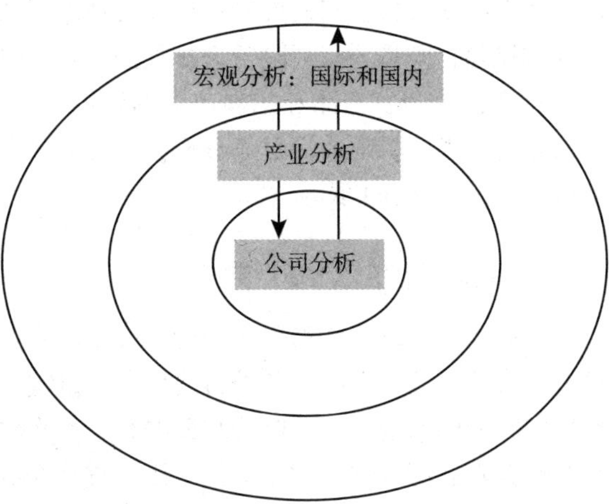

图 2-3　自上而下和自下而上的分析预测方法

自上而下的分析法中，宏观环境和行业经济特征分析是财务分析和估值的起点，而公司的竞争战略直接影响公司的财务业绩，通过战略分析可以识别公司的盈利驱动因素和风险，从而帮助投资者判断公司业绩的可持续性，进而对公司未来做出预测并进行估值。公司的经营战略会受到外部环境的影响，尤其是当公司面临复杂多变的环境时，首先需要对公司面临的内外部环境进行评估，与同行业竞争对手进行对比，关注可能产生的颠覆性环境变化对公司战略、财务业绩的影响，在此基础上进行财务预测和对公司进行估值。

一家公司的价值取决于其运用资本赚取超过资本成本的回报的能力。是什么决定了公司可以实现这一目标？企业的资本成本由资本市场决定，而其利润潜力则由企业自身的战略选择决定。①对一个行业或一组行业的选择：公司所处的行业（行业选择）。②公司经营的方式：公司打算在其选定的一个或多个行业中与其他公司竞争（竞争性定位）。③公司期望创造和利用协同效应的方式跨越其经营的业务范围（公司战略）。

2.1　企业经营环境分析

宏观环境的分析是竞争战略分析的起点，宏观环境对公司的发展和业绩具有长远的影响。任何公司的战略和决策都会受到外部环境的影响，外部环境因素的改变甚至会对公司的生存产生决定性影响。比如 2020 年初暴发的新冠疫情，以及随后各个国家和地区采取的严格防控政策对餐饮服务、旅游、影院、航空等行业的公司的经营造成严重冲击，部分公司甚至因资金流中断而破产倒闭。2022 年俄乌冲突爆发前，欧洲 43% 的天然气来自于俄罗斯[⊖]，俄乌冲突的爆发导致俄罗斯输入欧洲天然气管道北溪一号中断，天然气价格上升进而带来的电力价格上涨，欧洲国家制造业成本上升，竞争力下降。因此，无论是投资者还是公司领导者，必须对外部环境的不确定性和易变性进行分析，使投资决策和公司的经营决策保持一定的弹性，以应对环境变化带来的冲击。

PESTEL 模型是一个常用的公司外部经营环境的战略分析模型，由 PEST 模型演变而来，PEST 是政治（political）、经济（economic）、社会（social）和技术（technological）四个要素的英文首字母缩写，之后把法律因素单列，同时环境因素的重要性上升，因此，PEST 模型增

⊖ https://www.irreview.org/articles/how-the-russia-ukraine-war-affects-europes-energy-crisis。

加了环境（environmental）和法律（legal）两个要素，形成了“PESTEL”模型（见图 2-4）。该模型分别从政治、经济、社会、技术、环境和法律六个维度分析公司发展趋势以及公司面临的机会和风险，既是公司风险管理规划的工具，也是管理咨询师开发产品和拓展市场的咨询工具，同时也是财务分析师应用财务分析模型时考虑重要假设因素的分析工具。

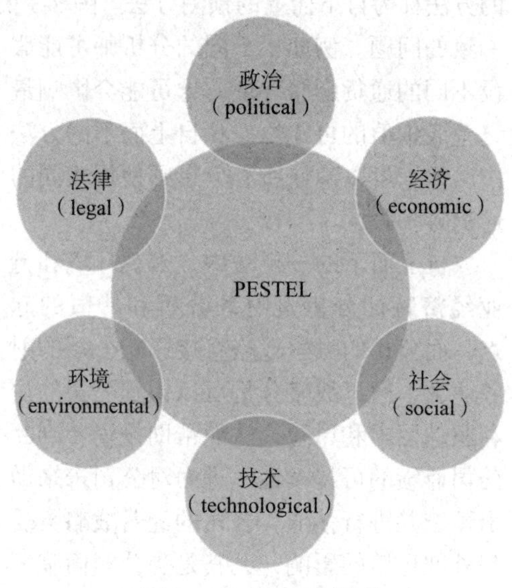

图 2-4 PESTEL 模型

1. 政治（political）要素

企业面临的政治要素主要是针对政府对企业的监管政策，政府会出于各种目的出台和修改针对特定行业的监管政策。监管政策的制定和修改会受到公众态度、特殊利益团体游说、政党变更和政治领导人变化的影响。政治要素和法律要素通常是密切关联的，但是政治要素涵盖的内容更加广泛，包括了法律法规之外的政策要素。

2. 经济（economic）要素

经济要素是企业所处国家或地区的整体经济形势，包括经济增长率、失业率、人均可支配收入、利率、通货膨胀率和汇率等宏观经济指标，其中利率、汇率、通货膨胀率等直接影响财务分析和估值的指标，会影响公司的资本成本，即估值模型中的折现率；经济增长率、人均可支配收入和失业率等宏观指标可以帮助判断企业未来的销售收入和人工成本要素，销售收入和成本的变动会影响公司经营的现金流量。

3. 社会（social）要素

社会要素是一个国家或者地区的人口结构（年龄结构、性别结构、民族结构、受教育程度以及人口地理分布状况）、文化、风俗习惯、宗教信仰、生活方式等软性因素，虽然这些因素在短期内保持相对稳定，但是他们会对公司的经营产生重要影响。

人口因素是影响众多行业市场需求的重要因素，第二次世界大战后北美的“婴儿潮”带动了 20 世纪 60 年代的流行文化相关产品（唱片、电影、衣服）、70 和 80 年代的住房需求以及 21 世纪初对退休类资产的需求。

4. 技术（technological）要素

当今技术的变革速度加快，并且对企业的影响日趋上升。二十世纪六十年代，英特尔创始人之一戈登·摩尔认为：集成电路上可以容纳的晶体管数目在大约每经过 18 个月到 24 个月便会增加一倍（摩尔定律），摩尔定律意味着处理器的性能大约每两年翻一倍，同时价格下降为之前的一半。

颠覆性技术的出现可能导致一个行业或者公司被颠覆，比如数码技术的发展使得传统相机的需求萎缩，胶卷行业一落千丈。存储技术的发展淘汰了 3.5 英寸软盘，云计算的发展使得公司不需要自行投资于算力资源，可以灵活使用第三方提供的算力。

数字技术的发展给传统行业带来了挑战也提供了机遇，比如自动化和机器人行业的发展提高了传统制造业的效率和生产方式，无处不在的网络和社交网络的发展使得网络安全成为任何一家公司必须重视的问题，同时也为互联网创业提供了广阔的市场。

5．环境（environmental）要素

气候变化是人类社会面临的共同挑战，2015 年全球近 200 个国家和地区达成了应对气候变化的《巴黎协定》，我国政府确定了 2030 年前实现碳达峰、2060 年前实现碳中和的双碳目标，2021 年把“碳达峰、碳中和”目标写入“十四五”规划和 2035 远景规划。

随着各国对环境和气候变化重要性认识的提升，各国纷纷出台相应的政策限制高排放和高污染行业的发展，推动企业低碳转型发展，这些政策的变化可能给高排放和高污染行业的企业带来重大风险，同时也给清洁能源行业提供更多的机会。中国的光伏发电和新能源汽车行业就是抓住了这一契机，取得了超常规的发展。

环境风险因素的重要性日益凸显，宏观环境分析的 PEST 模型进行了拓展，将环境和法律因素独立出来形成了 PESTEL 模型。顺应这一变化，投资行业和证券监管机构要求上市公司披露 ESG 信息，即加强环境（environmental）、社会（social）和治理（governance）信息的披露，为投资者进行投资提供更多的相关信息。

6．法律（legal）要素

不同行业受到的监管严格程度存在差异，大部分国家出于经济安全以及公众健康考虑对金融、食品、医药等行业都实行比较严格的监管，随着互联网的发展，网络平台也被纳入严格监管。

针对以上要素需要展开详细的分析，具体需要考虑的因素如表 2-3 所示。

表 2-3 PESTEL 分析要点

政治（political）要素	经济（economic）要素
• 政治环境的稳定性如何？ • 当地的税收政策如何？如何影响所分析的行业？ • 政府是否与其他国家或地区签订贸易协定？ • 对外贸易监管政策如何？ • 劳工保护和社会福利政策如何？	• 当前和预测的利率水平如何？ • 当前和预测的通货膨胀率水平如何？会如何影响市场的增长？ • 当地的就业水平如何？就业水平预期会发生什么样的变化？ • 人均国内生产总值（GDP）的长期前景如何？ • 与主要国家和地区的货币汇率水平预期会发生什么变化？这些变化会如何影响所分析的行业或者公司的生产和产品的流通？
社会（social）要素	**技术（technological）要素**
• 当地生活方式的发展趋势如何？ • 当前的人口结构如何？预期会发生什么样的变化？ • 教育水平和收入的分布状况是什么样的？ • 当地的主流宗教是什么？宗教如何影响消费者的态度和观念？ • 当地是否盛行消费主义文化，人们对待消费主义的态度是什么样的？ • 人们对待工作和休闲的态度是什么样的？	• 政府和行业对于研发的资金投入水平、研发投入占 GDP 或者销售收入的占比会发生什么样的变化？ • 政府和行业关注的技术重点领域是什么？ • 行业的技术成熟度如何？ • 当地的知识产权发展现状和问题是什么？ • 相近行业潜在的颠覆性技术是否会影响到所分析的行业？ • 技术变化的速度如何？变化速度如何影响所分析的行业？ • 技术在竞争优势中扮演什么样的角色？

（续）

环境（environmental）要素	法律（legal）要素
• 当地的环境问题是什么？ • 与所分析的行业直接相关的环境问题是什么？ • 国际环保行动组织如何影响所分析的行业或者企业？（比如动物权益保护机构）当地的环保法规是否严格？对于生产的废弃物处置和能源消耗是否有特殊的规定？	• 当地对于商业合同、反垄断和私人财产保护状况如何？ • 当地的知识产权保护法律是否严格？ • 当地的消费者权益保护的法律和执法是否严格？ • 当地的就业、健康和安全生产的法律法规对所分析的行业的影响如何？

PESTEL 模型侧重于公司的外部经营宏观环境分析，而哈佛大学迈克尔·波特（Michael Porter）的五力模型是公司战略分析的起点，用于分析公司所处行业的竞争结构。

2.2 行业竞争结构分析：波特五力模型

行业分析有助于了解公司所处行业的经济环境和发展前景。企业的经营与外部环境（投资环境、市场环境、政治环境、金融环境、经营环境）等是密不可分的。这些环境因素与产业政策、信贷政策、税收政策、区域发展密切相关。如因受美国“9·11 事件”的冲击，美国各大航空公司境况艰难，其中在“9·11 事件”发生后不到一年时间里，美国第六大航空公司——美国航空公司，于 2002 年 8 月 11 日向破产法院提交申请，要求享受破产保护，成为“9·11 事件”后首家受连累而破产保护的大航空公司。

行业内不同的公司即使在面临相同的外部环境下，行业的竞争结构和公司的竞争策略差异最终会决定不同的公司在行业中的地位和经营产生的业绩不同，例如 2020 年年初暴发的全球疫情，使我国航空业面临前所未有的挑战，整个行业的经营都出现了亏损，而以春秋航空和吉祥航空为代表的经济型航空公司比我国的国际航空、南方航空和东方航空业绩要好很多，原因之一是经济型航空的固定成本比例低于三大国有航空公司。

决定企业盈利能力的首要和根本的因素是产业的吸引力（波特，1992），后者与相关行业的盈利能力、进入壁垒等有关。一个公司的盈利能力与所处行业的整体盈利能力密切相关，不同行业之间的盈利能力存在重大差异。行业盈利能力会受行业内企业的数量、垄断程度以及企业之间的竞争程度的影响。一个行业进入的门槛和壁垒是决定行业内企业数量和竞争程度的重要因素，行业进入的门槛和壁垒可能来自行业的自然属性，比如需要重资产投入的钢铁、冶炼行业，或者与自然资源禀赋有关的采矿行业，以及国家管制严格的金融行业等。在网络和社交媒体日益发达的今天，网络效应（network effect）带来的互联网和社交媒体行业的自然垄断成为各国监管者面临的困境，如何平衡用户数量以及连接创造的价值和创造的垄断是监管者必须考虑的问题。

行业分析的目的是识别和分析行业要素将如何影响公司的竞争力。迈克尔·波特认为任何产业的竞争规律都体现为五种竞争作用力，包括现有竞争者、潜在进入者的威胁、替代品的威胁、客户的议价能力、供应商的议价能力五个要素（见图 2-5）。这五种竞争作用力综合起来决定某产业内企业获取超过资本成本的平均收益率的能力。这一分析框架通常被称为波特五力模型[⊖]，前三个要素决定了行业的横向竞争水平，后两个要素决定了从供应商到公司再到客户

⊖ hbr.org/2008/01/the-five-competitive-forces-that-shape-strategy。

的纵向竞争水平。这一分析框架突破了过去人们认为的竞争只是直接竞争者之间的相互竞争，拓宽了竞争分析和行业分析的视野。

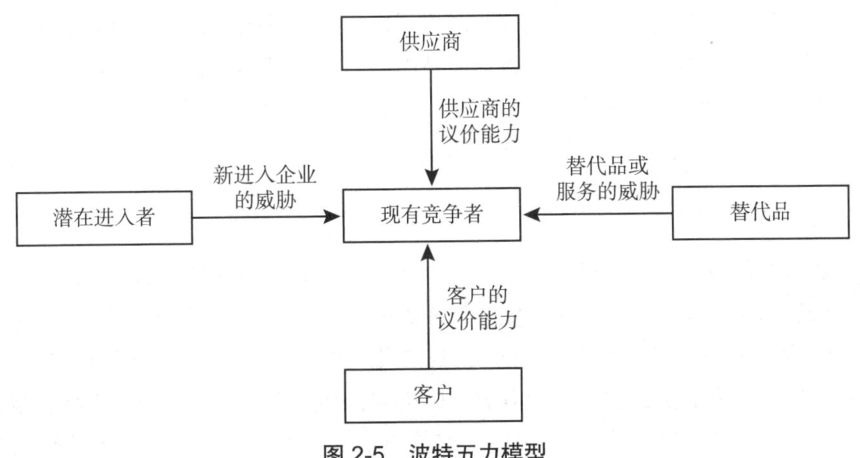

图 2-5 波特五力模型

一个行业的利润是客户愿意为该行业的产品或服务付费最高价格的函数。价格的关键决定因素之一是提供相同或相似的产品的供应商之间的竞争程度。根据微观经济理论，如果存在完全竞争的行业，预测价格将等于边际成本，赚取超常利润的机会也很少。相反，如果该行业由单一公司主导，有可能赚取垄断利润。事实上，大多数行业的竞争程度介于完全竞争和垄断之间。行业的竞争可以划分为三种：①行业内现有企业之间的竞争；②新进入企业的威胁；③替代产品或服务的威胁。

2.2.1 现有竞争者

竞争首先来自于行业现有的公司。早期进入的企业，其先行优势有助于阻止未来企业的进入而获取垄断利润，先入者容易取得成本或价格优势，制定有利的行业标准或取得资源许可。但是某些行业的高额利润必然会招致新进入企业瓜分，如存在规模经济，新进入企业必须准备大规模投资，以达到同现有企业相似的规模经济，否则投资就达不到最佳的规模效益。此外新进入企业还必须在产品开发、设备购置、广告宣传、营销渠道、树立品牌形象、更换供应商、员工培训等方面进行投资，因受现有企业长期经营能力的成本优势、技术优势、市场形象优势、与供应商长期合作而得到的优惠和便利等优势的影响，新进入企业在进入初期遭受亏损是十分正常的。

行业内现有的直接竞争对手决定行业当前的竞争水平，部分行业现有竞争对手相对集中，数量较少，比如全球的民用航空领域飞机制造商之间的竞争，大型民用客机长期被美国的波音公司和欧洲空中客车公司占据，我国的商飞公司目前正加入这一竞争行列。在全球的软饮料行业中，可口可乐和百事可乐发展成了两大巨头，在竞争者相对集中的行业，竞争者可能获取高额利润，如果妨碍竞争对手进入，可能会形成垄断，比如互联网英文搜索领域，谷歌一家独大，常常成为欧洲反垄断调查的对象。而另外一些行业竞争对手众多并且分散，比如食品行业和服装行业，有大量分散的竞争者。以下因素会影响行业内现有竞争者竞争的激烈程度。

1．行业增长速度

在高速增长的行业内，行业内的公司可以拓展新市场或者挖掘新的需求而不至于陷入相互争夺对方市场的境地，而当一个行业增速放缓之后，行业内的公司通常通过降价相互争夺对方市场份额，尤其是在技术转型阶段，依赖原有技术的公司之间面临萎缩的市场通常通过价格战进行市场争夺，比如我国当前的燃油汽车面临新能源汽车的挑战，传统燃油汽车销量增速放缓，平均售价大幅度下跌，通过降价抢夺有限且萎缩的市场。

2．行业竞争者集中度

行业内竞争者数量和相对规模决定了行业集中度，行业集中度会影响公司的定价策略和竞争策略。比如我国的成品油市场由于国家监管政策的规定形成了中国石油、中国石化、中国海油三家公司的竞争格局，俗称为“三桶油”；我国民航领域形成了中国国际航空公司、中国南方航空公司、中国东方航空公司三大国有航空巨头和吉祥航空、海南航空、春秋航空、厦门航空和深圳航空等经济型和地方航空公司并存的竞争格局，无论是从飞行里程还是飞行小时来看，2021 年三大国有航空公司占比分别为 66.29% 和 63.1%[㊀]，其他航空公司瓜分剩余的约 1/3 的市场份额。

3．差异化程度和客户转换成本

同一行业内公司规避直接竞争的有效手段是差异化策略，即公司的产品和服务区分于竞争对手的特征，差异化可能来自技术或是品牌定位，在顾客心目中形成独特的优势，从而区分于其他竞争品牌，比如苹果手机和其他智能手机的差异，以及特斯拉和其他新能源汽车之间的差异。如果行业内公司的差异化程度较低，而同质化程度高，则客户转换成本低，企业难以持续收取高价，竞争更加激烈。

4．规模经济、学习效应和行业固定成本比重

如果一个行业的学习曲线陡峭或者存在显著的规模经济效应，那么公司的规模会成为竞争优势的重要影响因素，公司会有强烈的动机来扩大规模，占据更高的市场份额，比如我国的钢铁行业的竞争。在固定成本占比较高的行业，例如航空运输等，公司通常会采取降价策略，只要价格高于单位产品或者服务的变动成本就可以回收部分固定成本。固定成本占比高的行业和公司可能会形成过剩产能，因为此类行业和公司存在较高的退出障碍，企业规模难以随着需求的波动而进行产能调整。

2.2.2 潜在进入者

竞争不仅来自行业内现有的竞争者，新兴行业和快速成长行业会吸引大量的新的公司的加入，加剧竞争的激烈程度，而来自于跨行业的跨界竞争者往往可能产生颠覆性的影响，比如共享汽车的 Uber 和滴滴公司对传统出租车行业的冲击，导致出租车行业和司机的收入下降。潜

㊀ 前瞻经济学人,「行业深度」中国民用航空运输行业竞争格局及市场份额（附市场集中度、企业竞争力评价等），2022-06-28，https://baijiahao.baidu.com/s?id=1736854598655876208&wfr=spider&for=pc。

在的竞争者数量及进入的难易程度会受到规模经济、客户转换成本、网络效应、先发优势、流通渠道以及法律及监管因素的影响，这些因素都有可能成为行业的进入壁垒。

从行业利润角度来看，最有利的情况是进入壁垒高而退出障碍低。因为新进入企业将被壁垒阻挡，而不成功的竞争企业可以退出该行业。当两种壁垒都高时，潜在利润较高但通常伴随着高风险。因为尽管挡住了新进入企业，但不成功的企业仍会留在该行业内坚持斗争，进入壁垒和退出障碍都很低的情况虽然不尽理想，但不是最糟的。当进入壁垒低而退出障碍高时，进入该行业很容易，经济状况好转时会吸引新企业加入；当情况恶化时，企业却无力撤出该行业，结果是这些生产能力滞留在行业里，导致行业盈利能力长期恶化，这种情况在我国的产能过剩行业表现得更加明显，由于地方保护的存在，"僵尸企业"不能及时退出市场，可能以低价方式抢夺市场份额，从而拉低行业的利润率。

1. 规模经济

规模经济显著的行业对潜在的竞争者进入形成了壁垒，前期的大规模投入要求市场销量达到一定的规模才能够盈利，或者投入规模未达到最优规模造成成本的劣势，两种情况都会造成难以和市场现有达到规模经济的竞争对手竞争，形成进入壁垒。规模经济可能来源于巨额的研发投入，比如医药行业和航空业；或者来源于固定资产的巨额投资，比如电信行业、炼钢行业、半导体行业；或者来源于营销投入形成的品牌效应，比如软饮料行业的可口可乐和百事可乐。行业内的在位企业可能利用规模经济优势发起价格战将新进入企业踢出市场，或者压缩新进入企业的市场份额。

2. 客户转换成本

客户转换成本是指客户转换安排或者服务时可能产生的额外成本，高客户转换成本会形成进入障碍，使潜在竞争者难以获得客户和市场份额。企业软件服务行业是具有高客户转换成本的典型行业，客户转换不同的软件可能引起对配套的软件的更新，要求更多的资本投入。

3. 网络效应

网络效应可能会造成进入壁垒，从而造成一定程度的垄断力量。网络效应的例子包括电话系统和在线市场。比如淘宝、亚马逊、拼多多等，一旦一个企业的市场达到关键拐点，网络效应就会发挥作用，并可能呈现指数增长，这些网络效应还造成了进入壁垒，使竞争对手更难吸引买家和卖家。

4. 先发优势

先发优势是首先进入市场的企业拥有对现有和潜在竞争者的商业优势，先发优势可能给企业带来品牌辨识度、顾客忠诚度或者高客户转换成本，从而维持客户的黏性，提高其市场份额。先发优势可能来源于先发者控制的资源、行业技术标准或者政府的授权，比如微软在操作系统市场的地位难以被撼动，类似金山软件开发的 WPS 操作系统在与微软的 Windows 系统的竞争中只能在局部取得一定的优势。

5. 流通渠道

先发者占有现有流通渠道的优势，开发新渠道需要的高成本形成后发者进入的壁垒。比如汽车厂商通常通过4S店进行销售，庞大的销售网络是现有汽车厂商的竞争优势。随着线上销售和物流快递行业的快速发展，原有的实体销售网络的重要性下降，比如特斯拉作为新能源企业的先锋，并未采用通过4S店销售，而是通过直营门店和线上销售相结合的模式，突破流通渠道的限制，建立与消费者的直接联系。

6. 法律及监管因素

不同的国家和地区对于某些行业会采取一定的管制措施，对于进入该行业会设置一定的门槛（限制性措施），这些限制性措施决定了行业的进入难度。比如大部分国家和地区对于金融行业都设置了较高的准入门槛，银行和其他金融服务业由于准入因素的影响竞争受限。民用航空业、铁路运输行业也是进入门槛较高的行业。

对于行业内潜在进入者的深度分析和行业竞争水平的分析是行业分析的重要基础，潜在进入者进入壁垒分析通常需要回答的问题如表2-4所示。

表2-4 潜在进入者进入壁垒分析通常需要回答的问题

主要问题	含义	判断方法	示例
进入壁垒是什么	新竞争者挑战现有公司的难度，高进入壁垒意味着对行业内现有公司的威胁较小	行业过去的1~3年内新进入者的数量和比例	高进入壁垒行业：全球长途商用飞机； 低进入壁垒行业：餐饮业
行业集中度如何	是少数公司控制相对较大的市场份额还是有很多分散的公司	行业市场集中度指数（HHI）	中国的石油行业：中国石油、中国石化、中国海油，俗称“三桶油”
行业产能处于什么级别	行业产能是否过剩或者不足？行业的产能是否能够快速趋于平衡	价格的周期性波动	造船行业、钢铁行业、我国的生猪养殖行业
市场占有率有多稳定	行业内前五或者前十的公司的市场份额是否稳定	相对市场份额	全球的骨科医疗器械行业前五的公司稳定占据绝大部分市场
行业处于生命周期的哪个阶段	处于增长期还是衰退期	行业销售增长速度	2017年后我国房地产行业进入下行周期

2.2.3 替代品

替代品即其他企业所提供的具有相似功能的产品或服务，替代品的威胁程度取决于参与竞争的产品或服务的相对价格和效用，以及消费者使用替代品的主观意愿。如果替代品与现有产品满足的需求高度类似，那么现有产品的生产厂商会被迫降价以避免客户流失。比如滴滴和Uber的出现满足了人们出行的需求，导致对传统的出租车需求的下降；同样我国高铁线路的开通对沿线城市的航空需求的替代，导致航班缩减或者降低票价以应对竞争。

替代品的威胁程度取决于替代品的相对价格、性能以及客户转换到替代品的成本高低，从客户的角度来看，两种商品或者服务是否互为替代品取决于其能否以接近的价格或者成本满足相同或者类似的需求。

替代品可能来自完全不同的产品或服务，比如对人们的闲暇时间的竞争，网络游戏、电影院线、电视节目可能互为替代品进行竞争。

⊙案例 2-1

电动汽车对燃油汽车的替代

新能源汽车作为传统燃油汽车的重要替代方案，主要类别包括纯电动汽车（BEV）、插电式混合动力汽车（PHEV）和氢燃料电池汽车（FCEV）。据预测，到 2035 年，全球新能源汽车销量将超过 7 000 万辆，市场渗透率将达到 70% 左右。到 2035 年，中国新能源汽车销量将超过 3 800 万辆，市场渗透率将达到 90%，保有量将超过 2 亿辆。

资料来源：中国动力电池产业创新联盟、工信部装备工业发展中心，2024 年 5 月，《中国动力电池产业面向 2035 发展框架研究报告》。

2.2.4　客户

满足客户需求是企业经营成功的关键因素，但是满足客户需求仅仅是产业盈利的必要条件，而非充分条件。决定盈利能力的关键问题是企业能否攫取为买方创造的价值，或是确保这种价值不落入他人囊中。产业结构决定了谁能够获取这一价值。比如行业内如果供应商和替代品拥有强大的权力，可能创造的价值会落入供应商、替代品或者客户的口袋。

客户决定了对行业产品和服务的需求，通常情况下客户相对于卖方来说拥有更高的议价能力。比如大型连锁超市拥有大批量采购需求，对供货厂商拥有较强的议价能力，可以挤压厂家的利润空间。汽车的整车厂对零部件厂商也拥有较强的议价能力。影响买方权力的因素主要包括：价格敏感性和相对议价能力。

价格敏感性：如果产品的差异化程度低并且客户的转换成本较低，客户通常对价格比较敏感。此外，客户的价格敏感性取决于供应商所供应的产品对客户成本结构和产品质量的影响，比如瓶装饮用水的包装成本占产品成本比重较高，客户对于包装瓶的价格反应就比较敏感。

相对议价能力：客户能否最终获得低价取决于他们在谈判中的地位。相对谈判地位受到可选择供应商数量、结构等因素的影响。比如，燃油汽车的整车厂相对于零部件厂商的优势地位与零部件厂商相对分散、产品的可替代性高因素相关。而目前我国电动汽车行业对于电池的供应商议价能力较低与电池厂商由于技术壁垒、规模经济优势导致的相对垄断地位有关。

⊙案例 2-2

电动汽车企业对动力电池制造商对议价能力

在 2022 年 7 月底召开的世界动力电池大会开幕式上，广汽集团董事长曾庆洪说：“电池占掉我整车 60% 的成本，那我不是在给宁德时代打工吗？”宁德时代董事长曾毓群回应：“上游的资本炒作使得（电池原材料）价格脱离了合理轨道。”，那么在新能源汽车产业链上，为什么宁德时代可以把上游原料的涨价压力转移给下游的整车厂？

目前的动力电池行业的上市公司包括宁德时代（300750）、比亚迪（002594）、中创新航（3931.HK）、国轩高科（002074）、欣旺达（300207）、亿纬锂能（300014）、孚能科技（688567）和瑞浦兰钧（0666.HK），截至2022年年底，宁德时代市场份额占比为48.2%，是中国动力锂电池行业的龙头企业，比亚迪和中创新航市场份额占比分别为23.5%和6.5%㊀，比亚迪电池主要供其自用，并且动力电池行业的集中度在不断提升。而下游的整车制造涉及多家上市公司，因此宁德时代在动力电池行业一枝独秀，相对于众多的电动汽车企业来说具有更大的话语权。

2.2.5 供应商

供应商议价能力即卖方议价能力，是指供应商可以通过提高价格、降低质量、中断供应等方式对企业施加的压力。行业中，供应商的议价能力会影响企业的竞争环境和利润潜力。

厂商对于上游供应商相对议价能力取决于供应商的数量和可替代性程度的高低，即企业更换供应商的成本。比如个人计算机行业的厂商相对于操作系统的供应商来说可选择范围有限，微软的Windows和金山软件的WPS是屈指可数的供应商，微软和金山软件具有相对强势的地位。以下情况将增强供应商的议价能力：①供应商由少数几家厂商支配，而且集中度比其他企业高；②供应商没有替代品的竞争威胁，其产品具有差别优势；③企业不是供应商的重要买主；④供应商的产品是企业业务中重要的投入或关键的原料。例如，IBM公司对计算机租赁公司具有很强的议价能力，这是由于IBM公司身为主机供应商独一无二的地位，同时它亲自参与计算机租赁行业。

⊙案例2-3

联影医疗打破GPS对高端医学影像市场的垄断

2010年我国高端影像设备国产率不到5%，高端3T磁共振设备全部依赖进口，我国百万人口磁共振拥有量不足美、日等国家的十分之一（https://www.cas.cn/cm/202111/t20211104_4812536.shtml）。医生和医院更加相信外资品牌医疗设备，本土医疗设备和器械公司只能在低端市场上相互竞争。当时外资品牌的医疗设备售价高昂，不但导致了医疗检查费用高居不下，也使得医院采购此类设备的负担沉重，高端医疗设备的普及率不但远远低于发达国家，甚至低于巴西等发展中国家。以磁共振机为例，当时一台1.5T磁共振机，在美国售价为75万美元，在中国市场则超过500万美元，国内一次PET-CT扫描收费最高可达1.2万元。

2011年成立的联影医疗在高端医学影像设备市场成功实现了逆袭，2023年联影医疗的CT销售数量市场份额为29.60%，位列国内市场的第一；同期CT销售金额市场份额为24.27%，位列国内市场第二，但与第一名的GE仅相差1.42个百分点，MR销售额国内市场占比为18.67%，排名第三，仅次于西门子医疗和GE，联影医疗的产品成功打入国际市场（https://wallstreetcn.com/articles/3713877）。随着大型医疗影像设备国产化率提升，价格大幅度下降，到2021年全国集采1.5T磁共振机首次跌破300万元；3.0T磁共振机GE公司750W中标单价从2018年度的896万元下降至587万元，全国集采3.0T磁共振机首次跌破600万元。

㊀ 资料来源：中国动力电池产业创新联盟。

迈克尔·波特的五力模型分析了来自现有竞争者、潜在进入者、替代品、客户和供应商的潜在威胁，可以帮助投资者和管理人员系统地分析企业经营面临的挑战，但是潜在的威胁并非是显而易见的，新的产品概念、竞争者、地理政治风险、上下游的谈判能力是动态变化的。另外行业的边界随着竞争也在发生改变，对于跨越多个行业经营的企业来说，外部投资者对公司行业的分析受到信息披露详尽程度的影响，五力模型中五个要素的具体影响因素如表 2-5 所示。

表 2-5 五力模型的详细因素分析

<table>
<tr><th>五力分析要素</th><th colspan="2">每个要素的子因素</th></tr>
<tr><td>潜在进入者</td><td colspan="2">• 规模经济
• 商标专有性
• 转换成本
• 资本需求
• 分销渠道
• 绝对成本优势
• 政府政策
• 现有公司预期的反击</td></tr>
<tr><td>替代品</td><td colspan="2">• 替代品相对价格
• 转换成本
• 客户对替代品的使用倾向</td></tr>
<tr><td>供应商</td><td colspan="2">• 投入的差异
• 产业中供应商和企业的转换成本
• 替代品投入的现状
• 供应商集中程度
• 批量大小对供应商的重要性
• 产业中前向整合相对于后向整合的威胁</td></tr>
<tr><td rowspan="2">客户</td><td>价格敏感性</td><td>相对议价能力</td></tr>
<tr><td>• 价格 / 购买总量
• 产品差异
• 品牌忠诚度
• 质量 / 性能的影响
• 买方的利润
• 决策者的激励</td><td>• 买方集中程度相对于企业的集中程度
• 买方的数量
• 买方的转换成本相对于企业的转换成本
• 买方的信息
• 后向整合的能力
• 替代品</td></tr>
<tr><td>现有竞争者</td><td colspan="2">• 产业增长速度
• 行业中固定成本的比重
• 周期性生产过剩
• 产品差异
• 商标的专有性
• 转换成本
• 竞争者的多样性
• 退出壁垒</td></tr>
</table>

2.3 企业价值链分析

哈佛大学迈克尔·波特在其所著的《竞争优势》一书中指出，每一个企业都是在设计、生产、销售、物流和辅助其产品的过程中进行种种活动的集合体，所有这些活动都可以用一个价值链来表示。价值链包括基本价值活动和辅助价值活动，不同业务的内在联系及企业从事这些活动的最终目的都是为了创造价值。价值链分析是指把一个公司的相关活动进行分解，关注那些能给公司带来竞争优势的业务活动。价值链包括一系列参与企业产品或者服务的创造、生产、流通以及支持性辅助活动，比如人力资源、财务、内外部物流等，如图 2-6 所示。

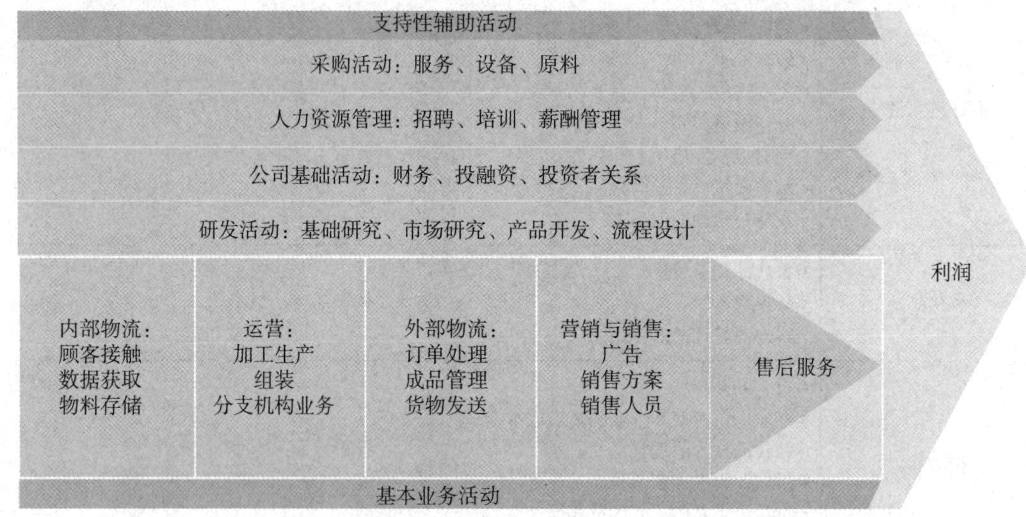

图 2-6 价值链分析

价值链分析提供了分解企业业务活动的结构化方法，通过分解可以帮助企业明确：①决定公司不同活动成本的因素及其相对重要性；②公司的成本不同于竞争对手的原因；③本公司或者竞争对手在哪些业务活动中效率高或者低；④某一活动的成本如何影响另外相关活动的成本；⑤企业哪些业务活动应该自己承担，哪些业务活动可以进行外包处理。

迈克尔·波特的价值链是传统意义上的价值链，偏重以单个企业的观点来分析企业内部的价值活动、企业与供应商和顾客可能的联结，为进行企业层次上的价值创造分析提供了一个简明的工具，但是在互联网发展带动而产生的平台型经济中，除了基本活动外，连接所产生的网络效应带来的价值成为这类企业价值的主要来源。

不同行业企业的价值链的重点业务活动存在差异，医药企业研发活动是其基本的业务活动，原研药研发活动的目标是药物发现，药物发现包括苗头化合物的筛选与先导化合物的发现和优化（见图 2-7）。新药研发一般分为“药物发现”与“药物开发”两个阶段，后者包括“临床前研究”与“临床研究”。药物发现阶段是新药研发的开始，需要进行科研含量较高的基础研究开发，旨在找到并确定针对疾病或靶点具有活性的先导化合物（Lead Compound）。药物发现过程需要大量的研发投入，平均一款新药需要投入 10 亿美元的研发费用，花费 7 到 10 年的时间来研制一款新药。为了加快研发进程，降低研发成本，医药企业为了让科学家集中精力于药物发现，通常将临床研究外包给专业公司，比如药明康德的主要业务之一就是包括临床试验服务和现场管理服务。在药物获批上市后，生产环节为了加强质量控制，医药企业通常会采用高度自动化的生产。在销售环节，医药企业雇用大量的医药销售代表与医生和医院进行沟通，推广使用新药。在医药流通环节，医药产品需要通过专门的医药流通公司进行药物配送至医院终端，医药产品才能最终送达到患者手中。如果分析师可以获得价值链不同环节的价格信息，则可以判断某一产业内最重要的价值增值环节，比如通过分析医药企业收购某些有前景的新药研发初创公司的收购价格，可以判断药物发现环节在医药价值链中的价值。临床研究公司向医药公司收取的临床研究费用则可以代表临床研究在整个医药开发价值链中的增值。原研药开发为主的医药公司通常把价值链中最有价值的药物发现和需求创造保留在公司内部，而把流通和临床研究环节外包，由此产生了医药合同外包服务（CXO），包括医药合同研发服务（CRO）和医药合同生产服务（CDMO、CMO）。CDMO是指接受医药企业委托从临床前研究开始与医药企业合作，为药品生产涉及的工艺开发、配方开发提供支持，覆盖药学研究指导、药物审批上市及生产环节。而CMO则是指医药企业将药物委托给专业公司进行大规模生产，不涉及研发环节的外包。

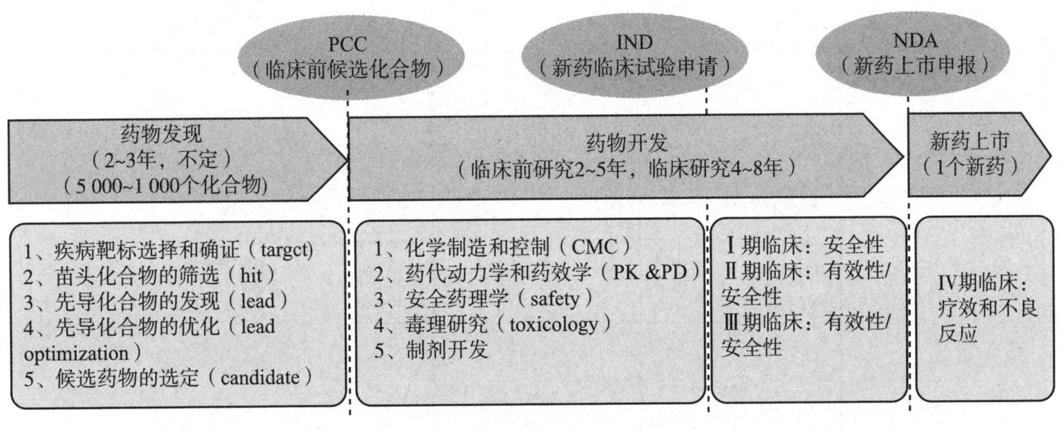

图2-7 医药行业价值链

资料来源：一文了解创新药基本开发流程，https://mp.weixin.qq.com/s/SR-p3ES55rtRV-eCqaP8LA。

2.4 商业模式分析

Timmers（1998）首次提出基于互联网背景下公司商业模式的概念，商业模式创新可以通过降低交易成本，增加价值增长点（Amit和Zott，2001），助力企业实现价值创造、获取竞争优势（Johnson等，2008），从而成就企业价值最大化（Zott等，2011）。

目前比较公认的商业模式定义是：商业模式是企业运营的逻辑，它涉及企业如何运作，如何为利益相关者创造和获取价值。㊀ Magretta（2002）认为，商业模式是用于解释厂商运行方式的故事。㊁ Doz和Kosonen（2010）认为商业模式可以从客观和主观两个角度来定义，客观角度的商业模式指的是公司的关系和流程的结构（Teece，2010），主观角度的商业模式是指塑造公司的管理决策的认知结构（Tikkannen等，2005）。通俗一点来说商业模式就是企业赚钱的

㊀ BREA-SOLÍS H，CASADESUS-MASANELL R，GRIFELL-TATJÉ E. Business model evaluation：quantifying w almart's sources of advantage.［J］Strategic Entrepreneurship Journal，2015，9（1）：12-33.

㊁ MAGRETTA J. Why business models matter［J］. Harvard Business Review，2002，80（5）：86-92.

方式。商业模式有两个基本的要素：选择和后果（Casadesus-Masanell 和 Ricart，2008，2010，2011；Casadesus-Masanell 和 Zhu，2010），前者是有关公司政策、资产、价值链上下游治理关系的选择，后者是不同政策、资产、价值链上下游治理关系选择所产生的后果，包括不同商业模式的可持续性以及对公司财务业绩的影响。公司政策是指公司运营作业所采取的行动路线，比如公司是否采用股权激励方式激励高管和员工。资产选择是指有关有形资源的选择，比如生产制造设施、航空公司对于机型的选择等，治理关系是指对公司的资产、政策决策的合约结构，比如公司送货需要车辆，可以选择购置车辆自行运输，也可以选择外包给第三方，自行运输还是外包给第三方的决策机制的约定即属于治理关系。

由 Osterwalder 提出的九要素商业模式画布理论是企业进行商业模式构建和分析的重要工具，九要素画布把商业模式分析变得可操作化，可以勾勒出企业是如何创造价值、传递价值和获取价值的。商业模式画布的九要素包括客户细分、价值主张、渠道通路、客户关系、关键业务、核心资源、重要合作、成本结构和收入来源，如图 2-8 所示。

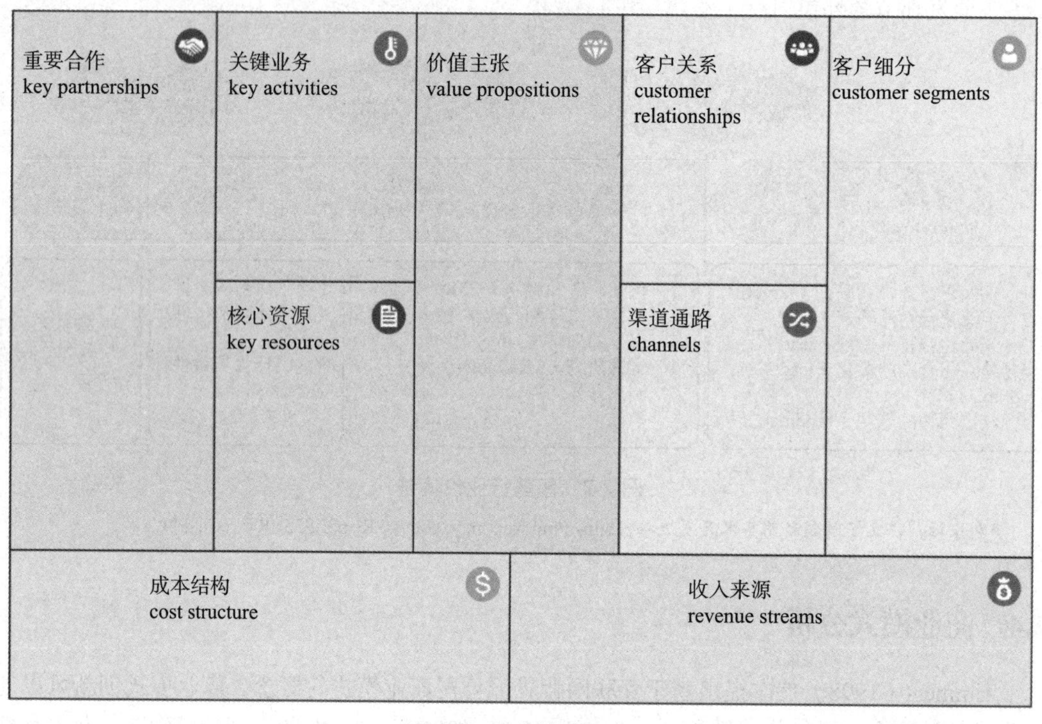

图 2-8　商业模式画布

商业模式画布九要素中价值主张、客户细分、客户关系是影响企业收入来源的主要因素，而核心资源、重要合作、渠道通路、关键业务决定了企业的成本结构，收入来源和成本结构决定了企业的利润，商业模式画布理论可以从企业微观角度解释影响企业盈利能力的因素，商业模式画布九要素具体内容如下。

价值主张（value propositions）是指企业解决客户难题和满足客户需求的商业逻辑。企业存在和发展的前提是为客户提供价值，解决客户的问题，满足客户的需求，包括物质需求和精神需求。根据客户需求动态调整产品和服务的功能，识别和挖掘客户需求并满足其需求是一般企业的业务逻辑，能够创造客户需求的企业才能够避开现有市场竞争对手，创造持久竞争优势。

客户细分（customer segments）是指企业或组织所服务的一个或多个不同的客户群体。企业的目标客户可以根据人口结构特征、地理区域等进行进一步细分，从而为不同的细分客户提供差异化的产品和服务。

客户关系（customer relationships）是指在每一个细分市场与客户建立联系和互动沟通的方式。

核心资源（key resources）是指公司提供和交付产品或服务所必备的重要资产。

重要合作（key partnerships）是指公司为满足客户需求必须建立的内外部连接。

渠道通路（channels）是指公司向客户传递价值主张并满足其需求的路径，即流通渠道。

关键业务（key activities）是指公司为了运转商业模式而必须做的事情。

收入来源（revenue streams）是指公司在满足客户真实需求之后的货币回报。

成本结构（cost structure）是指公司为满足客户真实需求所耗费的资源。

2.5　公司财务分析与估值六步法的应用

2.5.1　识别公司所在行业的竞争特征和竞争动态

行业的经济特征和竞争动态在影响行业内公司采用的策略方面起着关键作用，进而会影响行业内公司的盈利能力和风险等因素，因此不同行业公司的财务报表呈现出不同的特征。

2.5.2　公司的竞争优势和战略分析

竞争优势和战略分析的目的是确认公司的利润驱动因素和业务风险，对公司潜在利润和持续经营能力进行进一步的了解，从而为会计和财务分析奠定基础。公司的价值取决于能否获取超过资本成本的回报，而达到资本增值的能力又取决于企业的行业选择和竞争策略。在激烈的市场竞争中，企业会面临许多竞争与挑战，因而分析竞争来自何方，出于何种动机，哪个威胁更大，其随时间变化的趋势等，对帮助报表使用者准确分析公司的前景有莫大的帮助。

竞争战略重点关注的是公司单个业务层面的策略，现代公司大都涉及多个行业和领域，即业务的多元化。在分析多业务组织时，分析师不仅要评估各个业务部门的竞争战略，还需要分析企业战略，这里的企业战略指的是多元化公司的总体规划（Porter，1976）。

公司战略是指组织追求其长期目标的总体计划或方向。Schendel 和 Hofer 将战略定义为："战略为组织提供方向性线索，使其能够实现其目标，同时应对环境中的机遇和威胁。"公司战略包括定义公司的使命、愿景、价值观和目标，以及确定公司将重点关注的市场和产品，旨在建立竞争优势以及实现其目标所需的资源和能力。公司战略包括四个层次。第一个层次是愿景：愿景涉及设定组织的方向，即愿景、使命和企业价值观。第二个层次是目标设定：目标设定涉及明确界定在选定的时间范围内实现的具体且可衡量的结果。第三个层次是资源分配：这是分配人力和资本资源以支持组织目标的做法。第四个层次是战略权衡：这是公司战略规划的重要组成部分，因为公司无法总是利用所有可行的机会，领导者必须学会如何确定平衡风险与回报的最佳战略组合。

竞争战略是"组织如何在特定产品市场中创造和获取价值"，包括公司为吸引客户和通过满足其期望和加强其市场地位来提供卓越价值而采取的业务方法和举措。汤普森和斯特里克兰（Thompson 和 Strickland）的竞争战略定义强调了管理者在定义战略时的“方法和主动性”。竞争战略的目标是通过满足顾客的需求来赢得顾客的心，最终获得竞争优势并超越竞争对手公司。竞争战略是以竞争对手公司为导向的战略，管理层应采取行动计划来与市场竞争对手公司进行竞争。

公司的盈利能力不仅受到公司外部环境、所在行业的产业结构影响，在相同环境和行业中经营的公司的盈利能力取决于其竞争战略的选择和执行。

1．成本领先战略

成本领先战略也称为“低成本供应商战略”或“低成本战略”，成本领先战略是组织试图通过将成本降低到低于竞争企业的成本来获得竞争优势的战略。成本领先战略强调以极低的单位成本为对价格敏感的消费者生产标准化产品，公司可以通过比竞争对手公司更便宜的价格来赢得客户。追求成本领先战略不应被视为提供劣质产品或服务，而应被视为与竞争对手公司具有相同比较质量和适当价格的产品或服务，成本领先的关键是保持尽可能低的价格和尽可能满足消费者需求的产品质量。这可能是一个很难实施的战略，因为低价竞争要求公司具有低于竞争对手公司的成本，否则公司难以实现长期盈利。

采用成本领先战略的公司能够以低于竞争对手公司的成本生产或分销商品和服务，实现成本领先的方法包括规模经济和范围经济、学习经济、高效生产、更简单的产品设计、更低的投入成本和高效的组织流程。实现成本领先的公司通常非常注重严格的成本控制。

成本领先者可以迫使竞争对手降价并接受较低的回报，或者退出该行业。采用成本领先战略的公司在经济规模、控制和削减费用以及通过学习曲线的提升方面具有优势，这些优势是阻止新进入竞争者模仿的屏障。成本领先战略要求公司必须以竞争对手难以复制或匹敌的方式取得竞争优势。如果竞争对手可以相对容易地找到实现低成本的方法，那么公司的低成本优势将不会持续足够长的时间，无法在市场上产生有价值的优势。公司想要成功实施成本领先战略必须通过两种方式来实现这一目标：①比竞争对手更有效地执行价值链活动并控制驱动价值链活动成本的因素；②改进公司的整个价值链，以消除或绕过一些产生成本的活动。这两个步骤都有可能被竞争对手模仿，因此，在决定采用成本领先战略之前，企业应该详细分析竞争对手及其以相同战略做出反应的能力。成功的成本领先战略通常会渗透到整个公司，具体表现在高效率、低管理费用、有限的福利、不容忍浪费、严格筛选预算请求、广泛的控制范围、与成本控制相关的奖励以及广泛的员工参与等，数字技术的发展为小规模定制化产品采用成本领先战略创造了条件。

2．差异化战略

差异化战略的主要目标是在市场上创造独特的产品。差异化战略是公司寻求通过产品或服务的质量将自己与竞争对手区分开来的战略。采取这种战略的公司通过提供优质的产品和合理的价格来使自己与众不同并获得市场领导地位。

迈克尔·波特认为，采用差异化战略的公司由于客户对公司产品的信任和客户对产品的感知而能够实现与竞争对手相比更高的收入。成功的差异化战略允许公司为其产品收取更高的价格并获得客户忠诚度，因为客户可能会对差异化特征产生强烈依恋。差异化战略也不能永远保证公司的战略不会被竞争对手模仿，成功的差异化意味着更强的产品灵活性、更强的兼容性、更低的成本、更好的服务、更少的维护、更强的便利性或更多的功能。

公司成功的差异化战略取决于三个方面。首先，公司需要能够识别客户重视的产品或服务的一个或多个属性。其次，公司能够以独特的方式满足所识别的产品或者服务属性需求。最后，公司提供的差异化产品或者服务的成本必须低于客户愿意支付的价格。

实现差异化的驱动因素包括通过产品质量、产品多样性、捆绑服务或交付时间提供卓越的内在价值。差异化也可以通过投资价值信号来实现，例如品牌形象、产品外观或声誉（口碑）。成功的差异化战略需要公司扩大对研发、工程技能和营销能力的投资。差异化战略还要求公司的组织结构和控制系统能够促进创造力和创新意识的培养。特斯拉和苹果公司就是差异化战略的典型企业。

3. 成本聚焦战略

成本聚焦战略与成本领先战略有许多相似之处，但成本聚焦战略需要更有针对性的业务计划。成本领先战略旨在降低整个业务运营的成本。这种战略可能取决于公司的运营效率和公司规模。成本聚焦战略是一种更具体的营销战略，旨在针对特定人群或市场进行营销。例如，一家公司可能会根据市场研究尝试瞄准世界某个地区来推销其产品。

成本聚焦战略的目标是公司将特定产品交付给特定市场。公司可以根据地理区域、特定产品线或年龄和性别等客户人口统计数据制定成本重点策略。如果目标市场区域足够大，能够提供可持续增长和长期利润，那么这种策略是有效的。如果有些客户有竞争对手尚未承认的独特偏好，那么公司就可以通过向该群体提供他们想要的东西来获利。

公司实施差异化战略仍然需要关注并控制成本，这样才能以可接受的成本实现差异化。同样，公司采取成本领先战略也需要关注竞争对手在质量和服务方面可能产生的差异化。无论公司选择什么样的竞争战略，竞争战略的最终目标都是帮助公司建立持久的竞争优势。为了获得持久的竞争优势，公司必须具备实施和维持所选战略所需的能力。比如，成本领先战略和差异化战略要求公司必须建立实施相应战略所需的核心能力，并以适当的方式构建其价值链。企业核心能力及其价值链的独特性和差异程度决定了企业竞争力的可持续性。

2.5.3 评估财务报表质量

财务会计的价值在很大程度上取决于会计信息的质量。财务报告旨在提供与决策相关且真实反映公司财务状况的财务信息。财务报告质量对维持充满活力和健康的资本市场至关重要。

目前会计准则要求上市公司在财务报告中需要披露四张主要财务报表及其附注，这四张报表包括：①资产负债表；②利润表；③现金流量表；④所有者权益变动表。财务报告中还需要详细说明这些报表中包含的项目的注释。财务报表提供了有关公司财务状况、经营业绩和现金流量的广泛信息，使用户能够深入了解公司的盈利能力和风险。要了解会计概念和方法并对公司财务报表的质量进行评估就必须对财务报表的核心要素进行分析。本书第 3 章讨论了资产、负债和所有者权益、收入、费用和利润的计量和报告基本会计概念和方法。第 3 章和第 8 章现金流量分析中详细讨论了企业经营活动、投资活动和筹资活动相关的现金流量。

在进行财务分析和估值时首先要评价公司的财务会计信息质量，真实可靠的会计信息是财务分析和估值的前提。会计信息质量分析也是财务分析的重要内容。Hribar，Kravet 和 Wilson 等将会计信息质量定义为会计信息准确反映公司当前经营业绩、有助于预测公司未来业绩、有助于评估企业价值的程度。[㊀] Callen，Khan 和 Lu 将会计信息质量定义为财务报告向股权投资者传达有关公司预期现金流量信息的准确性。[㊁] 尽管会计信息质量的定义有很多种，但它们最终都达到一个目的：使人们能够对会计信息做出价值判断。

美国注册金融分析师协会认为：会计信息的提供者，无论规模、行业、地区或成熟程度如何，都必须遵守财务报告透明度、准确性、相关性和及时性的最高标准。通过让所有证券发行人遵守相同的标准，投资者能够获得做出明智投资决策所需的最高质量的会计信息。

会计信息质量取决于会计方法、报告信息的可靠性和透明度以及向股东提供信息的及时性。我们认为会计信息质量应该包括以下两个维度：一是会计信息应该公平、完整地反映企业的经济绩效、财务状况和风险；二是会计信息应提供相关信息来预测公司预期的未来收益和现金流量。

会计信息质量不限于公司是否使用公认会计准则并获得独立审计师的无保留意见，高质量的会计信息能够为会计信息使用者提供与了解公司的财务状况、经营业绩、发展情况和风险相关且可靠的有用信息，并有助于预测公司的未来收益和现金流量。本教材的第 14 章将详细讲解会计信息质量分析。

2.5.4 分析公司的盈利能力和风险

盈利能力和风险对于确定公司的财务状况和经营业绩非常重要。现代金融理论认为风险与回报之间存在正相关关系，为了获得更大的盈利能力，公司需要承担更大的风险。在实践中，公司必须实现用最小的风险来获得最大的盈利能力。

1. 共同比财务报表

共同比财务报表（common-size financial statements）是一种简单但强大的分析工具，它有助于突出财务报表中的关系。共同比财务报表的资产负债表将所有金额表示为总资产的百分比。利润表将所有项目表示为总收入的百分比。共同比财务报表中任何一项的金额并非独立于其他项目。例如，某个项目的金额可能会在两个期间之间增加，但如果单个项目金额的增长速度慢于总额的增长速度，则其在共同比财务报表中的相对百分比可能会下降。

2. 财务比率

评估盈利能力和风险的最有用的分析工具是财务比率。财务比率表示三个财务报表中各个主要项目之间的关系，这些比率是公司盈利能力和风险等各个维度的有效指标，并且可以作为公司未来盈利能力和风险等各个维度的有用信号。本教材第 6 章和第 7 章深入讨论如何计算和解释财务比率。

㊀ HRIBAR P，KRAVET T，WILSON R. A new measure of accounting quality［J］. Review of accounting Studies，2014，19：506-538.

㊁ CALLEN J L，KHAN M，LU H. Accounting quality，stock price delay，and future stock returns［J］. Contemporary Accounting Research，2013，30（1）：269-295.

本教材第 6 章讨论盈利能力的概念和分析工具，包括通过不同角度和方法来衡量公司的盈利能力以及变动，分析行业经济和战略因素如何影响公司的盈利能力。本教材第 7 章对风险进行了分析，主要围绕财务杠杆和经营杠杆相关的各种风险，财务杠杆带来的风险包括短期流动性风险、长期偿付能力风险、信用风险、破产风险。经营杠杆带来的风险是指公司的高固定成本带来的运营风险，即公司是否能够产生足够的收入来支付其固定运营费用并实现盈利。经营风险与企业的固定成本比例有关，固定成本高的公司，在受到外部冲击导致收入下降后，更容易出现亏损，主要是重资产经营的公司，例如钢铁企业、航空运输企业等。而固定成本占比较低的公司在受到外部冲击后出现亏损的概率低于固定成本占比高的公司。

2.5.5　编制预测财务报表

财务分析和估值框架中的六个步骤都很重要，但最关键（也是最困难）的步骤是预测未来的财务报表。财务预测是估值模型或其他财务决策的基本输入要素，投资决策的质量取决于预测的可靠性。六步法中前面四个步骤分析公司的行业、战略、会计信息质量和财务比率的主要目的是收集信息以预测公司未来的业绩。预测的财务报表依赖于我们对未来所做的假设：公司的战略会保持不变还是会改变？公司将以何种速度实现收入增长和盈利增长？相对于竞争对手，公司可能会获得或失去市场份额吗？收入会因销量、价格或两者的增加而增长吗？其成本将如何变化？公司需要增加多少运营资产（库存、厂房和设备）才能实现其增长战略？公司需要筹集多少资金来为资产增长提供资金？它会改变债务融资与股权融资的组合吗？杠杆率的变化将如何改变公司的风险？对此类问题的回答为预测利润表、资产负债表和现金流量表提供了基础。

要编制预测财务报表先要进行财务预测。财务预测是指为促进与确定公司未来业务绩效相关的任何决策而进行的预测。财务预测过程包括对公司过去业务绩效、当前业务趋势和其他相关因素的分析。准确的预测将有助于预测公司的业务是否会增长或下降（以及增长或下降多少），从而可以帮助公司设定现实且可实现的目标。同时财务预测可以帮助公司识别存在问题的领域，降低财务风险，因为如果在没有财务预测的情况下制定预算，公司可能会面临超支的风险。同时外部投资者可能使用公司的财务预测来预测其未来业绩以及投资的潜在投资回报率。

公司可能出于不同目的进行财务预测，根据预测的不同，财务预测可以分为四种类型。

1．销售预测

销售预测需要预测公司期望在未来的会计期间内销售的产品或服务的数量。销售预测方法有两种：自上而下的预测和自下而上的预测。销售预测有很多用途和好处，包括制定预算和规划生产周期，它还可以帮助公司更有效地管理和分配资源。

2．现金流量预测

现金流量预测需要估计公司在特定会计期间的现金流量。它基于收入和支出等因素。现金流预测的作用包括确定即时资金需求和预算。短期现金流量财务预测相比长期预测更为准确。

3．预算预测

作为企业未来的财务指南，预算对公司的业绩提出了一定的期望。预算预测的目的是在一切按计划进行的情况下确定预算的理想结果，它依赖于预算数据，而预算数据又依赖于财务预测数据。

4．收入预测

收入预测需要分析公司过去的收入表现和当前的增长率来估计未来的收入。它是现金流量和资产负债表预测不可或缺的一部分，也是整个预测的起点。此外，公司的投资者、供应商和其他利益相关者使用这些数据做出关键决策。例如，供应商在确定公司的供应量时会使用收入预测。

资产的价值通常可以用它为投资者提供的未来收益来解释。比如，购买一台制造设备来生产将出售给客户的产品，从而产生回报。有很多种方法可以衡量公司为投资者提供的未来收益，具体指标包括：收入、净利润、息税前利润、息税折旧摊销前利润（EBITDA）、股息、自由现金流等。

估计企业的未来收益具有挑战性。所需信息的粒度级别因行业而异。了解用于衡量企业未来收益的财务指标的总体框架至关重要。从财务估值的角度来看，需要在收入预测和现金流预测的基础上，编制预测的财务报表，包括预测利润表、预测资产负债表、预测现金流量表，为估值提供所需要的基础数据。

2.5.6 评估公司价值

资本市场参与者经常使用财务报表分析来评估公司价值。六步法框架中的前五个步骤最终形成了估值模型。财务报表预测——特别是预期的未来收益、股息和现金流——在公司估值中发挥着核心作用。为了对公司价值进行可靠的估计，从而做出明智的投资决策，必须对公司未来盈利能力、发展能力和风险进行合理且客观的预测。对未来股息、收益和现金流的预测构成了最常用的估值模型的基础。因此，本教材的重点是为分析师提供应用复杂且全面的估值模型所需要的知识。

证券价格代表了资本市场已知的有关一家公司的汇总信息。市场效率描述了资本市场的信息体现在证券价格中的程度。定价的信息量越大，证券价格反映新信息的速度越快，市场效率就越高。一个高效的资本市场将反映所有公开的、与价值相关的信息，在效率较低的市场中，股价对价值相关信息的反应会更慢。在资本市场上，大公司的业绩往往会受到买方和卖方分析师、许多机构投资者和财经媒体的广泛关注。市场在调整这些大公司的股价方面比那些规模较小的市场公司更有效，因为这些小公司没有分析师跟踪分析，没有机构投资者，也很少有媒体报道。对于通过股票市场来对财务报表进行分析，学者们存在不同的看法。一种观点认为，股票市场对财务报表信息的反应非常高效，很快就会将新的财务报表信息纳入证券价格，从而使分析师和投资者几乎不可能识别“被低估”或“被高估”的股票。也有观点认为股票市场并非完全有效，市场总体有效结论并不排除个别公司股票的暂时错误定价。研究表明，股票市场并非完全有效，证券市场异常现象包括市场价格调整的趋势滞后于新的盈利情况信息、对盈利情况公告中包含的信息系统性反应不足，以及使用财务比率组合来检测定价过低和过高的证券的能力。17 世纪荷兰的“郁金香狂热”事件、2000 年美国的“互联网泡沫”事件、房地产热潮引发的 2007—2008 年的金融危机，以及我国 2015 年的“股灾”，都是典型的市场短期内巨烈波动的实例，也说明证券市场并非完全有效。

分析师可以使用以下方法来评估公司价值。分析师使用经典的基于股息的方法来评估公司价值，该方法从投资者期望通过股息（或出售股票）获得的现金的角度来对公司进行估值。分析师也可以使用公司预期未来自由现金流量来评估公司价值，即在支付必要的款项以再投资于生产性资产并满足所需的债务偿还后，可作为股息支付的现金流量。

本章小结

本章的目的是提供六步财务分析与估值的概述和评估框架，六步法财务分析与估值框架是本书的重点，也是对财务报表进行分析并对公司进行估值的逻辑过程，这六个步骤分别是：识别公司所在行业的经济特征和竞争动态；公司的竞争优势和竞争战略分析；评估公司财务报表的质量；分析公司的盈利能力和风险；编制预测财务报表；评估公司价值。

进行宏观分析的常用模型包括 PESTEL 和 PEST 模型，行业分析常用的分法是波特五力模型、价值链分析和商业模式分析，公司的竞争战略包括成本领先战略、差异化战略和成本聚焦战略。

思考题

1. 请应用 PESTEL 模型分析我国新能源汽车行业面临的环境。
2. 请访问东方航空、南方航空、国际航空、吉祥航空、春秋航空五家公司的网站的投资者关系栏目或公司对外公开披露的信息，研究每个公司的业务策略，分析它们公开披露的财务比率，并指出为什么这几家航空公司在该期间的盈利能力指标会存在重大差异。

练习题

1. 请访问比亚迪、特斯拉和蔚来三家公司网站的投资者关系或公司信息披露部分，研究每个公司的策略。编制三家公司 2019—2022 年的共同比利润表和资产负债表，分析哪家公司更具有竞争优势以及竞争优势的来源，说明你的理由。
2. 请访问京东方科技集团有限公司、上海和辉光电有限公司两家上市公司的网站，查找这两家公司 2019—2022 年的财务报表，分析这两家上市公司的商业模式的异同，并讨论你作为个人投资者是否看好它们未来的发展前景并说明理由。

案例分析

蔚来换电业务的争议

蔚来是一家高性能的智能电动汽车公司，蔚来成立于 2014 年，2018 年 9 月 12 日于纽约证券交易所上市。

1. 蔚来的产品

创蔚的定位不同于同行业的竞争对手理想与小鹏，它准确补足了市场空白，坚持高端定位，跟国内主流的市场形成错位竞争。高举高打，它围绕用户企业，以改造用户体验为目的，买车只是一个手段。蔚来的换电服务其实是这个战略思想的一个现实体现。“换电”其实并不是蔚来先创的，早在2007年，以色列籍企业家Shai Agassi就创立了Better Place，主营业务就是为电动汽车换电池。当时Better Place融资超过了8.5亿美元，投资者包括通用电气、摩根士丹利、汇丰、以色列集团等，是历史上第五大创业公司。由于种种原因，2013年Better Place宣布破产。在国内，北汽新能源其实也在“换电”方面有所布局，2018年7月5日，北汽新能源正式发布了面向私人市场的车电分离商业模式，推出了其首款对私换电车型—EU快换版，售价为7.98万元。因此，蔚来在换电＋车电分离领域都不是第一个“吃螃蟹”的。蔚来重金押宝换电，首先是源于前期申请了上百项专利，投入重金，很难掉头，加上官方宣传的噱头需要。蔚来官方拍摄的换电视频很有视觉效果，符合蔚来目标用户“高端”“体验感”的定位。通过服务打动用户，也是蔚来被称为“车界海底捞”的原因。另外蔚来需要解决用户痛点，降低购车门槛，助力终端销售。这其中包括初始购入成本高、电池质量焦虑、电池衰减导致二手车残值过低以及电池性能迭代升级过快等。同时，蔚来的换电服务也降低了汽车的价格，并有望提高电动汽车的普及率。当然，换电模式有一个需要解决的难题，那就是成本。换电模式不仅需要搭建换电站的成本，还需要支付高昂的地租。不像公共充电站的充电桩成本可以由过来充电的所有新能源车主共同承担，蔚来换电站的成本最终也只能转移到蔚来车主身上。没有换电需求的车主，就会像加装电梯时住在一楼的业主一样反对换电站的建设。在新能源汽车竞争开始进入白热化的当下，新车价格的轻微波动，都很有可能将意向车主推向竞争对手。

2. 蔚来是否利用蔚能操纵财务报表?

在美国做空机构“灰熊研究”看来，武汉蔚能作为一个未合并的实体运作（武汉蔚能是未来的联营企业，用权益法核算，不纳入合并报表），可以帮助蔚来实现三个目的：一是一次性将用户未来数年的订阅费纳入当期财报从而夸大当期收入；二是提供一个愿意超额购买电池数量的第三方；三是从资产负债表中移出电池折旧费用。同时“灰熊研究”还将蔚来和蔚能的关系比作Veleant和Philidor的关系，将第三方作为夸大业绩的渠道。但如果确实按照灰熊研究报告所言，蔚来如此操作可能会让自己的财务报表数据在短期内很好看，但并不会影响股价以及相关估值。因为从长远来看，蔚来汽车实际总收入并没有增加。这其实是一种透支未来提高当前业绩表现的做法，但公司的盈利能力将无法保持持续的稳定形态，也就是这种通过换电业务夸大收入从而夸大利润的实践是不可持续的。

专业人士认为，这么做可以看作是蔚能帮助本体公司蔚来减轻现金流压力，将资产负债表上本来的“应收账款”变成实在的现金，去做大生意，自己不运营重资产，而专注去做换电服务性质的轻资产业务。同时，电池只是换电站建设中一个生产资料，换电站的建设除了电池，还需要其他设备、地皮、建筑等，这些投入没有完全放在报表内。有评估专家认为这也是一种正常的做法，这些投入不是因为不放在报表内，费用就不体现了（因为折旧费用不体现了），大概率还是会以租赁费用或合作伙伴费用的形式体现出来。

对于蔚来向蔚能超量供应电池，有机构做过如下测算：从2020年9月到2021年三季度末，蔚来合计卖出车辆约8.8万辆，按照其推出的电池租赁服务蔚来BaaS平均40%的渗透率计算蔚来BaaS对应的订单量大约是3.5万个订单。虽然是背对背的协议，但在保持电池合理周转的情况下，假设一个订单对应1.1的电池使用量，即10辆车需要对应11个电池。

这样3.5万个蔚来Baas有效订单最终对应实际的服役电池保有量应该为3.9万块，跟蔚能融资披露的到2021年9月30日电池服役量4万块相比并没有明显差异，可以算作合理误差。

当然，对于内幕交易是否存在，我们仅凭借能够搜索到的信息不能获得全局的认识。但如果我们从这个角度去想：蔚能虽然是蔚来发起成立的，但背后还有其他十几个股东（包括宁德时代在内），如果蔚来想要利用这家公司给自己牟利，其他股东的利益可能会受到影响，因而其他股东也不会轻而易举地同意这种所谓的“暗箱操作”。

讨论问题：

1. 请阅读《灰熊做空蔚来报告全文》（https://www.thepaper.cn/newsDetail_forward_18789720），分析灰熊研究做空蔚来的主要理由是什么？你是否同意灰熊研究给出的理由？
2. 本案例中做空机构灰熊的观点你是否认同？理由是什么？
3. 你认为蔚来的换电池业务蔚来能否成功的决定因素有哪些？
4. 请分析蔚来汽车换电池业务的商业模式是否具有可持续性？
5. 作为蔚来汽车的高管，如何有效应对做空机构的质疑？

参考文献

[1] NORMAN P M. An exercise to integrate strategic and financial analysis [J]. Management teaching review, 2018, 3 (3): 252-264.

[2] PORTER M E.Competing strategy [J]. Measuring business excellence, 1997, 1 (2): 12-17.

[3] 吴晓波，赵子溢. 商业模式创新的前因问题：研究综述与展望［J］. 外国经济与管理，2017，39（1）：114-127.

从业务到财务报表

■ 学习目标

1. 理解公司业务与财务报表之间的关系；
2. 理解并应用会计基本循环编制基本财务报表；
3. 理解主要财务报表的结构以及它们之间的关系；
4. 理解资产负债表上的各项资产、负债和所有者权益是如何计量和分类的；
5. 掌握经营活动、投资活动、筹资活动产生的现金流入和流出的差异以及对企业当期现金流量的影响。

■ 导入案例

创业者的烦恼

苏毅在大三期间就和读生物科学与技术的同学一起参加了国际基因工程大赛，并一举获得当年的全球冠军，他们的合成生物学参赛项目也获得了赛事评委和风险投资机构的追捧，大学就读期间就获得了种子轮投资 200 万元，成立了利用合成生物技术生产微生物纤维等生物材料的公司。之后公司又很快获得了天使轮融资 1 000 万元，利用这些资金公司很快就租用了办公和研发中心场地，并设计、搭建了基于微生物纤维的材料开发与中试平台，公司的人员也由最初的创始成员 3 人增加到了 10 人，不到半年的时间就生产出首批产品并投入市场，当年就实现了盈利。

很快便到了公司成立后的首个纳税年度，团队的成员疲惫不堪地坐在公司财务部的办公室里，盯着面前的纳税申报表。

“你说我们公司欠了很多税是什么意思?”苏毅说。团队成员很快叫来了公司的财务主管，拿来了公司第一年的利润表，利润表上确实显示公司盈利 100 万元，但是公司的资产负债表显示公司有应交税费将近 30 万元，账面的货币资金只有不到 10 万元，不足以支付应缴纳的税费，更不用说还要支付员工的工资了。

财务主管小李解释：“我们拿到的 200 万元的种子轮资金在研发方面就几乎用完了，拿到天使轮资金后，我们租用的办公场地一次性预付了3年的租金用掉了300万元，装修使用了50万元，后期的研发设备总共投入了500万元，今年的人员工资支出了将近100万元，产品生产采购的原料和耗材花费了50万元，今年我们的销售收入200万元，但是有一个最大的客户尚未付款，欠款100万元估计3个月后才能收回，这样我们的税款可能需要通过向银行借款来解决。”

市场经济发展的关键挑战是实现有效地将储蓄转换为投资，并将资金合理分配给不同的投资机会。资源的有效分配有助于社会快速创造就业机会和财富。通常有许多新企业和现有公司相互竞争来获得这些资金以资助其创业和经营，但将储蓄与商业投资机会相匹配可能由于以下三个原因导致低效甚至是无效的分配：①信息不对称：企业家通常比资金提供者更了解商业投资机会的价值；②潜在的利益冲突或者信任问题，企业家有动机夸大其企业价值或者盈利能力来获取资金；③专业知识不对称，个人资金提供者通常缺乏分析和辨别各种商机所需要的成熟财务知识和分析技能。解决上述信息不对称问题的一个途径是充分的信息披露，而财务信息是公司最重要的信息。

公司的财务报表是对其业务活动的经济后果的高度汇总和概括，通过公司的会计系统将业务活动分类汇总转换为财务报表数据，财务报表提供了我们用来分析和回答估值问题的基本信息。通过分析财务报表可以帮助使用者和分析师回答以下四个方面的基本问题：一个公司的资产价值是多少？公司如何筹集资金来为这些资产融资（在获取这些资产时，企业可以使用所有者的资金或借入的资金，并且随着资产的变化，这种组合可能会发生变化）？这些资产的盈利能力如何（一项好的投资的基本要求是回报率高于最低要求回报率，为了评估公司已经进行的投资是否是好的投资，我们需要估计这些投资所获得的回报）？这些资产中蕴藏着多少不确定性（或风险）？

本章3.1节首先从公司的基本业务活动分类开始，讨论业务到财务报表的基本会计循环，并以基本会计循环综合案例来帮助分析师理解从业务到财务报表的主要环节，3.2节讨论基本财务报表的结构和内容，3.3节讨论主要财务报表之间的关系，3.4节介绍会计计量属性，从而帮助报表使用者理解会计确认和计量的基本理论和原则。

3.1　公司业务与财务报表

3.1.1　业务与财务报表的关系概述

企业财务活动主要包括投资活动、筹资活动、经营活动和分配活动。

1．投资活动

投资是指企业根据项目资金需要投出资金的行为。企业投资可分为广义的投资和狭义的投资。广义的投资包括对内投资和对外投资。企业筹集资金的目的是把资金用于生产经营活动以获取盈利，进而不断增加企业价值。企业把筹集到的资金用于购置自身经营所需的固定资产、无形资产等活动，便形成企业的对内投资。企业把筹集到的资金投资用于购买其他企业的股票、债券，与其他企业联营进行投资以及收购别的企业等活动，便形成企业的对外投资。企业无论是购买内部所需的各种资产，还是购买各种证券投资，都需要支出资金。当企业变卖其对内投资的各种资产或收回其对外投资时，会产生资金的收回。这种因企业投资而产生的资金的收支，便是由投资引起的财务活动。

在进行投资活动时，由于企业的资金是有限的，企业应尽可能地将资金投资在能带给其自身最大报酬的项目上。由于投资通常在未来才能获得回报，因此，财务人员在分析投资方案时，不仅要分析投资方案的资金流入与资金流出，而且要分析企业为获得相应的报酬还需要等待的时间。当然，获得回报越早的投资项目越好。另外，投资项目几乎都是有风险的，即一个新的投资项目可能成功也可能失败。因此，管理人员需要找到一种方法对这种风险因素加以计量，从而决定选择哪个方案，放弃哪个方案，或者将哪些方案进行组合。

2. 筹资活动

在商品经济条件下，企业要想从事生产经营，首先必须解决的问题是通过什么方式、在什么时间筹集多少资金。筹资是企业为了满足投资的需要而进行的筹措和集中资金的过程。在筹资过程中，企业通过发行股票、发行债券、吸收直接投资等方式筹措资金，表现为企业资金的流入，而企业偿还借款、支付利息和股利以及支付各种筹资费用等，则表现为企业资金的支出。这种因为资金筹集而产生的资金收支，便是由企业筹资引起的财务活动。

在筹资活动中，财务人员首先要预测企业需要多少资金、是通过发行股票取得资金还是借入资金、两种方式筹集的资金占总资金的比重应各为多少等。假设企业决定借入资金，那么是发行债券，还是从银行借入资金？借入资金应该是长期的，还是短期的？借入资金的偿付是固定的，还是可变的？财务人员面对这些问题时，一方面要保证筹集资金能满足企业经营与投资的需要；另一方面还要使筹资风险在企业的掌控之中，以保证即使外部环境发生变化，企业也不至于由于无法偿还债务而破产。

3. 经营活动

企业在正常的经营过程中，会发生一系列的资金收支。首先，企业要采购材料或商品，以便从事生产或销售活动，同时还要支付工资和其他营业费用。其次，当企业将产品或商品售出后，便可取得收入，收回资金。最后，如果企业现有资金不能满足企业经营需要，还要采取借款方式来筹集所需资金。上述各方面都会产生资金的收支，属于企业经营引起的财务活动。

在企业经营引起的财务活动中，主要涉及的是流动资产与流动负债的管理问题，其中的关键是加速资金的周转。资金的周转与生产经营周期具有一致性。在一定时期内，资金周转越快，就可以利用相同数量的资金生产出更多的产品，取得更多的收入，获得更多的报酬。因此，如何加速资金的周转、提高资金的利用效率，是管理人员在这类财务活动中需要考虑的主要问题。

4. 分配活动

公司采用的股利政策会影响公司的价值。公司所选择的政策必须符合公司的目标，并为股东实现价值最大化。公司的经营成果（利润）是否向股东分配、何时分配、分配多少、采用哪种分配方式是公司重要的财务政策。虽然公司的所有者有权对上述问题做出最终的决定，但公司的管理人员需要根据公司的发展阶段、资金需求、融资渠道以及股东的需求做出初步的分配预案，在做出这一决定时需要考虑很多因素，例如公司的增长前景和未来的项目。公司的股利政策类型如下。

（1）定期股利政策。根据定期股利政策，公司每年向股东派发股利。如果公司取得异常利润（利润非常高），超额利润不会分配给股东，而是由公司作为未分配利润。如果公司出现亏损，股东仍将根据该政策获得股利。定期股利政策适用于现金流和盈利都稳定的公司。投资以这种方式支付股利的公司被认为是低风险投资，因为虽然股利支付是定期的，但可能不会很高。

（2）固定股利支付率政策。在稳定股利政策下，作为股利派发的利润比例是固定的。例如，如果公司将支付率设定为 6%，则无论该财政年度公司赚取的利润金额如何，公司都会将利润的 6% 作为股利进行支付。投资遵循这种政策的公司对投资者来说是有风险的，因为股利金额会随着利润水平而波动。

（3）不规则的股利政策。根据不规则的股利政策，公司没有义务向股东支付股利，董事会可以决定如何处理利润。如果公司在某一年获得异常利润，董事会可以决定将其分配给股东或根本不支付任何股利，而是保留利润以用于业务扩张和未来项目。不规则的股利政策适用于现金流不稳定或缺乏流动性的公司。投资遵循该政策的公司的投资者面临非常高的风险，因为有可能在财政年度内无法收到任何股利。

（4）无股利政策。根据无股利政策，公司不向股东分配股利。这是因为所赚取的任何利润都会被保留并重新投资到业务中以供未来增长。不派发股利的公司会不断成长和扩张，投资者投资这些公司是因为这些公司的股票价值会升值。对于投资者来说，股价上涨比派发股利更有价值。

我国上市公司的股利政策存在的普遍问题是分红比例偏低，并且缺乏稳定的分红。中国证监会为了鼓励上市公司分红，出台了多项政策将分红与公司的再融资相挂钩，但是这一政策也受到了市场的争议，原因是分红与否是公司的自主权。因此中国证监会修订了之前的政策，发布了修订后的《上市公司监管指引第 3 号——上市公司现金分红》，主要修订内容包括：鼓励上市公司增加现金分红频次，引导形成中期分红习惯，从而提高现金分红的及时性，增强投资者的获得感；督促公司在章程中细化分红政策，明确现金分红的目标；引导公司在章程中制定分红约束条款，防范企业在利润不真实等情形下实施分红。

3.1.2　经济活动对财务报表的影响

1．投资活动与财务报表的关系

不同行业之间存在着独特的商业模式和运营特点，这直接影响了其中企业在资产负债表上的资产构成。以下是一些常见的不同行业资产构成存在差异的原因，并附带相应的行业示例。

（1）货币资金。我们以制造业和金融服务业为例来说明不同行业货币资金在资产负债表中的差异。在制造业中，企业通常面临较长的资产运营周期，从原材料采购到生产制造再到产品销售，这个过程需要大量的资金支持。因此，制造业企业通常会将大部分资金用于购买原材料、生产设备和支付人员工资，以确保企业的正常运转。这些固定资产和流动资产的投资使企业的货币资金占比相对较低。此外，制造业企业通常会受季节性和市场波动的影响，需要灵活运用资金以适应不同阶段的需求变化。因此，资金主要用于支持运营，如支付货款、工资、租金等，以及应对潜在的短期支出。例如，一家汽车制造公司可能需要大量资金用于采购汽车零部件、原材料，购置先进的生产线和设备。其货币资金主要用于维持日常生产运营，同时应对原材料价格波动和市场需求波动所带来的短期支出。

相较于制造业，金融服务业通常更依赖于流动性资金来支持其日常运营。金融机构的业务特点决定了它们需要具备足够的流动性资金来满足客户随时的资金提取需求。货币资金在金融服务业中可能占比较高，以确保金融机构能够迅速、灵活地应对各类资金流动性风险。此外，金融服务业的资产通常以金融资产为主，这些资产可以更容易地转化为货币形式，以满足客户的提款、交易和投资需求。例如，一家银行可能需要维持较高的货币资金水平，以确保随时能够满足客户的存款提取需求，同时应对市场波动和短期资金需求的变化。

总之，货币资金的不同占比反映了制造业和金融服务业在运营和资本管理上的差异。制造业更注重长期资本的投入，而金融服务业则更侧重于灵活的资金流动性管理，以应对随时变化的资金需求。这些差异需要投资者在分析企业时进行深入了解，以便更好地理解其财务状况和运营特点。

（2）存货水平。我们以零售业和医药研发行业为例，在零售业中，商品的销售通常受到季节性需求和市场波动的影响。为了满足顾客在特定时期的购物需求，零售商需要维持较高的存货水平。这包括季节性商品、节日促销商品以及常规商品的备货。高存货水平有助于零售商能够迅速响应市场需求，提供广泛的产品选择，同时应对销售波动和季节性需求的变化。例如，一家时装零售商在季节更替前可能会增加大量的服装库存，以满足季节性时尚趋势和顾客的购物需求。这有助于提高销售额和满足消费者的期望。

与零售业不同，医药研发行业的主要资产可能更集中在研发人员的专业知识、研究设备和知识产权上，而不是大量的存货。医药研发公司通常注重创新和科研，其产品开发周期相对较长，且单批次的生产规模较小。因此，存货水平可能相对较低，而且公司更注重保护研发成果和知识产权，以保持市场竞争力。例如，一家生物技术公司倾向于将大部分资源投入于研发新药物，而不像零售商那样储备大量的库存。

总之，零售业和医药研发行业在存货水平上存在显著差异，这反映了其中企业在业务模式、销售策略和资本需求方面的不同特点。投资者在分析这两个行业的企业时，需要充分了解其特有的运营模式，以更好地理解其资产结构及其对经营活动和财务状况的影响。

这里以新华百货（600785.SH）和恒瑞医药（600276.SH）为例，新华百货2022年年报披露的存货为9.1亿元，占期末总资产的11.16%；恒瑞医药2022年年报披露的存货为24.51亿元，占期末总资产的5.79%，约为新华百货的一半[㊀]。

（3）应收账款。我们以制造业和快速消费品行业为例，在制造业中，制造业企业为了促销、拓展市场份额或与客户建立长期合作关系，常常提供销售信贷，使客户可以在一定期限内支付货款。因此，在资产负债表上，制造业企业的应收账款占比可能较高，反映了和销售信贷相关的经营需求。例如，一家汽车制造商为了刺激汽车销售，该公司可能向汽车经销商提供销售信贷，使得应收账款较高。

与制造业相比，快速消费品行业通常具有较短的生产周期和快速的产品周转。产品生命周期相对较短，且消费者需求较为稳定，因此付款周期可能较短。快速消费品公司可能更加注重快速满足市场需求，在销售产品后迅速收回款项。由于产品周转相对较快，快速消费品企业的应收账款占比可能相对较低。例如，一家服装公司可能会在销售产品后较快地收到款项，因为产品具有季节性，需要迅速流通。与此同时，由于需求相对稳定，该公司可能无须提供大量的销售信贷，因此应收账款占比较低。

总之，制造业和快速消费品行业在付款周期和应收账款方面存在显著差异，这反映了它们

㊀ 数据来源于恒瑞医药2022年年度报告。

在生产流程、市场特点和销售策略等方面的不同。投资者在分析这两个行业的企业时，需要考虑市场需求和销售回款方面的差异。

这里以上汽集团（600104.SH）和海澜之家（600398.SH）为例，上汽集团 2022 年年报披露的应收账款为 629.13 亿元，占期末总资产的 6.35%；海澜之家 2022 年年报披露的应收账款为 11.31 亿元，占期末总资产的 3.45%，接近上汽集团的一半。

（4）无形资产。我们以信息传输、软件和信息技术服务业与零售业为例，在信息传输、软件和信息技术服务业中，企业的核心竞争力通常源自技术创新和研发。无形资产在资产负债表上占据主导地位，其中包括软件程序、专利、商标等知识产权标的。由于该行业的产品和服务主要是基于高度的技术创新，因此公司通常会投入大量资源用于研发和维护知识产权。研发费用往往被资本化，以反映公司在创新方面的投入和未来收益潜力。此外，企业对高素质的技术人才的需求也使得人才成为无形资产的一部分。例如，一家软件公司可能在资产负债表上持有大量的软件专利和商标专利，这些是公司独特的知识产权，体现了其技术创新和市场地位。

相比之下，线下零售业的核心价值可能更侧重于品牌价值和实体店面。在资产负债表上，无形资产和研发费用的资本化比例可能相对较低。零售业企业通常更注重建立和维护品牌形象，通过品牌来吸引消费者，提高消费者对其产品和服务的认知度。实体店面和分销网络也是零售业企业重要的资产，因为它们直接关系到产品的展示和销售。例如，一家时尚零售公司可能在资产负债表上有一定的品牌价值，反映了其在市场上的品牌知名度。但相对于信息传输、软件和信息技术服务业，该公司可能对于研发费用的资本化较少，因为其业务更侧重于产品的设计、营销和销售，而非技术创新。

这两个行业的不同之处突显了企业在资产负债表上反映其价值和竞争优势的方式。信息传输、软件和信息技术服务业更强调知识产权和研发投入，而零售业更注重品牌和实体业务。投资者在分析这两个行业的企业时，需要考虑其核心价值和资产组成的差异，以便更好地评估其未来的盈利能力和市场地位。

这里以腾讯控股（600941.SH）和三只松鼠（300783.SZ）为例，腾讯控股 2022 年年报披露的无形资产是 1 618.02 亿元，占期末总资产 15 781.31 亿元的 10.25%；而三只松鼠 2022 年年报披露的无形资产仅为 1.09 亿元，资产总额为 45.36 亿元，无形资产占总资产比重为 2.40%。

（5）固定资产。我们以制造业和软件和信息技术服务业为例，在制造业中，企业生产和运营通常需要投入大规模的固定资产，包括生产线、工厂设备、仓储设施等。这些固定资产对于生产效率和产品质量至关重要。制造业企业可能需要不断更新和维护这些设备，以保持竞争力。因此，在制造业企业的资产负债表上，固定资产往往占据较大比重，反映了企业在生产领域的实体资产投入。例如，一家汽车制造公司可能在其资产负债表上拥有大量的生产线、机械设备和工厂，这些是支持汽车生产的关键资产。这些固定资产直接影响公司的产能、生产效率和产品质量。

相比之下，信息传输、软件和信息技术服务业可能更加侧重于知识资产和无形资产。这个行业的核心价值通常来自技术创新和知识产权的保护。因此，企业在软件开发和技术创新方面的投资可能占据较大比例。相对于制造业，该行业公司可能拥有相对较少的实体固定资产，因为其业务更注重于知识产权等无形资产的积累。例如，一家软件开发公司可能在其资产负债表上拥有大量的知识产权，例如软件专利和技术创新的专有技术。公司的竞争力主要取决于其独特的软件产品和技术能力，而非大规模的实体固定资产。

这两个行业的不同之处反映了它们在价值创造和资本投入方面的不同战略取向。制造业侧重于物质性的生产和实体资产，而信息传输、软件和信息技术服务业更注重知识产权和技术创新。投资者在分析这两个行业的企业时，需要考虑其资产组成和战略重点，以便更好地了解其盈利模式和未来发展方向。

这里以上汽集团（600104.SH）和神州信息（000555.SZ）为例，上汽集团 2022 年年报披露的固定资产为 792.40 亿元，占期末总资产的 8.00%；神州信息 2022 年年报披露的固定资产为 3.95 亿元，资产总额为 124.40 亿元，固定资产占期末总资产的 3.18%。

综上所述这些例子突显了不同行业在资产负债表上的差异，这些差异直接反映了它们的商业模式、运营需求和资本结构。了解这些差异对于投资者在通过公司经营活动分析其财务报表时至关重要。

2．筹资活动与财务报表的关系

筹资活动主要体现在资产负债表中的负债和所有者权益中，不同行业的筹资活动差异体现在资本结构中。行业发展情况可能会影响企业与市场投资者之间的信息不对称程度，较为成熟的行业，其财务状况相对稳定，信息披露也相对全面，市场投资者与公司之间的信息不对称程度相对较低。较为成熟的行业的公司，货币资金相对充裕，盈利能力也较为稳定，这样一来，公司的债务筹资成本也会相应较低；同时，这样的公司更愿意支付更多的股利来吸引新的资金流入，增加财务杠杆率和净资产收益率。但对于初创新兴行业的公司来说，这些情况则相反，新兴行业的公司正处于初创阶段，缺少历史发展经验，其财务状况的稳定性相对较差。由于市场投资者对新兴行业还不是很了解，投资者与这些公司之间存在较大的信息不对称，因此这些公司的筹资成本相对较高，特别是债务筹资成本相对更高。这是因为债权人偏好风险较小的项目，而新兴行业的公司往往经营着风险较高的创新项目，因此新兴行业的公司的债务筹资成本相对更高。

下面分别以贵州茅台（600519.SH）和宁德时代（300750.SZ）2022 年年报为例，对比分析成熟行业和初创新兴行业的筹资活动差异，以及其对财务报表的影响。

贵州茅台成立于1999年，是中国资本市场上的一家有着近25年历史的高端白酒生产企业。它于 2001 年在上海证券交易所成功上市，截至 2021 年，已拥有低度、高中低档、极品三大系列 70 多个规格品种产品，全方位跻身市场，占据了白酒市场制高点。因此，贵州茅台可作为成熟行业的代表企业。宁德时代成立于 2011 年，是国内率先具备国际竞争力的动力电池制造商之一，专注于新能源汽车动力电池系统、储能系统的研发、生产和销售，致力于为全球新能源应用提供一流解决方案。宁德时代作为动力电池制造商，2018 年在深圳证券交易所成功上市，目前已与国内多家主流车企建立合作关系，并成功在全球市场上占据一席之地，也成为国内率先进入国际顶尖车企供应链的锂离子动力电池制造厂商，属于新能源行业的佼佼者。因此，我们将宁德时代作为新兴行业的代表企业。

表 3-1 是贵州茅台和宁德时代 2022 年的财务指标对比。

从表 3-1 中可以看出，贵州茅台的资产负债率为 19.42%，而宁德时代的资产负债率高达 70.56%，大概是贵州茅台的三倍多，二者的差异主要来源于行业的异质性——因为它们在经营模式、资产结构、盈利模式等方面存在较大差异。

首先，从行业差异来看，贵州茅台是我国一家著名的酒业公司，主要经营高端白酒业务。酒业通常具有相对稳定的现金流和盈利模式，因为酒类产品是消费品，需求相对不太受经济波动的影响，同时知名白酒类公司对于上下游都具有较强的话语权，能够获得有利的收款和付款条件，这有助于维持较低的资产负债率。宁德时代则是一家新能源企业，专注于锂离子电池和储能系统的研发、生产和销售。新能源行业通常需要巨额的研发和投资，因为该行业技术更新迅速，公司需要不断投入资金进行创新和扩大产能。这可能导致宁德时代的资产负债率相对较高。其次，从资产结构差异来看，贵州茅台可能主要拥有酿酒厂、仓储、品牌和分销网络等相对稳定的资产。这些资产相对较为持久，不需要经常大规模更新，有助于维持较低的资产负债率。宁德时代在新能源领域，其资产可能主要包括生产线、研发设施等。这些资产可能需要频繁更新，以适应技术的快速发展，可能需要更多的资金投入，因而资产负债率相对较高。最后，从盈利模式差异来看，贵州茅台的盈利主要来自于酒类产品的销售，而且高端白酒在市场上有较高的溢价空间，有助于提高利润水平。宁德时代可能需要在新技术上不断投入，尽管未来期间有望取得高额利润，但在短期内可能面临较高的研发和运营成本，导致相对较高的资产负债率。

表 3-1 贵州茅台和宁德时代 2022 年的财务指标对比

财务指标	贵州茅台	宁德时代
资产合计（亿元）	2 543.65	6 009.52
负债合计（亿元）	494.0	4 240.43
所有者权益合计（亿元）	2 049.65	1 769.09
资产负债率（负债合计 / 资产总计）	19.42%	70.56%
权益乘数（资产总计 / 所有者权益合计）	1.24	3.40

总之，这足以体现成熟行业与新兴行业之间融资活动的差异性，贵州茅台作为成熟行业的代表，其财务杠杆相对较低，相应的融资需求也更弱，同时由于市场对白酒行业相对熟悉，公司与投资者之间的信息不对称程度较低，资本市场对贵州茅台的信息透明度较高，其融资成本相对较低。反观宁德时代，作为新兴行业的代表，具有较大的资金需求，资产中超过 70% 是从债权人那获取的，资本市场投资对新兴行业的了解还不够充分，公司与市场股权投资者之间存在较大的信息不对称性，这都导致其可能具有较高的债务筹资成本。

3. 经营活动与财务报表的关系

企业经营活动主要体现在利润表和资产负债表中。经营活动效率是企业和投资者最为关心的核心问题，特别是销售毛利率和存货周转率这两个财务指标，销售毛利率反映企业单位商品或服务的盈利能力，存货周转率反映企业管理层运营资产的能力和效率。

下面以白酒生产销售行业的贵州茅台和零售行业的沃尔玛作为代表，进一步分析经营活动在财务报表中的体现，如表 3-2 所示。

表 3-2 贵州茅台和沃尔玛 2022 年经营活动比较

项目	贵州茅台	沃尔玛
销售毛利率	91.87%	24.14%
存货周转率	0.28	8.20

数据来源：根据东方财富网整理所得。

从表 3-2 中可以看出，贵州茅台的销售毛利率是 91.87%，而沃尔玛的销售毛利率是 24.14%，不足贵州茅台的 1/3。其次，贵州茅台 2022 年的存货周转率仅为 0.28，而沃尔玛的存货周转率为 8.20，约是前者的 30 倍。二者销售毛利率和存货周转率的巨大差异主要是由于它们所处的行业和经营模式不同。

首先，贵州茅台是高端白酒行业的龙头企业，其产品定位高端，市场需求稳定，产品较为昂贵且销售渠道集中，具有较强的品牌议价能力，对于其经营模式而言，销售毛利率高是比较正常的表现。而沃尔玛作为一家零售企业，以经营低价商品著称，其销售业务注重规模效益，产品线丰富，市场竞争激烈，因此毛利率相对较低。其次，贵州茅台的产品存货周期相对较长，而沃尔玛的产品存货周期短、更新快，因此沃尔玛需要通过更高的存货周转率来保证商品流动性和销售效益，同时白酒的生产工艺决定产品的生产周期相对稳定，因此存货周转率相对较低。再次，贵州茅台和沃尔玛的目标市场、商品属性以及销售策略也存在差异，这些因素也会对销售毛利率和存货周转率产生影响。例如，贵州茅台的主要目标消费群体是高端消费者，因此其在产品定价上相对更加灵活，毛利率也会更高。而沃尔玛则注重价值定位和低价策略，这在一定程度上会降低销售毛利率，但能吸引更广泛的消费群体来购买其商品，从而提高其存货周转率。最后，在供应链管理和生产成本控制等方面，贵州茅台和沃尔玛的策略也存在差异，在某种程度上也会影响到销售毛利率和存货周转率。例如，贵州茅台对于原材料的采购和生产管理相对比较严格，这使得其生产成本较高，同时也带来了更高的产品品质和市场认可度。沃尔玛则注重供应链的优化和成本控制，从而能以更低的成本价格销售商品，在保证足够利润的同时提高存货周转率。

总之，贵州茅台和沃尔玛的销售毛利率和存货周转率差异来源于它们业务和商业模式上的不同，同时也受市场细分、供应链和成本等多个方面的影响。这就说明，不同行业的企业具有不同的商业模式，导致其经营活动存在差异，这些差异也体现在了财务报表之中。即使在零售行业内部，不同业态的毛利率也存在重大差异，以百联股份（600287）为例，2022 年业务板块中毛利率最高的是奥特莱斯，毛利率为 72.17%，毛利率最低的便利店则为 14.53%，购物中心毛利率为 39.01%，而大型综合超市的毛利率与沃尔玛相当，为 22.17%，百联股份的综合毛利率则为 22.96%。[㊀]

4．风险管理与财务报表的关系

风险管理是企业管理中一个重要的方面，涉及财务风险和经营风险的权衡。成熟行业企业和初创新兴行业企业在面临这两种风险时可能采取不同的策略，从而影响它们的资本结构。对于成熟行业企业来讲，在财务风险方面，它们通常拥有相对稳定的现金流和市场份额。成熟行业企业可能更注重财务稳健，采用较低风险的资本结构，例如更多地依赖于股权融资和自有资金，以降低财务杠杆。而在经营风险方面，成熟行业企业可能更关注运营效率和成本控制，以维持盈利能力。它们可能会采取较为保守的经营策略，减少不确定性，从而降低经营风险。

对于初创新兴行业企业而言，财务风险和经营风险则呈现出相反的趋势，在财务风险方面，初创新兴行业企业通常需要大量资金用于研发、市场推广和扩张。这些企业可能更倾向于采用高风险高回报的资本结构，例如通过风险投资来实现快速扩张，但这也带来了更高的财务风险。在经营风险方面，初创新兴行业企业在市场上面临较大的不确定性和竞争，因此可能采取更加灵活和创新的经营策略，以迅速适应市场变化。这种灵活性可能带来一定的经营风险，但也为企业提供了更大的增长机会。在权衡财务风险和经营风险时，企业需要根据自身情况制定适当的风险管理策略。成熟行业企业通常更注重稳健和可持续性，而初创新兴行业企业则更注重创新和增长。资本结构的选择和风险管理策略应该符合企业的长期战略目标，并考虑行业特点和市场环境。

这里我们继续以贵州茅台和宁德时代为例，进一步分析风险管理对资产负债表的影响。我们以 2022 年年报为基准，推算每个公司 2020—2022 年和 2018—2022 年的营业利润波动率，以此来代表企业面临的经营风险。营业利润波动率是一种衡量企业经营绩效稳定性和风险水平的指标，波动率的大小反映了企业盈利能力的波动水平，波动率的增大可以被视为经营风险的一种表现，即企业在实现盈利目标时面临较大的不确定性。同时，对营业利润波动率的监测和管理是企业有效进行经营风险管理的一部分。因此，我们选择营业利润波动率作为企业经营风险的度量指标。

㊀ 数据来源：百联股份 2022 年年报。

表 3-3 中的数据结果显示，贵州茅台 2020—2022 年的营业利润波动率为 14.03%，而宁德时代 2020—2022 年的营业利润波动率为 70.65%，超过了贵州茅台的四倍之余，2018—2022 年的营业利润波动里的差异更是如此。同时，贵州茅台的资产负债率仅为 19.42%，而宁德时代的资产负债率达到了 70.56%，可见，贵州茅台与宁德时代相比，具有较低的经营风险和较低的财务风险的特征，而宁德时代则是呈现出较高的经营风险和较高的财务风险的特征。

表 3-3　贵州茅台和宁德时代 2022 年的风险管理比较

项目	贵州茅台	宁德时代
2020—2022 年营业利润波动率	14.03%	70.65%
2018—2022 年营业利润波动率	20.82%	94.12%
2022 年资产负债率	19.42%	70.56%

具体来说，首先，贵州茅台作为酒类行业的代表，处于成熟阶段，市场份额较为稳定，品牌知名度高。因此，其经营风险相对较低，产品需求相对稳定，盈利能力相对可预测。宁德时代作为新兴的新能源电池行业代表，面临着技术创新、市场竞争激烈等诸多不确定性。行业的快速发展和变化使宁德时代的经营风险相对较高，需要不断适应市场变化。其次，贵州茅台在市场上拥有较高的行业地位，但由于品牌价值和资产需求，其财务结构可能更加倾向于使用股权融资和自有资金。这样的资本结构可能会导致财务风险相对较低，同时也提高了财务的稳定性。为了支持新技术研发、生产扩张等需要大量资金的活动，宁德时代可能更倾向于使用债务融资或其他形式的外部融资。这样的资本结构可能会提高财务风险，并相应增加了负债的管理和偿还压力。

总体而言，成熟行业企业和新兴行业企业的资本结构差异主要反映了它们面临的风险和发展阶段的不同。贵州茅台更注重维护品牌价值和市场地位，因此在资本结构上可能更倾向于使用股权融资，以保持财务的相对独立性，即资产负债率偏低。宁德时代则更需要大量资金用于技术创新和扩张，因此更倾向于使用债务融资，即资产负债率较高，但这也增加了一定的经营灵活性的压力。

3.1.3　会计循环与财务报表

1. 会计循环

财务报表是公司交易信息和事项的汇总，在每一笔交易和事项发生时，会计会根据原始凭证进行分类、整理，编制记账凭证，确定记账的金额、账户以及具体的记账方向，期末通过编制试算平衡表检查账务，检查无误后会按照企业会计准则的要求编制报表，见图 3-1，整个会计循环包括了确认、记录、计量和报告四个环节，具体来说可以分为编制分录、过账、试算平衡、调整、结账和报表编制六个环节。

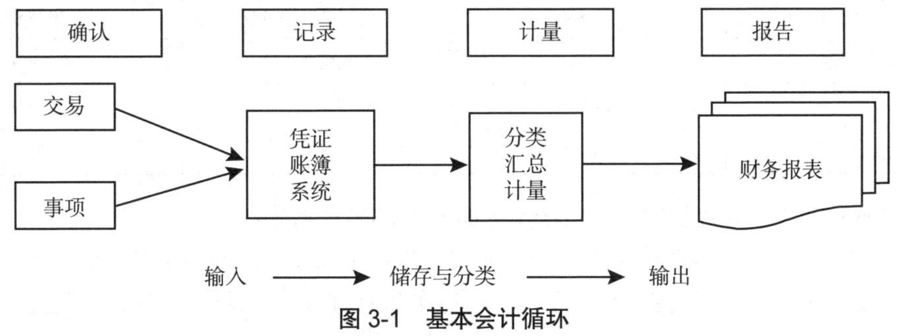

图 3-1　基本会计循环

（1）编制分录。原始凭证是指证明会计事项发生所取得的凭证，例如交易时取得的收据与发票。取得原始凭证后，应就交易发生的先后顺序及其影响项目，分别记录交易的借贷科目及金额，此工作即为编制分录。用以记录分录的账簿称为日记簿，或分录簿，又称序时账簿。

（2）过账。当交易记入分录簿后，再将每一分录的会计科目分类，集中记录在总分类账户内，此项工作即为过账，提供过账用的账簿称为分类账，包括明细分类账和总分类账。

（3）试算平衡。期末通过编制试算平衡表验证分录与过账工作是否正确的工作，称为试算平衡。

（4）调整。会计期间终了时，为正确计算损益和编制正确的财务报表，必须将某些账户加以修正的工作，称为调整。主要是按照权责发生制的原则对预付费用、待摊费用、应计费用、应计收入进行调整。

（5）结账。会计期间终了时，将该期间所有收入与费用等虚账户逐一结清，以计算本期盈亏，并将资产、负债、所有者权益实账户科目结转下期，此工作称为结账或结算。结账后损益类账户余额为零，资产、负债和所有者权益类账户余额成为下期的期初余额。

（6）报表编制。会计期间终了时，将交易结果编制成财务报表，包括资产负债表、利润表、现金流量表、所有者权益变动表四张主要的报表。

资产负债表是企业根据资产、负债、所有者权益类账户余额编制的，以反映企业期末的财务状况。

利润表是企业根据收入与费用账户的余额编制的，以反映企业在本会计期间的经营成果（即盈亏）。

现金流量表是企业根据经营、投资及筹资活动三部分编制的，以反映特定期间现金项目流入及流出。

所有者权益变动表是企业根据所有者权益项目编制的，以反映某特定期间所有者权益增减变动的原因及结果。

以下通过案例展示会计循环的基本过程。

2．报表编制案例

A. F 公司于 2023 年 5 月 20 日成立，2023 年 6 月 1 日 F 公司账户的余额如表 3-4 所示。

表 3-4　F 公司有关账户的月初余额　　单位：元

账户	借方余额	账户	贷方余额
库存现金	22 780	短期借款	560 000
银行存款	191 200	应付账款	42 280
应收账款	233 800	应付职工薪酬	20 000
库存商品	401 500	实收资本	600 000
固定资产	694 000	资本公积	421 000
无形资产	100 000	—	—

B. F 公司 2023 年 6 月份发生的经济业务如下：（不考虑增值税）

（1）6 月 4 日，F 公司收到 A 客户上月所欠销货款 86 000 元，已存入银行。

（2）6 月 5 日，F 公司销售 M 商品一批，款项 400 000 元，全部收到并存入银行。

（3）6月7日，F公司以银行存款支付本月短期借款利息32 000元（计入财务费用）。

（4）6月9日，F公司从开户银行提取现金20 000元，备发工资。

（5）6月10日，F公司以现金支付应付职工薪酬20 000元。

（6）6月12日，F公司向丁公司购入M商品一批，进价170 000元，货款暂欠。

（7）6月13日，F公司以现金支付办公费、水电费5 000元。

（8）6月17日，F公司销售M商品一批，售价500 000元。收到货款300 000元，余款暂欠。

（9）6月27日，F公司以银行存款偿还到期的短期借款本金60 000元。

（10）6月30日，F公司计算结转本月应付管理人员薪酬18 000元。

（11）6月30日，F公司结转本月已销M商品成本570 000元。

（12）6月30日，F公司计算结转本月固定资产直线法折旧费用（固定资产694 000元是F公司在2023年5月份购入，6月份开始计提折旧，估计残值94 000元，估计使用年限5年）（固定资产系管理部门使用）。无形资产本月应摊销10 000元。

（13）月末，经计算本月应纳所得税63 750元。

要求：根据上述资料，编制F公司2023年6月的利润表、资产负债表和现金流量表。

第一步：根据复式记账法基本原理编制每笔业务的会计分录。

复式记账法是当前国际通行的基本记账方法，其基本原理是每一笔经济业务都以至少两个相等的金额来记录，其中一方记录在一个或者多个账户的借方，另一个金额记录在一个或多个账户的贷方，以保持资产负债表和利润表的平衡。

资产负债表是按照以下基本等式编制，反映公司的资产、负债和所有者权益之间的平衡关系：

$$资产 = 负债 + 所有者权益$$

等式左边是企业资金的具体运用，表现为企业持有的各项资产，比如现金、银行存款、存货、固定资产等，等式右边是企业的资金来源，包括股东提供的资金，即所有者权益，以及债权人提供的资金，即负债，在任何时点上企业的资金来源都等于企业的资金运用，类似于一个硬币的两面，两者保持平衡。

企业的利润表按照以下基本等式编制，反映公司的收入、费用和利润之间的关系：

$$收入 - 费用 = 利润$$

企业在一段期间内赚取的收入减去为赚取收入而发生的费用等于当期利润，利润最终归股东享有，增加企业的所有者权益，资产负债表等式和利润表等式可以合并为以下等式：

$$资产 = 负债 + 所有者权益 + （收入 - 费用）$$

复式记账法的基本原理是借贷平衡：复式记账法要求每一笔交易都至少有一个借方账户和一个贷方账户，并且每一笔交易的借方金额等于贷方金额，这确保了所有交易总借方金额等于总贷方金额，保持了会计等式的平衡。

账户是记录经济交易和事项的基本工具，账户按照其性质可以分为资产、负债、所有者权益、收入和费用五大类，企业发生的任何交易的影响都可以归属到上述五类账户中，每笔交易对于特定账户的影响无外乎增加或者减少，以教学中使用的T形账户为例，其基本结构如图3-2（以现金账户为例）。

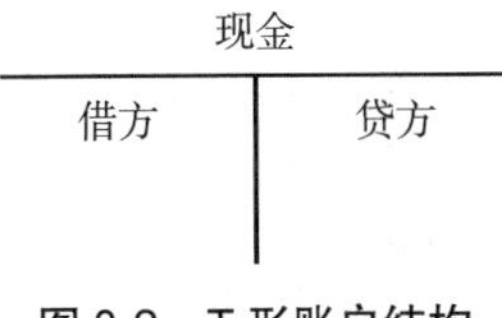

图3-2　T形账户结构

T形账户基本要素包括：账户名称、账户的左边、账户的右边，账户的左边习惯上称为借方，账户的右边习惯上称为贷方，“借”和“贷”仅仅是记账符号，不具有借款或贷款等意义。账户的基本结构包括需要一列登记增加，一列登记减少，至于借方是登记增加还是减少取决于具体账户的类型，五类账户的基本记账规则如图3-3所示。

资产类账户		负债类账户		所有者权益类账户		收入类账户		费用类账户	
借方	贷方	借方	贷方	借方	贷方	借方	贷方	借方	贷方
增加	减少	减少	增加	减少	增加	减少	增加	增加	减少
(+)	(-)	(-)	(+)	(-)	(+)	(-)	(+)	(+)	(-)

图3-3　五类账户的基本记账规则

实际中使用的账户基本结构与T形账户一致，只不过多出登记交易日期和交易摘要以及余额的栏目，以现金账户为例，基本结构如图3-4所示。

现金账户

日期	摘要	借方	贷方	余额
1月1日	收到A客户支付的货款	¥5 000		¥5 000
1月5日	支付水电费		¥500	¥4 500

图3-4　现金账户示意图

在记录具体经济交易时，会计师需要考虑以下三个问题：

①涉及哪些账户？②它们是什么类型的账户？③这些交易导致账户金额是增加还是减少？

根据复式记账法的基本规则（见图3-3），将经济业务记录在相应账户的借方或者贷方。

以F公司6月份的业务为例，根据复式记账的基本原理，第一笔业务收回A客户的欠款，影响的账户包括：应收账款和银行存款两个账户，其中银行存款增加，计入借方，而应收账款减少，计入贷方，会计分录如下：

借：银行存款　86 000

　贷：应收账款　86 000

F公司2023年6月的全部业务会计分录如表3-5所示。

表3-5　F公司2023年6月份各业务的会计分录　单位：元

		借方	贷方			借方	贷方
业务1	银行存款	86 000		业务5	库存现金		20 000
	应收账款		86 000	业务6	库存商品	170 000	
业务2	银行存款	400 000			应付账款		170 000
	营业收入		400 000	业务7	管理费用	5 000	
业务3	财务费用	32 000			库存现金		5 000
	银行存款		32 000	业务8	银行存款	300 000	
业务4	库存现金	20 000			应收账款	200 000	
	银行存款		20 000		营业收入		500 000
业务5	应付职工薪酬	20 000		业务9	短期借款	60 000	

（续）

		借方	贷方
业务 9	银行存款		60 000
业务 10	管理费用	18 000	
	应付职工薪酬		18 000
业务 11	营业成本	570 000	
	库存商品		570 000
业务 12	管理费用	20 000	
	累计折旧		10 000
	累计摊销		10 000
业务 13	所得税费用	63 750	
	应交税费——应交所得税		63 750

注：期末结账分录略。

将上述的会计分录登记入相应的账户，并结出账户的余额，各账户的发生额及余额如下：

库存现金	
22 780	
20 000	
	20 000
	5 000
17 780	

银行存款	
191 200	
86 000	
400 000	20 000
	32 000
300 000	
	60 000
865 200	

应收账款	
233 800	
	86 000
200 000	
347 800	

固定资产	
694 000	
694 000	

无形资产	
100 000	
100 000	

库存商品	
401 500	
170 000	
	570 000
1 500	

短期借款	
	560 000
60 000	
	500 000

应付账款	
	42 280
	170 000
	212 280

应付职工薪酬	
	20 000
20 000	
	18 000
	18 000

累计摊销	
	10 000
	10 000

主营业务收入	
	400 000
	500 000
900 000	900 000

主营业务成本	
570 000	
570 000	570 000

实收资本	
	600 000
	600 000

资本公积	
	421 000
	421 000

应交税费	
	63 750
	63 750

管理费用	
5 000	
18 000	
20 000	
43 000	43 000

所得税费用	
63 750	
63 750	63 750

财务费用	
32 000	
32 000	32 000

累计折旧

借方	贷方
	10 000
	10 000

本年利润

借方	贷方
570 000	900 000
43 000	
63 750	
32 000	
	191 250

利润分配

借方	贷方
	191 250
	191 250

应交税费——应交所得税

借方	贷方
	63 750
	63 750

资产、负债和所有者权益类账户的余额计算方法如下：

资产类账户 = 期初借方余额 + 本期借方发生额 − 本期贷方发生额
（资产类账户余额通常在借方）

负债类和权益类账户 = 期初贷方余额 − 本期借方发生额 + 本期贷方发生额
（负债和权益类账户余额通常在贷方）

累计折旧和累计摊销是固定资产和无形资产的调整账户，记账方向同负债和权益类账户。

收入类和费用类账户是为了计算企业的利润设置的虚账户（名义账户），此类账户期末需要结平，都结转到本年利润账户来计算当期利润，由于收入类账户通常情况下发生额在贷方，结账前余额也在贷方，通过借记收入类账户结平，结转到本年利润的贷方，而费用类账户的通常发生额在借方，结账前余额也在借方，通过贷记收入类账户结平，结转到本年利润的借方，本年利润的借贷方差额即利润（或亏损），最终本年利润余额结转入未分配利润账户，损益类（收入和费用类）和利润分配（未分配利润）账户的结账关系如图 3-5 所示。

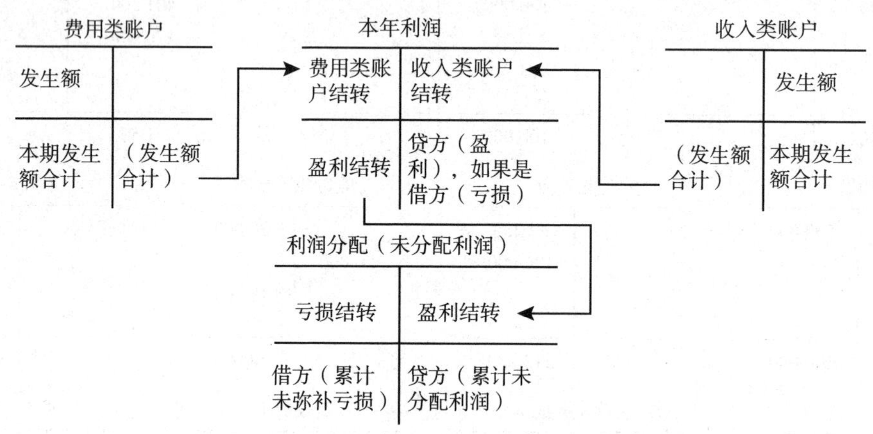

图 3-5 损益类和利润分配账户期末结账示意图

第二步，编制试算平衡表。

试算平衡表（trial balance）是指某一时点上的企业各种账户及其余额的列表。各个账户的余额都会反映在试算平衡表相应的借方或贷方栏中。试算平衡表是定期地加总分类账各账户的借贷方发生及余额的合计数，用以检查借贷方是否平衡及账户记录有无错误的工具。

在结账前，为了检查账务处理是否正确，可以使用试算平衡表检查账务，试算平衡表基本结构包括发生额试算平衡、调整前余额、结账前余额、利润表账户和资产负债表账户的试算平衡，F 公司 2023 年 6 月 30 日的业务记账的试算平衡如表 3-6 所示。

表 3-6　F 公司 2023 年 6 月 30 日的试算平衡表

单位：元

账户名称	期初余额		本期发生额		本期调整		调整后余额		利润表账户		资产负债表账户	
方向	借方	贷方	借方	贷方	借方	贷方	借方	贷方	借方	贷方	借方	贷方
库存现金	22 780		20 000	25 000			17 780				17 780	
银行存款	191 200		786 000	112 000			865 200				865 200	
应收账款	233 800		200 000	86 000			347 800				347 800	
库存商品	401 500		170 000	570 000			1 500				1 500	
固定资产	694 000						694 000				694 000	
累计折旧						10 000		10 000				10 000
无形资产	100 000						100 000				100 000	
累计摊销						10 000		10 000				10 000
短期借款		560 000	60 000					500 000				500 000
应付账款		42 280		170 000				212 280				212 280
应付职工薪酬		20 000	20 000			18 000		18 000				18 000
应交税费（应交所得税）						63 750		63 750				63 750
实收资本		600 000						600 000				600 000
资本公积		421 000						421 000				421 000
主营业务收入				900 000				900 000		900 000		
主营业务成本			570 000				570 000		570 000			
财务费用			32 000				32 000		32 000			
管理费用			5 000		38 000		43 000		43 000			
所得税费用					63 750		63 750		63 750			
利润分配（未分配利润）									191 250			191 250
合计	1 643 280	1 643 280	1 863 000	1 863 000	101 750	101 750	2 735 030	2 735 030	900 000	900 000	2 026 280	2 026 280

第三步：编制利润表。

根据试算平衡后的结果，将损益类账户结账，所有损益类账户的余额结转至本年利润账户，通过本年利润进行结账。本年利润的余额最终结转至利润分配未分配利润账户（如图 3-5）。结账后编制利润表，F 公司的 2023 年上半年的简化利润表（2023 年 6 月）如表 3-7 所示。

表 3-7　F 公司 2023 年 6 月的简化利润表　　单位：元

营业收入	900 000	利润总额	255 000
减：营业成本	570 000	减：所得税费用	63 750
管理费用	43 000	净利润	191 250
财务费用	32 000		

第四步：编制资产负债表。

资产负债表账户归集入资产负债表，F 公司的 2023 年 6 月 30 日的简化资产负债表如表 3-8 所示。

表 3-8　F 公司 2023 年 6 月 30 日的简化资产负债表　　单位：元

	期初数	期末数		期初数	期末数
流动资产：			流动负债：		
库存现金	22 780	17 780	短期借款	560 000	500 000
银行存款	191 200	865 200	应付账款	42 280	212 280
应收账款	233 800	347 800	应交税费		63 750
库存商品	401 500	1 500	应付职工薪酬	20 000	18 000
流动资产合计	849 280	1 232 280	流动负债合计	622 280	794 030
固定资产：			负债合计	622 280	794 030
设备——卡车	694 000		所有者权益		
减：累计折旧——卡车	10 000		普通股	600 000	600 000
设备——卡车净值		684 000	资本公积	421 000	421 000
无形资产	100 000		留存收益		191 250
减：累计摊销	10 000		所有者权益合计	1 021 000	1 212 250
无形资产净值		90 000	负债和所有者权益总计	1 643 280	2 006 280
资产总计	1 643 280	2 006 280			

第五步，编制简化现金流量表（见表 3-9）。

表 3-9　F 公司 2023 年 6 月的简化现金流量表　　单位：元

项目	金额
一、经营活动产生的现金流量	761 000
销售商品、提供劳务收到的现金	786 000
收到其他与经营活动有关的现金	
经营活动现金流入小计	786 000
购买商品、接受劳务支付的现金	
支付给职工以及为职工支付的现金	20 000
支付其他与经营活动有关的现金	5 000
经营活动现金流出小计	25 000
二、投资活动产生的现金流量	—
处置固定资产、无形资产和其他长期资产收回的现金净额	
购建固定资产、无形资产和其他长期资产支付的现金	
投资活动产生的现金净流量净额	—
三、筹资活动产生的现金流量	–92 000
取得借款收到的现金	
吸收投资收到的现金	
筹资活动现金流入小计	
偿还债务支付的现金	60 000
分配股利、利润或偿付利息支付的现金	32 000
筹资活动现金流出小计	92 000
现金及现金等价物增加净额	669 000
加：期初现金及现金等价物余额	213 980
期末现金及现金等价物余额	882 980

3.2　财务报表类型

财务报表是指用货币形式表现企业一定时期财务状况、经营成果和现金流量的书面文件，通常包括资产负债表、利润表、现金流量表和所有者权益变动表等。本书的财务分析所涉及的内容较为广泛，与通常所说的企业财务报告一致。企业财务报告是指企业对外提供的，反映企业某一特定日期的财务状况和某一特定会计期间的经营成果、现金流量等会计信息的文件。财务报告包括基本财务报表和其他应当在财务报告中披露的相关信息和资料，如报表附注、审计报告等。为便于读者理解和掌握财务报表分析的内容，本节对财务报告中的相关概念和内容进行简要介绍。

基本财务报表是会计信息的载体，是对企业财务状况、经营成果和现金流量的结构性表述，是对企业各种经济活动财务后果的综合性反映。

从基本财务报表的发展、演变过程来看，世界各国的报表体系逐渐趋于形式上的一致（尽管其概念内涵、指标口径等在各国有不同程度的差异）。目前，世界各国的基本财务报表一般包括资产负债表、利润表、现金流量表和所有者（股东）权益变动表。

3.2.1 资产负债表

资产负债表（balance sheet）是企业最基本的财务报表，是以“资产 = 负债 + 所有者权益”为平衡关系，反映企业在特定时点的财务状况的静态报表。它揭示企业在某一特定日期所拥有或控制的经济资源、所承担的现时义务和所有者享有的剩余权益。

1．资产负债表三大会计要素的概念及特征

（1）资产。资产是企业因过去的交易或事项而形成或者取得，并由企业拥有或控制，预期会给企业带来未来经济利益的资源，包括财产、债权和其他权利。资产具有如下四个基本特征。

1）资产是由过去的交易或事项取得的。企业所能利用的经济资源能否列为资产，标志之一就是是否由已发生的交易或事项引起。资产的取得途径通常有内部形成（对于存货来说称为自制，对于固定资产来说称为自建，对于无形资产来说称为自创）和外部购入两种方式。

2）资产应能为企业实际拥有或控制。在这里，“拥有”是指企业拥有资产的所有权；“控制”则是指企业虽然没有某些资产的所有权，但实际上可以对其进行自由支配和使用，例如融资租入的固定资产。而对于物流企业来说，那些存放于企业仓库中的代运物品并不是企业实际“拥有或控制”的，因此不能将其作为企业的资产反映在账面上。

3）资产必须能够以货币计量。也就是说，会计报表上列示的资产并不是企业拥有或控制的所有资源，而只是那些能用货币计量的资源。这样就会导致企业的某些资源甚至是非常重要的资源，如人力资源、客户资源和大数据资源等，由于无法用货币计量而不能作为企业的资产列示在报表中。目前我国正在通过修订相关法律法规，促进数据资源作为一项资产的入表，数据资源能否入表遇到的最大挑战是数据资源的确权和数据资源的计量。

4）资产应能为企业带来未来经济利益。在这里，“未来经济利益”是指直接或间接地为未来的现金净流入做出贡献的能力。这种贡献可以是直接增加未来的现金流入，也可以是因耗用（如材料存货）或提供经济效用（如对各种非流动资产的使用）而节约的未来的现金流出。资产的这一特征通常用来作为判断资产质量的一个重要方面，那些难以为企业带来足够未来经济利益的资产往往被贴上“不良资产”的标签。如果公司的资产预期带来经济利益的能力下降，则需要考虑提取资产减值准备，包括存货减值准备、应收账款坏账准备等。

一般而言，资产按其变现能力（即流动性）的大小分为流动资产和非流动资产两大类。

（2）负债。负债是指企业由过去的交易或者事项形成的，预期会导致经济利益流出企业的现时义务。负债具有如下基本特征。

1）与资产一样，负债是由企业过去的交易或者事项引起的一种现时义务。一般情况下，如果企业仅仅签订一份合同，由此引起的法律义务并不构成企业的负债，只有在发生相应的交易或事项后所形成的现时义务才构成企业的负债。同理，“或有负债”由于具有“有可能发生也有可能不发生”这一特点，也不构成企业的负债。

2）负债必须在未来某个时点（且通常有确切的偿付日期）通过转让资产或提供劳务来清偿，即预期会导致经济利益流出企业。因此，在分析时通常将相应资产的规模与相应负债的规模进行比较来衡量企业的偿债能力。

3）负债应是金额能够可靠地计量（即货币计量）的经济义务。在实务中，企业通常需要根据谨慎性原则将很有可能发生并且金额能够可靠计量的经济义务确认为预计负债，列示于负债项目之中，比如公司销售产品提供的质量保证，需要根据历史经验数据合理提取相应的预计负债（产品质量保证金）。

一般而言，负债按偿还期（也可看作流动性）的长短分为流动负债和非流动负债两大类。

（3）所有者权益。所有者权益又称净资产，或称股东权益，是指企业资产扣除负债后由所有者享有的剩余权益。与债权人权益比较，所有者权益一般具有如下基本特征。

1）所有者权益在企业经营期内可供企业长期、持续地使用，企业不必向投资人（或称所有者、股东）返还所投入的资本。而负债须按期返还给债权人，成为企业固定的负担。

2）企业的所有者凭借其对企业投入的资本，享受税后分配利润的权利。所有者权益是企业分配税后净利润的主要依据，而债权人除按规定取得利息外，无权分配企业的盈利。

3）企业的所有者有权行使企业的经营决策和管理权，或者授权管理人员行使经营管理权。但债权人并不享有相应权利。

4）企业的所有者对企业的债务和亏损负有无限责任或有限责任（依企业性质而定），而债权人与企业的其他债务不发生关系，一般也不承担企业的亏损。

所有者权益的来源有：企业所有者对企业投入的资本、直接计入所有者权益的利得和损失及留存收益等。具体项目包括：实收资本（或股本）、资本公积、盈余公积和未分配利润等。

2．资产负债表的基本结构

资产负债表的结构一般是指资产负债表的组成内容及各项目在表内的排列顺序。就组成内容而言，资产负债表包括表头、基本内容和补充资料等。

表头提供了编报企业的名称、报表的名称、报表所反映的日期、金额单位及币种等内容。

资产负债表的基本内容部分列示了资产、负债及所有者权益等内容，见附录A。

补充资料列示或反映了一些在基本内容中未能提供的重要信息或未能充分说明的信息。这部分资料主要在报表附注中列示。

资产负债表的资产部分按照资产变现能力由强到弱的顺序排列为流动资产和非流动资产；在负债和所有者权益部分，依据负债需要偿还的先后顺序将负债分为流动负债和非流动负债分别列示，所有者权益列示在负债的下方。此种格式与“资产＝负债＋所有者权益”的会计等式是完全吻合的。

为了便于分析者比较不同时点资产负债表的数据，资产负债表还将各项目再分为“期初余额”和“期末余额”两栏分别填列。在实务中，还可能出现一些项目排列上的变化，但基本内容不会变。

3．资产负债表的作用

（1）有助于分析和评价企业的偿债能力。通过将流动资产（即一年内可以或准备转化为现金的资产）、速动资产（即流动资产中变现能力较强的资产）与流动负债（即一年内需要清偿的债务）进行对比分析，可以评价企业的短期偿债能力。通过将企业的资产规模、负债规模及所有者权益规模进行对比分析，可以评价企业的长期偿债能力及举债潜力。在资产负债表中，将资产和负债分别按照流动性分为流动和非流动两个部分列示，主要目的就是便于对企业偿债能力进行分析与评价。

（2）有助于分析和评价企业的营运能力和盈利能力。在资产负债表中，资产是企业开展经济活动的物质媒介，所有者权益是企业开展经济活动的"本钱"。在利润表中，收入反映企业开展经济活动所实现的规模，利润则体现企业开展经济活动所取得的成果。通过对资产负债表与利润表中的有关项目进行比较，如计算存货周转率、应收账款周转率、资产报酬率、权益报酬率等财务指标，有助于对企业各种资源的利用效率（即营运能力）以及企业的盈利能力做出分析和评价。

（3）有助于解释、评价和预测企业的财务状况和未来发展趋势。财务状况是指企业从事筹资、投资和经营等各种经济活动所产生的财务后果。资产负债表通过对资产各个项目的列示，揭示了企业拥有或控制的能用货币计量的经济资源（即资产）的总体规模及其具体分布状况；通过对负债和所有者权益各个项目的列示，揭示了企业从不同渠道所获得资本的总体规模及其具体分布状况。传统的财务报表分析框架基本上是利用常规的财务指标，通过偿债能力、盈利能力、营运能力和发展能力等方面的分析来评价企业的财务状况。而本书在此基础上补充了资产质量、资本结构质量以及利润质量等一系列质量维度的分析，并遵循"资产创造利润，利润带来现金流量"这一基本逻辑关系，将资产负债表与利润表、现金流量表进一步联系起来，从总体上对企业的财务状况（尤其是质量）做出评价。这些信息将有助于预测企业财务状况的未来发展趋势。

（4）有助于了解和判断企业战略制定与实施情况，透视企业的管理质量。对企业资产分别从个别项目质量、资产结构质量以及资产总体质量等不同的层次进行质量分析与评价，有助于分析者判断企业资源利用战略的成效。由于不同的负债和所有者权益项目往往会给企业的经营活动带来不同的成本和风险，同时企业的资本结构（即负债和所有者权益之间的比例关系以及所有者权益内部的比例关系）又在很大程度上决定企业的控制权归属、治理模式以及未来的发展方向，具有较强的战略导向，因而对企业的负债和所有者权益的各项目从资本结构质量层面进行分析与评价，有助于分析者了解企业利用何种资本来实现自身的未来发展，从而判断企业在资本引入战略方面的制定与实施情况。根据企业在资源利用战略和资本引入战略等方面的制定实施情况，分析者还可以进一步透视企业的管理质量。

3.2.2 利润表

利润表（income statement）又称损益表，是总括地反映企业在一定期间内经营成果的会计报表。与资产负债表不同，利润表是一种动态的期间报表，主要揭示企业一定时期（月度、季度、年度）的收入实现情况、费用耗费情况以及由此计算出来的企业利润（或亏损）情况。利润表的列报可以反映企业经营业绩的主要来源和构成，既有助于使用者了解企业的利润规模，也有助于使用者把握利润的质量，进而更加科学地判断企业的盈利能力，做出更多正确的决策。

1．利润表三大要素的概念及特征

（1）收入。收入（revenue）是指企业在日常活动中由于销售商品或者提供劳务给客户而获得的、会导致所有者权益增加的、与所有者投入资本无关的经济利益的总流入。企业应当在履行了合同中的履约义务，即在客户取得相关商品控制权时确认收入。取得相关商品的控制权，是指能够主导该商品的使用并从中获得几乎全部经济利益。这里所指的日常活动是企业为完成其经营目标所从事的经常性活动以及与之相关的其他活动。企业代第三方收取的款项应当作为负债处理，不应当确认为收入。另外，投资收益和营业外收入并不是企业在日常活动中形成的经济利益，也不是与客户之间的交易而形成的经济利益来源，因此也不应当作为收入处理。收入具有如下基本特征。

收入在企业的日常活动中形成，而不是在偶发的交易或事项中发生，如工商业企业销售商品、提供劳务的收入等。在判定一个企业的日常活动应该包含哪些内容时，通常以该企业的经营范围为基础。明确界定日常活动是为了将收入与利得（gain）相区分，因为企业非日常活动所形成的经济利益的流入不能确认为收入，而应当计入利得。

收入既可能表现为企业货币资产或非货币资产的增加，如增加银行存款、应收账款等，也可能表现为企业负债的减少（如以商品或劳务抵偿债务，但不包括债务重组），或二者兼而有之。

收入能导致企业所有者权益的增加。企业收入扣除相关成本费用后的净额，既可能增加所有者权益，也可能减少所有者权益。由于通过发行股票之类的方式所引起的所有者权益的增加并不属于收入，因此，将收入定义为一种与日常活动相关的，能导致企业所有者权益增加的经济利益的流入。

收入只包括本企业经济利益的流入，不包括为第三方或客户代收的款项，如增值税、代收利息等。代收的款项不属于本企业的经济利益流入，不能作为本企业的收入，而应作为“其他应付款”等负债项目进行处理。

（2）费用。费用（expenses）是指企业在日常活动中发生的、会导致所有者权益减少的、与向所有者分配利润无关的经济利益的总流出，主要包括营业成本、税金及附加、管理费用、财务费用、销售费用以及所得税费用等。由于费用是为了取得收入而发生的，因此费用的确认范围与确认时间应当遵循配比原则，与相应收入的确认范围与确认时间相联系。另外，投资损失和营业外支出并不是企业在日常活动中形成的经济利益，因此不应当作为费用处理。

在理解费用的概念时，应着重强调费用与资产的区别与联系。一般情况下，企业为取得一项资产或者完成一项工作总要发生一定数量的支出，如为生产产品所发生的原料、人工、制造费用等各种耗费，在所生产的产品出售之前，这些支出作为存货的生产成本反映在资产负债表上（作为存货资产），只有在产品已经销售（即带来了当期经济利益）之后，才将其转入费用（计入“营业成本”项目）。因此，一项支出是计为资产的成本还是利润表上的费用，取决于其带来的经济利益是不是在当期实现。那些能够带来未来经济利益流入的支出，一般情况下应计入资产的成本，反映在资产负债表上，而只有带来当期经济利益流入的支出，才作为费用反映在利润表上。当期费用与当期收入配比的结果是产生当期利润。费用具有如下基本特征。

费用在企业的日常活动中发生，而不是在偶发的交易或事项中发生，如营业成本、税金及附加、管理费用、财务费用、销售费用以及所得税费用等。在判定一个企业的费用应该包含哪些内容时，通常以该企业收入的确认为基础，保证费用与收入无论是在确认范围上还是在确认时间上都相互配比。

费用既可能表现为企业货币资产或非货币资产的减少，如减少银行存款、存货等，也可能表现为企业负债的增加（如当期发生但尚未支付的各种费用），或二者兼而有之。

费用能导致企业所有者权益的减少。向所有者分配利润而引起的企业所有者权益的减少并不属于费用，因此，将费用定义为一种与日常活动相关的经济利益的流出。

费用只包括本企业经济利益的流出，不包括为第三方或客户垫付的款项，如代付运费、保险费等。代付的款项不属于本企业的经济利益流出，不能作为本企业的费用，而应作为“其他应收款”等资产项目在资产负债表中体现。

（3）利润。利润（profit）是指企业在一定会计期间的经营成果。利润等于收入减去费用后的净额加上投资收益以及直接计入当期利润的利得和损失等。其中，收入减去费用后的净额反映的是企业日常活动的业绩，直接计入当期利润的利得和损失是指应当计入当期损益、最终会引起所有者权益发生增减变动的、与所有者投入资本或者向所有者分配利润无关的偶然性事项取得利得（如营业外收入）或者发生的损失（如营业外支出），它反映的是非日常活动的业绩。

在利润表上，利润是一个有不同结构和内涵的概念体系。利润按其构成的不同层次可划分为：营业利润、利润总额和净利润。利润是衡量企业盈利能力和判断企业质量优劣的一个重要标志，也是评价企业管理层业绩的一项重要指标，更是投资者等财务报告使用者进行决策时的重要参考。利润具有如下基本特征。

利润既包括企业在日常活动中产生的经营成果，也包括在偶发的交易或事项等非日常活动中产生的经营成果，它是企业当期业绩的全面反映。

利润既可能表现为企业货币性资产的增加，也可能表现为非货币性资产的增加，如应收账款、应收票据等。因此，企业有利润不见得就“有钱”，不能将利润等同于企业拥有的现金，利润是以权责发生制为基础，将收入和费用相互配比之后所产生的结果，因此利润和现金流通常不一致，企业还需要单独编制现金流量表反映公司一定期间的现金流量情况。

利润会导致企业所有者权益的增加，相应地，亏损会导致企业所有者权益的减少。由于通过发行股票之类的方式融资以及向所有者分配利润等所引起的所有者权益的变化并不属于利润，因此，利润是能导致企业所有者权益增加（或减少），但与所有者投入资本和向所有者分配利润无关的经济利益的净流入（或净流出）。

由于在遵循权责发生制确认收入和费用的过程中，在确认时间和计量金额等问题上不可避免地需要一些人为的估计和判断，因此，利润无论是在实现期间上还是在规模上均带有一定的主观特性和操纵空间，这是会计固有的局限性造成的，与会计准则完善与否无关。

2. 利润表的基本结构

常见的利润表结构主要有单步式和多步式两种。在我国，企业利润表基本上采用的是多步式结构，即通过对当期的收入、费用等项目按照性质加以归类，按照利润形成的主要环节列示一些中间性利润指标，分步计算当期净损益，分步披露企业的收益，详细地揭示企业收益的形成过程，以便使用者理解企业经营成果的不同来源。企业利润表对于费用列报通常按照功能进行分类，即分为从事经营业务发生的营业成本、管理费用、销售费用和财务费用等，有助于使用者了解费用发生的经济活动区域。

（1）利润表结构。利润表一般由表头、表身和补充资料部分构成。利润表的表头主要填制编制单位、报表日期、货币计量单位等。由于利润表说明的是某一时期的经营成果，因而利润表的表头必须注明“某年某月份”或“某会计年度”。表身是利润表的主体部分，主要反映收入、费用和利润各项目的具体内容及其相互关系。为了使报表使用者通过比较不同期间利润的实现情况来判断企业经营成果的未来发展趋势，企业需要提供比较利润表，就各项目再分为“本期金额”和“上期金额”两栏分别填列。补充资料列示或反映一些在主体部分未能提供的重要信息或未能充分说明的信息，这部分资料通常在报表附注中列示。我国现行会计准则规定的企业利润表结构，请参阅本书的附录A。

（2）多步式利润表项目。

1）毛利。毛利是多步式利润表的第一部分，毛利是营业收入扣除营业成本得出的。毛利反映公司在制造或销售其产品方面的盈利能力。分析师使用毛利来确定主要业务活动的盈利能力和公司的总体财务状况。计算毛利时，除销售商品（或者提供服务）取得的收入和直接与销售商品（提供服务）直接相关的成本外，不考虑间接费用，比如销售费用、管理费用、财务费用、研发费用、投资收益、公允价值变动损益以及资产处置收益等，毛利的计算方法如下。

$$\text{毛利} = \text{营业收入} - \text{营业成本} \tag{3-1}$$

毛利是一个非常重要的财务概念，它反映企业的初始利润空间大小，往往与企业所处行业的特点和企业在行业中的竞争优势有关，但是我国的利润表不单独提供该信息，需要使用者自行计算。

2）营业利润。多步式利润表的第二部分反映毛利扣除销售费用、管理费用、财务费用、研发费用、投资收益、公允价值变动损益、资产处置收益以及其他收益后的结果，即营业利润。销售费用是指向客户销售商品（提供服务）时发生的成本，包括营销费用、销售人员的工资和运费等。

管理费用是指与销售商品间接相关的成本，包括办公室管理人员的工资、租金费用等。总营业费用是通过销售费用和管理费用相加得出的。

营业利润既包含经营活动所获取的核心利润，也包含对外投资活动所获取的投资收益，还包含难以进行归类的资产减值损失转回和公允价值变动收益。营业利润的计算过程如下：

$$\begin{aligned}\text{营业利润} = \text{毛利} - (&\text{销售费用} + \text{管理费用} + \text{财务费用} + \text{研发费用} + \\ &\text{投资收益} + \text{公允价值变动损益} + \text{资产处置收益} + \text{其他收益})\end{aligned} \tag{3-2}$$

3）利润总额。多步式利润表的第三部分是利润总额，即营业利润调整非经常性损益项目后得到，主要包括营业外收入和营业外支出，营业外支出包括公司在诉讼败诉后向受害方支付的索赔、保险公司向公司支付的保险赔偿金以及来自政府补助的收入。而营业外收入是来自于非正常经营业务带来的收入，包括侵权赔偿等。对于被视为非经营性的费用或收入，损失应来自不属于公司正常业务的特殊项目。将非经营性项目中的项目相加后，特定期间的利润总额计算方法如下：

$$\text{利润总额} = \text{营业利润} + \text{营业外收入} - \text{营业外支出} \tag{3-3}$$

4）净利润。营业利润扣除当期的所得税费用后得到公司的净利润，净利润是公司的所有者权益变动的主要原因，及公司的盈亏引起的权益的增减。多步式利润表有助于使用者分析企业的绩效。投资者、债权人和其他主要利益相关者都关注企业的毛利率，多步式利润表对经营性和非经营性的收入和支出进行分类，有助于使用者分析企业利润的可持续性。净利润的计算公式如下。

$$净利润=利润总额-所得税费用 \tag{3-4}$$

5）综合收益。我国现行的利润表还包括了不能直接计入当期利润但是会影响所有者权益的其他综合收益，在净利润的基础上加上其他综合收益得到综合收益总额。综合收益的计算公式如下。

$$综合收益总额=净利润+其他综合收益的税后净额 \tag{3-5}$$

综合收益总额项目反映净利润和其他综合收益扣除所得税影响后的净额相加的合计金额。其中，其他综合收益是指企业根据会计准则规定未在当期损益中确认的各项利得和损失。现行会计准则在引入公允价值之后，把企业全部已确认但未实现的利得或损失也纳入利润表，从而能够更加全面地反映企业的经营成果。

（3）我国利润表分析需要注意的问题。我国企业利润表的排列及各项目的含义受企业会计准则的影响，《企业会计准则第 30 号——财务报表列报》（以下简称“财务报表列报准则”）规范了财务报表的列报。利润表的基本结构见附录 A。对于利润表，需要进一步明确以下内容。

当今市场经济环境下企业经营日益多元化，主营业务与其他业务经常动态地交织在一起，很难划分，因此企业的各种经营业务所产生的收入和成本均在营业收入和营业成本中统一列示，而不再进行主营业务和其他业务的区分。

利润表“营业收入”中的“营业”概念与“营业利润”的“营业”概念需要特别说明一下。“营业收入”是指企业在从事销售商品、提供劳务和让渡资产使用权等日常经营业务过程中所形成的经济利益的总流入。而“营业利润”中的“营业”范围更广，既包括对产品或者劳务的经营，也包括资产减值损失等与管理和决策有关的项目对利润的影响，还包括通常不认为是日常经营活动的对外投资活动所产生的投资收益以及公允价值变动收益，以及反映政府补贴的其他收益和资产处置收益等。这样便导致利润表中的“营业利润”与“营业收入”在数据口径上存在较大的不可比性。

核心利润用来反映企业自身的经营活动所带来的利润。本书中有关利润表的许多分析内容就是以对核心利润的分析为基础的。核心利润的计算公式为

$$\begin{aligned}核心利润=&毛利-税金及附加-期间费用\\&（销售费用、管理费用、研发费用、利息费用）\end{aligned} \tag{3-6}$$

息税前利润（earnings before interest and tax，EBIT）。我国的营业利润包含了筹资产生的利息费用，不能反映真正经营活动的利润，息税前利润则是不考虑筹资活动的费用影响的经营利润，可以在营业利润基础上加上利息费用。息税前利润计算公式如下。

$$息税前利润=净利润+所得税+财务费用 \tag{3-7}$$

3．利润表的作用

（1）有助于解释、评价和预测企业的经营成果和盈利能力。经营成果是指一定时期内企业

生产经营活动所创造的有效经营成果的总和，通常在利润表中以净利润和综合收益的形式来反映。它们是绝对值指标，可以反映企业创造财富的绝对规模（通常引起资产增加或者负债减少）。盈利能力则是指企业在一定时期内运用一定经济资源（如人力、物力）获取经营成果的能力，因此它需要通过相对值指标来衡量，如资产报酬率、权益报酬率、成本费用利润率以及人均利润等。然而，这些指标实际上只反映了企业创造财富的相对规模。本书对企业盈利能力的诠释，除了从数量维度强调利润的绝对规模和相对规模之外，还尤其重视利润的质量维度，在分析形成利润的各个项目的质量的基础上，从现金含量、持续性以及与企业战略的吻合性等三个方面考察企业整体的利润质量。

分析和比较利润表的相关信息，有助于企业的股东、债权人和管理者解释、评价和预测企业的经营成果和盈利能力，据以针对是否投资或追加投资、投向何处、投资多少等做出决策。

（2）有助于解释、评价和预测企业的偿债能力。利润表本身并不直接提供与偿债能力有关的信息，然而企业的偿债能力不仅取决于资产的流动性和资本结构，而且取决于企业的盈利能力。企业在个别年份盈利能力不足，不一定会影响偿债能力，但若一家企业长期丧失盈利能力，资产的流动性必然逐步由好转坏，资本结构也将逐渐由优变劣，企业最终有可能陷入资不抵债的困境。因此对于连年亏损的企业来说，其偿债能力通常会受到较大的影响。

分析和比较利润表的相关信息，有助于企业的债权人和管理者间接地解释、评价和预测企业的偿债能力，尤其是长期偿债能力，并揭示偿债能力的变化趋势，更客观地做出各种信贷决策，如维持、扩大或收缩现有信贷规模，应提出何种信贷条件等；管理者也可据以找出提高偿债能力的有效途径，进一步改善企业的财务形象。

企业经营首先面临的是一系列战略选择，不同的战略选择与盈利模式选择会形成不同的利润结构，因而企业的利润结构体现了其公司战略实施效果。利润的各组成要素之间的比例关系或在利润总额中所占的比重构成了利润的结构特征。

不同的利润项目对公司的获利能力有着极不相同的意义。高质量的利润结构，意味着公司所依赖的业务与公司的战略高度一致，公司保持较稳定的行业竞争地位和核心竞争力，拥有较扎实的资产支持、较强的现金获取能力以及较光明的市场发展前景，这些都将为公司未来发展奠定良好的基础。

分析和比较利润表的相关信息，有助于企业的股东和债权人了解和评价企业经营相关战略的实施效果，据以预测企业未来的发展方向和发展趋势；管理层还可以发现企业经营相关战略实施过程中存在的问题，更加及时地采取措施以保证经营目标的顺利实现。

（3）有助于评价和考核经营者的经营业绩。利润表中的各个项目体现了企业在生产、经营和理财等各方面的管理效率与效益，是对企业经营业绩的直接揭示，是经营者受托责任履行情况的真实反映。通过比较前后期利润表上各项收入、费用、成本及收益的增减变动情况，分析其增减变动的原因，可以较为客观地评价各职能部门、各生产经营单位的绩效，以及这些部门和人员的绩效与整个企业经营成果的关系，以便评判各部门管理人员的履职情况，及时做出采购、生产、销售、筹资和人事等方面的调整，使各项活动趋于合理。因此，分析和比较利润表的相关信息，有助于企业所有者考核经营者的经营业绩，评价经营者的受托责任履行情况。

（4）有助于企业做出更科学的经营决策。通过比较和分析利润表中各种构成要素，可掌握各项收入、成本费用与利润之间的升降趋势，发现各方面工作中存在的问题，查找原因，改善经营管理，控制成本费用开支，提高资金的使用效率和效益。此外，还可以通过收支结构和业务结构分析，评价各分部业绩成长对企业总体效益的贡献程度；通过对利润的形成过程进行分析，找出形成利润的主要来源。这些信息均可以为企业的经营决策提供非常有价值的依据。

然而，利润表的上述重要作用能否得到正常发挥，与利润表中各项目的信息质量直接相关。由于会计程序和方法的可选择性，收入和成本费用各项目在确认、计量过程中不可能不受到人为主观因素的影响，企业可能会选用对其有利的程序和方法，从而导致经营成果的虚增或瞒报，例如，在折旧费用、坏账损失和已售商品成本等方面存在多种会计核算方法的选择问题，这在一定程度上会影响会计信息的可比性和可靠性。

3.2.3 现金流量表

现金流量表（statement of cash flow）是反映企业在一定会计期间现金和现金等价物流入和流出相关信息的报表，可以概括反映企业会计期间内发生的经营活动、投资活动和筹资活动等各项经济活动对现金及现金等价物所产生的影响，这些信息在很大程度上弥补了资产负债表和利润表所提供信息的不足。

1. 现金流量表相关概念的含义

（1）现金。这里的现金（cash）是指企业的库存现金以及可以随时用于支付的银行存款等，它是资产负债表的“货币资金”项目中真正可以随时支取的部分，被指定了特殊用途而不能随意支取的部分不应包括在内，如其他货币资金中的银行承兑汇票开票保证金、借款质押保证金、金融机构存放于中央银行的款项中的法定存款准备金，以及由于受当地外汇管制或其他立法的限制而无法正常使用的外币等。

（2）现金等价物。现金等价物（cash equivalents）是指企业持有的期限短、流动性强、易于转换为已知金额的现金、价值变动风险很小的投资。期限短一般是指从购买日起 3 个月内到期，如可在证券市场上流通的 3 个月内到期的债券投资（如国库券）等。现金等价物虽然不是现金，但因其可以随时变现，支付能力与现金相似，因此可视同现金。权益性投资，即其他企业的股权或股票变现的金额通常不确定，因而不属于现金等价物。

（3）现金流量。现金流量（cash flow）是某一段时期内企业现金和现金等价物流入和流出的数量，如企业销售商品、提供劳务、出售固定资产、向银行借款等取得的现金，形成企业的现金流入；购买原材料、接受劳务、购建固定资产、对外投资、偿还债务等支付的现金，形成企业的现金流出。现金流量信息能够表明企业经营状况是否良好、资金是否紧张以及企业偿付能力大小等，从而为投资者、债权人、企业管理者提供非常有用的信息。

应该注意的是，企业货币资金不同形态之间的转换不会产生现金的流入和流出，比如，企业从银行提取现金是企业现金存放形式的转换，并未流出企业，不构成现金流量；同样，现金与现金等价物之间的转换也不属于现金流量，如企业用现金购买将于 3 个月内到期的国库券等。

2. 现金流量表的基本结构

根据企业业务活动的性质和现金流量的来源，现金流量表在结构上将企业一定期间产生的现金流量分为三类：经营活动产生的现金流量、投资活动产生的现金流量和筹资活动产生的现金流量。

现金流量表一般由表头、表身和补充资料三部分构成。现金流量表的表头主要填制编制单位、报表日期、货币计量单位等，由于现金流量表说明的是某一时期的现金流量，因而现金流量表的表头必须注明“某年某月”或“某会计年度”。表身是现金流量表的主体部分，主要反映三大活动分别产生的现金流入和现金流出情况。为了使报表使用者通过比较不同期间现金流量的实现情况，判断企业现金流量的未来发展趋势，企业需要提供比较现金流量表，因此现金流量表还就各项目分为“本期金额”和“上期金额”两栏分别填列。补充资料披露了一些在主体部分未能提供的重要信息或未能充分说明的信息，这部分资料通常列示在报表附注中，主要包括将净利润调节为经营活动现金流量、不涉及现金收支的重大投资和筹资活动、现金及现金等价物净变动情况等方面的信息。我国现行《企业会计准则》规定的企业现金流量表的结构请参阅本书附录B。

企业由于所处的行业特点不同，对各类活动的认定存在一定差异，在对现金流量表进行分析时，应根据企业所处行业的不同特点和实际情况来考察企业现金流量的类别。本书以我国一般企业现金流量表的基本结构为基础进行分析。现金流量表的主要项目见附录B。

（1）经营活动产生的现金流量。经营活动是指企业投资活动和筹资活动以外的所有交易和事项。各类企业由于行业特点不同，对经营活动的认定存在一定差异。就工商业企业来说，经营活动主要包括：销售商品、提供劳务、经营性租赁、购买商品、接受劳务、广告宣传、产品推销、税款缴纳等。在我国，企业经营活动产生的现金流量在主表中用直接法编制，同时要求在附表中用间接法反映经营活动产生的现金流量。直接法是指通过现金流入和现金流出的主要类别列示经营活动产生的现金流量的一种方法。

1）经营活动流入的现金。经营活动流入的现金主要包括以下项目。

销售商品、提供劳务收到的现金：反映企业因销售商品、提供劳务实际收到的现金（含销售收入和应收取的增值税销项税额），包括本期销售商品、提供劳务收到的现金，以及前期销售和前期提供劳务本期收到的现金及本期预收的账款，减去本期退回本期销售的商品和前期销售本期退回的商品支付的现金，企业销售材料和代购代销业务收到的现金也包括在本项目中。

收到的税费返还：反映企业收到的税务部门返还的各种税费。

收到其他与经营活动有关的现金：反映企业除了上述各项目外，收到的其他与经营活动有关的现金，如经营租赁收到的租金、罚款收入、流动资产损失中有个人赔偿的现金收入等。

2）经营活动流出的现金。经营活动流出的现金主要包括：

购买商品、接受劳务支付的现金：反映企业购买材料和商品、接受劳务实际支付的现金，包括本期购入材料和商品、接受劳务支付的现金（包括增值税进项税额），以及本期支付前期购入材料和商品、接受劳务的未付款项和本期预付款项，本期因购货退回而收到的现金则从本项目中减去。

支付给职工以及为职工支付的现金：反映企业实际支付给职工的工资、奖金、各种津贴和补贴，以及为职工支付的“五险一金”和其他福利费用等。

支付的各项税费：反映企业按规定支付的各种税费，包括本期发生并支付的税费，以及本期支付以前各期发生的税费和预缴的税金，如支付的所得税、增值税、消费税、印花税、房产税、土地增值税、车船税、教育费附加等，不包括计入固定资产价值、实际支付的耕地占用税等。

支付其他与经营活动有关的现金：反映企业除了上述各项目外，支付的其他与经营活动有关的现金流出。如罚款支出、差旅费、业务招待费、保险费等。

（2）投资活动产生的现金流量。投资活动是指企业非流动资产的购建和处置以及不包括在现金等价物范围内的投资性资产的取得和处置活动。

1）投资活动流入的现金。投资活动流入的现金主要包括以下项目。

收回投资收到的现金：反映企业出售、转让或到期收回除现金等价物以外的对其他企业的权益工具、债务工具和合营中的权益（本金）而收到的现金。

取得投资收益收到的现金：反映企业除现金等价物以外的对其他企业的权益工具、债务工具分回的现金股利和利息等（不包括股票股利）。

处置固定资产、无形资产和其他长期资产收回的现金净额：反映企业处置固定资产、无形资产和其他长期资产所取得的现金，减去为处置这些资产而支付的有关费用后的净额，由于自然灾害所造成的固定资产等长期资产损失而收到的保险赔偿收入也在本项目反映。

处置子公司及其他营业单位支付的现金净额：反映企业处置子公司及其他营业单位所取得的现金减去子公司或其他营业单位持有的现金及现金等价物以及相关处置费用后的净额。

收到其他与投资活动有关的现金：反映企业除了上述各项目外，收到的其他与投资活动有关的现金流入。

2）投资活动流出的现金。投资活动流出的现金主要包括以下项目。

购建固定资产、无形资产和其他长期资产支付的现金：反映企业购买、建造固定资产，取得无形资产和其他长期资产所支付的现金（含增值税款）以及用现金支付的应由在建工程和无形资产负担的职工薪酬（不包括为购建固定资产而发生的借款利息资本化的部分，借款利息和融资租入固定资产支付的租赁费在筹资活动产生的现金流量中反映）。

投资支付的现金：反映企业取得除现金等价物以外的对其他企业的权益工具、债务工具和合营企业的权益所支付的现金以及支付的佣金、手续费等附加费用。

取得子公司及其他营业单位支付的现金净额：反映企业取得子公司及其他营业单位购买出价中以现金支付的部分，减去子公司或其他营业单位持有的现金及现金等价物的净额。

支付其他与投资活动有关的现金：反映企业除了上述各项目外，支付的其他与投资活动有关的现金流出。

（3）筹资活动产生的现金流量。筹资活动是指导致企业权益资本及债务资本的规模和构成发生变化的活动。这里所说的权益资本包括实收资本（股本）、资本溢价（或股本溢价），与权益资本有关的现金流入和流出项目包括吸收投资、发行股票、分配利润等；这里的债务资本是指企业对外举债所借入的款项，与债务资本有关的现金流入和流出项目包括发行债券、向金融企业借入款项以及偿还债务等。

1）筹资活动流入的现金。筹资活动流入的现金主要包括以下项目。

吸收投资收到的现金：反映企业收到的投资者投入的现金，包括以发行股票、债券等方式筹集资金实际收到的款项，减去直接支付给金融企业的佣金、手续费、宣传费、咨询费、印刷费等发行费用后的净额（以发行股票、债券等方式筹集资金而由企业直接支付的审计、咨询等费用，在“支付其他与筹资活动有关的现金”项目反映）。

取得借款收到的现金：反映企业举借各种短期、长期借款所收到的现金。

收到其他与筹资活动有关的现金：反映企业除了上述各项目外，收到的其他与筹资活动有关的现金流入。

2）筹资活动流出的现金。筹资活动流出的现金主要包括以下项目。

偿还债务支付的现金：反映企业以现金偿还债务的本金，包括偿还金融企业的借款本金、债券本金等。

分配股利、利润或偿付利息支付的现金：反映企业实际支付的现金股利，支付给其他投资单位的利润，以及支付的借款利息、债券利息等。

支付其他与筹资活动有关的现金：反映企业除了上述各项目外，支付的其他与筹资活动有关的现金流出，如捐赠现金支出、融资租入固定资产支付的租赁费等。

（4）现金流量表补充资料的内容。除现金流量表正表反映的信息外，企业还应在附注中采用间接法披露将净利润调节为经营活动现金流量的信息，同时还包括不涉及现金收支的重大投资和筹资活动、现金及现金等价物净变动情况等方面的信息。

1）将净利润调节为经营活动现金流量。现金流量表采用直接法反映经营活动产生的现金流量，除此之外，企业还应采用间接法反映经营活动产生的现金流量。间接法是指以本期净利润为起点，通过一系列调整，计算并列报经营活动产生的现金流量的方法。

其中需要调整的项目主要包括：当期实际没有支付现金的费用；当期实际没有收到现金的收入；不属于经营活动的损益；经营性应收应付项目的增减变动。通过这些调整项目的列示，可以进一步了解企业净利润与经营活动现金流量之间产生差异的具体原因，有助于信息使用者深入考察利润的质量。

2）不涉及现金收支的重大投资和筹资活动。不涉及现金收支的重大投资和筹资活动，反映企业一定期间内影响资产或负债但不形成当期现金收支的所有投资和筹资活动。这些投资和筹资活动虽然不涉及当期的现金收支，但对以后各期的现金流量可能会产生重大影响，例如，企业融资租入设备形成的负债计入“长期应付款”项目，当期并不一次性支付巨额的设备款及租金，但以后各期必须为此支付现金，这会在一定期间内形成固定的现金支出。这类活动还涉及债转股、一年内到期的可转换债券等。

3．现金流量表的作用

从编制原理来看，现金流量表实质上是按照收付实现制原则编制的，它将权责发生制下的利润信息调整为收付实现制下的现金流量信息，便于信息使用者了解企业利润的现金含量，为评价企业的支付能力和偿债能力，预测企业未来现金流量提供非常重要的依据。现金流量表的作用主要体现在以下几个方面。

（1）有助于解释、评价和预测企业的现金流量和现金获取能力。为经营活动、投资活动和筹资活动所产生的现金流量，并按照现金流入和现金流出项目分别反映。因此，现金流量表能够清晰地反映企业现金流入和流出的原因（即现金从哪里来，又用到哪里去），说明企业一定期间内现金余额发生变化的具体原因，这些信息是资产负债表和利润表所不能提供的。同时，由于现金流量表中的“经营活动产生的现金流量”表示企业在经营活动中运用其经济资源创造现金流量的能力，“投资活动产生的现金流量”表示企业通过内外部投资导致现金流量变化的能力，“筹资活动产生的现金流量”表示企业从外部筹资获得现金流量的能力，因此通过现金流量表及其补充资料的信息，可以分析企业获取现金的能力，为信息使用者预测企业未来现金流量提供有价值的信息。

（2）有助于分析企业利润的含金量，评价企业的支付能力和偿债能力。投资者投入资金、债权人提供短期或长期借款，主要目的都是获得回报。通常，信息使用者比较关注企业的盈利情况，并且以获得利润的多少作为衡量标准。但是，企业一定期间内获得的利润并不代表企业真正具有支付能力或偿债能力。在某些情况下，尽管利润表上反映的经营业绩很可观，但企业有可能处于财务困境，无法偿还到期债务。还有些企业虽然利润表上反映的经营成果并不可观，但其有足够的支付和偿债能力。产生这种情况有许多原因，会计核算采用的权责发生制、配比原则等所含的估计因素是主要原因之一。而现金流量表完全以现金的收支为基础，消除了会计核算中会计估计等因素对盈利能力、偿债能力和发展能力所造成的影响。通过分析现金流量表，能够具体了解企业现金流入、流出的构成，更加全面地从质量维度分析企业利润的含金量，更加客观地评价企业的支付能力和偿债能力，有助于投资者和债权人更加科学地做出投资和信贷决策，提高经济资源的配置效率。

（3）有助于了解和判断企业的现金流量质量以及战略支撑能力。实施企业的战略往往会引起不同程度的现金流出，这就要求企业通过经营活动和筹资活动源源不断地带来现金净流入量。通常，我们可以从经营活动现金流入量的充足性、经营活动现金流出量的合理性以及经营活动现金净流量的稳定性及其对企业战略的支持力度来考察企业经营活动现金流量的质量；从现金流出量与企业战略的吻合性以及现金流入量的盈利性来考察企业投资活动现金流量的质量；从筹资活动现金流量与经营活动和投资活动现金流量的适应性、筹资结构的合理性及其对企业战略的支持力度来考察筹资活动现金流量的质量。通过对企业现金流量质量的考察，可以在一定程度上透视企业战略实施的现金支撑能力，有助于信息使用者分析企业未来战略顺利实施的可能性，进而更科学地预测企业未来的发展趋势。

（4）有助于管理者做出更加科学的经营决策。资产负债表能够提供企业一定日期的财务状况，但它提供的是静态的财务信息，并不能反映财务状况变动的原因，也不能表明这些资产、负债能给企业带来多少现金，又能用去多少现金。利润表虽然反映企业一定期间的经营成果，提供动态的财务信息，但只能反映利润的构成，不能反映投资和筹资活动的全部事项。现金流量表却能够提供一定时期现金流入和流出的动态财务信息，表明企业在报告期内通过经营活动、投资活动和筹资活动获得多少现金，企业获得的这些现金又是如何被运用的。补充资料（附注）中还提供了不涉及现金的投资和筹资活动方面的重要信息，有助于管理者更加全面地了解和分析企业的各项投资和筹资活动对企业经营成果和财务状况产生的影响，做出更加科学的经营决策。

3.2.4 所有者权益变动表

1. 所有者权益变动表相关概念

1992 年 10 月，英国会计准则委员会（Accounting Standards Board，ASB）要求企业对外编报的主要财务报表增加“全部已确认利得与损失表”；1997 年美国财务会计准则委员会（Financial Accounting Standards Board，FASB）要求财务报表中必须有一个独立的组成部分，突出显示企业的全部利得和损失，在利润表之外报告全面收益；1997 年国际会计准则委员会[㊀]（International Accounting Standards Committee，IASC）公布的修订后的“财务报表表述”中，要求财务报表中必须有一个独立的组成部分，来突出显示企业的全部利得和损失。

从国外会计准则制定机构关于财务业绩报告的改革过程来看，改革业绩报告的目标基本一

㊀ 国际会计准则委员会（International Accounting Standards Board，FASB）的前身。

致，都要求报告更全面、更有用的财务业绩信息，以满足使用者投资、信贷及其他经济决策的需要。

我国《企业会计准则——基本准则》中对所有者权益要素做了如下规定："所有者权益的来源包括所有者投入的资本、直接计入所有者权益的利得和损失、留存收益等。"其中直接计入所有者权益的利得和损失，"是指不应计入当期损益、会导致所有者权益发生增减变动的、与所有者投入资本或者向所有者分配利润无关的利得或者损失"。由所有者权益变动表的内容可见，我国的所有者权益变动表的作用实际上就相当于英国 ASB 的"全部已确认利得与损失表"，美国 FASB 的"全面收益表"，国际会计准则委员会 IASC 的"权益变动表"。我国改革后的所有者权益变动表能更好地帮助投资者获得与其决策相关的全面收益信息。

在《企业会计准则第 30 号——财务报表列报》中，所有者权益变动表成为财务报表的主要报表之一。所有者权益变动表是反映企业在某一特定时间内有关所有者权益的各组成项目增减变动情况的报表。所有者权益变动表全面反映一定时期所有者权益变动的情况，不仅包括所有者权益总量的增减变动，还包括所有者权益增减变动的重要结构性信息，特别是要反映直接计入所有者权益的利得和损失，让报表使用者准确理解所有者权益增减变动的根源。

所有者权益变动表在一定程度上体现了企业全面收益。全面收益是指企业在某一期间与所有者之外的其他方面进行交易或者发生其他事项所引起的净资产变动。全面收益的构成包括两部分：净利润与直接计入所有者权益的利得和损失。其中，前者是企业已实现并已确认的收益，后者是企业未实现但根据会计准则的规定已确认的收益。

在所有者权益变动表中，净利润与直接计入所有者权益的利得和损失均单列项目反映，体现了企业全面收益的构成。

2．所有者权益变动表的内容和格式

所有者权益变动表包括实收资本（或股本）、其他权益工具、资本公积、库存股、其他综合收益、专项储备、盈余公积、未分配利润的期初余额、本期增减变动项目与金额及其期末余额等。所有者权益变动表至少应当单独列示反映下列信息的项目。

1）综合收益总额，在合并所有者权益变动表中还应单独列示归属于母公司所有者的综合收益总额和归属于少数股东的综合收益总额。

2）会计政策变更和会计差错更正的累计影响金额。

3）所有者投入资本和向所有者分配利润等。

4）按照规定提取的盈余公积。

5）所有者权益各组成部分的期初和期末余额及其调节情况。

所有者权益变动表格式见附录 A。

3．所有者权益变动表的作用

（1）有利于揭示企业抵御财务风险的能力，为报表使用者提供企业盈利能力方面的信息。所有者权益是企业的自有资本，也是企业生产经营、承担债务责任、抵御财务风险的基础。所有者权益的增减变动直接决定着企业经济实力的强弱变化，即企业承担债务的责任、抵御财务风险的能力变化。而所有者权益的增减主要源于企业的盈利或亏损，所以，该表间接地反映了企业的盈利能力，从而为报表使用者提供企业盈利能力方面的信息。

（2）有利于对企业的保值、增值情况做出正确判断，揭示所有者权益增减变动的原因。所有者权益变动表反映企业自有资本的质量，揭示所有者权益变动的原因，为报表使用者正确地评价企业的经营管理工作提供信息。所有者权益的增减变动有多种原因，该表全面记录了影响所有者权益变动的各个因素的年初余额和年末余额。通过每个项目年末和年初余额的对比以及各项目构成比例的变化，揭示所有者权益变动的原因及过程，从而为报表使用者判断企业自有资本的质量、正确评价企业的经营管理工作提供信息。

（3）有利于了解企业净利润的分配去向以及评价利润分配政策。所有者权益变动表反映企业股利分配政策及现金支付能力，为投资者的投资决策提供全面信息。该表既有资产负债表中的项目内容（所有者权益），又有利润表中的项目内容（净利润），还包括利润分配的内容。同时，向所有者支付多少利润取决于企业的股利分配情况，因此所有者权益变动表不仅向投资人或潜在投资人提供了有关股利分配政策和现金支付能力方面的信息，而且通过这一过程将主要报表有机地联系在一起，为报表使用者全面评价企业的财务状况、经营成果和发展能力提供了全面信息。

3.2.5 附注

附注是有关资产负债表、利润表、现金流量表和所有者权益变动表等报表中列示项目的文字描述或明细资料，以及对未能在这些报表中列示项目的说明等。附注应当披露财务报表的编制基础，相关信息应当与资产负债表、利润表、现金流量表和所有者权益变动表等报表中列示的项目相互参照。

附注一般应当包括下列内容。

1）企业的基本情况，包括：企业注册地、组织形式和总部地址；企业的业务性质和主要经营活动；母公司以及集团最终母公司的名称等。

2）财务报表的编制基础。

3）遵循企业会计准则的声明。

4）重要会计政策的说明，包括财务报表项目的计量基础和在运用会计政策过程中所做的重要判断等。

5）重要会计估计的说明，包括可能导致下一个会计期间内资产、负债账面价值重大调整的会计估计的确定依据等。

6）会计政策和会计估计变更以及差错更正的说明。

7）报表重要项目的说明。

8）或有和承诺事项、资产负债表日后非调整事项、关联方关系及其交易等需要说明的事项。

9）有助于财务报表使用者评价企业管理资本的目标、政策及程序的信息。

3.3 财务报表之间的关系

本节主要介绍四张报表之间的勾稽关系，突出资产负债表是核心报表，其他三张报表是对该报表中重要项目来龙去脉的展示。在四张报表中，资产负债表是反映某一时点的存量信息的报表，而利润表、现金流量表和所有者权益变动表则是反映企业某一期间内不同时点间流量信息的报表。它们从不同的角度、以不同的形式来反映企业的经营业务活动及其会计核算结果。因此四张财务报表是相互关联的。

总体来看，存量表与流量表之间的关系可用以下等式来描述：

期初存量 + 流量 = 期末存量

以资产负债表为中心，上式可具体表述为以下两个等式：

现金资产期初余额 + 现金及现金等价物净增加额 = 现金资产期末余额

所有者权益期初余额 + 所有者权益变动 = 所有者权益期末余额

具体来说，“现金资产”对应资产负债表中的“货币资金”和“交易性金融资产”中的债权投资，属于“现金及现金等价物”的概念。“现金及现金等价物净增加额”等于“经营活动产生的现金流量净额”“投资活动产生的现金流量净额”“筹资活动产生的现金流量净额”“汇率变动对现金及现金等价物的影响”之和。“所有者权益变动”对应“净利润”“其他综合收益”“所有者投入和减少资本”“利润分配”

基于以上分析，四张报表之间的勾稽关系见图 3-6。①资产负债表中的现金资产年初余额对应现金流量表中的“期初现金及现金等价物余额”，现金资产期末余额对应“期末现金及现金等价物余额”，通过观察“现金资产”的期末余额与期初余额之差，可以看出企业在特定会计期间内通过商品或劳务的购销活动、资产投资活动、对外融资活动所实现的现金资产的增加或减少。②资产负债表中“所有者权益合计”的年初余额对应所有者权益变动表中所有者权益的“上年金额”，“所有者权益合计”的期末余额对应所有者权益变动表中所有者权益的“本年金额”。通过对“所有者权益合计”的增减变动情况进行分析，可以看出企业当期已经实现的利润和当期未实现的公允价值与账面价值之差对所有者权益的相对贡献，据此还可以对下一期的利润进行预测。③利润表中与所有者权益变动表中的相同项目对应一致。④现金流量表中的“经营活动产生的现金流量净额”等于利润表中的“净利润”在扣除非经常损益并调整各应计项后的余额，这也正是采用间接法编制现金流量表的基本原理。通过比较“净利润”和“经营活动产生的现金流量净额”的差额及二者各自的构成，可以在一定程度上看出企业通过日常经营活动赚取利润的能力及本年利润的变现情况。

企业不同的资源配置战略选择会导致不同的资产结构（指经营性资产与投资性资产的比例关系），直接带来不同的盈利模式，又会产生不同的利润结构，因而企业的利润结构与资产结构之间的吻合性可以在一定程度上体现企业资源配置战略的实施效果。也就是说，可以通过企业的利润结构与资产结构之间的对应关系来判断利润的战略吻合性。

在分析企业的利润结构与资产结构之间的对应关系时，为便于比较，我们通常的做法是忽视“资产减值损失”“信用减值损失”“公允价值变动损益”这三个常规“小项目”。在金额较大时，可将前两者归入核心利润部分，将后者归入广义投资收益的范围，将营业利润分为核心利润和投资收益两个部分。

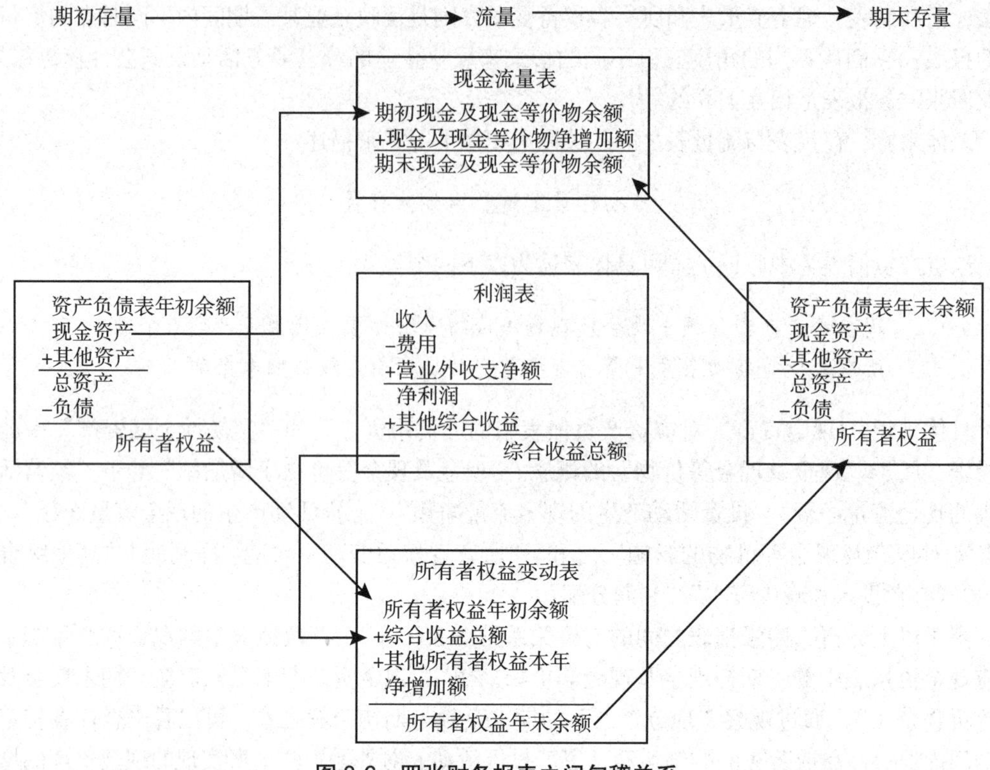

图 3-6　四张财务报表之间勾稽关系

3.3.1　利润结构与资产结构的匹配性分析

在利润结构与资产结构的匹配性分析中，通常采用母公司数据，分别计算经营性资产与投资性资产的比例关系以及核心利润与投资收益的比例关系。如果不考虑不同的商业模式、行业间的盈利性差异以及企业处在不同的发展阶段而产生的盈利差异等各种因素，可以简单地对上市公司自身利润的战略吻合性加以评价：从长期来看，如果两者大致相当，则说明企业战略的实施效果较好，利润的战略吻合性较高；如果两者相差较大，在一些主客观因素无法给出合理解释的情况下[⊖]，一般认为企业战略的实施效果不够好，利润的战略吻合性较低。

3.3.2　企业各类资产的盈利能力分析

在传统的财务指标中，通常只将资产总额与利润总额（或者息税前利润总额）进行比较，计算总资产报酬率。但由于企业会选择实施不同的战略，导致产生不同的资产结构（指经营性资产与投资性资产的比例关系）和不同的利润结构，因此，通常情况下，各类资产的相对盈利能力是不同的，有必要对企业的各类资产分别进行盈利能力分析（这里主要从数量维度考虑），

⊖ 其中的一个特殊情况就是企业投资性资产中控制性投资（即对子公司投资）规模较大，由于对子公司的投资收益采用成本法核算，这时的投资收益规模只取决于子公司的分红政策而非子公司的盈利能力，因此它并不能真正反映投资性资产的投资回报。在这种情况下，通常将母公司资产分为经营性资产、控制性投资和其他投资三个部分，再进行相应的战略吻合性分析。

以帮助分析者找出企业资产中相对较强的盈利区域，这样更有利于企业管理者及时调整经营战略，也有利于投资者更清晰地判断企业未来的发展趋势。

1．经营性资产的盈利能力分析

经营性资产的盈利能力可以通过计算经营性资产报酬率来进行分析与评价，经营性资产报酬率的计算公式如下：

$$经营性资产报酬率=核心利润/平均经营性资产\times100\% \tag{3-8}$$

除了一般性地比较企业年度间、企业间的经营性资产报酬率以外，经营性资产报酬率分析时还应注意，经营性资产种类繁多，不同经营性资产的利润贡献方式可能存在较大差异。例如，在企业从事一般经营活动的同时兼营投资性房地产业务的情况下，投资性房地产业务的租金收入（属于营业收入）与普通产品销售（营业）收入对利润的贡献方式显然不同。因此应特别关注经营性资产的结构性差异对企业利润贡献造成的不同影响。

2．投资性资产的盈利能力分析

投资性资产的盈利能力可以通过计算投资性资产报酬率来进行分析与评价，投资性资产报酬率计算公式如下：

$$投资性资产报酬率=投资收益/平均投资性资产\times100\% \tag{3-9}$$

除了比较企业年度间、企业间的投资性资产盈利能力以外，还应关注以公允价值计量且其变动计入当期损益的金融资产和非流动资产中有诸多形态的投资性资产等项目。不同形态的投资性资产产生的投资收益在确认和计量方法上存在较大差异，如金融资产处置收益、长期股权投资转让收益、成本法和权益法确认的投资收益以及利息收益等。因此，应特别关注不同投资性资产在投资收益确认方面存在的差异。在以公允价值计量且其变动计入当期损益的金融资产当期所带来的公允价值变动收益金额较大时，可以将其归入投资收益范围。

资产管理和利润操纵倾向。通过比较投资收益与投资性资产、核心利润与经营性资产之间的相对盈利能力差异，也可以对企业的资产管理、利润操纵等方面做出判断。

投资性资产的盈利能力与经营性资产的盈利能力大体相当。这时一般可以认为企业的内部产品经营活动与对外投资所涉及的产品经营活动所具有的盈利能力相当，管理效率相当。在这种情况下，企业的管理活动应该集中在提高现有资产的利用率（企业现有资产利用率、周转率还有提升空间）或者扩大产品经营规模与对外投资规模（企业现有资产利用率、周转率已经处于较高水平）上。

投资性资产的盈利能力强于经营性资产的盈利能力。这时一般会认为企业对外投资的效益高于企业内部经营产品的效益。经营性资产的盈利能力较弱，可能意味着企业在经营性资产方面存在不良占用情况（或非经营性占用情况）、资产周转缓慢、产品在市场上没有竞争优势等。在管理上，企业应该考虑的重点是提高内部资产的利用率、消除不良占用和提升产品在市场上的竞争力等。在现有经营状况难以为继的情况下，企业还应当考虑产品结构的战略调整。另外，投资性资产的盈利能力强，虽然可能说明企业的投资效益较好，但也有可能意味着企业在对外投资的收益确认方面存在较大的虚假和泡沫成分。在这种情况下，企业的泡沫利润虽然可以美化企业近期的财务业绩，但可能对企业未来发展产生不良影响。

投资性资产的盈利能力弱于经营性资产的盈利能力。这种情况说明企业对外投资的效益在下降。经营性资产的盈利能力较强，可能意味着企业在经营性资产方面管理质量较高，产品在市场上有明显竞争优势等。投资性资产的盈利能力偏弱，企业应该考虑的重点是做出继续持有还是出售有关投资的决策，或者通过加强对投资对象的管理来提升对外投资的盈利能力。

3. 对经营性资产和利润质量的进一步分析

实际上我们还可以对企业的资产做更为细致的划分，把投资性资产进一步分为控制性投资和其他投资，这样企业的总资产就分为经营性资产、控制性投资和其他投资三个部分。其中，经营性资产和控制性投资是分析的重点。

经营性资产在企业的经营活动中会直接获取核心利润，而控制性投资实际上就是子公司的经营性资产，因此控制性投资所带来的经营成果体现为子公司的核心利润。

综上所述，本书的利润质量分析体系是基于“资产创造利润，利润带来现金流量”这一逻辑关系构建起来的。利润结构与资产结构、现金流量结构之间的对应关系可以通过表 3-10 加以概括说明。

表 3-10 利润结构与资产结构、现金流量结构之间的对应关系

资产	利润	现金流量
经营性资产（识别：一般包括货币资金、商业债权、存货、固定资产和无形资产等项目）	核心利润	经营活动产生的现金净流量
控制性投资（识别：母公司长期股权投资与合并报表长期股权投资之差；母公司其他应收款与合并报表其他应收款之差；母公司预付款项与合并报表预付款项之差）（注：当差额为正时才有意义）	首先表现为子公司的核心利润，被合并计入合并利润表的核心利润	首先表现为子公司的经营活动产生的现金净流量，被合并计入合并现金流量表的经营活动产生的现金净流量
	如果子公司分红，则表现为母公司的投资收益（即采用成本法确认的投资收益）	取得投资收益收到的现金
其他投资（识别：交易性金融资产、其他权益投资、债权投资、其他债权投资、合并报表中的长期股权投资）	权益法确认的投资收益、债权投资收益、投资处置收益等，为准确起见，也可以包括公允价值变动收益	比较复杂，主要通过“取得投资收益收到的现金”和“收回投资收到的现金”等项目进行分析填列

概括起来，无论是公司自身的经营性资产，还是通过对外投资形成的子公司的经营性资产，在三张报表中都有一条非常清晰的分析脉络：经营性资产—核心利润—经营活动产生的现金净流量。通过这条脉络，我们就能够比较清晰地判断企业经营性资产的整体质量和利润质量。

在实践中存在一种特殊类型的企业——以控股投资为主体的企业，由于以控制性投资为主体的企业自身基本不开展经营活动，主要从事对外投资活动以及后续的投资管理工作，因此这类企业报表中的资产项目主要有三个：货币资金、其他应收款以及长期股权投资，而固定资产等常规的经营性资产项目金额相对较少。在子公司不分红的情况下，母公司的利润表中就无法显示投资收益（由成本法的核算特点决定）。在这种情况下，企业利润表中的营业收入规模可能会很小，而管理费用、销售费用、财务费用等期间费用却要照常发生，结果导致母公司利润表中所显示的企业业绩非常差—净利润是一个令人感到惨不忍睹的负数。

要正确判断以控股投资为主体的企业的资产质量和利润质量，就必须采用另一个脉络展开分析：从母公司控制性投资到子公司的核心利润，再到子公司经营活动产生的现金净流量。其中，子公司的核心利润是在合并报表中体现的，为合并核心利润与母公司核心利润之差，当然其前提是母、子公司之间所发生的内部关联交易较少。

需要注意的是，以控制性投资为主体的企业，母公司（即投资企业）利润表中的净利润不取决于子公司的效益，而是取决于子公司的现金分红政策。因此对于控股集团来说，要想让母公司的报表业绩稳定的话，子公司就应该保持持续稳定的现金分红政策。

3.4 计量属性与资产负债分析

3.4.1 会计的计量属性

会计计量是为了将符合确认条件的会计要素登记入账并列报于财务报表而确定其金额的过程。企业应当按照规定的会计计量属性进行计量，确定相关金额。计量属性是指所计量的某一要素的特性，如机器的数量、原材料的重量、楼房的高度等。从会计的角度看，计量属性反映的是会计要素金额的确定基础。按照《企业会计准则——基本准则》，会计计量属性主要包括以下内容。

1. 历史成本

历史成本（historical cost）又称为实际成本，就是取得或制造某项财产物资时所实际支付的现金或者其他对价资产。在以历史成本计价时，资产按照购置时支付的现金或者现金等价物的金额，或者按照购置资产时支付的对价的公允价值计量。负债按照因承担现时义务而实际收到的款项或者资产的金额，或者承担现时义务的合同金额，或者按照日常活动中为偿还负债预计需要支付的现金或者现金等价物的金额计量。

采用历史成本原则计价的优越性在于：第一，由于交易价格是由企业与企业外部共同确定的，因而具有一定的客观性；第二，历史成本的确定通常要有一定的会计凭证作为依据，具有可验证性；第三，历史成本原则可抑制因主观判断而产生的可能蓄意歪曲企业财务状况的事件发生。

2. 重置成本

重置成本（replacement cost）又称现行成本，是指按照当前市场条件，重新取得同样一项资产所需支付的现金或现金等价物的金额。在以重置成本计价时，资产按照当前市场条件下重新取得同样一项资产所需支付的现金或现金等价物的金额计量。负债按照现在偿付该项债务所需支付的现金或者现金等价物的金额计量。

3. 可变现净值

可变现净值（net realizable value）是指在正常生产经营过程中以预计售价减去进一步加工的成本和销售所必需的预计税金、费用后的净值。在以可变现净值计价时，资产按照其正常对外销售所能收到的现金或者现金等价物的金额扣减该资产至完工时估计将要发生的成本、估计的销售费用以及相关税费后的金额计量。

4．现值

现值（present value）是指对未来现金流量以恰当的折现率进行折现后的价值，是考虑货币时间价值因素等的一种计量属性。在以现值计价时，资产按照预计从其持续使用和最终处置中产生的未来净现金流入量的折现金额计量，负债按照预计期限内需要偿还的未来净现金流出量的折现金额计量。

5．公允价值

公允价值（fair value）是指在公平交易中，熟悉情况的交易双方自愿进行资产交换或者债务清偿的金额。在以公允价值计价时，资产和负债按照在公平交易中熟悉情况的交易双方自愿进行资产交换或者债务清偿的金额计量。

在实务中，一般应当采用历史成本。采用重置成本、可变现净值、现值、公允价值计量的，应当保证所确定的资产金额能够取得并可靠计量。

美国一般公认会计原则和国际财务报告准则比较侧重公允价值的运用，以体现会计信息的相关性。考虑到我国市场发展的现状，现行准则体系中主要在金融工具、投资性房地产、非共同控制下的企业合并、债务重组和非货币性交易等方面采用了公允价值计量。总体上说，新会计准则体系对公允价值的运用还是比较谨慎的，只有在存在活跃市场、公允价值能够取得并可靠计量的情况下，才能采用公允价值计量。

3.4.2 计量属性选择对资产负债表信息质量的影响

1．相关性

从相关性的角度来看，计量属性选择会影响资产负债表信息与实际经济状况的相关性。如果所选择的计量属性与实际经济状况相关性较高，资产负债表信息将更准确地反映企业的财务状况和经营绩效。相反，如果所选择的计量属性与实际经济状况相关性较低，资产负债表信息可能会失真，导致投资者和其他利益相关者无法准确评估企业的财务状况和经营绩效。

2．如实反映

从如实反映的角度来看，计量属性选择会影响资产负债表信息的如实反映程度。如实反映是指财务报表能够真实、完整地反映企业的财务状况和经营绩效。如果所选择的计量属性能够充分反映企业的财务状况和经营绩效，资产负债表信息将更具可靠性和可比性。相反，如果选择的计量属性无法准确反映企业的财务状况和经营绩效，资产负债表信息可能会失真，无法提供准确的决策依据。

综上所述，计量属性选择对资产负债表信息质量的影响主要体现在相关性和如实反映两个方面。选择与实际经济状况相关性高且能够如实反映企业财务状况和经营绩效的计量属性，能够提高资产负债表信息的准确度和可靠度，有助于投资者和其他利益相关者做出准确的决策。

3.4.3　会计确认基础

在财务会计理论和实务中，会计确认是一个十分重要的环节，它决定了会计核算主体何时将本单位具体的经济业务记录为何种要素，从而实现向企业外部的利益集团提供符合要求的会计信息这一根本目标。目前，无论是从财务会计的理论还是实务来看，可选择的会计确认基础不外乎收付实现制和权责发生制两种。

1．收付实现制

收付实现制（cash basis）又称现金制，是以款项的实收实付时间为入账标准来确认当期收入和费用，即凡是当期收到的收入款项和付出的费用款项，不论是否应该属于当期的收入和费用，均作为当期的收入和费用进行处理，期末不需要对收入和费用进行任何账项调整。

由于收付实现制是以企业实际收付现金的时间为确认收入和费用的基本标准，因而报表中所体现的企业当期经营成果与期末的现金余额相一致，这样可以使企业的经营成果具有非常高的含金量和可信度。但是在商业信用广泛应用的行业和领域，现金的收付时间往往和企业实际的收入赚取及费用发生的时间不一致，采用收付实现制将导致计入当期的收入和费用相互之间并不存在事实上的因果关系，使得报表中的利润并不能反映企业真实的经营业绩，从而使其失去科学性和运用价值。

2．权责发生制

权责发生制（accrual basis）又称应计制，是以业务的实际发生时间为入账标准来确认本期收入和费用，即凡是属于当期发生的收入和费用，不论其款项是否收付，均应作为当期的收入和费用进行处理；凡是不属于当期发生的收入和费用，即使其款项已在当期收取或付出，也不应该作为当期的收入和费用进行处理。

在这里，属于本期的收入也称已实现的收入，其确认主要关注实现收入的过程是否完成，并不关注货币的收取情况：只要商品销售的过程完成或收入的赚取过程完成，在会计上就确认收入。一般来说，企业会计上所确认的收入（体现为利润表中引起利润增加的因素）与货币收款情况有三种对应关系：一是在销售活动完结或劳务提供过程完结时立即收取货款（如现销），使收入的确认引起货币同时增加；二是在销售活动完结或劳务提供过程完结时并不立即收取货款（部分或全部），但取得在未来确定的时间内收取货款的权利（如赊销），使收入的确认引起应收账款或应收票据的增加；三是在向顾客提供商品和劳务以前已经收取了货币（如预收款销售），此时收入的确认引起债务减少。

属于本期的费用也称已发生的费用，是指为产生一定会计期间的收入而发生的耗费，在利润表中表现为使利润减少的因素。按照权责发生制原则对费用进行确认，主要关注资源的消耗与实现收入的过程是否相关，并不关注货币的支付情况：只要是为实现收入发生的资源消耗，在会计上就确认为费用。一般来说，企业会计上所确认的费用（体现为利润表中各项费用等）与货币支付情况有三种对应关系：一是在费用发生时立即支付款项（如小额的费用开支），使费用的确认引起货币同时减少；二是在费用发生时并不立即支付款项（部分或全部），但承担在未来确定的时间内支付款项的义务（如先耗用他人资源，后付款），使费用的确认引起债务增加；三是在费用发生以前已经对有关资源的取得进行了支付（如先付款购买，后耗用他人资源），此时费用的确认引起非货币资产减少。

权责发生制是依据持续经营和会计分期两个基本前提来正确划分不同会计期间资产、负债、收入、费用等会计要素的归属，并运用诸如应收、应付、预提、待摊等项目来记录由此形成的资产和负债等会计要素。企业的经营活动不是一次而是多次的，其损益的记录要分期进行，每期损益的计算理应反映所有属于本期的真实经营业绩，收付实现制显然不能完全做到这一点。因此，与收付实现制相比，权责发生制能更加准确地反映特定会计期间企业实际的财务状况和经营业绩，成为世界范围内普遍采用的会计确认基础。表 3-11 是收付实现制和权责发生制的对比。

表 3-11 收付实现制和权责发生制的对比

项目	收付实现制	权责发生制
收入确认时点	交易收到现金时	收入赚取时，无论本期是否收到现金
费用确认	交易支付现金时	费用发生时，无论本期是否支付现金
资产负债表是否记录应收账款和应付账款	否	是
部分收付款处理	没有完整记录	无论是否全额收付款，收入和费用都按照全额记录
是否确认应收账款坏账	不确认	确认
优点	简单易懂，适用于小企业，客观反映现金的收付变动	详细记录企业的应收、应付款项以及企业的存货等资产变动，信息完整
缺点	会计记录存在时滞，信息反映不完整，不利于对公司资产和负债的控制，不能准确衡量公司的财务状况和经营成果	需要使用职业判断，容易操纵报表数据

然而，由于在实务中确认企业业务实际发生的时间往往以企业开发票的时间为标准，而开发票的时间易受人为控制，带有一定的主观性，这便为企业操纵利润提供了相当大的空间和可能性。同时，企业业务发生的时间往往和现金实际收付的时间不一致，导致一个从利润表来看经营很好、效率很高的企业，在资产负债表上却可能因没有足够的现金而陷入财务困境，即通常所说的“有利润却没钱”的状况。案例 3-1 就是一个有代表性的例子。

⊙案例 3-1

宜华地产，现金流与利润的偏离

宜华地产股份有限公司（简称“宜华地产”）[⊖] 是一家国有企业，主营业务是房地产开发与销售，该公司成立于 1993 年，并于 2000 年 8 月 7 日在深圳证券交易所上市。从表 3-12 可以看出，从 2000—2021 年间，其中有 11 年经营活动现金流为负值，7 年亏损，其中利润和经营现金流不一致的年份有 14 年，利润为正而经营活动现金流为负的年份有 9 年，而利润为负而经营现金流为正的年份有 5 年。

⊖ 该公司已在 2015 年更名为宜华健康医疗股份有限公司，并于 2023 年 6 月退市。

表 3-12 宜华地产 2000—2021 年度净利润与现金流量对比表 单位：万元

年份	营业收入	净利润	经营活动现金流	投资活动现金流	筹资活动现金流
2000 年	29 286	4 270	−1 773	−30 770	43 320
2001 年	14 387	264	−4 797	26 597	−3 303
2002 年	3 579	−5 690	−3 693	7 601	0
2003 年	14 425	−9 185	16 717	−30 338	0
2004 年	49 682	1 097	−6 904	126	0
2005 年	40 538	−9 471	−2 872	47	−54
2006 年	22 428	−4 207	15 721	−10 185	0
2007 年	25 034	11 527	2 667	11 860	0
2008 年	49 329	8 554	4 730	−96	0
2009 年	36 247	10 029	−8 217	−5 943	−200
2010 年	7 892	998	−12 648	−5 005	6 291
2011 年	10 511	788	8 678	−19 014	10 372
2012 年	8 490	233	−52	−4 160	5 257
2013 年	72 926	9 190	−79 893	−12 415	101 975
2014 年	15 767	2 982	−12 369	27 805	−25 470
2015 年	103 123	5 506	37 681	−22 682	16 260
2016 年	129 646	74 274	−56 586	56 646	113 409
2017 年	211 617	18 432	4 298	−144 047	25 432
2018 年	220 400	20 068	37 274	−78 750	21 706
2019 年	179 224	−155 382	15 736	−14 574	3 289
2020 年	156 164	−61 446	18 203	−11 985	−12 236
2021 年	133 441	−70 866	11 874	−7 944	−9 823
合计	1 534 136	−148 035	−16 225	−267 226	296 225

其中 2012 年到 2014 年期间，连续 3 年的利润为正而经营活动现金流为负，主要的原因是库存的增加，表现为在建项目和完工未出售的房产增加，2013 年两者的差异为经营活动现金流为 −79 893 万元，而利润是 9 190 万元。在宜华地产 2013 年的年报中，存货大幅度增加，显然是工程施工成本或者完工房产大幅增加所致。对于房地产企业而言，工程施工成本增加，将导致存货增加。存货大幅增加，说明公司的开发房产出现大幅积压，在项目开发上有大量的资金投入，只有同步加快销售进度，方能保证企业具有充足的经营活动现金流量。

而在 2019 年到 2021 年期间，连续三年公司亏损，但是经营活动现金流为正，其中 2019 年亏损 155 382 万元，而经营活动现金流为净流入 15 736 万元，主要的原因是公司在房地产下行周期可能采用降价销售策略，加快积压房产的销售，导致了巨额的亏损。从表 3-12 中可以看出，2000—2021 年宜华地产的合计营业收入 1 534 136 万元，累计亏损 148 035 万元，累计经营活动现金流为 −16 225 万元，累计投资活动现金流出 267 226 万元，累计筹资活动现金流为 296 225 万元。从整体来看该公司在长达 20 多年的时间内并未为股东创造价值。

在金融风险日益加剧的今天，现金为王的观念越来越深入人心，人们甚至认为现金与现金流量比会计利润更为重要，因为企业的现金流量状况在很大程度上影响着企业的生存与发展。为满足人们对现金流信息的分析需求，可以通过编制以收付实现制为基础的现金流量表来弥补以权责发生制为基础编制的利润表的不足。

本章小结

利润表、资产负债表、现金流量表和所有者权益变动表是《企业会计准则》要求上市公司必须披露的主要报表，本章首先从企业的基本业务活动分类开始，讨论企业的投资活动、筹资活动、经营活动和分配活动的内容和含义，展示了这些活动在财务报表上的呈现方式，企业通过编制利润表、资产负债表、现金流量表和所有者权益变动表来反映筹资、投资、经营和分配活动的结果。

利润表报告的是企业在一定会计期间内的经营结果及盈亏情况，反映企业的盈利能力。资产负债表报告的是企业在某一特定日期的财务状况，即企业拥有的资产、负债及权益。现金流量表弥补了利润表基于权责发生制带来的局限，反映公司在一定会计期间内的现金流入、流出以及净流量。所有者权益变动表则分类反映企业在期间内引起所有者权益变动的因素及结果。四张报表分别从不同角度反映公司的财务信息，是分析财务信息的主要来源。这些报表由于必须遵循会计的基本原则和计量要求，且它们存在一定的局限，需要结合其他的非财务信息进行深入的分析。

思考题

1. 企业的资产负债表、利润表和现金流量表提供的信息有什么差异？
2. 现金流量表中对于企业的现金流量是如何分类的？这样分类提供的信息有什么价值？
3. 企业为什么需要在利润表和资产负债表外单独编制所有者权益变动表？这张报表能够提供哪些额外的信息，这些信息对于使用者而言有什么价值？
4. 权责发生制和收付实现制的含义是什么？分别适用于哪些财务报表？

练习题

1. ABC 公司于 2023 年 12 月 1 日设立，根据表 3-13 中 ABC 公司 2023 年 12 月 31 日调整后的账户余额编制利润表和资产负债表。

表 3-13　ABC 公司 2023 年 12 月 31 日调整后的账户余额

项目	期初余额（略）	2023 年 12 月 31 日	
		Dr（借方）	Cr（贷方）
银行存款		65 000	
应收账款		9 900	
办公辅料		600	
预付保费		9 600	
预付租金		8 000	

（续）

项目	期初余额（略）	2023 年 12 月 31 日	
		Dr（借方）	Cr（贷方）
工具及设备		240 000	
工具及设备累计折旧			2 500
应付票据			100 000
应付账款			1 700
应付股利			2 000
应付利息			500
应交税费			9 080
应付职工薪酬			1 400
预收租金			4 300
股本			200 000
未分配利润		2 000	
应付利息			
租赁收入			43 200
维修费用		600	
工资费用		11 800	
辅料费用		400	
折旧费用——建筑物			
折旧费用——工具及设备		2 500	
公用事业费		700	
保险费用			
所得税费用		9 080	
利息费用		500	
租赁费用		4 000	

2. 2022 年 11 月 19 日，GF 公司商品贸易公司成立，当月开始经营，2022 年发生如下经济活动（经济交易）。

（1）收到股东支付的资本金 2 亿元。

（2）通过银行获得一年期贷款 1 亿元。

（3）购买生产用设备一台，支付对价 0.5 亿元，使用银行存款支付。

（4）购入商品（存货）0.6 亿元，其中使用银行存款支付 0.4 亿元，0.2 亿元与供应商约定 30 天后支付。

（5）将商品存货的一半卖给客户 A，销售价款 0.8 亿元，其中 0.2 亿通过银行转账收取，其余款项客户承诺 45 天后支付。

（6）实现销售的商品存货成本 0.3 亿元。

（7）支出 0.6 亿投资子公司，形成长期股权投资，投资对价通过银行存款支付。

（8）在电视台投放广告宣传，用银行存款支付 0.2 亿元广告费。

（9）客户 A 支付赊欠货款 0.2 亿元。

（10）结算当期行政管理人员工资 0.1 亿元，其中 0.05 亿元通过银行支付，剩余尚未支付。

（11）支付贷款利息 0.1 亿元。

（12）支付股东 GF 现金股利 0.05 亿元。

（13）假定固定资产按照 10 年折旧，估计残值为 0；公司适用的所得税税率为 25%。

要求：根据上述经济业务活动，登记 T 形账户，结出相关账户的余额，继而编制 GF 公司 2022 年的利润表、资产负债表、所有者权益变动表和现金流量表。

3. F 公司系 2017 年 5 月 20 日成立，2017 年 6 月 1 日有关账户的余额如表 3-14 所示。

表 3-14 F 公司有关账户的月初余额 单位：元

账户	借方余额	账户	贷方余额
库存现金	22 780	短期借款	560 000
银行存款	191 200	应付账款	42 280
应收账款	233 800	应付职工薪酬	20 000
库存商品	401 500	实收资本	600 000
固定资产	694 000	资本公积	421 000
无形资产	100 000	—	—

该公司 2017 年 6 月发生的经济业务如下：（不考虑增值税）

（1）6 月 2 日，以银行存款购买不需要安装的生产设备一套，价值 100 000 元。

（2）6 月 4 日，收到上月客户所欠货款 86 000 元，已存入银行。

（3）6 月 5 日，销售 M 商品一批，款项 400 000 元，全部收到并存入银行。

（4）6 月 7 日，以银行存款支付本月短期借款利息 32 000 元（计入财务费用）。

（5）6 月 8 日，以银行存款向相关媒体支付广告费 15 600 元。

（6）6 月 10 日，以银行存款支付应付职工薪酬 20 000 元。

（7）6 月 12 日，向丁公司购入 M 商品一批，进价为 170 000 元，货款暂欠。

（8）6 月 13 日，以现金支付办公费、水电费 5 000 元。

（9）6 月 17 日，销售商品一批，售价 500 000 元。收到货款 300 000 元，余款暂欠。

（10）6 月 18 日，某投资者按出资协议的规定投入资本 200 000 元，直接存入银行。

（11）6 月 19 日，以现金 9 400 元偿还前欠甲公司的货款。

（12）6 月 21 日，购入专利权一项，价款 37 000 元。其中 20 000 元以银行存款支付，其余款项尚未支付。

（13）6 月 27 日，以银行存款偿还到期的短期借款本金 60 000 元。

（14）6 月 30 日，收到乙公司偿还前欠货款 70 000 元，存入银行。

（15）6 月 30 日，计算结转本月应付管理人员薪酬 18 000 元。

（16）6 月 30 日，结转本月已销 M 商品成本 570 000 元。

（17）6 月 30 日，计算结转本月固定资产直线法折旧费用（固定资产为 694 000 元，系 2017 年 5 月份购入，6 月份开始计提折旧，估计残值 94 000 元，估计使用年限

10 年)(计入管理费用)。无形资产本月应摊销 10 000 元，计入管理费用。

(18)6 月计算当期应缴纳的所得税，假定税率为 25%。

(19)6 月通过本年利润结转本期收入和费用。

(20)6 月结转本年利润。

要求：

1. 根据上述资料，编制 F 公司 2017 年 6 月业务的会计分录。
2. 根据上述资料，编制 F 公司 2017 年 6 月的利润表。
3. 根据上述资料，编制 F 公司 2017 年 6 月 30 日的资产负债表。
4. 根据上述资料，编制 F 公司 2017 年 6 月的现金流量表。

参考文献

[1] BALL R, BROWN P. An empirical evaluation of accounting income numbers [J]. Journal of accounting research, 1968, 6 (2): 159-178.

[2] PENMAN S, REGGIANI F. Returns to buying earnings and book value: accounting for growth and risk [J]. Review of accounting studies, 2013, 18: 1021-1049.

[3] PENMAN S H. Financial statement analysis and security valuation [M]. 5th ed. New York: McGraw-Hill, 2013.

[4] 刘顺仁. 财报就像一本故事书 [M]. 太原：山西人民出版社，2019.

[5] 薛云奎. 穿透财报，发现企业的秘密 [M]. 北京：机械工业出版社，2018.

估值视角的资产负债表分析

■ 学习目标

1. 理解公司资产负债表上的各项资产、负债和所有者权益是如何分类和计量的；

2. 掌握如何利用公司的资产负债表信息来分析公司经营业务的差别；

3. 理解公司的经营所需资金是如何获取的以及不同的融资方式在资产负债表上反映的差异。

■ 导入案例

沃格光电的预付账款

2024 年 2 月 20 日，江西沃格光电股份有限公司（简称“沃格光电”）收到江西证监局下发的《关于对江西沃格光电股份有限公司、胡芳芳、汪科采取责令改正措施的决定》。处罚决定显示，沃格光电从 2022 年开始与广东晨海科技有限公司（简称“晨海科技”）签署《供应链服务协议》，开展融资性贸易，2022 年和 2023 年 1~9 月该业务发生额分别为 0.66 亿元、1.07 亿元；沃格光电按净额法分别确认收入 0.009 亿元、0.03 亿元；由此产生的预付资金发生额累计分别为 1.78 亿元、1.52 亿元；2022 年年末和 2023 年三季末，公司预付账款余额分别为 0.79 亿元、1.14 亿元，但是沃格光电未披露与晨海科技的融资贸易情况，上述融资贸易业务收益实际为利息收入，在相关的定期报告中，沃格光电将其计入营业收入而未计入投资收益，且未计入非经常性损益项目进行扣除和披露，导致相关定期报告存在信息披露不规范、不完整的情况。胡芳芳作为公司董事会秘书、汪科作为公司时任财务总监，未能按照《上市公司信息披露管理办法》（中国证券监督管理委员会令第 182 号）第四条、第五十一条第二款和第三款规定履行勤勉尽责义务，对公司相关违规行为负主要责任。那沃格光电的融资性贸易到底是什么性质的业务？为什么公司会开展融资性贸易呢？

沃格光电主要从事光电精加工业务、背光及显示模组、车载显示触控模组、高端光学膜材模切、玻璃基半导体先进封装载板，该公司于 2018 年 4 月在上交所挂牌上市，上市以来虽然营业收入不断增长，但是利润却一路下滑，2018—2023 年沃格光电的营业收入分别为

7 亿元、5.24 亿元、6.04 亿元、10.50 亿元、13.99 亿元和 18.14 亿元，归属于母公司的净利润分别为 1.58 亿元、0.51 亿元、0.14 亿元、−0.27 亿元、−3.28 亿元和 −0.05 亿元。

根据沃格光电与晨海科技的协议，晨海科技及其关联企业分别作为客户或供应商与沃格光电产生交易。首先，沃格光电向客户收取 30% 的贸易业务保证金，然后预付 100% 全款给供应商，供应商备好货后将货物运送至沃格光电的仓库，客户根据其生产及销售计划，支付相关订单的剩余全部货款后自行提取货物。“截至 2023 年 6 月 30 日，公司预付晨海科技 7 660.39 万元（不含库存部分），库存余额为 4 257.58 万元（含税），公司发现与晨海科技贸易业务的交易事项可能导致资金存在风险。因此公司及时停止与晨海科技及其关联企业的贸易业务。”2024 年 6 月 14 日，沃格光电在最新的公告中表示，一方面积极向晨海科技提出提货申请，另一方面积极催促客户方深圳顶宸科技有限公司（简称“顶宸”）、深圳雄琪电子有限公司（简称“雄琪”）支付剩余款项并提货。截至 2023 年 9 月 30 日，沃格光电对晨海科技的预付账款及待提货库存余额（含税）合计 1.15 亿元，扣除预收顶宸和雄琪的保证金 3 436.21 万元后，尚余 8 017.93 万元待结算。

你认为沃格光电与晨海科技及其关联方的交易按照证监局的要求处理会对沃格光电的财务状况和经营成果会产生什么影响？

资料来源：根据证监会的处罚公告及以下改编，一则上市公司公告透露“假贸易真借贷”真相，和讯股票，http://sc.stock.cnfol.com/ggzixun/20240617/30782041.shtml。

为了能够对公司的盈利能力和风险做出适当的解释，投资者必须了解资产负债表和利润表基本项目是如何反映公司的经济交易和事项的。本章和第 5 章分别分析资产负债表和利润表主要项目反映的内容以及会计政策和会计估计是如何影响这些项目的金额的。本章的重点是资产、负债和所有者权益的计量和报表列报。

4.1 资产负债表的基本结构

资产负债表可以按照“资产 = 负债 + 所有者权益”的基本会计等式来报告公司拥有的资产、承担的负债以及所有者拥有的剩余权益（净资产），此种方式编制的资产负债表通常称为“账户式”或者“水平式”资产负债表，基本结构如表 4-1 所示。

表 4-1 账户式资产负债表基本结构

编制单位： 年 月 日 单位：元

资产	期末余额	上年年末余额	负债和所有者权益（或股东权益）	期末余额	上年年末余额
流动资产：			流动负债：		
货币资金			短期借款		
交易性金融资产			交易性金融负债		
衍生金融资产			衍生金融负债		
应收票据			应付票据		
应收账款			应付账款		
应收款项融资			预收款项		

（续）

资产	期末余额	上年年末余额	负债和所有者权益（或股东权益）	期末余额	上年年末余额
预付款项			合同负债		
其他应收款			应付职工薪酬		
存货			应交税费		
合同资产			其他应付款		
持有待售资产			持有待售负债		
一年内到期的非流动资产			一年内到期的非流动负债		
其他流动资产			其他流动负债		
流动资产合计			流动负债合计		
非流动资产：			非流动负债：		
债权投资			长期借款		
其他债权投资			应付债券		
长期应收款			其中：优先股		
长期股权投资			永续债		
其他权益工具投资			租赁负债		
其他非流动金融资产			长期应付款		
投资性房地产			预计负债		
固定资产			递延所得税负债		
在建工程			其他非流动负债		
生产性生物资产			非流动负债合计		
油气资产			负债合计		
使用权资产			所有者权益（或股东权益）：		
无形资产			实收资本（或股本）		
开发支出			其他权益工具		
商誉			其中：优先股		
长期待摊费用			永续债		
递延所得税资产			资本公积		
其他非流动资产			减：库存股		
非流动资产合计			其他综合收益		
			专项储备		
			盈余公积		
			未分配利润		
			所有者权益（或股东权益）合计		
资产总计			负债和所有者权益（或股东权益）总计		

资产负债表也可以将资产、负债和所有者权益在一列垂直排列，称为“报告式”或者“垂直式”资产负债表。

在资产负债表中，资产按照其变现能力的高低划分为流动资产和非流动资产，流动资产是在一年或者一个经营周期内转化为现金的资产，包括货币资金、存货、应收账款等。应收账款和应收票据都是采用赊账方式销售形成的债权，存货是在经营过程中为销售或者耗用而储备的各种资产，比如商品、半成品以及各种材料等。

企业的负债按其偿还期限的长短可以分为流动负债与非流动负债。流动负债是指偿还期在 1 年或长于 1 年的一个营业周期以内的债务，主要包括短期借款、应付票据、应付账款、应付职工薪酬、应交税费、其他应付款等。非流动负债是指偿还期在 1 年或长于 1 年的一个营业周期以上的债务，主要包括长期借款、应付债券和长期应付款等。

我国现行的资产负债表所有者权益分为八个部分：一是实收资本（或股本）；二是其他权益工具，其中包括优先股和永续债；三是资本公积；四是库存股（减）；五是其他综合收益；六是专项储备；七是盈余公积；八是未分配利润。

4.2 资产项目分析

企业持有资产是企业开展经营业务的前提，企业持有资产的类别反映了公司的经营战略和业务的情况，对于资产负债表资产的分析需要结合公司的具体业务进行分析。

4.2.1 流动资产

1．货币资金

（1）货币资金的内容。货币资金是指可以立即投入流通，用以购买商品或劳务，或用以偿还债务的交换媒介物。货币资金的流动性最强，可以直接用于对外支付，是企业最重要的资产，企业为了保持流动性必须持有一定数量的货币资金。

资产负债表上的货币资金包括：库存现金、银行存款和其他货币资金，其他货币资金是指除了库存现金和银行存款之外在银行的保证金存款，主要包括银行汇票存款、银行本票存款、信用卡存款、信用证保证金存款、存出投资款和外埠存款等。保证金存款的使用会受到限制，但是在实际使用之前企业仍然享有这些保证金存款的利息。

（2）货币资金分析的注意事项。企业货币资金管理的目标，就是要在现金的流动性和盈利能力之间做出抉择，在保证企业的经营效率和效益的前提下，尽可能减少在现金上的投资。将企业货币资金占总资产的比例与同行业其他企业的情况加以比较。当货币资金占总资产的比例显著超过同行业的一般水平时，说明企业货币资金过多，企业需要为超额储备的现金找一个出路，以优化企业的资产结构。当货币资金占总资产的比例显著低于同行业的一般水平时，说明企业货币资金存量不足，没有足够的支付能力，企业可能会面临巨大的财务风险。

投资者在分析企业的货币资金时需要注意区分受限资金和不受限资金，后者才是企业流动性的保证。同时投资者需要区分合并报表上的货币资金和母公司报表上的货币资金，合并报表是从经济实体的角度反映合并范围内集团的财务状况和经营成果等，但是每一个纳入合并范围的企业都是独立的法律主体，货币资金的支配取决于集团对于资金管理的规定和银行结算制度的规定。康得新的案例（案例 4-1）暴露了上市公司的实际控制人通过大股东康得投资集团挪走了上市公司的 122 亿元，成为中国股市的一大丑闻。

⊙案例 4-1

康得新—不翼而飞的存款

钟玉原为国企技术人员，1988 年联合创办康得投资集团有限公司（以下简称“康得投资集团”），该公司在经过改制后钟玉成为大股东。2001 年，钟玉成立了康得新复合材料公司（简称“康得新”），并于 2010 年以“全球最大预涂膜生产企业”的身份在 A 股上市。上市后康得新一度被称为“中国的 3M 公司”，市值曾一度飙涨至千亿元，被视为中小板的白马股代表。

2019 年 2 月，上市公司康得新（002450.SZ）连续两笔共计 15 亿元的债券违约，存贷双高以及大股东资金来往不明等问题，使康得新备受质疑。其中最为可疑的是，2019 年 4 月 30 日其披露的 2018 年年报中称，公司账面货币资金为 153.16 亿元，其中 122 亿元存放于北京银行西单支行，但北京银行西单支行随后回复称账户可用余额为零。

蹊跷之中，市场普遍质疑，钟玉所控制的大股东康得投资集团挪走了上市公司的 122 亿元。在多方逼问之后，控股股东康得投资集团与北京银行签订的《现金管理合作协议》曝光，根据协议内容，其账户余额按照零余额管理，即各子账户的资金全额归集到康得投资集团账户。钟玉在随后也公开承认，上市公司和康得投资集团的资金存在混用情况。但他表示，占用的资金主要用作投资碳纤维项目。在 2 月份，钟玉还独家对腾讯《潜望》表示，让康得新陷入债务危机的最直接因素就是碳纤维项目。

根据康得集团与山东省荣成市国有资本运营有限公司（简称“荣成国资”）共同出资建设康得碳谷科技项目信息显示，康得新和荣成国资各出资 20 亿元，康得集团出资 90 亿元。康得新在 2018 年 5 月回复深交所问询函中透露，康得新和荣成国资 20 亿元均已到位，康得集团仅到位 2 亿元。

占用的钱究竟用到何处？针对这一问题，江苏证监局派出稽查人员前往康得新进行现场检查。“货币资金是最初的线索，明明账面上有 100 多亿元的资金，却还不上 15 亿元的债券，那我们判断只有两种可能，第一账上的钱是假的，第二账上的钱是受限的。”证监会稽查局人士表示，“如果是第二种情况，按照要求是必须对外披露的，但是康得新之前并没有这方面的公告。”证监会稽查局负责人透露：“江苏局稽查人员针对货币资金进行了重点核查，很快就发现货币资金存在严重问题，于是启动了立案，在经过更详细的调查后，进而发现了财务收入造假的事实。”根据中国证监会认定，2015 年到 2018 年期间，康得新通过虚构采购、生产等研发费用等方式，虚增营业成本和研发、销售费用，通过这些方式虚增利润 119 亿元。

货币资金是最重要的偿债能力保证，在分析公司的偿债能力时母公司的偿债能力与集团的偿债能力之间不能等同，母子公司作为独立的法律实体，康得新的集团账户管理政策实质上损害了上市公司其他股东的利益。

2．存货

存货是企业在日常活动中持有以备出售的产成品或商品、处在生产过程中的在产品、在生产过程中或提供劳务过程中耗用的材料和物资等。存货包括企业为产品生产和商品销售而持有的原材料、在产品、产成品、商品、周转材料等。企业持有的存货通常在一年或超过一年的一个营业周期内被消耗（用于生产）或经出售转换为现金、银行存款或应收账款等，具有明显的流动性，属于流动资产。对于一般的工商业企业来说，存货是重要的流动资产项目。

（1）存货的分类。存货按照其性质可分为原材料、在产品、半成品、产成品（商品）、周转材料等。按取得存货的不同来源可分为外购存货和自制存货（含委托外单位加工存货）等。

（2）存货入账价值。存货的入账价值的基本确认原则是按照货物的实际成本入账，根据不同的存货来源，具体的成本组成有所不同。

第一，外购存货的入账价值。根据我国会计准则的相关规定，外购存货以其采购成本入账，存货的采购成本包括购货价格、相关税费，以及运输费、装卸费、保险费等其他可直接归属于存货采购成本的费用。购货价格是指因购货而支付的对价，不包括按规定可以抵扣的增值税税额。其他可归属于存货采购成本的费用是指为使存货达到预定可使用状态所支付的除买价及相关税费以外的采购费用。

第二，自制存货的入账价值。自制存货的成本包括消耗的材料成本和发生的加工成本之和。自制存货消耗的材料成本是指为了制造存货直接消耗的原料及主要材料、辅助材料等，一般又称为直接材料。自制存货发生的加工成本是指企业为加工生产某种产品或材料，在直接材料成本基础上追加的生产成本，主要包括直接人工和制造费用两大部分。

（3）存货的期末计量与减值。企业持有的存货有可能发生减值，资产负债表上的存货在期末需要考虑成本和可变性净值的差异，按照成本和可变性净值孰低来计量。资产负债表日，当存货成本低于可变现净值时，存货按成本计量；当存货成本高于可变现净值时，存货按可变现净值计量，同时按照成本高于可变现净值的差额计提存货跌价准备，计入当期损益。

第一，不同情况下可变现净值的确定。产成品、商品等直接用于出售的商品存货，其可变现净值的计算方法如下：

$$\text{可变现净值} = \text{估计售价} - \text{估计销售费用和相关税费} \tag{4-1}$$

需要经过加工的原材料存货，需要判断：用其生产的产成品的可变现净值高于成本的，该原材料仍然应当按照成本（原材料的成本）计量；原材料价格的下降表明产成品的可变现净值低于成本的，该原材料应当按照成本与可变现净值孰低（原材料的成本与材料的可变现净值孰低）计量。原材料可变现净值的计算方法如下：

$$\begin{aligned}\text{可变现净值} = &\ \text{该材料所生产的产成品的估计售价} - \text{至完工估计将要发生的成本} - \\ &\ \text{估计销售费用和相关税费}\end{aligned} \tag{4-2}$$

第二，可变现净值中估计售价的确定方法。为执行销售合同或者劳务合同而持有的存货，其可变现净值应当以合同价格为基础计算；企业持有的同一项存货的数量多于销售合同或劳务合同订购数量的，应分别确定其可变现净值并与其相对应的成本进行比较，分别确定存货跌价准备的计提或转回金额。超出合同部分的存货的可变现净值应当以一般销售价格为基础进行计算。

如果确定期末需要计提存货减值准备，按照计提的金额一方面计入利润表资产减值损失，同时计入资产负债表的资产减值准备，期末存货按照净值列报于资产负债表。

第三，存货分析注意事项。对存货分析需要关注：存货质量、时效、品种构成、毛利率、期末计价和存货跌价准备计提、存货周转率等。

⊙案例 4-2

汉王科技跌价准备零计提遭疑

汉王科技股份有限公司（简称“汉王科技”）成立于 1998 年，以汉王笔和汉王手写输入法为起点，逐步开发出一系列适合自身技术特点和市场需求的产品和服务，主要包括手写产品线、OCR（光学字符识别）产品线、电子阅读器和人脸识别。2010 年 3 月 3 日，汉王科技在深圳证券交易所首次发行股票上市，每股发行价格 41.90 元，上市首日收盘价 82.11 元，涨幅 95.97%。顶着“高成长”光环的汉王科技，上市一年便出现巨额亏损。公司股价自 2010 年 5 月的最高价每股 87.5 元（前复权价，下同）下降到 2011 年 5 月 12 日的每股 23.89 元，跌幅高达 72.70%。

汉王科技的存货计提也存在重大隐患，已经出现大幅减值的原材料和产成品，竟然没有计提任何存货跌价准备。公开数据显示，2010 年年底公司的存货余额已高达 4.6 亿元，而其主打产品电纸书在 2011 年第一季度的价格同比大幅下降 32%。

汉王科技 2011 年第一季度亏损 4 600 多万元，公司方面给出的理由是：电子阅读器销量和均价双降，其同比降幅分别高达 54% 和 32%。而汉王科技 2010 年年报显示，公司去年 75.6% 的收入来自电纸书。汉王科技 2010 年年报也表示，电纸书的毛利率降为 36.99%，原因是“2010 年度电纸书产品价格降低，以及低端电纸书和较低毛利率的平板电脑产品的推出，拉低了公司的综合毛利率”。

尽管产品售价大跌并导致利润率下降，但公司 2011 年一季度存货余额却创出了 4.69 亿元的新高。根据 2010 年汉王科技发布的 IPO（首次公开募股）招股说明书、经审计的半年报、年报显示，公司未对存货进行跌价准备计提。对于没有计提的原因，公司相同的表述反复出现三次，“本期无需要计提跌价准备的存货项目”。事实果真如此吗？根据财政部颁布的《企业会计制度》规定，当企业存货出现市价持续下跌，并且在可预见的未来无回升的希望；或提供的商品、劳务的需求发生变化，导致市场价格逐渐下跌等情况时，应当计提存货跌价准备。结合汉王科技相关产品的价格走势，其存货完全符合计提跌价准备的条件。

除产品大幅跌价外，公司原材料存货价值也面临缩水的风险。

电纸书的主要元器件是电子纸，供货商主要是中国台湾元太和韩国 LG 两家，还有广东一些生产商，汉王科技采用的是中国台湾元太的元器件。自 2010 年初至 2011 年 5 月，电子纸价格一直在持续下跌，报价从 60 美元下滑至 2011 年 5 月 13 日的 38 美元。汉王科技 2010 年年报显示，在期末 4.64 亿元的存货中，原材料为 2.5 亿元，在产品和产成品为 2.11 亿元。

汉王科技主营电子阅读器和手写产品，属于电子设备制造业，在 A 股上市公司中，与其最相似的是计算机硬件设备制造商，那么这些同行业的公司又是如何计提存货跌价准备的？2010 年年报显示，计算机硬件公司都大额计提了存货跌价准备：长城电脑计提了 3.12 亿元，七喜控股[㊀]计提了 0.5 亿元，同方股份计提了 2.45 亿元，方正科技计提了 0.27 亿元。从存货跌价准备计提占存货总额的比例来看，七喜控股最高，为 20.92%；同方股份的比例为 5.30%；

㊀ 七喜控股股份有限公司已于 2016 年 4 月更名为“分众传媒信息技术股份有限公司”。

方正科技这一比例为3.9%；长城电脑为3.36%。根据中国台湾元太的财务报告可知，其2009年43%的营业收入来自该产品。值得注意的是，相较于汉王科技一直存货准备零计提的会计处理，作为汉王科技的主要原材料供应商，中国台湾元太在可查阅的财务报告中进行了大量的存货跌价准备计提。摘取中国台湾元太的公开财报数据，2010年9月30日存货约64.1亿元新台币，其中制成品约20.7亿元新台币，存货跌价损失金额为5.3亿元新台币。

资料来源：每日经济新闻，汉王科技4.6亿存货零计提 业绩地雷或引爆，2011-05-13。

你认为汉王科技是否应该计提存货跌价准备？该公司不计提存货跌价准备对资产负债表和利润表会产生哪些影响？

3. 金融资产

企业应当根据其管理金融资产的业务模式和金融资产的合同现金流量特征，将金融资产划分为以下三类：以摊余成本计量的金融资产、以公允价值计量且其变动计入其他综合收益的金融资产、以公允价值计量且其变动计入当期损益的金融资产。

企业管理金融资产的业务模式，描述的是企业如何管理其金融资产以产生现金流量。该业务模式决定企业所管理金融资产现金流量的来源是收取合同约定的现金流量、出售金融资产还是两者兼有。企业管理金融资产的业务模式，应当以企业关键管理人员决定的对金融资产进行管理的特定业务目标为基础确定。企业确定管理金融资产的业务模式时，应当以客观事实为依据，不得以按照合理预期不会发生的情形为基础确定。

金融资产的合同现金流量特征，是指金融工具合同约定的、反映相关金融资产经济特征的现金流量属性。相关金融资产在特定日期产生的合同现金流量仅为对本金和以未偿付本金金额为基础的利息的支付，其中，本金是指金融资产在初始确认时的公允价值，本金金额可能因提前还款等原因在金融资产的存续期内发生变动；利息包括对货币时间价值、与特定时期未偿付本金金额相关的信用风险，以及其他基本借贷风险、成本和利润的对价。其中，货币时间价值是利息要素中仅因为时间流逝而提供对价的部分，不包括为所持有金融资产的其他风险或成本提供的对价，但货币时间价值要素有时可能存在修正。在货币时间价值要素存在修正的情况下，企业应当对相关修正进行评估，以确定其是否满足上述合同现金流量特征的要求。此外，金融资产包含可能导致其合同现金流量的时间分布或金额发生变更的合同条款（如包含提前还款特征）的，企业应当对相关条款进行评估（如评估提前还款特征的公允价值是否非常小），以确定其是否满足上述合同现金流量特征的要求。

（1）以摊余成本计量的金融资产。企业管理该类金融资产的业务模式是以收取合同现金流量为目标；或者该类金融资产的合同条款规定，在特定日期产生的现金流量，仅为对本金和以未偿付本金金额为基础的利息的支付。

（2）以公允价值计量且其变动计入其他综合收益的金融资产：企业管理该类金融资产的业务模式既以收取合同现金流量为目标又以出售该类金融资产为目标；或者该类金融资产的合同条款规定，在特定日期产生的现金流量，仅为对本金和以未偿付本金金额为基础的利息的支付。

（3）以公允价值计量且其变动计入当期损益的金融资产：该类金融资产是指分类为以摊余成本计量的金融资产和分类为以公允价值计量且其变动计入其他综合收益的金融资产之外的金融资产，企业应当将其分类为以公允价值计量且其变动计入当期损益的金融资产。

在初始确认时，企业可以将非交易性权益工具投资指定为以公允价值计量且其变动计入其他综合收益的金融资产，并按照《企业会计准则第 22 号——金融工具确认和计量》第六十五条规定确认股利收入。该指定一经做出，不得撤销。企业在非同一控制下的企业合并中确认的或有对价构成金融资产的，该金融资产应当分类为以公允价值计量且其变动计入当期损益的金融资产，不得指定为以公允价值计量且其变动计入其他综合收益的金融资产。

4．衍生金融资产

嵌入衍生工具是指嵌入到非衍生工具（即主合同）中的衍生工具。嵌入衍生工具与主合同构成混合合同。该嵌入衍生工具对混合合同的现金流量产生影响的方式，应当与单独存在的衍生工具类似，且该混合合同的全部或部分现金流量随特定利率、金融工具价格、商品价格、汇率、价格指数、费率指数、信用等级、信用指数或其他变量变动而变动，变量为非金融变量的，该变量不应与合同的任何一方存在特定关系。

按照现行《企业会计准则第 22 号——金融工具确认和计量》规定，满足一定条件的嵌入衍生工具应当从混合合同中分拆，作为单独的衍生工具进行处理。如无法对嵌入衍生工具进行单独计量，应将混合合同整体指定为以公允价值计量且其变动计入当期损益的金融资产或金融负债。此规定涉及的专业判断较多，企业对其理解和把握口径存在差异。修订后的《企业会计准则第 22 号——金融工具确认和计量》对嵌入衍生工具的会计处理进行了简化：混合合同主合同为金融资产的，应将混合合同作为一个整体进行会计处理，不再分拆；混合合同不属于金融资产的，基本继续沿用现行准则关于分拆的规定。

值得注意的是，金融资产的合同现金流量是基于单项资产的，而业务模式可能更多的在组合层面确定，因此基于客观事实和情况，同一种金融工具可能被分类为不同类别。

根据现行《企业会计准则第 22 号——金融工具确认和计量》规定，如果企业的风险管理或投资策略的正式书面文件已载明，一组金融资产组合以公允价值为基础进行管理、评价并向关键管理人员报告，则这些金融资产符合以公允价值计量且其变动计入当期损益的分类条件，但是不强制采用此分类。在修订后的《企业会计准则第 22 号——金融工具确认和计量》下，这些金融资产必须分类为以公允价值计量且其变动计入当期损益的金融资产。

调整非交易性权益工具投资的会计处理。在之前的《企业会计准则第 22 号——金融工具确认和计量》下，许多企业将非交易性权益工具投资分类为可供出售金融资产处理，在可供出售金融资产处置时，原计入其他综合收益的累计公允价值变动额可转出计入当期损益。而在修订后的《企业会计准则第 22 号——金融工具确认和计量》下，允许企业将非交易性权益工具投资指定为以公允价值计量且其变动计入其他综合收益的金融资产进行处理，但该指定不可撤销，且在处置时不得将原计入其他综合收益的累计公允价值变动额结转计入当期损益。

⊙案例 4-3

硅谷银行的资产和负债

硅谷银行金融集团是一家多元化的金融服务公司，提供各种银行和金融产品及服务。其子公司硅谷银行（SVB）成立于 1983 年，总部位于美国加利福尼亚州圣克拉拉。SVB 有四个部门运营：全球商业银行、SVB 私人银行、SVB 资本和 SVB 证券，全球商业银行部门提供商业银行产品和服务，包括信贷、资金管理、外汇、贸易融资以及其他金融产品和服务。SVB 私人银行部门提供抵押贷款、财富管理、家族办公室、税务规划、信托服务等。SVB 资本部门提供风险投资服务。SVB 证券部门提供投资银行服务。

2023 年 3 月 10 日，在遭遇挤兑之后，SVB 宣布倒闭，这是自 2008 年金融危机后第二大银行倒闭案，同时也是美国史上第三大银行倒闭案。硅谷银行的倒闭让人回想起 2009 年全球金融危机（GFC）后关于金融工具会计的争论，特别是关于某些金融工具是否应该以摊余成本（持有至到期投资、HTM）计量还是以公允价值（可供出售金融资产，AFS）计量，或所谓的“混合计量模型”。

截至 2022 年 12 月 31 日，SVB 按摊余成本反映了 913 亿美元的 HTM 金融工具，占其资产的 43.1%，但是这些资产的公允价值仅为 762 亿美元，比账面价值低 151 亿美元，由于 SVB 的账面净资产（股东权益）只有 163 亿美元，假设亏损没有税收优惠，这一损失将使净资产减少至 12 亿美元，具体情况如表 4-2 所示。

表 4-2 SVB 的资产负债 单位：百万美元

项目	2022 年	2021 年	2020 年
资产			
现金及现金等价物	13 803	14 619	17 675
可供出售金融资产（AFS）	26 069	27 221	30 913
持有至到期投资（HTM）	91 321	98 195	16 592
其他投资	2 664	2 543	1 802
投资性资产合计	120 054	127 959	49 307
贷款余额	74 250	66 276	45 181
减：贷款损失准备	−636	−422	−448
贷款净值	73 614	65 854	44 733
固定资产净值	394	270	176
商誉	375	375	143
其他无形资产	136	160	61
使用权资产	335	313	210
应收利息	3 082	1 928	3 206
资产合计	211 793	211 478	115 511
负债和权益			
负债			
活期无息存款	80 753	125 851	66 519
有息存款	92 356	63 352	35 463
存款合计	173 109	189 203	101 982
短期借款	13 565	121	21
租赁负债	413	388	259
其他负债	3 041	2 587	3 972
长期债务	5 370	2 570	844

（续）

项目	2022 年	2021 年	2020 年
负债合计	195 498	194 869	107 078
优先股[㊀]	3 646	3 646	340
资本公积	5 318	5 157	1 585
留存收益	8 951	7 442	5 672
其他综合收益	−1 911	−9	623
股东权益	16 004	16 236	8 220
少数股东权益	291	373	213
权益合计	16 295	16 609	8 433
负债和权益合计	211 793	211 478	115 511
现金占比	6.52%	6.91%	15.30%
AFS 占比	12.31%	12.87%	26.76%
HTM 占比	43.12%	46.43%	14.36%
贷款占比（扣除损失准备）	34.76%	31.14%	38.73%
贷款占比（未扣除损失准备）	35.06%	31.34%	39.11%
负债结构			
活期及无息存款占资产比重	38.13%	59.51%	57.59%
有息存款占资产比重	43.61%	29.96%	30.70%
存款占资产比重	81.73%	89.47%	88.29%
短期借款占资产比重	6.40%	0.06%	0.02%
长期借款占资产比重	2.54%	1.22%	0.73%
负债资产比重	92.31%	92.15%	92.70%

资料来源：根据硅谷银行的年度报告整理而成。

有趣的是，SVB 还拥有 743 亿美元的贷款（扣除累积预期信用损失模型下的 6 亿美元应计信用损失），即按摊余成本计算的总资产的 35.1%。总体而言，SVB 截至 2022 年 12 月 31 日的总资产为 2 118 亿美元，其中只有约 400 亿美元（现金和 AFS）处于公允价值并可立即用于支付 1 730 亿美元的存款负债，所有这些都将在 2023 年到期。

HTM 证券的销售将使 155 亿美元的未实现损失变成现实的损失，需要在财务报表中确认损失，这种会计方法使得管理层有动机极可能推迟持有至到期投资债券的出售。截至 2022 年 12 月 31 日，现金、AFS 和 HTM 证券的公允价值合计为 1 150 亿美元，占银行存款负债的 67%。未实现损失的增加是在 2022 年随着利率上升出现的，截至 2022 年 9 月 30 日，HTM 证券的未实现损失为 159 亿美元，实际上比 2022 年 12 月 31 日还要多。

对投资者和储户来说，更具挑战性的是摊余成本会计只会延迟对这些现实的认识，持有至到期变成了隐藏直至到期，许多金融机构在这些 HTM 证券上有相当大的未实现损失，这些

㊀ 硅谷银行将其划分为权益。

损失隐藏在财务报表的脚注中。因为当利率上升时，固定利率金融工具的价值总是会下降。2023 年 3 月中旬 SVB“季度中期更新”后投资者和储户才了解到它们已经出售了几乎所有的 AFS——加速了退出的竞争。随着美联储将借款利率从接近零提高到接近 5%，短期利率稳步上升，SVB 的季度更新报告提醒了储户，他们纷纷通过电脑、手机和银行窗口挤提存款，“SVB 式”的银行挤兑爆发。

资料来源：https://blogs.cfainstitute.org/marketintegrity/2023/03/13/the-svb-collapse-fasb-should-eliminate-hide-til-maturity-accounting/。

5．应收款项

企业在销售商品或者提供劳务时通常采用赊账方式交易，由此产生了应收款项，具体包括应收账款、应收票据、其他应收款等。贷款是商业银行向客户提供信贷而形成的债权，它们和其他持有至到期投资的共同点是企业持有此类资产的目的是收取合同约定的未来现金流。

（1）应收账款。应收账款是企业因对外销售商品、产品、提供劳务等经营活动而向客户收取的款项。应收账款属于应在一年（或者一个经营周期）内收回的短期债权。在资产负债表上，应收账款应列为流动资产项目。

应收账款期末需要考虑可回收金额，如果预期可回收金额低于账面价值，需要提取坏账准备，计入利润表信用减值损失项目。

（2）应收票据。在我国的会计实务中使用的票据种类繁多（见图 4-1），包括支票、汇票和本票，支票和汇票都是委托付款票据，而本票是自付票据。汇票包括银行汇票和商业汇票，银行汇票是见票即付票据，收到的汇票和本票视同为货币资金，之间计入银行存款，而商业汇票则需要到期向出票人收款，资产负债表上的应收票据仅指企业收到的商业汇票，包括商业承兑汇票（非金融机构承诺付款票据）和银行承兑汇票（银行承诺付款票据），后者具有更高的信用保证。企业持有的商业汇票可以到期向出票人或者承兑人收款，也可以在未到期前背书转让用于对外付款或者向银行申请贴现。

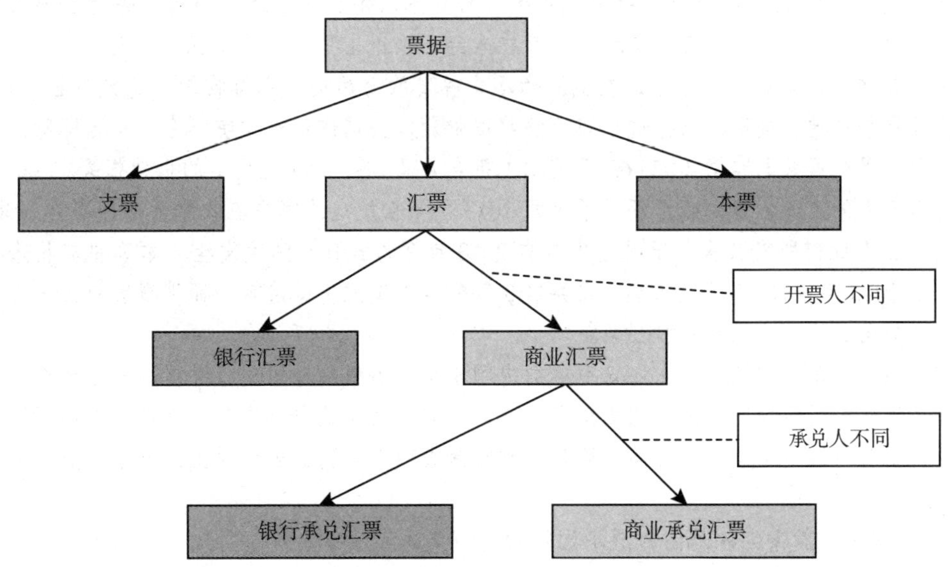

图 4-1　我国支付结算使用的票据种类

应收票据是客户签发、承诺在未来期间支付货款或者劳务款项的书面承诺。我国相关法律规定票据的签发、取得和转让，必须具有真实的交易关系和债权债务关系。虽然应收账款和应收票据都代表企业未来向客户收取欠款的一项债权，应收票据由于有正式的票据（纸质票据或者电子票据），更容易流通和转让，通过贴现、背书转让的方式进行流通。应收票据如果到期出票人和承兑人无力付款，企业应该将应收票据转为应收账款，按照应收账款提取坏账准备，列入利润表中的信用减值损失。

（3）其他应收款。企业的应收账款不包括各种非经营活动发生的应收款项。存出的保证金和押金等均不属于会计上所谓的应收账款，它们通常在资产负债表上被列为其他应收款。其他应收款是指企业除应收票据、应收账款、预付账款、应收股利、应收利息、长期应收款、应收存出保证金等以外的各种应收及暂付款项。

对应收款项的分析需要关注以下问题：应收账款的账龄、债务人的构成（集中度）、应收账款的回款天数、对坏账准备计提是否合理充分、信用减值的客观证据以及应收账款的减值测试方法。

⊙案例 4-4

上海三毛应收账款逾期事件谜底揭开

货物早已发出，为何迟迟收不到客户的货款？究竟是哪一环节出了问题？

上海三毛企业（集团）股份有限公司（简称“上海三毛”）于2014年1月23日披露，子公司上海三毛进出口有限公司（以下简称“三毛进出口”）近日向上海市海事法院提起诉讼请求，起诉泛华国际物流上海分公司（第一被告）及泛华国际物流（第二被告）擅自改动三毛进出口的收货人信息，导致货物被他人提取，致使三毛进出口无法收取货款。

上海三毛主要从事进出口贸易、安防服务及园区物业租赁管理，在2012年10月30日至2013年1月25日期间，泛华国际物流上海分公司以承运人身份接受了三毛进出口的委托，将后者出口的羊绒纱线等货物通过海运方式出口给日本八木公司、泷滨公司、岛村公司三家收货人，货物价值共计4 023.62万美元。但是在未经三毛进出口同意的情况下，泛华国际物流上海分公司却擅自改动收货人信息，在实际承运人签发的海运提单中将收货人变更为E公司等。由于上述货物被他人提取，三毛进出口无法收取货款，公司遂请求法院判令泛华国际物流上海分公司及其母公司共同赔偿4 023.62万美元（折合人民币约2.53亿元）的货款损失。

上海三毛的上述诉请，终于解开了公司2013年年初发生的客户应收账款逾期事件的谜底。根据上海三毛此前所发公告，三毛进出口自2013年2月6日起陆续发生日本客户应收账款逾期，截至2013年4月25日，三家客户共有3 746.34万美元货款逾期，而涉事客户正是上述提及的八木公司、泷滨公司和岛村公司。

在发现应收账款逾期后，上海三毛曾向中国出口信用保险公司通报并提出索赔请求，中国出口信用保险公司随后所给出的调查结果却是，买方书面否认与上海三毛存在涉案项下贸易关系，否认签署过涉案项下贸易合同，否认收到过涉案项下货物，否认对上海三毛负有涉案项下债务。

“当初客户账款逾期就是因为泛华国际物流擅自改动收货人信息所致，我们也不清楚他们是出于何种动机。”上海三毛相关人士在采访中表示。由于上述账款逾期事件恰好发生在上海三毛2012年年报编制阶段，公司当时便对此计提了5 863.8万元的特别坏账准备，导致经营业绩大幅滑落，2012年净利润亏损4 741万元。然而，根据公司发布的2013年度业绩预告显示，因三毛进出口遭遇“美梭案”带来持续不确定事项影响，加之现有产业缺乏核心竞争力、经常性收益下滑、非经常性收益大幅减少，公司预计2013年净利润约亏损4 500万元，泛华国际物流上述举动所带来的一大后果是，上海三毛或因连续两年业绩亏损而戴上“*ST”的帽子，公司可能因连续亏损而被实施退市风险警示。

资料来源：新华网，上海三毛应收账款逾期事件谜底揭开，2014-01-23。

6．应收款项融资

根据财政部《关于修订印发2019年度一般企业财务报表格式的通知》的规定，应收款项融资其实是财务报表项目而非会计科目，应收款项融资项目反映资产负债表日以公允价值计量且其变动计入其他综合收益的应收票据和应收账款等。

公司可能基于日常资金管理的需要，会将部分应收票据进行贴现和背书，或者对部分应收账款进行保理，基于这类应收款项融资日渐常态化，使得此类应收账款和应收票据不再符合摊余成本核算的要求，因为摊余成本核算的金融资产必须是企业持有收取合同约定的现金流。在票据未到期之前的贴现、背书转让或者保理方式（无追索权）信用等级较高的票据收回现金或者直接用于对外支付，相当于出售该类金融资产，不满足持有收取本息的摊余成本核算的金融资产要求，列入“应收款项融资”项目，本质上是可供出售的债权资产，类似于其他债权投资项目。

如果是附追索权贴现、背书转让或者保理则不能终止确认该项金融资产；或者票据的信用等级不高，企业不能终止确认，仍然在应收票据或者应收账款。

⊙案例4-5

格力电器和美的股份的应收款项融资

格力电器2018年的年报显示，年末账面货币资金超过1 100亿元，应收票据为359亿元，全部为银行承兑票据。而2019年半年报显示，公司货币资金为1 211亿元，应收款项融资为430亿元，且全部为银行承兑票据，应收票据余额为零。而美的集团2019年半年报中显示，应收票据为150.6亿元，全部为银行承兑票据，但是公司的应收账款融资仅有26.53亿元。

由此可以推断格力电器的银行承兑汇票全部通过贴现或者背书转让方式进行融资；美的集团的银行承兑汇票绝大多数会持有至到期向出票人收款。

7．预付款项

预付账款是指企业按照购货合同规定，预先以货币资金或以货币等价物支付供应单位的款项，企业在采购中预付供应商的货款在资产负债表中列为预付款项，代表企业未来收取货物或者接受劳务的权利。

如果预付账款无法收回对应的货物或者服务，企业需要将预付账款转为其他应收款，提取坏账准备，同时计入利润表中的信用减值损失。

8．合同资产

企业拥有的、无条件向客户收取对价的权利应当作为应收款项单独列示。如企业向客户销售两项可明确区分的商品，企业因已交付其中一项商品而有权收取款项，但收取该款项还取决于企业交付另一项商品的，企业应当将该收款权利作为合同资产。

合同资产是企业已向客户转让商品而有权收取对价的权利，且该权利取决于时间流逝之外的其他因素。合同资产与应收账款都属于企业向客户收取合同对价的权利。二者主要的不同之处在于：应收账款是无条件的收款权，也就是不需要额外满足客户的需求，到了付款的截止时间客户就应该付款。而合同资产是企业完成部分的合同义务为了确认该部分收入所设置的一个项目，只有全部完成合同义务才能将合同资产转为应收账款。

合同资产与应收账款另外一个差异是风险的不同，应收账款可能面临的是信用风险，即客户无力支付货款的违约风险，而合同资产能否实现还取决于企业能否按照合同的约定完成全部履约义务，如果不能全部完成，客户没有付款的义务，二者差异见表 4-3。

表 4-3 合同资产与应收账款的差异

项目	合同资产	应收账款
性质	有条件的收款权（完成部分合同履约义务）	无条件的收款权
承担风险	信用风险 + 履约风险	信用风险
收款的确定性	较弱，还取决于能否完成剩余履约义务	较强，仅受客户的付款能力影响
是否属于金融资产	否	是
减值损失科目	资产减值损失	信用减值损失

合同资产不属于金融资产。合同资产虽然有从其他方收取现金或其他金融资产的合同权利，但该收款的权利需要承担其他履约义务才能达成，因此合同资产不属于金融资产。

4.2.2 非流动资产

1．债权投资

在新修订的《企业会计准则第 22 号——金融工具确认和计量》中，“债权投资”科目替代原准则的“持有至到期投资”科目。“债权投资”科目在财务报表中分三种情况列示。

1）“债权投资”：根据“债权投资”科目的相关明细科目期末余额，减去“债权投资减值准备”科目中相关减值准备的期末余额后的金额分析填列。

2）“一年内到期的非流动资产”：自资产负债表日起一年内到期的长期债权投资的期末账面价值。

3）“其他流动资产”：企业购入的以摊余成本计量的一年内到期的债权投资的期末账面价值。

2．长期股权投资

长期股权投资是企业出于战略目的持有的其他企业的股权，通过股权持有对被投资方发挥重大影响，甚至是控制被投资方。比如宁德时代等新能源汽车电池生产厂商为了原料供应的稳定，可能持有上游锂矿企业的股权，以及钢铁企业持有的上游铁矿石企业的股权，这些股权不同于在二级市场上持有的以短期交易为目的的股权，企业进行长期股权投资后，成为被投资企业的股东，有参与被投资企业经营决策的权力。会计核算中的长期股权投资按照投资企业对被投资企业的影响程度，可以分为以下几种类型：控制、共同控制、重大影响。

（1）能够控制被投资方的股权投资。控制是指投资企业有权决定被投资企业的财务和经营决策，并能据以从该企业的经营活动中获取利益。一般来说，企业的重大财务和经营决策需要股东大会半数以上表决权资本通过，因此投资企业持有被投资企业半数以上表决权资本，通常认为对被投资企业具有控制权；此外，如果投资企业未持有被投资企业半数以上表决权资本，但能够通过章程、协议、法律等其他方式拥有半数以上表决权，或能够任免董事会多数成员，或在董事会中拥有半数以上投票权等，也视为对被投资企业拥有控制权。拥有控制权的投资企业一般称为母公司；被母公司控制的企业一般称为子公司。企业通过合并取得子公司的股权有两种方式，分别是同一控制下的合并企业和非同一控制下的企业合并。

第一，同一控制下的企业合并取得的长期股权投资。同一控制下的企业合并，是指参与合并的企业在合并前后均受同一方或相同的多方最终控制，且该控制并非是暂时性的。例如，A公司为B公司和C公司的母公司，A公司将其持有C公司60%的股权转让给B公司。转让股权后，B公司持有C公司60%的股权，但B公司和C公司仍由A公司控制。B公司对C公司的合并属于同一控制下的合并。

由于同一控制下的企业合并中，合并双方不完全独立，合并成本应当以被合并方净资产的账面价值为基础进行计量。

第二，非同一控制下的企业合并取得的长期股权投资。非同一控制下的企业合并，是指参与合并的各方在合并前后不受同一方或相同的多方最终控制，即合并方和被合并方在合并前是相互独立的实体，不存在被相同的第三方控制。相对于同一控制下的企业合并而言，非同一控制下的企业合并是合并各方自愿进行的交易行为，作为一种公平的交易，合并成本应当以投资企业投出资产的公允价值为基础进行计量，合并成本高于被合并方净资产的公允价值的部分确认为合并商誉。

由于投资企业能够对被投资企业实施控制，需要编制合并财务报表，母公司对子公司的股权在母公司的个别财务报表中以成本法计量，即母公司的财务报表中对子公司的股权始终以取得时的成本反映。合并报表中长期股权投资与子公司的权益抵销，编制合并财务报表的本质是通过合并财务报表将合并范围内的企业的各项资产负债逐行合并。

（2）对被投资方有共同控制或者重大影响的股权投资。第一，共同控制。共同控制是指按照相关约定对某项安排所共有的控制，并且该安排的相关活动必须经过分享控制权的参与方一致同意后才能决策。相关活动是指对某项安排的回报产生重大影响的活动。某项安排通常包括商品或劳务的销售和购买、金融资产的管理、资产的购买和处置、研究与开发活动以及融资活动等。

在判断是否存在共同控制时，应当首先判断所有参与方（或参与方组合）是否集体控制该安排，其次再判断该安排相关活动的决策是否必须经过这些集体控制该安排的参与方（或参与方组合）一致同意。如果存在两个或两个以上的参与方组合能够集体控制某项安排的，不构成共同控制。被各投资企业共同控制的企业，一般称为投资企业的合营企业（joint-venture）。

第二，重大影响。重大影响是指对一个企业的财务和经营决策有参与的权利，但并不能够控制或者与其他方一起共同控制这些决策的制定。较为常见的重大影响体现为在被投资企业的董事会或类似权力机构中派有代表，通过在被投资企业财务和经营决策制定过程中的发言权实施重大影响。

投资企业直接或通过子公司间接拥有被投资企业20%以上但低于50%的表决权股份时，一般认为对被投资企业具有重大影响。表决权股份的比例低于20%，但符合下列情况之一的，也应认为对被投资企业具有重大影响：

1）在被投资企业的董事会或类似权力机构中派有代表。

2）参与被投资企业的政策制定过程，包括股利分配政策等的制定。

3）与被投资企业之间发生重要交易。

4）向被投资企业派出管理人员。

5）向被投资企业提供关键技术资料。

在确定能否对被投资企业施加重大影响时，一方面应考虑投资企业直接或间接持有被投资企业的表决权股份，同时要考虑投资企业及其他方持有的当期可执行潜在表决权在假定转换为对被投资企业的股权后产生的影响，如被投资企业发行的当期可转换的认股权证、股份期权及可转换公司债券等的影响。被投资企业如果受到投资企业的重大影响，一般称为投资企业的联营企业。

对被投资企业有共同控制或者重大影响的股权需要按照权益法进行核算，长期股权投资核算的权益法，是指长期股权投资的账面价值要随着被投资企业的所有者权益变动而相应变动，大体上反映在被投资企业所有者权益中占有的份额。在这种情况下，投资企业不编制合并财务报表，但由于在被投资企业中占有较大的份额，按照重要性原则，应对长期股权投资的账面价值进行调整，以客观地反映投资状况。本质上是通过长期股权投资这个项目来反映在被投资企业中拥有的权益。

如果投资企业持有的股权对被投资企业无重大影响、控制和共同控制权，则需要作为金融资产进行报告，通常情况下作为交易性金融资产，特殊情况下可以作为“其他权益工具投资”在资产负债表中列示。

长期股权投资权益法是以应享有被投资企业净资产（权益）公允价值的份额入账，按持股比例分享被投资企业的经营成果，二级市场股价不影响账面价值，适用范围是对被投资企业产生重大影响的情况。

（3）对被投资企业控制的判断。控制是指投资企业拥有对被投资企业的权力，通过参与被投资企业的相关活动而享有可变回报，并且有能力运用对被投资企业的权力影响其回报金额。拥有对被投资企业的权力的常见情形包括以下几种。

第一，投资企业持有被投资企业半数以上的表决权的，通常表明其拥有对被投资企业的权力。但是，有确凿证据表明其不能主导被投资企业相关活动的除外。

第二，投资企业持有被投资企业半数或以下的表决权，但通过与其他表决权持有人之间的协议能够控制半数以上表决权行使的，通常视为投资企业拥有对被投资企业的权力。但是，有确凿证据表明其不能主导被投资企业相关活动的除外。

第三，投资企业持有被投资企业半数或以下的表决权，但综合考虑下列事实和情况后，判断投资企业持有的表决权足以使其目前有能力主导被投资企业相关活动的，视为投资企业拥有对被投资企业的权力：①投资企业持有的表决权相对于其他投资企业持有的表决权份额的大小，以及其他投资企业持有表决权的分散程度；②投资企业和其他投资企业持有的被投资企业具有实质性权利的潜在表决权，如当期可转换公司债券、当期可执行认股权证等；③其他合同安排产生的权利以及被投资企业以往的表决权行使情况等其他相关事实和情况。图4-2是企业持有的股权投资分类及核算方法示意图。

对被投资企业影响程度	无重大影响、控制和共同控制	重大影响	共同控制	控制
相互关系	财务投资	联营企业	合营企业	母子公司
初始计量	公允价值	公允价值	公允价值	同一控制：账面价值 非同一控制：公允价值
持有期间	公允价值	权益法	权益法	个别报表：成本法 合并报表：权益法
持股比例（参考）	<20%	20%~50%		>50%
资产负债表列报	交易性金融资产或者其他权益工具投资	长期股权投资		

增持股份：金融资产转换为权益法或成本法核算的长期股权投资 →

← 减持股份：成本法或权益法核算的长期股权投资转换为金融资产

图 4-2 企业持有的股权投资分类及核算方法示意图

持股比例仅仅作为参考，股权投资需要根据实质重于形式原则判断对被投资企业的影响程度来进行分类。

（4）不同类型股权投资在报表中的核算方法比较。不同的股权取得方式初始确认的成本存在差异，需要区分合并取得和非合并取得的股权，合并取得的股权在我国的会计实务中需要区分同一控制下合并和非同一控制下合并，如果属于同一控制下的合并，则长期股权投资的成本按照拥有的被合并企业净资产账面价值的份额确认，如果属于非同一控制下的合并，则长期股权投资的成本按照被投资企业投出资产公允价值确认成本。非合并方式取得的股权投资的成本按照被投资方投出资产公允价值确认成本，具体见表 4-4。

表 4-4 长期股权投资取得和持有期间不同的核算方法

项目	企业合并中取得的长期股权投资（对子公司的投资）		企业合并以外取得的长期股权投资（对联营 / 合营企业投资）
	同一控制下企业合并	非同一控制下企业合并	
长期股权投资的初始确认和计量	按照取得被合并企业所有者权益账面价值的份额作为长期股权投资的初始投资成本 合并直接相关费用计入当期损益	以支付对价的公允价值作为长期股权投资的初始投资成本 合并直接相关费用计入当期损益	一般以支付对价的公允价值作为长期股权投资的初始投资成本；在交易不具有商业实质或公允价值无法取得时，以投出资产账面价值确认 取得投资直接相关费用计入投资成本
长期股权投资持有期间核算方法	母公司个别报表用成本法，合并报表用权益法调整抵销		权益法确认投资收益，同步调整长期股权投资的账面价值

⊙案例 4-6

雅戈尔持有中信银行股份资产负债表分类变化你认可吗？

雅戈尔集团股份有限公司（简称“雅戈尔”）1998 在上海证券交易所挂牌上市，股票代码为600177。雅戈尔的主业为服装和地产，但利润贡献中投资收益一直占据较大比重，公司似乎已经成为一家投资公司。

从2007年初至2017年9月底，公司累计实现的投资净收益高达243.95亿元，占同期合计净利润的85.26%。对投资板块颇为看重的雅戈尔，截至2018年4月持有中信股份（H股）、宁波银行、浦发银行、金正大、联创电子、创业软件等股票，2017年三季报期末合计市值约289.5亿元，当时均作为可供出售金融资产核算。在雅戈尔持有的上市公司股票中，中信股份规模排名第一，市值占比达到49.62%，占雅戈尔总资产的比例达到21.59%。根据2015年雅戈尔与中信股份达成的战略合作协议，双方计划在产业投资、经营业务等方面展开合作。

2018年4月10日，雅戈尔发出《关于变更对中国中信股份有限公司会计核算方法的公告》，决定自2018年3月29日起，对所持港股中信股份的会计核算方法由可供出售金融资产变更为长期股权投资并以权益法确认损益，由此公司所持中信股份对应的净资产可辨认公允价值与账面价值的差额计入2018年第一季度营业外收入，增加当期净利润930 210.84万元。扣除上述非经常性损益事项后，公司业绩预计减少62 164.84万元。雅戈尔仅通过多买1 000股股票，实现业绩预计增加约868 046万元，同比由接近腰斩的下滑49.27%转为暴增687.95%。而在此之前的年报业绩预告中，雅戈尔对所持中信股份的可供出售金融资产，计提资产减值准备330 836.92万元。

对此雅戈尔给出的理由是，2018年3月20日，公司副总经理兼财务负责人吴幼光获委任为中信股份非执行董事。而在3月29日，作为中信股份第三大股东，公司的持股比由4.99%增加至5.00%。公司判定，对中信股份的经营决策具有重大影响。根据会计准则相关规定，投资企业对被投资单位具有共同控制或重大影响的长期股权投资，应采用权益法核算。显然，在调整会计核算方法方面，雅戈尔是有意为之。吴幼光担任中信股份的非执行董事之后刚过一周，赶在今年一季度结束之前，雅戈尔通过在二级市场增持1 000股，持股比就达到了5.00%，成为持股5.00%的重要股东。而增持1 000股，仅耗资1.1万港元，折合人民币8 810元。由此可见，雅戈尔仅仅动用不到1万元的资金就撬动了高达93.02亿元的净利润。

随后，上海证券交易所向雅戈尔送达《关于雅戈尔集团股份有限公司变更会计核算方法事项的监管工作函》，要求公司及年审注册会计师立信会计师事务所（特殊普通合伙）审慎核实上述会计核算方法变更是否符合企业会计准则的规定及是否符合公司的经营实质。

根据立信会计师事务所（特殊普通合伙）于2018年4月25日出具的《关于雅戈尔集团股份有限公司变更会计核算方法事项的监管工作函的回复》，雅戈尔最终决定取消对中信股份的会计核算方法变更，继续以可供出售金融资产核算该项投资，在资产负债表中列为其他权益工具。

3．固定资产

固定资产是指同时具有下列特征的有形资产：①为生产商品、提供劳务、出租或经营管理而持有的；②使用寿命超过一个会计年度。

固定资产是企业生产经营过程中的重要劳动资料，它能够在若干个生产经营周期中发挥作用，并保持其原有的实物形态，但其价值则由于损耗而逐渐减少。这部分减少的价值以折旧的形式，分期转移到产品成本或费用中去，并在销售收入中得到补偿。企业在生产经营过程中，并不是将所有的劳动资料全部列为固定资产。一般来说，生产经营用的劳动资料，使用年限在一年以上，单位价值较高，就应确认为固定资产；否则应确认为低值易耗品。

（1）固定资产分类。固定资产按经济用途进行分类，可以分为房屋及建筑物、机器设备、运输设备、动力传导设备、工具器具和管理用具等。固定资产按使用情况分类，可以分为使用中固定资产、未使用固定资产和不需要用固定资产。

（2）固定资产折旧。固定资产与存货不同，它的价值不是一次转移计入产品成本或费用；而是在长期使用过程中，随着损耗程度，以折旧费项目分期计入产品成本或费用，并通过取得相应的收入而得到补偿。

固定资产折旧是指固定资产由于损耗而减少的价值。固定资产损耗分为有形损耗和无形损耗两种。有形损耗是指固定资产在使用过程中由于使用和自然力的影响而引起的在使用价值和价值上的损耗；无形损耗是指由于技术进步而引起的固定资产价值上的减损。

固定资产的各组成部分如果具有不同使用寿命或者以不同方式为企业提供经济利益，并以不同的折旧率或折旧方法计提折旧，则应当分别将各组成部分确认为单项固定资产。常用的固定资产折旧计算方法可以分为两类：直线法和加速折旧法。

1）直线法。直线法是指按照时间或完成的工作量平均计提折旧的方法，主要包括：平均年限法和工作量法。

平均年限法是指按照固定资产的预计使用年限平均计提折旧的方法，其累计折旧额为使用时间的线性函数。采用这种方法，假定固定资产的服务潜力随着时间的推移而线性递减，其效能与固定资产的新旧程度无关。因此，固定资产的应计提折旧总额可以均匀摊配于预计使用年限内的各个会计期间。

工作量法是指按照固定资产预计完成的工作总量平均计提折旧的方法，其累计折旧额为完成工作量的线性函数。比如汽车等交通运输工具可以按照预计行驶里程计算出每公里折旧费，每个会计期间按照实际行驶里程计算当期的折旧费用总额，机器设备也可以按照预计工作小时数采用工作量法折旧。工作量法假定固定资产的服务潜力随着完成工作量的增加而线性递减，其效能与固定资产的新旧程度无关。因此，固定资产的应计提折旧总额可以均匀摊配于预计的每一单位工作量，不同于平均年限法按照使用年限平均分摊，工作量法更适合于实际使用年限不确定的资产，比如挖掘机、矿山工程车辆等。

2）加速折旧法。加速折旧法也称为递减费用法，是指在固定资产使用初期计提折旧较多而在后期计提折旧较少，从而相对加速折旧的方法。采用加速折旧法，各年的折旧额呈递减趋势。加速折旧常用的方法包括年数总和法和双倍余额递减法。

企业分期计算提取折旧时，应考虑的因素有：固定资产应计提折旧总额、固定资产预计使用年限、固定资产预计工作总量等，这些因素通常需要进行估计，企业可能通过估计的调整来操纵利润，因此在分析时需要关注会计估计变更的合理性和后果。

⊙案例 4-7

延长折旧年限，河北钢铁上半年净利增 334.60%

行业寒冬之下，通过从 2014 年 1 月 1 日起延长固定资产折旧年限，河北钢铁股份有限公司（简称“河北钢铁”）上半年净利“逆势”暴增 334.60%。2014 年上半年，在钢铁行业产能过剩、供大于求的基本格局下，钢材价格持续低迷，资源、能源、资金和政策压力进一步推高钢铁企业生产成本，钢铁企业面临的经营形势异常艰难。2014 年 1 月至 6 月，公司生产铁 1 485.03 万 t，同比增长 0.21%，完成年度计划的 48.45%；生产钢 1 516.89 万 t，同比增长

4.54%，完成年度计划的50.92%；生产钢材1 474.40万t，同比下降0.29%，完成年度计划的51.66%；生产钒渣11.41万t，同比增长17.15%，完成年度计划的51.86%。在钢铁行业的寒冬中，公司业务无重大变化，为何上半年净利润同比暴增334.60%？通过公司发布的公告发现，这一反常现象来自于公司固定资产折旧年限的调整。

2014年3月14日，河北钢铁股份有限公司召开了二届六次董事会，以9票同意、0票反对、0票弃权审议通过了《关于调整固定资产折旧年限的议案》。为更客观地反映公司财务信息，公司决定从2014年1月1日起调整固定资产折旧年限，具体调整方案如表4-5所示。

表4-5　固定资产折旧调整

固定资产类别	调整前折旧年限（年）	调整后折旧年限（年）
房屋建筑物	25~30	40~45
机器设备	10~13	12~22
运输工具	6~8	10~15
其他	3~10	8~22

《企业会计准则第4号——固定资产》规定："企业至少应当于每年年度终了，对固定资产的使用寿命、预计净残值和折旧方法进行复核。使用寿命预计数与原先估计数有差异的，应当调整固定资产使用寿命。"近年来本公司在抓好技改工程建设的同时，不断加大设备维修投入，定期对设备生产线进行全面检修及年修，对生产用房屋及建筑物等进行定期修缮，实际上延长了固定资产的使用寿命。鉴于本公司固定资产使用寿命延长的情况在2014年1月1日就已经存在，且调整部分固定资产折旧年限符合《企业会计准则》的相关规定，故本次调整部分固定资产折旧年限将使本公司的财务信息更客观真实地反映公司的财务状况及经营成果。同时，本公司通过对比同行业其他公司的固定资产折旧情况发现，本公司目前执行的固定资产折旧速度明显偏快，折旧年限偏短。

本次会计估计变更采用未来适用法进行会计处理，不追溯调整，不会对以往各期间财务状况和经营成果产生影响。经测算，本次会计估计变更后，预计2014年公司将减少固定资产折旧20亿元，所有者权益及净利润增加15亿元。

（3）固定资产减值。每个会计期末，企业应对固定资产的账面价值进行检查。如果该固定资产已出现减值迹象，应对固定资产的可收回金额进行估计。

1）减值迹象。固定资产的市价当期大幅度下跌，其跌幅明显高于因时间的推移或者正常使用而预计的下跌幅度；企业经营所处的经济、技术或者法律等环境以及固定资产所处的市场在当期或者将在近期发生重大变化，从而对企业产生不利影响；市场利率或者其他市场投资报酬率在当期已经提高，从而影响企业计算固定资产预计未来现金流量现值的折现率，导致固定资产可收回金额大幅度降低；有证据表明固定资产已经陈旧过时；固定资产已经或者将被闲置、终止使用或者计划提前处置；企业内部报告的证据表明固定资产的经济绩效已经低于或者将低于预期，如固定资产所创造的净现金流量或者实现的营业利润（或者亏损）远远低于（或者高于）预计金额等；其他表明固定资产可能已经发生减值的迹象。

2）固定资产可收回金额的计量。固定资产可收回金额应当根据固定资产的公允价值减去处置费用后的净额与固定资产预计未来现金流量的现值两者之间较高者确定。固定资产的公允价值，应当根据公平交易中销售协议价格确定。不存在销售协议但存在资产活跃市场的，应当按照该固定资产的市场价格确定。固定资产的市场价格通常应当根据资产的买方出价确定。在不存在销售协议和固定资产活跃市场的情况下，应当以可获取的最佳信息为基础，估计固定资产的公允价值。企业按照上述规定仍然无法可靠估计固定资产的公允价值减去处置费用后的净额的，应当以该固定资产预计未来现金流量的现值作为其可收回金额。

3）固定资产减值损失的确定。固定资产可收回金额的计量结果表明，固定资产可收回金额低于其账面价值的，应当将固定资产的账面价值减记至可收回金额，计入利润表“资产减值损失”科目和资产负债表“资产减值准备”科目。固定资产减值损失确认后，减值固定资产的折旧费用应当在未来期间做相应调整，以使该固定资产在剩余使用寿命内，系统地分摊调整后的固定资产账面价值。固定资产减值损失一经确认，在以后会计期间不得转回。

4）固定资产分析注意事项。固定资产分析时需要关注以下内容：取得方式、分布和配置的合理性分析、规模、原值的年内变化情况、周转效率。同时需要关注固定资产的折旧政策与同行业相比是否存在显著异常。

4．投资性房地产

（1）投资性房地产的内涵。投资性房地产是指为赚取租金或资本增值，或两者兼有而持有的房地产。投资性房地产应当能够单独计量和核算。投资性房地产包括：①已出租的土地使用权；②持有并准备增值后转让的土地使用权；③已出租的建筑物。

投资性房地产不同于固定资产中的厂房、办公大楼，列入固定资产核算的厂房和办公大楼持有的目的是生产经营使用，而非通过出售赚取收入或者收取租金。

（2）投资性房地产的报表列报。投资性房地产按照取得成本（外购成本或者自建成本）入账，持有期间投资性房地产可以按照固定资产的“成本＋折旧”模式进行核算，也可以选择按照公允价值计量，如果是后者的话，持有期间不需要提取折旧。同一企业只能采用一种模式对所有的投资性房地产进行后续计量，不得同时采用两种计量模式。

我国A股上市公司持有的投资性房地产极少采用公允价值计量模式，原因是会计准则规定成本模式计量在公允价值可获得的情况下可以转为公允价值计量模式，但是，采用公允价值计量模式对投资性房地产进行后续计量的企业，不得转为采用成本模式进行后续计量。而在香港上市的H股公司通常按照香港的会计实务习惯和国际财务报告准则对投资性房地产采用公允价值计量，对于同时发行A股和H股的公司可能由于对投资性房地产采用不同的计量模式导致H股和A股报告存在利润上的差异，典型的代表是北辰实业，北辰实业在A股年报中采用成本模式，而在H股年报中采用公允价值计量，这主要源于以下因素：两地会计准则的差异；两地监管机构对公允价值会计的态度不同；两地投资性房地产信息披露的差异；资本市场成熟度与投资者的理性程度的差异（张奇峰、张鸣、戴佳君，2011）。

（3）投资性房地产分析注意事项。企业对投资性房地产分析时需要关注企业对投资性房地产的分类是否恰当，即企业是否将投资性房地产与固定资产、无形资产的界限进行了正确的区分。分析该项目的盈利性是判断其质量的重要因素。

投资者在分析企业的投资性房地产项目时需要注意公司的会计政策是采用成本模式还是公允价值模式进行核算，当存在成本模式转换为公允价值模式的情况时，需要分析转换对当期利润的影响。部分公司可能为了降低资产负债率，在房地产价格上升时采用公允价值核算持有的投资性房地产。

⊙案例 4-8

金地集团的投资性房地产

金地集团股份有限公司（简称“金地集团”）于 2012 年以现金方式收购香港上市公司——星狮地产，2013 年星狮地产正式更名为金地商置。金地集团旗下投资性房地产部分由香港上市子公司金地商置持有，按公允价值模式进行后续计量。按照香港的有关准则规定，港交所上市公司可以选择采用成本模式和公允价值模式对投资性房地产进行后续计量，但是即使采用成本模式也需要在报表中披露可比的公允价值信息。星狮地产在被并购前后均采用公允价值模式对投资性房地产进行后续计量，金地集团合并星狮地产时以其账面价值作为历史成本并入集团合并报表。金地集团自身持有的投资性房地产此前则采用成本模式进行后续计量。金地集团在变更会计政策后，将对现有和未来的投资性房地产统一采用公允价值模式进行后续计量。

金地集团于 2013 年 12 月 1 日执行公允价值模式计量投资性房地产。在投资性房地产全部采用公允价值计量模式下，按照会计准则，采用追溯调整法调整增加年初投资性房地产账面价值人民币 450 424 万元，其中包括转回以前年度的累计折旧和累计摊销金额人民币 14 815 万元等。当年公允价值变动增加金额为人民币 203 134 万元。此次会计政策变更增加公司 2012 年年末所有者权益约 25.04 亿元，增加公司 2012 年净利润约 3.32 亿元；增加公司 2013 年年末所有者权益约 38.04 亿元，增加公司 2013 年度净利润约 13.00 亿元。

从金地集团 2011 年至 2015 年年报中的数据来看，投资性房地产后续计量的改变调整了金地集团的资产结构，并且在政策变更后的三年总资产的增加很大一部分是投资性房地产增加贡献的，尤其是在 2014 年，投资性房地产的净增加额甚至超过了总资产的净增加额。

5．使用权资产

企业在生产经营过程中需要的资产除了自行购买、建造外，还可以通过租赁方式取得。租赁是指在一段时间内让渡使用一项资产（标的资产）的权利以换取对价的合同。如果合同包含一项租赁，其通常应记入承租人的资产负债表内。从承租人角度看租赁本质上是通过支付租金取得对可识别资产一定期间内的排他性使用权。

企业使用的资产无论是自有资产还是租入资产并不影响公司的使用，但是会计上对于不同来源的资产采用了不同的处理方式。2017 年修订《企业会计准则第 21 号——租赁》之前，对于经营租赁承租人仅需要在利润表中确认每期支付的租金作为费用，不反映公司未来支付租金的义务。而对于融资租赁资产承租人则需要按照实质重于形式的原则，将租赁资产直接作为融资租入固定资产进行表内核算，同时确认融资租赁负债，这导致了租赁这一经济业务由于不同的分类在报表上采用了完全不同的会计处理，导致信息的不可比，使得企业有动力操纵租赁分类，在资产负债表上不确认租赁相关的长期租金支付义务，低估公司的资产负债率。

2017 年我国财政部修订了《企业会计准则第 21 号——租赁》，除了短期（12 个月以内）小额租赁外其他租赁都需要确认使用权资产。租入资产是指企业在租赁期间不拥有所有权但拥有实质控制权，需要将通过支付租金取得的使用权利在资产负债表上作为使用权资产列报。

使用权资产是指承租人可在租赁期内使用租赁资产的权利。新准则下，使用权资产纳入资产负债表内，同时确认租赁负债。但是使用权资产并不等同于租赁资产本身，例如承租人通过经营租赁方式租赁一辆汽车（不属于短期租赁和低价值租赁），使用权资产不是指这辆汽车本身，而是指承租人在租赁期内使用这辆车的权利。

在租赁期开始日，承租人应当按照取得使用权资产的成本（包括未来租金的现值、租赁开始日预付的租金，以及租赁结束时可能需要恢复资产原状产生的预计负债的现值等）确认使用权资产，同时将租金现值确认为租赁负债。这里的租赁期开始日就是出租人提供租赁资产使其可供承租人使用的起始日期，说得通俗一些就是承租人在这一天取得了租赁资产在这一段时间的控制权，可以控制该使用权资产。

承租人通常按成本减累计折旧及累计减值损失来计量使用权资产，按照租赁期限和预期资产使用年限孰低的原则确定分摊的年限，分别计入资产负债表累计摊销项目，性质上类似于累计折旧项目，减少使用权资产的价值，同时当期摊销的部分按照资产的用途计入相应项目的成本或者费用项目。使用权资产减值准备一旦计提，不得转回。

6．无形资产

无形资产是指企业拥有或者控制的没有实物形态的可辨认非货币性资产。无形资产包括专利权、非专利技术、商标权、著作权、土地使用权、特许权等。关于商誉，我国会计准则目前仅确认企业合并中产生的商誉，金额等于合并成本高于被合并方净资产公允价值的部分。企业自创商誉不能确认。

无形资产具有以下特征：缺乏实物形态、具有可辨认性、可以给企业带来超额的经济利益、给企业带来的未来的经济利益具有很大的不确定性。

由于无形资产的以上特征，按照会计准则的规定，无形资产只有在满足以下两个条件时，企业才能确认：①该资产产生的经济利益很可能流入企业；②该资产的成本能够可靠地计量。

无形资产按取得方式可以划分为外购无形资产和自创无形资产，前者的成本相对比较容易确定，通常按照实际购买成本确认，而后者的成本确定难度较大，前期的支出通常难以满足确认为无形资产的条件，不能资本化，因此导致以研发支出比重较大的企业的账面无形资产较低，使得账面价值的信息决策相关性下降。

无形资产按预计受益期可以划分为具有明确经济寿命的无形资产和具有不确定经济寿命的无形资产，前者需要按照预期寿命进行摊销，类似于固定资产折旧的处理，而后者不需要摊销，但是需要定期进行减值测试，如果发生减值则需要提取资产减值准备。

4.3　负债项目分析

企业的负债包括经营性负债和因借款、发行债券等主动行为而产生的金融负债，在资产负债表中，负债同样按照其期限的长短划分为流动负债和非流动负债（或长期负债），前者是在一年内需要偿还的债务，主要是经营性负债。超过一年的负债是长期负债，包括长期借款、应付债券等。

4.3.1　流动负债

经营性负债通常是无息负债，包括需要支付给上游供应商的应付款项，包括应付账款、应付票据，应付款项占比与企业和上游供应商的结算方式以及双方地位和供需关系直接相关。本期尚未支付的员工工资反映在应付职工薪酬项目中，当期尚未支付的本期税款反映在应交税费项目中，应付账款、应付职工薪酬、应付票据、合同负债、预收款项等都属于经营过程中自然产生的经营性负债，通常都不需要支付利息（除了结算签发的付息商业票据），此类经营性负债是企业营运资本的重要来源。

1．合同负债[㊀]

合同负债，是指企业已收或应收客户对价而应向客户转让商品的义务，比如企业在转让承诺的商品之前已经收取的款项，本质上是预收账款，此类负债需要向客户交付合同约定的商品或者服务结清，比如房地产企业预售房屋收到的房款随着交房而结清该项债务。茅台公司销售以预收款项方式进行，预收客户的款项反映在合同负债中，2020 年和 2021 年合同负债分别为 133 亿元和 127 亿元，分别占负债总额的 29.17% 和 21.85%，说明茅台公司相对于经销商具有强势地位，可以要求经销商先付款后提货。

合同负债不同于其他流动负债需要企业用货币资金结清，企业承担的是未来交付合同约定的商品或者服务的义务，此类负债意味着企业的未来随着商品和劳务的提供即可转化为收入，因此在分析企业的资产负债率时需要同时考虑将合同负债剔除之后的负债率，对于房地产开发企业需要特别关注，因为我国的房地产销售采用预售制度，预售取得的房款形成了资产负债表中的负债，但这是一项良性的负债，房地产公司的预收账款与合同负债是营业收入的先行指标。

接受客户预付的款项反映在合同负债中（2018 年《企业会计准则第 14 号——收入》修订之前反映在预收账款中），2018 年《企业会计准则第 14 号——收入》修订后预收账款仅反映预收的尚未确定合同服务内容的款项），“合同负债”科目下核算的预收款项，必须以履约义务为前提，核算在合同签订履约义务确定后，所对应收取的款项或者应当收取款项的权利。

扫码阅读
房地产企业负债类科目及隐性负债深度解析

期末，根据其流动性，在资产负债表中分别列示为“合同负债”或“其他非流动负债”项目。在资产负债表日，预期将在一年以内确认收入的部分列示为合同负债，在一年以上确认收入的部分列示为其他非流动负债。

2．应付账款和应付票据

应付账款是指企业因购买材料、商品和接受劳务等经营活动应支付的款项，“应付账款”项目反映其期末尚未支付的余额。应付票据，是指企业因购买商品、接受劳务等开出、承兑的商业汇票。“应付票据”项目反映其期末尚未偿付的商业汇票的票面金额。

应付账款和应付票据都是企业以赊账方式采购商品和接受劳务而形成的未来向供应商支付款项的义务，是经营性负债的主要项目，也是企业营运资本的重要来源。

㊀ 合同负债与预收账款：合同负债与预收账款都是先收到钱，再提供货物，区别在于收款时间在签订合同之前还是签订合同之后。在合同签订之前已经收到的款项为预收账款，在合同签订后，收到的款项为合同负债。

3．预收账款

预收账款是指企业收取的款项并不构成交付商品或者提供劳务的履约义务。它以实际收到款项为前提，不以履约义务为前提。核算在合同签订前收取的款项，或者所收取的款项与合同规定的履约义务无关。比如房地产企业在合同签订前收取的订金、诚意金等预收款项。

在合同成立前已收到的对价不能称为合同负债，但可作为预收账款。合同一旦正式成立，需要将预收账款转入合同负债。

4．预计负债

或有事项可能给公司带来或有负债。或有事项是指过去的交易或者事项形成的，其结果须由某些未来事项的发生或不发生才能决定的不确定事项。常见的或有事项有：未决诉讼或未决仲裁、债务担保、产品质量保证（含产品安全保证）、承诺、亏损合同、重组义务等。

或有负债是指过去的交易或者事项形成的潜在义务，其存在须通过未来不确定事项的发生或不发生予以证实；或过去的交易或者事项形成的现时义务，履行该义务不是很可能导致经济利益流出企业或该义务的金额不能可靠计量。与或有事项相关的义务同时满足下列条件的，应当确认为预计负债：①该义务是企业承担的现时义务；②履行该义务很可能导致经济利益流出企业；③该义务的金额能够可靠地计量。

因产品质量保证、亏损合同等形成的现时义务，当履行该义务很可能导致经济利益的流出，且其金额能够可靠计量时，确认为预计负债。

根据《企业会计准则第 13 号——或有事项》以及应用指南的规定，待执行合同变成亏损合同的，该亏损合同产生的义务满足预计负债确认条件的，应当确认为预计负债。亏损合同，是指履行合同义务不可避免会发生的成本超过预期经济利益的合同。

待执行合同变成亏损合同时，有合同标的资产的，应当先对标的资产进行减值测试并按规定确认减值损失，如预计亏损超过该减值损失，应将超过部分确认为预计负债；无合同标的资产的，亏损合同相关义务满足预计负债确认条件时，应当确认为预计负债。上海电气风电集团 2021 年就因为亏损合同需要确认巨额的预计负债。

⊙案例 4-9

上海电气风电案例预计合同损失

上海电气风电集团股份有限公司（简称“上海电气风电”）的主营业务为风力发电设备设计、研发、制造和销售，同时开展服务业务和风资源开发投资业务，实现各块业务联动。公司对外提供技术改造等服务，由接受服务方验收后确认收入。公司对外提供维修保养等服务，根据履约进度在一段时间内确认收入。按照履约进度确认收入时，对于公司已经取得无条件收款权的部分，确认为应收账款，其余部分确认为合同资产，并对应收账款和合同资产以预期信用损失为基础确认损失准备；如果已收或应收的合同价款超过已完成的劳务，则将超过部分确认为合同负债。

上海电气风电于 2023 年 4 月 18 日收到上海证券交易所科创板公司管理部出具的《关于上海电气风电集团股份有限公司 2022 年年度报告的信息披露监管问询函》（以下简称《问询函》），《问询函》的第一个问题是：年报显示，因公司与部分客户签订的部分尚未履行完毕的风电机组销售合同预计成本超过预计收入，产生预计合同亏损 66 575.82 万元。同时，公司将相关新接产品销售订单的预计亏损超过已计提的存货跌价准备的部分，确认为其他流动负债共计 67 557.30 万元，对报告期内公司的营业利润产生了较大负面影响。请公司解释公司将预计合同亏损确认为其他流动负债，相关会计处理是否符合《企业会计准则》的相关规定。

公司回复称，截至 2022 年 12 月 31 日，公司预计合同亏损余额为 66 575.82 万元，列示于其他流动负债，产生预计合同亏损的相关销售合同具体情况如表 4-6 所示。

表 4-6 上海电气风电预计合同亏损的相关销售合同

订单项目	合同签订时间	客户	合同总金额（含税，单位为万元）	2022 年底合同执行情况
项目 1	2022 年 6 月	客户 a	47 700.00	主要物料已下达采购订单
项目 2	2023 年 1 月	客户 b	45 540.00	已列入排产计划
项目 3	2022 年 8 月	客户 c	45 922.24	按要求交付并实现销售 5 台
项目 4	2022 年 10 月	客户 d	74 655.75	按要求交付并实现销售 10 台
项目 5	2022 年 8 月	客户 e	37 200.00	已完工并实现销售 12 台
项目 6	2022 年 10 月	客户 f	17 800.00	按要求交付并实现销售 1 台
项目 7	2022 年 11 月	客户 g	19 530.00	已列入排产计划
项目 8	2022 年 11 月	客户 h	15 475.00	已列入排产计划
项目 9	2022 年 10 月	客户 i	22 680.00	主要物料已下达采购订单
项目 10	2022 年 9 月	客户 j	22 680.00	主要物料已下达采购订单
项目 11	2022 年 7 月	客户 k	18 300.00	按要求交付并实现销售 5 台
其他单项预亏小于 2 000 万共计 11 个项目（合并计算）			175 425.45	大部分订单项目主要物料已下达采购订单
合计			542 908.44	

注：以上订单项目均已列入 2023 年排产计划，并计划于 2023 年实现交付。项目 2 销售合同签订时间为 2023 年 1 月但纳入 2022 年预计合同亏损范围，是由于该项目的销售合同条款均已于 2022 年 12 月与客户确认完毕。

上海电气风电的客户以大型国有发电集团为主，销售合同条款特别是违约条款需满足客户内部要求，最终经由双方协商一致达成，因此具体合同条款不尽相同，但与行业惯例一致。总体而言，表 4-6 中项目的相关销售合同约定。①相关销售合同未设置有关卖方可单方面终止合同的条款。②针对卖方义务，相关销售合同还就执行过程中的逾期交货、产品性能考核、设备缺陷、整机质量保证、知识产权、安全事故等事项约定了违约条款，违约责任约定一般为：如果因卖方违约造成买方选择终止全部或部分合同，卖方除向买方支付合同已明示的违约金外，还必须承担买方所遭受的全部损失，包括但不限于安装公司的窝工补偿、发电量损失、买方从第三方采购的差价损失等。其具体的赔偿金额需要视买方的主张及其所提供的有效证据来判断。部分合同设定了卖方承担的责任上限不超过相应合同总价的条款，部分合同未设置卖方责任上限。同时，如果卖方已经有原材料投入或其他成本投入，该部分也将由卖方自行承担。

以项目3为例，违约条款约定如下：如果卖方有下述违约行为，在不妨碍买方其他救济手段的情况下，买方可以向卖方发出书面违约通知，提出全部或部分地终止合同：

1）未能在合同约定的期限内或买方根据合同条款同意延长的期限内提供部分或全部合同设备；

2）未能及时完成安装、调试、试运行、最终验收使工期延迟3个月；

3）卖方未能履行合同项下任何其他义务（细微义务除外），并且在收到买方违约通知后10天内仍未能对其违约行为做出补救，或未达到合同要求；

4）卖方应支付的违约金达到合同总价的10%；

5）卖方在本合同的竞争和实施过程中有腐败和欺诈行为。

如果买方根据上述的规定，终止了全部或部分合同，卖方除了必须向买方支付合同已明示的违约金外，还必须承担买方所遭受的全部损失，包括但不限于安装公司的窝工补偿、发电量损失、买方从第三方采购的差价损失等。公司将此部分预计合同亏损确认为其他流动负债符合会计准则的规定。

资料来源：电气风电：普华永道就电气风电对年报问询函中提出的相关问题所作回复的专项说明。

5．租赁负债

根据我国财政部2018年新修订的《企业会计准则第21号——租赁》，承租人不再将租赁区分为经营租赁或融资租赁，而是采用统一的会计处理模型，对短期租赁和低价值资产租赁以外的其他所有租赁均确认使用权资产和租赁负债，并分别计提折旧和利息费用。

租赁负债可分别设置“租赁付款额”“未确认融资费用”等进行明细核算，承租人应当在资产负债表中单独列示使用权资产和租赁负债。其中，租赁负债通常分为非流动负债和一年内到期的非流动负债列示。

例4-1：ABC公司2023年7月1日与某物业公司签订租赁合同，租赁一栋大楼作为办公用房，租赁期5年，租金总额为3 500万元，每年支付700万元。租赁合同约定合同签订时首先需要预付1年租金，以便公司装修，同时约定合同期满需要ABC公司恢复建筑物原状，公司预计需要花费100万元。租赁的折现率为10%。

按照修订前《企业会计准则第21号——租赁》，每年需支付的租赁费用采用直线法为700（3 500/5）万元，在每年利润表中体现为租赁费700万元。而按照修订后的《企业会计准则第21号——租赁》，租赁期内资产负债表和利润表相关的项目的列表如表4-7所示。

表4-7　租赁相关项目报表列示

1	年度	0	1	2	3	4	5
2	租金支付	700	0	700	700	700	700
3	恢复支出						100
4	现值系数（10%）	10%	0.909 09	0.826 45	0.751 31	0.683 01	0.620 92
5	未来租赁付款额现值		0.000	578.512	525.920	478.109	434.645
6	全部租赁付款额现值	2 717.19					

（续）

7	租赁负债（未来租赁付款额现值之和）	2 017.19					
8	使用权资产摊销（5年直线法摊销）		543.44	543.44	543.44	543.44	543.44
9	使用权资产账面价值（=7-8 累计数）	2 717.19	2 173.75	1 630.31	1 086.87	543.44	0.00
10	租赁负债账面价值	2 017.19	2 218.91	1 740.80	1 214.88	636.37	0.00
11	财务费用（=10 行上期末余额 ×10%）		201.72	221.89	174.08	121.49	63.64

从表 4-7 中可以看出，租赁负债随着每期租金支付而递减，使用权资产随着摊销年限的延长而降低，两者由于租金支付方式不同，以及是否存在初始付款额和后期恢复资产状况的预计负债义务的存在，在每个租赁期末租赁负债余额和使用权资产余额可能不相等，这就有可能改变公司的资产负债比率。

4.3.2 非流动负债

非流动负债是指偿还期在一年以上或超过一年的一个营业周期以上的负债。主要内容包括长期借款、应付债券和长期应付款，比如以分期付款方式购入固定资产发生的应付款项反映在长期应付款中。

1. 长期借款

长期借款，是指企业向银行或者其他金融机构借入的期限在一年以上（不含一年）的各项借款。“长期借款”项目反映企业尚未偿还的长期借款，该项目应根据长期借款账户的期末余额分析填列，剔除其中将要在一年以内到期的部分。

2. 应付债券

应付债券是指企业为筹集长期资金而实际发行的债券及应付的利息，它是企业筹集长期资金的一种重要方式。应付债券中，主要有一般公司债券和可转换债券两种。

3. 长期应付款

长期应付款，是指企业除了长期借款和应付债券以外的其他各种长期应付款，付款期限均在一年以上。长期应付款一般包括以下内容。

1）补偿贸易引进设备款。补偿贸易是指从国外购买资产，再用该设备生产的产品归还设备价款。

2）应付融资租赁款。应付融资租赁款是指企业采用融资租赁方式租入固定资产发生的租赁费。

3）具有融资性质的延期付款购买资产。企业购入资产，如果延期支付的购买价款超过正常信用条件，实质上具有融资性质。

4）应付售后回租款。售后回租是指承租人将其所拥有的资产出售给出租人，再从出租人手里将该物品重新租回。

5）递延房租收益。递延房租收益是指在租房合同中约定，公司对租用的房屋进行装修改造，经申请后，房屋出租方会回馈公司一定金额作为奖励。

6）应计房租。

7）受托经营资金。

8）其他长期应付款。

4.4　所有者权益项目分析

资产负债表中的所有者权益包括实收资本（或股本）、其他权益工具、资本公积、其他综合收益、专项储备、盈余公积、未分配利润等。

4.4.1　实收资本（或股本）

实收资本（或股本）是指投资者按照公司章程，或者合同、协议的约定，实际投入企业的资本。股份公司的投入资本表现为实际发行的股票的面值总额，称为股本，有限责任公司的投入资本表现为投资者实际出资额，称为实收资本。

有限责任公司的注册资本为在公司登记机关依法登记的全体股东认缴的出资额。股份有限公司采取发起设立方式设立的，注册资本为在公司登记机关依法登记的全体发起人认购的股本总额；采取募集设立方式设立的，注册资本为在公司登记机关依法登记的实收股本总额。

注册资本，又称法定资本，是指在公司制的企业章程中规定的全体股东或者发起人确定认缴的出资额或认购的股本总额，并在公司登记机关依法登记。注册资本是国家法律上规定股东承担有限责任的承诺，当公司的资产不足以清偿公司债务时，股东就有义务按照承诺的注册资本清偿剩余的债务。我国 2023 年 12 月 29 日修订后的《中华人民共和国公司法》规定公司全体股东认缴的出资额由股东按照公司章程的规定自公司成立之日起五年内缴足。

4.4.2　其他权益工具

“其他权益工具”科目核算企业发行的除普通股（作为实收资本或股本）以外，按照金融负债和权益工具区分原则分类为权益工具的金融工具。

4.4.3　资本公积

股本是公司的股份数量与股票面值的乘积，我国普通股的面值是 1 元。《中华人民共和国公司法》规定股票的发行价格不得低于面值，股票发行所得扣除发行费用外超过面值的部分计入资本公积。资本公积是企业收到投资者的超出其在企业注册资本（股本）中所占份额的投资，以及直接计入所有者权益的利得和损失等。

资本公积包括资本溢价（或股本溢价）和直接计入所有者权益的利得和损失，资本溢价（或股本溢价）是投资者缴付的出资额超过了注册资本（股本）而产生的差额。

2023 年修订后的《中华人民共和国公司法》规定公司全部股份可以采用面额股或无面额股，已发行的面额股或无面额股可以相互转换，但不允许公司采用面额股与无面额股的混合模式。采用无面额股的，新股发行所得款项的二分之一以上应当计入注册资本，计入注册资本的金额由股东会决定，未计入注册资本的金额应当列为资本公积。

4.4.4 其他综合收益

“其他综合收益”作为一级科目核算未在损益中确认的各项利得和损失扣除所得税影响后的净额。即原来记入“资本公积——其他资本公积”科目核算的业务，新准则将其进行了分类梳理，将部分项目归入“其他综合收益”科目核算。如此变化主要是因为“其他综合收益”是指企业根据《企业会计准则》规定未在损益中确认的各项利得和损失扣除所得税影响后的净额。即以后终究会归入损益类科目核算，只是当时业务还不适合直接归入损益类科目核算。

4.4.5 专项储备

“专项储备”科目最早出现在固定资产中，实务中应用较为广泛。和正常的费用化支出、资本化支出相比，专项储备的思路恰好是逆向的。以资本化支出为例，正常的资本化支出，是先购置固定资产再提折旧费用。而对高危行业的专项储备，则是颠倒过来，在购买安全设备之前，先强制计提费用。

专项储备是国家规定高危行业必须提取的安全生产费，相当于一种准备金，与法定盈余公积有异曲同工之处。遵循“随产随提”的原则，即强制要求企业在生产产品时，按实际产量的一定比例在当期计提安全生产费，变相促使企业投入足额成本用于保障安全生产。专项储备就好比存钱罐，把未来需要投入安全生产的钱，定期预提出来，然后放入一个名叫专项储备的存钱罐，到了需要用的时候就取出来。

4.4.6 盈余公积

盈余公积是指按照不低于当期利润的 10%（《中华人民共和国公司法》规定的下限）提取的保留在公司内部，用于弥补亏损或者转增资本的公积金。法定盈余公积转为资本时，所留存的该项法定盈余公积不得少于转增前公司注册资本的 25%。公司法定盈余公积累计额为公司注册资本的 50% 以上的，可以不再提取。《中华人民共和国公司法》规定提取法定盈余公积的目的在于将盈利留存于公司内部用于弥补未来可能发生的亏损，防止公司超额分配利润，危及公司的可持续发展以及债权人的利益。公司在法定盈余公积的基础上可以提取任意盈余公积，扩大企业内部积累，增强发展实力。

4.4.7 未分配利润

公司的盈利按照法律规定的分配顺序[⊖]分配后，剩余的部分形成未分配利润，可以用于以后年度的分配。在公司弥补亏损和提取法定公积之前向股东分配利润的，股东必须将违反规定分配的利润退还给公司。

盈余公积和未分配利润都属于留存收益，不同之处在于盈余公积有法律规定的用途，而未分配利润则无相应限制，它们与股本、资本公积一起共同构成企业的所有者权益。

4.5 负债和权益区分：混合金融工具

4.5.1 优先股

优先股是一种具有债券特征的特殊类型的股份，其股东在公司股利分配和剩余财产分配方面比普通股股东享有优先权。在发达国家的资本市场中，优先股的发行具有非常重要的地位。优先股的大量应用已经有 100 多年的历史，它不仅为公司提供了重要的融资方式，而且为投资者提供了更多的投资渠道。

中国证监会在 2014 年 3 月 21 日发布了《优先股试点管理办法》，规定三类上市公司可以公开发行优先股，这三类公司是：普通股为上证 50 指数成分股的；以公开发行优先股作为支付手段收购或吸收合并其他上市公司的；以减少注册资本为目的回购普通股的，或者在回购方案实施完毕后，可公开发行不超过回购减资总额的优先股的。上市公司可以发行优先股，非上市公众公司可以向特定对象发行优先股。

优先股是在一般规定的普通种类股份之外，另行规定的其他种类股份，其股份持有人优先于普通股股东分配公司利润和剩余财产，但参与公司决策管理等权利受到限制。

根据其权利义务内容的不同，优先股一般分为以下常见类别。

1）累积型及非累积型，取决于未分配股息是否可累积至将来分配。

2）可转换型及不可转换型，取决于优先股是否可以转换为普通股。

3）参与型及非参与型，取决于当公司达成预定的财务目标时，除固定股息外，优先股股东是否有权享有额外的股息。

⊖ 新修订的《中华人民共和国公司法》第二百一十条：公司分配当年税后利润时，应当提取利润的百分之十列入公司法定公积金。公司法定公积金累计额为公司注册资本的百分之五十以上的，可以不再提取。公司的法定公积金不足以弥补以前年度亏损的，在依照前款规定提取法定公积金之前，应当先用当年利润弥补亏损。公司从税后利润中提取法定公积金后，经股东会决议，还可以从税后利润中提取任意公积金。公司弥补亏损和提取公积金后所余税后利润，有限责任公司按照股东实缴的出资比例分配利润，全体股东约定不按照出资比例分配利润的除外；股份有限公司按照股东所持有的股份比例分配利润，公司章程另有规定的除外。公司持有的本公司股份不得分配利润。

⊙案例 4-10

小米的优先股是股还是债?

小米招股说明书披露的信息显示，该公司自2010年9月至2017年8月，通过18轮的融资，累计向投资者发行了12个系列的优先股，与此相关的对价收入约为98亿元。这些优先股具有四个特点：①持有者有权收取非累计股息外加按原发行价的8%计算的应计利息；②持有人可自2015年7月3日起，在小米公开上市或超过50%的持有者要求赎回时，按当时有效的转换价转换为普通股；③自2019年12月23日起，按发行价加8%应计利息及已宣派但未支付股息之和与优先股公允价值孰高者的价格，赎回全部优先股；④持有人有权在清算时按发行价加上应计或已宣派但未支付的股息，或发行价的110%优先收取剩余的权益，倘若可供分配的剩余权益不足以悉数支付优先股受偿金，持有人有权优先于普通股持有人分配剩余权益。

由于小米优先股的持有者具有按变动对价而不是按固定对价转换为普通股的权利，且小米在2019年12月23日起行使可赎回权（callable option）的价格也不是固定的，持有者可以按“原发行价加8%应计利息及已宣派但未支付股息或公允价值孰高的价格”行使可出售权（puttable option），不符合国际会计准则第32号（IAS 32）的“固定对固定”（fixed-for-fixed，即履行转移现金或股票的义务，所需要付出的转换对价或清算对价是固定的）认定标准，故小米将其发行的可转换可赎回优先股划分为金融负债，按公允价值计量且将其变动计入当期损益。从会计准则层面上看，小米这一做法完全符合国际财务报告准则（IFRS）的要求，因为小米确实存在着向优先股持有人支付现金或发行股份的不可避免义务，作为负债有其正当性。

优先股是划分为金融负债还是权益工具，直接影响到其后续计量，会产生完全不同的经济后果。若将小米的优先股划分为金融负债，后续的资产负债表日必须按公允价值计量，并将公允价值的变动计入损益，结果导致小米2017年的利润减少542亿元，年末出现1 272亿元的缺口。若将其划分为权益工具，后续的资产负债表日不需要重新计量，则小米2017年的利润将增加542亿元，净资产也将由−1 272亿元变为343亿元。可见，对优先股性质归属的不同认定及其后续的不同会计处理，可以为小米描绘出两幅迥然不同的财务图像。

4.5.2 永续债

永续债是一种股债混合的投资工具，具有无固定期限、内含发行人赎回权的特点，投资人不能要求清偿本金，但可以按期取得利息，属于长期的投资工具。在我国永续债并不是一个独立的券种，而是附带赎回权的各类债券的总称。目前永续债涉及的债券种类有一般企业债、定向工具、金融债、公司债和一般中期票据等。

从偿还顺序来看，永续债的偿还顺序在一般债券之后，先于普通股和优先股，也有一些设置为和普通债券清偿顺序一致。永续债券的持有者除因发现公司破产或发生重大财务事件外，一般不能要求公司偿还，而只能定期获得利息收入。

根据现有条款，存量永续债多数将归为金融负债。第一，绝大多数存量永续债只规定赎回时间且发行方具有赎回权，发行方应当谨慎分析自身是否能无条件地自主决定不行使赎回权。部分个券同时设置了约束性条款，导致发行方无法无条件地自主决定不行使赎回权，应归类为金融负债。第二，永续债通常附有规定，例如本期债券本金和利息在破产清算时的清偿顺序等同于发行人所有其他待偿还债务融资工具。如果此清偿顺序导致持有方对发行方承担交付现金或其他金融资产合同义务的预期，则应归类为金融负债。第三，利率跳升方面，永续债现有调整票面利率条款设定，使部分个券（具体债券品种）容易触发被分类为金融负债的条款。

本章小结

本章对资产负债表的主要项目进行了分析，主要关注的是资产、负债、所有者权益项目在资产负债表上的列报方式，除了以公允价值计量的资产项目外，其他非货币性资产需要考虑是否发生减值，如果减值则需要提取减值准备，其中长期股权投资、固定资产、无形资产、使用权资产等长期资产的减值准备不允许转回，而存货、应收账款等流动资产的减值准备在资产价值回升时可以转回，但是转回仅限于已提取的减值准备，资产的价值最高只能够恢复到初始确认的成本。负债和所有者权益的分析中需要关注负债和权益的区分，企业可能出于降低负债等动机将债务融资包装成权益融资。

思考题

1. 对于具有重大影响且附带回售权的股权投资，应当确认为长期股权投资，还是以公允价值计量且其变动计入当期损益的金融资产？
2. 在持股比例等未发生实质变化的情况下，能否将对被投资单位的股权投资由公允价值计量转为按权益法核算？

练习题

1. 2023年年初，甲公司购买了A公司债券，面值为1 000 000元，票面利率为4%，期限为5年，买价（公允价值）为950 000元，交易费用为6 680元，划分为债券投资，该债券每年末支付一次利息，在第五年末兑付本金（不能提前兑付）。

（1）使用实际利率法计算甲公司各年应确认的投资收益。

（2）确定该项投资对甲公司2023—2027年利润表和资产负债表的影响。

2. A公司为中国境内注册的股份制有限公司，计划在科创板上市，其控股股东为B公司。2020年11月1日，C公司作为战略投资人向A公司增资3亿元人民币，增资后，B公司持有A公司15%的股权，B公司仍然控制A公司。A、B、C三方签署的增资协议约定，如果A公司未能在2023年12月31日前完成首次公开募股（IPO），C公司有权要求B公司或其指定的其他方以现金回购其持有的A公司股权，回购价格为C公司增资的3亿元和按8%年化收益率及实际投资期限计算的收益之和。增资协议赋予C公司的回售权仅由C公司享有，不能随股权转让给第三方。

问题：A公司能将C公司的投资划分为权益性工具吗？你的分类理由是什么？B公司应该如何处理对C公司的回购义务？

案例分析

光伏界的泰坦尼克号如何沉没：赛维的债务重组

河南易成新能源股份有限公司在2020年11月17日晚间披露重组预案，拟向江西赛维LDK太阳能高科技有限公司、赛维LDK太阳能高科技（新余）有限公司的债权人合计发行股份2.80亿股及现金7.02亿元，以取得两家公司100%的股权，股份发行价为7.59元/股，交易作价分别为25.66亿元及2.63亿元。昔日的光伏巨头江西赛维LDK在宣布国内4家公司破产重整之后，终于迎来了接盘方。

江西赛维LDK太阳能高科技有限公司（以下简称“江西赛维LDK”）是由香港流星实业有限公司和苏州柳新实业有限公司共同出资设立的合资企业，工厂坐落于江西省新余市高新技术开发区，是集太阳能多晶体硅铸锭及多晶体硅片研发、生产、销售为一体的高新技术光伏企业。公司于2005年7月成立，注册资金86 655万美元。2006年4月份投产，7月份产能达到100MW，8月份入选“REDHERRING亚洲百强企业”，10月份产能达到200MW，被国际专业人士称为“LDK速度奇迹”，荣获“2006年中国新材料产业最具成长性企业”称号。

2007年6月1日，江西赛维LDK成功在美国纽约证交所上市，IPO融资额高达4.69亿美元，成为中国企业历史上在美国单一发行最大的一次IPO。江西赛维LDK是江西省第一家在美国上市的企业，也是中国新能源领域最大的一次IPO。

2012年起，这家曾经的国内光伏巨头，受困于全球产能过剩、价格恶性竞争以及自身发展决策等问题，进入动荡期：背负了高额债务，中途撤换了经营班子。公司逐渐陷入经营困境。

在资金链最为紧张的2012年，江西赛维LDK甚至一度深陷“供应商堵厂门”“公司大裁员”等风波中。2013年，江西赛维LDK亏损13.39亿元，相比上年的43.41亿元，已大幅收窄。不过2014年上半年，其营业利润为−6.85亿元，利润总额为−6.43亿元，净亏损为5.62亿元。与2013年同期相比，营业利润（亏损）减少了2.39亿元；利润总额（亏损）减少了1.95亿元，净亏损额也下降了34.67%。不过，资产负债率却创下新高。截至2014年6月底，江西赛维LDK净资产为−13.41亿元，资产负债率高达105.6%。

危机出现后，赛维自身也在通过多种措施自救，在经营方面通过加强降低硅片成本，增加多晶硅片制成的太阳能电池转换率。同时推出电池技术服务，以更好地帮客户取得最大的生产效益。此外，加强技术创新，冷氢化改造顺利完工，节省了大量资金。同时采用两条冷氢化线供应一条还原线生产的“加强版”硅料生产线，使产量、成本、能耗和利润等各项指标连创历史新高。

当地政府也出台多项措施帮助江西赛维LDK解决困难。新余市政府一直大力扶持江西赛维LDK的发展，不但替其解决审批问题，还帮助江西赛维LDK建设自备热电厂，降低江西赛维LDK的成本，并提供低价电力供应的保证。政府组织银团为江西赛维LDK提供20亿元的专项发展资金；新余市用政府财政为江西赛维LDK提供5亿元授信担保。并且当地政府出面向银行表示，希望不要对江西赛维LDK“压贷”，以助其渡过难关。

2012年10月19日，江西赛维LDK与恒瑞新能源有限公司达成股权收购协议。恒瑞新能源以2 300万美元收购了江西赛维LDK19.9%的股权。恒瑞新能源是一家具有国资背景的公司，其40%的股权被江西省新余市国有资产经营有限公司拥有，这一度让外界看作是新余市政府以股权投资的形式救助江西赛维LDK。

江西赛维LDK积极进行海外债务重组。2014年2月，江西赛维LDK在其注册地开曼群岛通过“临时清盘”的方式发起海外债务重组，重组过程涉及江西赛维LDK在开曼群岛、中国香港及美国三地的公司，重组债务金总额超过7亿美元。根据赛维与债权人达成的“债务重组支持协议”，解决债权的方案分为现金赎回与债转股两种。现金赎回是指江西赛维LDK以每1美元债权作价0.2美元回收债券；而债转股是指8.736%的债务将由江西赛维 LDK 普通股按每股 1.586 美元的价格偿付（股权受锁定禁售限制），剩余的 91.264% 的债务则由江西赛维 LDK 发行的可转债来偿付。在获得了绝大多数债权人的“重组支持协议”后，开曼群岛大法院和中国香港法院分别于 2014 年 11 月 7 日和 2014 年 11 月 17 日通过了江西赛维 LDK 的海外重组计划。

2014 年 11 月 21 日，美国破产法院又批准了江西赛维 LDK 在美国的三家子公司的重组计划。上述举动意味着历时近一年的江西赛维 LDK 海外债务重组已经走完全部海外法律程序，进入协议执行实质操作阶段。

与海外债务重组同步，国内债务重组也在紧锣密鼓地推进。2015 年 8 月 26 日，债权人新余市城东建设投资总公司向新余中院申请对赛维实施重组。2015 年 11 月 17 日，江西赛维 LDK 四家子公司——江西赛维 LDK 太阳能高科技有限公司、赛维 LDK 高科技（新余）有限公司、江西赛维 LDK 光伏硅科技有限公司及江西赛维 LDK 太阳能多晶硅有限公司，开始进入破产重整程序。2016 年 3 月 1 日至 2016 年 3 月 2 日，江西赛维 LDK 召开第一次债权人会议，共一千余人次参加了会议。会议初步通报，赛维集团光伏硅、多晶硅、太阳能、新余公司四家企业资产评估总值共计 121.86 亿元。2016 年 8 月 12 日，赛维召开第二次债权人会议资产评估较第一次债权人会议有了大幅度调整，估值合计 76.5 亿元，较第一次评估价值下降 45.34 亿元，降幅达 37.2%。由此计算，各债权银行整体清偿率为 14.75%。其中，国家开发银行、农业银行、民生银行、招商银行、建设银行债权均在 30 亿元以上。由于赛维对 14 家银行的债务高达 271 亿元，对债权银行而言，重整方案并未符合它们的预期，这使得它们在第二次债权人会议的表决中投下了反对票或者弃权票。

2016 年 9 月 18 日，债权银行对经过微调的重整方案再次投出了反对票。银行反对重整最核心的原因是清偿率太低。据银行人士表示，可以实现的清偿率仅在 6%~11%，实际上连 11% 都达不到，因为还要折 30% 的股权，所以最终算下来也就剩个位数，这样的话，银行损失实在是太大。

2016 年 9 月 27 日，由于重整计划草案在第二轮投票中仍未被通过，江西赛维 LDK 光伏硅科技有限公司、江西赛维 LDK 太阳能高科技有限公司和江西赛维 LDK 太阳能高科技（新余）有限公司三家公司的重整计划已被法院强制裁定批准，相关民事裁定书将由法院统一送达。2016 年 11 月，债权清偿方案确定，河南易成新能源股份有限公司拟通过向债权人发行股份及支付现金方式取得破产重整后江西赛维和新余赛维 100% 股权，交易合计作价 28.29 亿元。

讨论问题：

1. 你认为江西赛维 LDK 陷入财务危机的主要原因有哪些？

2. 如果你是江西赛维 LDK 的债权人，你是否接受债务重组的方案？你接受或者反对的理由有哪些？

参考文献

[1] KING T A.More than a numbers game：a brief history of accounting [M]. Hoboken：John Wiley & Sons，2011.

[2] 张奇峰，张鸣，戴佳君．投资性房地产公允价值计量的财务影响与决定因素：以北辰实业为例 [J]．会计研究，2011（8）：22-29；95.

估值视角的利润表分析

■ 学习目标

1. 理解利润表的格式和结构；
2. 理解收入确认与计量的一般原则和收入确认的会计准则；
3. 理解费用确认的一般原则以及费用确认选择对财务分析的影响；
4. 能够区分利润表的经营部分和非经营部分；
5. 解释资产负债表上资产和负债估值的变化如何在利润表等报表中确认；
6. 通过调整永久性差异和递延所得税资产及负债，使财务报告与税务报告保持一致。

■ 导入案例

英伟达的盈利增长

2024 年 2 月 22 日英伟达（NVIDIA）公布了 2024 财年第四季度财报。财报显示，公司第四季度营业收入为 221 亿美元，分析师预期为 204.1 亿美元，同比增长 265%，环比增长 22%。美国一般公认会计原则（GAAP）下季度归属于普通股股东的净利润为每股 4.93 美元，同比增长 765%，环比增长 33%。季度非通用会计准则（Non-GAAP）归属于普通股股东的净利润为每股 5.16 美元，同比增长 486%，环比增长 28%。也高于分析师的预期。全年收入更是达到了 609 亿美元，同比增长 126%，再次刷新了历史记录。GAAP 归属于普通股股东的净利润为每股 11.93 美元，同比增长 586%；全年非 GAAP 全年归属于普通股股东的净利润为每股 12.96 美元，同比增长 288%，远远好于华尔街分析师的预期。截至当地时间 2 月 21 日，英伟达报 674.72 美元，跌幅为 2.85%，市值 1.7 万亿美元。英伟达美股盘后一度下跌超过 4%，财报公布后转涨，一度上涨超过 7%。

英伟达创始人兼首席执行官黄仁勋表示：“加速计算和生成式人工智能（AI）已经达到了引爆点，全球范围内来自各个公司、行业和国家的需求正在激增。”他进一步指出，英伟达数据中心平台受到来自大型云服务提供商、GPU（图形处理器）专业厂商、企业软件和消费者互联网公司等多元化驱动力的强劲支撑。此外，以汽车、金融服务和医疗保健为首的垂直行业也达到了数十亿美元的规模。

投资研究机构 Main Street Research 的首席投资官詹姆斯·戴默特表示，英伟达的盈利增速甚至超过了其股价的增长速度："每次英伟达公布财报，其市盈率就会缩水，因为每股收益往往比人们的预期要好得多。"

从营业收入与净利润数据可以得出另外一个结论，即英伟达不仅赚得多还赚得好。221 亿美元的收入带来 123 亿美元的净利润，净利率高达 55.66%。如此高的利润率连向来以高收益率著称的金融行业都羡慕不已。比之前的净利率 46% 又有所提高，与主要竞争对手 AMD 和英特尔相比，销售净利率呈现持续上升的趋势，如图 5-1 所示。

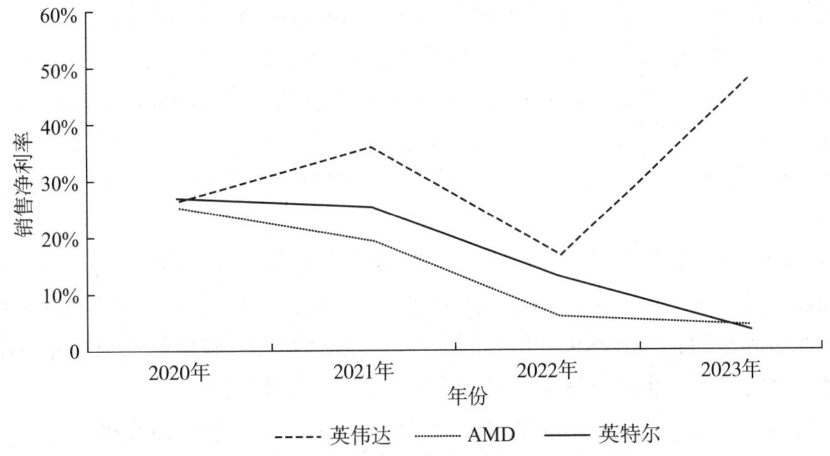

图 5-1　英伟达、AMD 和英特尔 2020—2023 年的销售净利率

那么在面对企业的利润表时，应该从哪里入手分析，又应该关注利润表的哪些重要方面？

利润表也称为损益表，它汇总了企业在特定时期内所有收入、费用的差额。从利润表和其他财务文件（例如现金流量表、资产负债表等）中，分析师可以确定企业在分析期内盈利还是亏损以及生产产品成本与同行业相比的高低。通过利润表，我们可以了解企业在某段时间的收入、费用和利润情况，分析企业的经营状况和盈利能力。分析利润表需要了解其收入结构、费用结构以及利润的组成结构。

会计师、投资者和管理人员通过分析利润表，可以了解企业的经营业绩与预期业绩的差异，通过差异分析有助于管理者调整企业的经营决策。例如，如果公司未达到目标，管理层可能会调整战略以在未来期间进行改进。同样，投资者可能会出售业绩未达到预期的公司股票，购买业绩达到或超过其目标的公司股票。

资本市场的分析师都会等待他们关注的公司的盈利数字的发布，原因是它们与公司股票价格表现直接相关。实际盈利数额与分析师预测盈利的差异可能导致股票价格产生巨大变动，盈利超出分析师预期的公司会受到投资者的青睐，例如开篇案例中英伟达的每股收益高于分析师预测的每股收益，英伟达的股票价格应声而涨。对持续低于盈利预期的公司的投资可能会被视为缺乏吸引力且风险较高的投资。

5.1 收入的确认、计量与分析

收入是利润的来源，直接关系到企业的财务状况和经营成果。利润表的首行是营业总收入，反映企业当期销售商品或提供劳务取得的收入，包括主营业务收入和其他业务收入。企业从各种不同的来源赚取收入，消费品制造商通过向分销商和消费者销售产品来赚取收入，银行通过向借款人发放贷款所赚取的利息来产生收入，保险公司从保单持有人那里收取保费，律师通过向客户提供服务来收取费用，租赁公司通过向承租人租赁资产获得收入。收入按交易性质可以分为销售商品收入、提供劳务收入、让渡资产使用权收入、建造合同收入等类别。

收入是在一段时间内赚取的经济资源。收入是指企业在日常活动中形成的、会导致所有者权益增加的、与所有者投入资本无关的经济利益的总流入。收入包括主营业务收入、其他业务收入和其他收益。主营业务收入是企业销售产品或者提供服务给客户而取得的收入，是企业的核心业务带来的收入。其他业务收入是指企业从与客户之间交易之外的其他业务中取得的收入，比如租赁业务取得的租金收入、许可费或特许权使用费。其他收益是来自政府补助等业务确认的收入。

利润表中的收入具有以下特点：收入是企业日常活动形成的经济利益流入，收入可能表现为资产的增加或负债的减少，或者二者兼而有之；收入最终会导致所有者权益的增加；收入只包括本企业经济利益的流入，不包括代收的款项。企业代第三方收取的款项，应当作为负债处理，不应当确认为收入。企业收取的保险赔偿也不能计入营业收入。

收入分析的重点是评估何时适合在财务报表中确认收入。是否应该在提供服务或提供产品时进行记录？收付实现制通常不能提供最具相关性的衡量公司业绩的方法。例如，在公司收到现金的某些交易中，它尚未履行对客户的任何合同义务。在另一些情况下，它已向客户提供了全面的服务或产品，但尚未收到现金。对于这两种类型的交易，来自客户的现金收入通常不能反映企业收入绩效的最相关衡量标准，这两种类型的交易按照权责发生制需要确认预收账款和应收账款。收入和费用的确认的基本会计原则是权责发生制原则。

5.1.1 收入确认和计量

1．收入确认条件

根据权责发生制的基本会计原则，收入确认需要满足以下条件：产品或服务已经提供，并且很可能收回产品或者服务的款项。第一个条件涉及赚取收入的过程是否基本完成的不确定性，即公司是否已向客户提供了全部或几乎全部商品或服务。第二个条件侧重于是否可能收到现金的不确定性。如果这两个标准都满足，则收入才可以确认。

这一基本的收入确认原则在实际运用中面临以下挑战：客户在发货前付款、产品或者服务的提供跨越多个会计年度、客户有权使用所售产品或服务但卖方保留剩余权利、客户信用状况不佳可能无力付款、顾客不满意可退款，这些因素导致收入的确认存在不确定性。公司管理者可能拥有有关收入不确定性的最佳信息，但他们也有动机操纵报告的收入。

对于某些企业，客户在收到服务或产品之前付款是惯例，例如杂志订阅、保险单和服务合同。对于这些类型的产品，收款不存在不确定性。唯一的问题是能否完成以及何时能完成合同约定的义务进而赚取相应的收入。

如果在服务交付过程之前预收款项不存在价格调整约定，则后续提供的产品和服务可能存在成本高于预期的风险，特别是在客户不满意产品或者服务的质量要求卖方给予补偿的情况下。第4章中上海电气风电的案例（案例4-9）就暴露了亏损合同带来的风险，在此案例中，海上风力发电设备的交付和安装是签约后按照约定的期限陆续完成的，但是在随后期间，因原料和人力成本上升导致公司出现巨额亏损。

企业应当在履行了合同中的义务，即在客户取得相关商品控制权时确认收入。取得相关商品控制权，是指能够主导该商品的使用并从中获得几乎全部的经济利益。当企业与客户之间的合同同时满足以下条件时，企业应当在客户取得相关商品控制权时确认收入：①合同各方已批准该合同并承诺将履行各自义务；②该合同明确了合同各方与所转让商品或提供劳务（以下简称“转让商品”）相关的权利和义务；③该合同有明确的与所转让商品相关的支付条款；④该合同具有商业实质，即履行该合同将改变企业未来现金流量的风险、时间分布或金额；⑤企业因向客户转让商品而有权取得的对价很可能收回。对于企业与第三方进行的以货易货等非货币性资产的交换，如果不满足商业实质判断不能确认收入。

⊙案例5-1

伯朗特的营业收入

伯朗特机器人股份有限公司（简称“伯朗特”）成立于2008年5月9日，主要从事工业机器人制造业务，主要产品是机器人、机械手。2014年1月24日，伯朗特在全国中小企业股份转让系统挂牌并公开转让。

2023年3月24日，伯朗特收到全国股转公司出具的《关于维持对伯朗特机器人股份有限公司股票终止挂牌的决定》，内容为“维持股转发〔2022〕557号对伯朗特机器人股份有限公司的终止挂牌的决定”。伯朗特股票自2023年3月30日起复牌，并于2023年4月14日终止挂牌，至此，伯朗特正式从新三板终止挂牌。

这一切的导火索是2021年4月9日，新三板创新层公司伯朗特发布2020年年报，而对于年报中的财报部分，天健会计师事务所（以下简称“天健”）出具了无法表示意见[⊖]的审计报告。4月12日，股转系统发出年报问询函。消息一出，公司股价连续放量下跌。

天健解释形成无法表示意见的原因如下：①报告期内，伯朗特实现营业收入591 952 752.83元，同比增长11.89%，其中应用商营业收入439 429 727.08元，占营业收入的74.23%；针对公司应用商销售模式下收入的真实性，审计师无法实施进一步的审计程序以获取充分、适当的审计证据。②报告期内，公司应收应用商账款的账龄组合预期信用损失率1年以内由5%增加至9.93%，1~2年由10%增加至33.65%，2~3年由50%增加至100%，审计师未获取充分的资料判断公司

⊖ 审计师对财务报表发表的审计意见可以分为无保留意见和非无保留意见。无保留意见是指当注册会计师认为财务报表在所有重大方面按照适用的财务报告编制基础编制并实现公允反映时发表的审计意见。非无保留意见是指注册会计师对财务报表发表的保留意见、否定意见或无法表示意见。当存在下列情形之一时，应当发表非无保留意见。①错报：根据获取的审计证据，得出财务报表整体存在重大错报的结论。②受限：无法获取充分、适当的审计证据，不能得出财务报表整体不存在重大错报的结论。无法表示意见，在审计中特指由于未发现的错报对财务报表可能产生的影响重大且具有广泛性，但审计范围受到委托人、被审计单位或客观环境的严重限制，审计人员无法获取充分适当的审计证据，以至无法发表审计意见。

预期信用损失率的前瞻性影响是否准确，无法判断应收账款预期信用损失计提是否合理。

伯朗特2016年创立了“伯朗特应用商模式”，伯朗特主要负责产品研发、生产及零配件销售，应用商则负责产品销售推广、售后应用服务，以及提供定制的工业机器人应用解决方案等。每个应用商都是伯朗特终端客户；如应用商担保资料齐全，可以给应用商季度授信；给应用商季度、年度返点，最高返点可以达到20%，返点不是以现金的形式而是返赠公司生产的机器人和机械手。在这个销售模式下，产品到底是在应用商手里还是在最终客户手里？如果都在应用商手里，那么销售收入还成立不成立？审计师需要证据支持库存的风险已经转移给最终用户，如未转移，按照授信安排，最终不能及时回款的风险将由应用商传导至伯朗特。伯朗特给下游应用商的授信额度合计高达4.45亿元，其应用商模式的最大风险在于应用商的机器人产品能否顺利实现销售，如果卖得不好，机器人产品大量积压的话，在财务指标上，伯朗特的应收账款、现金流和货款逾期都会有所异常，包括退货导致的库存。

天健得出“针对伯朗特公司应用商销售模式下收入的真实性，我们无法实施进一步的审计程序以获取充分、适当的审计证据”结论的原因不是伯朗特公司层面不配合、不支持而导致其执行不了审计程序，而是“应用商的核查和终端销售的核查难以进行”。

收到天健无法表示意见的审计报告后，伯朗特又相继聘请了中兴华会计师事务所和深圳皇嘉会计师事务所，两家会计师事务所均质疑伯朗特应用商模式下收入的真实性，为了不承担连带责任，深圳皇嘉会计师事务所出具无法发表意见，中兴华会计师事务所选择单方面解约。对于天健、中兴华和深圳皇嘉三家会计师事务所的行为，伯朗特进行了起诉，但是无法改变被摘牌的命运，挂牌近10年后最终摘牌。

2. 特殊业务的收入确认

（1）履约过程中分期确认收入。对于在某一时点履行的履约义务，企业应当在客户取得相关商品控制权时点确认收入。在判断客户是否已取得商品控制权时，企业应当考虑下列迹象：①企业就该商品享有现时收款权利，即客户就该商品负有现时付款义务（收款权利产生）；②企业已将该商品的法定所有权转移给客户，即客户已拥有该商品的法定所有权；③企业已将该商品实物转移给客户，即客户已实物占有该商品（客观上占有）；④企业已将该商品所有权上的主要风险和报酬转移给客户，即客户已取得该商品所有权上的主要风险和报酬（风险报酬转移）；⑤客户已接受该商品（主观上接受）；⑥其他表明客户已取得商品控制权的迹象。

评估是否确认多年内企业陆续提供的产品或服务的收入也可能很困难，例如，长期建造合同和附有飞行常客里程的机票销售，此类合同面临的挑战是决定如何在合同期内分配收入。

长期合同面临两种类型的不确定性：①购买者对未来工作或服务的质量不满意并要求返工或者补偿的风险；②如何确定未来提供产品或服务的成本。我们以碧桂园的案例来讨论在履约过程中收入确认的问题。

⊙案例 5-2

碧桂园在交付房屋前分期确认收房收入

2017年9月11日，碧桂园控股有限公司（股票代号：02007.hk，简称“碧桂园”）在香港联合交易所发布《2017中期报告》（以下简称“中期报告”），披露了2017年上半年业绩。

碧桂园在中期报告中披露，由于提早采纳香港财务报告准则第15号[㊀]的影响，集团于2017年1月1日的权益中的留存收益期初余额增加了人民币31.52亿元。鉴于上述提到的本集团留存收益的一次性增长，董事提议本期派发更多中期股息。提前采纳新准则的理由是“新的会计准则可以为报表使用者评估未来现金流量的金额、时点和不确定性提供更加可靠与相关的信息”。

新的收入准则打破了劳务和商品界限，将现行收入和建造合同两项准则纳入统一的收入确认模型，收入确认采用以合同为基础的模型，以控制权转移替代风险报酬转移作为收入确认时点的判断标准。

表5-1是碧桂园在2017年中期财务报告附注中披露的采用香港财务报告准则第15号受到的影响。

表5-1　碧桂园采用香港财务报告准则第15号受到的影响　　单位：亿元

项目	不提前采用	提前采用影响	报告结果
综合财务状况表（摘录）			
在建物业	371.09	（14.79）	356.31
合同资产	—	9.93	9.93
贸易及其他应收款	194.18	（4.64）	189.54
预收客户账款	290.93	（290.93）	0.00
贸易及其他应付款	233.54	1.18	234.72
合同负债	0.00	270.42	270.42
递延所得税负债	10.42	3.29	13.71
留存收益	42.54	5.91	48.44
非控制性权益	14.89	1.02	15.90
综合全面收益表（摘录）			
收入	629.87	147.49	777.37
销售成本	（510.15）	（96.26）	（606.41）
营销及市场推广成本	（31.20）	（2.17）	（33.37）
行政开支	（40.74）	0.366	（40.38）
所得税费用	（24.27）	（16.09）	（40.36）

根据表5-1碧桂园披露的数据估算，由于提早采纳香港财务报告准则第15号，除了调增期初留存收益人民币31.52亿元，还调增本期收入147.49亿元，调增本期净利润33.3亿元。碧桂园在附注披露导致上述影响的会计政策变更主要包括：“合同资产和负债的列示”“房地产开发活动的会计处理”“合同成本的会计处理”。其中影响最大的一项就是房地产开发收入的确认原则，本次变更后“在履约过程中所产出的商品具有不可替代用途，且在整个合约期间内有权就累计至今已完成的履约部分收取款项的情况下，本集团按一段时间内的方法确认收

㊀ 香港财务报告准则第15号，名为“客户合约收益”，其实就是《国际财务报告准则第15号——客户合同收入》的香港本地版，与我国财政部2017年发布的修订后《企业会计准则第14号——收入》内容基本一致。

入[㊀]；否则，本集团在买房者取得已完工物业控制权的某一时点确认收入。”

按照新的收入准则的规定：“满足下列条件之一的，属于在某一时段内履行履约义务；否则，属于在某一时点履行履约义务：①客户在企业履约的同时即取得并消耗企业履约所带来的经济利益。②客户能够控制企业履约过程中在建的商品。③企业履约过程中所产出的商品具有不可替代用途，且该企业在整个合同期间内有权就累计至今已完成的履约部分收取款项。具有不可替代用途，是指因合同限制或实际可行性限制，企业不能轻易地将商品用于其他用途。有权就累计至今已完成的履约部分收取款项，是指在由于客户或其他方原因终止合同的情况下，企业有权就累计至今已完成的履约部分收取能够补偿其已发生成本和合理利润的款项，并且该权利具有法律约束力。”上述三个条件满足其一，即可认定为属于某一时段内履行履约义务。

你认为碧桂园的预收房屋是否满足在履约过程中确认收入的条件？在交房之前确认收入是否合理？

（2）可变对价：顾客忠诚奖励计划的收入确认。很多面向消费者的行业经常采用积分、奖励等方式吸引和留住顾客，客户在消费时同时提供给客户积分或者奖励，积分和奖励可以用于未来的免费消费或者兑换商品和服务，此类计划下收入的确认在《企业会计准则第 14 号——收入》修订后发生了变化，修订前大部分公司在客户消费时按照全额款项计入当期收入，未来可能的积分消费或者奖励作为营销费用处理，而按照新准则，则要求公司在已提供产品或者服务和未来可能的兑换商品或者服务之间拆分，不能一次性全部计入当期收入。

东方航空根据对常旅客奖励积分的政策，当旅客的累积积分达到某一标准时即可换取飞行奖励或其他奖励。东方航空对常旅客的奖励积分采用递延收益法处理，即将承运票款在劳务提供产生的收入与奖励积分的公允价值之间进行分配，将承运票款扣除奖励积分公允价值后的剩余部分确认为收入、奖励积分的公允价值确认为递延收益。待旅客兑换积分并且本集团承运后或积分失效时，将原计入递延收益的与所兑换积分相关的部分确认为收入。

例 5-1：航空公司 B 向客户提供下列奖励计划：奖励计划的会员在航空公司 B 每消费 10 元可换取一个积分，积分可用于兑换未来的商品和服务（例如，机票或消费品），且每一积分价值 1 元，如果奖励计划的会员不处于活跃状态（即会员的积分余额未发生增减），则忠诚度奖励积分将在 24 个月后过期作废。航空公司 B 在每一报告日基于其历史经验估计积分兑换率，经评估该估计可用于预测其有权取得的对价金额。航空公司 B 当前预计 90% 积分将被兑换。

航空公司 B 向客户 C 销售一张从新加坡飞往香港的机票，票价为 1 000 元。客户 C 是航空公司 B 推出的忠诚奖励计划的会员。该忠诚奖励计划给予客户 C 一项重大权利，因为如果客户 C 没有购买原始机票，就不会通过兑换积分的方式在未来购买时享受折扣。另外，客户 C 在未来使用积分进行购买时，支付的价格并不是相关项目当时的单独售价。

由于这些积分给予客户 C 一项重大权利，因此航空公司 B 认为这些积分构成一项履约义务，即：客户 C 在购买机票的同时也对积分进行了支付。在确定积分的单独售价时，航空公司 B 考虑积分兑换的可能性。航空公司 B 以相对单独售价为基础，将交易价格在机票与积分

㊀ 根据我国的房屋预售惯例，在不满足分期确认收入的情况下，房地产公司在预售时收到的房款计入“合同负债”，在交房时从合同负债转入营业收入。

之间进行分摊，具体计算见表 5-2。销售机票确认的收入为 917 元，83 元作为递延收益，未来兑换时或者过期时转为收入。

表 5-2 重大权利的拆分

合同义务	单独售价（元）	售价占比	价格分摊（元）
机票	1 000	91.7%	917（1 000 × 91.7%）
积分	90（1 000/10 × 90%）	8.3%	83（1 000 × 8.3%）
合计	1 090	100%	1 000

（3）亏损合同。当履行合同义务不可避免会发生的成本超过经济利益时，合同构成“亏损”合同。不可避免的成本是指，履行合同的成本与终止合同的成本之间的较低者。某些合同可能从一开始就是亏损合同，或在其生命周期内变为亏损合同。可能有多种因素会导致合同亏损，包括外部因素和企业自身的战略。外部因素包括：经济不确定性、成本上升和自然灾害等，内部因素包括为营销揽客而亏本出售的商品、开拓新市场或者产品早期可能以低价销售产品或者提供服务。

常见的亏损合同产生的主要原因包括签订固定造价合同后，原材料、人工费用等上升导致继续履行合同可能产生亏损，或者企业为了争夺市场份额报价低于合同价格。

（4）重大融资成分。合同包含重大融资成分的，应根据货币的时间价值，调整承诺的对价金额。合同开始时，预计客户付款与商品或服务的转移之间间隔一年或更短时间的，则可不用考虑融资成分的影响。如果确定存在重大融资成分，则需要将合同款项在销售收入和融资之间进行拆分，不能全部计入销售收入，原因是如果在交货日（服务提供日）付款，应该支付更高的金额，客户提前付款相当于给予企业的融资，一般情况提前付款超过一年需要考虑重大融资成分，否则可能低估产品销售收入，低估融资费用。

例 5-2：ABC 公司与客户签订合同，为客户交付重型装备产品 X 和产品 Y，合同开始日客户需预付 1 500 000 元。产品 X 将在合同生效后两年内交付，产品 Y 将在合同生效后五年内交付。该合同包含两项履约义务，分别是产品 X 和产品 Y 的交付，只有在交付全部产品后才算完成履约义务。

ABC 公司基于两个产品的相对单独售价，将 1 500 000 元分摊至两个产品中，其中产品 X 分摊 375 000 元，产品 Y 分摊 1 125 000 元。ABC 公司认定合同包含一个重大融资成分，基于 ABC 公司在合同开始时的信用状况，ABC 公司的融资成本为 6%。

该合同的相关收入确认如下。

合同开始将收取的 1 500 000 元确认为合同负债，在 1 500 000 元的基础上，以 6% 的利率分别确认利息费用 185 400 元。

第 1 年：1 500 000 × 6%=90 000（元）

第 2 年：1 590 000 × 6%=95 400（元）

第 2 年年末，交付产品 X 确认收入 421 350（=375 000+375 000 ÷ 1 500 000 × 185 400）元

第 3 年年初合同负债为 1 264 050（=1 500 000+185 400–421 350）元，在此基础上确认第 3 年、第 4 年和第 5 年的利息费用 75 843 元、80 394 元和 85 217 元。第 5 年末，交付产品 Y，确认收入 1 505 504（=1 264 050+241 450）元。

该合同对资产负债表和利润表的影响如表 5-3 所示。

表 5-3 重大融资成分的分拆 单位：元

X 比重（独立售价）	375 000				
Y 比重（独立售价）	1 125 000				
时间	第 1 年	第 2 年	第 3 年	第 4 年	第 5 年
合同负债（期初数）	1 500 000	1 590 000	1 264 050	1 339 893	1 420 287
合同负债（期末数）(= 期初合同负债 + 累计利息费用)	1 590 000	1 685 400	1 339 893	1 420 287	1 505 504
利息费用（= 期初合同负债 ×6%）	90 000	95 400	75 843	80 394	85 217
销售收入	0	421 350	0	0	1 505 504

注：计算结果四舍五入。

⊙案例 5-3

特斯拉的收入确认

特斯拉所有汽车销售收入包括与 Model S、Model X 和 Model 3 车辆销售相关的收入。销售收入还包括来自互联网连接、超级充电站接入、配备自动驾驶硬件的汽车的软件更新以及其他汽车制造商的监管信用带来的收入。

对于没有转售价值保证的车辆销售，收入与向客户交付新车以及交付其他功能和服务（例如互联网连接、超级充电网络访问和未来的无线软件更新）有关，收入在车辆所有权转让给客户后确认。但对于互联网连接、超级充电站和无线软件更新等其他功能的销售，收入会被递延，然后随着时间的推移以直线方式确认，因为特斯拉有义务在所有权寿命（使用寿命）期内向客户提供此类服务，车辆的使用寿命为八年，互联网连接的使用寿命为四年。

对于有保值担保的车辆销售，当客户没有重大经济动机来行使退回车辆的选择权时，收入被确认为具有退货权的销售。特斯拉通过将车辆的估计市场价值与可行使选择权时的转售价值保证进行比较，来确定客户是否有明显的经济动机退回车辆。从这个意义上来说，当预估市场价值高于转售价值保证时，客户不会有明显的动机将车辆退还给特斯拉。

此外，特斯拉还为确认为具有转售价值保证的销售收入估算了销售退货准备金，这是资产负债表中的一项负债。由于采用新的汽车销售收入标准和转售价值保证，从 2018 年第一季度开始记录销售退货准备金。在此之前，所有具有转售价值担保的交易均记录为经营租赁。当销售退回准备金为流动负债时，在资产负债表中作为“其他应付款”的一部分记录；当准备金为长期负债时，在“其他非流动负债”中记录。

特斯拉 2022 年第二季度的盈利前景变得更加光明，因为这家电动汽车公司将其全自动驾驶（FSD）测试版计划扩展到 100 000 名额外用户，并在此过程中解锁大量递延收入确认。特斯拉首席财务官 Zachary Kirkhorn 已澄清，该公司在收到 FSD 现金流入后立即将约 50% 确认为收入，余额继续作为负债计入特斯拉资产负债表的递延收入部分。保守估计特斯拉可能会确认大约 3 亿美元的递延收入，前提是特斯拉将从每个符合条件的订购 FSD 的客户那里确认至少 3 000 美元。

尽管如此，现阶段对该指标的精确计算相当困难。首先，特斯拉早在 2016 年就将其 Autopilot ADAS 的 FSD 功能定价为 8 000 美元。自 2022 年 1 月以来，该功能的一次性零售价为 12 000 美元。此外，客户还可以每月支付 199 美元来订购 FSD 功能。这些因素都使得根据特定客户订购 FSD 功能的时间和付款方式而确认的递延收入的确切大小存在很大的不确定性。截至 2022 年 3 月 31 日，特斯拉资产负债表上的递延收入为 15.94 亿美元。早在 2022 年 2 月，该公司就宣布 2022 年将确认 9.62 亿美元的递延收入，低于之前的 13.9 亿美元。

（5）售后回购。

售后回购是指企业销售商品的同时承诺或有权选择日后再将该商品（包括相同或几乎相同的商品，或以该商品作为组成部分的商品）购回的销售方式。新修订的《企业会计准则第 14 号——收入》规定，对于售后回购交易，企业应当区分下列两种情形并分别进行相应会计处理。

1）企业因存在与客户的远期安排而负有回购义务或企业享有回购权利的，表明客户在销售时点并未取得相关商品控制权，企业应当将此作为租赁交易或融资交易进行相应的会计处理。①回购价格低于原售价的，应当视为租赁交易，按照《企业会计准则第 21 号——租赁》的相关规定进行会计处理。②回购价格不低于原售价的，应当视为融资交易，在收到客户款项时确认金融负债，并将该款项和回购价格的差额在回购期间内确认为利息费用等。企业到期未行使回购权利的，应当在该回购权利到期时终止确认金融负债，同时确认收入。

2）客户有权利要求企业回购该商品的。客户具有行使该要求权重大经济动因的（回购日资产的公允价值远低于回购价格），企业应当将售后回购作为租赁交易或融资交易处理；否则，企业应当将其作为附有销售退回条件的销售交易处理。

例 5-3：2020 年 5 月 1 日，甲公司向乙公司销售一批汽车，销售价格为 200 万元，同时约定，甲公司将在 2022 年 5 月 1 日以 80 万元的价格回购该批汽车。则该交易的实质是乙公司支付了 120 万元的对价取得了这批汽车 2 年的使用权，这项交易就属于租赁，甲公司应作为租赁交易进行会计处理，回购价低于原售价的部分就是租金收入。

如果上例中回购价格高于原出售价格，并且甲公司有义务按照固定价格回购，则实质上是甲公司用汽车作为抵押向乙公司融资，车辆相关的风险和报酬没有转移，不能确认为销售收入。在收到客户款项时不终止确认出售的资产，而是确认为一笔金融负债，并将该款项和回购价格的差额在回购期间内确认为利息费用。

3. 主要责任人与代理人

企业在销售商品时应当根据其在向客户转让商品前是否拥有对该商品的控制权，来判断其从事交易时的身份是主要责任人还是代理人。对主要责任人、代理人的区分对于线上零售业的收入计量而言至关重要，原因是当企业为主要责任人时，应当按照全部已收或应收对价确认收入，否则，则按照代理人的处理方式，按预期有权收取的佣金或手续费的金额确认收入，或者按照已收或应收总价扣除支付给其他相关方的价款后的净额确认收入。

（1）主要责任人或代理人身份的判断。企业在区分其是主要责任人还是代理人时，判断的主要依据是是否取得对商品的控制权。如果企业在向客户转让商品前能够控制该商品，则为主要责任人，反之则为代理人。作为主要责任人的情形包括：一是企业自该第三方取得商品或其他资产控制权后，再转让给最终客户；二是企业能够主导第三方代表本企业向客户提供服务，说明企业在相关服务提供给客户之前能够控制该相关服务；三是企业自该第三方取得商品控制权后，通过提供重大的服务将该商品与其他商品整合成合同约定的某组合产出转让给客户。

例如，京东和阿里巴巴作为我国电商的知名企业，京东销售商品有京东自营和非自营区分，京东自营商品京东是主要责任人身份，京东赚取的是买卖差价，非自营更多情况下京东是代理人身份。而淘宝平台是提供买卖双方交易的平台，阿里巴巴不承担主要责任，主要通过收取佣金获得收入。

（2）收入确认：总额法和净额法。如果判断公司在交易过程中承担的是主要责任人身份，应该按照售价全额确认收入，反之则只能按照净额确认收入。总额法确认存货，主营业务收入和主营业务成本；净额法确认受托代销商品，其他业务收入和受托代销商品款。

收入按照总额法还是净额法确认虽然不会影响公司的净利润和净资产，但可能会对其他一些规模、业绩指标存在重大影响，包括营业收入、营业成本、销售费用、毛利率等指标。

电商企业从供应商处花费 95 元购买商品，然后以 100 元把它卖出去，进销差价 5 元就是毛利。按照总额法，电商企业的销售收入是 100 元，销售毛利率就是 5%。京东自营模式符合总额法的要求。因为京东销售的这些商品的所有权已经转移到了京东，相应的风险也转移到了京东。商品发生霉烂、变质、毁损或者滞销、跌价等，这些风险都由京东承担，经营风险比较大。此类模式称为“直营模式”。

如果电商通过直接服务第三方商家，链接商家和买家，不承担商品相关的风险，只收取服务费，这种模式称为“平台模式”，典型代表是淘宝和拼多多。此时，平台确认的收入是服务部分，假定客户支付 100 元，平台按照 95 元与商家结算，平台的收入是 5 元，确认的收入和直接相关成本较低，毛利率和净利率较高。此类平台通常使用的商品交易总额（gross merchandise volume，GMV）指标，即上例中的 100 元，GMV 代表了交易规模，但并非全部都是平台的收入。

京东和阿里巴巴的商业模式的差异以及由此带来的收入确认原则不同，导致两者的毛利率存在显著差异（见图 5-2），从 2013 年到 2022 年间，虽然京东的毛利率有所上升，但 2017 年以后相对稳定在 14% 左右，阿里巴巴的毛利率虽然快速下滑，从 2013 年的 74.54% 下滑到 2022 年的 36.72%，但仍然远高于京东的毛利率，原因在于京东自营模式下高额的采购成本的影响。

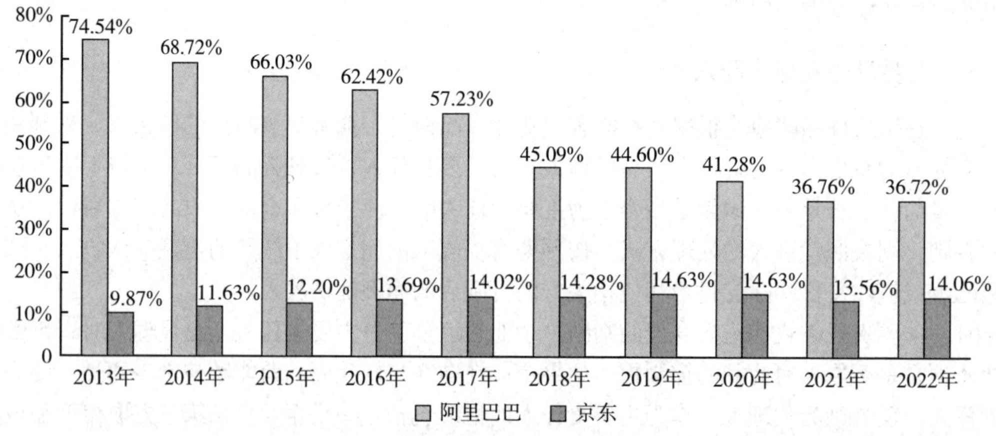

图 5-2 阿里巴巴和京东 2013—2022 年的毛利率

例 5-4：甲公司是一家网络差旅服务公司，2021 年甲公司从航空公司购买了一定数量的折扣机票，并对外销售。甲公司向旅客销售机票时，可自行决定机票的价格，未售出的机票不能退还给航空公司。当期购买机票花费 1 000 万元，预计对外售价 1 500 万元。

本例中，甲公司向客户提供的特定商品或服务为机票，该机票代表了客户可以乘坐特定航班（即享受航空公司提供的飞行服务）的权利。甲公司在确定特定客户之前已经预先从航空公司购买了机票，因此，该权利在转让给客户之前已经存在。甲公司从航空公司购入机票后，可以自行决定该机票的用途，即是否用于对外销售，以何等价格以及向哪些客户销售等，甲公司有能力主导该机票的使用并且能够获得其几乎全部的经济利益。因此，甲公司在将机票销售给客户之前，能够控制该机票，甲公司在向旅客销售机票的交易中的身份是主要责任人。

按照总价法，该公司当期销售收入为 1 500 万元，销售成本为 1 000 万元，毛利为 500 万元。如果是未售出机票能够退还给航空公司，并且机票的出售价格由航空公司决定，则甲公司为代理人。上述业务甲公司按照差价确认收入 500 万元。

由此可见，净额法下公司确认的收入是以差额来确认，总额法下分别按照采购价格和销售价格确认收入和成本，后者会增加企业的销售收入规模，如果按照市销率估值方法，市场可能会给公司更高的估值，因此公司可能有动机来操纵总价法或净价法的分类，误导投资者，见案例 5-4。

⊙案例 5-4

世纪鼎利收入确认会计差错更正

2021 年 2 月 28 日，珠海世纪鼎利科技股份有限公司（简称“世纪鼎利”）披露了《关于会计差错更正的公告》，因公司前期对 IT 产品分销业务采用总额法确认收入的会计处理存在差错，以及公司未及时就股权激励回购义务确认负债金额，公司对 2020 年一季度、半年度和前三季度财务报表进行了追溯重述。其中，对 2020 年一季度、半年度和前三季度营业收入分别调减 5 768.03 万元、17 868.16 万元、34 125.51 万元，占更正后营业收入的比例分别为 46.89%、63.99% 和 72.01%。

世纪鼎利的主营业务为通信及物联网业务、职业教育业务。由于会计差错更正对此前财务数据产生影响。涉及 2020 年第一季度报告、2020 年半年度报告、2020 年第三季度合并财务报表之中的十余个相关科目。其中，2020 年第一季度报告中，营业收入更正为 1.23 亿元，较上年同期的 2.39 亿元减少 48.54%；更正前第一季度营业收入为 1.80 亿元，较上年同期的 2.39 亿元同比减少 24.69%。世纪鼎利表示，发生变动主要系公司执行新收入准则对 IT 产品分销业务按照净额法确认收入所致。2020 年半年报中，营业收入由此前披露的 4.58 亿元，更正为 2.79 亿元；较上年同期实现的 5.41 亿元变化幅度由此前披露的同比下降约 15.34%，更正为同比下降约 48.43%。2020 年第三季度报告中，更正前，年初至报告期末营业收入为 8.15 亿元，较上年同期减少 0.04%；更正后营业收入为 4.74 亿元，同比减少 41.89%。

世纪鼎利的分销模式如下：需求方（客户）指定特定供货商（电脑厂商）发货至需求方指定仓库，需求方在收到货物后应对货物品牌、规格、型号、数量是否符合合同规定进行检查验收，并在物流送货单上填写收货时间、加盖其公章、合同章或具有法律效力的货物签收章，然后将原件寄给世纪鼎利。此外，若需求方逾期 30 日仍未支付货款的，世纪鼎利可以收回已交付的全部货物，在扣除违约金后，退回已支付的预付货款。

首先分析本例中与控制权相关的三个迹象：首先，从客户的角度，特定供货商（电脑厂商）承担了产品的主要责任，对交付的产品的质量负责；其次，特定供货商（电脑厂商）承担了该商品的存货风险；最后，销售商品价格主要是由世纪鼎利确定，世纪鼎利作为总经销商在电脑销售业务中具有自主定价以及自主销售的权利，同时公司在确认客户交付货物后，若未完成收款，仍保留对商品的所有权。通过对与控制权相关的三个迹象的分析，并不能明确区分主要责任人和代理人，世纪鼎利综合评估控制权之后，根据实质重于形式的原则，自认其属于代理人，对2020年度IT产品分销收入确认方法由“总额法”变更为“净额法”。

5.1.2 收入分析

企业的收入分析需要关注收入结构、变动趋势以及不同类别产品的毛利率，从而判断收入增长的潜力、盈利能力的可持续性。收入分析可以帮助企业更好地了解其财务状况以及是否能达到收入目标。密切关注收入还可以帮助公司识别增长机会、评估资源分配、改进预测，并最终帮助企业取得长期成功。

1. 以销售为中心的收入分析

对于任何组织来说，最重要的KPI（关键绩效指标）是在给定时期内产生的总销售收入。简单的销售收入分析将销售单位数乘以每件商品的平均价格。企业通常关注每月经常性收入（MRR）和年度经常性收入（ARR），它们分别代表一个月或一年以上产生的所有收入的总和。其中，经常性收入是衡量领导力的最重要的指标。

2. 按产品划分的收入分析

企业还可以从产品的角度进行收入分析。这对那些拥有多种目标市场可能不同的产品的公司以及拥有大量产品库存的公司来说尤其重要。例如，零售商可能会按产品或产品类别进行分析，以确定表现最好的产品。

3. 按客户群或地区划分的收入分析

进行收入分析的另一种方法是针对不同的客户所带来收入的比重进行分析，这对向具有不同需求的不同行业或不同地区提供产品的公司尤其有用。通过分析客户的集中度可以判断公司的收入集中度风险，过度依赖个别大客户可能面临未来收入中断的风险，同时此类企业的议价能力通常有限。

⊙案例 5-5

小米靠什么赚钱？

小米集团（简称“小米”）成立于2010年4月，于2018年7月9日在香港联交所主板上市。小米是一家以智能手机、智能硬件和IoT平台为核心的消费电子及智能制造公司。小米从成立至今的发展阶段大致可分为三个，第一个阶段是2010年至2013年，以MIUI敲开手机市场；第二阶段是2014年至2018年，抓住IoT风口；第三阶段从2019年至今，确立手机+AIoT的战略，小米的战略发展阶段如图5-3所示。

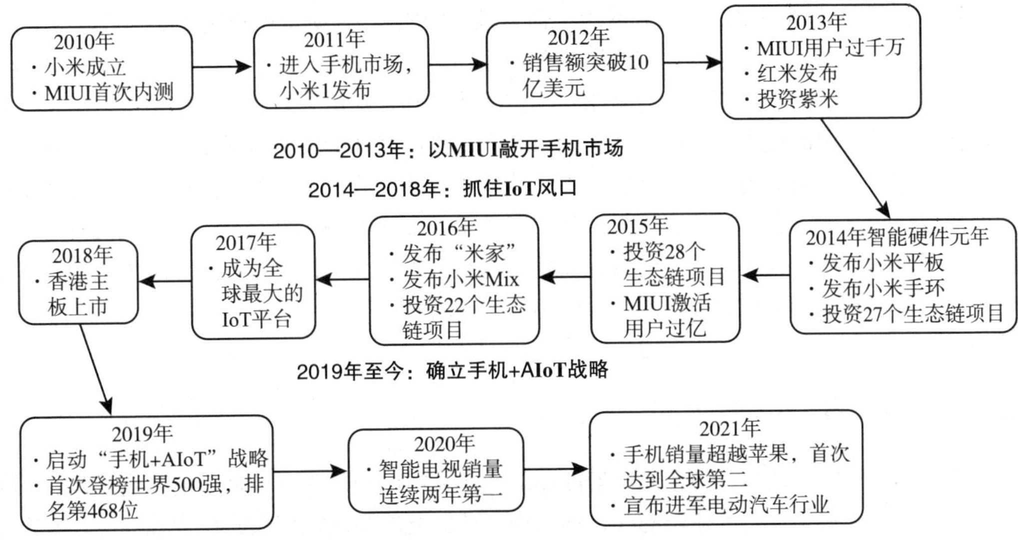

图 5-3　小米集团发展的重要节点

小米发布的招股说明书披露了其三大业务板块从 2015 年到 2017 年的变动趋势及结构（见表 5-4），从表 5-4 中可以看出，小米的收入 70% 以上来自智能手机销售，但是手机业务的毛利率却在 10% 以下，从侧面印证了小米创始人雷军的承诺：“小米硬件的综合毛利率不超过 5%”，而互联网服务的毛利率在 60% 以上，虽然 2015 年到 2017 年之间的销售占比在 10% 以下，小米可能利用手机作为导流的渠道，增强未来的盈利能力。

表 5-4　小米集团的收入

项目	2015 年			2016 年			2017 年		
	收入（亿元）	占总收入比重	毛利率	收入（亿元）	占总收入比重	毛利率	收入（亿元）	占总收入比重	毛利率
智能手机	537.15	80.40%	3.25%	487.64	71.26%	5.72%	805.64	70.28%	11.59%
LoT 和生活消费产品	86.91	13.01%	1.94%	124.15	18.14%	10.14%	234.48	20.46%	9.86%
互联网服务	32.39	4.85%	64.81%	65.38	9.55%	65.54%	98.96	8.63%	64.10%
其他	11.66	1.74%	72.60%	7.17	1.05%	65.36%	7.17	0.63%	53.92%
合计	668.11	100.00%	7.19%	684.34	100.00%	12.80%	1 146.25	100.00%	15.96%

资料来源：根据小米集团公开发行存托凭证招股说明书（申报稿）整理所得。

5.2　成本与费用分析：功能视角

费用是企业在日常活动中发生的、会导致所有者权益减少的、与向所有者分配利润无关的经济利益的总流出。费用分析的重点是评估何时应在财务报表中确认费用。是在使用资源时确认还是为资源付费时确认，还是应该在确认使用资源产生的收入时进行报告？

费用是已消耗的经济资源，公司取得收入必然会产生相应的费用。公司在特定会计期间发生的费用包括销售费用（广告费用、销售人员工资和佣金、营销管理人员的工资）、管理费用

（总部员工的工资和总部折旧）、财务费用（债务融资的成本）、所得税费用等。

会计中规定如何记录费用的关键原则是配比原则。根据配比原则，为取得收入而消耗的资源必须在确认收入的同一时期记录为费用，根据配比原则将费用分为两类。第一类，配比原则将费用视为消耗资源的成本，与收入存在因果关系，具体表现为其中包括制造产品所消耗的材料成本或零售商采购商品的成本，这些成本直接与收入的取得密切相关。因此，收入与成本的配比使财务报表读者更容易评估公司的产品或服务是否有利可图。第二类是与收入没有直接因果关系，但是是为取得收入而发生的资源耗费，这类资源耗费在其消耗期间记录为费用，包括一般管理费用、营销费用和财务费用，通常称为“期间费用”。

5.2.1 营业成本

营业成本又称销售成本，是企业销售商品的生产成本或采购成本，企业生产或采购的产品在销售出去之前反映在资产负债表的存货项目中，在销售的当期把相应的存货成本转入销售成本或营业成本。营业收入与营业成本的差额形成了企业的毛利。

5.2.2 销售费用

销售费用是企业在销售商品和提供服务的过程中发生的各种费用。销售费用包括企业在销售过程中发生的运输费、装卸费、包装费、保险费、展览费和广告费、商品维修费、预计产品质量保证损失等以及为销售本企业商品而专设的销售机构（含销售网点，售后服务网点等）的职工薪酬、业务费、折旧费、固定资产修理费等费用。

5.2.3 管理费用

管理费用是企业为组织和管理企业生产经营所发生的各种费用。管理费用包括：企业在筹建期间内发生的开办费、公司经费（包括行政管理部门职工工资及福利费、物料消耗、低值易耗品摊销、办公费和差旅费等）、工会经费、董事会会费、聘请中介机构费、咨询费、诉讼费、业务招待费、房产税、车船税、土地使用税、印花税、技术转让费、矿产资源补偿费、研究费用、排污费用以及生产车间和行政管理部门等发生的固定资产修理费。

5.2.4 财务费用

财务费用是企业为筹集生产经营所需资金等而发生的费用。财务费用包括：借款或者发行债券的利息支出、汇兑损益以及相关手续费、企业销售产品给予客户的现金折扣。

企业发生的借款费用可直接归属于符合资本化条件的资产的购建或者生产的，应当予以资本化，计入相关资产成本；其他借款费用应当在发生时根据其发生额确认为财务费用，计入当期损益。符合资本化条件的资产是指需要经过相当长时间的购建或者生产活动才能达到预定可使用或者可销售状态的固定资产、投资性房地产和存货等资产。

企业借款产生的利息在同时符合以下三个条件时才能资本化，计入相关固定资产的成本：

①资产支出已经发生，资产支出包括为购建或者生产符合资本化条件的资产而以支付现金、转移非现金资产或者承担带息债务形式发生的支出；②借款费用已经发生，是指企业已经发生了因购建或者生产符合资本化条件的资产而专门借入款项的借款费用或者已经占用了一般借款费用；③为使资产达到预定可使用或者可销售状态所必要的购建或者生产活动已经开始，是指符合资本化条件的资产的实体建造或者生产工作已经开始。

购建或者生产的符合资本化条件的资产的各部分分别完工，且每部分在其他部分继续建造过程中可供使用或者可对外销售，且为使该部分资产达到预定可使用或可销售状态所必要的购建或者生产活动实质上已经完成的，应当停止与该部分资产相关的借款费用的资本化。

⊙案例 5-6

北海公司借款利息处理争议

北海中南房地产开发有限公司（以下简称“北海公司”）注册地位于北海市，经营范围系房地产开发、销售、租赁等。2013 年 8 月 16 日，北海公司与长城公司等三家公司签订业务合作协议，从民生银行取得 3 亿元短期贷款，贷款合同写明：用于“中南明珠”项目后续工程建设。2013 年 9 月至 12 月，北海公司共向民生银行支付贷款利息 5 425 000.70 元，并将该贷款利息计入“开发成本——资本化利息——利息支出”科目进行核算。2013 年 12 月，该贷款债权被长城公司收购，并收取北海公司债务重组顾问服务费、财务顾问服务费 1 125 万元。北海公司将上述贷款利息及顾问费共计 16 675 000.70 元归并入一期住宅销售成本，并进行税前扣除。

北海市稽查局于 2015 年 4 月至 2016 年 6 月对北海公司 2012—2013 会计年度的企业所得税纳税情况进行检查，认定北海公司上述做法未按照长期贷款的成本核算对象分摊，造成多结转营业成本，存在虚假纳税申报并造成少缴 2013 年企业所得税的违法行为。经报国家税务总局北海市税务局重大税务案件审委会审理后，稽查局出具《税务处理决定》，追缴企业所得税并加收滞纳金。后北海公司不服向自治区国税局申请行政复议，复议维持。北海公司诉至法院，一审二审皆败诉。

本案争议焦点为：北海公司与长城公司之间关于贷款债权的收购是否构成债务重组？因此产生的利息支出及顾问费支出能否在发生当期一次性扣除？北海公司认为其与长城等三家公司通过签订《业务协作协议》的方式，借入的 3 亿元贷款实际期限只有 3 个月，是临时、周转性贷款，与通常用于确定项目的专门借款不同，长城公司对该笔贷款收购后，利率、还款期限等都发生了改变，实质为重组费用。

税务局则认为：从北海公司与长城公司、民生银行签订的《委托贷款借款合同》《业务合作协议》等可以明确看出，该笔贷款的实质为融资贷款业务，发生的各项费用属于利息支出及辅助费用，应当资本化。

专门借款应当有明确的专门用途，通常应有标明专门用途的借款合同。合同是证明双方权利义务的有效凭证，本案中北海公司签订的相关协议中，明确约定了贷款用途为用于“中南明珠”花园项目后续开发建设，未经委托人的书面同意，借款人不得改变本合同规定的贷款用途。合同证明了北海公司取得的 3 亿元贷款属于用于“中南明珠”项目后续开发建设的专门借款，因此发生的借款费用符合《企业会计准则第 17 号——借款费用》第四条的规定，应当作为资本性支出计入相关资产成本。北海公司在2013年度当期一次性扣除的做法造成少缴2013年企业所得税，应当承担补缴税款及滞纳金的责任。

5.2.5 研发支出

研发活动是指企业为获得科学与技术知识，创造性地运用科学技术知识，或实质性改进技术、产品（服务）、工艺而持续进行的具有明确目标的系统性活动。研究和开发支出旨在为公司未来创造价值，理论上它们应该在确认预计产生的新产品收入的同一时期内进行费用化，但是研究与开发存在着高度不确定性，因此，大多数国家的会计规则要求研发支出在发生时计入费用，研发支出只有在满足一定条件的情况下才允许资本化，计入无形资产。

1．研发支出资本化的条件

美国会计准则允许以下情况的支出资本化：①从另一家公司购买的已完成的研发成果被资本化并在其使用寿命内摊销；②软件开发成本在完成详细的程序设计计划或工作模型后允许资本化，该资产在特定年份的摊销费用应该按照该期间产生的项目收入相对于预期项目总收入的比例进行分摊。

我国会计准则和国际财务报告准则中将研发活动分为研究阶段和开发阶段。研究阶段的有关支出，应当在发生时全部费用化，计入利润表“研发费用”项目。[⊖] 开发阶段的支出同时满足了下列条件的才能资本化，确认为无形资产，否则应当计入利润表“研发费用”项目。

研发支出资本化必须满足以下条件：①完成该无形资产以使其能够使用或出售在技术上具有可行性；②具有完成该无形资产并使用或出售的意图；③无形资产产生经济利益的方式，包括能够证明运用该无形资产生产的产品存在市场或无形资产自身存在市场，无形资产将在内部使用的，应当证明其有用性；④有足够的技术、财务资源和其他资源支持，以完成该无形资产的开发，并有能力使用或出售该无形资产；⑤归属于该无形资产开发阶段的支出能够可靠地计量。研发费用资本化的五个条件可总结为：技术上具有可行性、开发有目的性、能带来经济利益、有资源支持、能够可靠计量。

利润表中的研发费用包括当期直接计入研发费用的各项研发支出，也包括前期开发支出满足资本化条件计入无形资产成本后在当期摊销的部分。

2．研发支出资本化的判断

已完成的研发和软件开发费用的资本化和摊销规则为管理层提供了在财务报告中进行判断的机会。管理层可能会利用这一判断来将研发成本与其产生的收入相匹配。对于医药公司来说研发支出资本化和费用化的判断难度更大，可能存在操纵的空间（见案例5-7）。

3．研发支出资本化与费用化的影响对比

我国现行的会计准则将研发活动分为研究阶段和开发阶段，研究阶段的支出全部费用化，

⊖ 我国A股上市公司在2018年以前，利润表中研发费用纳入管理费用核算，2018年，财政部颁布了《关于修订印发2018年度一般企业财务报表格式的通知》，强制规定研发费用单列。不符合资本化条件的支出，相关支出先通过研发支出归集，期末转入当期研发费用，即费用化。

直接减少当期利润。而开发阶段首先在“开发支出”科目汇集，符合资本化条件转入无形资产，否则转入当期损益。

⊙案例 5-7

恒瑞医药的研发支出会计政策变更

江苏恒瑞医药股份有限公司（以下简称“恒瑞医药”）董事会2021年11月19日发布公告，在聘任刘健俊为公司财务总监的同时，还宣布对研发支出资本化时点的估计进行变更。

本次会计估计变更前，公司基于谨慎性原则将内部研发项目的所有支出于发生时计入当期损益。本次会计估计变更后，公司按照以下标准划分内部研发项目的研究阶段支出和开发阶段支出。①需要临床试验的药品研发项目：研究阶段支出是指药品研发进入Ⅲ期临床试验（或关键性临床试验）阶段前的所有研发支出；开发阶段支出是指药品研发进入Ⅲ期临床试验（或关键性临床试验）阶段后的研发支出。②其他药品研发项目：研究阶段支出是指项目开始至取得药品注册批件前的所有研发支出；开发阶段支出是指取得药品注册批件后的研发支出。

公司根据研发项目的进展召开专家评估会，开发阶段支出经评估满足资本化条件时，计入开发支出，并在研究开发项目达到预定用途时，结转确认为无形资产。不满足资本化条件的开发阶段支出，则计入当期损益。研究阶段的支出在发生时计入当期损益。数据显示，2012—2020年恒瑞医药研发投入依次为5.35亿元、5.63亿元、6.52亿元、8.92亿元、11.84亿元、17.59亿元、26.70亿元、38.96亿元、49.89亿元，复合增速达到32.19%。公司研发投入占比依次为9.84%、9.08%、8.75%、9.57%、10.68%、12.71%、15.33%、16.73%、17.99%，从趋势上来看，研发投入费用逐年上涨，占收入的比例也在提升，见图5-4。变更之前研发支出资本化金额均为零。

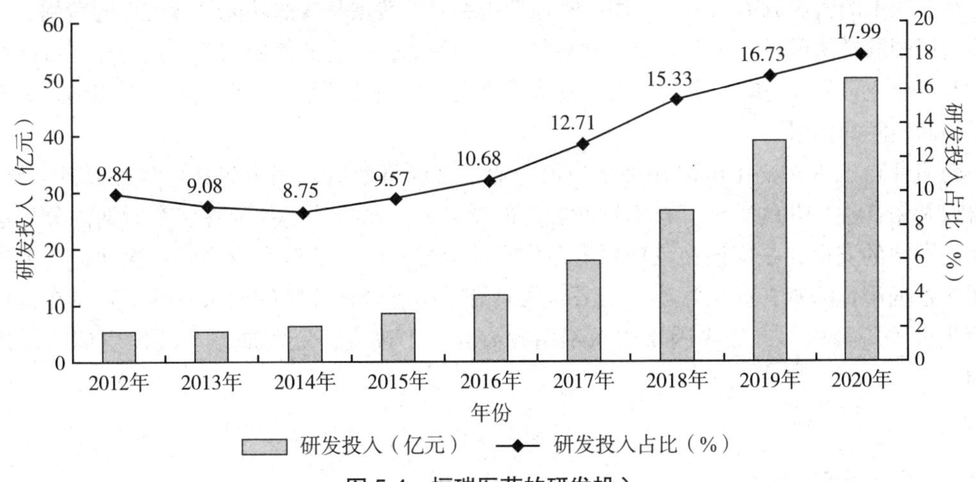

图5-4 恒瑞医药的研发投入

对于此次变更会计估计的原因，恒瑞医药称，为了优化公司产品结构，丰富公司产品的种类，以适应国内外市场需求，近年来公司持续加大研发投入，同时公司对研发项目推行了信息化与精细化管理。随着研发实力和经验的积累，公司成立了专家组定期对研发项目进行评估，并根据评估结果、业务发展需要及市场情况适时对研发项目进行调整，降低了研发结果及商业化成果的不确定性。

业绩的下滑也反映在了股价上。恒瑞医药股价从2021年年初的每股116.87元至今跌幅超过50%，总市值约为3 210亿元。随着医保“集采”的实施，公司的药品受到影响，销售价格降低，收入上涨疲软。为了应对集采的消极影响，公司加大了对“创新药”的研究投入，而创新药的研究投入，从前述的复杂研发流程来看，是巨大的，同时面临较高的失败风险。

市场上有分析认为，本次恒瑞医药会计估计变更是因为要满足2020年提出来的股权激励计划，恒瑞在此次会计政策变更后，也需要考虑对License-in的产品用同样的方式和节奏来确认费用和资产。恒瑞目前License-in的药物计入资产，这与公司自研阶段产品的会计准则是有出入的。License-in的产品处于临床阶段依然存在与自研产品同样的失败可能，是否应该按照同样的规则在研究阶段计入费用，而不应该直接计入资产。

会计估计变更或将有利于股权激励计划完成，更好地绑定管理层？在2020年的股权激励计划中，解锁条件以2019年净利润为基数，2020年、2021年、2022年各年度的净利润与2019年相比，增长率分别不低于20%、42%和67%。净利润指标均指以经审计的不扣除股权激励当期成本摊销的归属于上市公司股东的扣除非经常性损益的净利润。

恒瑞医药自2000年上市融资4.79亿元，此后未再做过任何的权益类再融资（无论定增，抑或可转债）。在今年恒瑞医药研发日上，恒瑞医药创始人孙飘扬说：“20年前恒瑞上市的时候拿了4.79亿元，20年来分了那么多钱（47.15亿元），这是怎么助力的，是反助力吧？倒是给了我们很多压力。”自2000年上市以来，恒瑞医药从未从二级市场股权募资，首发募资4.79亿，累计分红57.36亿，分红募资比为11.97，在全部A股上市公司中排名21位。

5.3 成本与费用分析：性质视角

利润表中的营业成本、销售费用、管理费用和研发费用是按照功能划分的期间费用，这些期间费用中的具体项目包括人工费、材料费、折旧费等，当企业使用的资产或者资源可能在多个期间给企业带来利益时，本期费用的确认需要大量的估计和判断，企业可能利用估计和判断操纵不同期间的费用。

公司获得的许多支出可以在多年内给企业带来经济效益，其中包括厂房和设备、研发、广告以及钻探油气井的支出。核算这些类型的交易的一个挑战是如何在多个时期内分配这些类型的资源的支出，是应该在其使用寿命内平均分配？还是应该在发生时一次性记录为当期费用？根据配比原则，如果资源与未来收入具有明确且合理确定的因果关系，则应在其预期寿命内分摊资源成本；如果因果关系不明确或高度不确定，资源成本应在发生期间确认为费用。

5.3.1 固定资产折旧

固定资产包括厂房、建筑物、制造设备、计算机设备、汽车和家具，所有这些资产都有多年的使用寿命。这些资产预计将直接或间接帮助公司创造未来收入。因此这些资产产生的支出与未来收入之间的因果关系通常是相当确定的。然而评估这些资产的成本如何与未来收入相匹配更具挑战性。会计准则要求管理者对这些资产的预期使用寿命及其寿命结束时的预期残值进行估计，然后使用这些估计来系统地分配固定资产在其使用寿命内的成本。

资产的使用寿命取决于技术进步的速度和实际使用的风险。因此，管理者对这些影响的估计可能取决于公司的业务战略以及他们之前运营、管理和转售类似资产的经验。例如，2022年中国国际航空股份有限公司（以下简称“国际航空”）和春秋航空股份有限公司（以下简称“春秋航空”）两家公司与飞机相关的资产的折旧估计就存在较大的差异（见表5-5）。这些估计部分反映了两家航空公司业务战略的差异，由于在年报中披露的信息有限，无法对这两家公司的相同机型的使用年限以及残值估计的差异进行比较。

表5-5 春秋航空和国际航空的折旧

项目	折旧方法	春秋航空			国际航空		
		折旧年限	残值率	折旧率	折旧年限	残值率	折旧率
飞机及发动机核心件与发动机辅助动力装置	年限平均法	15~30年	5%	3.17%~6.33%	20年	0%~5%	4.75%~5%
飞机替换件	年限平均法	5~12年	0	8.33%~20.00%	6年	0	16.67%
发动机替换件	工作量法	9~43千小时	未披露	0.02~0.11	27千小时	0	0.037
高价周转件	年限平均法	3~15年	未披露	6.67%~33.33%	5~10年	0	10%~20%

资料来源：根据两家上市公司2022年年报整理所得。

会计准则允许采用多种折旧方法，直线法折旧是大部分公司的首选，它将折旧成本（定义为取得成本减去估计残值）平均分配到资产的估计使用寿命。例如春秋航空和国际航空对于飞机及发动机核心件与发动机辅助件、飞机替换件和高价周转件都是按照年限直线摊销，如果税法允许加速折旧，公司可能会根据其税务报告方法采用加速折旧法。与直线法相比，加速折旧法在资产使用的早期会计提更高的折旧费用，而在资产寿命结束时会计提较低的费用。而工作量法适用于可以用实物单位计量寿命的资产，给定年份的折旧费用等于资产成本乘以该期间使用的工作能力的百分比。例如春秋航空和国际航空对发动机替换件采用了工作量法，按照预计的工作小时分摊，两家公司对于发动机替换件的小时折旧额有较大差异，春秋航空每小时折旧0.02~0.11元，而国际航空每小时折旧0.037元。

在国际其他航空公司也由于发展战略的不同对于飞机的折旧采用不同的估计。例如，1998年美国达美航空对新飞机按照25年折旧，并按成本的5%估计残值，而新加坡航空公司估计飞机的使用寿命为10年，残值为成本的20%。这些估计部分反映了两家航空公司业务战略的差异。新加坡航空公司的目标客户是通常对价格不太敏感但是对可靠服务要求更高的商务旅客，相比之下，美国达美航空公司定位的是对价格高度敏感的经济旅客。因此，两家航空公司的飞机遵循截然不同的运营策略。新加坡航空公司定期更换旧飞机以维持相对较新的机队，这降低了因维护问题导致航班延误的风险，使该公司能够获得与竞争对手相当的高准点率。相比之下，美国达美航空公司持有飞机的时间更长，降低了设备支出，但代价是维护增加和准点到达率降低，这些运营差异反映在两家公司做出的折旧估计中。当然，可能还有其他因素影响管理层对两家公司的估计。例如，美国达美航空公司可能面临更大的报告所有者利润的压力，因为它是100%公众持股上市公司，而新加坡航空公司的多数股权由新加坡政府持有。

5.3.2 无形资产及使用权资产的摊销

会计中的摊销是将有限寿命的无形资产、使用权资产和递延所得税资产按照预期期限（或者使用寿命）逐步分摊计入以后期间的处理方法，摊销费用和折旧费用类似，都是非现金费用，它的实质是在资产的使用寿命内将资产的成本（即获取资产所需的支出）逐步计入以后使用期间的费用。有限寿命的无形资产和使用权资产通常按照预计使用年限直线摊销。

使用寿命不确定的无形资产不需要摊销，只需要在每个会计期末进行减值测试，如果发生减值，计入利润表的“资产减值损失”项目，同时计入资产负债表的“资产减值准备”项目。

无形资产的摊销需要根据无形资产的用途，分别计入利润表上的“管理费用”“销售费用”或者“研发费用”等项目内。在资产负债表上，“累计摊销”是无形资产、使用权资产等账户的备抵账户。我国资产负债表上将无形资产、使用权资产与累计摊销相抵列示，直接反映无形资产或使用权资产的净值，在报表附注中单独披露累计摊销的信息。而无形资产、使用权资产、固定资产需要减去其对应的资产减值准备，得到这些资产的账面价值。

5.4 减值损失

5.4.1 信用减值损失

以摊余成本计量的金融资产、贷款和应收款项、以公允价值计量且其变动计入其他综合收益的债务工具投资、租赁应收款等金融资产需要考虑交易对手的信用风险导致资产价值下降提取信用减值准备（或者坏账准备），计入利润表的“信用减值损失”项目。资产负债表上按照相应资产减去其对应的资产减值准备的净额列报。

5.4.2 资产减值损失

当资产的市场价值持续低于其账面价值时，就需要确认资产减值损失并计提相应的减值准备。最常见的减值资产是存货、合同资产、合同成本、固定资产、以成本计量的投资性房地产、无形资产、商誉、长期股权投资等资产。如果公司的资产公允价值减少到低于账面价值时，就需要在利润表中确认资产减值损失，同时在资产负债表中确认资产减值准备。如果以后公允价值回升，合同资产、合同成本、存货、应收账款的减值准备可以转回，而对固定资产、以成本计量的投资性房地产、无形资产、商誉、长期股权投资提取的资产减值准备禁止通过利润表转回。

1．资产减值的迹象

从企业外部来源信息看，存在下列迹象的，表明资产可能发生了减值：①资产的市价当期大幅度下跌，其跌幅明显高于因时间的推移或者正常使用而预计的跌幅；②企业经营所处的经济、技术或者法律环境等以及资产所处的市场在当期或者将在近期发生重大变化，从而对企业产生不利影响；③市场利率或者其他市场投资报酬率在当期已经提高，从而影响企业计算资产预计未来现金流量现值的折现率，导致资产可收回金额大幅度降低。

从企业内部来源信息看，存在下列迹象的，表明资产可能发生了减值：①有证据表明资产已经陈旧过时或者其实体已经损坏；②资产已经或者将被闲置、终止使用或者计划提前处置；③企业内部报告的证据表明资产的经济绩效已经低于或者将低于预期，如资产所创造的净现金流量或者实现的营业利润（或者亏损）远远低于（或者高于）预计金额等。

2．减值测试

如果有迹象表明企业持有的资产发生了减值，则需要定期进行减值测试。只有资产存在可能发生减值的迹象时，才进行减值测试，计算资产的可收回金额。可收回金额低于账面价值的，应当按照可收回金额低于账面价值的金额，计提减值准备。

因企业合并所形成的商誉和使用寿命不确定的无形资产，无论是否存在减值迹象，每年都应当进行减值测试。对于尚未达到可使用状态的无形资产，由于其价值具有较大的不确定性，也应当每年进行减值测试。

3．估计资产可回收金额的方法

企业在估计可收回金额时，原则上应当以单项资产为基础，企业难以对单项资产的可收回金额进行估计的，应当以该资产组为基础确定资产组的可收回金额。

可收回金额应当根据资产的公允价值减去处置费用后的净额与资产预计未来现金流量的现值两者之间较高者确定。资产预计未来现金流量的现值应当按照资产在持续使用过程中和最终处置时所产生的预计未来现金流量，选择恰当的折现率进行折现后的金额加以确定。预计资产未来现金流量受到预计使用寿命的影响，对于使用期限不确定的资产，比如固定资产，现金流量的估计存在很大的主观性，分析资产减值损失时需要与同行业、同类型的企业进行对比，对于异常高或者低的减值损失需要特别关注，企业可能通过资产减值损失调节利润。

资产预计未来现金流量应当包括：①资产持续使用过程中预计产生的现金流入；②为实现资产持续使用过程中产生的现金流入所必需的预计现金流出（包括为使资产达到预定可使用状态所发生的现金流出）；③资产使用寿命结束时，处置资产所收到或者支付的净现金流量。

4．确认资产减值损失后的折旧或摊销的处理

资产减值损失确认后，减值资产的折旧或者摊销费用需要重新计算，折旧或者摊销应当在未来期间进行相应调整，以在该资产的剩余使用寿命内，系统地分摊调整后的资产账面价值（扣除预计净残值）。

5.5 投资收益

企业的投资收益主要有下列几个来源渠道。

1）金融资产处置收益。

2）金融资产持有期间取得的利息及股利收益。

3）长期股权投资转让收益。

4）权益法确认的长期股权投资收益。

5）成本法确认的长期股权投资收益。

我国现行的利润表中的营业利润包括了非经营性业务带来的贡献或影响，包括投资收益、财务费用等，营业利润的计算过程如下：

营业利润＝营业收入－营业成本－税金及附加－研发费用－销售费用－管理费用－财务费用－信用减值损失－资产减值损失＋公允价值变动收益（－公允价值变动损失）＋投资收益（－投资损失）＋净敞口套期收益（－净敞口套期损失）＋其他收益＋资产处置收益（－资产处置损失）

5.6 其他收益

其他收益是《企业会计准则第 16 号——政府补助》新规定的会计科目，该准则于 2017 年 6 月 12 日起施行。该准则第十一条规定："与企业日常活动相关的政府补助，应当按照经济业务实质，计入其他收益或冲减相关成本费用。与企业日常活动无关的政府补助，应当计入营业外收支。"由此可见，其他收益科目用以核算与企业日常活动相关、但不宜确认收入或冲减成本费用的政府补助，具体包括：部分政府补助、个人所得税扣缴手续费、增值税加计抵减税额等。

我国企业存在大量的政府补助项目，需要根据政府补助的类型区分获得的补助的会计处理（见图 5-5）。首先需要区分政府补助是属于收益相关的补助、资产相关的补助还是综合补助。

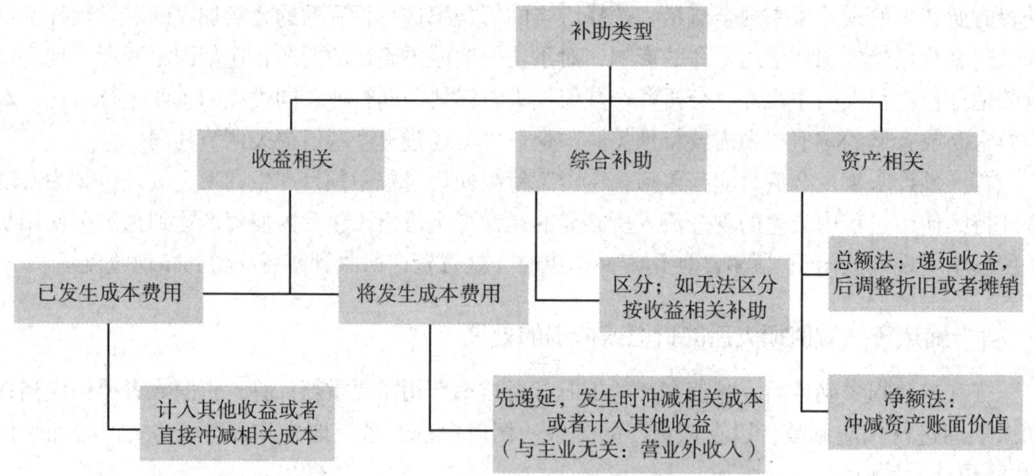

图 5-5 政府补助类型及会计处理

收益相关的补助是为了补偿企业的期间费用，即用以补偿企业已经发生或即将发生的费用或损失，比如对于公共交通类公司按照燃油消耗提供一定的补贴，或者对于录用残疾人员给予的补助。如果收到的补助是用以补偿企业以后期间的相关费用或损失的，在收到时应先判断是否满足政府补助所附条件。如果收到时暂时未满足条件，应先计入"其他应付款"，待满足条件时再确认递延收益。如果收到时已经明确能满足条件，应当直接确认递延收益，在确认相关费用或损失的期间，计入当期损益或冲减相关成本。用于补偿已经发生的成本费用或损失，应当直接计入当期损益或冲减相关成本。

资产相关的补助是对于购置符合条件的资产给予一定的补贴，由于长期资产会使企业在较长的时期内受益，因此会计上有两种处理方法，一是将与资产相关的政府补助确认为递延收益，随着资产的使用而逐步转入损益（总额法），二是将补助金额冲减资产的账面价值，以反映长期资产的实际取得成本（净额法）。

综合性政府补助同时包含与资产相关的政府补助和与收益相关的政府补助，企业需要将其进行区分并分别进行会计处理；难以区分的，企业应当将其整体归类为与收益相关的政府补助进行会计处理。

其他收益科目对公司总体利润有影响，但并不直接反映公司的经营效益，因此在分析公司经营状况时，需要结合主营业务收入和成本进行综合分析。

5.7 营业外收入和营业外支出

营业外收入是指与企业的日常经营活动没有直接关系的事项带来的经济利益的流入。营业外收入主要包括：非流动资产处置利得、非货币性资产交换利得、债务重组利得、政府补助、盘盈利得、捐赠利得等。

营业外支出是指与企业的日常经营活动没有直接关系的事项带来的经济利益的流出。营业外支出包括：非流动资产处置损失、非货币性资产交换损失、债务重组损失、公益性捐赠支出、非常损失、资产盘亏损失等。

5.8 所得税

所得税是指应从当期利润总额中扣除的所得税费用。我国会计准则规定，对于所得税费用的确认应采用资产负债表债务法。在资产负债表债务法下，所得税费用包括当期所得税费用和递延所得税费用（或收益，下同），应纳税所得额是指企业按《中华人民共和国企业所得税法》规定的项目计算确定的收益，是计算缴纳所得税的依据。由于企业会计税前利润与应纳税所得额的计算口径、计算时间可能不一致，因而两者之间可能存在差异。

5.8.1 所得税会计产生的原因

税法规定和财务会计规定两者联系密切，但又在以下方面存在差异：目标不同、计量所得的标准不同、核算依据不同，财务会计利润和应纳税所得额计算的依据与原则出现分离，二者计算的结果也随之出现差异，导致了所得税会计的产生。

5.8.2 会计与税收差异

从利润表出发，将会计利润与应纳税所得额之间的差异划分为永久性差异与时间性差异。从资产负债表出发，比较资产负债的账面价值与其计税基础称为暂时性差异。

1．永久性差异

（1）永久性差异的含义。永久性差异是由于会计准则与税法在计算收益、费用或损失时的口径不同所产生的应纳税所得额与税前会计利润之间的差异。这种差异在本期发生，不会在以后各期转回。

（2）永久性差异的类型。永久性差异主要有以下几种类型。

1）按会计准则规定核算时作为收益确认，但不计入应纳税所得额的项目，例如企业购买国债的利息收入。企业当期取得国债利息收入 1 000 万元，利润表确认投资收益为 1 000 万元，而国债利息收入免税，此项差异应纳税所得额低于税前会计利润 1 000 万元就形成永久性差异。

2）按会计准则规定核算时不作为收益确认，但应计入应纳税所得额的项目，例如会计上不确认收入而按账面价值转账处理的视同销售业务等。企业当期将自产产品用于职工福利，成本为 500 万元，同类产品的市价为 1 000 万元，利润表需要确认视同销售的收入 1 000 万元，而此前企业如果未做视同销售处理仅按照成本结转库存商品，则此项差异应纳税所得额高于税前会计利润 500 万元就形成永久性差异。

3）按会计准则规定核算时作为费用或损失确认，但计算应纳税所得额时不允许扣除的项目，例如，非广告性赞助支出、非公益性捐赠支出、违法经营或违反税法的罚没支出（不包括违反合同的违约金）等。企业当期将对受灾群众直接捐赠 1 000 万元，利润表需要确认营业外支出 1 000 万元，但是按照《中华人民共和国企业所得税法》规定，直接向受益对象的捐赠不满足公益性捐赠的条件，此项支出不能税前扣除，则此项差异应纳税所得额高于税前会计利润 1 000 万元就形成永久性差异。

4）按会计准则规定核算时不确认为费用或损失，在计算应纳税所得额时允许扣减的项目，如研发费用的加计扣除[⊖]。企业当期发生的研发费用为 1 000 万元，全部费用化，利润表中的研发费用为 1 000 万元，而按照 2017 年后的加计扣除办法，税前允许扣除的研发费用为 2 000 万元，其他情况不变的条件下，应纳税所得额低于税前会计利润 1 000 万元就形成永久性差异。

2．时间性差异

时间性差异是指由于税法与会计准则所规定的确认收益、费用或损失的时间不同而产生的税前会计利润与应纳税所得额之间的差异。时间性差异发生于某一会计期间，但在以后的一期或若干期内转回。

时间性差异主要有以下几种类型。

1）企业取得的某项收益，会计准则规定在当期确认为收益，但按照税法规定应在以后期间确认为应纳税所得额。

2）企业发生的某项费用或损失，会计准则规定在当期确认为费用或损失，但按照税法规定应在以后期间的应纳税所得额中扣减。

⊖ 为了鼓励企业创新投入，企业开展研发活动中实际发生的研发费用，未形成无形资产计入当期损益的，在按规定据实扣除的基础上，2008 年《中华人民共和国企业所得税法》提出“开发新技术、新产品、新工艺发生的研究开发费用 50% 加计扣除”，以法律的形式确认研发费用加计扣除政策。2017 年开始加计扣除的比例提升到了 100%，自 2023 年 1 月 1 日起，再按照实际发生额的 100% 在税前加计扣除；形成无形资产的，自 2023 年 1 月 1 日起，按照无形资产成本的 200% 在税前摊销，并且规定这一政策长期实施。

3）企业取得的某项收益，会计准则规定在以后期间确认为收益，但按照税法规定应计入当期应纳税所得额。

4）企业发生的某项费用或损失，会计准则规定在以后期间确认为费用或损失，但按照税法规定可以从当期所得额中扣减。

5.8.3　所得税会计

由于永久性差异在将来不能转回，因此不会对将来的纳税所得产生影响，故其会计处理应以税法的规定为基础，将会计利润调整为应纳税所得额，而时间性差异和暂时性差异在将来是可以转回的。因而，所得税会计的核心就集中在这些差异的会计处理上。按照会计是否确认差异的所得税影响以及如何确认差异的所得税影响，所得税的会计处理方法可以分为应付税款法和纳税影响会计法，后者又可以划分为基于利润表的纳税影响会计法和资产负债表债务法。我国现行的会计准则只允许使用资产负债表债务法。

1．应付税款法

应付税款法是按《中华人民共和国企业所得税法》规定的应纳税所得额和税率计算应缴所得税金额，并在会计上按应缴所得税金额确认为当期一项费用的方法。应付税款法特点是本期所得税费用等于按照本期应税所得额与适用的所得税税率计算的应缴所得税，即本期从净利润中扣除的所得税费用等于本期应缴的所得税。

按所得税税法规定，将本期税前会计利润调整为应纳税所得额，按应纳税所得额和规定的税率计算的本期应缴所得税，作为本期所得税费用。应付税款或者所得税费用的计算方法如下：

应缴所得税＝所得税费用＝［会计利润 ± 永久性差异 ± 时间性差异］× 税率

例 5-5：甲公司 2021 年度利润表中利润总额为 2 400 万元，该公司适用的所得税税率为 25%。2021 年发生的有关交易和事项中，会计处理与税收处理存在差别的有以下几点。

直接向关联企业捐赠现金 400 万元。假定按照税法规定，企业向关联方的捐赠不允许税前扣除。

期末持有的交易性金融资产成本为 600 万元，公允价值为 660 万元。税法规定，以公允价值计量的金融资产持有期间市价变动不计入应纳税所得额。

违反环保规定支付罚款 200 万元。

期末对持有的存货计提了 60 万元的存货跌价准备。

企业持有的国债投资利息收入 40 万元。

根据上述资料，甲公司 2021 年度应缴所得税即当期所得税费用计算如下：

应纳税所得额 =24 000 000+4 000 000−600 000+2 000 000+600 000−400 000=29 600 000（元）

资产负债表确认的应缴所得税 = 当期所得税费用 =29 600 000×25%=7 400 000（元）

2．纳税影响会计法：资产负债表债务法

资产负债表债务法是从资产负债表出发，通过比较资产负债表上列示的资产、负债按照

《企业会计准则》规定确定的账面价值与按照税法规定确定的计税基础，对于两者之间的差额分别应纳税暂时性差异和可抵扣暂时性差异，确认相关的递延所得税负债与递延所得税资产，并在此基础上确定每一期间利润表中的所得税费用的一种方法。

（1）账面价值与计税基础。资产负债表债务法体现了权责发生制原则，交易或事项在某一会计期间确认，与其相关的所得税影响也应在该期间内确认。如果一项资产的账面价值大于其计税基础则产生应纳税暂时性差异，例如，企业持有的按照权益法核算的长期股权投资账面价值为 200 万元，包括初始投资成本 150 万元，持有期间按照权益法调整投资收益 50 万元，由于税法是按照初始投资成本作为计税基础，未实现损益不影响计税基础，此项差异导致计税基础低于账面价值 50 万元，未来纳税义务增加，形成应纳税暂时性差异，应确认为递延所得税负债（50× 未来预计适用税率）。

如果一项资产的账面价值小于其计税基础则产生可抵扣暂时性差异，例如，企业持有的一项长期股权的账面价值为 150 万元，包括初始投资成本 200 万元，持有期间提取减值准备 50 万元，由于税法是按照初始投资成本作为计税基础，未实现损益不影响计税基础，此项差异导致账面价值低于计税基础 50 万元，未来纳税义务减少，形成可抵扣暂时性差异，确认应确认为递延所得税资产（50× 未来预计适用税率）。

不同于应付税款法下所得税费用永远等于当期的应缴所得税额，纳税影响会计法下利润表中的所得税费需要考虑暂时性差异的影响，所得费用包括：当期应缴所得税和递延所得税两部分。当期应缴所得税是指当期发生的交易或事项按照适用的税法规定计算确定的当期应缴所得税。递延所得税当期确认的递延所得税资产和递延所得税负债金额或予以转销的金额的综合结果。

（2）资产及负债的计税基础。资产的计税基础是指企业收回资产账面价值过程中，计算应纳税所得额时按照税法规定可以自应税经济利益中抵扣的金额。即：

资产的计税基础 = 资产未来期间计税时可税前扣除的金额

通常情况下，资产取得时其入账价值与计税基础是相同的，后续计量因会计准则规定与税法规定不同，可能造成账面价值与计税基础的差异。

某一资产负债表日资产的计税基础 = 资产的成本 − 以前期间已税前列支的金额

导致账面价值与计税基础不一致的第一个原因是税法不认可未实现的损失或者收益，计税基础不会随减值准备的计提发生变化。而会计准则需要确认未实现的潜在损失或者收益，具体包括：资产减值损失、信用减值损失、预计的保修义务形成的负债、公允价值变动损益等。对于固定资产而言，账面价值和计税基础的确定方法如下：

账面价值 = 原价 − 累计折旧（会计）− 减值准备

计税基础 = 实际成本（原价）− 累计折旧（税收）

固定资产账面价值与计税基础产生差异的第二个原因是税法和会计允许的折旧方法不同产生的差异，会计准则允许企业可以根据消耗固定资产经济利益的方式合理选择折旧方法，包括可以采用加速折旧法。而税法除某些按照规定可以加速折旧的外，一般税前扣除的是按直线法计提的折旧，这导致了暂时性差异。

固定资产账面价值与计税基础产生差异的第三个原因是折旧年限产生的差异。会计准则允许企业按照固定资产的性质和使用情况合理确定，而税法则规定了每一类固定资产的折旧年限。例如我国为了鼓励企业的研发创新，对于企业购入的符合规定的研发设备，税法规定可以一次性税前扣除，而会计准则会按照预计使用寿命分期折旧，导致使用后期账面价值大于计税基础。

（3）应纳税暂时性差异和可抵扣暂时性差异。应纳税暂时性差异是指在确定未来收回资产或清偿负债期间的应纳税所得额时，将导致产生应税金额的暂时性差异，该差异在未来期间转回时，会增加转回期间的应纳税所得额。

资产的账面价值大于其计税基础或者负债的账面价值小于其计税基础就会产生应纳税暂时性差异。可抵扣暂时性差异是指在确定未来收回资产或清偿负债期间的应纳税所得额时，将导致产生可抵扣金额的暂时性差异。该差异在未来期间转回时会减少转回期间的应纳税所得额，减少未来期间的应缴所得税额。资产的账面价值小于其计税基础或者负债的账面价值大于其计税基础就会产生可抵扣暂时性差异。

（4）采用纳税影响会计法的原因。由于会计和税法遵循不同的确认收入和费用的标准，两者之间的差异如果不考虑纳税影响可能会导致所得税费用与税前会计利润的不匹配，不符合会计的配比原则，造成税后利润的波动，比如企业因销售商品提供售后服务，按照会计准则企业应将预计提供售后服务发生的支出在销售当期确认为费用，同时确认预计负债，而税法规定有关的支出应于实际发生时税前扣除。

例 5-6：ABC 公司 2020 年税前会计利润为 1 000 万元，其中包括了 200 万元的预计产品保修费用，实际的保修支出发生于 2021 年，2021 年的税前利润也是 1 000 万元，所得税税率为 25%。

应付税款法和资产负债表债务法下利润表和资产负债表确认的相关费用和负债如表 5-6 所示。

表 5-6　ABC 公司应付税款法和资产负债表债务法对比　　单位：万元

项目	应付税款法		资产负债表债务法	
	2020 年	2021 年	2020 年	2021 年
税前利润	1 000	1 000	1 000	1 000
预计保修费用	200	（200）	200	（200）
应纳税所得额	1 200	800	1 200	800
所得税费用	300	200	250	250
递延所得税	—	—	50（可抵扣差异影响）	（50）（转回 2020 年可抵扣差异影响）
应缴所得税（应纳税所得额 ×25%）	300	200	300	200
净利润（税前利润 – 所得税费用）	700	800	750	750

从表 5-6 中可以看出，如果按照应付税款法，年度的净利润会因为预提的保修费用导致预提年度的净利润降低而实际支出年度的净利润上升。而在资产负债表债务法下通过递延所得税的调整，可以使所得税费用与税前利润相匹配，预计保修负债的影响体现在预计年度的可抵扣差异 50（=200×25%）万元，在实际发生年度转回 50 万元的影响。

从资产负债表债务法来看，首年度的预计负债账面价值是200万元，计税基础是0（税法不认可未发生而预计的保修费用），形成递延所得税资产50万元，在2021年（实际发生年度）转回预提保修费用的纳税影响50万元。

由例5-6可以看出，资产负债表债务法下所得税费用和应缴所得税的关系如下：

所得税费用＝当期所得税＋递延所得税＝当期应缴所得税＋
（递延所得税负债期末余额－递延所得税负债期初余额）－
（递延所得税资产期末金额－递延所得税资产期初余额）

本章小结

利润表报告了两个会计期间期末留存收益余额之间的变化。该报表反映了公司在一定时期内发生的所有收入和费用，收入是利润表的首行项目，也是利润的来源和前提。收入的确认必须要满足会计准则规定的基本条件，可能是在完成商品或者劳务的提供后确认收入，也可以随着履约进度分期确认收入。费用是为取得收入而产生的资源的耗费，成本是对象化了的费用。利润表中按照费用的功能，将其划分为销售费用、管理费用、财务费用、研发费用等列报，费用也可以按照性质进行分析，包括人工费用、折旧和摊销费用、利息费用。此外，利润还会受到营业外收支的影响，企业的盈利需要按照税法规定缴纳企业所得税，由于税法和会计在收入和费用的确认标准、时间上存在差异，由此产生了永久性差异和时间性差异，现行利润表上的所得税费用是按照资产负债表债务法考虑暂时性差异的影响计算得到的，与企业的应缴所得税不一定相等。

思考题

1. 收入确认必须满足的基本条件是什么？
2. 企业在履约过程中确认收入必须满足哪些条件？
3. 利润表中的费用按照功能划分有哪些类别，分别反映什么内容？
4. 应纳税所得额和会计利润之间的差异主要是由哪些原因引起？

练习题

1. 科创板上市公司（北京）科技股份有限公司（以下简称“恒安嘉新”）在2018年年底与中国电信、中国联通等客户签订了4个总额达1.59亿元的合同（见表5-7）。恒安嘉新根据收入确认政策并基于一贯性的原则，根据初验报告的签署日期，将上述四个合同收入确认在2018年。

表5-7　恒安嘉新的合同收入

合同名称	合同约定	合同金额（万元）	初验时间
中国电信2018年移动互联网恶意程序监控系统扩容改造工程（省平台）设备及相关服务采购合同	到货签收70%，初验20%，终验10%	7 341.96	2018年12月
2018年中国联通木马僵尸监测处置系统扩容工程（河南等10省软硬件设备——恒安嘉新）采购合同		5 569.48	2018年12月

（续）

合同名称	合同约定	合同金额（万元）	初验时间
中国电信2018年木马与僵尸网络监测系统扩容工程（省平台）（恒安嘉新）设备及相关服务采购合同	到货签收80%，初验20%	1 750.72	2018年12月
中国电信2018年木马与僵尸网络监测系统扩容工程（省平台）（恒安嘉新）设备及相关服务采购合同（集团）		1 197.60	2018年12月

根据表5-7，你认为恒安嘉新的收入确认是否合理？原因是什么？你认为应该怎么处理上述合同中的相关收入？

2. 上海宣泰医药科技股份有限公司于2022年8月在科创板上市（股票简称：宣泰医药；股票代码：688247），成都苑东生物制药股份有限公司于2020年9月在科创板挂牌上市（股票简称：苑东生物；股票代码：688513），请查找两家上市公司2018—2023年的利润表，对比分析两家公司的销售毛利率、销售净利率，结合2023年年报中的管理层讨论内容，分析两家公司盈利能力变动趋势、盈利质量和未来的前景。

案例分析

迈瑞医疗与联影医疗的盈利分析

深圳迈瑞生物医疗电子股份有限公司（简称“迈瑞医疗”）成立于1991年，2006年9月作为中国首家医疗设备企业在美国纽交所成功上市，主要从事医疗器械的研发、制造、营销及服务，它始终以客户需求为导向，致力于为全球医疗机构提供优质产品和服务。上海联影医疗科技股份有限公司（简称“联影医疗”）成立于2011年，2022年8月作为该年度科创板最大规模IPO上市，致力于为全球客户提供高性能医学影像设备、放射治疗产品、生命科仪器及医疗数字化、智能化解决方案。

迈瑞医疗和联影医疗2019—2023年的利润表和资产负债表部分数据见表5-8和表5-9，2023年联影医疗87%的营业收入来自于医学影像设备销售，毛利率为47.80%，9.37%的营业收入来自于提供维修服务，毛利率为61.72%，1.53%的营业收入来自于软件销售，毛利率为38.36%，其他业务贡献了2.10%的营业收入。迈瑞医疗的营业收入的来源相对更加多元化，生命信息与支持类贡献了43.66%的营业收入，毛利率为66.87%，体外诊断类贡献了35.56%的营业收入，毛利率为64.30%，医学影像类贡献了20.14%的营业收入，毛利率为69.10%。

表5-8 迈瑞医疗2019—2023年的利润表和资产负债表部分数据 单位：亿元

利润表	2019年	2020年	2021年	2022年	2023年
营业总收入	29.79	57.61	72.54	92.38	114.10
营业收入	29.79	57.61	72.54	92.38	114.10
营业总成本	33.59	49.62	60.04	77.74	98.58
营业成本	17.34	29.60	36.69	47.70	58.79
研发费用	5.79	7.56	9.68	13.06	17.29
税金及附加	0.29	0.47	0.43	0.38	0.69

（续）

利润表	2019 年	2020 年	2021 年	2022 年	2023 年
销售费用	6.94	7.56	10.29	13.28	17.70
管理费用	2.05	3.90	3.19	4.31	5.61
财务费用	0.40	0.24	−0.24	−0.99	−1.49
其中：利息费用	0.64	0.49	0.06	0.06	0.07
其中：利息收入	0.25	0.23	−0.28	−0.95	−1.75
资产减值损失	0.47	0.07	—	—	—
信用减值损失	0.31	0.22	—	—	—
其他经营收益					
加：公允价值变动收益	0.01	0.05	−0.11	0.29	−0.06
投资收益	0.21	0.29	0.62	0.13	1.10
其中：对联营企业和合营企业的投资收益	−0.14	−0.10	−0.03	−0.08	−0.16
资产处置收益	0.28	0.00	−0.00	−582.20	0.00
资产减值损失（新）	—	—	−0.25	−0.75	−0.43
信用减值损失（新）	—	—	−0.19	−0.94	−0.59
其他收益	3.07	3.48	4.40	5.92	5.86
营业利润	−0.23	11.81	16.96	19.28	21.42
加：营业外收入	0.10	0.09	0.10	0.02	0.11
减：营业外支出	0.09	0.35	0.09	0.11	0.10
利润总额	−0.22	11.55	16.98	19.20	21.42
减：所得税	0.26	2.18	2.94	2.70	1.65
净利润	−0.48	9.37	14.04	16.50	19.78
其中：被合并方在合并前实现利润	0.35	0.19	—	—	—
（一）按经营持续性分类					
持续经营净利润	—	—	14.04	16.50	19.78
（二）按所有权归属分类					
归属于母公司股东的净利润	−0.74	9.03	14.17	16.56	19.74
少数股东损益	0.25	0.34	−0.14	−0.06	0.03
扣除非经常性损益后的净利润	−2.55	8.78	11.66	13.28	16.65
每股收益					
基本每股收益	—	1.30	1.96	2.19	2.40
稀释每股收益	—	1.30	1.96	2.19	2.40
其他综合收益	−0.00	−0.26	−0.27	0.22	0.14
资产负债表	2019-12-31	2020-12-31	2021-12-31	2022-12-31	2023-12-31
股东权益合计	24.22	36.1	50.34	174.7	188.8
负债和股东权益总计（总资产）	77.97	96.61	103.6	242	253.4

表 5-9　联影医疗 2019—2023 年的利润表和资产负债表部分数据　　单位：亿元

利润表	2019 年	2020 年	2021 年	2022 年	2023 年
营业总收入	165.60	210.30	252.70	303.70	349.30
营业收入	165.60	210.30	252.70	303.70	349.30
营业总成本	114.00	139.00	166.70	198.30	219.90
营业成本	57.55	73.66	88.43	108.90	118.20
研发费用	14.66	18.69	25.24	29.23	34.33
税金及附加	2.12	2.18	2.82	3.48	3.66
销售费用	36.06	36.12	39.99	48.02	57.03
管理费用	7.65	8.97	11.06	13.20	15.24
财务费用	−4.08	−0.61	−0.86	−4.51	−8.55
其中：利息费用	—	—	0.09	0.11	0.13
其中：利息收入	3.31	3.86	4.07	3.58	8.22
其他经营收益					
加：公允价值变动收益	—	—	0.10	−0.21	0.79
投资收益	—	−0.04	0.01	−0.05	−0.10
其中：对联营企业和合营企业的投资收益	—	−0.04	0.01	−0.05	−0.10
资产处置收益	−0.01	−0.02	0.04	0.06	0.02
资产减值损失（新）	−1.57	−1.10	−1.32	−0.71	−5.30
信用减值损失（新）	−0.09	−0.30	0.06	−0.37	−2.44
其他收益	3.86	4.76	5.75	5.80	8.31
营业利润	53.79	74.55	90.66	109.90	130.70
加：营业外收入	0.39	0.54	0.23	0.35	0.56
减：营业外支出	0.50	0.70	0.72	0.72	1.15
利润总额	53.68	74.38	90.17	109.50	130.10
减：所得税	6.83	7.79	10.13	13.43	14.33
净利润	46.85	66.60	80.04	96.11	115.80
（一）按经营持续性分类					
持续经营净利润	46.85	66.60	80.04	96.11	115.80
（二）按所有权归属分类					
归属于母公司股东的净利润	46.81	66.58	80.02	96.07	115.80
少数股东损益	0.04	0.02	0.02	0.04	−0.04
扣除非经常性损益后的净利润	46.15	65.40	78.50	95.25	114.30
每股收益					
基本每股收益	3.85	5.48	6.59	7.94	9.56
稀释每股收益	3.85	5.48	6.59	7.94	9.56
其他综合收益	−0.19	−1.21	−2.87	3.01	2.73

（续）

资产负债表	2019-12-31	2020-12-31	2021-12-31	2022-12-31	2023-12-31
股东权益合计	186.2	232.9	269.7	320	333.5
负债和股东权益总计（总资产）	256.3	333.1	381	467.5	479.4

资料来源：两家公司的年报。

要求：根据上述信息，分析两家上市公司的盈利结构、盈利能力变化趋势的差异，并分析两家公司的未来盈利前景。

参考文献

[1] KING T A. More than a numbers game: a brief history of accounting [M]. New York: John Wiley & Sons, 2011.

[2] 吴清. 制药类上市公司研发支出会计政策选择的研究：以恒瑞医药为例 [J]. 商业会计, 2021（2）：53-56.

盈利能力与管理效率分析

■ 学习目标

1. 理解盈利能力分析的基本框架，并应用该框架分析企业的盈利能力；

2. 分析和解释净资产收益率，理解并分析公司成功利用财务杠杆来增加普通股股东回报需要具备的基本条件；

3. 理解并解释总资产收益率及其影响因素；

4. 理解影响公司盈利能力的因素，将公司的战略和行业的经济因素结合来解释企业盈利指标变化背后的经济原因；

5. 理解盈利质量的含义并对企业的盈利质量进行分析和评价。

■ 导入案例

云南白药的盈利质量

云南白药创立于1902年，是中国驰名商标，名列首批国家创新型企业，也是享誉中外的中华老字号品牌。1993年云南白药作为云南首家上市公司在深圳证券交易所上市，2010年云南白药开始实施“新白药、大健康”产业战略，从中成药企业逐步发展成为我国大健康产业领军企业之一。自1993年云南白药上市以来，连续28年实现对股东分红。2016年至2019年期间，公司分两步走完成了混合所有制改革，云南白药在2019年年中结束了混合所有制改革。现任云南白药联席董事长的陈发树，2019年直接及间接持有公司股份共计在25%左右。陈发树是新华都实业集团股份有限公司的创始人，他也曾成功参股紫金矿业、青岛啤酒的国企改制。上述混合所有制改革完成后，陈发树和云南省国资委持股比例相同，均为25%，云南白药由国有企业转制为混合所有制企业。

云南白药目前主要的业务范围包括药品（以云南白药主系列止血镇痛、消肿化瘀的核心产品为主）、健康品（牙膏品类为主）、中药资源（三七系列、中药饮片等）以及依托云南省医药有限公司开展的药品流通业务。其中，健康品板块，云南白药牙膏市场份额持续稳居全国第一，2020年年末市场占有率达到22.2%。

陈发树入主云南白药后，云南白药2020年实现营业收入327.43亿元，较上年同期的296.65亿元净增30.78亿元，增幅10.38%；实现利润总额68.01亿元，较上年同期的47.26亿元净增20.75亿元，增幅43.91%；归属于上市公司股东的净利润55.16亿元，较上年同期的41.84亿元增长13.32亿元，增幅为31.84%；实现利税81.02亿元，较上年同期的58.44亿元增长38.64%；加权平均净资产收益率是14.46%。

看上去云南白药2020年度各项经营管理指标健康稳定，但是仔细分析会发现，该公司2020年的归属于母公司净利润为55.11亿元，扣除非经常性损益的净利润只有28.99亿元，其中非经常性损益26.17亿元。该公司2019年的非经常性损益也高达18.94亿元，2019年的非经常性损益主要是收购形成的，2020年则主要是公允价值变动损益，主要的原因是公司持有贵州茅台、恒瑞医药、伊利股份、小米等多家上市公司的股份，2020年期初投资金额138亿元，年内购买金额71亿元，出售金额61亿元，期末还剩109亿元，2020年投资收益23亿元。

从2015年开始，云南白药的核心净利润就在25亿元到30亿元之间徘徊，六年几乎零增长，白药健康（主要是牙膏）2020年实现营业收入54亿元，净利润接近19亿元，净利率35%。云南白药自2018年4月开始，公司董事会先后审议通过扩大证券投资范围、调高投资资金额度上限等内容的议案，2019年云南白药开始走上投资其他上市公司之路，截至2020年年末，云南白药手持10只个股，合计投资成本接近60亿元，基本上列入交易性金融资产，2021年及2022年，公司投资公允价值变动损失累计超过20亿元。截至2020年年末，公司持有的交易性金融资产约为112.29亿元，占合并资产总额的比例为20.33%。

但是股市风云突变，进入2021年，云南白药的公允价值变动损益转为负数，年报显示，2021年公允价值变动损益占当期利润总额的−55.41%，2022年为−18.36%，连续两年挫伤利润。公司持有的多只股票出现浮亏，2021年公司公允价值变动损失约19.29亿元，云南白药在年报中解释称，这是由于公司持有的证券、基金单位净值产生变化。2021年年末，云南白药公告称，将严格控制二级市场投资规模，在董事会审批的额度范围内逐步减仓，不继续增持。直至2022年年末，云南白药持有的股票仅剩两只，整体公允价值变动损失约6.2亿元，公司交易性金融资产规模缩减至24.16亿元。退出二级市场证券投资后，云南白药将目光投向投资理财。云南白药在公告中表示，理财投资总额度（含存款类产品）不超过最近一期经审计净资产的45%（含）。

云南白药2019—2022年的业绩犹如“坐过山车”，且研发投入占营业收入比例始终未能突破1%。云南白药营业收入同比增幅分别为9.80%、10.38%、11.09%、0.31%；净利润同比增幅为19.90%、32.06%、−49.26%、1.57%，其中2022年的净利润跌回2016年的水平。2019—2022年，云南白药研发投入占营业收入比例分别为0.59%、0.55%、0.91%、0.92%。

投资者对公司的盈利能力非常关注，分析师通过盈利能力分析来评估管理者如何利用他们投入的资源来产生投资回报。其他利益相关者，如债权人、员工、供应商和客户，也同样对盈利能力感兴趣，将其作为衡量公司持续生存能力的指标。

财务分析需要回答的重要问题包括公司的资源是否得到有效利用，盈利能力是否达到甚至超出预期，企业的融资选择是否审慎。只有在以上各方面的答案都是肯定的情况下，才能真正为股东创造价值。

财务分析的基本目的之一是对公司的股权价值进行评估，而公司的股权价值评估与投资者预期的公司未来盈利能力和风险相关。理解公司的历史业绩对于预测公司未来业绩至关重要，对公司盈利能力进行分析是公司估值的重要组成部分。分析公司的长期业绩发展趋势和与同行的业绩对比有助于建立对公司未来现金流预测的合理假设。评估公司的风险涉及对公司过去管理不同风险以及对未来面临风险的管理能力的判断，风险分析和评价将在本教材第 7 章和第 10 章重点讨论。

企业的销售增长和盈利能力是驱动价值的重要因素，销售增长和盈利能力受到企业在产品（或服务）市场经营政策和金融市场的投融资政策影响。从产品（或服务）市场表现来看，企业正常的产品销售和服务提供是企业创造价值的主要活动，包括日常经营性决策，比如销售政策、采购政策等，这些政策会影响企业的营业收入、应付账款和存货，体现为营运资本的管理效率。企业为了保持销售增长，还必须不断扩大投资规模和产量，占领更大的市场份额，拓展新的市场，公司现有资产的使用效率和资产规模的增长决定了公司的全部资产盈利能力。

公司的规模扩张除了依靠内部资源外，通常需要通过外部融资支持，内源性融资增长受制于公司资金的积累，单纯依靠内源性融资的公司通常情况下增长速度受限，而外源性融资可以帮助公司实现快速扩张，金融市场的发展为企业外源性融资提供了便利条件，合理利用外部债务融资和股权融资可以更快提高股东报酬率。

盈利能力分析已经成为管理计划、战略分析、决策和权益估值的重要工具，更高的盈利能力能为企业创造更多的价值。根据不同的分析目的，通常有三个不同的盈利能力分析维度：企业整体盈利能力、产品盈利能力和客户盈利能力。服务于估值目的的分析通常从整体分析企业盈利能力。公司股权价值驱动因素包括盈利能力和风险水平，从估值角度看，盈利能力分析有助于了解公司的业绩，从而预测公司未来的业绩。盈利能力分析可以用于评估管理层是否有效执行公司战略，以及公司的战略在面临动态变化的竞争时是否具有优势。

6.1　盈利能力分析框架

盈利是公司的基本目标，盈利能力是公司将资源转化为有效产出的能力，即特定的资源投入的回报率。企业能否以最小的资源投入驱动产出最大的利润，可以从两个不同的角度分析资源投入的回报率：第一个角度是企业资产投入的回报率，将报告期内的利润与资产负债表上的总资产进行比较，得到总资产收益率；第二个角度是股东投入的资源的回报率，即净资产收益率。资产收益率和净资产收益率分别反映公司整体资产回报率和股东权益的回报率。无论是总资产收益率还是净资产收益率，分母最好使用当期平均总资产或者平均净资产，而不是期末余额，原因是期末时的数值并不能反映企业当年使用的资源的变动情况。

6.1.1　基本的盈利能力分析模型

基本的盈利能力分析模型把企业看成一个投入产出的机器，企业将从股东和债权人那里融到的资金转化为可以给企业带来销售收入的各项资产，同时需要以尽可能低的耗费形成收入，并尽快回收销售的款项，如图 6-1 所示。

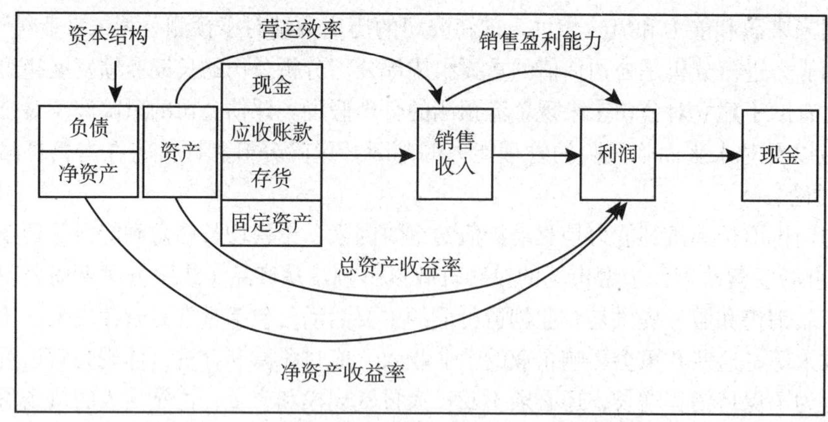

图 6-1 基本盈利能力分析模型

6.1.2 净资产收益率

净资产收益率（return on equity，ROE），又称股东权益报酬率，是衡量公司盈利能力及其创造利润效率的指标，通过净利润除以股东权益计算得出。净资产收益率指标越高，公司管理层通过股权融资创造收入和增长的效率就越高。

1. 净资产收益率的计算

股东作为企业剩余权益的享有者，相对于要求固定回报的债权人需要承担更大的风险，企业当期经营结果（利润或者亏损）会影响股东的权益，净资产收益率反映所有者投入企业资金（包括原始投入和后续利润的积累）的盈利能力，具有很强的综合性。计算公式如下：

$$净资产收益率 = 净利润 / [(期初所有者权益合计 + 期末所有者权益合计)/2] \times 100\% \quad (6\text{-}1)$$

净利润是在支付给普通股股东的股利之前、支付给优先股股东的股利和债权人利息之后计算的。

式（6-1）中净资产收益率的分子净利润是一段时间的经营结果，而其分母所有者权益是期末的时点数据，为了避免期间内所有者权益波动产生扭曲，习惯上分母的所有者权益采用期初和期末数合计除以 2（其他指标凡是分子来自公司的利润表、现金流量表等期间报表的数据，而分母是资产负债表时点数据，在数据可获得的情况下都采用同样的处理）。表 6-1 是对谷歌的母公司字母表、亚马逊和苹果三家公司 2022 年的净资产收益率的计算。

表 6-1 2022 年三家美国主要的科技类公司的净资产收益率

项目	字母表（Alphabet）	亚马逊（Amazon）	苹果（Apple）
期初股东权益（亿美元）	2 516.35	1 382.45	630.90
期末股东权益（亿美元）	2 561.44	1 460.43	506.72
平均股东权益（亿美元）	2 538.90	1 421.44	568.81
净利润（亿美元）	599.72	−27.22	998.03

（续）

项目	字母表（Alphabet）	亚马逊（Amazon）	苹果（Apple）
净资产收益率计算	599.72/2 538.90	-27.22/1 421.44	998.03/568.81
净资产收益率	23.62%	-1.91%	175.46%

注：字母表和亚马逊 2022 财年截止日是 2023 年 2 月 2 日，苹果公司 2022 财年截止日是 2022 年 10 月 27 日。
资料来源：各公司的财务报表。

从表 6-1 中可以看出，字母表公司 2022 年的净资产收益率为 23.62%，亚马逊公司 2022 年亏损，其净资产收益率为负数，苹果公司的财务结构和对债务的严重依赖意味着它可以拥有非常高的净资产收益率，高达 175.46%。截至 2022 财年末，苹果的债务几乎是股本的六倍，由于其股本并不高，该公司能够产生相对于其股本而言较高的利润也就不足为奇了。

在公司发行优先股的情况下，净资产收益率的分母应该包括普通股股东权益，以反映普通股回报率。计算公式如下：

$$\text{净资产收益率}=(\text{净利润}-\text{优先股股利})/[(\text{期初普通股股东权益合计}+\text{期末普通股股东权益合计})/2]\times 100\% \quad (6\text{-}2)$$

2. 净资产收益率变动分析

我国四家白酒类上市公司茅台、泸州老窖、五粮液和山西汾酒 2012—2022 年的净资产收益率见图 6-2。从图 6-2 中可以看出四家公司的净资产收益率几乎呈现相同的变动趋势，从 2012 年开始净资产收益率都出现了下降，除了茅台外，其余三家都在 2014 年达到最低谷，而茅台在 2016 年达到最低谷，原因是整个白酒行业都受到了 2013 年开始的“中央八项规定”和反腐败措施的影响，盈利能力出现了下滑。从横向来看，茅台 2020 年以前的净资产收益率一直都高于其他三家公司，山西汾酒的净资产收益率从 2014 年后开始呈现快速上升趋势，并在 2020 年超越贵州茅台。

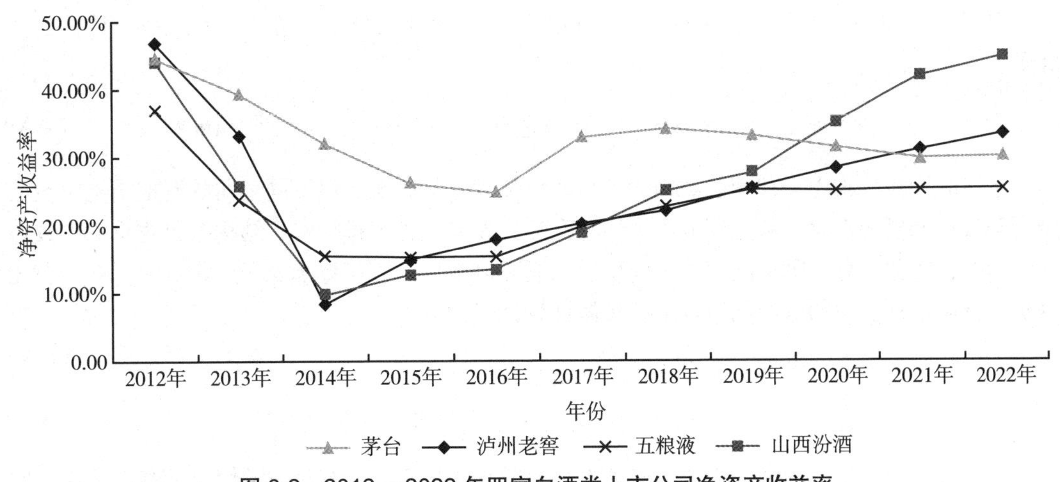

图 6-2　2012—2022 年四家白酒类上市公司净资产收益率

公司的净资产收益率会受公司的资产运用效率（资产周转率）、销售盈利能力（销售净利润率）以及财务杠杆（权益乘数）的共同影响，杜邦分析体系将净资产收益率分解成相互联系的多种因素，进而需要进一步剖析资产周转率、销售净利润率、权益乘数对净资产收益率的影响。分析净资产收益率时需要注意公司的资本结构（财务杠杆）差异的影响，高杠杆可能提高公司短期的净资产收益率，但是有可能加大财务风险，影响公司的可持续发展能力。如果要深入分析净资产收益率变动的影响因素，则需要对净资产收益率进行分解，考察不同公司的经营政策、融资政策对净资产收益率的影响。

3．净资产收益率分析注意事项

通常情况下更高的净资产收益率意味着公司有较强的盈利能力，但是如果极高的净资产收益率是由于股东权益金额较小，这表明公司可能过度利用财务杠杆，通过金融债务进行融资，需要进一步分析财务风险，一种情况是如果公司借入大量债务来回购自己的股票，这可能会夸大公司的净资产收益率和每股收益（EPS），但不会影响实际业绩或增长率。

如果高净资产收益率是由于公司已经连续亏损导致之前的股东权益减少（净资产收益率的分子减小），比如公司最近一年获得了非正常经营业务的利润，并恢复了盈利，这种情况下的高净资产收益率需要进一步分析未来公司盈利的可持续性。

另外，如果公司出现净亏损且同时股东权益为负数，此时的净资产收益率并没有意义。在所有情况下，负的或极高的净资产收益率都需要详细分析造成这种情况的原因。

净资产收益率通常不能用于比较不同行业的不同公司，该指标因行业而异，尤其是当公司的营业利润率和融资结构不同时。金融行业尤其是银行业是利用杠杆（利用吸收的存款，即银行的负债）经营的行业，财务杠杆（权益乘数）可能超过 10 倍，银行业是利用极高的财务杠杆推高公司的净资产收益率，国际先进银行业的总资产收益率（return on assets，ROA）大概保持在 1%，但即使是按照巴塞尔协议要求的银行最低资本充足率 8%，银行业的权益乘数也可以达到 12.5 倍，可以让净资产收益率达到 12.5%。

6.1.3 总资产收益率

总资产收益率反映公司使用资产的盈利能力，是净利润与平均总资产的比率。计算公式如下：

$$总资产收益率 = 净利润 / [(期初总资产 + 期末总资产)/2] \times 100\% \tag{6-3}$$

上述的计算公式中净利润已经扣除了金融负债利息的影响，而不同公司的资本结构（负债融资和权益融资的占比）和融资成本可能存在较大差异，为了排除资本结构差异对总资产收益率的影响，实务中分析师可能使用息前税后利润除以平均总资产计算总资产收益率，便于对比分析同行业不同公司的资产利用效率。具体计算公式如下：

$$总资产收益率 = [净利润 + 利息费用 \times (1 - 所得税税率)] / [(期初总资产 + 期末总资产)/2] \times 100\% \tag{6-4}$$

上述公式假定公司的全部资金来源都是来自股东的投资，没有负债的情况下资产的投资回报率，即无财务杠杆情况下的资产回报率。

虽然使用净利润计算总资产收益率能够反映企业的资产总体盈利能力，但计算结果可能会受当期的非经常性损益、公司资本结构的变化、资产重组和收购，以及期间的企业所得税法规的变化等非经营性因素的影响。为了克服上述因素的影响，分析师经常使用公司息税前利润（EBIT）来计算资产盈利能力，总资产收益率也可以使用以下公式计算：

$$总资产收益率=EBIT（或营业利润）/［（期初总资产+期末总资产）/2］\times 100\% \qquad (6\text{-}5)$$

EBIT排除了公司的债务利息、企业所得税税率变化的影响，便于不同资本结构和适用不同税率公司之间的比较。

实务中为了排除非持续性业务的影响，分析师也会剔除偶然性交易和事件的影响，比如剔除政府补贴、资产处置等交易的影响，使用可持续性业务利润，反映公司资产获取可持续经营利润的能力。

同样以四家白酒类上市公司2012—2022年的总资产收益率为例，从图6-3中可以看出总资产收益率和净资产收益率的走势基本一致，几乎都呈现先下降后稳步上升的趋势，茅台的总资产收益率一枝独秀，除了2015年和2016年以外，总资产收益率都高于20%，山西汾酒在2021年以前都处于垫底位置，泸州老窖的波动性较大。

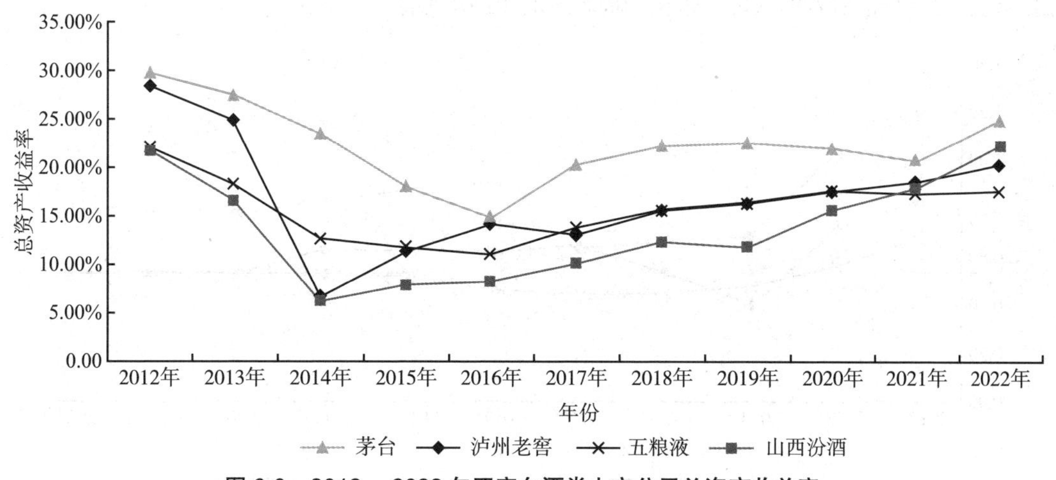

图6-3　2012—2022年四家白酒类上市公司总资产收益率

6.1.4　资产周转率

资产周转率（asset turnover ratio）反映一个公司拥有的资产在一段时期内产生收入的能力，资产周转率是判断公司资产使用效率（公司的经营效率）的重要指标，比如航空公司的重要资产飞机只有在飞行过程中才能创造收入，在机库和停机坪停留时不会创造收入。同样的道理，公司建设的厂房如果没有满负荷运行，没有收入的支持，公司的产能利用率下降会直接导致公司的固定成本分摊到产出的成本占比提升，从而降低产品的竞争力，最终会降低公司的盈利能力。

总资产周转率反映公司一年内的销售收入相当于总资产的倍数，即公司的总资产在一年内创造的销售收入。计算公式如下：

$$总资产周转率=销售收入/［（期初资产总额+期末资产总额）/2］ \qquad (6\text{-}6)$$

（注：如无特殊说明，销售收入和营业收入可以相互替换使用，下同[⊖]）

如果用一年 365 天除以周转率则得到总资产回收一次平均需要的天数，公式如下：

$$总资产周转天数=365/\{销售收入/[(期初资产总额+期末资产总额)/2]\} \quad (6\text{-}7)$$

四家白酒类上市公司 2012—2022 年的总资产周转率见图 6-4。从图 6-4 中可以看出，白酒类行业的整体总资产周转率都不高，四家公司每年的周转次数几乎都在 1 次以下，这体现了白酒行业生产周期的特殊性，茅台和五粮液的周转次数接近，而作为清香型代表的山西汾酒的总资产周转率最快，泸州老窖的总资产周转率波动较大，这也是该公司的总资产收益率波动的主要原因。四家公司的总资产周转率的差异与白酒的生产工艺不同有关，同时也与四家白酒企业的品牌定位有关，泸州老窖、五粮液为浓香型白酒的典型代表，生产工艺特点决定了其生产周期长、存放时间长，生产周期约为1年，一般需要存放3年以上。茅台酒是酱香型白酒工艺，一个生产周期是 1 年，再经过 3 年以上的陈酿窖存，加上原料进厂、勾兑存放的时间，平均酒龄至少 5 年才能出产品。而汾酒是清香型白酒的代表，发酵周期为 21~28 天，陈酿期 1 年。生产周期相对较短。另外，作为高档白酒的典型代表，茅台和五粮液公司强调白酒的年份，陈年白酒更加受市场消费者的认可，过快的周转不利于品牌形象。

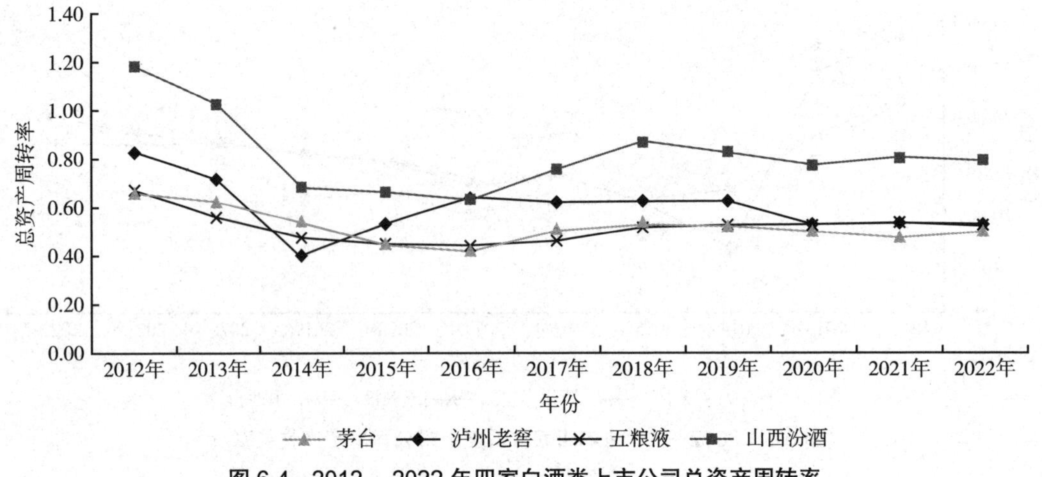

图 6-4 2012—2022 年四家白酒类上市公司总资产周转率

总资产收益率会受到公司的资产周转率、销售盈利能力的共同影响，分解后的总资产收益率可以分析公司资产利用效率与经营策略的关系，公司可以采用薄利多销（低毛利）的策略加快资产的周转速度，比如廉价航空公司采用低票价提高飞机的利用效率。另外，在连锁经营的超市行业中，美国的沃尔玛（Walmart）超市就是典型的利用快速周转实现更高的总资产收益率的例子，TESCO 公司（中国区域使用）也同样强调公司资产的快速周转，但是如何实现资产的快速周转，不同公司有不同的策略，比如沃尔玛公司是依靠低毛利实现公司的快速周转，而 TESCO 则是通过保持同一类型的商品减少品牌数量（同一类型商品仅提供 3 个不同品牌）以及大包装来实现快速周转。

白酒类公司的存货周转率是决定资产周转率的重要因素，不同的生产工艺决定的生产周期以及产品的销售速度共同决定着存货周转率，不同于总资产周转率，存货周转率的分子是销售

⊖ 我国现行《企业会计准则应用指南》中利润表使用营业收入和营业总收入的名称。

成本，即存货的生产或者采购成本；其分母是平均存货余额。计算公式如下：

$$存货周转率 = 销售成本 / [(期初存货 + 期末存货)/2] \tag{6-8}$$

（注：如无特殊说明，销售成本和营业成本可以相互替换使用，下同[⊖]）

四家白酒类上市公司2016—2020年的存货周转率如表6-2所示，从表6-2中可以看出，茅台的存货周转率保持相对稳定，而清香型白酒山西汾酒的周转率波动较大，2018年达到高点后出现快速下降，这与公司在2017年推出的新的销售政策直接相关，2017年2月23日，汾酒集团与山西省国资委签署《2017年度经营目标考核责任书》和《三年任期经营目标考核责任书》承诺，汾酒集团需在2017年至2019年分别实现酒类收入增长30%、30%、20%，三年酒类利润增长目标均为25%，并推进汾酒集团混合所有制改革。如果完不成目标，则解聘董事长。同时集团实施股权激励和主业资产注入，共对股份公司高级管理人员、业务骨干授予限制性股票，汾酒集团先后将10项酒类及相关业务资产全部注入上市公司，集团资产证券化率将达到92%，实现了整体上市的目标。以上改革措施推动了销售业绩的增长。同为浓香型白酒的泸州老窖和五粮液两者的存货周转率变动趋势完全相反。

表6-2　四家白酒类上市公司2016—2020年的存货周转率

	2016年	2017年	2018年	2019年	2020年	平均值
茅台	0.18	0.28	0.29	0.30	0.30	0.27
泸州老窖	1.17	1.10	0.97	0.89	0.68	0.96
五粮液	0.81	0.85	0.94	1.01	1.10	0.94
山西汾酒	0.72	0.86	1.13	0.78	0.64	0.83

资料来源：根据各公司年报整理所得。

6.1.5　销售盈利能力：销售净利率

向客户提供产品或者服务赚取的收入是利润的来源，销售净利率是判断一个公司盈利能力的重要指标，计算公式如下：

$$销售净利率 = 净利润 / 销售收入 \times 100\% \tag{6-9}$$

销售净利率反映公司每一元销售额给公司带来的净利润，受到公司的销售毛利率和销售费用率的共同影响。

1．销售毛利率

销售毛利率反映一个公司的产品销售收入扣除销售成本后的盈利能力，是判断一个企业产品竞争力的重要财务指标。企业之所以能够在成本的基础上收取更高的销售价格，赚取高毛利，通常情况是因为公司的产品具有强大的竞争能力。产品竞争力的来源包括：①技术创新形成的独占效应或者品牌优势，比如苹果相对于一般的手机生产厂家的高毛利，或者特斯拉相对于一般电动汽车公司的高毛利，使其在竞争中可以采用降价策略将竞争对手挤出市场的同时仍

⊖ 我国现行《企业会计准则应用指南》中利润表使用营业成本和营业总成本的名称。

然能够保持盈利；②企业通过营销手段建立品牌效应，比如大多数奢侈品企业的高毛利；③由于垄断形成的独占地位，垄断带来的高毛利可能遭到反垄断调查而损害企业的声誉，比如微软在欧洲市场面临的反垄断调查和制裁。

医药企业的产品的高毛利可能来自于创新药的开发，这是创新型医药尤其是生物制药企业的共同特点，但是我国部分医药企业通过大量的推广和销售费用维持的高毛利，可能隐藏着腐败的灰色地带，通过灰色手段进入医院体系销售，必须要通过高售价来维持庞大的销售费用。

扫码阅读

步长制药：用庞大销售费用堆积起来的高毛利率，是否牢靠？

销售毛利率的计算公式如下：

$$销售毛利率 = 销售毛利 / 销售收入 \times 100\% \tag{6-10}$$

其中：销售毛利 = 销售收入 – 销售成本

通常情况下一个公司可能生产销售多种产品，上述公式直接使用利润表相关数据计算得到的毛利率是企业的综合毛利率，它会受企业产品结构的影响，为了分析不同毛利产品对当期毛利率的影响，企业可以按照产品的类别来计算产品毛利率，计算公式如下：

$$销售毛利率 = (单位售价 - 单位成本) / 单位售价 \times 100\% \tag{6-11}$$

销售毛利率反映了价格、数量和成本的关系。制造业企业销售毛利率的变化可能是由以下因素的组合引起的：产品的售价、产品的制造成本水平、企业产品组合的任何变化。在商业或服务业企业中，销售毛利率可能会受到以下因素综合变化的影响：对所提供的产品或服务收取的价格、在外部购买商品所支付的价格、内部或外部来源的服务成本、企业产品或服务组合的任何变化。

⊙案例 6-1

片仔癀主营业务的盈利能力

漳州片仔癀药业股份有限公司（简称“片仔癀”）于 1999 年 12 月由原漳州制药厂改制创立，并于 2003 年在上交所上市，是一家国有控股上市公司。公司自成立以来一直以片仔癀系列产品作为公司的核心业务（肝病用药，非处方药），并不断开发丰富产品系列，截至 2018 年，公司生产经营六大品类、400 多个系列产品。除了药品销售外，公司还积极打造健康、保健、养生食品的大健康产业，产品延伸至保健品、保健食品、特色功效化妆品和日化产品。

在 2014—2023 年间，公司营业总收入和归母净利润呈现较快的增长趋势。2014 年，公司营业总收入为 14.54 亿元，净利润为 4.39 亿元。在做好核心产品（肝病用药片仔癀）的基础上，2020 年公司收购龙晖药业获得安宫牛黄丸生产和销售资质，随后推出心脑血管用药新产品安宫牛黄丸（非处方药）。2023 年公司营业总收入已突破 100 亿元，十年内增长近 7 倍，其中片仔癀系列产品贡献了 44.47%，而新产品安宫牛黄丸仅贡献了 2.65% 的营业收入。2023 年归母净利润达 28.51 亿元，同样增长近 7 倍。那么片仔癀的利润主要是靠什么业务贡献的呢？

从2023年该公司的主营业务产品分布来看（见表6-3），肝病用药的毛利率高达78.79%，而心脑血管用药毛利率不及老产品的一半，拉低了医药制造业务的毛利率。医药流通板块虽然有41.90%的销售收入，但是其毛利率远低于医药制造板块，仅为13.85%使得公司的整体毛利率降低为46.82%。虽然化妆品板块的毛利率仅次于核心产品，但是体量较小，对于公司的利润贡献不高，因此在分析片仔癀未来的盈利能力时，应该关注其核心业务肝病用药的利润，同时需要考虑心脑血管产品市场的增长。从销售渠道的贡献来看，该公司仍然以线下渠道为主，线下的毛利率高于线上。

表6-3 2023年片仔癀公司主营业务细分产品情况

细分产品	营业收入（万元）	营收贡献占比（%）	营业成本（万元）	毛利率（%）
肝病用药（片仔癀系列产品）	446 326.24	44.47	94 686.84	78.79
心脑血管用药（安宫牛黄丸）	26 575.46	2.65	16 288.06	38.71
其他	7 264.02	0.72	5 378.50	25.96
医药制造业小计	480 165.72	47.84	116 353.40	75.77
医药流通业小计	420 482.22	41.90	362 239.39	13.85
化妆品业	70 675.80	7.04	26 728.05	62.18
其他	32 294.85	3.22	28 440.98	11.93
合计	1 003 618.59	100.00	533 761.82	46.82
其中：线上渠道销售	73 000.11	7.27	58 418.51	19.97
线下渠道销售	930 618.48	92.73	475 343.31	48.92

资料来源：根据公司年度报告整理所得。

销售毛利率指标反映公司的产品竞争力和销售盈利能力，它会受公司的定价政策和竞争战略的影响，以低成本竞争的公司通常毛利率较低，而采用差异化竞争的公司通常具有较高的毛利率。

净资产收益率和总资产收益率反映公司投入资源（总资产或者股东权益、净资产）的盈利能力，所有盈利的最初来源是公司的销售收入，而销售毛利率和销售净利率则是反映公司的销售盈利能力。销售毛利率受到两个因素的影响：一是公司的销售溢价（单价－单位成本），即公司售价高于成本的部分；二是公司的采购能力和生产流程的效率，这些决定了公司的产品成本。公司收取销售溢价的能力受到行业竞争程度和公司产品的独特性、品牌形象的影响。公司的采购能力与公司在供应链上的地位有关，比如传统燃油汽车整车厂相对于零部件供应商的强大议价能力使整车厂采购成本可以控制在合理水平，大型商超依靠强大的销售网络可以压低对供应商采购的价格，但是这些依靠优势地位取得的价格优势可能会损害供应链上下游之间的关系。

白酒类上市公司的毛利率见图6-5，从图中6–5可以看出，在2012年到2022年的十一年中，茅台和五粮液、山西汾酒的销售毛利率都非常稳定。茅台始终保持在90%左右的销售毛利率，体现了白酒第一品牌的竞争力，五粮液的销售毛利率则始终稳定在69.20%到75.42%之间，泸州老窖的销售毛利率呈现先下降后快速上升的势头，从2017年之后，销售毛利率超越了五粮液，仅次于茅台，反映了公司在品牌宣传、产品结构调整和竞争方面的优势。

2. 销售净利率

销售毛利率指标未考虑公司的销售费用、管理费用和财务费用等与产品成本无直接关系的期间费用对公司净利润的影响，高毛利的公司可能由于广告、促销、销售人员费用以及管理和财务费用的高额支出并不一定能够获得更高的净利润，为了分析企业的销售盈利能力，还需要结合销售净利率进行分析。

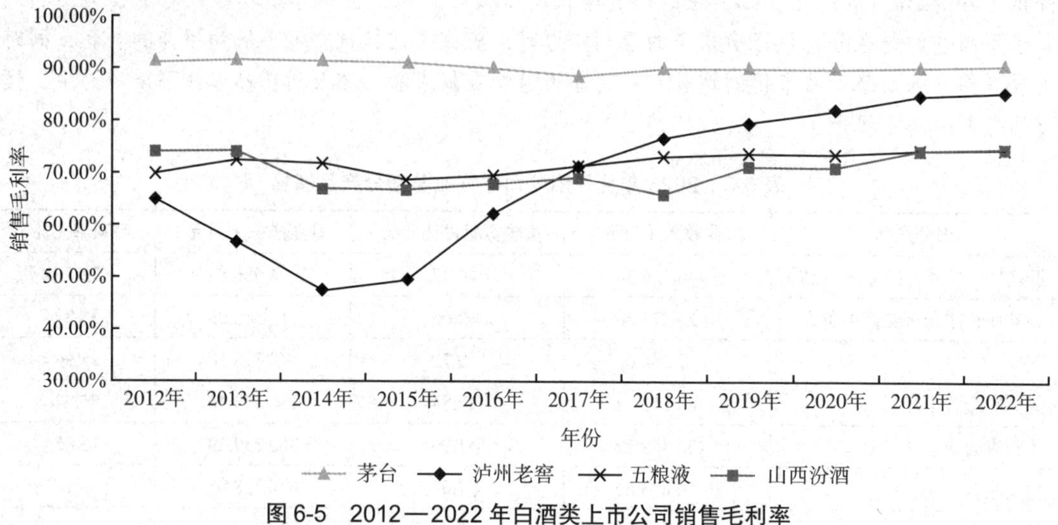

图 6-5 2012—2022 年白酒类上市公司销售毛利率

销售净利率可以反映管理层的经营企业能力，高于同行或者历史同期的销售净利率不仅意味着公司收回商品或服务的成本、经营费用（包括折旧）和借入资金的成本，还为股东创造了利润。净利润与销售额的比率本质上反映了运营的整体成本 / 价格效益。销售净利率（net profit margin，NPM）反映每元销售额创造的净利润，又称为销售回报率（return on sales，ROS），其计算公式如下：

$$销售净利率 = 净利润 / 销售收入 \times 100\% \tag{6-12}$$

销售净利率除了受公司的毛利率影响外，还会受公司的销售费用、管理费用、研发费用和财务费用的影响，这些费用相对于销售额的比例反映公司的费用控制能力和管理能力，同时也与公司的竞争策略和融资政策有关，比如食品饮料行业通常具有较高的毛利率，但是大量的广告投入和促销费用会拉低净利率；依靠技术创新和研发投入形成的产品直接制造成本较低，毛利率较高，比如特斯拉相对于我国其他新能源车企业的创新和品牌效应使其具有较高毛利率，随着产能的扩大，成本进一步降低，从而可以通过降价抢占市场份额。

销售毛利率和销售净利率之差反映了企业销售费用的支出效率，同时也反映了企业不同的销售策略，分析企业不同类型的销售费用占比和使用效率可以看出公司的经营政策的差异，比如重视研发创新的企业可能有更高的毛利率，同时有较高的研发费用率（研发费用率 = 研发费用 / 销售收入 ×100%），而销售导向的公司可能有更高的销售费用率。

如果看四家白酒类上市公司的销售净利率则能看出它们明显分化（见图 6-6），茅台仍然一枝独秀，2012 年到 2022 年期间除了个别年份，茅台的销售净利率基本维持在 50% 以上，反映了茅台强大的品牌效应带来的超高销售盈利能力。五粮液和泸州老窖分别居于第二和第三的位置，并且泸州老窖销售净利率 2020 年接近于五粮液，在 2021 年反超五粮液。而山西汾酒一直垫底，这一方面反映了汾酒品牌的影响力较低，更重要的是该公司的高毛利可能是依靠高额的销售费用维持。山西汾酒的知名度逊色于其他三家，需要依靠营销推广来扩大销售。

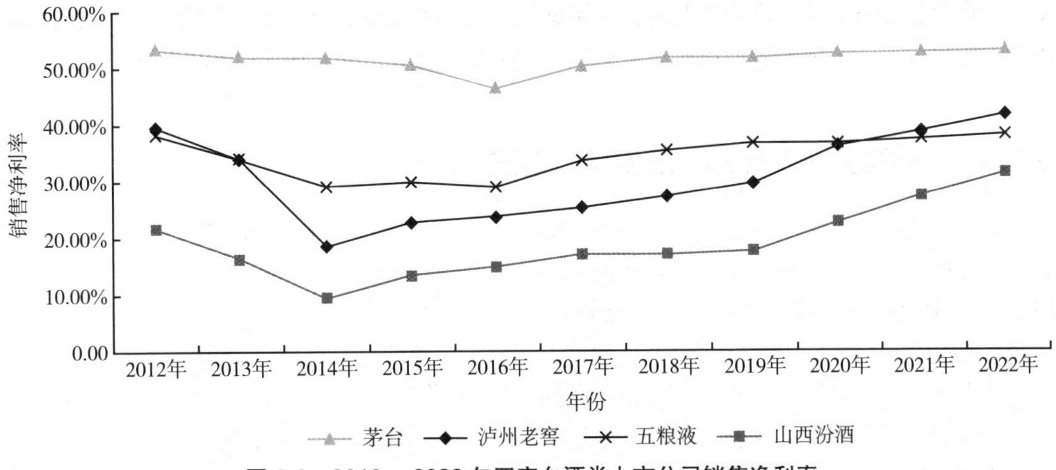

图 6-6　2012—2022 年四家白酒类上市公司销售净利率

从四家白酒类上市公司的销售净利率可以看出，山西汾酒虽然销售毛利率较高，但是销售净利率一直处于最低位置，这与产品的品牌和定位有关。

3．息税前利润率和息税折旧摊销前销售利润率

为了排除财务杠杆对销售利润率的影响，可以使用息税前利润率（EBIT Margin），计算公式如下：

$$息税前利润率 = 息税前利润 / 销售收入 \times 100\% \qquad (6\text{-}13)$$

该比率不受企业不同融资模式（股权还是债权）和所得税费用的扭曲。该指标假设公司的资本全部来自股权资本，且不考虑所得税对收益的影响。息税前利润率越大，表明公司盈利能力越强。

在数据可获得的情况下，还可以使用息税折旧摊销前利润率（EBITDA Margin），计算公式如下：

$$息税折旧摊销前利润率 = 息税折旧摊销前利润 / 销售收入 \times 100\% \qquad (6\text{-}14)$$

该指标接近于每元销售收入当期能够获得的经营现金流量，反映公司销售收现能力，是重要的盈利质量指标。证券分析师经常使用这个指标，原因是本指标不受企业折旧和摊销的会计政策的影响，也不受所得税核算方法的影响。

企业所得税是企业持续发生的一项费用，只要企业盈利就需要缴纳企业所得税，因此可以使用计息前计税后的利润来修改息税前利润公式，这需要对利息金额进行税收调整。调整的目的是克服企业资本结构差异（负债或者股权融资差异）对运营效率的影响，由此产生了息前税后利润（earnings before interest after tax，EBIAT），通过对 EBITA 中的利息支出和收入以及任何非营业收入和支出项目进行调整，得到经营性税后利润（net operating profit after taxes，NOPAT）。随着股东价值衡量标准的转变，NOPAT 指标变得越来越重要，我们将在第 9 章中更详细地讨论这一指标。作为企业运营税后盈利能力的体现，NOPAT 是计算经济增加值指标的重要参数。

一般来说，当企业存在与持续经营没有直接关系的异常或非经常性收入和支出项目时，分

析师应在分析经营效率时排除这些项目来调整相应的财务比率。对于非经常性损益项目的调整需要考虑税收影响，如果需要进行税后比较，则必须计算收入或费用项目的税收影响。

6.1.6 杜邦财务分析体系：三要素分解法

净资产收益率是一个综合反映公司盈利能力的财务指标，为了反映净资产收益率的影响因素需要对净资产收益率进行进一步的分解，如图 6-7 所示。

从图 6-7 中可以看出，即使公司的资产回报率在保持不变的情况下，公司也可能通过改变资本结构影响短期内的净资产收益率，通过例 6-1 可以看出资本结构决策对于净资产收益率的影响。

净资产收益率

$$= \frac{\text{净利润}}{\text{股东权益}}$$

$$= \frac{\text{净利润}}{\text{销售收入}} \times \frac{\text{销售收入}}{\text{股东权益}}$$

$$= \frac{\text{净利润}}{\text{销售收入}} \times \frac{\text{销售收入}}{\text{总资产}} \times \frac{\text{总资产}}{\text{股东权益}}$$

= 销售净利润率（NPM） × 资产周转率（AT） × 权益乘数（EM）

图 6-7 净资产收益率的杜邦三因素分解法

财务分析师按照优先权顺序把每一元资产所产生的息税前利润依次分配给资金的提供者或者是税务机构，分别是债权人应得的利息（税后利息成本），依法需要缴纳的税款（所得税），优先股股东（优先股股利）和普通股股东（普通股股利），对于控股公司，需要区分非控股股东收益和归属于母公司股东的收益。

例 6-1：资本结构决策对公司净资产收益率的影响

ABC 公司总资产收益率为 10%（息税前），所得税税率为 25%，目前资本总额为 1 000 万元，全部为股权资本。公司计划筹措 600 万元进行项目投资，总资产收益率保持不变。假设现有三种方案筹措项目资本：①发行 200 万元债券，票面利率为 5%，同时发行 200 万元普通股，每股价格为 2 元（不考虑发行费用）；②发行 600 万元债券，息票率为 6%；③发行 300 万股普通股，每股价格为 2 元（不考虑发行费用）。根据以上数据计算。

（1）ABC 公司筹资前后的净利润、息税前利润。

（2）计算不同筹资方案的净资产收益率。

ABC 公司筹资前后的净利润、息税前利润以及不同筹资方案的净资产收益率的计算过程如表 6-4 所示。

表 6-4 ABC 公司的净利润、息税前利润和净资产收益率

项目	方案 1 （200 万债券，5%+200 万普通股）	方案 2 （600 万债券，6%）	方案 3 （300 万普通股）
总资产（万元）	1 600	1 600	1 600
总资产收益率（息税前）	10%	10%	10%
负债（万元）	200	600	0
息税前利润（万元）	160	160	160
利息费用（万元）	200 × 5%=10	600 × 6%=36	0
税前利润（万元）	150	124	160
所得税（万元）	37.5	31	40

（续）

项目	方案 1（200 万债券，5%+200 万普通股）	方案 2（600 万债券，6%）	方案 3（300 万普通股）
净利润（万元）	112.5	93	120
股东权益（万元）	1 400	1 000	1 600
净资产收益率（期末股东权益）	8.04%	9.30%	7.50%
净资产收益率（平均股东权益）	9.38%	9.30%	9.23%
资产负债率	12.50%	37.50%	0.00%

从表 6-4 中可以看出，纯债券融资方案下能够获得高的净资产收益率，混合融资方案次之，纯股权融资方案的净资产收益率最低。而纯债券融资方案下的财务杠杆最高，方案 2 利用财务杠杆撬动了更高的净资产收益率，原因是公司的息税前总资产收益率（资产的息税前获利能力）大于公司的资本成本。

⊙案例 6-2

苹果公司的 ROE

2023 年 6 月 30 日，苹果股价收报每股 193.97 美元，成为历史上第一家市值超过 3 万亿美元的公司。苹果的盈利能力如何？能够支撑这么高的股价吗？

巴菲特说，如果我只用一个财务指标（选股），那就是净资产收益率。苹果公司的净资产收益率表现如何？图 6-8 是苹果公司 2017—2022 年的净资产收益率，可以看出苹果公司的净资产收益率从 2017 年开始快速增长，从 2017 年的 36.07% 上升到 2022 年的 196.96%。那么苹果公司的净资产收益率快速增长的原因是什么？

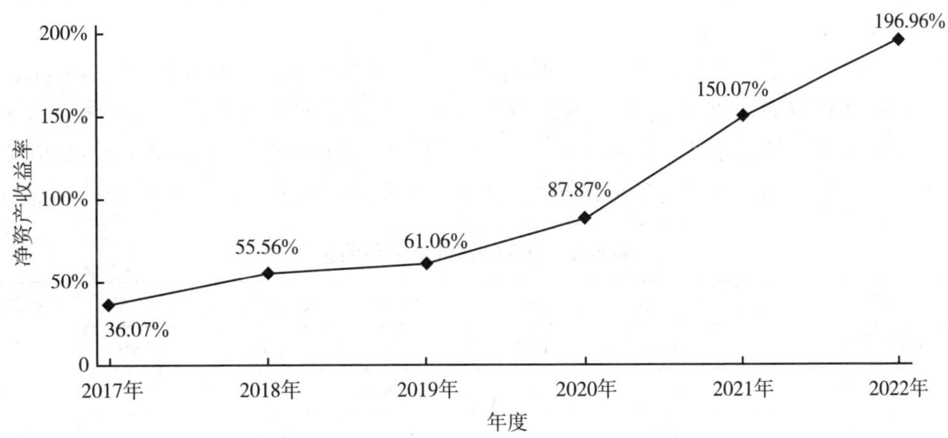

图 6-8　苹果公司 2017—2022 年的净资产收益率

注：苹果公司的会计年度截止日期是 9 月 30 日。

资料来源：https://www.stock-analysis-on.net/NASDAQ/Company/Apple-Inc/Ratios/DuPont#Three-Component-Disaggregation-of-ROE。

根据杜邦财务分析体系的分解，净资产收益率的变动受到销售净利率、资产周转率和财务杠杆（权益乘数）的影响，如表6-5所示。

表6-5 苹果公司净资产收益率三因素分解

年度	净资产收益率	=	销售净利率	×	资产周转率	×	权益乘数
2017年	36.07%	=	21.09%	×	0.61	×	2.80
2018年	55.56%	=	22.41%	×	0.73	×	3.41
2019年	61.06%	=	21.24%	×	0.77	×	3.74
2020年	87.87%	=	20.91%	×	0.85	×	4.96
2021年	150.07%	=	25.88%	×	1.04	×	5.56
2022年	196.96%	=	25.31%	×	1.12	×	6.96

注：苹果公司的会计年度截止日期是9月30日。

资料来源：https://www.stock-analysis-on.net/NASDAQ/Company/Apple-Inc/Ratios/DuPont#Three-Component-Disaggregation-of-ROE。

从表6-5中可以看出，苹果公司快速上升的主要原因是公司的权益乘数扩大，即苹果公司的财务杠杆不断上升，虽然苹果公司收入和利润在此期间快速增长，但是归母净资产却在2017年之后快速下降，从2017年的1 340亿美元降到2022年的507亿美元，降了62%，一方面净利润增长，另一方面归母净资产不断下降，最终导致2022年净资产收益率出现惊人的196.96%。而同一期间，苹果公司的资产负债率快速上涨，导致权益乘数的扩大，从表6-6中可以看出，在2017—2022年间，苹果公司的负债相对于权益比例大幅度上升，反映了公司用债务融资不断回购股份，苹果公司一直在通过支付股利和发行债券回购股票向股东返还资金，在2018年之后回购的力度明显加大，从2017年回购329亿美元，到2022年回购894亿美元，反映出在低利率环境下，公司充分利用财务杠杆提升公司的ROE。不过由于公司强大的盈利能力，苹果公司并不存在偿债的风险，从利息保障倍数（EBIT/利息）保持高位就可以看出，尤其是2021—2022年期间。

苹果公司通过发债回购股份使得公司的财务杠杆不断上升，从表6-6中可以看出，负债权益比率从2017年的0.86提高到了2022年的2.39，但是公司强大的盈利能力使公司在负债不断上升的情况下仍然维持了较高的利息保障倍数，从2019年的19.38倍提升到2022年的41.64倍，即使加上其他的固定支出包括租金支出，苹果公司的支付固定支出的能力也在提升。

表6-6 苹果公司的负债和利息

项目	2017年	2018年	2019年	2020年	2021年	2022年
负债权益比	0.86	1.07	1.19	1.73	1.99	2.39
利息保障倍数	28.59	23.50	19.38	24.35	42.29	41.64
固定支出保障倍数	19.72	17.42	14.48	16.34	26.13	25.65

资料来源：来自公司年报。

从苹果公司的案例中可以看出，高负债并不一定是坏事，只要公司有足够的盈利能力和强大的现金流保证，负债的风险仍然可以得到有效控制。相反，如果公司本身的盈利能力和资产的营运效率低下，过度负债在经济衰退时或者行业面临外部冲击时就可能陷入债务危机，我国的房地产行业从 2018 年开始的流动性风险就是例证。

资料来源：改编自《饶叫兽说资本，你知道 3 万亿美元市值的苹果 ROE 是多少吗？》，https://mp.weixin.qq.com/s/euLqLrM3REd94iiXY8_euA。

四家白酒类上市公司的财务杠杆可以从图 6-9 中的杠杆乘数反映出来，整体来看白酒企业的负债率都不高，不过山西汾酒的财务杠杆呈现波动上升趋势，与山西汾酒的净资产收益率的变动趋势基本一致，可以看出，公司的净资产收益率上升主要是靠财务杠杆的效应推动，因为公司的销售净利率处于四家最低的位置，但是净资产收益率在 2014 年后稳步上升，2018 年超越了泸州老窖和五粮液，与负债率的上升不无关系，这也可以从公司资产负债率变动趋势反映出来（见图 6-10）。从图 6-10 中看出，山西汾酒的资产负债率远高于其他三家公司，2019 年甚至超过了 50%。

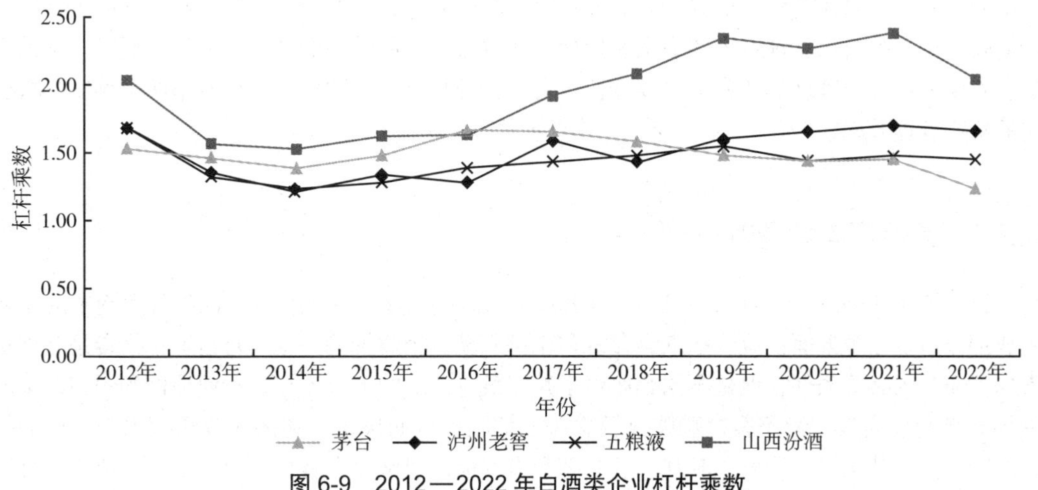

图 6-9　2012—2022 年白酒类企业杠杆乘数

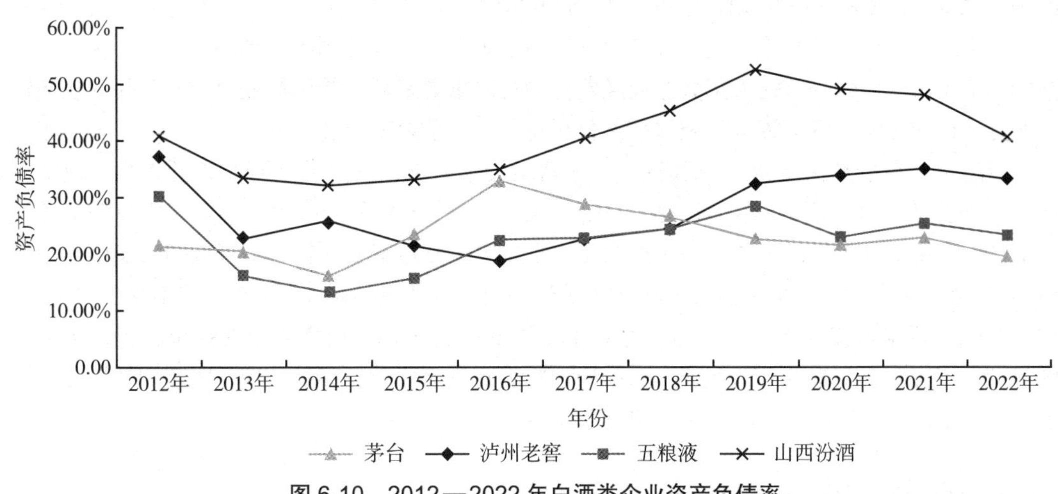

图 6-10　2012—2022 年白酒类企业资产负债率

不过白酒类企业的特点决定了它们的负债都是经营性负债，无金融性负债，不需要承担利息费用，原因是它们在供应链上处于优势地位，可以利用经销商资金（经销商预付款）和供应商资金（供应商赊账供货）开展经营，现金流充裕，不需要通过金融负债融资。

经济利润或经济增加值（economic value added，EVA）是分析师经常使用的盈利能力分析指标，EVA 是基于以下基本思想：为了创造股东价值，所使用的资源所赚取的利润必须超过资本成本。经济利润的基本计算方法是从税后营业利润中减去代表资本成本的资本费用，为了计算资本成本，首先需要定义投入的资本，计算公司资本的加权资本成本结构，然后将资产基础乘以资本成本百分比，并将结果从税后营业利润中减去。如果净额为正，则价值已经创造；如果净额为负，则说明公司在损毁价值，我们将在第 9 章中使用投入资本回报率与资本成本的比较来判断公司的价值创造能力。

6.2 盈利能力与管理效率

资源利用效率是判断管理层使用资产的有效性的重要指标。资产周转率可以用于判断企业资源利用效率的总体趋势。根据经典的杜邦财务分析体系，影响公司净资产收益率的因素中资产周转率是反映公司管理效率的最重要指标。通过对资产周转率的详细分解和分析可以帮助投资者判断公司投资管理的效率。可以从营运资本管理和效率长期资产管理效率两个维度分析公司的资产管理效率。

6.2.1 营运资本管理效率

营运资本（working capital）是公司的流动资产和流动负债的差额，企业营运资本的重要组成部分包括三个方面：应收账款、存货和应付账款。企业维持一定的营运资本投资是开展正常经营业务的必要条件，但是不同企业由于其在供应链上的地位差异、行业惯例和销售政策的差异会影响公司是否给予客户赊账以及赊账的期限，从而决定公司的应收账款水平，比如茅台、特斯拉、苹果等公司由于其强大的品牌和市场地位通常要求客户预付货款（形成这些公司的预收账款），其应收账款规模远小于同行业竞争对手。公司的生产流程和工艺以及安全库存的需求决定公司的存货水平，比如种植业、养殖业等农业企业受到生长周期的限制会保持比较高的存货水平，应付账款是大部分企业经营性融资的重要来源，受到行业习惯和公司在供应链中所处地位的影响。营运资本管理水平是公司竞争力的重要来源和体现。

营运资本可以从两个角度来理解，一是营运资本需求，二是营运资本来源。当（流动资产 – 流动负债）>0（营运资本为正时）（见图 6-11a），公司的资金占用在存货、应收账款等流动资产上，供应商提供的融资（应付账款）不足以支撑营运资本所需，需要其他长期资金来源（长期负债、股东投入）提供资金；相反当（流动资产 – 流动负债）<0（营运资本为负时）（见图 6-11b），供应商提供的融资（应付账款）足以支撑营运资本所需且还有剩余，可以为公司的长期资产提供资金来源。营运资本的结构主要受到应收账款、存货和应付账款周转速度的影响，这三个要素的周转速度决定了公司现金流量状况。

1．应收账款周转

赊销是现代商业社会的通常销售方式，公司给予客户赊销为客户提供了信用，同时占用了公司的资金，应收账款回收快慢不仅影响资金的周转，更重要的是可能影响公司的货款能否收回。衡量应收账款周转的指标有应收账款周转率和应收账款周转天数（又称为回款期或者账期）。应收账款周转率计算公式如下：

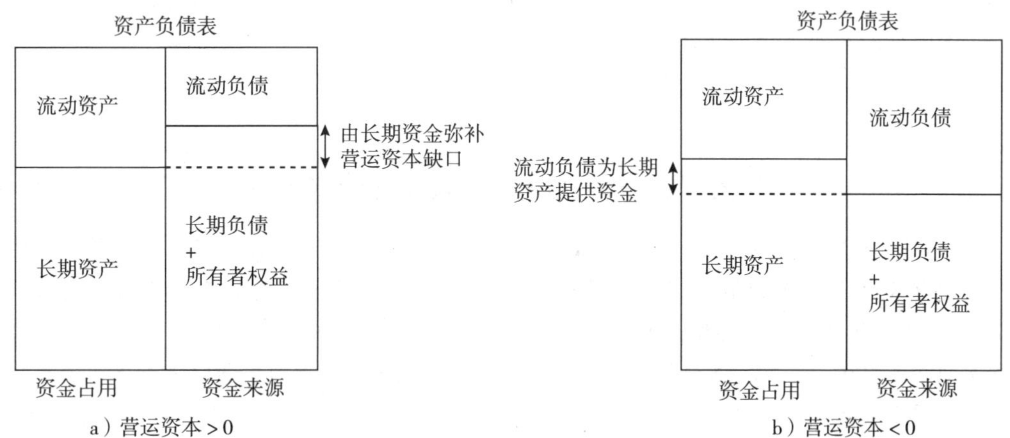

图 6-11 营运资本示意图

$$应收账款周转率 = 销售收入 / [(期初应收账款 + 期末应收账款)/2] \quad (6\text{-}15)$$

应收账款周转率反映的是公司一年内从销售到回款平均周转次数，周转率越高，反映应收账款的收款速度越快。该指标可以转换为应收账款周转天数，即应收账款平均收款期（账期）（days sales outstanding，DSO；collection period），计算公式如下：

$$应收账款周转天数 =365/ 应收账款周转率 \quad (6\text{-}16)$$

应收账款周转天数的分析需要考虑该指标是否非常接近公司给予客户赊销天数，这与公司的销售信用政策有关。 如果公司销售的付款条件是（1/10，*n*/30），意味着客户在开票后 10 日内付款可以获得 1% 的折扣，在 30 天内需要全额付款，最长的赊账期为 30 天，如果公司的应收账款周转天数高于 30 天，这可能意味着某些客户难以按期付款，公司通常会披露不同账期对应的应收账款的金额，账期越长的欠款越有可能形成坏账。

2．存货周转

库存虽然是企业的资产，但是存货的积压会影响公司的现金流量，同时存货的保管费用和存货的贬值会影响公司的盈利能力，加快存货周转是企业提高资产运用效率的重要途径和手段。衡量应收账款周转的指标有存货周转率和存货周转天数。

$$存货周转率 = 销售成本 / [(期初存货 + 期末存货)/2] \quad (6\text{-}17)$$

存货周转率反映的是公司一年内从购入原料（商品）、加工生产到销售出库平均的循环次数，存货周转率越高，反映存货的周转速度越快。然而，远高于行业平均的库存周转率可能预示着库存短缺。该指标同样可以转换为存货周转天数（days inventory outstanding，DIO），反映企业从购入原料（商品）、加工生产到销售出库所需要的天数，计算公式如下：

$$存货周转天数 =365/ 存货周转率 \quad (6\text{-}18)$$

外部分析师对于企业的库存水平无法准确判断，外部分析师需要注意公司采用的存货成本计算方法的变化，存货周转率将销售成本与库存联系起来而不是把销售收入与库存进行比较，原因是使用销售额会导致比率扭曲，因为销售额包括利润加成，而利润加成并未包含在资产负债表上的库存成本中。

⊙案例 6-3

利润大降，市值暴跌，优衣库还能火多久?

优衣库是全球最大的服装公司之一，其母公司迅销集团同时在日本东京和中国香港两地上市。迅销集团公布的 2016 财年一季报显示净利润（归属母公司所有者净利润）大幅下跌 30.2%，其在中国香港上市的预托证券，价格亦较 2015 年高点跌去三分之一，以此计算的总市值跌去超过 1 400 亿港币。迅销公司将净利润下滑的主要原因归结为汇率变动和天气因素的影响，实际情况是这样的吗?

库存周转速度是服装企业真正的生命线，迅销集团财报上最值得注意的数字是其库存周转速度正在变慢，而快速周转正是过去 10 多年来优衣库品牌在海外扩张的关键。迅销集团的库存周转天数从 2011 年的 20.63 天，逐步增加到 2015 年的 52.44 天（见图 6-12），远高于 GAP 和佐丹奴。这意味着 2015 年迅销集团的库存周转速度不到 2011 年的一半，这种放缓趋势如果持续下去，将会使得迅销集团丧失对竞争对手的战略性优势。

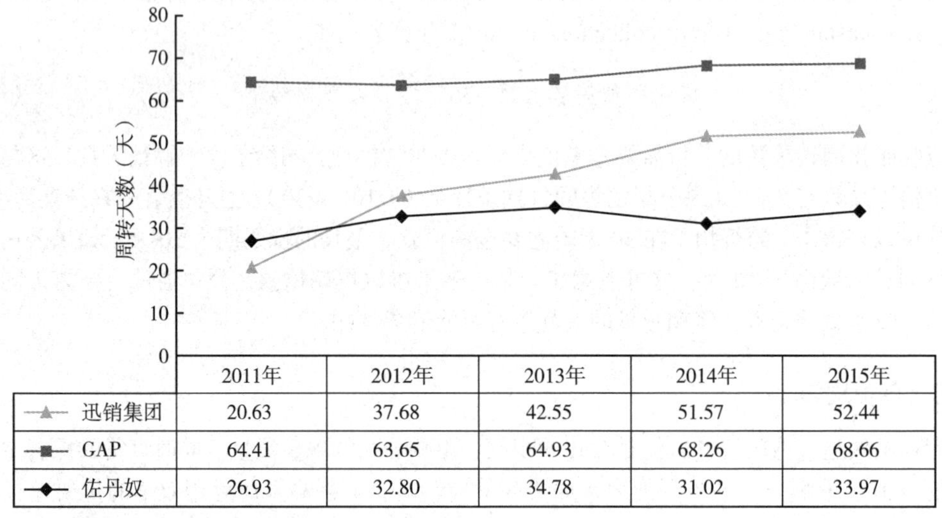

	2011年	2012年	2013年	2014年	2015年
迅销集团	20.63	37.68	42.55	51.57	52.44
GAP	64.41	63.65	64.93	68.26	68.66
佐丹奴	26.93	32.80	34.78	31.02	33.97

图 6-12　三家服装公司的库存周转天数

3. 应付账款周转

企业赊账采购可以利用供应商的资金，减少企业自有资金的占用，付款速度的快慢一方面影响着公司的现金流量，另一方面会影响企业与供应商之间的关系。衡量应付账款周转的指标有应付账款周转率和应付账款周转天数。

应付账款周转率 = 采购成本 / 平均应付账款 = 销售成本 / 平均应付账款
= 销售成本 /［（期初应付账款 + 期末应付账款）/2］　　(6-19)

应付账款周转率反映的是公司一年内从赊账采购到支付赊销款平均的循环次数，应付账款周转率越高，反映应付账款的支付速度越快。由于公司对外披露的财务报表不要求披露当期采购数量，尤其是赊账采购数量，因此我们可以使用以下关系推算采购数量：

期末存货 = 期初存货 + 采购金额 − 销售成本

采购金额 = 期末存货 + 销售成本 − 期初存货

应付账款周转率指标同样可以转换为应付账款周转天数，即应平均付款期（days payables outstanding，DPO），从赊购到付款所需要的天数，计算公式如下：

应付账款周转天数 =365/ 应付账款周转率　（6-20）

应付账款周转天数的计算理论上应该用赊账采购金额与应付账款进行对比，但是外部分析师不容易获得采购信息。采购金额可以通过将期初存货到期末存货的变化加上该期间的销售成本推断，但是否赊账以及账期长短信息通常难以获得，因此在存货波动不大的情况下使用销售成本来近似替代赊账采购金额。

⊙案例 6-4

Cytec 减少 40% 的营运资金

Cytec（氰特）是美国著名的化学材料生产企业，其总部设立在美国新泽西州，属于特种化学品和原材料生产公司，其业务范围囊括全球，主要从事开发高科技聚亚氨酯、环氧复合物与合成树脂系列，其产品主要涉及浇注、包封、敷形涂层、粘合、密封、模具树脂、合成橡胶等领域，在 35 个国家都有业务。

2008 年下半年，Cytec 预见经济将出现强劲的下降趋势，其本身的商业活动也在下降。Cytec 的业务往往是周期性的，尽管并非所有业务都处于相同经济周期。高级管理层知道，专注于现金对应对即将到来的经济低迷并使公司走向最终复苏至关重要。公司股价走低，Cytec 需要修改其银行贷款合同，并希望在 2009 年年底前主动对 2010 年到期的债务进行再融资。因此，Cytec 急需向资本市场证明它可以在商业周期低迷期间持续产生现金。

由于经济增长和收购，Cytec 的营运资本水平一直在逐年提升。2009 年底 Cytec 预测如果不采取措施，未来公司的超额营运资本将超过 2 亿美元。当市场强劲时，公司关注的焦点一直是收益，而不是资产负债表。了解到公司业务周期性下降趋势，公司的管理团队意识到，更好的营运资本管理将是促进现金产生的最有效的杠杆。"我们认识到利用多余的营运资本投资于将塑造我们未来的企业。"该公司的副总裁兼首席财务官大卫 · 德里洛克说，"当 2008 年经济开始恶化时，我们决定加快这一努力。"

为了维持这些变化，Cytec 将需要更好的指标和报告能力。重要的是，它将需要改变其文化，有效将关注营运资本的理念渗透到公司的重要决策中。"我们希望我们的员工了解他们的日常活动是如何影响营运资本的。"Cytec 化学品全球供应链副总裁斯科特 · 海恩说。任何人做出决定，他或她应该问："这将对营运资本产生什么影响？"

为了帮助公司制定一项在不影响客户服务的情况下加速营运资本改进的计划，Cytec 向 REL 寻求帮助。"几乎任何人都可以采取措施解决营运资本问题，但我们希望确保我们的结果是公司能够得到可持续的发展。”德里洛克指出，“我们需要一个理解这一点的合作伙伴，营运资金是REL的业务。”

与Cytec团队合作，REL概述了一个明确、详细、实用的路径，用于分析和解决影响营运资本的几个关键功能领域，并将项目团队分配到每个领域。在六周的时间里，团队成员检查了Cytec在两大洲的运营地点样本，对一线人员进行了深入采访并进行了分析交易一级的活动，以确定营运资本增加的潜在驱动因素。REL分析的一个关键组成部分涉及一个九度分割模型，用于根据关键属性区分产品、供应商和客户。“九度分割模型对这个项目的成功至关重要。”Cytec专业化学控制员邓坎泰勒说，“这很简单，但它为分割提供了定量基础，确实改变了我们关注的焦点。”

在分析之前，Cytec的管理层认为公司主要的营运资本改善可能将来自库存减少。事实上，经过仔细分析发现在应付账款和应收账款方面有较大的近期改善。这些快速的胜利改善了项目的整体现金流，并有助于为长期的库存工作流提供资金。“我们知道我们走在了正确的轨道上。”海恩说，“但是分析提供了证据和特异性，使我们能够重新关注跨职能的重点，并获得了前进的支持。”REL和Cytec一起利用这些发现为流程变更创建了一个全面的商业案例，获得了来自高级领导和运营团队的收购权。

在实施过程开始几个月后，Cytec高管观察到他们自己的员工“谈论”新概念，并在当时有纪律地应用于他们的日常活动。“我们能够快速取得一些胜利，特别是在应付账款和应收账款领域。”海恩说。Cytec的营运资本得到了持续改善（见图6-13），公司也得到了银行的融资支持。

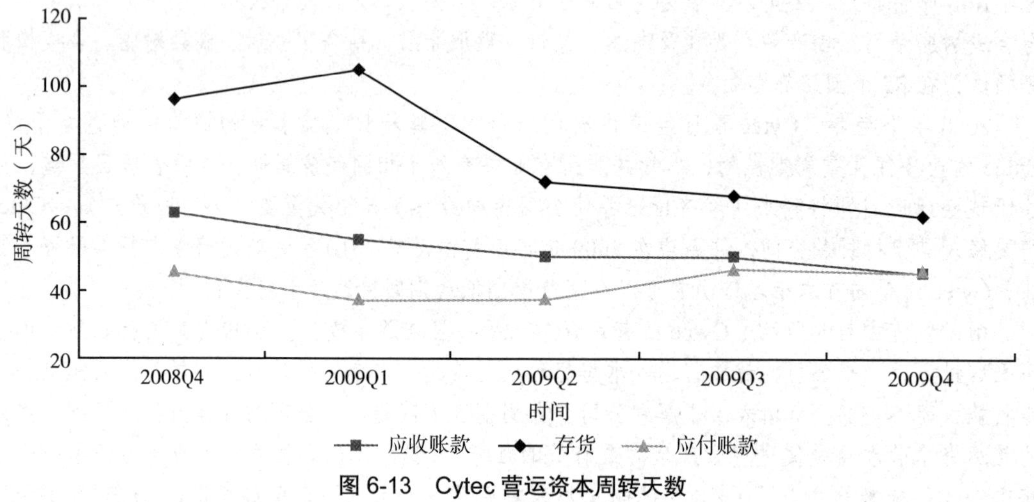

图6-13 Cytec营运资本周转天数

资料来源：https://www.contentree.com/caseStudy/cytec-industries-reduces-working-capital-by-nearly-40_26204。

4. 现金周转周期

现金周转周期（cash conversion cycle，简称“CCC”）是指一家公司从支付现金购买库存起到最终收回销售产品所得的现金为止的天数。现金周转周期可以用来衡量公司的流动性状况和运营现金流管理效率，它衡量的是公司购买待售商品和最终收回产品现金之间的持续时间（以天为单位），如图6-14所示。

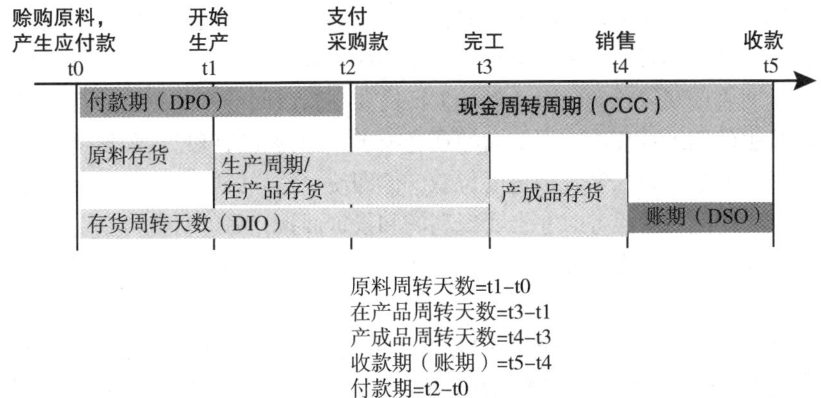

图 6-14　现金周转周期示意图

根据应收账款周转天数、存货周转天数和应付账款周转天数可以计算公司现金周转周期，计算公式如下：

现金周转周期 = 应收账款周转天数（账期）（DSO）+ 存货周转天数（DIO）− 应付账款周转天数（付款期）（DPO）　（6-21）

现金周转周期受应收账款周转天数、存货周转天数、应付账款周转天数三个要素的影响。如果现金周转周期 >0，表示企业从供应商那里获得的信贷，并不足够支付企业日常营运费用，必须依靠长期负债和股权融资提供资金以支持日常运作（数值越大，付出资金越多）。如果现金周转周期 =0，表示企业从供应商那里获得的信贷，刚好支付企业日常营运费用。如果现金周转周期 <0，表示企业从供应商那里获得的信贷，大于企业日常营运费用，这样的企业是一个“现金生产机器”。现金周转周期是一个重要的指标，因为现金转换周期较短的企业意味着拥有更优化、更高效的供应管理、生产、会计和收款流程，同时也能够增加企业的自由现金流。

现金对于企业生存和运转的意义正如氧气对于人的生存的意义一样，企业可以在没有利润的情况下生存很长一段时间，但如果没有现金，企业就无法生存一天。如果没有稳定的现金流，公司就会陷入财务困境，如果不能扭转持续的现金流危机企业将陷入倒闭。

很多企业的首席执行官（CEO）不明白“增长会消耗现金”这个道理，即使是温和的增长也会导致许多公司消耗现金的速度快于产生现金的速度。帮助管理现金的最佳工具之一是计算公司的现金转换周期，它衡量企业从花费现金（无论是用于营销、设计还是购买产品）到企业从服务或成品的销售中获得现金之间需要多长时间。

例如，在戴尔的早期，它们的现金转换周期为 63 天。换句话说，从它们第一次花一美元制造计算机到把那台计算机卖给客户并收到货款大约需要 63 天，许多制造公司的现金周转周期约为 90 天或更长的时间。因此，戴尔开始专注于缩短现金转换周期。目前戴尔的现金周转周期是 −35 天。负的现金周转周期意味着戴尔在开始花钱制造客户下订单购买的计算机之前 35 天就收到客户的预付款，也就是说戴尔在利用客户的钱生钱。

戴尔是如何做到让现金周转周期为负数的？它会预先接受客户的付款，然后开始采购制造计算机所需要的备件，当它向上游的供应商付款时，距离它收到客户的预付款已经过去了 35 天。

对于一个公司，想象一下其现金周转周期从 63 天到 −35 天的巨大变化，这意味着该公司在利用供应商和客户的钱在生钱，降低了对自有资金的需求，从而使经营效率大幅提升。

现金转换周期的增加表明销售和制造过程中消耗了额外的现金，需要额外的营运资金。从本质上讲，现金回收周期较长的行业（例如生产需要很长时间的产品的制造行业以及房地产开发企业）将需要更仔细地管理整个周期内的现金需求，因为在收到付款和现金支出之间可能存在负缺口，此类企业通常要求客户按进度付款，但即使有这样的临时现金流入，此类企业通常情况下只有到交付产品或者服务时才会实现利润和投资回报，另外对此类企业来说，如果产品质量存在争议，这些付款更有可能被拖延，从而导致企业进一步出现现金流资金缺口，需要融资来支持。

初创项目和新公司通常需要为产品的开发提供资金，这些产品可能需要数年时间才能上市，需要大量支出用于劳动力和材料。对于这些实体来说，一般定义的现金转换周期并不合适。对此类实体，分析师将评估所需的资金，包括手头现金、运营现金流和外部融资。

对于华东造船厂、中国商飞等生产交付周期较长的公司来说，最初的交付数量往往会导致现金流不佳。然而，当它们沿着生产学习曲线向上移动时，它们的效率和现金流都大大提高。

不同行业的现金周转周期的影响因素存在比较大的差异，房地产开发与经营业、农业、生物制品业和饮料制造业等行业，存货周转天数对现金周转周期较为重要；旅馆业和航空运输业，应付账款周转天数较为重要；电力生产业，应收账款周转天数和应付账款周转天数较为重要。

6.2.2 长期资产管理效率

与流动资产相比，长期资产是企业在经营中长期使用的资产，包括固定资产、无形资产、对外股权投资资产和债权投资资产等。对外投资性资产并不直接产生销售收入，无形资产按照目前会计准则主要是外购无形资产和内部研发符合资本化条件而确认的无形资产，在企业账面资产中的占比较小，长期资产周转率主要关注的是固定资产周转率。

固定资产是企业前期资本投资决策形成的资产，对公司未来经营产生长期持续的影响，固定资产周转率可以反映公司固定资产投资效率和运营效率，计算公式如下：

$$固定资产周转率=销售收入/[(期初固定资产+期末固定资产)/2] \tag{6-22}$$

从理论上说，固定资产管理效率越高，固定资产周转率越大。固定资产周转率的大小与行业性质密切相关，通常资本密集型行业周转率较低，例如钢铁行业和化工行业，他们需要大量的固定资产投资，而劳动密集型和技术密集型行业固定资产周转率较高，因为这些行业的固定资产投资相对较小。例如信息技术服务行业中的软件行业，主要依靠的是技术人员的软件开发能力，对固定资产的依赖程度相对较低。因此在进行该指标的分析时应将公司的固定资产周转率与行业平均的周转率进行比较，以判断公司固定资产的使用效率。

6.2.3 总资产管理效率

总资产管理效率最常用的比率是总资产周转率，它将销售额与总资产联系起来，计算公式如下：

$$总资产周转率 = 销售收入 / [(期初资产总额 + 期末资产总额)/2] \tag{6-23}$$

该指标表明支持一定销售水平所需的固定资产投入规模，或者每一元资产产生的销售额。总资产周转率是一个资产管理效率粗略的衡量标准，对不同公司进行比较时需要注意不同公司的资产的新旧程度差异很大，同时资产的账面价值与当前的经济价值关系不大，这一指标在不同行业间存在重大差异，大多数制造企业往往是资产密集型的，而服务或者商业企业需要相对较少的资产投入。

无论是公司现有的股东还是潜在的投资者关注的重要问题是投资回报，投资者的回报来自分红和投入资本的增值。公司的盈利能力和股利分配政策决定了分红水平，管理者股利决策主要考虑的是公司盈利是用于再投资还是作为股利支付给股东，或者通过回购已发行股票的方式回报股东。

6.3　盈利质量分析

6.3.1　经常性与非经常性损益

盈利的可持续性是财务分析师在进行财务分析和估值时必须考虑的问题，1999 年 12 月 8 日，中国证监会正式要求上市公司在年报中披露“扣除非经常性损益后的净利润”（通常被简称为“扣非后净利润”）及其分项内容和金额，原因是后者的可持续性低于经常性损益，但是对于经常性损益和非经常性损益的区分存在比较大的争议和模糊地带。

非经常性损益是指公司正常经营以外的、一次性或偶发性的损益，如重大自然灾害造成的资产减值、资产处置损益、债务重组损益、财政返还和补贴收入等，非经常性损益是指与公司正常经营业务无直接关系，以及虽与正常经营业务相关，但由于其性质特殊和偶发性，影响报表使用人对公司经营业绩和盈利能力做出正常判断的各项交易和事项产生的损益。[⊖] 但

⊖ 根据《公开发行证券的公司信息披露解释性公告第 1 号——非经常性损益（2008）》的规定，中国证监会规定的非经常性损益通常包括以下项目：（一）非流动性资产处置损益，包括已计提资产减值准备的冲销部分；（二）越权审批，或无正式批准文件，或偶发性的税收返还、减免；（三）计入当期损益的政府补助，但与公司正常经营业务密切相关，符合国家政策规定、按照一定标准定额或定量持续享受的政府补助除外；（四）计入当期损益的对非金融企业收取的资金占用费；（五）企业取得子公司、联营企业及合营企业的投资成本小于取得投资时应享有被投资单位可辨认净资产公允价值产生的收益；（六）非货币性资产交换损益；（七）委托他人投资或管理资产的损益；（八）因不可抗力因素，如遭受自然灾害而计提的各项资产减值准备；（九）债务重组损益；（十）企业重组费用，如安置职工的支出、整合费用等；（十一）交易价格显失公允的交易产生的超过公允价值部分的损益；（十二）同一控制下企业合并产生的子公司期初至合并日的当期净损益；（十三）与公司正常经营业务无关的或有事项产生的损益；（十四）除同公司正常经营业务相关的有效套期保值业务外，持有交易性金融资产、交易性金融负债产生的公允价值变动损益，以及处置交易性金融资产、交易性金融负债和可供出售金融资产取得的投资收益；（十五）单独进行减值测试的应收款项减值准备转回；（十六）对外委托贷款取得的损益；（十七）采用公允价值模式进行后续计量的投资性房地产公允价值变动产生的损益；（十八）根据税收、会计等法律、法规的要求对当期损益进行一次性调整对当期损益的影响；（十九）受托经营取得的托管费收入；（二十）除上述各项之外的其他营业外收入和支出；（二十一）其他符合非经常性损益定义的损益项目。

是非经常性损益并不是一个独立的利润表项目[⊖]，非经常性损益通常包含在“投资收益”“营业外收入”“营业外支出”“以前年度损益调整”等项目中。美国一般公认会计原则将非常项目（extraordinary items）定义为企业非正常经营活动产生的、性质罕见且在可预见的未来不太可能再次发生的异常损益，非经常性项目具有非正常的和非经常发生的特征，非正常（unusual）是指考虑到企业经营所处的环境，该类事项的发生与企业正常和典型的活动明显不相关或仅仅偶然相关；非经常（infrequent）是指考虑到企业所处的环境，在可以预计的未来预期再次发生的可能性较低。

正是由于非经常性损益的非正常和非经常发生的性质，财务分析师在分析公司盈利能力时，通常会排除非正常收益和损失，中国证监会规定注册会计师为公司招股说明书、定期报告、申请发行证券材料中的财务报告出具审计报告或审核报告时，应对非经常性损益项目、金额和附注说明予以充分关注，并对公司披露的非经常性损益及其说明的真实性、准确性、完整性及合理性进行核实。

6.3.2 盈利的可持续性

1．收益组成及可持续性分析

收益质量分析关注的是收益的可持续性，通过对企业利润构成进行分解，把企业的经济活动分为经营、投资、筹资三类，分别分析这三类活动对企业利润的贡献，分别用“经营活动净收益”“投资及价值变动净收益”“营业外收支净额”三类利润与利润税前的比率来判断收益质量。

（1）经营活动利润贡献率。“经营活动利润贡献率”是企业生产经营收入扣减生产成本和运营成本后的盈利占税前利润的比率，反映企业经营业务的获利能力对利润的影响，计算公式如下：

$$\text{经营活动利润贡献率} = \text{经营活动净收益} / \text{税前利润} \times 100\% \tag{6-24}$$

其中：经营活动净收益（非金融企业）= 营业总收入 − 营业总成本，营业总成本 = 销售费用 + 管理费用 + 财务费用 + 研发费用 + 税金及附加 + 经营性资产减值损失。

（2）投资及价值变动利润贡献率。“投资及价值变动净收益”包括投资净收益、公允价值变动净收益、汇兑净收益，反映企业投资获利水平，计算公式如下：

$$\begin{aligned}\text{投资及价值变动利润贡献率} = &(\text{投资净收益} + \text{公允价值变动净收益} + \\ &\text{汇兑净收益}) / \text{税前利润} \times 100\%\end{aligned} \tag{6-25}$$

“投资及价值变动”的金额取决于被投资公司的收益质量、证券资产的质量、国内外金融市场的变化，在一定程度上具有不确定性，可持续性较差的特征。

（3）非持续经营业务利润贡献率。企业的净利润包括了来自营业活动之外的因素，包括营

⊖ 包括美国 GAAP（一般公认会计原则，2015 年以后取消单独披露非经常损益的要求）、IFRS（国际财务报告准则）以及我国的会计准则中都没有关于非经常性损益的单独披露要求。在我国是证监会有关 IPO、退市等相关的监管规定中要求披露非经常性损益。

业外收支、其他收益以及资产处置和终止经营的损益，这些属于非持续经营业务的影响，计算公式如下：

$$非持续经营业务利润贡献率 =（营业外收入 - 营业外支出 + 其他收益 + 资产处置收益）/ 税前利润 \times 100\% \quad（6\text{-}26）$$

2．息税前利润和营业利润

息税前利润是指扣除利息和所得税之前的利润，息税前利润有时也称为营业利润（operating income），之所以这样称呼是因为它是通过从销售收入中扣除所有营业费用（生产和非生产成本）而得出的。将息税前利润除以销售收入即可显示以百分比表示的营业利润率（例如，15% 的营业利润率）。该利润率可以与公司过去的营业利润率、公司当前的净利润率和毛利率进行比较，或者与同一行业中其他类似公司的利润率进行比较。

息税前利润的计算公式如下：

$$息税前利润 = 净利润 + 所得税费用 + 利息费用 \quad（6\text{-}27）$$

息税前利润和营业利润都是分析公司财务业绩的重要指标。然而，息税前利润和营业利润反映的内容不同。

营业利润是公司从总收入中减去营业费用和其他成本后的差额。营业利润反映的是公司日常经营所产生的利润，不包括财务费用。息税前利润本质上是净利润加上利息和所得税费用，通过排除债务和税收成本的影响来确定公司的整体盈利能力。因此可以看出息税前利润包括利息收入和其他收入，而营业收入则不包括。息税前利润和营业利润之间的主要区别之一是非营业收入。息税前利润还包括公司产生的非营业收入以及公司运营收入，但营业利润仅包括公司营业产生的收入。

息税前利润并非会计准则要求的披露指标，所以，不同公司计算口径可能存在差异，因此分析师在进行分析时通常需要按照统一的方法调整，以便不同公司数据可比。营业利润是大部分公认会计原则要求披露的业绩标准，但是不同会计准则下的营业利润的口径存在差异。

例 6-2：特斯拉 2019—2021 年的利润表如表 6-7 所示，请根据该表计算特斯拉公司 2021 年和 2020 年的息税前利润。

表 6-7　特斯拉公司的利润表　　单位：百万美元（除每股收益外）

项目	2019 年	2020 年	2021 年	项目	2019 年	2020 年	2021 年
营业收入：				营业成本：			
汽车销售	19 358	24 604	44 125	汽车销售	15 939	19 696	32 415
汽车信贷	594	1 580	1 465	汽车租赁	459	563	978
汽车租赁	869	1 052	1 642	汽车相关成本	16 398	20 259	33 393
汽车相关营业收入	20 821	27 236	47 232	发电和储能成本	1 341	1 976	2 918
发电和储能	1 531	1 994	2 789	其他业务成本	2 770	2 671	3 906
其他业务收入	2 226	2 306	3 802	总营业成本	20 509	24 906	40 217
营业收入合计	24 578	31 536	53 823	毛利	4 069	6 630	13 606

（续）

项目	2019 年	2020 年	2021 年
营业费用：			
研发费用	1 343	1 491	2 593
销售、一般和管理费用	2 646	3 145	4 517
重组费用	149	—	（27）
营业费用合计	4 138	4 636	7 083
营业利润（损失）	（69）	1 994	6 523
利息收入	44	30	56
利息费用	（685）	（748）	（371）

项目	2019 年	2020 年	2021 年
其他收入（费用）	45	（122）	135
税前利润	（665）	1 154	6 343
所得税	110	292	699
净利润		862	5 644
少数股东收益	87	141	125
归属于母公司普通股股东收益	（862）	721	5 519
每股收益： 基本	（0.98）	0.74	5.6
稀释	（0.98）	0.64	4.9

资料来源：特斯拉公司（TESLA）年度 10-K 报告。

2021 年的息税前利润 = 5644（净利润）+699（税收）+371（利息费用）−56（利息收入）
= 6 770（百万美元）

2020 年的息税前利润 = 862（净利润）+292（税收）+748（利息费用）−30（利息收入）
= 1 932（百万美元）

3. 其他综合收益

按照国际财务报告准则的规定，其他综合收益的定义是“按照其他国际财务报告准则的要求或允许，未在损益（即净利润）中确认的收入和费用项目（包括重新分类调整）”。

目前不能在损益中确认的收入和费用的项目主要包括以下项目。

固定资产和无形资产重估价值的变动、员工福利确认的设定受益的员工福利计划由于精算假设变动导致的负债或资产的变动、外汇折算差额、可供出售金融资产中权益工具的公允价值变动差额、套期工具损益中的有效套期部分、金融负债信用风险变动的影响等。其他综合收益不属于企业日常经营业务的损益，因此在估值时不需要考虑其他综合收益的影响。

6.4 证券分析常用盈利能力指标

每股收益、市盈率和市净率是投资者进行股票估值时最重要的参考指标，也是财务分析师和财经媒体最为重视的财务指标，除了每股收益、市盈率和市净率外，股利率也是投资者看重的财务指标。它们从不同角度反映一个公司的估值水平和投资者投资的获利能力。在股票投资中，投资者对于股票的期望往往包括股利的回报和资本增值，即股票的升值，反映公司分红水平的股利支付率和股利率也是投资者关注的重要指标。无论是美国财务会计准则委员会和美国证券交易委员会，还是中国证监会都要求按照两种不同的基础计算每股收益：第一个是基本每股收益，即使用当期实际发行在外的平均股数；第二个是稀释每股收益，假设除了实际流通股外，所有潜在流通股均已转换为已发行股票，其中包括根据各种条款可转换为普通股的优先股、可转债、认股权证和股票期权，稀释每股收益反映了因此类潜在转股因素转换为股票而导致的每股收益减少。

6.4.1 每股收益

每股收益（earnings per share，EPS）是财经媒体、分析师、投资者最为关注的财务指标，每股收益也是市盈率、市净率以及股利支付率的计算基础，正是由于每股收益对投资者的重要性，大部分国家和地区的财务报告中要求披露公司的每股收益，但是由于计算每股收益有不同的方法，因此不同的媒体和网站披露的每股收益可能存在较大的差异[㊀]，容易引起投资者的误解，因此在比较不同公司的每股收益时，需要关注公司每股收益的计算方法。

1．基本每股收益

当公司不存在发行在外的可转换债券或者可转换优先股，以及期权和认购（认沽权证）[㊁]时，基本每股收益的计算公式如下：

基本每股收益＝（净利润－优先股股利）/ 加权平均发行在外普通股数量　　（6-28）

净利润扣除优先股股利后反映普通股每股收益，加权平均发行在外普通股数量主要是考虑在期间内公司的普通股数量可能由于增发或者回购导致变动，因此需要按照发行在外时间进行加权平均。如果直接按照年末股本计算每股收益，通常称为"全面摊薄每股收益"，目前我国的会计准则要求使用加权平均法计算基本每股收益。相对于全面摊薄每股收益，基本每股收益进一步考虑了股份变动的时间因素及其对全年净利润的贡献程度。

中国证监会发布的《公开发行证券的公司信息披露编报规则第 9 号——净资产收益率和每股收益的计算及披露（2010 年修订）》的第五条明确规定："基本每股收益可参照如下公式计算：基本每股收益 $=P_0 \div S$；$S= S_0+S_1+S_i \times M_i \div M_0-S_j \times M_j \div M_0-S_k$

其中：P_0 为归属于公司普通股股东的净利润或扣除非经常性损益后归属于普通股股东的净利润；S 为发行在外的普通股加权平均数；S_0 为期初股份总数；S_1 为报告期因公积金转增股本或股票股利分配等增加股份数；S_i 为报告期因发行新股或债转股等增加股份数；S_j 为报告期因回购等减少股份数；S_k 为报告期缩股数；M_0 报告期月份数；M_i 为增加股份次月起至报告期期末的累计月数；M_j 为减少股份次月起至报告期期末的累计月数。"

例 6-3[㊂]：A 股上市公司海螺水泥 2007 年到 2012 年年度报告披露的每股收益和其他相关数据如表 6-8 所示。

表 6-8　海螺水泥的每股收益和其他相关数据（调整后）

项目	2007 年	2008 年	2009 年	2010 年	2011 年	2012 年
实收资本（股本）（亿元）	15.66	17.66	17.66	35.33	52.99	52.99
归属于母公司股东的净利润（亿元）	24.94	61.71	35.44	61.71	115.90	63.08
基本每股收益（元 / 股）	1.74	1.55	1.00	1.16	2.19	1.19

资料来源：https://xueqiu.com/snowman/S/SH600585/detail#/ZYCWZB。

㊀ 当心每股收益骗了你！https://finance.sina.com.cn/stock/stocktalk/20140609/141119354924.shtml。

㊁ 可转换债券或者可转换优先股的持有人可以按照约定的发行条件转化为发行人或者其子公司的普通股，可能稀释公司的权益，认购权（认沽权证）赋予持有人按照一定的价格买入（卖出）发行方的普通股，可能导致公司的普通股数量发生变化。如果存在以上情况，需要考虑公司的稀释每股收益。

㊂ 根据"每股收益"你用对了吗？改编，https://xueqiu.com/9597006532/221738189。

海螺水泥2007年的每股收益受定向增发的影响，股本数需要计算加权平均发行在外股数，2007年5月25日海螺股份定向增发3.11亿股，5月29日上市，加权平均发行在外股份数量计算如下：

2007年=12.56+3.11=15.67（亿股）

2007年加权平均发行在外股份数量=12.56 + 3.11× $\frac{7}{12}$ =14.31（亿股）

2007年基本每股收益=24.94/14.31=1.74（元/股）

2009年年报公布的每股收益计算如下：

2009年基本每股收益 = 35.44/17.66 = 2.01（元）

2009年海螺水泥10股转10股的分红，2010年除息，2010年除息后调整每股收益计算如下：

2009年基本每股收益 = 35.44/（17.66 +17.66）= 1.00（元/股）

而公司在2010年间股本发生了变动，从17.66亿股增加到了35.33亿股，基本每股收益如果按照2010年年末股份数量计算如下：

2010年基本每股收益 = 61.71/35.33 = 1.75（元/股）

2010年海螺水泥10股转5股的分红，在2011年6月进行了除权除息，所以股本由35.33亿股变为52.99亿股。2011年的每股收益计算的分母由35.33亿股变为52.99（35.33 × 1.5）亿股。为了使2011年与2010年的数据方便对比，而对2010年的数据做了调整，也就是用61.71/52.99 = 1.16，公司2011年披露的和调整后的2010年的每股收益信息如表6-9所示。

表6-9 海螺水泥的每股收益

项 目	2011年	2010年	本年比上年增减（%）
营业收入	48 653 809	34 508 282	40.99
利润总额	15 652 193	8 078 332	93.76
归属于上市公司股东的净利润	11 589 827	6 171 403	87.80
归属于上市公司股东的扣除非经常性损益后的净利润	11 059 571	5 902 351	87.38
基本每股收益（元/股）（已重述）	2.19	1.16	87.80

2．稀释每股收益

如果公司存在发行在外的可转换债券或者可转换优先股，以及期权和认购权（认沽权证）时，在计算基本每股收益之外，还需要考虑具有潜在稀释效应的金融工具按照约定的条件转换为普通股之后的每股收益，即稀释每股收益（diluted EPS），计算公式如下：

稀释每股收益 =（净利润 − 优先股股利 + 具有稀释效应证券的调整）/
（加权平均发行在外普通股数量 +
加权平均稀释证券转换为普通股数量） （6-29）

加权平均稀释证券转换为普通股数量假定此类证券在年初转换为普通股，由于假定此类证券转换为普通股，此类证券需要支付的利息（税后利息成本）、优先股股利等支付义务加回到归属于普通股股东的净利润中（原因是计算归属于普通股股东净利润时将以上项目扣除）。

例 6-4：大秦铁路（601006.SH）2021 年 12 月 31 日的股本为 148.67 亿股，2021 年归属于母公司股东的净利润为 121.81 亿元。它于 2020 年 12 月 14 日向社会公开发行面值总额 320.00 亿元可转换公司债券，发行价格为 100.00 元 / 张，共计 32 000 万张，募集资金总额为人民币 320.00 亿元。本次可转债存续期限为六年，即 2020 年 12 月 14 日至 2026 年 12 月 13 日。公司本次发行的“大秦转债”自 2021 年 6 月 18 日起可转换为本公司股份，初始转股价格为 7.66 元 / 股。债权全年的税后利息成本为 0.48 亿元。

每张债券转股数量 =100/7.66=13.05（股）
累计可转股数量 =13.05×3.2=41.78（亿股）
大秦铁路 2021 年的基本每股收益 =121.81/148.67=0.82（元）
大秦铁路 2021 年的稀释每股收益 =（121.81+0.48）/（148.67+41.78）=0.64（元）

3．全面摊薄每股收益

全面摊薄每股收益的分子是税后净利或扣非税后净利，分母则取自总股本的期末值，计算方法如下：

$$全面摊薄每股收益 = 净利润 / 期末发行在外普通股数量 \tag{6-30}$$

全面摊薄每股收益计算时取年末的普通股份总数，理由是新发行的股份一般是溢价发行的，新老股东共同分享公司发行新股前的收益。

尽管每股收益数据是上市公司报告中最容易获得的分析指标之一，但其计算仍存在一些复杂性，不同媒体披露的每股收益的计算方法存在差异，除了季度和年度净利润模式中可能存在的异常因素外，许多公司的流通股数量在一年中可能因为新发行的股票（新股发行、支付的股票股利、行使的期权等），或者因为已发行的现有股票被回购（作为库存股获得）而发生变动，因此，此计算中通常使用年内已发行股票的平均数量。此外已发行股票数量的任何重大变化（例如由送转股引起的）都需要对过去的数据进行追溯调整，以确保可比性。

虽然每股收益是衡量公司盈利能力的指标，但这一指标存在以下局限：不同公司的每股收益不能直接比较，每股收益受到公司股本规模、发行的不同种类证券结构以及转换和赎回条件的影响；公司回购股份或者增发股份会影响公司在不同期间的每股收益的可比性。

每股收益指标未考虑获取公司特定期间每股收益所需要付出的代价或者成本，无法为投资者购买决策提供有用的信息。每股收益指标是基于会计利润计算的结果，可能受到公司的会计政策选择、会计操纵的影响。由于每股收益存在上述局限，需要将每股收益与每股股价和每股股利等信息结合进行考虑。

6.4.2　每股股利和股利支付率

公司董事会制定股利分配预案经过股东大会通过后实施分配。在美国，大部分公司通常每季度分配股利，我国大部分公司则是按照年度分配股利，部分公司会支付中期股利（半年度分红），股东大会通过的股利分配会指定除权日（能够获得本次分红的最晚购入股票日期）并随后在指定日期支付股利，我国上市公司的股利包括现金股利和股票股利两种方式，股票股利相当于股票的拆分，在成熟市场上不会引起调整后股价的大幅度变化。

与股利政策相关的常用比率是股利支付率，或者派息率，股利支付率表示公司每年以每股现金股利形式支付的每股收益的比例。股利支付率可以通过每股年度股利除以每股收益［式（6-31）］或总股利除以净收入［式（6-32）］来获得，其计算公式如下：

股利支付率 = 每股年度股利 / 每股收益 ×100%（6-31）

或者股利支付率 = 年度股利 / 年度净利润 ×100%（6-32）

公司的股利支付率取决于许多因素，例如公司的债务负担、现金流状况、净利润、战略计划及其所需的资本、股利支付历史及其股利政策。大多数公司会保持稳定的股利支付率，因此派息率通常可以用来表明公司将资金再投资于企业而不是向股东支付收益的倾向。这个比率没有固定的标准，处于不同发展阶段的公司的股利支付率存在差异，高增长公司往往支付相对较低比例的股利，因为它们更愿意将收益再投资以支持盈利增长，稳定或适度增长的公司往往支付较大比例的现金股利，有些公司根本不支付现金股利，或者只发放股票股利。公司股利支付水平除了受到盈利能力的影响外，还受到公司支付能力的影响，股利保障倍数是判断公司现金股利支付能力的指标。在评估公司的股利支付比率时，投资者应将公司的股利支付比率与其行业平均值或类似公司进行比较。

股利保障倍数的一种计算方法是将公司的年度每股收益除以年度派发股利（即股利支付率的倒数），或先将其净利润减去优先股股利再除以普通股股东的股利。虽然股利保障倍数和股利支付率是评估高股利股票的可靠指标，但投资者还应该评估股东自由现金流量（FCFE），即公司的经营现金流在满足再投资以及债务偿还后可供股东分配的现金流，股东自由现金流决定了公司在不影响公司正常发展的情况下可以向股东支付现金股利的能力。

6.4.3 股利收益率

股利收益率（dividend yield）反映一家公司每年相对于其股票价格支付多少股利，股利收益率是每股现金股利与每股价格的比率，计算公式如下：

股利收益率 = 年度每股股利 / 平均股价 ×100%（6-33）

股利收益率仅反映投资者以现金股利方式取得的回报率，但由于不同公司的股利政策差异很大，因此该比率无法直接与其他公司进行比较，需要考虑的是股东总回报率，它反映股东从股利和股票价格变动获得的投资回报情况。

6.4.4 市盈率

市盈率（price–earnings ratio，P/E）是投资者和金融分析师最常使用的判断公司股票是否合理定价的重要指标，市盈率是每股价格相对于每股收益的倍数，个股市盈率的计算公式如下：

个股市盈率 = 每股普通股价格 / 每股收益

个股市盈率 = 股票市值 / 净利润（6-34）

个股市盈率反映特定公司的股票定价的合理性，也可以计算股票指数（板块）市盈率，反映特定指数（板块）的价格高估和低估程度，即市场的冷热程度，计算方法与个股市盈率基本相同，计算公式如下：

$$\text{指数市盈率} = \text{指数成分股平均价格} / \text{指数成分股平均每股收益} \tag{6-35}$$

上述的平均价格和平均每股收益需要使用市值加权平均，可以反映指数成分股中大盘股和小盘股的不同影响。从长期来看，盈利是决定股票价格的重要因素，市盈率是常用的比较直观的估值指标，不同行业和处于不同成长阶段的公司的市盈率会存在重大差异，通常情况下成长型公司的市盈率会高于成熟型公司的市盈率。

1．计算市盈率时的时点问题

计算市盈率时需要考虑两类计量期间问题，市盈率的分子是特定时点的股价（或者市值），分母是一段时间的每股收益（或者净利润），通常的习惯是使用过去一段时间的已实现利润（静态市盈率），静态市盈率也叫市盈率 LYR（last year ratio），是当前股价（市值）除以上一年度的每股收益（净利润），公式如下：

$$\text{市盈率 LYR} = \text{每股价格}_t / \text{普通股每股收益}_{t-1} = \text{市值}_t / \text{归属于母公司股东的净利润}_{t-1} \tag{6-36}$$

或者使用预测当年或者未来一年的利润（滚动市盈率），如果使用预测每股收益，通常使用分析师的一致预测比使用单一分析师预测的效果更好。滚动市盈率也叫市盈率 TTM（trailing twelve months），是当前股价（市值）除以最近 12 个月（4 个季度）的每股收益（净利润），公式如下：

$$\begin{aligned}\text{市盈率 TTM} &= \text{每股价格}_t / \text{最近四个季度普通股每股收益之和}_{t-1} \\ &= \text{市值}_t / \text{最近四个季度归属于母公司股东的净利润}_{t-1}\end{aligned} \tag{6-37}$$

或者使用过去最近四个季度（12 个月）的每股收益或者净利润（滚动市盈率），动态市盈率以本年度第一季度开始的每股收益或者净利润为基础，是通过预测本年度的每股收益和净利润而计算出来的市盈率，计算公式如下：

$$\begin{aligned}\text{动态市盈率} &= \text{每股价格}_t / \text{根据当前季度预测全年普通股每股收益之和}_t \\ &= \text{市值}_t / \text{最近当前季度归属于母公司股东的净利润预测全年} \\ &\quad\ \text{归属于母公司股东净利润}_t\end{aligned} \tag{6-38}$$

在统计分析市盈率与股票回报关系时，只要保持前后一致，两种方法的影响不大，但是不同的方法会算出差异巨大的市盈率。

扫码阅读
当心每股收益骗了你！

2．计算市盈率时每股收益

在期间内（年度内或季度内）当公司的股本发生变动时，需要明确使用的每股收益的具体计算方法，全面摊薄每股收益要低于加权平均每股收益，因此基于全面摊薄的每股收益计算的市盈率倍数往往会高于加权平均每股收益，在进行不同公司的市盈率比较时需要注意计算的方法选择。

对公司进行收购估值通常使用市盈率指标，市盈率因行业和公司而异，反映投资者对行业和公司风险的判断与过去和未来盈利表现的比较。高科技公司或互联网公司等新兴行业的盈利倍数往往高于公用事业或基础制造业等成熟行业，造成这种差异的原因在于市场对行业实现卓越增长的能力、高于平均收益的技术突破、现金流潜力以及通过可持续差异化实现远高于平均水平的股东回报的其他方式的集体预期。

6.4.5 市净率

市净率（price-to-book ratio，P/B）是指股票价格与每股净资产的比率。市净率的计算方法如下：

$$市净率 = 股票市价 / 每股净资产$$
$$市净率 = 公司市值 / 公司净资产 \tag{6-39}$$

每股净资产是指公司的净资产除以总股本，市净率衡量了股票价格相对于公司净资产的溢价程度。股票市值是反映公司未来现金流的前瞻性指标，由于公司的净资产等于总资产减去负债，而公司的大部分资产和负债都是按照历史成本计量的，另外公司的大量研发支出都无法资本化，账面的无形资产通常是低估的状态，因此市净率通常情况大于 1，不同行业的市净率存在较大的差异，分析时需要与同行业进行比较。一般来说，高科技和创新型行业的公司市净率较高，而传统行业的公司市净率较低。这是因为高科技和创新型行业的公司通常有较高的盈利潜力和成长空间，市场对其估值较高。

6.5 使用财务比率的注意事项

财务比率的计算并不复杂，众多的财经媒体、网站、数据库公司都会提供上市公司的财务比率，重要的是对财务比率的解读和分析，要完成这一任务，分析人员需要知道财经媒体和网站的财务比率是如何计算的，正如“当心每股收益骗了你”这个案例所反映的，不同公司对于同一比率可能有不同的计算方法，比如分析总资产收益率时需要注意分子使用的是净利润、营业利润还是息税前利润指标，不同分子反映的盈利的含义是不同的。虽然大多时候不同方法的差异不大，但是分析师在进行不同公司、不同历史时期比较时使用二手的比率数据需要注意计算方法的影响。

更为重要的是，比率是高度简化和提炼后的结果，使用比率分析时需要同时考虑比率数字背后的经济业务和交易，这些业务和交易受到公司的外部环境、公司战略的影响，不能仅根据比率数字轻易得出结论。根据财务分析六步法的前三步：①分析行业的经济特征；②识别公司的战略；③分析公司的财务报表的质量，分析师需要结合公司所处的行业、组织结构和战略形成初步的关于公司财务状况、盈利能力和成长性的预期和假设，通过比率验证假设，如果与假设不一致，需要思考尽可能多的原因和影响因素，否则只会得到片面的结论。

6.5.1 纵向分析

一个公司的时间序列财务比率数据可以反映趋势和变动性，在分析公司不同历史时期的财务比率时需要注意宏观经济形势变化（利率、通货膨胀、经济周期）、行业状况（监管趋势、新技术冲击）、公司特定因素（公司战略转型、管理层变更）对纵向分析的影响。纵向分析时需要考虑公司的产品结构（品种、区域分布、客户分布）是否发生改变，公司在分析期间是否发生并购或者拆分，科技政策是否发生改变，另外偶然事项（非经常性损益）会影响数据的纵向可比性。纵向分析时，需要注意基准年度的业绩水平的影响，比如，2020—2022 年三年的新冠疫情可能导致公司这些年度的业绩显著下滑，之后年度的增长由于基数过低可能增幅异常高。纵向分析时需要与同行业对比（横向分析）结合，才能够缓解上述异常年度的影响。时间序列的纵向分析能够提供比率变化的趋势，但是不能直接反映变化的原因和影响因素，后者需要与业务和环境因素结合进行分析。

6.5.2 横向分析

与同行业进行比较分析时，需要考虑以下问题：

1）行业的定义和划分：媒体和数据库往往会公布行业数据，但是对于行业的划分和定义有不同的标准[㊀]，同时控股集团公司的业务可能涉及多个行业，需要根据收入来源的主要行业选择行业数据。

2）行业平均值：行业平均值有简单平均值和加权平均值，加权平均值需要考虑权重因子，如资产规模、市值、销售额、总资产等不同的因子，行业均值受到行业内公司数量及分布的影响，可能存在极端值，存在极端值的情况下需要使用中位数进行比较。

3）行业均值计算中，同一指标行业内不同公司可能采用不同的计算方法，影响行业均值的可比性。

本章小结

本章讨论公司盈利能力分析所用的主要财务比率，总资产收益率是分析公司盈利能力的最为综合的财务指标，杜邦财务分析体系将影响公司净资产收益率的因素分解为销售净利润率、资产周转率和权益乘数，销售净利润率和资产周转率共同决定了公司的总资产收益率。

盈利能力指标包括投入资源的盈利能力和销售的盈利能力，前者包括总资产收益率和净资产收益率，后者包括销售毛利率、销售净利率等指标。

公司的资产管理效率（即资产周转率）是影响公司盈利能力的重要因素，包括营运资本的周转率、长期资产的周转率和总资产周转率，资产周转率反映各类资产转换为收入的速度，以及收入转化为现金的速度。证券分析师常用的盈利能力分析指标包括每股收益、

㊀ 【第 31 号公告】《上市公司行业分类指引》（2012 年修订），http://www.csrc.gov.cn/csrc/c101864/c1024632/content.shtml。

市盈率、市净率、股利收益率，分析师还关注公司的分红能力指标，包括股利支付率、股利保障倍数等。

使用财务比率时需要注意这些比率的局限性，通过纵向和横向分析来评价公司的盈利能力变动趋势和与同行业公司对比的经营绩效。

思考题

1. 主要的财务报表反映的内容有什么差异，他们之间的内在关系是什么？
2. 你认为静态市盈率、滚动市盈率和动态市盈率主要的差异是什么？三种不同的市盈率分别适用于什么样的情形？
3. 查找并计算美的、格力两家公司 2015 年到 2022 年的毛利率和净利率，分析两家公司的销售盈利能力的变动及其差异，进而分析产生差异的原因。

练习题

1. 根据表 6-10 中的信息，计算 ABC 公司第二年需要从其他来源获得营运资金融资的天数（即现金周转天数）？

表 6-10 ABC 公司的部分财务数据　　单位：万元

项目	第 1 年	第 2 年	项目	第 1 年	第 2 年
应收账款净额	518	562	赊账销售（信用销售）金额	3 205	3 636
应付账款	203	192	销售成本	2 037	2 294
存货	535	564	销售和管理费用	1 081	1 131

2. 表 6-11 中的 S 公司和 A 公司哪个公司更有可能是星巴克？哪个更有可能是亚马逊？请说明你的判断依据？为什么这两家公司的现金周转周期呈现如此大的差异？你认为影响星巴克和亚马逊的资金周转情况的主要因素是什么？两家公司的资金周转情况在 2013—2015 年是在改善还是恶化？

表 6-11 S 公司和 A 公司的营运资本周转　　单位：天

年度	S 公司				A 公司			
	应收账款周转天数	存货周转天数	应付账款周转天数	现金周转周期	应收账款周转天数	存货周转天数	应付账款周转天数	现金周转周期
2013 年	12.9	67.3	26	54.2	21	47	−101	−33
2014 年	13.2	58.6	27.4	44.5	21	46	−94	−27
2015 年	12.9	56.2	27.8	41.3	21	45	−99	−33

3. 请查找相关公司的数据，计算格力和美的公司 2010—2022 年的净资产收益率，并对净资产收益率进行分解，分析两个公司净资产收益率变化趋势以及两者之间的差异和影响因素，提出提高公司盈利能力的对策。

4. ABC 食品零售有限公司 2018 年和 2019 年的部分财务数据如表 6-12 所示。

表 6-12　ABC 食品零售有限公司 2018 年和 2019 年的部分财务数据　　单位：万元

项目	2018 年	2019 年	项目	2018 年	2019 年
资产负债表部分数据：			利润表部分数据：		
速动资产	2 970	5 038	营业收入	59 034	63 335
流动资产	10 433	12 049	毛利	16 643	17 613
流动负债	6 644	6 769	营业利润	3 441	3 247
股东权益	12 869	14 376	净利润	2 157	2 006
总资产	22 410	25 142			

要求：

（1）计算 ABC 公司 2019 年的营业收入、毛利、营业利润和净利润的增长率。

（2）计算 ABC 公司 2018—2019 年的毛利率、净利率、总资产收益率和净资产收益率（使用资产负债表项目期末数），分析该公司的盈利能力变动趋势和可能的原因。

5. 分别计算万科、碧桂园和保利地产这 3 个公司 2015—2022 年的应收账款周转率、存货周转率、应付账款周转率、应收账款周转天数、存货周转天数、应付账款周转天数、现金周转周期，评价这 3 个公司同类指标存在的差异、变动趋势及存在差异的原因，分析房地产行业三道红线监管政策对公司流动性的影响及改进建议。

6. ABC 公司 2022 年报告的净利润为 1 803.8 万元，营业收入为 54 618.6 万元，利息费用总计 359.7 万元，优先股股息总计 12.5 万元。第 4 年的平均总资产为 17 527.9 万元。所得税税率为 35%。平均优先股股东权益总计 204.3 万元，平均普通股股东权益总计 6 562.3 万元。

要求：

（1）计算公司总资产收益率（假定无负债情况下）并将总资产收益率分解为销售净利润率和资产周转率两个组成部分进行验证。

（2）计算净资产收益率并将净资产收益率分解为销售净利润率、资产周转率和权益乘数三个组成部分进行验证。

（3）计算公司利用债务、优先股给普通股股东带来的超额利润，以及普通股股东享有利润的影响因素及金额。

案例分析

蔚来汽车（NIO）成立于 2014 年 11 月 25 日，成立之初即组建蔚来车队参加并夺得国际汽联电动方程式世界锦标赛年度车手总冠军奖项。2016 年，蔚来汽车推出 EP9 超级跑车，创造了纽伯格林 Nordschleife 全电动汽车圈速纪录，是当时最快的电动汽车。2017 年 12 月，蔚来汽车推出六 / 七座旗舰高级智能 SUVES8。2018 年 9 月 12 日，蔚来在纽约证券交易所上市，开盘报价每股 6.26 美元，上市融资 10 亿美元，用于工厂建设、研发、扩大销售网络等。首日涨 5.34%，次日飙涨 75.76%

根据蔚来汽车此前的招股书，我们可以得知，蔚来汽车自 2016 年至 2018 年 6 月 30 日，经营现金支出 104.1 亿元，投资现金支出 22.3 亿元，共计 126.4 亿元。公司自 2016 年以来累计投入研发 55.27 亿元；2017 年研发支出为 26.0 亿元。研发费用占到经营性现金支出的 53%。表 6-13 是蔚来汽车 2018—2021 年部分财务数据。

表 6-13 蔚来汽车 2018—2021 年部分财务数据 单位：万元

资产负债表部分数据	2018 年 12 月 31 日	2019 年 12 月 31 日	2020 年 12 月 31 日	2021 年 12 月 31 日
总资产	18 842.55	14 582.03	54 641.93	82 883.60
总负债	12 005.51	20 881.72	27 473.10	48 173.68
总所有者权益	6 837.04	–6 299.69	27 168.83	34 709.92
利润表部分数据	**2018 年**	**2019 年**	**2020 年**	**2021 年**
营业收入	4 951.17	7 824.90	16 257.93	36 136.42
营业成本	5 207.05	9 023.73	14 384.51	29 314.99
毛利	–255.88	–1 198.82	1 873.42	6 821.43
净利润	–9 638.98	–11 295.65	–5 304.08	–4 016.95

要求：分析蔚来汽车 2018 年到 2021 年的盈利能力变动，讨论哪些因素影响蔚来汽车的盈利能力，你认为蔚来汽车的未来发展前景如何？说出你的理由。

参考文献

[1] LAITINEN E K. Financial reporting：long-term change of financial ratios [J]. Management，2018，8（9）：1893-1927.

[2] 魏涛，陆正飞，单宏伟. 非经常性损益盈余管理的动机、手段和作用研究：来自中国上市公司的经验证据 [J]. 管理世界，2007（1）：113-121；172.

[3] WILCOX J W. The P/B-roe valuation model [J]. Financial analysts journal，1984，40（1）：58-66.

[4] WILCOX J，PHILIPS T K. The P/B-Roe Model Revisited [J]. Available at SSRN 534442，2004.

[5] FAIRFIELD P M. P/E，P/B and the present value of future dividends [J]. Financial analysts journal，1994，50（4）：23-31.

风险分析

■ 学习目标

1. 理解信用风险与破产风险之间的关系；
2. 理解盈利能力与风险之间的关系；
3. 应用比率分析工具评估企业短期流动性风险；
4. 解释财务杠杆的好处和风险，并应用比率分析工具评估长期偿付能力风险。

■ 导入案例

“三十而立”的碧桂园能否安然度过债务危机?

2023 年 8 月 8 日，世界 500 强房地产企业碧桂园迎来“股债双杀”，多只境内债券下跌幅度超过 20%，股票下跌幅度达到 14.4%，这次股债双杀的导火索是有两笔合计 10 亿美元债未按照约定在 8 月 7 日支付 2 250 万美元的利息，构成技术性违约，虽然这笔债券尚有 30 天的宽限期，还未构成实质性违约。12 日公司再度公告，11 档公司境内债券 14 日起停牌，停止交易，复牌时间另行确定。这 11 档债券合计存续规模约人民币 157 亿元，均将于 2024 年 6 月底到期。债券违约是房地产企业爆雷的第一步，过去两年中国各类房地产企业爆雷事件大多以债券违约开启危机的序幕。曾经被认为是我国房地产行业模范生的碧桂园为什么会陷入债务危机?

碧桂园成立于 1992 年，是一家以房地产开发为主要业务的大型综合企业，2007 年在香港联交所主板上市。碧桂园以高周转见称，开创了业内知名的“345”模式，即拿到土地后 3 个月内开盘、4 个月内资金回正、5 个月内资金再利用，其项目广泛布局于中国三四线城市，2017 年，获得全国房地产销售金额和销售面积双料冠军，首次进入《财富》世界500强，此后连续 7 年入榜。2018 年 6 月 19 日，物业管理板块碧桂园服务在香港交易所主板上市，2018 年碧桂园集团进军农业和机器人领域，碧桂园的核心业务板块仍然是地产开发与销售。

2022 年，碧桂园以 4 643 亿元的销售额稳居中国房企榜首，毛利约为 328.8 亿元，但是全年净亏损60.52亿元，这也是碧桂园上市后首次亏损。2022 年年底碧桂园集团总资产为 1.74

万亿元，总负债为 1.43 万亿元，净资产约为 3 095.73 亿元，剔除预收账款的资产负债率降至 69.4%，净负债率低至 40%，已达到近十年最低水平；同时，现金短债比为 1.6 倍，所有到期债务均如期偿付，有息借款总额下降了 466.2 亿元。短短半年多之后的 2023 年 8 月 10 日，碧桂园发布盈利预警称 2023 年上半年将出现 450 亿元至 550 亿元的净亏损，根据碧桂园 2023 年半年报，截至 2023 年 6 月末，碧桂园总资产为 16 185 亿元，总负债为 13 641 亿元，资产负债率高达 80% 以上。公司有息债务合计 1 051.46 亿元，较上年年末变动 10.52%，其中短期有息债务合计 553.61 亿元，占有息债务比例为 52.65%。

高杠杆运行下，碧桂园正面临着债务规模庞大、短期偿债有压力、现金流无法覆盖短期债务、销售额持续下降等问题，虽然 2023 年上半年销售额为 1 937.77 亿元，高于 2022 年同期的 1 448.35 亿元，但是亏损 286.96 亿元，占公司 2022 年年末净资产的 11.87%，而 2022 年同期利润为 61.54 亿元。公司的经营活动现金净流量从 2022 年上半年的 33.63 亿元提高到了 2023 年中期的 43.72 亿元，仅相当于短期有息债务的 7.90%。

碧桂园集团的合并口径货币资金 2023 年上半年余额高达 1 079 亿元，但是母公司货币资金仅为 10.88 亿元，比 2022 年年底的 10.82 亿元仅仅增加了 600 万元。集团合并口径的上千亿货币资金由于分布在各项目公司和子公司，在房地产低迷时地方政府为了保交楼，要求项目预售款项纳入监管账户用于项目建设交付，集团受限资金的大量存在，导致可用于支付债务的现金极为有限。“他们（债权人）不知道，其实我们集团可调用的现金很少。”前述碧桂园高管称，“可能也就 10%，大概百来亿，而且必须用来维系‘保交楼’的运营支出。剩余的差额，绝大多数都在项目的预售监管资金上，需要遵守‘保交楼’要求，不能动。”[㊀] 截至 2022 年年末，碧桂园总负债中，合同负债为 6 682 亿元，占比 46.57%，接近总负债的一半，保交楼的任务艰巨。2023 年公司销售额及再融资环境持续恶化，公司账面可动用资金持续减少，集团面临资产处置出售的重大不确定性，预计集团的流动性在中短期内仍将持续紧张，存续债券的兑付存在较大不确定性。

2024 年 2 月，建滔集团（Ever Credit Limited）向香港特别行政区高等法院提出的对碧桂园的清盘呈请，内容有关建滔集团与碧桂园之间本金约 16 亿港元的未支付定期贷款及应计利息，2024 年 3 月 28 日，碧桂园在公告中称，将于 2024 年 4 月 2 日暂停在联交所买卖，延迟发布 2023 年度业绩，碧桂园能否安然度过此次债务危机取决于政府的救助政策能否及时落地，以及后续资产处置和房地产销售的进展。

资料来源：碧桂园 2023 年半年报。

股权投资者基于股权投资回报率以及公司的风险程度做出股权投资决策，债权人同样是基于提供贷款、贸易融资可能实现的回报（利息收入）以及债务人偿还本息的风险平衡做出是否提供信贷的决策。风险分析是任何投资决策（项目投资或者并购）必须考虑的因素。

正如第 6 章盈利能力分析中的讨论，公司可以利用财务杠杆提高 ROE，前提是利用债务融资所得资金运营后取得的息税前回报高于公司的债务融资成本，这一前提可能随着公司投资规模扩大导致的收益递减或者债务水平上升带来的债务融资成本上升而不复存在。使用财务杠杆提升 ROE 隐含的另外一个前提条件是公司的资金能够保持充足的流动性，能够按时偿还到期债务本息，否则公司可能因为无力偿债陷入财务困境，甚至被债权人提起破产清算诉讼。

风险类别是基于共同特征、来源或影响把风险分类或分组，合理的风险分类可以帮助企业

㊀ https://finance.sina.com.cn/stock/relnews/2023-09-26/doc-imznzaup5225522.shtml。

来了解自身所面临的不同类型的风险，以便加强对风险的管理。常见的风险分类包括战略风险（与实现组织目标相关）、操作风险（与日常运营相关）、财务风险（与财务业绩和稳定性相关）、合规风险（与遵守法律法规相关）和声誉风险（与组织的形象和认知相关）。对风险进行分类可以采用系统且全面的风险管理方法，包括识别、评估和减轻每个类别内的风险。

本章首先讨论我国会计准则对于公司风险信息披露的要求，其次讨论风险对公司的影响以及公司如何管理风险，最后是风险分析的方法。我们在本章中考虑以下特定风险：信用风险、破产风险、财务弹性、短期流动性风险、长期偿付能力风险，其他类型的风险在第 8 章进行详细讨论。

7.1 风险分析的内容

风险对不同的人来说有不同的含义，因为风险的潜在后果在不同的环境和利益相关者中是不同的。风险的定义有很多种，一般的定义中风险涉及特定类型的损失。例如，股权投资者根据股权投资的预期回报相对于投资的风险来做出投资决策，这里的风险指的是无法产生投资回报甚至亏损。同样，贷款人根据预期的利息收入与借款人还款风险权衡来做出贷款决策。

有关风险的信息披露出现在公司年度报告中的许多地方，例如财务报表附注、管理层讨论与分析、资产负债表、利润表和现金流量表。在本章中我们将整合这些不同来源的风险信息来分析公司面临的风险。

7.1.1 信用风险和破产风险

财务报表信息还可以帮助分析师评估两种密切相关的公司特定风险：信用风险和破产风险。信用风险是指由于债务人违约、交易对手（客户）违约导致公司资产受损失的风险。破产风险是指公司的最终盈利能力和现金流不足以偿还债务所带来的风险。信用风险和破产风险是财务困境的两种主要表现形式。公司可以利用财务杠杆来增加股东的回报，当公司借入资金取得的投资回报高于借款税后成本时，普通股股东就会因此受益。虽然通过借款利用财务杠杆这一方式提高了普通股股东的回报，但它也增加了公司的违约风险。企业的信用风险按照严重程度的从低到高依次包括：①延期支付应付款项；②无法偿付到期利息；③债务重组；④本金违约；⑤被债权人提起破产诉讼；⑥破产清算。信用风险的严重程度从①到⑥不断提高，在现实中出现破产清算的比例相对较低，大部分的信用违约最终可能通过债务重组的方式实现债务和解和清偿，公司一旦通过破产清算来还债，债权人得到清偿的比率就会很低，原因是资产持续使用的价值高于清算变卖价值，持续使用价值和清算价值之间的差额与资产的专用性程度有关，专用性程度越高，清算价值越低。在本章中我们讨论分析师如何使用短期流动性风险和长期偿付能力风险工具来评估信用风险和破产风险。

7.1.2 盈利能力与风险的关系

第 6 章讨论的盈利能力分析与本章将要讨论的财务弹性都与公司的财务杠杆密切相关。财务弹性是指公司根据其当前杠杆率和营运资产的盈利能力获得债务融资的能力。财务风险分析的重点在于比较现金流入和现金需求是否匹配，包括短期的流动性分析和长期偿债能力分析。

短期流动性风险分析关注的是企业短期产生的现金是否能够满足短期债务清偿的需要以及满足的程度。长期偿付能力风险是指公司无法满足未来长期债务清偿要求的风险，即内部或外部产生的现金是否能够满足偿还债务的需要及满足程度。

公司的盈利能力与风险紧密相关，公司从传统业务向高风险业务的转型以及公司财务杠杆的提高都有可能提高公司的盈利能力，但是是否为股东创造价值取决于风险和盈利能力的平衡。

财务杠杆可能带来风险的原因是债务融资需要按照合同的约定支付固定的本息，固定支付义务对公司的现金流形成了压力。财务风险可以从不同角度进行分析，第 6 章 ROE 的三要素分解法（杜邦财务分析体系）的缺点是无法反映财务杠杆提升导致公司丧失财务弹性的情况。为了反映公司的财务弹性，需要按照经营业务和融资业务两个维度分析对公司 ROE 的影响，而传统的财务报表将两者融合在一起，不便分析经营业务和融资业务对 ROE 的影响，因此需要按照基本会计等式对资产负债表进行解构和重组，分别反映经营业务和融资业务的影响。

7.1.3 财务风险分析框架

表 7-1 提供了一个财务风险分析的框架，该框架将影响公司产生现金的能力与影响现金需求的因素联系起来。因为现金流断裂是造成公司破产倒闭的重要原因，所以财务风险分析聚焦于现金需求和现金来源的对比，以判断公司的现金来源能否满足现金需求，包括专注于短期现金供给和需求的短期流动性分析、长期偿债能力风险分析以及企业的财务弹性分析。

表 7-1 财务风险分析的框架

业务类型	产生现金的能力	对现金的需求	财务报表分析内容
经营活动	产品或服务的销售盈利能力	营运资本需求	短期流动性风险
投资活动	出售长期资产或者投资	产能扩大对厂房等资产的需求	长期偿付能力风险
筹资活动	借款能力	债务本息偿还	

企业债务偿还的最终来源是企业拥有的现金以及可以快速变现的非现金资产，企业的流动资产主要包括应收款项、存货等短期内能够变现的资产，非流动资产主要包括固定资产、无形资产、对外证券投资（包括股权和债权投资）等。非流动资产的变现能力通常情况下低于流动资产。

企业承担的债务有不同的偿还期限，流动负债是在短期内（一年或者一个经营周期内）需要偿还的债务，流动负债包括经营性流动负债（operating current liability，OCL）和融资性的流动负债（financing current liability，FCL）。经营性流动负债是企业在正常经营过程中产生的各类应付款项，包括应付工资、应付账款、应付票据、应交税费等项目，这些经营中需要支付给员工、供应商、政府等相关方的应付款项，通常期限在一年以内，对企业来说是无须支付利息的负债，因此称为无息负债。融资性（金融性）的流动负债是企业主动借入的一年以内的短期借款，包括银行借款和通过债券市场发行债券方式进行融资，对企业来说需要承担利息。长期融资性债务是企业借入的一年以上的银行借款和发行的长期债券。

根据基本的会计等式（会计等式 1）和资产负债的组成项目，可以得到会计等式 2 和 3（见表 7-2）。

表 7-2 资产负债分解与风险分析

资产	=	负债	+	所有者权益	会计等式 1
流动资产 + 非流动资产	=	经营性流动负债 + 长期经营性负债 + 短期融资性债务 + 长期融资性债务	+	优先股权益 + 普通股权益 + 非控股股东权益	会计等式 2
流动资产 – 经营性流动负债 + 非流动资产 – 长期经营性负债	=	短期融资性债务 + 长期融资性债务	+	优先股权益 + 普通股权益 + 非控股股东权益	会计等式 3
净经营性资产	=	债务融资	+	权益融资	会计等式 4

会计等式 3 中的流动资产与经营性流动负债的差额称为营运资本，代表流动资产超过流动负债的部分，是衡量公司偿还短期债务能力的指标（Brealey 和 Myers，2002）。

营运资本的第一个也是最关键的用途是对公司运营所需的短期资产进行持续投资。一家公司需要持有最低现金余额以满足基本日常开支并为预期外费用提供准备金，它还需要营运资本来支付预付的业务费用，例如保险单或保证金。此外，所有企业都会投资一定数量的库存，从律师事务所的办公用品库存到零售和批发企业所需的大量库存。如果没有一定数量的营运资本，企业就无法开业和运营。营运资本的第二个用途是解决季节性或周期性融资需求。在这里，营运资本融资支持创造收入所需的短期资产的积累，例如，玩具制造商必须在收到销售款之前几个月生产和运输假日购物季的产品，由于大多数企业不会收到商品和服务的预付款，因此它们需要为这些采购、生产、销售进行融资。

充足且适当的营运资本融资可确保公司在等待收款时有足够的现金流来支付其经营费用。一家拥有竞争力且盈利的公司，如果不能充分满足其营运资本需求并耗尽现金，那它仍然可能破产。新设施和设备等长期资产并不是增长所需的唯一投资资产，维持公司的增长也需要营运资本投入，随着企业规模扩大和收入的增长，企业需要在库存、应收账款、人员和其他项目上进行更大的投资。

7.2 流动性风险分析

流动性风险（liquidity risk）是指公司无法以合理成本及时获得充足资金，以偿付到期债务、履行其他支付义务和满足正常业务开展的资金需求的风险。

短期流动性是指公司向供应商、员工和债权人偿还短期借款、本期到期的长期债务和其他短期负债的近期付款义务的能力。短期流动性风险分析需要评估企业短期内产生的现金是否能够以及多大程度满足营运资本和到期债务的偿还需求，进行有效的流动性风险分析需要对公司的经营周期有一个基本的了解，以典型的制造业为例，企业通常以赊账方式从上游供应商处获得原料和配件，获得 30~60 天的赊账期，购入的原料或配件进行加工，其间需要支付全部或者部分劳动力成本和能源动力成本，其余承诺未来支付，加工形成最终的产品，销售给客户，现代社会中大部分的销售是赊账销售方式，未来收回货款支付供应商和劳动成本。如果一个公司能够推迟对供应商、劳动者和其他各方的付款直到从客户那里收到货款后再支付，或者当期收款超过需要支付的原料款和工资、能源动力费用，那么公司就不会面临无力付款的流动性问题，但是在现实的经营过程中，无法做到收款和付款之间的完美匹配，尤其是公司在扩张时期，需要占用大量资金，此时是流动性最容易出问题的时候。

短期的流动性风险也可能源自公司的高杠杆经营，比如房地产、能源类公司，高负债意味着未来的高利息支出，公司的经营所得现金除了满足营运资本需求外，还需要支付利息和到期本金，形成现金流压力。

最常用的流动性分析的方法是比率分析，包括以下比率：流动比率、速动比率、经营性现金流与流动负债比率和第 6 章中讨论的应收账款周转率、存货周转率、应付账款周转率和现金周转周期。其中流动比率、速动比率、经营性现金流与流动负债比率是静态分析指标，而应收账款周转率、存货周转率、应付账款周转率和现金周转周期是动态分析指标。

7.2.1 流动比率

流动比率（current ratio）是流动资产与流动负债的比值，流动比率反映公司拥有的现金和短期内（一年或者一个经营周期内）可以变现的流动资产相对于短期内需要偿还的债务的比率。流动比率越高说明公司可用于偿还流动负债的短期可变现资产越多，偿还能力越强，反之则相反。流动比率的计算公式如下：

$$流动比率 = 流动资产 / 流动负债 \tag{7-1}$$

1. 新能源汽车公司的流动比率

以比亚迪和特斯拉为代表的新能源汽车行业的流动比率见图 7-1，从图 7-1 中可以看出，特斯拉的流动比率除了 2017 年和 2018 年之外都高于比亚迪，比亚迪自 2020 年以来出现了明显的下降，与特斯拉的差距逐渐拉大，新能源汽车的流动比率主要受经营性应付款项的影响，如果要分析短期偿债能力还需要考虑速动比率的差异。

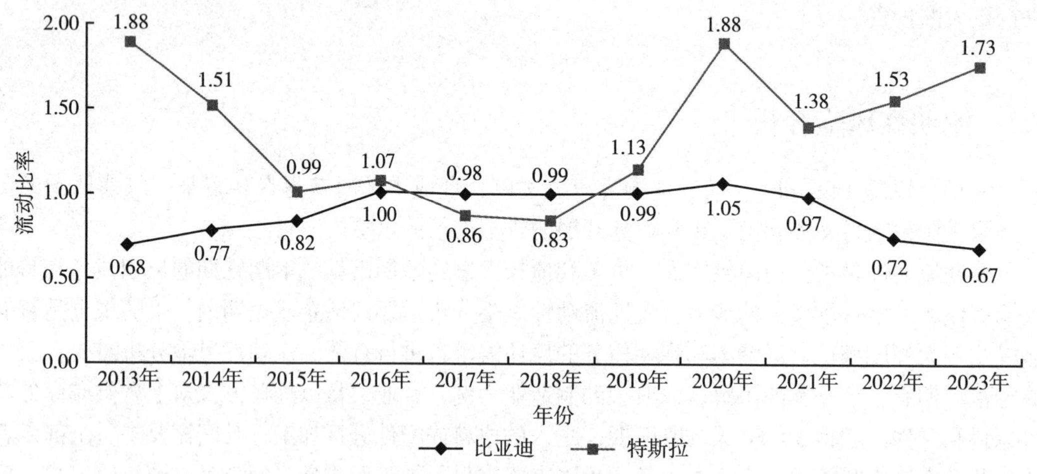

图 7-1 比亚迪和特斯拉的流动比率

资料来源：根据两家上市公司的年报计算所得。

2. 流动比率分析注意事项

提供信贷资金的银行、赊账供货的供应商以及其他债权人通常希望公司保持比较高的流动比率，高流动比率说明公司有足够的流动资产可以偿还流动负债，但从另一个角度来看，过高的流动比率可能预示着管理松弛，它可能表明闲置现金余额、与当前需求相比过高的库存水平以及导致应收账款过度扩张的信用管理不善。

流动比率的高低需要与公司经营周期、预期经营活动现金流、可快速变现的非流动资产等因素结合使用，在 20 世纪 80 年代前，流动比率为 2 对于大多数企业来说是合适的，因为这个比例似乎允许流动资产价值最多缩水 50%，同时仍然提供足够的缓冲来偿还流动负债，因此许多教材和财经媒体通常使用 2 作为合适的流动比率，但这只是一个经验规则。当前随着企业的商业模式改变（大量使用外包服务）、科技类公司的比重上升以及公司推行准时制（just-in-time）以提升经营效率减少资金占用，流动比率的分析还需要结合公司所处行业、历史趋势进行分析，单纯追求高流动比率可能导致公司的资金被营运资本占用，反而不利于公司的现金流管理和偿债能力的提升。

流动比率是一个特定时点的比率，容易受到短期内交易的影响。比如公司在临近年末大量赊账购入存货，如果购入前流动比率大于 1，分子和分母同时增加相等金额，会导致流动比率下降；如果购入前流动比率小于 1，分子和分母同时增加相等金额，会导致流动比率上升。因此企业可能利用时点效应，通过设计交易模式来操纵流动比率。

流动比率分析需要结合该比率变动背后的原因谨慎分析该比率的含义。高流动比率通常情况下反映公司具有较强的偿还短期债务的能力，但是高流动比率也可能反映公司的经营状况出现问题，比如经济衰退下行时存货的滞销、给客户账期的延长都会导致流动比率上升，在经济繁荣时期流动比率下降可能是公司的销售加快。

使用流动比率分析公司短期偿债能力时需要考虑公司流动资产的结构，企业持有的部分流动资产难以变现，比如特殊的存货（定制存货），有些流动负债项目甚至本身就不会变现（如预付账款需要通过收回货物结清），因此需要扣除难以变现的项目重新分析短期流动性风险，这就是使用速动比率的原因。虽然流动比率指标存在上述不足，但实证研究发现流动比率具有预测公司债券违约、破产和财务困境的能力。

流动比率不同于营运资本，后者是一个绝对数，是流动资产与经营性流动负债的差额，不便于比较，而流动比率是一个相对值，便于在不同公司之间和同一公司不同历史时期进行比较。

7.2.2 速动比率

速动比率（quick ratio）是速动资产与流动负债的比值，速动比率与流动比率相比主要是分子中扣除了难以快速变现的流动资产项目，比如存货、预付账款、待摊费用（prepaid expenses），剩余的主要是短期内能快速变现的资产，比如现金、短期变现的交易性金融资产、应收账款等，见式（7-2），应收账款通常在 90~180 天内收回。

速动比率 =（现金 + 交易性金融资产 + 应收账款 + 应收票据）/ 流动负债　　（7-2）

速动比率与流动比率相比更加谨慎地反映公司的短期偿债能力，在比较公司的速动比率时同样需要考虑时点因素的特殊交易对计算结果的影响，尤其是一些周期性比较明显的公司的速动比率在年度内波动较大。虽然速动比率与流动比率相比可以更加谨慎地反映公司的短期偿债能力，但是这一指标并不能完全准确衡量公司是否能够依靠经营性现金流偿还债务，因此产生了经营性现金流与流动负债比率。

速动比率表明公司仅使用流动性最强的资产来偿还短期债务的能力，该比率之所以受到分析师、投资者和债权人关注，是因为它向内部管理层和外部投资者提示公司是否能够维持流动性，它是反映公司偿还短期债务方面比较保守的指标。

表 7-3 是根据个人护理行业两大主要竞争对手宝洁公司和强生公司 2021 财年资产负债表上的数据计算的速动比率。

强生公司的速动比率超过 1.0，速动资产足以偿还其流动负债，因为其流动资产大于其短期债务总额。而宝洁公司可能无法仅使用速动资产来偿还当前流动负债，因为其速动比率远低于 1，为 0.45。这说明无论盈利能力或收入如何，强生公司在偿还短期债务方面具有更高的能力。

表 7-3　宝洁公司和强生公司 2021 财年速动比率

项目	宝洁公司	强生公司
速动资产（亿美元）(A)	150.13	468.91
流动负债（亿美元）(B)	331.32	452.26
速动比率（A/B）	0.45	1.04

1. 新能源汽车公司的速动比率

比亚迪和特斯拉的速动比率见图 7-2，从图 7-2 中可以看出，两家公司的速动比率与流动比率的变动趋势基本一致。2015—2019 年期间，比亚迪的速动比率高于特斯拉，从 2020 年开始比亚迪的速动比率出现了明显的下降，表明比亚迪的回款速度低于特斯拉，原因是产品的竞争力和品牌的定位差异，比亚迪速动比率的下降与新能源汽车行业销售额的快速增长形成了明显的反差。

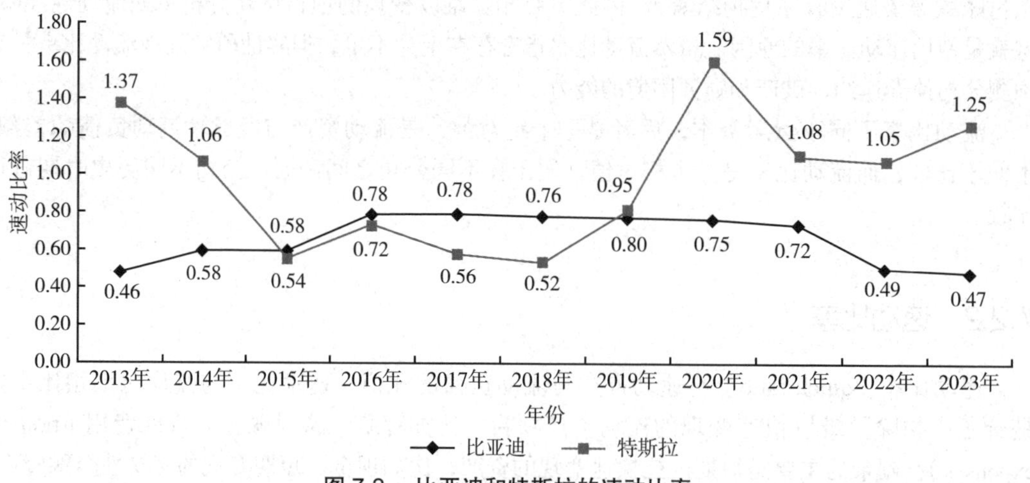

图 7-2　比亚迪和特斯拉的速动比率

资料来源：根据两家上市公司的年报计算所得。

2. 速动比率分析注意事项

一般来说，速动比率越高越好。一般情况下较高的速动比率表明公司资产更具流动性并可以在紧急情况下快速产生现金，但是速动比率非常高可能对公司的盈利能力造成负面影响，例如，一家公司可能拥有大量现金余额，缺乏合适的投资机会，或者说明公司的管理风格比较保守，资金的使用效率低下，因为流动性最高的资产收益较低，所以管理层需要找到短期现金需求和为长期增长投资之间的平衡。

即使在正常经营的公司中，如果出现难以偿还短期债务（例如偿还贷款和向员工或供应商付款）的情况，也可能会出现流动性危机。21世纪以来影响深远的流动性危机的一个例子是2007—2008年的全球信贷紧缩，当时许多公司发现自己无法获得短期融资来支付眼前的债务，如果无法找到新的融资来源，公司可能被迫抛售资产或寻求破产保护，而2022年美国硅谷银行倒闭的直接原因是流动性丧失（见案例7-1）。

⊙案例7-1

硅谷银行的倒闭

成立于1983位于美国加利福尼亚州的硅谷银行（以下简称“SVB”）于当地时间2023年3月10日被美国加利福尼亚州金融保护与创新部（DFPI）宣布关闭，并指定美国联邦存款保险公司（FDIC）作为硅谷银行的接管方。该事件引起了全球的关注和风险投资领域的高度警惕，SVB虽然总体规模不大，2022年年底资产为2 120亿美元，存款为1 700亿美元，排名美国银行业第16位，但是SVB是美国约50%的科技和生命科学初创公司的开户银行，也是风险投资支持的高科技创业公司的贷款提供方，同时SVB也是VC（风险投资）和PE（私募股权投资）的短期融资便利的提供方，全球的投资者和初创公司都认为SVB是他们的重要合作伙伴。SVB英国被关闭就引起了VC和PE的警觉，提醒他们的投资企业尽快将资金转移出SVB，从而引发了提款挤兑。太平洋彼岸的SVB是2008年金融危机后首家被监管机构接管的美国银行。

吸取了2008年雷曼兄弟的倒闭引发全球金融危机的教训，美国监管机构迅速反应，2022年3月12日，美国财政部、美联储、联邦存款保险公司发表联合声明，宣布对SVB倒闭事件采取行动。与此同时，美国监管机构以“系统性风险”为由，宣布关闭签名银行（Signature Bank）。这是继SVB后，三天内被关闭的第二家美国金融机构。在一系列事件的催化作用下，美股银行股发生剧烈波动，美股西太平洋合众银行盘前跌幅一度超20%，美股第一共和银行盘前一度跌幅超70%，SVB被关闭仍然在发酵和演化过程中，SVB的挤兑是否会引起美国银行业的连锁反应仍然有待观察，但是对于风险投资行业和以风险投资进行融资的科技初创企业的冲击已经凸显并将持续。

SVB危机的根源仍然是银行业典型的资产和负债的期限错配导致的流动性危机。SVB的存款主要来自科技公司和风险投资机构的募集资金带来的无息活期存款，但是比例从2021年占资产总额的60%下降到38%，而带息负债从30%上升到40%，主要是向其他金融机构拆入的资金，而SVB最重要的资产是持有至到期的债券投资。2020年第二季度，在新冠疫情冲击下美联储联邦基金利率降至0%~0.25%的历史低位，充裕的流动性使得SVB负债端的存款从2019年底的618亿美元大幅上升至2021年底的1 892亿美元，SVB选择购买风险相对较小、利率较低的美国国债和抵押贷款支持证券（MBS），此类按摊余成本计量的持有至到期的债券占总资产的比重从2020年的14%上升到2021年和2022年的46%和43%，加上以公允价值计量的债权，SVB所谓高质量固定收益证券约占总资产的55%。在美联储为控制通胀加息的大背景下，联邦基金利率升至近5%，导致固定收益证券市场价格下跌，而科技公司由于融资寒冬和经营困难导致资金紧张而大量提取存款，引起SVB的活期存款流失，同时客户可能将原来的无息存款转换为有息存款。为了应对客户提取资金需求SVB抛售持有的固定收益债券，MBS的未实现的持有损失变成现实的损失，2023年3月8日SVB出售平均收益率1.7%的投资组合210亿美元以应付客户提现需求，但是这一收益率远低于美国10期国债3.7%的收益率，出售税后损失18亿美元，引起存款人的恐慌。为避免流动性危机，SVB宣布发行22.5亿元股份扩充资本，消息发布后引发抛售潮，导致股价下跌60%，随后SVB宣布取消股份发行计划。但是压死骆驼的最后一根稻草是在内外部不利传言影响下存款人集中提现，2023年3月9日提款要求合计420亿美元，而2022年底SVB的自有资本仅有162.95亿元，SVB实质上无力清偿，最终被监管机构关闭。SVB的存款中仅有2.3%受到存款保险公司（FDIC）保护，虽然美联储、财政部和FDIC于美国当地周日晚宣布SVB的存款人将于周一正常提款，这一紧急措施避免了美国银行业的系统性风险，SVB英国被HSBC收购，但是超过25万美元的不受保护的存款未来能否顺利提取取决于监管机构对SVB的处置方式。

除了期限错配导致的流动性危机之外，SVB的客户集中度也是其倒闭的原因之一，硅谷一半的风险投资支持的科技创业公司都是SVB的客户，这也是SVB在全球创投领域独特的商业模式，由于初创企业的高风险、缺乏合格抵押物、无信用记录，传统银行不愿意向初创企业提供融资，而SVB正是瞄准初创企业的痛点，与知名风险投资机构合作采用投贷联动的方式向初创企业提供融资，获得风险支持的公司可以便利地获得贷款，截至2022年年底，SVB约39%的存款来自早期初创企业。客户的过度集中使银行业更容易受到市场波动和客户经营风险的冲击。

7.2.3 经营性现金流与流动负债比率

流动比率和速动比率虽然在一定程度上反映了公司短期内可以产生现金流的能力，但是分子是时点指标容易受到交易设计的影响，经营性现金流与流动负债比率是经营活动现金流与流动负债的比值，见式（7-3），经营活动现金净流量反映公司的经营性活动产生的现金流量在满足营运资本需求后的剩余，可以用于偿还债务、扩大再生产、分红或者回购股份。

$$\text{经营性现金流与流动负债比率}=\text{经营活动现金净流量}/\text{流动负债} \tag{7-3}$$

该指标的值可能为负（当经营活动现金净流量为负时）也可能为正，总体来说该指标的值越高，说明公司依靠经营活动的现金流偿还流动负债的能力越强。如果该指标为负值，说明公司必须依赖于其他途径取得资金以偿还流动负债。

7.2.4 收入现金比率

公司的销售业务最终需要通过客户回款（收现）来实现真正的价值，同时公司需要使用现金支付经营费用、短期和长期债务，资产负债表现金余额是公司的经营活动、投资活动和筹资活动共同作用的结果，需要将现金与公司在一定期间内的销售收入（营业收入）相关联来反映公司的收入现金比率（revenues to cash ratio）。收入现金比率计算公式如下：

$$\text{收入现金比率}=\text{销售收入}/\text{平均现金余额} \tag{7-4}$$

从短期流动性风险分析角度来看，债权人希望看到较低的收入现金比率，即企业的大部分销售都收回了货款而非以应收账款的方式存在。但是从公司盈利能力的角度来看，企业不希望持有过多的现金而影响公司的盈利能力。

为了满足短期财务需求，公司经常使用长期借款，但是长期借款可能进一步恶化短期流动性问题。一家公司可能在其资本结构中承担相对较高比例的长期债务，通常需要定期支付利息，也可能需要偿还本金。对于一些金融、房地产和能源公司来说，其成本较为单一，利息支出是最大的成本之一。正常经营必须产生足够的现金以满足运营营运资金需求，还可以偿还债务。

财务状况良好的公司经常通过短期借款来弥补运营周期中的临时现金流缺口，这些公司签发商业票据或者申请银行短期贷款，大多数公司都与银行保持信贷额度，以便快速获得现金以满足营运资金需求，财务报表附注通常披露当期获得的授信额度和本年内该额度的使用情况，以及授信额度协议对企业财务状况的限制性要求。

7.3　长期偿付能力风险分析

长期偿付能力风险（long-term solvency risk）分析是公司长期从内外部产生的现金能否以及多大程度满足厂房、生产线及设备投资需求和债务偿还需求。当公司借入资金并将这些资金投资于产生高于税后借款成本回报的资产时，财务杠杆会提高 ROE。只要公司保持资产回报率超过债务的税后成本，借款就会使普通股股东获益。然而，增加债务在资本结构中的比例会增加公司无法支付利息和偿还借款本金的风险。 随着信贷和破产风险的增加，借贷的增量成本也可能增加。对长期偿付能力风险的分析强调了公司支付长期债务和到期类似债务的利息和本金的能力。

公司在一段时间内产生盈利的能力是评估长期偿付能力风险的最佳指标。盈利的公司从经营中产生足够的现金，但也能够从债权人或股权投资者那里获得所需的现金。因此，第 6 章中讨论的盈利能力指标对于评估长期偿付能力风险也很有用，虽然从长期来看公司盈利最终会转化为公司的现金流用来偿还债务，但是盈利的公司可能没有足够的现金流偿还债务，因此需要将本章的指标与第 6 章盈利能力的分析指标相结合来分析公司的长期偿付能力。分析长期偿付能力需要评估公司财务弹性的水平和变化趋势。分析企业长期偿付能力风险时常用的指标包括：负债比率、利息保障倍数、现金流量负债比。

7.3.1　负债比率

公司债务比率（debt ratios）反映公司资本结构中债务尤其是长期债务所占的比重，实际使用的负债比率有不同的计算方法，包括资产负债率［式（7-5）］、负债权益比率［式（7-6）］、长期负债与长期资金比率［式（7-7）］、长期负债与股东权益比率［式（7-8）］。

$$资产负债率=负债总额/总资产\times100\% \tag{7-5}$$

$$负债权益比率=负债总额/股东权益合计\times100\% \tag{7-6}$$

$$长期负债与长期资金比率=长期负债/(长期负债+股东权益)\times100\% \tag{7-7}$$

长期负债与股东权益比率＝长期负债/股东权益×100%　（7-8）

以上四个负债率指标从不同的角度反映了公司的长期偿债能力，其中资产负债率是最常用的衡量公司财务杠杆的指标，资产负债率和负债权益比率反映的实质内容完全一致，只不过使用了不同的算法，根据基本的会计等式“资产 = 负债 + 所有者权益”，资产负债率和负债权益比率可以相互转换，资产负债率 =1/（1– 负债权益比率）。假定某公司的期末资产负债率等于25%，则该公司的资产负债率 =1/（1–25%）=1/75%=133.33%。

式（7-7）和式（7-8）分别反映了公司的长期负债比率，长期负债通常情况下都是带息债务，式（7-5）和式（7-7）中的负债总额包括了无须支付利息的经营性负债。

分子使用全部负债虽然可以衡量公司的总体债务情况，但是总负债中包括了经营性负债，无须支付利息，同时也包括了公司的预收款项，预收账款随着产品交付或者服务的提供自然结清，通常预收账款占比高的企业要么是在供应链中有强势地位，要么是产品有强大的品牌效应（如茅台、特斯拉），要么是特殊的商业模式形成的预收款（如京东、亚马逊），要么是特定的法律法规形成的结果（如我国采用的房地产预售模式带来的房地产企业的预收房款），要么是大型装备制造企业采用的订单式生产模式所收取的定金等，需要对这些因素进行调整后才能准确分析企业的长期偿付能力，因此产生了净负债率等负债指标。

式（7-7）和式（7-8）主要关注公司的长期负债（包括借款、发行债券）与股东权益的比例关系，是反映公司长期债务的比率。

7.3.2 利息保障倍数

利息保障倍数（interest coverage ratio）又称利息覆盖率，是债务与盈利能力的比率，用于确定公司支付未偿债务利息的难易程度。利息保障倍数的计算方法是将公司的息税前利润除以给定期间的利息支出，见式（7-9）。贷款人、投资者和债权人经常使用这个公式来确定公司相对于当前债务或未来借款的风险。

利息保障倍数衡量公司的息税前利润［式（7-9）］或者现金流［式（7-10）］相当于需要偿还的利息的倍数。

利息保障倍数＝息税前利润/利息费用　（7-9）

利息保障倍数＝（经营活动现金流＋利息费用＋所得税）/支付利息现金流出　（7-10）

我国财务报表中的利息费用通常没有单独披露，在此情况下可以使用财务费用替代。如果公司有不可撤销的长期租赁合同，租金支付也是一项固定的支付义务，需要将租金和利息合并重新计算息税前利润相对于利息和租金的倍数。

例 7-1：假设一家公司在某一季度的息税前利润为 625 000 元，并且每月需要偿还 30 000 元的债务，要计算此公司的利息保障倍数，需要将每月利息支付乘以 3（日历年的剩余季度），将其转换为季度利息。公司的利息保障倍数为 625 000/90 000（30 000 × 3）= 6.94，这表明公司目前不存在流动性问题。

经验规则认为 1.5 倍的利息保障倍数是公司可接受的最低比率，低于该临界点，贷款人可能会拒绝向公司提供更多资金，因为公司的违约风险可能被认为太高。如果一家公司的比率低于 1，它可能需要花费一些现金储备来弥补差额或借入更多资金。

7.3.3 现金流量负债比

资产负债率等负债比率没有考虑公司经营活动产生的现金流对偿债能力的影响，而经营性现金流与负债比率可以弥补这一缺陷，其计算公式如式（7-11）所示。经营性现金流与负债比率的分母包括所有负债，即包括流动负债和非流动负债，经营活动现金净流量反映公司的经营性活动产生的现金流在满足营运资本需求后的剩余，可以用于偿还债务、扩大再生产、分红或者回购股份。

$$\text{经营性现金流与负债比率}=\text{经营活动现金流量净额}/\text{全部负债}\times 100\% \tag{7-11}$$

经营性现金流与负债比率反映公司日常经营活动取得的现金流净额对全部负债的保障程度，这一比率超过 1，说明公司可以完全依靠日常的经营活动的现金来偿还债务，公司偿债风险较低。

本章所讨论的风险并不能涵盖股权投资者作为公司剩余风险承担者必须考虑的全部风险。为了对公司进行估值，投资者还应该相对于所有公司的共同风险来评估投资公司普通股所固有的风险要素。投资者考虑系统性风险（也称为不可分散风险或不可避免风险），并用它来解释普通股预期回报率的差异。经济理论表明，投资风险的差异与投资预期回报的差异有关。

本章的主要内容是讨论企业的财务风险的衡量和分析方法，企业利用财务灵活性和杠杆作用为股权投资者实现更高的回报，但这样做会带来财务风险，分析师评估短期流动性和长期偿付能力风险，并评估信用风险和破产风险，影响长期偿付能力风险和财务灵活性的一些因素也会影响系统风险。我们将在第 10 章详细讨论系统性和非系统性风险以及它们与公司资本成本之间的关系。

7.4 财务比率分析的局限性

财务比率分析虽然能够帮助分析师和企业管理者更好地了解和评价企业的盈利能力、管理效率、风险状况，但不同的比率选择需要考虑分析的目标和潜在的比较标准。任何特定的比率仅在与分析的具体目标相关时才有用。此外，比率并不是绝对的标准，需要从多个维度选择不同分析指标进行综合分析时效果最好，同时需要比较多个会计期间的财务状况或经营业绩的变化以及与类似企业的比较才有价值，单期的数据容易受到会计操纵的影响，多期的比率分析有助于说明此类指标变化的趋势和模式，进而可能揭示企业面临的风险和机遇。

另外通过财务报表分析进行绩效评估是基于过去的数据和条件，从而可能很难推断出企业未来的发展趋势，对未来的预测和估计需要建立在一定的假设基础上进行。

任何评估业务绩效的尝试都无法提供完全肯定的结论，财务分析获得的任何结论都是相对的，因为不同公司、不同行业的业务和运营状况差异很大。在大型多业务公司和企业集团中，基于过去业绩的比较和标准尤其难以解释，因为在这些业务公司和企业集团中，各个业务部门的具体信息披露通常很有限，任何分析结论都需要考虑是否有其他可能的解释，需要结合企业的业务和外部环境分析才能提高分析结论的可靠性。

本章小结

本章考察了企业风险的类型，并提出了风险分析的基本框架，该框架将公司的现金产生能力与现金需求因素联系起来，分别从支付流动负债和长期负债的能力方面对公司的偿债能力进行分析，企业的短期偿债能力主要受公司的资产和负债的流动性高低的影响，长期偿债能力主要受公司的资本结构和盈利能力的影响。

思考题

1. 财务分析师分析公司短期流动性风险的主要比率是流动比率，但使用该比率来分析短期流动性风险时可能存在很多局限，请列出并讨论流动比率分析的主要局限。
2. 将利息保障倍数作为衡量长期偿付能力风险的一个局限是分子中使用的是利润而不是现金流。详细说明在分子中使用利润会带来什么问题，用什么方法来缓解这些问题。
3. 为什么对我国房地产行业的公司进行偿债能力分析时需要剔除合同负债项目？

练习题

1. AB 集团公司旗下有两家子公司，A 公司和 B 公司，假定你是 B 公司的经理。两家公司最近发布了 2022 年的财务报表，集团公司首席执行官发表了以下评论：“A 公司的销售额是 B 公司的两倍，留存利润比 B 公司高 22%，固定资产是 B 公司的三倍，留存利润是 B 公司的三倍，存货是 B 公司的五倍，总体来说 A 公司的经营业绩远高于 B 公司。”两家公司截至 2022 年 12 月 31 日的财务报表项目如表 7-4 所示。

表 7-4 A 公司和 B 公司的资产负债表项目金额和利润表项目金额 单位：万元

资产负债表项目金额（2022 年 12 月 31 日）					
项目名称	A 公司	B 公司	项目名称	A 公司	B 公司
流动资产：			流动负债		
存货	1 020	200	应付账款	1 420	130
应收账款	2 060	590	短期借款	310	
现金	30	140	应交税费	750	440
流动资产合计	3 110	930	流动负债合计	2 480	570
固定资产：			长期借款（15%）	2 500	700
运输车辆	160		所有者权益：		
地产	1 600		股本	1 965	648
房产和设备（净值）	2 700	1 500	未分配利润	625	512
固定资产合计	4 460	1 500	所有者权益合计	2 590	1 160

（续）

利润表项目金额（2022 年）					
项目名称	A 公司	B 公司	项目名称	A 公司	B 公司
营业收入	16 742	8 121	利息费用	400	105
营业成本	13 014	6 191	管理费用	1 661	723
毛利	3 728	1 930	税前利润	1 375	952
营业费用			所得税	750	440
折旧费用	292	150	税后利润	625	512

要求：

（1）计算你认为必要的财务比率来评价 A、B 两个公司的盈利能力。

（2）你是否同意集团总裁的评论？使用相关的财务比率来分析你同意或不同意的理由。

2. ABC 公司的资产负债表和利润表如表 7-5 和表 7-6 所示。

表 7-5 ABC 公司 2022 年资产负债表 单位：元

资产	金额	负债和所有者权益	金额
货币资金	880 000	应付账款	750 000
应收账款	2 075 000	其他流动负债	1 950 000
存货	2 100 000	流动负债合计	2 700 000
其他流动资产	300 000		
流动资产合计	5 355 000	长期负债	1 700 000
		负债合计	4 400 000
固定资产净值	3 700 000	股本	300 000
其他长期资产	700 000	留存收益	5 055 000
		所有者权益合计	5 355 000
资产总计	9 755 000	负债和所有者权益总计	9 755 000

表 7-6 ABC 公司 2022 年利润表 单位：元

销售收入	12 000 000	营业费用合计	9 700 000
销售成本	6 700 000	税前利润	2 300 000
销售、一般和行政费用（SG&A）	2 450 000	所得税	825 000
其他费用	550 000	净利润	1 475 000

要求：

计算 ABC 公司 2022 年的现金周转周期。分析如果公司的现金周转周期缩短 20 天，可以为公司节约多少资金（假定公司的资本成本为 8%）。

3. 万科公司 2004—2013 年的资产负债表部分项目如表 7-7 所示。

表 7-7 万科公司 2004—2013 年的资产负债表（部分） 单位：亿元

项目	2004 年	2005 年	2006 年	2007 年	2008 年	2009 年	2010 年	2011 年	2012 年	2013 年
货币资金	31	32	107	170	200	230	378	342	523	444
资产	155	220	499	1 001	1 192	1 376	2 156	2 962	3 788	4 792
存货	105	148	342	665	859	901	1 333	2 083	2 252	3 311
其他应收款	5	7	7	28	35	78	149	184	201	348
应付票据	—	0	—	—	—	0	—	0	50	148
应付账款	24	33	60	111	129	163	169	297	449	640
短期借款	8	9	27	11	46	12	15	17	99	51
一年内到期的长期借款	3	7	11	75	133	74	153	218	256	275
长期借款	9	12	95	164	92	175	248	210	360	367
应付债券	20	9	—	—	58	58	58	59	—	74
有息负债合计	40	36	133	250	328	319	474	504	716	767
货币资金	31	32	107	170	200	230	378	342	523	444
所有者权益	63	86	175	339	388	454	546	678	821	1 054

注：数据可能由于四舍五入的原因存在误差。
资料来源：万科公司年报。

要求：

（1）计算万科 2004—2013 年期间的资产负债率、负债权益比率，分析该公司的长期偿债能力。

（2）计算万科 2004—2013 年期间的应付款项相对于销售商品提供劳务得到的现金比率［=（应付票据 + 应付账款）/ 全年销售商品、提供劳务收到的现金］，结合（1）的负债比率分析该公司的短期偿债能力。

（3）结合同期公司的利润表和现金流量表信息综合评价万科在此段期间的财务风险状况。

4. 查找三大航空公司（中国国际航空股份有限公司、中国南方航空股份有限公司、中国东方航空股份有限公司）和经济型航空公司（春秋航空股份有限公司和上海吉祥航空股份有限公司）2012 年到 2022 年的毛利率、净利率、净资产收益率和总资产收益率指标，分析它们的竞争策略的差异对财务成果的影响。

案例分析

表 7-8 是东阿阿胶 2013—2018 年的主要财务指标。

表 7-8 东阿阿胶 2013—2018 年的主要财务指标

项目	2013 年 12 月 31 日	2014 年 12 月 31 日	2015 年 12 月 31 日	2016 年 12 月 31 日	2017 年 12 月 31 日	2018 年 12 月 31 日
盈利能力						
三项费用比重（%）	28.05	27.00	30.87	33.15	32.49	29.36
营业利润率（%）	35.31	39.71	35.24	34.24	32.69	33.26
销售毛利率（%）	63.48	65.54	64.61	66.95	65.05	65.99
销售净利率（%）	30.37	34.23	30.05	29.37	27.73	28.43
主营业务成本率（%）	36.52	34.46	35.39	33.05	34.95	34.01
总资产净利润率（%）	21.56	20.54	20.43	19.97	18.30	15.92
净资产收益率（%）	23.99	22.77	23.12	22.12	20.71	18.42
销售收现率（%）	111.49	118.78	107.07	97.93	103.46	94.16
偿债能力						
流动比率（%）	5.11	4.00	4.42	5.09	3.95	4.37
速动比率（%）	4.42	2.92	3.24	3.07	2.47	3.00
现金比率（%）	277.30	187.92	113.99	94.91	70.67	86.62
利息保障倍数（倍数）	−29.09	−38.96	−109.57	−132.10	205.25	157.06
长期负债率（%）	13.35	18.19	16.90	14.98	19.73	17.78
资产负债率（%）	14.97	19.20	17.73	15.71	20.24	18.32
股东权益比率（%）	85.03	80.80	82.27	84.29	79.76	81.68
负债与所有者权益比率（%）	17.61	23.76	21.54	18.64	25.37	22.43
固定资产净值率（%）	63.90	77.71	76.34	76.34	77.42	77.54
成长能力						
主营业务收入增长率（%）	31.42	−0.18	35.94	15.92	16.7	−0.46
净利润增长率（%）	15.77	12.51	19.35	13.27	10.18	2.08
净资产增长率（%）	17.93	18.55	17.51	18.4	17.71	14.76
总资产增长率（%）	12.28	24.75	15.40	15.57	24.39	12.07
营运能力						
应收票据周转率（次）	52.56	73.87	70.89	67.07	23.84	7.14
应收账款周转率（次）	28.32	27.04	25.69	18.21	16.55	10.43
应收账款周转天数（天）	12.71	13.31	14.01	19.77	21.75	34.51
存货周转率（次）	3.08	1.37	1.21	0.88	0.78	0.72
固定资产周转率（次）	6.83	4.05	4.03	4.52	4.70	4.25
总资产周转率（次）	0.71	0.60	0.68	0.68	0.66	0.56
存货周转天数（天）	116.83	262.60	297.69	408.67	462.49	503.00
应付账款及票据周转率	16.55	8.53	9.57	7.45	4.11	3.73
应付账款及票据周转天数（天）	22.06	42.79	38.16	49.01	88.73	97.77

（续）

项目	2013 年 12 月 31 日	2014 年 12 月 31 日	2015 年 12 月 31 日	2016 年 12 月 31 日	2017 年 12 月 31 日	2018 年 12 月 31 日
现金周转天数（天）	107.48	233.12	273.54	379.43	395.51	439.74
总资产周转天数（天）	506.69	603.42	530.74	528.79	545.12	643.78
流动资产周转率（次）	0.97	0.84	0.92	0.90	0.86	0.72
流动资产周转天数（天）	369.84	426.95	391.73	399.38	420.51	500.63
经营现金净流量对销售收入比率（%）	0.22	0.16	0.18	0.10	0.24	0.14
资产的经营现金流量回报率（%）	0.15	0.09	0.11	0.06	0.14	0.07
经营现金净流量与净利润的比率（%）	0.72	0.48	0.6	0.34	0.86	0.48
经营现金净流量对负债比率（%）	0.98	0.46	0.64	0.40	0.70	0.40
现金流量比率（%）	110.11	48.43	67.19	41.9	71.98	40.92

要求：

1. 根据所附的报表和财务比率数据分析东阿阿胶在 2013 年到 2018 年的财务状况、盈利能力、偿债能力，用相应的数据支持你的结论，必要时可以另外计算。

2. 根据新浪财经的报道（https://finance.sina.com.cn/roll/2019-07-21/doc-ihytcerm 5201094.shtml），分析总结东阿阿胶过去的发展战略是什么，以及以往的战略对该公司的未来发展可能带来哪些问题。根据材料提出你的对策和建议。

参考文献

[1] KING T A. More than a numbers game：a brief history of accounting [M]. New York：John Wiley & Sons，2006.

[2] 高敬忠，王媛媛．中国 IPO 制度的变迁及改革启示 [J]．财会月刊，2018（23）：161-166.

现金流量分析

■ 学习目标

1. 理解企业需要编制现金流量表的原因；
2. 理解现金流量表的基本结构；
3. 理解净利润、息税前利润、息税折旧摊销前利润之间的关系；
4. 能够根据现金流量表相关信息计算企业自由现金流（FCFF）和股东自由现金流（FCFE）；
5. 能够根据利润表和资产负债表相关信息计算企业自由现金流（FCFF）和股东自由现金流（FCFE）；
6. 掌握预测 FCFF 和 FCFE 的方法并应用该方法预测公司的 FCFF 和 FCFE。

■ 导入案例

辅仁药业的现金流量

朱文臣于 1995 年创建了辅仁药业（600781.SH），2006 年 5 月，辅仁药业借壳 ST 民丰上市，成为河南省最大的药企，其实际控制人朱文臣 2012 年以 76 亿身家成为河南首富。2013 年，朱文臣以身家 85 亿元蝉联河南首富。2018 年年初，朱文臣再度成为“河南首富”，并跻身胡润百富榜。

2019 年 7 月 16 日，辅仁药业披露 2018 年分红方案，计划每 10 股派发现金股利 1 元，预计分红总额为 6 271.58 万元。但是在股利支付日前，辅仁药业发布公告称，原拟于 2019 年 7 月 22 日（股利支付日）发放 2018 年年度现金红利，因公司资金安排原因，无法按照原定计划发放红利。

令投资者诧异的是，此前公司 2018 年年报显示账面有 16.56 亿元的货币资金，刚过半年公司却拿不出 6 200 多万元的分红，这震惊了资本市场。截至 2019 年 7 月 19 日，辅仁药业拥有现金总额仅为 1.27 亿元，其中受限金额为 1.23 亿元，未受限金额为 377.87 万元。

2019年7月26日辅仁药业被证监会立案调查。调查结果显示，辅仁药业2015年至2018年年度报告存在虚假记载、重大遗漏；2015年、2016年分别虚增货币资金4.13亿元、5.76亿元，分别占各年年末净资产的12.95%和14.79%。辅仁药业2017年、2018年年度报告存在虚假记载、重大遗漏，2017年辅仁药业虚增货币资金4.67亿元，占当年年度报告披露的期末净资产的10.02%；2018年虚增货币资金13.37亿元，占当年年度报告披露的期末净资产的24.45%。同时，辅仁药业2018年未及时披露关联担保等。此外，辅仁药业2016年的重大资产重组文件中存在虚假记载。辅仁药业自身100%的股份都被冻结。由于未履行法律义务，辅仁药业被强制执行5次，朱文臣被强制执行9次、被限制高消费11次。

2006年至2016年，辅仁药业的营业收入从1.82亿元增长至4.96亿元，归母净利润却从0.59亿元跌至0.18亿元。2017年朱文臣通过同一控制下的企业合并收购开药集团成功并入辅仁药业，令辅仁药业盈利能力大增。开药集团评估增值53.41亿元，评估增值率高达216.42%。开药集团原股东承诺，开药集团2017年至2019年扣非归母净利润分别达到7.36亿、8.08亿和8.74亿。然而据事后核查，开药集团2017年至2019年均未实现盈利承诺。2017年至2021年，辅仁药业营收从58.00亿元降至15.12亿元，归母净利润从3.92亿元跌至−31.99亿元。

辅仁药业2021年年报被出具无法表示意见的审计报告，涉及控股股东资金占用余额16.53亿元，违规担保17.4亿元等事项未得解决。2023年5月22日，辅仁药业发布公告称，公司于5月22日收到上交所《关于辅仁药业集团制药股份有限公司股票终止上市的决定》，上交所决定终止公司股票上市。随着公司的终止上市，河南省一代首富朱文臣也跌落神坛。

资料来源：公司公开的财务报告；新浪财经，假白马的黄昏：造假都不认真 辅仁药业18亿现金又飞了，2019年7月29日。

现金为王（“Cash is king”）是企业经营和估值的重要理念，与现金股利以及每股收益不同，自由现金流不是会计准则要求披露的财务数据，分析师需要根据公开的财务报表信息来计算自由现金流，这要求分析师必须清楚地了解自由现金流的计算方法，并具备正确解释和使用信息的能力。

本章首先讨论收付实现制与权责发生制的差异，在此基础上讨论现金流量表的结构和编制方法，本章的最后部分介绍了现金流量分析，重点是自由现金流的计算和分析。

8.1 现金流量表

除资产负债表和利润表外，无论是美国一般公认会计原则、国际财务报告准则还是我国的会计准则都要求公司定期编制现金流量表。编制现金流量表的目的是反映公司主要活动的现金流量，而这些现金流量信息很难从资产负债表和利润表中获得。现金流量表至少提供了资产负债表或利润表中无法提供的三类关键信息。首先，现金流量表把公司的业务活动分为三类，分别是经营活动、投资活动和筹资活动，这三类业务分别反映不同活动对公司现金流量的影响。其次，现金流量表提供了关于与公司开展业务的实体和个人之间的现金流量，例如员工、客户、供应商、债权人和股东。最后分析师可以结合来自现金流量表、资产负债表和利润表的信息，用于评估财务报表的整体“质量”，特别是公司的盈利质量。

8.1.1 利润与现金流产生差异的原因

公司在特定会计期间内的现金净流量与净利润可能不同，主要的原因是利润表和现金流量表的编制原则不同，利润表是根据权责发生制原则编制的，即利润的确认是根据当期实际赚取的收入和发生的费用配比后计算得到的，而现金流量表则是严格按照收付实现制原则编制的，以反映企业的现金流量。根据权责发生制原则，以完成向客户交付产品或者提供服务的义务来确认收入，当期的收入并不一定在当期全部收回现金，当期与费用相关的现金可能在以前会计期间已支付或者将在以后会计期间支付。因此主要有三类因素导致特定会计期间利润和现金流产生差异：一是客户付款的期间不一定与公司确认收入在同一时期；二是向雇员、供应商和政府支付的现金支出不一定发生在公司确认费用的同一时期；三是与投资和筹资活动有关的现金流入和流出不立即影响利润表。编制利润表的主要目标是反映公司当期取得的收入和费用以及最终的经营成果，即公司的盈亏情况，而现金流量表则反映公司不同业务在当期现金的收支情况以及最终结果。

8.1.2 权责发生制与现金流量表

会计信息的及时性质量要求需要企业定期报告财务状况、经营业绩和现金流量，只有及时的信息才是有用的信息，一旦信息不能满足时效性要求就失去了价值，但是企业的生产经营是连续不断进行的，由于需要分期及时报告企业的经营成果、现金流量和资产负债状况，所以产生了跨越会计期间（年度、季度或者月度）业务的归属期间问题。

1. 经营周期

以一个典型的制造业企业的经营周期来看（见图 8-1），企业的净利润等于当期向客户提供产品和服务应该向客户收取的现金减去当期提供产品和服务消耗的原材料、劳动力和生产性资产耗费，如果上述采购、生产、销售在一个会计期间内完成，那么在衡量企业的经营业绩时就比较简单，净利润等于现金流入减去与这些经营活动相关的现金流出。然而通常情况下企业会在一个会计期间购买原材料和设备，并在未来会计期间持续使用它们来生产商品，另外公司通常会在一段时间内向客户赊账销售商品或服务，然后下一个期间向客户收款（从销售到收款的期间通常称为“账期”）。公司可能在一个会计期间消耗资源（比如存货）或产生债务，并在随后的会计期间支付与这些资源相关的款项（支付应付款）或偿还这些债务。

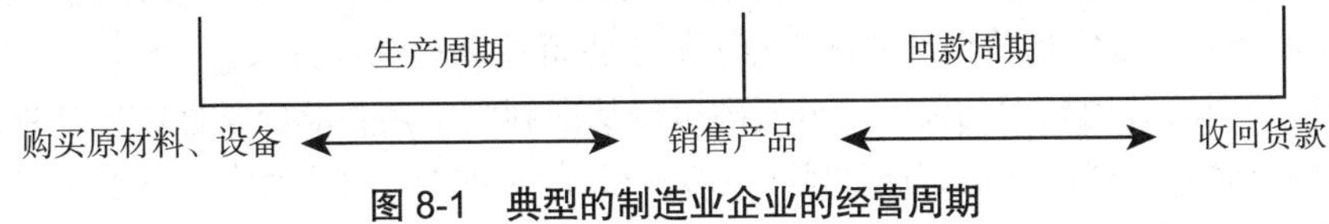

图 8-1 典型的制造业企业的经营周期

在简单的收付实现制下，公司在从客户处收到现金时确认收入，在向供应商、员工以及其他商品和服务提供商支付现金时确认费用。由于公司的营业周期通常会延伸到多个会计期间，因此收付实现制不能很好地衡量特定时期内公司的经营成果，因为它侧重于现金收付的时间，而不是公司成功赚取资源（收入）和使用资源（费用）以产生利润这个期间的基本经济状况。为了克服收付实现制的这一缺陷，各国会计准则都要求公司使用权责发生制来衡量利润表上的业绩以及衡量资产负债表上的资产、负债和所有者权益。

2．权责发生制与现金流量表关系

权责发生制主要关注两种类型的业务事件。首先，从资产角度来看，当提供产品或服务给客户时，企业就要记录相应的收入，但是企业可能尚未收到款项，因此需要同步记录一项应收款资产，反映公司的收款权利。如果未提供产品或服务之前收到客户的预付款，此时不能确认收入，而需要将其记录为一项债务，即预收账款（我国准则称为合同负债）。同样，从义务角度来看，当企业接受产品或服务时就要记录应计费用，但可能尚未付款，需要同步记录一项债务，反映公司的付款义务。如果未接受产品或服务之前支付给供应商预付款，此时不能确认为费用，而需要记录为一项资产，即预付账款。权责发生制是基于实现原则确认收入，当产品交付或服务完成时确认收入，不考虑是否已收到付款（现金）。

权责发生制比收付实现制能够更好地衡量经营业绩，同时建立在权责发生制基础上的资产负债表可以更好反映公司的财务状况，但是权责发生制下的利润表中的利润可能与公司的现金流量不一致，无法反映公司的现金流详细信息，因此需要编制现金流量表提供公司在一定期间内的现金流量状况。

8.1.3　现金流量分析的意义

了解公司的现金流量是财务分析与估值六个步骤中不可或缺的一部分，通过现金流量分析可以起到如下作用。

1）通过现金流量表可以更好反映企业的经济特征。不同类型的企业在整个生命周期的不同阶段的经营、投资和筹资活动的现金流各不相同。高增长、资本密集型企业普遍面临经营现金流不足，无法为资本支出（投资活动）提供足够的资金，因此它们需要外部资本来源（筹资活动）来募集投资所需要的资金。相比之下，轻资产经营企业和成熟的公司通常可以通过经营现金流来满足资本支出的需求，并利用多余的现金流来偿还债务、支付股利或回购普通股（筹资活动）。

2）确定公司的发展战略。现金流量表可以反映企业的整体战略，特别是企业增长轨迹和趋势。比如，快速增长的资本密集型企业将在固定资产上进行大量投资。选择内涵式增长[㊀]的公司有来自运营活动的大量正现金流量，这些经营现金净流入都被注入投资活动中。再比如，企业追求通过收购其他公司实现增长的战略会出现大量现金流出，相反一家正在转型的企业可能剥离非核心业务，处置相关资产的现金流入属于投资活动的现金流入。

3）分析公司的盈利能力和风险。分析师可以从净利润中调整非经常性或异常项目以更清楚地评估营业利润，分析盈利能力和风险。在足够长的时期内，净利润等于来自经营、投资和来自股东以外的筹资活动的净现金流量，公司能否从运营中产生足够现金流来支撑资本支出和偿还债务是公司财务健康状况的关键信号。

㊀ 内涵式增长是公司完全依靠内部盈利积累，不需要通过外部融资实现的增长。

8.2　现金流量的结构

编制现金流量表的目的是了解公司在特定时期内的现金来源和使用情况。从发展历史来看，现金流量表的编制历史比资产负债表和利润表要短，虽然之前部分公司发布了某些现金流量的信息，但是美国自 1988 年起才正式要求编制现金流量表。国际会计准则委员会 1989 年公布了《第 7 号会计准则——现金流量表》取代了 1977 年公布的《第 7 号会计准则——财务状况变动表》，并在 1992 年对其做了修订，于 1994 年 1 月 1 日生效实施。我国财政部 1998 年颁布了具体会计准则《企业会计准则第 31 号——现金流量表》，以现金流量表代替财务状况变动表。

虽然现金流量表比资产负债表和利润表的历史要短，但是现金流量表可以用来了解通过利润表和资产负债表无法了解的公司业绩趋势。现金流量表按照业务活动的类型分经营活动、投资活动和筹资活动，分别报告当前现金流入、流出和净流量状况，因为不同来源的现金流的可持续性存在差异，公司估值更看重公司从日常业务运营中持续产生正现金流的能力，而经营现金流便可以揭示公司的真实盈利能力。

现金流量表能够提供公正、客观的信息，相对不受会计估计主观因素的影响，而会计估计是影响利润的重要因素。财务报表使用者可以使用现金流量表评估公司过去的预测，并将该信息用作未来决策的基础。现金流量表可以帮助财务报表使用者比较不同行业或地区的企业的业绩。

好的分析一定要区分经营活动的影响和金融活动的影响，自由现金流是由企业的经营活动创造的，这是企业现金流可持续发展的主要资金来源。归属股东和债权人的现金流量属于金融活动的现金流量，这是现金流量的去向，分别用于偿还债务本息、支付股利或者回购股份，但是美国一般公认会计原则和国际财务报告准则（IFRS）对偿付利息和支付股利在现金流量表中的分类不一致，公司可能对于类似的业务分类到不同类别的现金流中，操纵公司的现金流量，影响投资者对公司的判断。我国《企业会计准则》明确要求这两类现金流属于筹资活动的现金流出。公司获得的现金流量在满足日常经营和投资所需后剩余的现金流量是公司可自由支配的现金流量，现金流波动率可以反映一个公司的风险程度高低，而风险程度高低决定了公司的资本成本，现金流量和资本成本共同决定了企业或者项目的价值，这是现金流折现（discounted cash flow，DCF）模型中最重要的输入参数。

8.2.1　经营活动现金流量

经营活动是企业主要的营业收入的来源，不同行业的企业的经营活动的内涵存在差异，但是其主体是企业向客户提供产品或者服务获得的现金流量，比如对于商业银行而言，营业活动包括银行的存款和贷款业务以及办理结算业务的活动获得或者支付的现金。而对于投资银行而言，承销证券或者办理证券经纪业务是其经营活动。对于一般的制造业和服务业而言，提供产品或者服务给客户而取得或支付的现金是经营活动现金流。经营活动现金流有助于了解企业的经营在多大程度上产生了足够的现金流量来用于偿还贷款、维持运营能力、支付股利以及在不依赖外部融资来源的情况下进行新的投资。

根据国际财务报告准则，经营活动现金流入通常包括以下内容：销售商品、提供劳务收到的现金；来自特许权使用费、佣金和其他收入的现金收入；保险公司保费和索赔、年金和其他保单福利的现金收入；取得的所得税返还。

根据国际财务报告准则的规定，经营活动现金流出通常包括以下内容：向供应商支付商品和服务的现金；向员工或代表员工支付现金；保险公司保费和索赔、年金和其他保单福利的现金支付；现金支付所得税等。

根据以上分析，非现金费用（例如固定资产折旧、无形资产摊销）并不影响企业的经营活动现金流，但是会减少企业的利润，企业也可以通过延期支付、出售应收项目、降低广告支出、研发支出来增加当期的现金流量。

经营活动现金流量不包括非现金交易的影响，因此企业可能通过结构化融资，将借款伪装成经营活动现金流量，通过资本化政策（比如，对于内部研发数据的支出计入数据资产价值，一般情况下这类支出难以符合资本化的要求，原因是数据的价值难以确定）将经营活动现金流量变成现金投资支出，这些措施都可能扭曲企业的经营活动现金流量。

8.2.2 投资活动现金流量

投资活动是指取得和处置长期资产的活动以及不计入现金等价物的其他投资活动，主要包括固定资产、长期证券投资等活动，前者是内部投资，主要目的是提升企业的生产能力，扩大产能，后者是对外的金融资产投资，目的是获取未来现金流或者控制被投资方（股权投资）。

具体的投资活动的现金流出可能包括：购置不动产、厂房及设备、无形资产及其他长期资产（包括资本化开发成本及自建不动产、厂房及设备）支付的现金；购买其他实体的股权或债务工具以及合资企业现金形式的权益性投资；向其他方提供的现金垫款和贷款（金融机构提供的垫款和贷款除外，这些属于经营活动）；期货合约、远期合约、期权合约和掉期合约的现金支付。

投资活动的现金流入可能包括：出售不动产、厂房和设备、无形资产和其他长期资产收到的现金；出售其他主体的股权或债务工具以及合营企业股权收到的现金；期货合约、远期合约、期权合约和掉期合约的现金收入。

分析公司的投资活动现金流时需要考虑公司的发展战略，例如，快速增长的资本密集型公司将在固定资产方面进行大量投资，选择内涵式增长的公司有来自运营的大量正现金流，这些现金流可能被用于投资活动。投资活动需要的现金无外乎两个来源：一是公司的经营活动的现金积累，二是通过筹资活动募集所需要的资金。

8.2.3 筹资活动现金流量

筹资活动是指导致企业股东权益和借款发生变化的活动，即企业向资金提供者取得资金来源相关的活动。企业除了经营活动和投资活动可能带来资金外，企业还可以向股东募集资金或者向第三方借入资金，包括向银行借款或者公开发行债券融资。无论是向股东还是向债权人募集资金，企业未来可能会需要支付股利、偿还本息，这些构成了企业筹资活动的现金流量。

具体而言，企业的筹资活动现金流入包括：发行股票或其他权益工具收到的现金；发行债券、贷款、票据、债券、抵押贷款和其他短期或长期借款的现金收入。

筹资活动现金流出包括：支付现金股利、赎回股份而向股东支付的现金；偿还借款本金和利息支付的现金；承租人为减少与融资租赁相关的未偿负债而支付的现金。

8.3 现金流量表的编制方法

会计上通常所说的现金是指企业的库存现金。现金流量表中的“现金”不仅包括库存现金，还包括企业“银行存款”账户核算的存入金融企业可以随时用于支付的存款，也包括在“其他货币资金”账户中核算的外埠存款、银行汇票存款、银行本票存款、信用证保证金存款和在途货币资金等其他货币资金。现金等价物是指企业持有的期限短，流动性强，易于转换为已知金额现金、价值变动风险很小的投资。

现金流量表反映企业在会计期间内的“现金和现金等价物”（cash and cash equivalent，CCE）的变动。现金等价物是短期、高流动性的投资，现金等价物必须具备两个条件：一是易于兑换成已知金额的现金；二是即将到期，因此由于利率变化而产生的价值变化的风险微不足道。通常情况下是三个月内即将到期、能够迅速变现并且变现价值波动不大的短期投资，比如三个月内到期的国债投资等。公司持有的用途受限的货币资金不能计入现金及现金等价物，例如本章开篇案例中辅仁药业持有的受限货币资金虽然能够计入资产负债表中的货币资金项目，但是不能计入现金及现金等价物。

8.3.1 直接法

美国会计准则委员会与国际会计准则委员会都允许企业使用直接或间接方法报告经营活动现金流，尽管两个委员会都优先推荐直接法，原因是直接法按照现金流量的来源和用途进行分类报告，可以清晰反映公司的经营活动现金流量的来龙去脉，但是直接法编制对企业信息系统的要求较高，高昂的成本导致很少有公司首选直接法。我国会计准则要求企业在现金流量表的主表中采用直接法编制经营活动现金流量，同时要求企业在附表中采用间接法提供经营活动现金流量信息。

直接法应用在编制现金流量表，是指通过现金收入和现金支出的主要类别列示各类现金流量，以利润表中的营业收入为起点，调整有关项目的增减变动，计算现金流量。

直接法需要详细分析企业在会计期间内的每一笔交易，并将非经营活动和非现金的交易排除在外。例如，公司采用权益法记录联营和合营企业（对被投资方有重大影响但是不能控制）的投资收益，该投资收益计入净利润，但如果被投资公司当期支付现金股利，则属于非经营活动的现金流。同样，假设该公司出售了一些旧设备，可能收到现金，处置该设备的净收益（设备的出售扣除税费净所得和设备的账面价值的差额）包含在净利润中，但是该交易属于投资活动现金流而非经营活动现金流。直接法下常规的分类包括：来自客户的现金、支付给员工的现金、支付给供应商的现金、支付税费的现金。

8.3.2 间接法

间接法就是将企业利润表中的净利润调整成为经营活动的现金流入和流出。间接法应用在现金流量表的编制，是指以净利润为起点，调整有关项目，将以权责发生制为基础计算的净利润通过调整非现金费用、营运资本的变动得到以收付实现制为基础计算的经营活动的现金流量净值。

非现金费用包括折旧费用、无形资产摊销费用、递延所得税等，利润的计算公式如下：

利润 = 现金营业收入 + 非现金营业收入 −（付现费用 + 非现金费用） （8-1）

式（8-1）可以进一步改写为：

现金营业收入 − 付现费用 = 利润 + 非现金费用 − 非现金营业收入 （8-2）

根据经营现金流量的定义，现金营业收入减去付现费用就是经营活动的现金净流量，间接法编制的现金流量表反映了企业在特定时期内现金支出或现金收入，间接法是通过用公司的净利润加上非现金费用，调整公司的流动负债、流动资产和其他来源的变化，例如资产负债表上的非经营损益或非流动资产收益。会计师通过对非营业费用进行调整，以确定营业费用的现金流量。

间接法经营活动现金流量 = 净利润 + 非经营活动的损失（减收益）+
折旧和摊销费用 + 应收账款减少额（− 增加额）+
库存减少（− 库存增加）+ 应付账款增加（− 应付账款减少）+
应计项目增加（− 应计项目减少） （8-3）

直接法比间接法更符合现金流量表的目标，原因是直接法提供有关现金收入和现金支付的信息，间接法不报告经营活动现金流入和流出。直接法编制的现金流量表便于分析师每年比较各公司类似业务的现金收入和支出以及同一公司不同类型的现金流量的变动，对现金流量进行差异分析，发现影响现金流量变动的业务根源。间接法编制的现金流量表强调净利润和经营活动净现金之间的差异，强调非现金营运资本账户变化对现金流量的影响。

8.4 现金流量表分析

现金流量表分析是公司财务管理的一个重要方面，因为它强调可用于支付账单和购买商品和服务的现金，这是企业运营和发展业务所需的资金。公司、投资者和分析师都十分重视公司的现金流量表分析，通过分析现金流量表可以了解公司的财务稳定性和健康状况，以及为投资人可能投资公司的决策提供信息。

现金流量表描述了公司的资金来源及其支出情况。现金流量表分析主要研究公司的现金来源、用途以及每项来源和用途的具体金额。现金流量表可以帮助投资者评估企业未来的现金流量。无论是进行权益投资还是债权投资，投资者是为了取得收益并增加未来的现金流量。投资者在做出是否投资的决策时需考虑投资的风险、股利、利息和到期足额收回债权本金等。而所有这些都取决于企业本身的现金流量的金额、时间及不确定性。只有企业能产生足够的现金流量，才有能力按期还本付息和支付稳定的股利。由于投资者所做决策的正确与否和现金流量信息之间具有高度的相关性，因此现金流量表提供的信息受到管理者和分析师的重视。

8.4.1　现金流量分析的角度

现金流量表有助于投资者、债权人评估企业偿还债务、支付股利和对外筹资的能力。投资者和债权人要评估企业偿还债务、支付股利的能力，直接有效的方法是分析企业的现金流量，即企业产生现金的能力。企业产生现金的能力，从根本上讲取决于经营活动的净现金流入。

现金流量表还有助于财务报表使用者分析本期净利润与经营活动现金流之间产生差异的原因，从而判断企业盈利的真实性。在正常和合理的情况下，企业盈利应产生经营性现金净流入。如果一个企业当期利润较大，而经营性现金流量却相比利润很小甚至是负数，则意味着该企业的盈利状况可能会有水分，“利润”可能来自应收账款的增加或非经营损益等。现金流量表有助于报表使用者评估报告期内与现金有关和无关的投资及筹资活动。现金流量表除披露经营活动产生的现金流量、投资活动及筹资活动产生的现金流量外，还披露那些虽与现金流量无关，但是又用于企业重要的筹资及投资活动的信息，这些信息对报表使用者做出正确的投资与信贷决策，评估企业未来的现金流量，同样具有重要的意义。

现金流量表弥补了资产负债表信息量的不足。资产负债表是利用资产、负债、所有者权益三个会计要素的期末余额编制的。资产、负债、所有者权益三个会计要素的发生额没有得到充分的利用，没有在报表中体现。根据资产负债表的平衡公式可写成：现金 = 负债 + 所有者权益 – 非现金资产。

从公式可以看出，现金的增减变动受公式右边因素的影响，负债、所有者权益的增加（减少）导致现金的增加（减少），非现金资产的减少（增加）导致现金的增加（减少），现金流量表中附表内容采用间接法时就是利用资产、负债、所有者权益的增减发生额或本期净增加额填报的，现金变动原因的信息得到充分的揭示。

现金流量表可以弥补利润表的不足。利润表的利润是根据权责发生制原则核算出来的，核算的利润与现金流量是不同步的。利润表上有利润但银行账户上没有钱的现象经常发生，而现金流量表虽然可以反映现金及现金等价物的变动，但是不能反映企业经营成果，原因是现金的支出可能用于购置长期使用的资产，不能完全计入当期的费用，需要按照资产的消耗情况，根据权责发生制原则调整，从而反映公司的经营业绩。

在这种情况下，坚持权责发生制原则进行核算的同时，编制收付实现制的现金流量表，不失为“熊掌”与“鱼”兼得，两全其美的方法。现金流量表划分经营活动、投资活动、筹资活动，分类说明企业一个时间段流入多少现金，流出多少现金及现金流量净额。从而可以了解现金从哪里来到哪里去，利润表上的那些“利润”有多少已经是变成了真金白银，有多少“利润”还在客户的“应收账款”中，有多少“利润”仅仅是一些分摊和调整的结果。因此从现金流量的角度可以对企业做出更加全面合理的评价。

8.4.2　现金流量表结构分析

1．经营活动产生的现金流量分析

经营活动产生的现金流量净额是指经营活动产生的现金流入和流出的差额。在理想情况

下，公司应该能够在每个会计期间从其日常经营业务活动中产生正的现金流量，用于债务偿还和资本性支出。但是在现实中，即使财务状况良好的公司也可能会在某些时期在日常经营业务活动上花费的现金多于从客户那里收到的现金，从而出现负的经营活动净流量，另外企业可能正处于业务发展早期阶段，它可能处于产品开发阶段，需要大量现金支出，比如医药企业在药物上市前药物研发阶段需要巨额资金支出，初创的生物制药企业前期经营活动现金流量持续为负，需要大量的筹资维持。另外如果公司业务存在季节性，经营现金流量在备货季度可能为负值，但在销售库存的季度中为正值，比如波司登羽绒服。

对于某些公司来说，阶段性经营产生的负净现金流量是可以接受的，例如签订长期合同的制造商（造船厂、飞机制造商），这些企业必须在接受订单后开始生产，投入人工和原料，但是销售的现金流往往是分阶段在销售后收到，收款方式取决于和客户的合同约定。房地产开发企业也有类似的经营活动现金流模式，前期需要投入土地款获得开发项目的土地，进行建造，只有在房屋符合预售条件时才会收回现金，因此大部分的房地产企业都存在比较高的负债率，需要通过借款或者发行债券来筹集项目资金，用于项目开发。因此，现金流量分析应特别关注经营活动产生的现金流量持续为负值的公司，分析未来经营活动产生的现金流量转为正值所需要的时间，如果需要过长的时间，此类公司往往需要不断融资以维持运营，比如半导体行业、显示器行业的公司。

经营活动产生的现金流量分析除了关注经营活动产生的现金流量净额外，还应该重视经营活动现金流量的结构。企业的实际现金流入从销售开始，不同企业应收账款回收的速度存在差异，具有市场优势地位的公司甚至可以要求客户预付货款，比如美国的苹果公司和我国的茅台公司，这些公司的货币资金通常占资产的比重较高。在激烈的市场环境中，大部分公司都需要向客户赊账进行销售，应收账款的回收速度及坏账比率是决定其财务弹性的重要决定因素。因此经营活动产生的现金流量分析需要结合公司的信用政策进行分析。

2．投资活动产生的现金流量分析

投资活动产生的现金流量分析应考虑会计期间内公司的资本支出和固定资产的报废情况。资本支出至少应足以维持当前的运营水平。可以通过与过去的资本支出水平、竞争对手的投资水平进行比较，同时考虑技术的进步、固定资产的当前水平、公司的销售增长率等因素。对于公司内部分析师而言，可以考虑公司哪些部门或业务分部在消耗现金？同时分析这些部门的投资是否与其产生自由现金的能力相适应？对以上问题的回答有助于分析公司内部不同业务产生现金流能力的差异。

固定资产处置的大幅增加可能表明该公司正面临现金短缺，或者处于转型阶段的公司通过出售固定资产来回收现金。大规模出售策略意味着公司正在缩小经营规模或逐渐清算。当然出售资产也可能是通过出售未充分利用的资产或对其业务进行战略转变。

公司的扩张有三个不同的策略：①通过进一步资本性支出进行内部扩张；②通过收购其他公司的现有业务；③使用其他公司的资源，比如外包等。迄今为止的大多数研究表明，通过收购其他公司来扩张的公司大多并不成功。因此，现金流量分析需要评估收购成功的可能性以及以承担或发行的额外债务来衡量收购的相关成本。分析师还应该评估收购潜在的协同效应。

3．筹资活动产生的现金流量分析

筹资活动产生的现金流量首先应分类为筹资活动产生的现金流入和现金流出。筹资活动产生的现金流量净额按照经营活动产生的现金净额减去投资活动使用的现金净额再减去现金余额增加额确定。因此，一旦确定了经营活动和投资活动产生的现金，筹资活动的净现金流似乎就无关紧要了，但是筹资活动净现金的构成具有重要意义。如果一个公司拥有强大的现金流生产能力，那么公司可以通过经营现金流满足投资所需要的资金，如果来自运营和收回投资取得的现金不足以支持企业的扩张需求，企业就需要考虑融资的方式和途径的选择。

公司的筹资方式主要有两大类，即股权类和债权类筹资，股权类筹资是股东或者所有者投入的资金，债权类筹资是通过借款或者发行债券来融资。债务融资的利息可以抵税，一般来说债务融资的成本低于股权融资，因此企业可以通过债务融资提高股东投入资本的回报率。大多数公司都有一定的最优债务水平，杠杆率过高的公司会增加破产风险，从而进一步提高债务融资的成本（债权人要求更高的利率）。

8.4.3 现金流量比率分析

1．股利保障倍数

《中华人民共和国公司法》规定的利润的分配顺序是：缴纳税款、弥补亏损、提取法定公积金、提取任意公积金、向股东分红。其中法定公积金的提取比例应为税后利润的 10%。法定公积金累计额达到公司注册资本的 50% 以上的，可以不再提取。公司当期可供分配的利润等于当期净利润（或亏损）加上期初未分配利润。

公司法对股利分配的顺序做出严格规定的目的是防范公司超额分配股利给股东，因为这样做可能会损害债权人和其他利益相关者的利益，影响公司的长期可持续发展。公司只有可供分配利润为正的情况下，在提取法定公积金（法定盈余公积）后才可以向股东分配股利，即无利不分的原则。分析师通常使用利润的股利保障倍数（dividend coverage ratio，DCR）来分析公司的分红潜力，股利保障倍数的计算公式如下：

$$\text{利润的股利保障倍数} = \text{净利润} / \text{现金股利} \tag{8-4}$$

需要注意的是，如果公司同时发行优先股和普通股，为了反映公司向普通股股东分配股利的能力，需要在上式的分子和分母中同时减去优先股股利。

例 8-1：ABC 公司 2022 年的税前利润为 500 000 元，企业所得税税率为 25%，分配优先股股东股利 20 000 元，分配普通股股东股利 25 000 元，分别计算优先股和普通股股利保障倍数。

优先股股东股利保障倍数：

$$\text{DCR（优先股东）} = 500\,000 \times (1-25\%) / 20\,000 = 18.75$$

普通股股东股利保障倍数：

$$\text{DCR（普通股东）} = [500\,000 \times (1-25\%) - 20\,000] / 25\,000 = 14.2$$

尽管股利保障倍数和股利支付比率是评估公司股利支付能力的常用指标，但公司的正常股利支付应该来自经营活动现金，因此投资者还应评估公司的经营现金流和自由现金流相当于股利的倍数。现金股利是指本期已宣告分配的全部现金股利额，可从财务报表附注中获得数据。

现金股利保障倍数越高，公司支付现金股利的现金保证程度越高，其计算公式如下：

$$现金股利保障倍数=经营活动现金流量净额（股东自由现金流）/现金股利 \quad (8\text{-}5)$$

盈利相当于现金股利的倍数反映的公司的分红潜力，而现金股利保障倍数指标反映的是公司的现金分红能力，需要将两个指标结合起来来判断公司的分红政策。

2．现金流量充足率

现金流量充足率决定了公司产生的现金流量是否足以支付其经常性费用，计算公式如下：

$$现金流量充足率=经营活动产生的现金流量净额/（债务偿还+资本性支出额+股利利息+租金支出） \quad (8\text{-}6)$$

现金流量充足率衡量公司的经营活动产生的现金流量是否足以“支付”其持续经营的费用，包括债务的还款、资本支出和向股东发行的股利。现金流量充足率可以归类为流动性比率，即用于评估公司现金流量（或资产）是否足以“满足”其支出需求的指标。

作为一般的经验法则，更高的现金流量充足率是可取的，因为它意味着公司的经营活动产生的现金流量足以支付其与资本支出、债务还款和现金股利有关的支出。当该比例大于1时，意味着公司有低流动性风险；当该比率小于1时，意味着公司有较高的流动性风险，从流动性的角度来看，该比率越高，公司的长期可持续性就越好。现金流量充足率是标准化的度量标准，使用该比率与同行（即直接竞争对手）进行比较是可行的。

例8-2：假设ABC公司2021年的净利润为4 000万元，折旧和摊销费用为500万元，营运资本增加500万元。公司的资本性支出为600万元，偿还债务1 000万元，支付股利400万元，请计算该公司的现金流量充足率。

现金流量充足率计算过程如表8-1所示。

表8-1 现金流量充足率计算过程 单位：万元

（1）	净利润	4 000
（2）	+折旧和摊销	500
（3）	−营运资本变化	500
（4）	=经营性现金流=（1）+（2）−（3）	4 000
（5）	资本性支出	600
（6）	+债务偿还	1 000
（7）	+股利支付	400
（8）	=现金总流出=（5）+（6）+（7）	2 000
（9）	现金流充足率=（4）/（8）	2

3．盈利质量分析

目前还没有公认的盈利质量的定义，但我们可以至少从三个角度来分析公司的盈利质量。首先，盈利质量可以指净利润的持续性。盈利持续性一般是指公司盈利的稳定性，这对于公司盈利预测非常重要。公司盈利越稳定，在市场有效的情况下公司的股价就越稳定。如果公司的盈利和股价稳定，那么它们就更可预测，这对投资者更具吸引力。所以，从这个角度来看，公司盈利越稳定，投资者感知的公司的盈利质量就越高。值得注意的是，这种观点意味着即使公司收益呈下降趋势，报告收益的质量也可以被认为是高的。在这种情况下，如果它们是可预测的，那么就可以采用相应风险管理技术进行管理。其次，盈利质量可以指未来盈利是否可能更高，从这个角度来看，如果一家公司的盈利同比增长，那么它们的盈利就被认为是高质量的。最后，盈利质量可以指利润表上的净利润与经济收入的接近程度，因为财务报表的目的是最恰当地反映经济现实。但这需要了解“经济收入”。经济收入是指影响公司价值的所有交易，其中一些交易由于 GAAP 限制而未在财务报表中报告。例如，根据有价证券的分类方式，公司拥有的证券的价值变化通常不会在利润表中报告，根据我国的企业会计准则，企业持有的不同类型的对外投资资产持有期间的资产的公允价值变动和投资收益的处理有所不同，具体如表 8-2 所示。

表 8-2　我国企业会计准则对持有对外投资的报表分类

资产类别	资产负债表分类	公允价值变动
债权类	交易性金融资产（短期获利出售而持有）	公允价值变动损益（利润表）
	债权投资（持有收取合同约定的现金流）	无须考虑
	其他债权投资（持有收取合同约定的现金流或者出售获利）	其他综合收益（资产负债表）
股权类	长期股权投资（为控制被投资方，或者为了战略目的能够对被投资方施加重大影响或者共同控制）	无须考虑
	交易性金融资产（短期获利出售而持有）	公允价值变动损益（利润表）
	其他权益工具（特殊情况的指定分类）	其他综合收益（资产负债表）

对盈利质量进行分析可以通过以下两个指标。

（1）销售收现率。销售收现率将特定期间的经营活动现金与销售收入进行比较，反映公司的销售回款能力，计算公式如下：

$$销售收现率＝经营活动现金流/营业收入 \tag{8-7}$$

正的销售收现率说明公司能够将销售额转化为现金，同时可以说明公司的盈利能力和盈利质量较高，如果该比率大于 1 加增值税税率[⊖]，则说明该公司当期销售收款大于当期的销售收入，即公司收回前期欠款或者收到了客户的预付款项；如果该比率小于 1 加增值税税率，则说明公司当前的销售并未全部收回货款，分析时需要关注公司的应收账款账期和坏账情况。还应该指出的是，不同行业和公司的销售收现率差异很大。投资者应跟踪该指标的历史表现，分析公司平均销售收现率的变动以及与同行相比存在的显著异常，关注异常的原因。监控现金流如何随着销售额的增加而增加也很重要，因为随着时间的推移，现金流以相似的速度变化很重要。

（2）经营现金流与利润比率。衡量盈利质量可以采用多种计算方法，但最简单的方法是用现金流量表中的经营现金流量除以利润表中的净利润。应使用经营现金流量而不是总现金流量。

反映盈利质量的经营现金流与利润比的计算公式如下：

$$利润收现率＝经营活动产生的现金流量/净利润 \tag{8-8}$$

通常情况下，净利润将低于经营现金流，主要是因为应计折旧费用和待摊费用等非现金费

⊖ 我国当前一般纳税人的增值税税率分三个档次，销售或者进口货物（除特定货物外），提供加工、修理、修配劳务，增值税税率是 13%；纳税人提供交通运输服务、邮政服务、基础电信服务、建筑服务，增值税税率是 9%；纳税人提供金融服务、现代服务、生活服务，增值税税率是 6%。对于小规模纳税人而言，提供货物、服务或劳务，征收率是 3%，但由于疫情影响，目前，增值税征收率可按 1% 征收。由于小规模纳税人适用简易征收办法，因此，其进项税额不得抵扣。

用的存在。因此，该比率越高，盈利质量越高，说明当期的利润都收回了现金。

8.4.4 企业生命周期与不同业务的现金流量

1．企业生命周期

企业生命周期是企业随着时间的推移分阶段发展的过程。Gort 和 Klepper（1982）定义了行业生命周期的五个阶段：①初创期：新企业或者原有企业进入新的领域；②成长期：生产者数量急剧增加；③成熟期：生产者数量达到最高值；④洗牌期：生产者数量开始下降；⑤衰退期：净进入量基本为零。

（1）初创期。这个阶段是企业生命周期的开始，每家企业通常都是通过推出新产品或服务来开始其业务运营。此阶段的目标是明确并找到目标客户、建立企业的商业理念，以实现正现金流量，此阶段的销售额较低，但缓慢（并且希望稳定）增长。企业专注于通过宣传其比较优势和价值主张来向目标客户进行营销。但由于收入较低、初始启动成本较高，企业在此阶段很容易出现亏损。

这个阶段的经营和投资现金流量通常为负值，因为企业需要大规模投资支出和支付经营费用，而销售收回的现金流量较少，因此这个阶段需要大量融资来满足经营和投资需要的现金，筹资活动的现金流量为正值，而经营和投资活动的现金流通常为负值。这是由于初始启动成本的资本化可能不会反映在企业的利润中，但肯定会反映在现金流中。事实上在整个企业生命周期中，利润周期滞后于销售周期，造成销售增长和利润增长之间存在时间延迟。

在初创阶段，企业的销售额最低，业务风险最高。由于企业的商业模式未经证实且偿债能力不确定，因此难以采用债务融资，更多采用股权融资，包括创始人自有资金、天使投资者投入资金等。随着销售额开始缓慢增长，企业的债务融资能力也随之增强。

（2）成长期。在成长阶段，企业的销售额会快速增长。随着销售额迅速增长，企业一旦超过盈亏平衡点就开始产生利润。成长阶段的经营现金流量变为正值，代表企业从日常经营中获得的现金流入超过经营活动需要的支出，多余的现金可能用于偿还债务、支付股利等。

在成长阶段，随着企业销售的快速增长，商业风险会逐步降低，开始有盈利和正的现金流，这表明了它们偿还债务能力的增强，同时举债能力也会增强。处于成长期的企业寻求募集越来越多的资本，包括债务融资和股权融资，来扩大企业的市场范围并实现业务多元化。

（3）成熟期。当业务成熟时，企业销售额开始缓慢下降。利润率变得越来越低，而现金流却相对停滞。随着企业接近成熟，企业不需要大量的资本支出，甚至开始收缩部分投资，因此现金产生量高于利润表上的利润。最成熟、最稳定的企业最容易获得债务资本。然而，在此阶段许多企业通过自我重塑和投资新技术和新兴市场来延长其业务生命周期。这使得企业能够在充满活力的行业中重新定位自己，并在新的市场中实现增长。

（4）洗牌期。在洗牌阶段，企业销售额继续增长，但速度较慢，通常是由于市场接近饱和或新竞争对手进入市场。尽管销售额持续增长，但利润在洗牌阶段开始下降。销售额的增长和利润的下降意味着成本的大幅增加。这个阶段现金流量增加并超过利润。

在洗牌阶段，销售达到顶峰。此阶段行业经历了急剧的增长，导致出现了激烈的市场竞争。企业开始出现分化，竞争中奠定优势的企业经营风险持续下降，为了保持竞争优势企业需要不断地扩大销售和规模。

（5）衰退期。在企业生命周期的最后阶段，销售额、利润和现金流都会下降。在此阶段，企业无法通过适应不断变化的业务环境来延长其业务生命周期。企业失去竞争优势，最终退出市场。

2．企业不同生命周期阶段收入、利润和现金流

在产品最初推出期间，企业收入很少，因此，初创期企业净利润和净现金流量通常较低或为负值。

随着成长阶段的加速，业务开始盈利并开始产生现金。然而，企业必须使用产生的现金来建立库存以便为未来的销售活动做好准备。因此，由于这些支出在资产负债表上作为资产核算，而不是立即支出，因此与经营现金流相比，净利润通常更早转正。投资活动产生的负现金流的程度取决于增长率以及资本支出需求的程度和资产密集度。与初创阶段一样，企业通过从外部融资（如借款和发行股票）来获得成长阶段所需的大部分现金。

随着企业进入成熟阶段，现金流模式发生巨大变化。由于产品的市场接受度以及营运资金需求和资产收购趋于平稳，因此业务开始盈利并产生大量正现金流量。此外，随着收入趋于平稳，企业投资是为了维持而不是提高生产能力。在成熟阶段的后期，出售不需要的工厂资产所产生的净现金流量有时会导致投资活动产生净正现金流量。公司可以利用运营产生的过剩现金流，以及在较小程度上利用出售投资产生的过剩现金流，来偿还引入和增长阶段产生的债务、支付股利以及回购普通股。

在衰退阶段，随着客户变得满意或转向替代产品，来自运营和投资活动的现金流逐渐减少，从而减少销售额。此时，企业使用现金流来偿还引入和成长阶段所需的相关债务，并可以支付股利或从股权投资者那里回购普通股。

8.5　自由现金流

自由现金流（free cash flow，FCF）是公司长期经营的最终目标，也是衡量企业为股东和债权人创造的核心价值的指标。

8.5.1　自由现金流的意义

收入和利润虽然是重要的财务指标，但两者都容易被操纵，例如，公司回购股份从而减少发行在外的股票数量，并最终提高每股收益和净资产收益率。

投资者和分析师应该重视公司的自由现金流，因为与收入和利润不同，现金流相对以上二者而言更难以被操纵。此外，拥有大量自由现金流的公司也有更高的股利支付能力，有充裕的自由现金流的公司可以通过收购其他公司以实现外延式增长，并通过创新实现内涵式增长。同时有充裕的自由现金流的公司拥有更强大的偿债能力。

从公司估值的角度来看，自由现金流是公司价值的重要驱动因素，也是现金流估值技术的基础，有助于确定公司或其组成部分的价值。无论是在金融学术研究领域还是实务界都认可“现金为王”的理念，对公司进行估值的主要方法之一是使用自由现金流，资产产生的自由现金流代表在对公司进行必要的再投资后可“自由”分配给投资者的现金。例如，一家公司的

经营现金流为 5 000 万元，它仍然需要每年投资 1 000 万元来购买固定资产以维持其生产规模。因此，该公司可用的自由现金流只有 4 000 万元。自由现金流关注的是在不降低公司价值的情况下可以自由动用的现金量，公司需要投资当前和长期资产才能继续和发展其业务。因此，自由现金流关注的是公司产生超出投资于库存、厂房和设备、广告、劳动力、其他销售成本、研究和开发等资产所需现金流量的能力。

对公司进行估值常用的方法是现金流折现，将企业自由现金流按照加权平均资本成本折现得到公司的价值，公司自由现金流是公司的所有投资者（股东和债权人）均可享有的税后现金流。与公司年报中报告的“经营活动产生的现金流量”不同，自由现金流不受公司的筹资活动和非经营项目的影响，它假定公司仅持有核心运营资产并完全用股权融资时产生的税后现金流。

当公司持续经营业务产生的现金流量超过了维持正常经营所需的现金流量时，公司就产生了正的自由现金流，企业可以立即通过股利或者利息将自由现金流分配给其资金提供者（股东和债权人），或者将自由现金流保留在公司内部以供经营使用，以便在未来产生更多的自由现金流。

在公司估值中当存在以下情况时，分析师喜欢使用自由现金流作为回报指标：公司不支付现金股利、公司支付现金股利，但现金股利与公司支付现金股利的能力存在显著差异、在合理预测期内，自由现金流与盈利能力保持一致或者投资者采取控股股东视角可以决定公司的分红政策。

8.5.2 企业自由现金流和股东自由现金流

企业自由现金流（FCFF）是指在支付所有运营费用（包括税费）并对营运资本（例如库存）和固定资本（例如设备）进行必要的投资后，企业资本提供者可享有的现金流，企业的资本提供者包括普通股股东、债券持有人以及优先股股东，企业自由现金流是经营现金流减去资本支出后的余额。因此企业自由现金流按照流向不同，分为企业自由现金流和股东自由现金流。

股东自由现金流（FCFE）是指企业在支付所有运营费用、利息和本金以及对营运资本和固定资本进行必要投资后归属于普通股股东的现金流。FCFF 和 FCFE 的优点是它们可以在贴现现金流框架中用于对公司进行估值或对股权进行估值。公司的其他利润指标，例如净利润、息税前利润、息税折旧摊销前利润或者经营活动现金流（即报表中“经营活动产生的现金流量”，简称 CFO），都存在一定的缺陷，比如息税前利润和息税折旧摊销前利润是税前衡量标准，而投资者（公司或公司股权）可用的现金流量必须是税后的。从股东的角度来看，这些指标并未考虑到不同的资本结构（税后利息费用或优先股股息）或债券持有人为公司融资而提供的资金。此外，净利润、息税前利润、息税折旧摊销前利润或者经营活动现金流都不考虑公司为维持或最大化公司长期价值而对资本资产和营运资本进行的现金流再投资。

公司在现金流量表上报告经营活动产生的现金流量，但它并不等于自由现金流。由于自由现金流并非会计准则要求披露的财务指标，分析师需要根据净利润和资产负债表、现金流量表数据计算企业的自由现金流。

8.5.3　企业自由现金流计算

企业自由现金流是公司全部权益持有人（包括股东、债券持有人和优先股股东）的现金流之和，有三种方法可以衡量公司的自由现金流（FCFF）。

方法一是从现金流量表中的经营活动现金流（CFO）开始，通过调整利息费用、利息税盾和资本性支出来计算，这是计算企业自由现金流的一个简化方法。

方法二是从企业利润表中的息税前利润开始，加上折旧和摊销等非现金费用，扣除营运资本的变动对现金的影响和资本性支出，最常用的自由现金流计算基本公式如下：

$$\text{企业自由现金流}=\text{EBIT}\times(1-t)+\text{折旧和摊销}(\text{D\&A})-\text{营运资本变动}(\Delta\text{WC})-\text{资本性支出}(\text{capex}) \tag{8-9}$$

式中：EBIT 是公司的息税前利润，EBIT= 净利润 + 所得税费用 + 利息费用；t 是所得税税率，所得税税率 = 所得税 / 利润总额；D&A = 固定资产折旧 + 无形资产摊销 + 长期待摊费用摊销；capex 是购建固定资产、无形资产和其他长期资产支付的现金；ΔWC=（期末流动资产 – 货币资金 – 无息流动负债）–（期初流动资产 – 货币资金 – 无息流动负债）

从式（8-9）可以看出，影响一个公司自由现金流的直接因素包括：公司的盈利能力（EBIT）、企业的所得税税率、折旧和摊销（非现金费用）、营运资本的变化（用以维持日常经营和维护上下游稳定性）以及公司必要的资本性支出（维持未来的成长性和竞争力）。

方法三是通过净利润调整利息费用、折旧和摊销等非现金费用、利息税盾、营运资本变动和资本性支出来计算，见表 8-3。

企业自由现金流（free cash flow to the firm，FCFF）是债务支付之前的现金流，不包含因利息支付而带来的任何税收优惠，因此通常被称为无杠杆现金流量（unleveraged cash flow），估计企业价值时需要使用无杠杆自由现金流。

企业自由现金流计算的三种方法的对比如表 8-3 所示。

表 8-3　企业自由现金流的计算方法

企业自由现金流（FCFF）计算方法（1）	企业自由现金流（FCFF）计算方法（2）	企业自由现金流（FCFF）计算方法（3）
经营活动现金流 + 利息费用（I） – 利息税盾（$I\times t$） – 资本性支出（capex）	EBIT ×（1–t） + 折旧和摊销等非现金费用 – 营运资本变动 – 资本性支出（capex）	净利润 + 利息费用（I） + 折旧和摊销等非现金费用 – 利息税盾（$I\times t$） – 营运资本变动 – 资本性支出（capex）

注：EBIT 是当期息税前利润，I 是当期利息，t 是实际所得税税率，capex 是当期资本性支出。

1．从企业自由现金流到股东自由现金流

根据自由现金流归属的不同，可以把企业的自由现金流划分为企业自由现金流和股东自由现金流，由债权人和股东共同享有。企业自由现金流和股东自由现金流之间的差异主要源于与债务相关的现金流——利息支付、本金偿还、新债务发行和其他非股权债权，例如优先股现金

股利。对于处于理想债务水平的公司，通过债务和股权的组合为其资本支出和营运资本需求提供资金。企业自由现金流扣除支付债权人本息现金后，是归于股东的自由现金流，股东自由现金流代表公司的股利支付潜力。

股东自由现金流也可称为“杠杆自由现金流”（leveraged cash flow），该指标是从现金流量表中得出的，方法是计算经营现金流，扣除资本支出，并加上已发行的净债务（或减去净债务偿还）。股东自由现金流扣除为债务支付的利息支出以及已发行或偿还的净债务，因此它仅代表股权投资者可用的现金流（已向债务持有人支付利息）。股东自由现金流用于财务建模以确定公司的股权价值。

不同现金流概念对比如表 8-4 所示。

表 8-4　不同现金流概念对比

现金流概念	含义	指标
经营现金流	经营活动取得的现金流入和流出差额	经营活动现金流（OCF）
股东现金流	归属于企业控股股东自由支配的现金流	股东自由现金流（FCFE）
企业现金流	企业满足投资需要后可自由支配的现金流	企业自由现金流（FCFF）

例 8-3：ABC 公司 2022 年的相关财务数据如表 8-5 所示，请计算该公司的企业自由现金流和股东自由现金流。

表 8-5　ABC 公司 2022 年的相关财务数据

项目	金额	项目	金额
税前营业利润（亿元）	53.44	现金收购（亿元）	5.39
净利润（亿元）	39.50	折旧和摊销（亿元）	10.72
利息费用（亿元）	2.1	非现金营运资本增加（亿元）	2.43
利息收入（亿元）	1.32	偿还债务（亿元）	28.2
股利（亿元）	13.8	新增债务（亿元）	40.24
回购（亿元）	32.39	实际税率	25%
CAPEX（亿元）	14.22	名义税率	25%

公司 2022 年的现金流计算过程如表 8-6 所示。

表 8-6　ABC 公司的自由现金流计算

项目	金额（亿元）	注释
一、股东自由现金流的计算		
净利润	39.50	
减：		
净资本性支出（capex– 折旧和摊销 + 现金收购）	8.89	包括现金收购在内的净资本性支出，其中扣除当期折旧和摊销，原因是折旧和摊销是非现金费用
非现金营运资本增加	2.43	营运资本增加现金占用
加：债务净增加额	12.04	
股权自由现金流	40.22	

（续）

项目	金额（亿元）	注释
二、企业自由现金流的计算		
税后营业利润［税前营业利润 ×（1–25%）］	40.08	
减：		
净资本性支出（capex– 折旧和摊销 + 现金收购）	8.89	包括现金收购在内的净资本性支出，其中扣除当期折旧和摊销，原因是折旧和摊销是非现金费用
非现金营运资本增加	2.43	营运资本增加现金占用
企业自由现金流	28.76	

在自由现金流计算中有几个事项需要注意：第一，这是一个税后的概念，由于等式是以税前营业利润开始的，所以需要进行税收调整以得到税后的价值；第二，需要考虑纯粹的会计调整，如折旧和递延税款等项目并没有引起实际的现金流动；第三，维持公司持续经营的资本性支出需要从公式中剔除，这部分资本性支出主要是指用来维持公司正常经营所需要的投入。另外一个常见剔除项是公司营运资本的变动。在大多数估值中通常假设公司持续经营并成长。随着公司的成长及销售收入的增加，将会产生额外的应收账款，以及需要额外资金来支持营运资本项目。

自由现金流越高，说明公司的财务灵活性就越大。高自由现金流意味着公司可以在经济繁荣期间实现快速增长，并在经济衰退期间可以灵活地应对与市场、行业或与公司本身相关的因素导致的衰退。

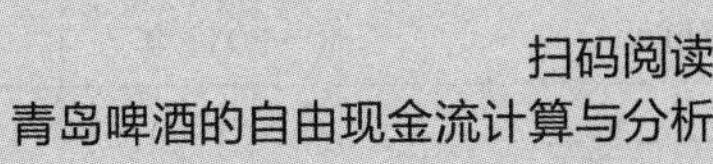

虽然自由现金流是一个重要的指标，但它仍然只是众多指标之一。同样重要的是要考虑一家公司的营收是否一直在增长并持续盈利，以及该公司的债务股本比率、一年的股票表现和股利收益率。

2．股东自由现金流与经营活动现金流

经营活动现金流是一个重要的指标，该指标反映公司是否有足够的资金来支付日常的运营费用，比如原料采购、工资支付、经营税负的支付等。经营活动现金流是当期取得的销售回款减去当期以现金支付的经营费用的差额。经营活动现金流表明公司日常经营活动是否能够产生足够的现金流来维持和扩大经营，或者表明公司何时可能需要外部融资以进行资本扩张。

股东自由现金流是公司在支付利息之前并减去所有资本支出之后的运营现金流，反映一个公司支付股利的潜在能力。资本支出是公司用于购买、升级和维护长期使用的固定资产（包括财产、建筑物或设备）的资金。股东自由现金流可以帮助投资者确定公司从运营中产生现金的情况，以及有多少现金受到资本支出和债务本息的影响。股东自由现金流通常用于判断公司支付股利的能力。如果一家公司产生的股东自由现金流超过当期的股利支付，则可能被视为对投资者有利，原因是该公司有足够的现金来增加未来的股利。股利支出与资本支出一样重要，虽然公司董事会可以选择减少股利支付，但是降低股利支付通常会对股价产生负面影响，因为投

资者倾向于出售减少股利的公司的股份。

企业自由现金流衡量可分配给所有公司证券持有人（包括债权人）的现金流。向公司提供贷款的银行希望公司能够产生自由现金流，以便公司能够偿还债务。如果一家公司想从外部借入额外的资金，此时债权人通常会关注企业自由现金流来确定是否借款给公司。

8.5.4 自由现金流分析

自由现金流分析需要回答以下问题：什么是良好的自由现金流？技术分析师的一个重要概念是关注基本面表现随时间的趋势，而不是自由现金流、收益或收入的绝对值。本质上，如果股价是基本面的函数，那么正的自由现金流趋势应该与正的股价趋势相关。

一种常见的方法是使用自由现金流趋势的稳定性作为风险衡量标准。如果自由现金流的趋势在过去四到五年内保持稳定，那么该股票未来的看涨趋势就可能保持。然而，如果自由现金流呈现下降趋势，特别是与收益和销售趋势相比有非常不同的自由现金流趋势，表明未来出现股价下跌的可能性更高。

表 8-7 是一个虚拟公司的自由现金流和营业收入、每股收益的关系示例，在此示例中，该公司的收入和盈利数据与其现金流量之间存在很大差异，每股自由现金流和每股收益的背离可能有以下原因。

表 8-7 自由现金流和营业收入、每股收益的关系示例

项目	2017 年	2018 年	2019 年	2020 年	2021 年
营业收入（万元）	100	105	120	126	128
每股收益（元 / 股）	1	1.03	1.15	1.17	1.19
每股自由现金流（元 / 股）	0.85	0.97	1.07	1.05	0.80

固定资产投资的增长：如果公司处于扩张阶段，公司可能大规模投资于厂房和设备为未来发展奠定基础，分析师需要结合现金流量表中投资活动的现金流来分析该公司 2020 年至 2021 年间资本支出是否增加，如果资本支出仍然呈上升趋势，结合公司的投资效率分析对公司未来收益的影响。

库存增长：自由现金流低也可能是由于库存控制不善导致的，如果太多的资金被占用在存货上，那么销售和收入增长的公司可能会出现现金流减少的情况。需要分析库存增长是由于原料还是成品的增长带来的，前者可能是公司在预期原料涨价的情况下囤货，后者可能预示公司未来的销售疲软。

营运资金的变化可能是由库存波动或应付账款和应收账款的变化引起的。如果一家公司的销售陷入困境，他们可能会选择向客户提供更慷慨的付款条件，最终导致公司自身的自由现金流的下降。或者，也许公司的供应商不愿意提供赊账，要求更快的付款。

虽然自由现金流弥补了净利润指标的不足，不受会计政策的影响。但是这一指标也存在一定的局限性。假设一家公司在某一年的息税折旧摊销前利润为 1 000 000 元，假设该公司的营运资本（流动资产 – 流动负债）没有变化，但在年底购买了价值 800 000 元的新设备，新设备的费用将随着时间的推移通过折旧方式进行分摊，从而平衡对收益的影响。但由于自由现金流考虑了当年用于新设备的现金投资，因此该公司将在当年 1 000 000 元的息税折旧摊销前利润上报告 200 000 元的自由现金流（1 000 000 元的息税折旧摊销前利润 -800 000 元的设备），如果我们假设其他一切保持不变并且没有进一步购买设备，则下一年的息税折旧摊销前利润和自由现金流将不会有差异。在这种情况下，投资者必须确定为什么自由现金流在一年内下降得如此之快，然后又回到之前的水平，以及这种变化是否可能持续下去。

此外，分析师需要了解所分析企业所使用的折旧方法，例如，净利润和自由现金流将根据资产使用寿命中每年采取的折旧金额而有所不同。如果资产使用平均年限法进行折旧，则在 10 年的使用寿命内，每年的净利润将比自由现金流低 80 000（800 000/10）元，直到资产完全折旧。或者，如果使用税收政策允许的加速折旧方法对资产进行折旧（例如我国税法允许某些资产在购置当年一次性全额作为折旧扣除），则该资产将在购买当年全额折旧，从而导致随后几年的净利润等于自由现金流。

8.6 息税折旧摊销前利润

财务分析师经常使用的一个财务指标是息税折旧摊销前利润（EBITDA）。EBITDA 是用于评估公司经营业绩的指标，它可以被视为整个公司运营现金流的近似代表。EBITDA 指标来源于 EBIT，但是不同于 EBIT，EBITDA 与 EBIT 相比，不包括折旧和摊销等非现金费用，比如折旧费用和摊销费用，扣除这些项目的目的是消除不同企业是否采用债务融资、固定资产折旧方法、无形资产摊销方法和税率差异的影响，便于比较不同公司的财务业绩。

分析师将 EBITDA 视为企业经营性资产产生的现金利润，EBITDA 的计算方法如下：

$$\text{EBITDA}=\text{净利润}+\text{所得税费用}+\text{利息费用}+\text{折旧和摊销费用} \tag{8-10}$$

EBITDA 指标可以让分析师快速估计公司的价值，常用的估值指标之一是企业价值（enterprise value，EV）相当于 EBITDA 的倍数（EV/EBITDA），分析师使用同行业或者可比公司的 EV/EBITDA 乘以分析的标的公司的 EBITDA 得到所分析公司的企业价值（EV），减去公司的债务价值得到公司的股权价值，详细分析方法见第 13 章内容。

会计准则并没有要求公司公开披露 EBITDA，因为这一指标通常需要分析师自行调整计算得到，这一指标的可比性和可靠性需要特别关注，例如一家快速增长的制造业公司通过债务融资方式建造或者购置大量固定资产，通过此策略可能实现营业收入和 EBITDA 的快速增长，但是该公司可能存在偿债风险，因此投资者也应该结合资本支出、经营现金流和净利润综合判断公司的流动性风险。

表 8-8 是不同现金流指标的比较。

表 8-8 不同现金流指标的比较[㊀]

项目	EBITDA	OCF	FCF	FCFE	FCFF
计算的来源	利润表	现金流量表	现金流量表	现金流量表	单独计算
用途	企业价值评估	权益价值评估	企业价值评估	权益价值评估	企业价值评估
估值的方法	可比公司法	可比公司法	DCF	DCF	DCF

㊀ https://corporatefinanceinstitute.com/resources/valuation/cash-flow-guide-ebitda-cf-fcf-fcff/。

（续）

项目	EBITDA	OCF	FCF	FCFE	FCFF
与经济价值的相关性	低 / 中	高	高	更高	最高
会计准则是否要求披露	否	是	否	否	否
是否包含营运资本变动	否	是	是	是	是
是否包括所得税费用	否	是	是	是	是（重新计算）
是否包括资本性支出	否	否	是	是	是

以上指标哪个更有用？这个问题的答案是视情况而定的。EBITDA 很容易计算，而且金融界人士使用率很高，缺点是 EBITDA 通常与现金流相差甚远。而 OCF 很容易从现金流量表中获取，并且代表了该期间现金流量的真实情况，缺点是它包含来自营运资本短期变动的“噪声”，企业可能通过操纵营运资本来扭曲经营现金流。FCFE 包含了在考虑维持业务的资本投资后现金流的真实情况，缺点是大多数财务模型都是建立在无杠杆基础上的，因此需要进一步分析，来比较股权价值和企业价值。FCFF 与公司经济价值的相关性最高（就其本身而言，没有杠杆效应），缺点是需要对公司的无杠杆税单进行分析和假设。

8.7 现金流量分析的局限性

现金流量表报告的是过去的数据，对于想要正确评估一家公司作为投资的分析师和投资者来说，它本身可能并没有多大帮助。例如，现金流数据显示投资指向流出（这可能导致负现金流），但这些投资可能会带来未来的正现金流、利润和大幅增长。

现金流量表不能反映公司的盈利能力，因为它不包括非现金项目，必须结合利润表来分析利润的质量，另外现金流量表不能全面反映公司的流动性，而只能反映一个时期末的可用现金。

本章小结

现金流量表相对于资产负债表和利润表来说提供了更加丰富的信息，现金流量表揭示了有关公司行业、战略及其生命周期阶段的经济特征。现金流量表提供了评估公司财务状况的信息。利润表和现金流量表需要结合起来进行分析，以弥补各自的缺陷，盈利的公司不一定财务健康，偿还债务的现金需求可能超出运营产生现金的能力。现金流量表突出了会计应计项目，可以帮助分析师深入了解公司报告收益的整体质量和可持续性。

公司的发展目标在于创造价值，企业的价值则由自由现金流决定。自由现金流估计是现金流折现模型的基本因素，企业自由现金流减去债务本息的支付后得到股东自由现金流，估计企业价值时需要使用的是企业自由现金流，而估计股权价值则需要使用股东自由现金流。

思考题

1. 请解释现金流量和利润产生差异的原因是什么，并说明是哪些因素导致两者之间产生差异。
2. 企业生命周期通常划分为几个阶段？不同阶段的利润和现金流量有什么差异？

3. 企业自由现金流和股东自由现金流有什么不同?

练习题

1. ABC 书店于 2017 年 12 月 20 成立，12 月份投入资金 200 000 元，其中自有资金和借款各 50%，利率为 10%，企业所得税税率为 25%。2017 年 12 月份预付三年租金 90 000 元，书店装修费 30 000 元（计入待摊费用，按照三年分摊）。2018 年当年销售书籍 10 000 本，单价每本 100 元，进货价（成本）30 元，全部现金收付，2018 年人工、水电合计现金支出 50 000 元。

要求：

（1）编制 2017 年 12 月 31 日资产负债表；

（2）编制 2018 年利润表、资产负债表和现金流量表；

（3）计算 2018 年企业自由现金流和股东自由现金流。

2. ABC 公司 2022 年 12 月 31 日的资产负债表和 2022 年的利润表分别如表 8-9 和表 8-10 所示。

表 8-9 ABC 公司资产负债表

2022 年 12 月 31 日　　单位：元

资产	年初余额	年末余额	负债和所有者权益（或股东权益）	年初余额	年末余额
流动资产：			流动负债：		
货币资金	80 000	686 500	短期借款		
交易性金融资产			交易性金融负债		
应收票据			应付票据		
应收账款			应付账款		
预付款项			预收款项		
应收利息			应付职工薪酬		
应收股利			应交税费		121 625
其他应收款			应付利息		
存货			应付股利		
一年内到期的非流动资产			其他应付款		
其他流动资产			一年内到期的非流动负债		
流动资产合计	80 000	686 500	其他流动负债		
非流动资产：			流动负债合计		121 625
长期待摊费用	120 000		非流动负债：		
可供出售金融资产			长期借款	100 000	100 000
持有至到期投资			应付债券	450 000	670 000
长期应收款			长期应付款		
长期股权投资			专项应付款		
投资性房地产			预计负债		

（续）

资产	年初余额	年末余额	负债和所有者权益（或股东权益）	年初余额	年末余额
固定资产	500 000	800 000	递延所得税负债		
减：累计折旧	50 000	130 000	其他非流动负债		
固定资产净值	450 000	670 000	非流动负债合计	550 000	770 000
减：固定资产减值准备			负债合计	550 000	891 625
固定资产净额	450 000	670 000			
在建工程			所有者权益（或股东权益）：		
工程物资			实收资本（或股本）	100 000	100 000
固定资产清理			资本公积		
生产性生物资产			减：库存股		
无形资产			专项储备		
无形资产			盈余公积		
商誉			未分配利润		364 875
长期待摊费用			所有者权益（或股东权益）合计	100 000	464 875
递延所得税资产					
其他非流动资产					
非流动资产合计	570 000	670 000			
资产总计	650 000	1 356 500	负债和所有者权益（或股东权益）合计	650 000	1 356 500

表 8-10　ABC 公司 2022 年利润表

单位：元

项目	本期金额
一、营业收入	1 000 000
减：营业成本	300 000
税金及附加	
销售费用	50 000
管理费用	120 000
研发费用	
财务费用	43 500
其中：利息费用	
利息收入	
加：其他收益	
投资收益（损失以“–”号填列）	
其中：对联营企业和合营企业的投资收益	
以摊余成本计量的金融资产终止确认收益（损失以“–”号填列）	
净敞口套期收益（损失以“–”号填列）	

（续）

项目	本期金额
公允价值变动收益（损失以“-”号填列）	
信用减值损失（损失以“-”号填列）	
资产减值损失（损失以“-”号填列）	
资产处置收益（损失以“-”号填列）	
二、营业利润（亏损以“-”号填列）	486 500
加：营业外收入	
减：营业外支出	
三、利润总额（亏损总额以“-”号填列）	486 500
减：所得税费用	121 625
四、净利润（净亏损以“-”号填列）	364 875
五、其他综合收益的税后净额	
六、综合收益总额	364 875
七、每股收益：	
（一）基本每股收益	
（二）稀释每股收益	

要求：根据ABC公司2022年的资产负债表和利润表，编制ABC公司的现金流量表，计算企业自由现金流和股东自由现金流。

案例分析

查找京东方和和辉光电自上市以来的财务信息并完成以下问题：计算两家公司2017—2022年的企业自由现金流和股东自由现金流；对比两家公司2017—2022年的企业自由现金流和股东自由现金流，你认为两家公司的自由现金流特征有什么异同？哪些因素可能影响两家公司的现金流差异？

参考文献

[1] GORT M, KLEPPER S. Time paths in the diffusion of product innovations [J]. The economic journal, 1982, 92 (367): 630-653.

[2] KEEN H. Clearing up confusion over calculation of free cash flow [J]. Journal of global business management, 2011, 7 (1): 1.

[3] 韩洪灵，王梦婷，赵宇晗，等. 庞氏分红行为的界定、判别与监管：恒大集团分红现象引发的思考[J]. 财会月刊，2022（1）：24-33.

[4] 谢德仁，刘劲松，廖珂. A股公司资本回报支付能力总体分析（1998—2018）：基于自由现金流量创造力视角[J]. 财会月刊，2020（19）：9-31.

[5] 廖珂. 现金股利的“庞氏循环”：来自上市公司分红能力、现金股利以及投资活动的经验证据[J]. 投资研究，2015，34（8）：54-81.

投入资本回报率

■ 学习目标

1. 理解传统的财务报表用于估值存在的缺陷；
2. 理解估值角度财务报表重构的基本原则；
3. 理解并区分资产负债表和利润表中的经营性项目和金融项目；
4. 理解并应用重构后的报表计算公司的投入资本和经营性资本收益率。

■ 导入案例

eBay 和 Webvan 的不同命运

Webvan 创办于 1996 年 12 月，总部位于美国加州，是一家集线上交易，线下运输的生鲜果蔬公司，它是提供半小时送货的生鲜电商，类似于我国的盒马鲜生，它有自己的仓储、分销系统。它在成立后的两个月便得到了包括红杉资本、软银资本、高盛和雅虎等风险投资公司的支持。它耗资 4 000 万美元开发的仓储系统已经上线，可以接受客户的预订。公司在 1999 年 8 月 IPO 成功，募集资金 4 亿美元，得到了资本市场的热捧，1999 年 11 月份，公司市值 80 亿美元，同期 eBay 的市值为 230 亿美元。接下来的几年中，eBay 持续快速增长，2015 年市值达到 700 亿美元，同年将子公司 Paypal 分拆上市，截至 2018 年 eBay 和 Paypal 市值合计 1 600 亿美元。而曾经受到风险投资和二级市场投资者追捧的 Webvan 却在 2001 年申请破产。为什么两个公司演绎了完全不同的故事？

eBay 的核心业务是提供交易平台，属于居间业务，向买卖双方收取佣金，不需要持有存货和大量的资本投资，一旦使用者开始使用 eBay 的服务，其便利性和规模经济的优势会带来更多的使用者，从而实现用户的快速增长，并且增加用户的边际成本几乎为零，这也是我国淘宝快速增长的逻辑，利用了网络经济规模收益递增的特点和先发优势，实现投入资本回报率的快速增长。与此相反，Webvan 基于美国加利福尼亚州旧金山的生鲜食品配送的模式，需要大量的资本支出投资于仓储设施、运输车队和存货，同时 Webvan 面临着低毛利销售的社区零售店的激烈竞争，在向全美复制的过程中，随着销售增长 Webvan 需要不断扩充仓储、运输、存货投资，相比于 eBay 的高回报低投资支出需求，Webvan 的重资产运营模式以及与社区食品零售的竞争决定了投入资本回报率远低于 ebay，Webvan 累计消耗了 12 亿美元的资金，最终走向破产。

从一开始，eBay 的商业模式拥有可持续的竞争优势，可以带来高额回报。而 Webvan 相对于其杂货店竞争对手而言，并没有这样的优势。而我国的京东从一开始就投资于仓储物流设施等资产，通过大量投资构建了强大的“护城河”。亚马逊（Amazon）的生鲜业务在向人口最稠密的大都市区以外扩张时也面临挑战，亚马逊 2017 年收购 Whole Foods 是一个信号，表明在杂货领域，来自传统商店的竞争很难克服。

投入资本回报率（ROIC）适用于公司以及公司内部的业务盈利能力分析。例如，在零售业的商业模式上，亚马逊利用其在线平台从第三方卖家那里创造了大量收入，第三方平台销售产生的规模回报递增，比亚马逊的直接销售更显著。平台销售几乎不需要投入资金，亚马逊额外交易的边际成本也很小。由此，平台销售成为亚马逊整体价值创造的重要驱动力。

资料来源：Webvan’s Demise or When Technology Fails to Meet Operations https://d3. harvard. edu/platform-rctom/submission/webvans-demise-or-when-technology-fails-to-meet-operations/。

企业估值是评估公司总价值的综合方法，需要同时考虑其股权和债务的价值。ROIC 是企业估值中使用的重要基本指标，较高的 ROIC 表明公司正在从所使用的资本中为投资者创造更高的回报，ROIC 越高，单位投入资本的内在价值也越高。它是投资者和分析师评估公司效率和盈利能力的重要指标。ROIC 是最重要的企业内在价值的驱动因素，只有当 ROIC 高于企业的资本成本时，企业的经营才真正创造价值，一个公司的 ROIC 高于资本成本的差额越大，说明公司的价值创造能力越强，对价值投资者来说越有吸引力。

在第 6 章的盈利能力分析中，ROE 作为判断公司股权盈利能力的综合性指标，可以拆分为资产周转率、权益乘数和销售净利润率三大因子，综合考虑经营效率和财务杠杆的影响，以此衡量企业为股东赚取利润的能力。巴菲特说过衡量生意最核心的指标是 ROE，但是 ROE 有两个缺陷：缺陷一是 ROE 的分子是净利润，净利润是一个容易被上市公司“玩弄”的指标，例如偶然的一次性交易和事项常常造成利润的巨大波动，而 ROIC 这个指标则剔除了非经常性损益的影响；缺陷二是不少 ROE 高的公司是通过加杠杆实现的，通过高负债公司堆出来的高 ROE 和不加杠杆产生的高收益的风险是完全不一样的，而 ROE 不能反映公司财务杠杆带来的风险。我国 2017 年之后的经济下行周期高负债的公司出现流动性危机甚至破产倒闭，就是过度利用杠杆的恶果，典型的代表是房地产行业的中国恒大。

ROA 反映公司的资产获利能力，使用净利润计算的 ROA 同样会受到公司财务杠杆的影响，如果使用息税前利润计算 ROA，虽然在一定程度上可以控制财务杠杆的影响，但仍然无法全面反映资本的使用效率和公司的价值创造能力，因此在金融理论界和实务界开始逐渐重视投入资本回报率（return on invested capital，ROIC）。

公司价值创造的基本驱动因素是投入资本回报率高于公司的资本成本（cost of capital，COC）以及维持 ROIC 高于资本成本能够持续的时间，公司的 ROIC 越高并且超过资本成本持续时间越长，创造的价值越大。如果 ROIC 低于公司的资本成本，增长并不会创造价值，反而会损毁公司的价值，图 9-1 反映了公司价值创造的基本原则。

本章第一部分讨论 ROIC 的基本概念，第二部分是从估值角度讨论财务报表重构的原则方法，第三部分应用这些基本原则对公开披露的财务报表进行调整重构，第四部分讨论财务报表重构过程中部分特殊复杂项目的调整。

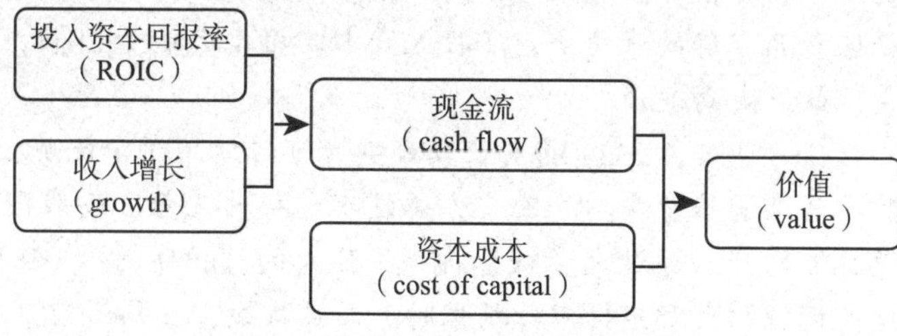

图 9-1 公司价值创造的基本原则

9.1 ROIC 与公司价值

9.1.1 ROIC 的重要性

投入资本回报率（ROIC）是财务分析师常用的分析指标，目前已经成为华尔街分析师最热门的财务指标[㊀]，价值投资的代表人物巴菲特的搭档查理 · 芒格（Charlie Munger）将 ROIC 称为“长期内决定企业投资价值和回报水平的决定性因素”。随着我国经济从高速增长进入高质量发展阶段，提升全要素生产率以及在企业层面提升 ROIC 将成为未来经济增长的最重要源泉，ROIC 是与企业价值创造关系最为密切的指标（刘俏，2018），ROIC 在我国证券分析行业也受到越来越多的重视。

境外越来越多的上市公司开始使用 ROIC 作为评价投资项目和收购标的公司的指标，比如甲骨文 Oracle 公司在 2009 年的 10-K 报告[㊁]中提到“我们会评估任何潜在的收购对象的财务影响，包括盈利、营业利润率、现金流和 ROIC，然后再决定是否继续收购”。我国传统的财务报表虽然能够反映公司的盈利能力、风险和经营效率，但是无法反映公司经营业务的盈利能力，原因是传统的财务报表在报告公司的利润时把经营业务、投资业务和融资合并在一起。利润表中未提供足够的信息能让使用者区分经营、投资和筹资活动对利润的影响，资产负债表没有区分经营性资产和非经营性资产，需要从公司的定期报告的附注中寻找详细的信息进行调整，但是部分公司提供的附注信息并不详细，对于调整和重构报表带来了挑战。

9.1.2 ROIC 与公司价值

资本市场的基本功能是实现资源的高效配置，即把资源配置到能够最有效使用的地方。如何判断资源的使用效率，需要一个能够反映资金提供者的资金使用效率的指标。这就是投入资本回报率受到青睐的根本原因。

在成熟的资本市场上，ROIC 与公司的价值高度相关（见图 9-2），从图 9-2 中可以看出对美国标准普尔 500（S&P500）指数公司的价值的解释能力为 71%，ROIC 每增加 1%，企业价值相当于投入资本倍数增加 19.679。

㊀ https://jmc877.github.io/Corporate-Finance/WSJ_ROIC_16.pdf。

㊁ 美国证券交易委员会（SEC）要求上市公司每年必须提交年度报告，该报告通常包括公司业务的基本情况、面临的风险、年度经营状况、财务报表、对公司经营状况的讨论，以及经营状况的驱动因素。

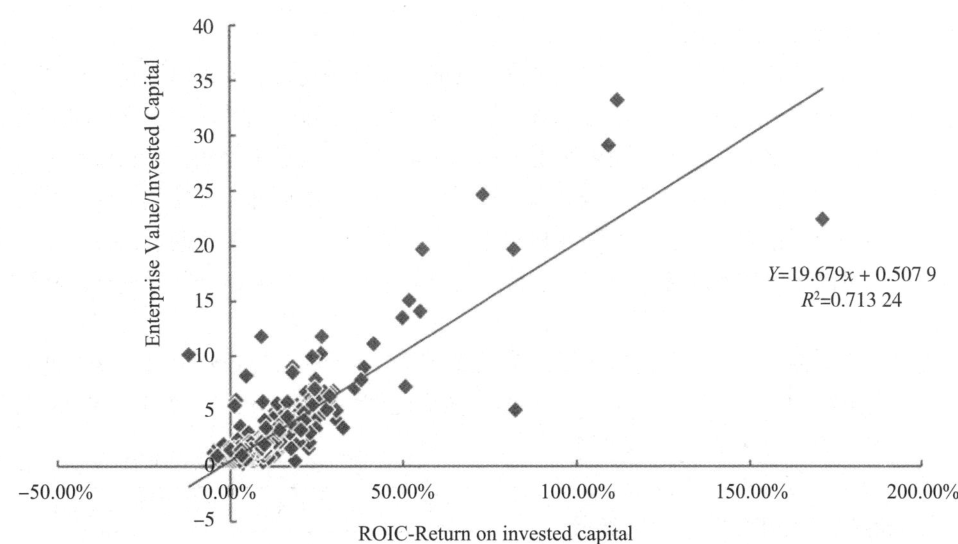

图 9-2　ROIC 与 S&P500 公司估值

资料来源：Ernst & Young，2017，Getting ROIC right：how an accurate view of ROIC can drive improved shareholder value，https://www.newconstructs.com/wp-content/uploads/2017/09/EY_Proof-High-Quality-ROIC-Matters_NewConstructs-Research-Materially-Better.pdf。

1. ROIC 产生的原因

ROIC 反映的是投入资本（债权 + 股权）的综合盈利能力，而不仅仅衡量股权资本的收益率，后者是 ROE 衡量的内容。正如第 6 章的分析，根据杜邦财务分析体系的分解，ROE 会受到公司债务杠杆（权益乘数）的影响，当息税前 ROA 大于公司的债务成本时，提高财务杠杆在短期内会迅速提高 ROE，但是财务杠杆的上升会提高公司的财务风险，一旦市场利率提高或者公司的息税前 ROA 下降会导致财务杠杆效应发生反转（息税前 ROA 小于债务成本），带来公司 ROE 的下降，甚至因流动性危机而陷入破产，最终损害股东的利益。因此需要有财务指标反映公司的所有资本的回报率，既不受财务杠杆的影响，也不受非经常性损益的影响，能够更加直观地评估企业的价值创造能力，ROIC 指标应运而生，分析师将公司的 ROIC 与其加权平均资本成本（WACC）比较，判断公司的价值创造能力，只有当 ROIC 大于 WACC 时，公司的销售增长才能真正创造价值。同时公司也把 ROIC 作为内部管理业绩考评的指标以及重要的管理决策评价指标，把公司价值创造与公司高管的绩效密切挂钩，可以改变公司单纯追求规模增长的倾向，实现公司由高速增长到高质量增长的转变。

2. ROIC、再投资率与股票回报

ROIC 和再投资率是重要的财务指标，可以为公司的财务业绩、效率和增长前景提供有价值的信息。

ROIC 表明公司利用其投资资本产生利润的效率。较高的投资回报率表明该公司在使用资本方面更加有效，ROIC 便于进行跨行业和跨企业的比较，是可以评估一家公司相对于同行的业绩的有用指标。投资者经常将投资回报率作为决策过程中的关键因素。持续较高的投资回报率可能是一家管理良好且财务状况良好的公司的标志。ROIC 有助于评估资本配置决策的有效性。投资回报率高的公司可能有更好的增长和价值创造机会，它们通常可以在不严重依赖外部

融资的情况下维持较高的增长率。

再投资率衡量的是公司有多少利润被再投资到业务中以实现销售收入的增长，较高的再投资率通常与较高的增长潜力相关。通过了解再投资率，投资者可以估计有多少利润将重新投入业务以供未来扩张，该信息对于预测未来现金流至关重要。再投资率是戈登增长模型等估值模型的关键因素。它有助于估计终值，是现金流折现估值的重要组成部分。持续关注公司的再投资率对于评估公司利用留存收益产生额外利润的效率至关重要。再投资率高的公司可能风险较高，因为它们可能需要依赖外部融资。了解再投资率对于评估公司的财务状况和风险状况至关重要。

高质量的企业将产生高投资资本回报，并提供有吸引力的收益再投资机会，从而创造价值（随着时间的推移，收益更高）。企业的复利增长能力受到三个简单因素的影响：ROIC、再投资率、复合增长率（见表 9-1）。因此理想情况下，希望企业能够产生高资本回报率，并能够保留大部分收益，以类似的高回报率进行再投资。如果有多余的现金流无法再投资，公司应该寻找合理的资本配置，包括支付股息、回购股票或收购其他企业。

表 9-1　不同的增长路径

	A 企业	B 企业
ROIC	20%	10%
再投资率	50%	100%
复合增长率	10%（20% × 50%）	10%（100% × 10%）

为了比较不同资本使用效率的影响，表 9-1 中 A 和 B 两家企业，虽然复合增长率相同，都为 10%，但是两者的实现路径不同。A 企业由于有更高的 ROIC，只需要将当期利润的 50% 进行再投资（50% 分红），而 B 企业由于 ROIC 较低，则需要将 100% 利润进行再投资才能实现相同的增长。因此 A 企业业绩更好，因为较高的 ROIC 和较低的再投资率意味着 50% 的收益可以用于回购股票或支付股息（或创造价值的投资）。

总之，ROIC 和再投资率是相互关联的指标，可以全面了解公司的财务状况、增长潜力和资本配置策略。投资者和分析师使用这些指标来做出明智的投资决策，因为它们提供了有关公司产生回报和有效使用投入资本的能力的有价值信息。

9.2　ROIC 的含义及计算

9.2.1　ROIC 的含义

ROIC 是价值投资者——查理 · 芒格非常关注的。他表示，长期 ROIC 是衡量股价上涨预期回报率的重要指标。对于 ROIC 有不同的解释。从较高的层面来看，ROIC 是净利润或所有者收益与投入资本之间的比率，以百分比表示。显然，这个比例越高越好，说明公司管理层在资本配置和使用方面做得很好。在《聪明的投资者》一书中戴维斯基金的克里斯托弗 · 戴维斯（Christopher Davis）将投入资本回报率定义为所有者收益除以投入资本。

ROIC 是公司所获得的经营净利润与股权资本和债务资本投入之比，ROIC 是资本效率比率，用于衡量公司为其所有利益相关者、债务和股权创造价值的能力。

ROIC 很好地表明了公司通过利用其生产性资产产生回报的实际能力，ROIC 的优点有两个：一是从公司总资本的视角去衡量公司的经营回报，而非单纯从股东视角判断公司的业绩；

二是通过对非现金科目、非经营活动所得和税率的调整，最准确地反映投入资本获得的可持续的经济回报。与 ROE、ROA 等指标相比，ROIC 更加能够体现出公司总体资本的真实使用效率，将 ROIC 与加权平均资本成本进行比较，可以揭示投入资本是否得到有效利用。

ROIC 是公司业绩的重要驱动因素，衡量每投入公司 1 元资本可以产生的利润，ROIC 也是公司股价和估值的重要驱动因素。ROIC 受到投资者和分析师的重视，对于高 ROIC 公司会受到投资者追逐，市场投资者关注投入资本所创造的经营利润。

假设 ABC 公司和 XYZ 公司两者的 EPS 都等于 1，两个公司下一年盈利的目标增长率都是 6%，为了达到这个目标增长率，公司需要投入一定的资本来扩张公司，那么两个公司需要投入多少资本才能达到 6% 的目标增长率？

答案取决于两个公司能够实现的 ROIC，即公司对于每元投入资本能够实现的利润，假定 ABC 公司的 ROIC 是 20%，该公司每投入 1 元资本，可以实现 0.2 元的利润，则该公司需要按照 30% 的再投资率把盈利投入企业，才能够实现 6% 的增长率（20% × 30%=6%），意味着该公司可以在保持 70% 的股利支付率的情况下仍然能够实现 6% 的增长。假定 XYZ 公司的 ROIC 为 10%，则该公司需要再投入 60% 的盈利才能够实现 6% 的增长率（10% × 60%=6%），XYZ 公司的股利支付率为 40%。

从以上这个简化的案例中可以看出，公司的利润增长率取决于两个因素：再投资率和投入资本回报率，公式如下：

$$\begin{aligned}\text{利润增长率}(g) &= \text{再投资率} \times \text{ROIC} \\ &= (1-\text{股利支付率}) \times \text{ROIC} \end{aligned} \tag{9-1}$$

从式（9-1）中可以看出，ROIC 较低的公司需要维持更高的再投资率才能实现一定的目标利润增长率，在这个简单案例中未考虑投入资本的来源，可能来自股东投入（增发股份或者利润留存在投资），也可能来自公司的债务融资，ROIC 是所有资本来源可能实现的回报率，无须区分债务资本或者权益资本。

9.2.2 ROIC 与公司的股价的关系

根据经典的戈登增长模型（gordon growth model），$P = D/(R-G)$，公司的股价取决于公司的股利（D）、股利增长（G）和投资者要求的回报率（R，即股权资本成本），根据明晟指数（MSCI index）过去 50 年的回报率约为 9.5%，假定股权资本成本 R=9.5%，ABC 和 XYZ 两个公司的股价如下：

$$P_{\text{ABC}} = \frac{D}{G-R} = 0.7/(9.5\% - 6\%) = 20\text{（元）}$$

$$P_{\text{XYZ}} = \frac{D}{G-R} = 0.4/(9.5\% - 6\%) = 11.43\text{（元）}$$

两个公司具有相同的 EPS（1 元）、相同的利润增长率（6%），但是两个公司的股价相差将近一倍，原因是 XYZ 公司的低 ROIC 导致需要更高的再投资率，降低了股东可能获取的股利（更低的股利支付率），两家公司的 P/E 分别为：

$$P_{\text{ABC}}=\frac{P}{\text{EPS}}=20/1=20\text{（元）}$$

$$P_{\text{XYZ}}=\frac{P}{\text{EPS}}=11.43/1=11.43\text{（元）}$$

高 ROIC 的公司与低 ROIC 的公司相比，在特定的增长率上具有更高的分红，可以驱动公司的股价增长。

9.2.3 ROIC 的计算与分析

1. ROIC 的计算

ROIC 反映一个公司的投入资本的获利能力，不仅要考虑股权资本的回报，即净利润，还要考虑债权人取得的回报，即利息。前面的简化案例中未考虑公司的利润的结构和投入资本的来源，在现实中公司的利润可能受经营业务、投资业务和融资业务的共同影响，而真正创造可持续价值的是公司的经营业务，因此使用税后经营净利润（net operating profit after tax，NOPAT）除以投入资本（invested capital，IC），代表投入资本产生的经营性收益的回报率，常用的 ROIC 的基本计算方法如下：

$$\text{ROIC=NOPAT/IC} \tag{9-2}$$

（1）NOPAT 的计算。分子 NOPAT 有两种计算方法：

$$\text{方法一：NOPAT= 息税前利润} \times \text{（1- 所得税税率}^{㊀}\text{）} \tag{9-3}$$

例 9-1：假定 A 公司息税前利润为 1 亿元，利息费用为 0.6 亿元，所得税税率为 25%，则该公司的应纳税所得额为 0.4（=1–0.6）亿元，公司的所得税 =0.4 × 25%=0.1 亿元，则该公司的税后利润（净利润）为 0.3（=0.4–0.1）亿元。

使用式（9-3），NOPAT=1 ×（1–25%）=0.75（亿元）

$$\begin{aligned}\text{方法二：NOPAT= 净利润 + 利息费用} \times \text{（1- 所得税税率）-}\\ \text{非经营性利润}^{㊁}\times\text{（1- 所得税税率）}\end{aligned} \tag{9-4}$$

接例 9-1，使用式（9-4），该公司的 NOPAT=0.3+0.6 ×（1–25%）=0.75 亿元（该公司无其他非经营性收入）。

（2）投入资本的计算。对于投入资本的计算有两种方法，分别是经营法和资金来源法，两种方法的计算过程如表 9-2 所示。

方法一：经营法是从企业经营占用资金的角度来看待投入资本，企业经营过程中占用的资金包括营运资本（流动资产与流动负债的差额）、固定资产占用资金、外购无形资产以及并购

㊀ effective or marginal tax rate，通常使用实际税率，外部投资者难以获取边际税率的数据，同时在固定税率的情况下边际税率和实际税率无差异。也可以使用公司的所得税费用除以税前利润得到税率。

㊁ 扣非后经营利润，比如政府补助，或者使用营业利润。

商誉占用的资金。

方法二：资金来源法投入资本是公司通过发行证券筹集的资金总额，即公司股本、债务和资本租赁义务的总和，根据资金来源法，投入资本包括短期负债、长期负债、少数股东权益、普通股、优先股等。

表 9-2 投入资本计算方法[⊖]

经营法（operating approach）	资金来源法（financing approach）
流动资产	付息短期债务
– 不付息流动负债（经营性负债）	+ 长期负债
= 净营运资本	= 总有息负债
+ 固定资产	+ 递延所得税
+ 外购无形资产	+ 少数股东权益
+ 商誉	+ 优先股权益
+ 其他资产	+ 普通股权益
= 投入资本	= 投入资本

表 9-2 展示了两种方法的不同计算思路，根据资产负债表的平衡关系，两种方法得到的结果相同。

如同 ROE 和 ROA 一样，使用式（9-2）时，分子是一段期间的经营净利润，分母投入资本是时点数据，因此需要使用滞后一期的投入资本，或者使用期初和期末投入资本的平均数，后者可以克服投入资本在期间内的变动的影响。

由于 ROIC 不是会计准则和证券监管法规强制要求披露的指标，我国上市公司几乎没有主动披露这一指标，即使在欧美证券市场，ROIC 也是自愿性披露指标。正是由于没有统一的披露和计算规范，不同公司的 ROIC 在计算细节上存在一定的差异，分析师在对比不同公司的 ROIC 时需要注意。

⊙案例 9-1

苹果公司的 ROIC 和 ROE

苹果公司 2021—2023 年的利润表和资产负债表如表 9-3 和表 9-4 所示。

表 9-3 苹果公司 2021—2023 年的利润表　　单位：百万美元

项目	2023 年	2022 年	2021 年
销售收入净额：			
产品	298 085	316 199	297 392
服务	85 200	78 129	68 425
销售收入净额	383 285	394 328	365 817

⊖ 对于 ROIC 的计算的经营法对于商誉、无形资产、超额现金持有的处理，包含商誉的 ROIC 可以反映公司对外投资并购的效率，无形资产中外购无形资产的争议不大，对于内部研发形成的无形资产容易受到公司的资本化政策差异的影响，对于超额现金持有的争议在于如何界定超额现金，财务分析师通常使用销售额 2% 的作为判断的经验标准，也可以简化计算不考虑超额现金的影响。在资金来源法下主要是对递延所得税的处理存在争议，为了简化期间，投入资本可以使用“付息短期债务 + 长期负债 + 优先股权益 + 普通股权益”这一公式来计算，反映所有有息债务和权益资本投入的使用效率，在分析时只要保持前后一致即可。
WIND 数据库 ROIC 算法：归属于母公司股东的净利润 ×2/（期初全部投入资本 + 期末全部投入资本）
其中：全部投入资本 = 股东权益 + 有息负债，与 CFA（特许金融分析师）的方法保持一致。

（续）

项目	2023 年	2022 年	2021 年
销售成本：			
产品	189 282	201 471	192 266
服务	24 855	22 075	20 715
销售成本	214 137	223 546	212 981
毛利	169 148	170 782	152 836
营业费用：			
研发支出	29 915	26 251	21 914
销售和管理费用	24 932	25 094	21 973
营业费用合计	54 847	51 345	43 887
营业利润	114 301	119 437	108 949
其他收入和费用（净额）	–565	–334	258
税前利润	113 736	119 103	109 207
所得税费用	16 741	19 300	14 527
净利润	96 995	99 803	94 680
每股收益：			
基本每股收益	6.16	6.15	5.67
稀释每股收益	6.13	6.11	5.61
发行在外股份数：			
基本	15 744 231	16 215 963	16 701 272
稀释后	15 812 547	16 325 819	16 864 919

数据来源：苹果公司年报。

表 9-4　苹果公司 2021—2023 年资产负债表　　单位：百万美元

项目	2023 年 9 月 30 日	2022 年 9 月 24 日	2021 年 9 月 25 日
资产：			
流动资产：			
现金及现金等价物	29 965	23 646	34 940
有价证券	31 590	24 658	27 699
应收账款净额	29 508	28 184	26 278
供应商非贸易应收款	31 477	32 748	25 228
存货	6 331	4 946	6 580
其他流动资产	14 695	21 223	14 111
流动资产合计	143 566	135 405	134 836
非流动资产：			

（续）

项目	2023 年 9 月 30 日	2022 年 9 月 24 日	2021 年 9 月 25 日
有价证券	100 544	120 805	127 877
财产、厂房和设备净值	43 715	42 117	39 440
其他非流动资产	64 758	54 428	48 849
非流动资产合计	209 017	217 350	216 166
资产总计	352 583	352 755	351 002
负债和股东权益：			
流动负债：			
应付账款	62 611	64 115	54 763
其他流动负债	58 829	60 845	47 493
递延收入	8 061	7 912	7 612
应付票据	5 985	9 982	6 000
短期债务	9 822	11 128	9 613
流动负债总额	145 308	153 982	125 481
非流动负债：			
长期债务	95 281	98 959	109 106
其他非流动负债	49 848	49 142	53 325
非流动负债合计	145 129	148 101	162 431
负债合计	290 437	302 083	287 912
股东权益：			
股本	73 812	64 849	57 365
未分配利润	–214	–3 068	5 562
其他综合收益	–11 452	–11 109	163
股东权益合计	62 146	50 672	63 090
负债和股东权益总计	352 583	352 755	351 002

根据利润表和资产负债表信息计算苹果公司的 ROIC，如表 9-5 所示。

表 9-5　苹果公司的 ROIC 的计算过程

	2023 年	2022 年	2021 年
从公司利润表中获得有关 NOPAT 信息			
净利润（百万美元）	96 995	99 803	94 680
息税前利润（百万美元）	113 736	119 103	109 207
所得税费用（百万美元）	16 741	19 300	14 527
营业利润（百万美元）	114 301	119 437	108 949
所得税税率	14.72%	16.20%	13.30%
经营性税后利润（NOPAT）（百万美元）	97 477	100 083	94 456

（续）

	2023 年	2022 年	2021 年
从资产负债表中获得有关投入资本信息			
短期借款（百万美元）	9 822	11 128	9 613
长期借款（百万美元）	95 281	98 959	109 106
有息负债（= 长期借款 + 短期借款）（百万美元）	105 103	110 087	118 719
股东权益（百万美元）	62 146	50 672	63 090
投入资本（= 有息负债 + 股东权益）（百万美元）	167 249	160 759	181 809
ROIC	58%	62%	52%
ROE（= 净利润 / 期末股东权益）	156%	197%	150%

由此可见，苹果公司在 2021—2023 年都保持了比较高的 ROIC，价值创造的优势明显。而同期苹果公司的 ROE 相当于 ROIC 的三倍左右，苹果公司利用回购等手段使公司的股东权益从 2017 年的 1 340 亿美元降低到 2023 年（年度截止日为月份）的 621 亿美元。

美国上市公司从 1963 年到 2004 年的投入资本回报率中值（不包括商誉）平均接近 10%[㊀]。不同行业的历史投资回报率可能存在很大差异。在美国，制药和消费品行业等都存在专利和品牌等壁垒，这些壁垒可以减轻竞争压力并有助于持续保持较高的投资回报率。相反，资本密集型行业（如基础材料）和竞争激烈的行业（包括零售业）往往产生较低的投入资本回报率。

2. ROIC 的影响因素

ROIC 只是最终的结果，而公司所处的行业以及该行业的竞争格局、公司的商业模式是否具有护城河效应才是决定公司 ROIC 水平的根本因素。

式（9-5）是从公司整体角度计算 ROIC，也可以从单位产品的角度来计算 ROIC，计算公式如下：

$$ROIC_{单位产品} = (1-所得税税率) \times [（单位售价-单位成本）/ 单位产品投入资本] \quad (9\text{-}5)$$

式（9-5）不仅可以适用于制造业产品的分析，同样适用于服务业，单位可以是单个客户、单次服务等，使用式（9-5）分析 ROIC 可以帮助管理层分析影响公司整体 ROIC 的因素，公司要获得更高的 ROIC，需要具有一定的竞争优势，使公司可以通过收取更高的价格，或者产品具有更低的成本，或者公司投入较少的资本，轻资产运营的公司对资本投入的需求低于重资产经营的公司。比如瑞幸咖啡与星巴克相比，前者以线上销售为主，门店面积通常小于星巴克的门店，单店对投入资本要求更低，可以实现门店的快速扩张和更低的单位成本，虽然瑞幸咖啡财务造假导致公司从美国纳斯达克退市[㊁]，但是瑞幸咖啡基本的经营业务仍然保持了快速的增长。

㊀ https://www.mckinsey.com/capabilities/strategy-and-corporate-finance/our-insights/a-long-term-look-at-roic#/。

㊁ 贾建军、陈欣，瑞幸咖啡：一个市场治理机制揭发财务造假的案例启示，上海证券报，2022 年 1 月 12 日，https://company.cnstock.com/company/scp_gsxw/202201/4810962.htm。

根据结构－行为－业绩（structure-conduct-performance，SCP）和竞争战略理论[㊀]，不同行业由于行业结构的差异会影响行业内公司的竞争行为，从而影响公司的业绩。以消费品行业为例，品牌竞争是公司的主要竞争策略，比如在瑞幸咖啡等以线上销售为主的咖啡公司出现以前，星巴克是咖啡行业的标杆公司，消费者忠诚度带来的重复消费是星巴克竞争优势的来源，以瑞幸咖啡为代表的线上消费品公司改变了星巴克公司场景消费的竞争策略，形成了行业内新的竞争结构，与消费品行业相比，采矿业大部分公司没有品牌效应，主要还是采用低成本竞争策略，同时采矿业需要大量资本投资，采矿业整体的 ROIC 要低于消费品公司的 ROIC，如图 9-3 所示。

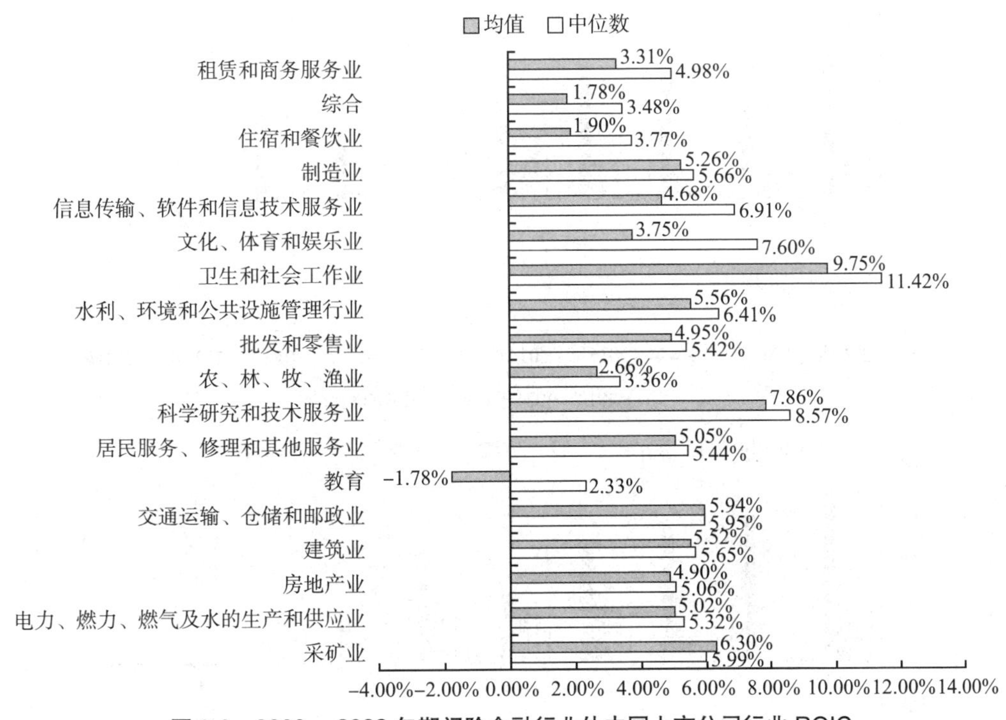

图 9-3　2003—2022 年期间除金融行业外中国上市公司行业 ROIC

行业结构并非 ROIC 的唯一决定因素，公司的战略也是影响公司 ROIC 的重要因素，同行业内不同公司的 ROIC 的差异可以反映公司的经营战略以及公司的竞争优势，公司的竞争优势最终决定了行业内不同公司 ROIC 的差异，以汽车行业为例，无论是国内还是国外，该行业多年来一直受到产能过剩的困扰。汽车行业的低回报并没有阻止新竞争者进入，无论是来自不同地区的新进入者（例如韩国汽车制造商进入美国和欧洲市场），还是由于新技术的出现（例如电动汽车生产商，包括特斯拉、比亚迪），再加上欧美一些制造商在试图解散工会工厂时遇到的困难等都很容易出现产能过剩，最终导致整个行业的回报率很低。与其他制造商相比，只有宝马、特斯拉等少数制造商能够将其优质品牌和更高质量转化为更高的价格和更高的资本回报率。

以高度竞争激烈的欧洲航空业为例，大多数航空公司的投入资本回报率非常接近资本成本——有时甚至低于资本成本。尽管如此，瑞安航空（Ryanair）还是获得了较高的回报，这

㊀ Edward Mason 在 19 世纪 30 年代提出的结构－行为－业绩模型，哈佛大学 Machael Porter 教授在此基础上发展出了竞争战略理论。

要归功于其以行业最低成本在主要二级机场之间严格点对点连接的战略。中国航空公司的ROIC差异也反映了公司策略和营运效率对ROIC的影响，在过去的10年中，廉价航空公司春秋航空和吉祥航空都创造了远高于三大国有航空公司的业绩，无论是ROA（图9-4a）还是ROE（图9-4b）都高于三大国有航空公司，2020年开始的新冠疫情使航空业受到重创，行业整体亏损，但是即使在这种不利的大环境下吉祥航空和春秋航空的亏损幅度也低于三大国有航空公司，主要的原因是廉价航空的机队型号和规模较小，飞机的利用效率较高，固定成本占比低于三大国有航空公司。

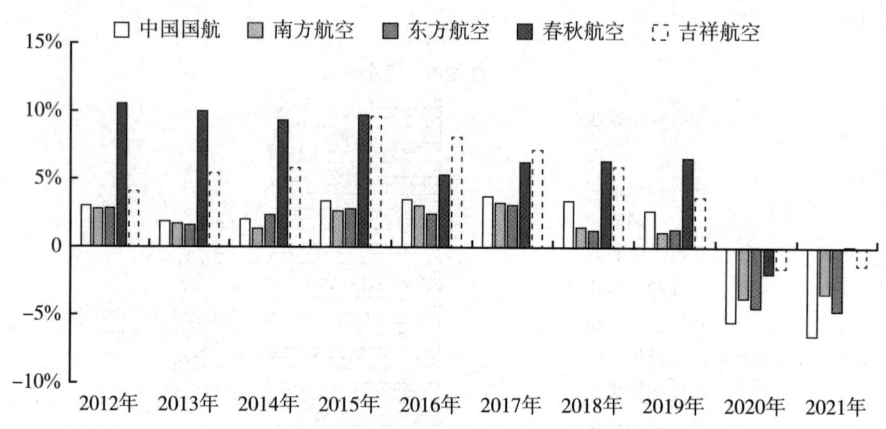

a）2012—2021年各航空公司ROA比较

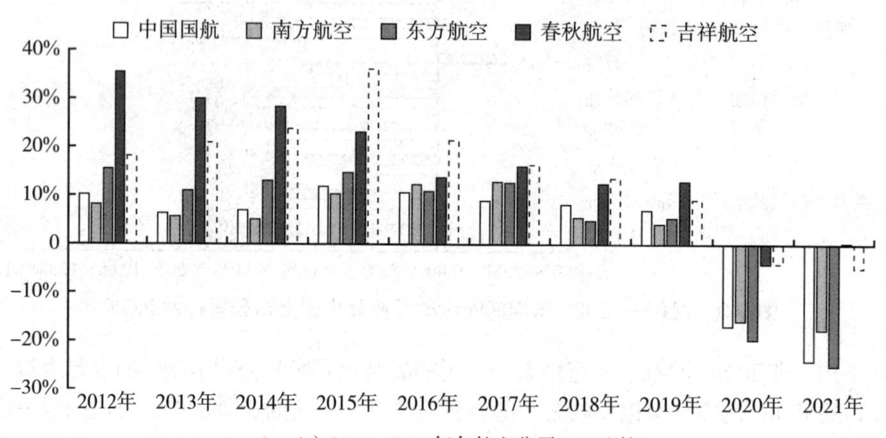

b）2012—2021年各航空公司ROE比较

图9-4　2012—2021年各航空公司的ROA和ROE比较

公司竞争优势可能来自创新性的产品（如苹果公司）、质量、品牌（如特斯拉、可口可乐）、客户锁定（比如移动通信运营商）、理性的定价政策或者政府的管制政策（比如我国的高铁票价），这些优势使企业能够收取溢价，也可能来自于成本和资本的使用效率，包括创新性的商业模式（新能源汽车的直销模式而非传统燃油车通过4S店销售模式）、独特的资源（比如宁德时代拥有的锂矿资源）、规模经济（半导体行业和显示器行业大规模投资需求需要充足的订单才能发挥规模效益）、产品和流程的可升级性（软件服务企业），这些因素使企业具有较低的成本，不同公司的竞争优势可能来自上述不同因素的组合，除了以上因素外，互联网和社交媒体行业拥有的网络特性更容易产生赢者通吃的市场巨头。

3．ROIC 与 ROE 的关系

ROE 反映公司股东权益能够产生多少利润，而 ROIC 反映公司的所有来源资本（包括股东权益和债务）的使用效率。ROE 和 ROIC 之间的差异主要是受到财务杠杆的影响，即公司的资本结构会影响 ROE 与 ROIC 之间的关系，具体公式如下：

$$\text{ROE} = \text{ROIC} + [\text{ROIC} - (1 - \text{所得税税率}) \times K_d] \times D / E \tag{9-6}$$

式中：K_d 是债务成本；D 是负债；E 是股东权益。

从式（9–6）可以看出，ROE 受到 ROIC、ROIC 与税后债务成本的差异 $[\text{ROIC} - (1 - \text{所得税税率}) \times K_d]$、公司的债务权益比单个因素共同决定，当公司的 ROIC 大于公司的税后债务成本时 $[\text{ROIC} > (1 - \text{所得税税率}) \times K_d]$，利用负债融资可以提升公司的 ROE，当市场利率较低时，公司甚至可以利用债务融资回购公司股份，快速扩大财务杠杆（D/E），正如第 6 章苹果公司 2017 年之后的大量股份回购提升 ROE 的策略，这也是低利率环境下美国资本市场股份回购的重要原因，当然当利率快速上升或者公司的经营盈利能力下降时，杠杆效应会发生反转 $[\text{ROIC} < (1 - \text{所得税税率}) \times K_d]$，公司的 ROE 会快速下降，同时外部融资环境的变化可能导致公司面临无法偿还债务的流动性危机，这正是以中国恒大为代表的中国房地产上市公司在 2017 年后面临的困境。

9.3 财务报表重构与 ROIC 的计算

9.3.1 财务报表重构的原因

公司按照会计准则对外披露的财务报表无法准确地反映公司的经营绩效和价值，原因是资产负债表未能将经营性资产、非经营性资产、经营性负债和金融负债有效地区分，利润表虽融合了营业利润、利息支出和其他非经常性损益，但相比于境外上市公司的利润表，我国上市公司的利润表更加不利于分析师分析企业的经营绩效，原因包括以下几个方面：统一的披露格式未要求单独报告公司的毛利、营业利润中包括了非经营性因素和融资的因素、对于非经常性损益的披露不充分。此外，一般投资者对资产负债表中投资性资产的分类和披露难以理解。

为了计算分析 ROIC，需要每个财务报表重新组织为三类：经营项目、非经营项目和融资来源，准确的调整对于避免重复计算、忽略现金流以及隐藏扭曲绩效指标（例如净资产收益率和运营现金流）至关重要。

现行大多数国家的会计准则要求按照多步法编制利润表，多步法利润表要求依次反映企业在特定期间的毛利、营业利润和净利润。

图 9-5 是恒大地产、万科、碧桂园、新鸿基地产的 ROE 和 ROIC 对比。

从图 9-5 可以看出，恒大地产从 2013 年开始公司的投入资本的盈利能力低于主要的竞争对手，仅保持在 5% 左右，而万科的资本利用效率远高于同行业的对手。恒大地产境外美元融资成本最高达到 12%，远高于公司的 ROIC，过度使用杠杆反而降低了公司的 ROE。

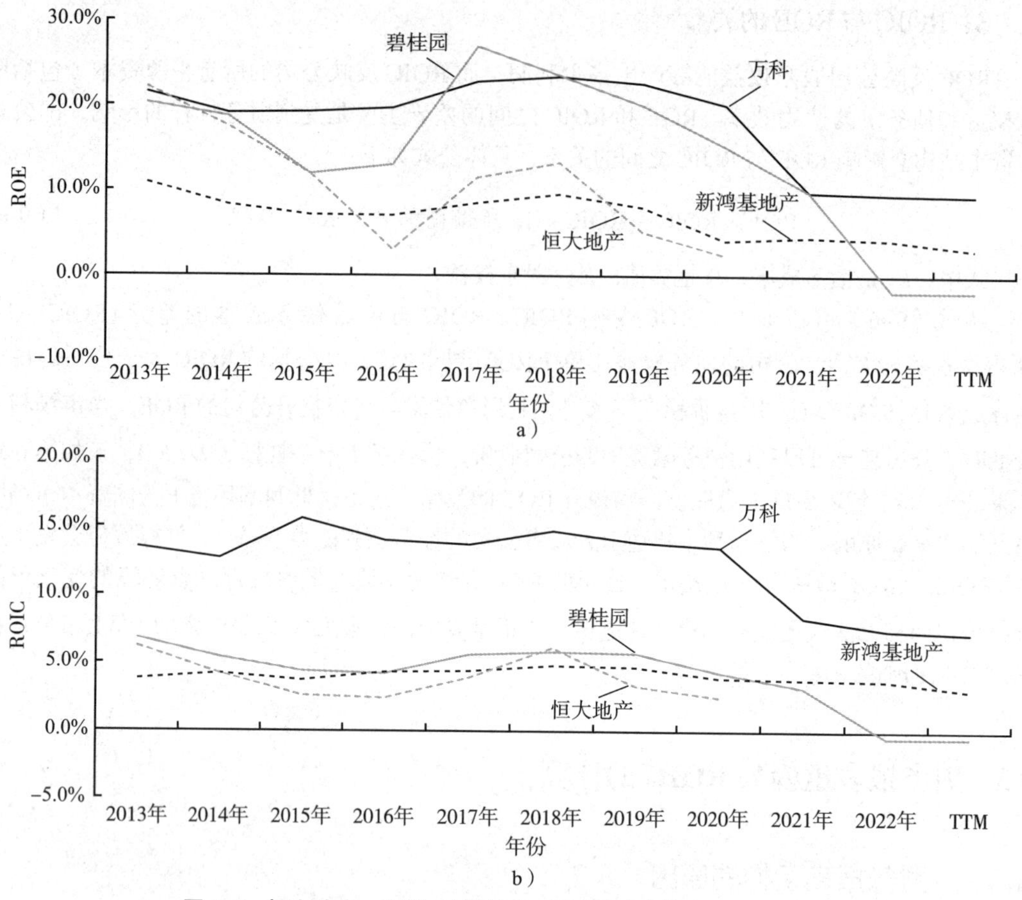

图 9-5 恒大地产、万科、碧桂园、新鸿基地产的 ROE 和 ROIC

注：恒大地产 2021—2022 年的财报进行大幅度重述，数据不可比。

9.3.2 重构财务报表的关键概念

为了计算 ROIC 和 FCF，有必要重新组织资产负债表以估计投入资本，并同样需要重新组织利润表以估计 NOPAT。投入资本为企业运营提供资金，包括股东投入的资本和债权人投入的资本。NOPAT 代表所有投资者均可获得的税后营业利润（由公司的全部投入资本带来的）。ROIC 和 FCF 均来自 NOPAT 和投入资本。正如 9.2 节中的定义和计算方法，ROIC 的计算需要使用投入资本和税后经营利润。

1. 投入资本

经营法下的投入资本（invested capital，IC）是指公司为获取经营净利润所需要投入的资产，包括净营运资本、固定资产、无形资产等。经营法的基础是基于基本会计等式：资产 = 负债 + 所有者权益。

经营性资产（OA）+ 非经营性资产（NOA）
= 经营性负债（OL）+ 融资性负债（FL）+ 股东权益（EQ） （9-7）

式（9-7）可以改写为：

$$
\begin{aligned}
&\text{经营性资产（OA）}-\text{经营性负债（OL）}+\text{非经营性资产（NOA）}\\
&=\text{全部投入资本}=\text{融资性负债（FL）}+\text{股东权益（EQ）}
\end{aligned}
\tag{9-8}
$$

非经营性资产包括：金融投资资产、长期股权投资等，经营性资产是企业开展基本业务所持有的资产，包括存货、应收账款、固定资产、无形资产等，经营性资产和经营性负债的差额即投入资本，式（9-8）可以进一步改写为：

$$
\text{投入资本（IC）}+\text{非经营性资产（NOA）}=\text{全部投入资本}=\text{融资性负债（FL）}+\text{股东权益（EQ）}
\tag{9-9}
$$

我们可以根据这个新等式重新排列资产负债表，以更准确地反映用于运营的投入资本，即不同类型的资本提供者提供的资金。但是对于许多上市公司来说，前面的投入资本等式过于简单，现实中上市公司的资产不仅包括运营资产，还包括非运营资产（NOA），例如有价证券投资（我国上市公司的资产负债表中的交易性金融资产、债权投资、其他债权投资、其他权益工具等），以及持有的对合营和联营企业的长期股权投资。负债不仅包括经营负债和带息债务（银行借款、应付债券），还包括递延所得税负债等。对于企业持有的有价证券投资是否属于经营性资产有争议，尤其是我国上市公司出于理财目的持有的大量有价证券投资可能是对暂时闲置资金的有效运用，同样的公司持有的对合营和联营企业的股权可能是出于业务需要形成的上下游紧密关系，外部分析师难以区分经营性和非经营性资产，因此我们采用简化的方法确定公司的投入资本，主要考虑公司的有息负债和股东投入的资本，计算方法如下：投入资本 = 有息负债 + 股东权益（包括少数股东权益[⊖]）。

2. 税后经营利润

税后经营利润（NOPAT）是企业核心业务产生的税后利润，不包括任何非经营性资产收入或利息等融资费用。净利润仅是股东可获得的利润，而 NOPAT 是所有长期资本提供者（包括债务、股权和任何其他类型的投资或融资的提供者）可获得的回报。NOPAT 的定义应与资本提供者的定义保持一致，并且仅包括投资资本产生的利润。

为了计算 NOPAT，需要重新调整利润表相关项目。首先，利息不从营业收入中扣除，因为利息是对公司的债务投资者的补偿，不属于公司的日常运营费用。通过将利息重新分类为融资项目，可以使 NOPAT 不受公司资本结构的影响。

其次，在计算 NOPAT 时，需要排除非经营性资产产生的收入和偶然的事项带来的收入，如果错误地将非营业收入纳入 NOPAT，将夸大公司的经营盈利能力。如果不排除重大诉讼和解等不具有可持续性的收入，不利于判断公司经营性资产获得的持续盈利能力。

最后，由于利润表报告的所得税是在包括利息和非经营性利润之后计算的，而 NOPAT 仅关注持续运营，因此这就需要从利润表报告的所得税中剔除利息支出和非经营性利润的影响，需要从报告的所得税开始，增加利息支出的税盾，并剔除非经营业务利润的所得税影响，得到的所得税等于假设公司全部由股权融资的情况下纯粹经营业务而应承担的所得税费用。

⊖ Wind 数据库提供的 ROIC 计算方法把少数股东权益剔除，我们之所以不剔除原因是 ROIC 反映所有来源投入资本的回报率。

9.4 ROIC 与股票回报率

9.4.1 ROIC 分析的重要性

投入资本回报率可以是增长为资本提供者创造的财富，而增长需要投入资源的支撑，如果公司的投入资本回报率低于为增长提供资金的加权平均资本成本（WACC），那么公司的增长实际上可能会降低股东的财富。例如，一家公司以 7% 的利率借入 1 亿元进行收购，每年只会增加 600 万元的营业利润。因此，与营业利润增长相比，公司将会向银行支付更多的利息费用，从而降低股东财富。

高投入资本回报率公司的复合效应会产生强大的长期股东价值，这就是它们以更高估值进行交易的原因，我们通过一个简单的案例研究来看投入资本回报率与股东价值的关系。假定 X 公司和 Y 公司在第 0 年都有 100 万元的投资。不同之处在于 X 公司的 ROIC 为 30%，Y 公司的 ROIC 为 10%。我们假设两家公司将每年产生的收益的 50% 再投资于新的公司资产，例如资本支出、并购、研发等，由于再投资收益的复合效应，X 公司的 100 万元总共产生了 609 万元，投资 Y 公司的现金流量为 126 万元。因此，如果 Y 公司希望实现与 X 公司相当的盈利增长速度，则需要大量股权和 / 或债务融资，并且融资成本高于公司创造的投资回报。研究证明，ROIC 实际上比 EPS 增长更能解释公司的估值。

ROIC 可以反映管理团队在有效地将资金用于有利可图的投资以增加股东财富方面的表现。此外，ROIC 还可以反映公司是否拥有“护城河”，使它们与其他公司相比具有竞争优势，包括卓越的创新、更好的品牌、独特的战略。如果公司的投资回报率较低，这意味着公司没有有利的投资机会来增加股东的长期财富。对于低投资回报率的公司，该公司应该以股息的形式支付给股东，而不是将其再投资于其低回报率的业务。

9.4.2 中国上市公司的 ROIC 与股票收益

1. ROIC 与股票收益率之间的关系

以上关于 ROIC 的讨论是从理论上分析 ROIC 与股票价值之间的关系，为了实证检验 ROIC 高低与股票收益率之间的关系，我们首先用股票的年回报率与 ROIC 进行简单回归，结果如表 9-6 所示。

表 9-6 我国上市公司 1998—2020 年回报率回归分析

	(1)	(2)	(3)	(4)
	annual_ret	annual_ret	annual_ret	annual_ret
roic1	0.1469***			
	(4.37)			
roic2		0.0837***		

（续）

	（1）	（2）	（3）	（4）
	annual_ret	annual_ret	annual_ret	annual_ret
		（3.15）		
ind_adj_roic1			0.0942***	
			（2.85）	
ind_adj_roic2				0.0538**
				（2.01）
log_me	−0.2374***	−0.2367***	−0.2364***	−0.2360***
	（−31.88）	（−31.79）	（−31.75）	（−31.69）
log_bm	−0.1791***	−0.1781***	−0.1784***	−0.1779***
	（−24.32）	（−24.09）	（−24.16）	（−24.01）
roe	0.0021	0.0028**	0.0033***	0.0037***
	（1.34）	（2.39）	（3.25）	（4.35）
sales_g3	0.0094***	0.0096***	0.0097***	0.0098***
	（6.17）	（6.27）	（6.35）	（6.40）
soe	−0.0335*	−0.0338*	−0.0344*	−0.0345*
	（−1.89）	（−1.91）	（−1.94）	（−1.95）
Observations	39516	39508	39516	39508
Adjusted R-squared	0.5522	0.5521	0.5521	0.5520

注：***、**、* 分别表示在 1%、5% 和 10% 的置信水平上显著。

从表 9-6 中可以看出，无论是 ROIC 还是经过行业均值调整的 ROIC 与公司的股票回报率呈现正相关关系，ROIC1（ROIC2）提高 1%，股票的年度回报率提高 14.69%（8.37%），经过行业均值调整的 ROIC1（ROIC2）提高 1%，股票的年度回报率提高 9.42%（5.38%）。

2. ROIC 与股票超额收益率

股票超额收益率阿尔法（α）是投资组合的超额收益率，α 越大，投资组合的业绩表现越好。计算方法如下：α= 投资组合的收益率 − 投资组合的预期收益率。

我们首先按照 ROIC 的高低形成投资组合，按照 ROIC 的高低分为五组，第一组 ROIC 最低，第五组 ROIC 最高。分组之后按照实证资产定价的常用研究方法，我们分别使用 Fama-French 三因子模型、Carhart 四因子模型、Fama-French 五因子模型计算投资组合的预期收益率，表 9-7 报告了三种不同方法下的阿尔法。

表 9-7 中国上市公司 ROIC 与股票超额收益率（1999—2020 年）

	P1	P2	P3	P4	P5	P5–P1
			Fama–French 三因子模型			
	最低				最高	最高 – 最低
α	−0.0072***	−0.0005	0.0028*	0.0070***	0.0178***	0.0249***
	（−3.84）	（−0.34）	（1.77）	（4.70）	（9.78）	（11.09）
rmrf	0.8943***	0.9003***	0.9058***	0.8800***	0.9192***	0.0249
	（34.30）	（40.16）	（41.71）	（42.14）	（36.23）	（0.79）
smb	1.5061***	1.3135***	1.1582***	0.9718***	0.6316***	−0.8745***
	（27.05）	（27.44）	（24.98）	（21.79）	（11.66）	（−13.04）
hml	0.2368***	0.0955	−0.0372	−0.2114***	−0.4475***	−0.6843***
	（3.10）	（1.45）	（−0.58）	（−3.45）	（−6.01）	（−7.43）
调整 R^2	0.9184	0.9329	0.9326	0.9298	0.8899	0.4073
			Carhart 四因子模型			
	最低				最高	最高 – 最低
α	−0.0112***	−0.0019	0.0026	0.0077***	0.0204***	0.0316***
	（−5.92）	（−1.13）	（1.54）	（4.82）	（10.67）	（14.70）
rmrf	0.8936***	0.9001***	0.9058***	0.8802***	0.9196***	0.0260
	（36.38）	（40.46）	（41.63）	（42.18）	（37.13）	（0.93）
smb	1.4079***	1.2793***	1.1539***	0.9894***	0.6949***	−0.7130***
	（25.52）	（25.61）	（23.62）	（21.12）	（12.49）	（−11.39）
hml	0.1165	0.0537	−0.0425	−0.1899***	−0.3701***	−0.4865***
	（1.55）	（0.79）	（−0.64）	（−2.98）	（−4.89）	（−5.72）
mom	−0.2324***	−0.0808**	−0.0102	0.0415	0.1496***	0.3820***
	（−5.75）	（−2.21）	（−0.28）	（1.21）	（3.67）	（8.34）
调整 R^2	0.9276	0.9339	0.9324	0.9300	0.8951	0.5332

（续）

	P1	P2	P3	P4	P5	P5–P1
Fama–French 五因子模型						
	最低				最高	最高 – 最低
α	–0.0018	0.0023	0.0040**	0.0067***	0.0154***	0.0172***
	（–1.07）	（1.41）	（2.44）	（4.17）	（8.16）	（9.35）
rmrf	0.8737***	0.8894***	0.9006***	0.8811***	0.9296***	0.0559**
	（39.80）	（41.53）	（41.33）	（41.65）	（37.09）	（2.29）
smb	0.9770***	1.0382***	1.0384***	1.0124***	0.8466***	–0.1304*
	（14.22）	（15.49）	（15.23）	（15.29）	（10.79）	（–1.71）
hml	0.0150	–0.0191	–0.0854	–0.1921***	–0.3660***	–0.3811***
	（0.22）	（–0.29）	（–1.28）	（–2.97）	（–4.77）	（–5.11）
rmw	–0.8005***	–0.4207***	–0.1934*	0.0483	0.3753***	1.1758***
	（–7.98）	（–4.30）	（–1.94）	（0.50）	（3.28）	（10.55）
cma	0.1255	0.0511	–0.0124	–0.0540	0.1195	–0.0060
	（0.73）	（0.31）	（–0.07）	（–0.33）	（0.61）	（–0.03）
调整 R^2	0.9433	0.9400	0.9336	0.9295	0.8948	0.6502

注：***、**、* 分别表示在 1%、5%、10% 的置信水平上显著。

使用 Fama–French 三因子模型时，ROIC 最低的组合（P1）在 1999 年到 2020 年 22 年间月平均超额回报是 –0.72%，而 ROIC 最高的组合（P5）在同期月平均超额回报是 1.78%，两者相差 2.49%。如果中国证券市场允许卖空的话，我们买入 ROIC 最高的股票（P5）的同时，卖出 ROIC 最低的股票（P1），不考虑交易费用的话，可以获得 2.49% 的月均超额收益，这个投资策略的阿尔法无论是在经济意义上还是统计意义上都是显著的。

使用 Carhart 四因子模型时，ROIC 最低的组合（P1）在 1999 年到 2020 年 22 年间月平均超额回报是 –1.12%，而 ROIC 最高的组合（P5）在同期月平均超额回报是 2.04%，两者相差 3.16%。

使用 Fama–French 五因子模型时，ROIC 最低的组合（P1）在 1999 年到 2020 年 22 年间月平均超额回报是 –0.18%，而 ROIC 最高的组合（P5）在同期月平均超额回报是 1.54%，两者相差 1.72%。

从表 9-7 中可以看出，无论是三因子、四因子还是五因子模型，ROIC 最高组和最低组的股票投资组合的超额收益显著为正，两组之间的月度超额回报率相差分别达到了 2.49%（三因子）、3.16%（四因子）和 1.72%（五因子）。

9.5 ROIC 分析的局限性

ROIC 是公司估值最重要且信息丰富的指标，ROIC 可以与其他指标［例如市盈率（*P/E*）］结合起来进行分析。ROIC 指标在不同行业存在重大差异，因为不同行业的公司的资本投入需求不同，比如运营石油钻井平台或制造半导体的公司比软件开发的公司需要更多的投入资本。

ROIC 的一个局限性是它无法说明公司的哪部分业务正在创造价值，ROIC 只能从整体上反映公司的价值创造能力，对于多元化经营的公司这一指标的解释能力较差，因为难以找到同行业的比较数据。

另外 ROIC 的计算比较复杂，对于 NOPAT 和投入资本的定义存在细节上的差异，不同的计算方法得到的结果的可比性较低，由此导致虽然 ROIC 被认为是资本市场近年来最火热的业绩指标[⊖]，但是在学术界的研究并不充分。

对于外部分析师而言，哪些项目是经营性或者非经营性资产和负债的分类没有统一的标准，经营性利润和非经营性利润的区分也存在难度，由此导致不同的商业数据库公司提供的 ROIC 指标可比性较差，在使用 ROIC 指标时需要使用多年的数据进行连续分析，长期连续创造较高 ROIC 的公司比低 ROIC 的公司能够创造更大的价值。

9.6 ROCE

9.6.1 ROCE 的含义

在比较公用事业和电信等资本密集型行业的公司业绩时，使用资本回报率（return on capital employed，ROCE）尤其有用。这是因为与 ROE 等其他盈利能力指标仅考虑公司股东权益的盈利能力不同，ROCE 同时考虑了长期负债和股东权益的回报率，这有助于克服 ROE 会受到公司财务杠杆差异的影响，ROCE 反映公司每使用一元长期资本所产生的利润额，公司每一元长期资本能产生的利润越高，表明公司的长期资本盈利能力越强。对于一家公司来说，多年来的 ROCE 趋势也可以成为业绩的重要指标。投资者倾向于青睐 ROCE 水平稳定且不断上升的公司，而不是 ROCE 波动或呈下降趋势的公司。

⊖ 根据《华尔街日报》2016 年 5 月 3 日的一篇文章，ROIC 被认为是金融界最热门的指标。ROIC 越来越受到乐观投资者的欢迎，因为它提供了公司如何管理资本和业务的清晰图景。例如，通用汽车（GM）利用投入资本回报率来安抚激进投资者并避免回购争议。通用汽车公开宣传 ROIC，将薪酬与 20% 的目标挂钩，并表示无法赚取回报的现金将返还给股东，这些举措安抚了激进分子，并凸显了 ROIC 在金融界受欢迎程度，https://www.shareholderforum.com/access/Library/20160503_WSJ.htm。

9.6.2 ROCE 的计算

1. ROCE 的计算公式

ROCE= 息税前利润 / 长期资本 = 息税前利润 /（总资产 − 流动负债）　　（9-10）

息税前利润仅反映一家公司从其运营中赚取的收入，不扣除债务利息和所缴税款。它的计算方法是从收入中减去销售成本（COGS）和运营费用。

所用资本与 ROCE 非常相似，不同的是长期资本是通过从总资产中减去流动负债得出的，即股东权益加上长期债务。同时分子采用的是息税前利润，可以克服公司财务杠杆和不同所得税税率差异带来的影响。与上述两者不同，ROE 则同时受到账务杠杆和所得税税率影响，ROIC 虽然调整了有息负债，但是会受到公司税率差异的影响。

2. ROCE 的计算案例

考虑在同一行业运营的两家公司，ABC 公司和 XYZ 公司。表 9-8 说明了这两家公司的 ROCE 计算过程。

表 9-8　ABC 公司和 XYZ 公司 ROCE 的计算过程　　单位：元

项目	ABC 公司	XYZ 公司
销售收入	15 195	65 058
息税前利润（EBIT）	3 837	13 955
总资产	12 123	120 406
流动负债	3 305	30 210
长期资本（总资产 − 流动负债）	8 818	90 196
长期资本回报率（ROCE）（EBIT/ 长期资本）	0.435 1	0.154 7

从表 9-8 中可见，XYZ 公司的规模比 ABC 公司大得多，销售收入、息税前利润和总资产更高。但是根据 ROCE 指标评价时，ABC 公司比 XYZ 公司能够更有效地从其占用的长期资本中产生利润。ABC 公司为每元长期资本赚取了息税前 0.4351 元的利润，而 XYZ 公司为每元长期资本赚取了息税前 0.1547 元的利润，说明 ABC 公司的长期资本利用效率高于 XYZ 公司。ROCE 可以与其他财务指标一起用于确定公司资产的回报率以及管理层在使用资本方面的有效性。

ROCE 的一般规则是比率越高越好，因为它是衡量长期资本盈利能力的指标。一般来说长期资本的息税前回报要达到 20%，表明公司财务状况良好，但是不应该比较不同行业公司的 ROCE 比率，与任何财务指标一样，最好进行同类行业的比较。

9.6.3 ROCE 的优点和缺点

1. ROCE 的优点

分析师关注 ROCE 的原因是 ROCE 通过考虑盈利能力和资本效率来综合衡量公司的整体业绩，它有助于评估资本配置决策的有效性以及投资资本产生回报的能力。ROCE 可以对同行业的公司进行有意义的比较，并突显公司从其所使用的资本中产生利润的能力，不论资本的来源如何。

ROCE对于投资者来说是一个重要指标，因为它反映了公司产生投资回报的能力。持续较高的ROCE表明该公司能够产生有吸引力的回报，这可以增强投资者的信心并有可能吸引更多资本。

ROCE还可以作为评估公司内不同业务部门或项目绩效的有用管理工具。它有助于识别资本可能被低效占用的领域，并有助于就资源分配和投资策略做出更好的决策。具体来说，ROCE提供了公司盈利能力和效率的长期视角，它考虑了长期产生的盈利能力并将其与所使用的长期资本联系起来。

2. ROCE的缺点

ROCE也存在一些缺点，用户在进行ROCE计算时必须注意其中的每一个缺点。由于资本密集程度和业务结构的差异，ROCE可能无法在不同行业之间直接进行比较。ROCE主要关注盈利能力和资本效率，但它忽略了财务业绩的其他关键要素，包括收入增长、利润率、现金流的创造和股本回报率。

此外，由于ROCE是基于过去的财务数据，它无法准确反映当前的市场情况或增长可能性，它反映了之前资本投资的成功，可能不是未来盈利能力或新投资潜在影响的可靠预测指标。此外，ROCE并未考虑公司资本结构（例如债务或股权融资）的影响。

与其他财务指标一样，ROCE很容易受到资本结构决策和会计政策选择的影响。它还可能没有考虑整个行业的变化、经济的变化或可能影响公司业绩的其他变量。

9.6.4 ROCE和商业周期

公司的ROCE会受到不同经济周期阶段的影响。

（1）扩张阶段。在经济扩张期间，公司面临需求增加和有利的市场环境，随着公司收入增加、盈利能力增强和资本配置有效，ROCE可能会增加。在经济快速增长期间，经营杠杆和规模经济的作用可能会导致ROCE的增加。

（2）繁荣阶段。在经济周期的繁荣阶段，增长率可能开始下降，竞争可能加剧。尽管公司可能会继续获得强劲利润，但如果增长乏力，ROCE可能会受到影响。公司可能难以维持高水平的效率和盈利能力，ROCE可能会稳定或略有下降。

（3）收缩阶段。在经济低迷或衰退期间，公司经常会遇到需求减少、销售额下降和经济困难的情况。由于成本压力上升和收入下降，利润率可能会受到影响。当公司努力维持盈利能力和资本效率时，ROCE往往会下降。

（4）复苏阶段。随着经济开始走出衰退，公司可能会注意到需求和销售缓慢但稳定地增长。对于能够很好地控制开支并适应不断变化的市场条件的公司来说，盈利能力可能会增加。随着经济开始复苏、企业站稳脚跟，ROCE可能会在此期间开始复苏。

（5）早期增长阶段。在经济复苏的早期阶段，公司可能会看到增长潜力和投资前景的反弹。随着公司采取新举措、发展业务并利用不断变化的市场趋势，ROCE可能会根据这些公司的表现而大幅波动。由于资本成本较高，ROCE一开始可能会较低，但如果投资有效，它可能会随着时间的推移而上升。

9.6.5 ROE、ROCE 和 ROIC 的对比

正如在第 6 章盈利能力分析中看到的一样，ROA 和 ROE 是分析师和企业内部管理者最常使用的盈利能力指标，如果我们已经有 ROE 和 ROA 指标，为什么还需要 ROCE？一些分析师更喜欢 ROCE，而不是 ROA 和 ROE，因为 ROCE 同时考虑长期债务和股权融资，ROCE 可以更好地衡量公司在较长时间内的业绩或盈利能力。而 ROE 会受到财务杠杆的影响，投资者必须仔细分析 ROE 高的公司，以确定高 ROE 是由于公司盈利能力的提高还是仅仅由于其高债务或资本结构的变化导致。

ROIC 是 ROCE 的一种更严格的形式，因为在计算 ROCE 时，我们考虑的是公司的息税前利润。ROIC 比 ROCE 更进一步，因为它反映公司在缴纳所得税、支付利息后从投资资本中产生经营性的回报。ROE、ROCE 和 ROIC 分别从不同类型的投资者的角度反映投入资源的盈利能力，分别存在一定的优点和缺点，需要分析师了解它们的适用环境和优缺点（见表 9-9），客观分析计算的结果。

表 9-9 不同盈利能力指标的对比

比较项目	ROE	ROCE	ROIC
含义	普通股股东权益的回报率	长期资本（普通股 + 优先股 + 非流动负债）的回报率	股东权益和有息债务资本的回报率
计算公式	$\frac{净利润}{普通股股东权益}$	$\frac{息税前利润}{长期资本}$	$\frac{税后营业利润}{投入资本}$
是否受利息影响	是	否	否
是否受所得税税率影响	是	否	是
视角	从普通股股东的角度看待公司的盈利能力。综合反映公司管理效率和资本决策的能力	从公司的角度看待盈利能力。它对公司比对投资者更有用，是衡量公司管理层管理能力的良好指标	从投资者的角度看待公司盈利能力。它反映投资者确定他们可能从所投资的资本中获得的预期回报

本章小结

投入资本回报率用于评价公司资本使用效率，投入资本回报率等于税后经营净利润除以投入资本。投入资本回报率可用作不同公司价值创造比较的基准，原因是这一指标不受公司不同资本结构和非持续性业务的影响，如果一家公司的投入资本回报率超过其加权平均资本成本才能够真正创造价值。

本章探讨了公司的竞争优势与公司投入资本回报率之间的关系，我们研究战略如何推动竞争优势，当战略能够适应行业结构和竞争行为时，可以产生并维持卓越的投资回报率。

思考题

1. 你认为 ROIC 在我国资本市场上是否是一个良好的价值投资指标？原因是什么？
2. 你认为 ROIC、ROE 和 ROCE 之间有什么差异，它们之间的内在关系是什么？

练习题

1. A 和 B 两个水电站的投资金额都是 2 000 亿元，各项经济技术指标完全相同，比如发电量、成本费用率、电价都相同，两者的年收入同为 120 亿元，年度息税前利润同为 100 亿元。所得税税率为 25%。不同的是 A、B 水电站的融资结构存在差异，资产负债率分别为 40% 和 60%，全部为有息负债，假定借款利率为 5% 和 12% 的情况下计算两个水电站的 ROA、ROE 和 ROIC，并解释公司的财务杠杆对这三个指标的影响有什么差异？

2. A 和 B 两个公司的盈利能力和股利政策如表 9-10 所示。

要求：计算两个公司的再投资率、分红率和股东自由现金流（可供分红的现金流）。

表 9-10 A 公司和 B 公司的盈利能力和股利政策

项目	A 公司	B 公司
EPS	1	1
目标 EPS 增长率	5%	5%
ROIC	20%	10%

案例分析

查找云南白药、片仔癀、同仁堂这三家中药类公司 2012 年到 2022 年的年度报告，计算它们的 ROIC，然后与 WIND 等数据库提供的结果进行比较，并分析这三家公司 ROIC 的发展趋势及差异，讨论产生差异的主要原因。

参考文献

[1] BAI C E, HSIEH C T, QIAN Y. The return to capital in China [J]. Brooking Papers on Economic Activity 2006 (2): 61–101.

[2] AYYAGARI M, DEMIRGÜÇ-KUNT A, MAKSIMOVIC V. The rise of star firms: intangible capital and competition [J]. The review of financial studies, 2024, 37 (3): 882–949.

[3] LIU J, OHLSON J A, ZHANG W. An evaluation of Chinese firms' profitability: 2005—2013 [J]. Accounting horizons, 2015, 29 (4): 799–828.

[4] RAJAN M V, REICHELSTEIN S, SOLIMAN M T. Conservatism, growth, and return on investment [J]. Review of accounting studies, 2007, 12: 325–370.

[5] RAJGOPAL S, SRIVASTAVA A, ZHAO R. Do digital technology firms earn excess profits? Alternative perspectives [J]. The accounting review, 2023, 98 (4): 321–344.

[6] GREENBLATT J. The little book that still beats the market [M]. New York: John Wiley & Sons, 2010.

[7] 刘俏. 从大到伟大 2.0：重塑中国高质量发展的微观基础 [M]. 北京：机械工业出版社，2018.

风险与资本成本

■ 学习目标

1. 利用公司披露的有关其风险和风险管理活动的信息了解公司面临的风险和公司采取的风险管理措施；

2. 理解财务弹性的含义，并能够评估公司财务弹性；

3. 理解公司的个体风险及其相关财务比率应用；

4. 理解系统性风险（股权投资的贝塔系数）与公司个体风险之间的区别。

■ 导入案例

片仔癀收购龙晖药业的估值

葛晓强2019年毕业后就职于华兴会计师事务所，成为事务所审计师王艳的助理。2020年3月的一天，王艳对葛晓强说："晓强，漳州片仔癀药业股份公司委托我们做一个评估项目，让我们就对他们即将收购的龙晖药业有限公司进行可行性分析。你去收集一下龙晖药业有限公司的资料，三周后要出具初步的可行性报告。你跟着我了解一下这个项目吧！"葛晓强很兴奋，赶紧找来龙晖药业有限公司的资料，连夜浏览，几天后，他跟着王艳跑了几次龙晖药业，对该公司有了一个大概的了解。

龙晖药业成立于2005年，注册资本1亿元，主要经营范围包括生产片剂（含头孢菌素类）、胶囊剂、颗粒剂、合剂等，值得一提的是，龙晖药业拥有中西药品批准文号100余个，其中在产中成药以安宫牛黄丸、西黄丸及养阴清肺糖浆等传统中药名方为主。财务数据方面，截至2019年12月31日，龙晖药业（未经审计）总资产为4 376.27万元，净资产为−141.51万元；2019年实现营业收入2 204.87万元，净利润为−654.68万元。截至2020年3月31日，龙晖药业（未经审计）总资产为4 758.10万元，净资产为475.10万元；2020年1—3月实现营业收入628.17万元，实现净利润16.62万元。片仔癀之所以看中龙晖药业，在于通过出资控股龙晖药业有利于丰富片仔癀的产品管线，对公司布局传统中药名方起到积极作用，尤其是可以获得龙晖药业拥有的安宫牛黄丸批文。

龙晖药业之所以愿意出售，原因是龙晖药业的销售渠道主要在黑龙江省内，部分产品仅在齐齐哈尔市当地销售，销售渠道相对局限，销售增长乏力，导致近年来财务业绩不佳，尤其是在2015年到2018年之间连续亏损，但是在片仔癀获得龙晖药业的控制权后，利用龙晖药业的中成药批文，结合片仔癀强大的品牌声誉，产品的市场销售有望快速增长，预计未来可以产生丰厚的利润和充裕的现金流。面对找到的所有资料，晓强到底应该如何测算龙晖药业的资本成本呢？

公司的资本成本对于公司估值至关重要，在评估公司或项目时，风险和资本成本是必不可少的基本信息。公司使用资本成本对公司或者项目的未来现金流进行折现得到公司或者项目的价值，或者将投入资本回报率与资本成本进行比较以确定公司是否创造价值。

对于股权投资者而言，风险是投资者在公司的股票（或股权）上获得收益数量的不确定性，最极端的情况是被投资公司破产，投资者可能遭受全部的损失。由于投资者的风险厌恶情绪，公司的风险越高，投资者要求的回报率相应地会提高，以补偿所承担的高风险，但是关于风险和资本成本有很多误解，这些误解可能会导致战略错误。例如，当一家公司为收购借款并以债务成本对目标公司的现金流折现进行估值时，往往会高估目标公司的价值，原因是债务成本通常低于股权资本的成本。了解公司面临的风险因素对于投资者衡量资产价值至关重要。

研究表明公司的盈利变化与公司股票价格变化之间存在密切联系（Ball和Brown，1968），而公司的经营杠杆、财务杠杆和销售波动可能会导致公司普通股的市场回报波动，进而影响投资者要求的回报率，也就是公司的资本成本。

资本成本包括货币的时间价值因素和公司、业务部门或项目的投资风险溢价。资本成本不是现金成本，而是机会成本，即公司放弃投资于具有相同风险水平的其他投资所能赚取的收入，只有无法分散的风险会影响公司的资本成本，其他可以分散的风险仅应反映在现金流量预测中。

在对资产或者公司进行估值时，我们需要使用反映现金流风险的贴现率。特别是，债务成本必须包含债务违约风险的违约利差，而股权成本必须包括风险溢价。本章中关于风险的讨论和分析，将为第11章股票估值奠定基础。

10.1 企业风险概述

10.1.1 风险与不确定性

对于我们大多数人来说，风险是指在生活中得到我们不喜欢的结果的可能性。例如，开车太快的风险是收到超速罚单，或更糟糕的——发生事故。一般的风险定义将风险等同于负面或者不利的结果，比如韦氏词典将风险定义为“暴露于危险或危害”。我国的注册会计师考试教材将风险定义为发生财务损失的可能性，股权投资者角度的风险意味着投资回报率未达到预期回报率，甚至是损失；债权人面临的风险则主要是债务人违约带来的损失。

本书从统计学角度将风险定义为实际回报与预期回报之间的差异，这种差异越大，投资的风险就越大。风险可以划分为投资者可以通过多元化投资分散的风险和不能通过多元化投资分散的风险，前者又称为公司特有风险，后者称为系统性风险或者不可分散风险。

根据这一定义风险不仅包括坏的结果，即回报低于预期，还包括好的结果，即回报高于预期，我们可以将前者称为下行风险，后者称为上行风险。我们在衡量风险时，两者都需要考虑。风险是危险与机遇的混合体，在金融和投资领域每个投资者和公司必须在机会带来的更高回报和因危险而必须承担的更高风险之间做出权衡。

在现实生活中经常将风险等同于不确定性。风险和不确定性存在根本的差异，不确定性有多种可能的结果，但每种结果的概率未知。例如，同一家石油公司可能在以前未勘探过的地区开采石油，该公司知道它们有可能找到或找不到石油，但不知道每种结果的概率。而风险是有多种可能的结果，并且每种结果的概率是已知的。例如，根据过去在特定地区开采石油的经验，石油公司可能估计它们有 60% 的机会找到石油，40% 的机会找不到石油。

风险和预期回报的衡量之所以存在挑战，原因是站在不同的角度风险有不同的含义，例如在分析特斯拉公司的风险时，我们可以站在特斯拉公司管理者的角度或者股东的角度。对于特斯拉公司的股东而言，持有特斯拉公司股票是其投资组合中的一项投资，可以通过分散投资而分散风险，而特斯拉公司的管理层则将大部分人力资本投资于该公司，无法通过分散化降低风险。初创企业的创始人和投资者在对创业项目进行估值时，两方对于风险的判断存在重大差异，原因包括双方存在的信息不对称和双方分散风险的能力存在差异。

在本章中，我们从投资者的角度来定义和衡量风险，而像特斯拉这样的公司通常拥有大量的投资者，风险不仅必须从股票的任何投资者的角度来衡量，而且还必须从边际投资者的角度来衡量，边际投资者的定义是在任何给定时间点最有可能进行股票交易的投资者。公司的目标是公司价值和股票价格的最大化，我们必须考虑那些设定股票价格的边际投资者。

10.1.2 风险来源和类型

购买资产的投资者期望在持有资产的时间范围内获得回报，他们在此持有期间的实际回报可能与预期回报有很大差异，而实际回报与预期回报之间的差异正是风险的本质。实际回报与预期回报之间的差异受公司特有风险和市场风险的共同影响。

公司在经营过程中面临不同来源和种类的风险，这些风险往往是相互关联、相互影响的。一般来说，风险主要分为两大类：系统性风险和非系统性风险。系统性风险是指投资的市场不确定性，这意味着它代表影响行业或某一区域经济环境的所有（或许多）公司的外部因素，这些因素无法通过分散投资消除，例如通货膨胀风险、利率风险、政治风险、战争风险。非系统性风险代表可能影响投资绩效的特定资产的不确定性，非系统性风险又称为公司特有风险，可以通过分散化投资降低或者消除，例如公司声誉风险、财务风险、环境风险、运营风险、流动性风险等。

对于有风险的分类有不同的标准和方法，不同目的可以采用不同的标准和方法。从公司的角度划分，为了帮助公司明确管理不同类型风险的责任，需要对风险进行适当的分类。

1. 风险的分类

风险分类的一种方法是根据业务职能进行分类，按照与生产、信息技术、财务等相关的风险进行分组，也可以根据对企业影响的时间长短和影响严重程度将风险划分为战略风险和操作风险。

战略风险是由董事会就组织目标做出的基本决策而产生的风险。从本质上讲，战略风险是未能实现这些业务目标的风险。战略风险又可以分为商业风险和非商业风险，商业风险是指董事会就组织提供的产品或服务做出的决策所产生的风险。它们包括与开发和营销这些产品或服务相关的风险、影响产品销售和成本的经济风险以及因影响销售和生产的技术环境变化而产生的风险。非商业风险是来自所提供的产品或服务以外的风险。例如，与公司长期资金来源相关的风险。竞争对手的行为将影响产品市场的风险水平，而技术发展可能意味着生产流程或产品很快就会过时。

操作风险是指公司在开展日常业务活动、程序和系统过程中面临的机会和不确定性。操作风险是商业风险的一种，不同于系统性风险和财务风险。操作风险在很大程度上取决于人为因素：由于公司员工的行为或决策而导致的错误或失败。公司可以通过识别关键风险指标并根据这些指标收集数据来评估操作风险。

操作风险是因为流程执行不当、外部问题（天气问题、政府法规、政治和环境压力等）等而导致损失的风险。操作风险可以理解为由于操作不当而产生的风险。操作风险的例子包括资源不足、生产因机器故障而中断、关键员工因不满意而离职、销售因产品质量差而损失。操作风险是与组织的内部资源、系统、流程和员工相关的风险。操作风险的一个很好的例子是未能保护敏感数据。2018 年 6 月，Dixon Carphone 公司发现自 2017 年以来，其 1 000 万客户的个人信息、姓名、地址和电子邮件地址可能已被访问。英国信息专员办公室（Information Commissioner's Office，ICO）事后调查发现，网络攻击在其连锁店的 5 390 个收银台上安装了恶意软件。该软件在 9 个月内未被发现，并收集了大量数据，使客户容易遭受财务盗窃和身份欺诈。ICO 认为该公司违反了 1998 年《数据保护法》，并对 DixonCarphone 处以最高罚款。㊀

2．企业面临的主要风险

从风险管理的角度，企业面临的风险可以分为财务风险和经营风险。财务风险包括第 7 章讨论的流动性风险和长期偿付能力风险，经营风险包括市场风险、信用风险、声誉风险等。

市场风险是指由于市场价格（利率、汇率、股票价格和商品价格等）的波动而引起的公司资产发生损失的风险，比如 2015 年 6 月 12 日至 7 月 8 日上证综指下跌 32%，创业板下跌 42%，市值蒸发约 20 万亿，被称为中国股票市场的"股灾"。

信用风险是指由于产品或债券发行人违约、交易对手（客户）违约导致公司资产受损失的风险。

声誉风险是指公司经营、管理及其他行为或外部事件导致有关媒体对公司负面评价的风险。

不同的风险分类表中的划分结果会有交叉和重复，不同的目的分析需要选用不同的分类方法，以对风险进行管理和控制。

10.1.3 风险信息披露

风险分析面临的一个重要挑战是风险信息披露并没有一个完整的体系和规范，大部分的风

㊀ https://www.accaglobal.com/gb/en/student/exam-support-resources/professional-exams-study-resources/strategic-business-leader/technical-articles/strategic-and-operational-risks.html。

险信息是非财务信息，难以被定量反映。《公开发行证券的公司信息披露内容与格式准则第 2 号——年度报告的内容与格式》(中国证券监督管理委员会公告〔2021〕15 号) 规定，在“董事会报告”部分，“公司应当遵循重要性原则披露可能对公司未来发展战略和经营目标的实现产生不利影响的所有风险因素，包括宏观政策风险、市场或业务经营风险、财务风险、技术风险等”，但是在现实中，我国大部分上市公司仅重视在招股说明中的风险信息披露，年报中风险信息持续披露内容有限，不利于投资者对风险的分析和判断。

在美国 SEC 要求公司在 10-K 表中披露“风险因素”，要求“风险因素”的披露必须简明扼要、逻辑严密，披露影响发行人的特有风险因素，此类风险披露的内容如表 10-1 所示。

表 10-1　“风险因素”的来源、类型或者性质

来源	类型或者性质
公司特有风险	• 吸引、留住和激励员工的能力 • 依赖一个或几个客户 • 依赖一个或几个供应商 • 环境或政治审查 • 诉讼
行业风险	• 原材料或其他生产投入品的可获得性和价格 • 行业竞争 • 技术变革 • 行业监管规定 • 劳动力工资和供给
国家风险	• 政治环境 • 经济衰退（GDP 的降低） • 通货膨胀或通货紧缩 • 利率波动 • 人口结构变化
国际风险	• 汇率波动 • 东道国政府法规 • 政治动荡、战争或资产征用

表 10-1 中的列举可能并未穷尽所有的影响公司的风险，公司面临的上述不同类型的风险往往是不可避免的，需要公司持续监测面临的风险及其动态变化，公司必须持续监控每一项风险，以确保采取适当的行动来减轻有害事件或环境变化的影响，公司可能采取风险转移、保险、金融工具等手段减轻风险对公司的冲击，本章内容主要讨论如何评价这些风险的财务后果，大量的风险可能并不会直接对财务成果产生影响，但是长远来看，上述风险将最终影响公司的财务状况。

需要指出的是，由于风险的结果是双向的（意味着意外结果可能比预期更好或更差），即使通过不同的策略来管理、消除、转移或者降低风险，也不可能完全消除风险，适当的冒险是取得更高收益的必要行为，无法消除或者降低的风险需要通过更高的收益来补偿，这就是本章讨论资本成本衡量的价值所在，投资者需要更高的预期回报来弥补投资于特定公司可能面临的不可分散风险，这直接决定了公司的资本成本。

本章的重点是如何使用财务报告中披露的数据来评估此类风险的财务后果，大部分国家和地区各种财务报告标准和金融市场法规都要求公司在财务报表附注或监管文件中讨论重要的风险因素如何影响公司以及公司如何管理这些风险因素。

10.1.4　基本面风险

在商业环境中，杠杆是指使用固定成本来试图增加盈利能力。在企业的经营决策中有经营杠杆和财务杠杆两种不同的杠杆，前者是由于与商品或服务生产相关的固定经营成本带来的利润波动，而后者是由于固定融资成本的存在——特别是固定的债务利息支付义务造成的利润

波动。两种类型的杠杆都会影响公司税后收益的水平和波动性，从而影响公司的整体风险和回报。

从杠杆视角，财务风险是指公司管理其债务和财务杠杆的能力，而经营风险是指公司产生足够收入来支付其运营费用的能力。风险是由企业所从事的经营活动决定的，因此，要理解风险，就必须先分析企业的活动。杠杆是企业利用固定成本（固定经营成本和固定融资成本）来放大股东回报率的程度。杠杆越高，风险越高，投资者要求的回报率也越高。一个公司的债务和权益的组合会影响公司的投资收益率和风险程度，进而影响公司的价值。

每个公司都在特定的环境中运营，经营环境的影响反映在企业的经营成本上。营业成本由固定成本和变动成本组成，固定成本过高对企业不利，如果固定成本较高的企业的总收入因某种原因下降，营业利润将减少更多。经营风险是指由于管理层无法控制的不确定性或意外事件而导致损失或利润不足的可能性，主要与企业的经营活动有关。它独立于资本结构，因为回报率不受资金来源的影响。

1. 经营风险分析

经营风险与公司的固定成本相关。无论公司收入多少，固定成本始终是必须支付的，公司的固定成本水平越高，经营风险就越高。公司资产的构成决定了其面临的经营或业务风险，该风险是多种因素共同影响的结果，具体包括以下几方面。

产品需求波动。产品的需求并不稳定。消费者对产品和服务的需求因各种原因而变化，产品或者服务需要受到收入、品味和偏好、替代品和互补品的价格因素的影响。需求变化越大，经营风险就越大；反之亦然。

通货膨胀。通货膨胀导致货币购买力下降，因为几乎所有商品的价格都会上涨。原材料价格上涨对公司的经营风险影响较大。如果公司有能力根据原材料价格的变化来调整销售价格，那么公司面临的经营风险就会较小。另一方面，当公司无法调整其销售价格时，经营风险将会更高。

固定成本回收。如果一家公司需要较高单位的销售收入来回收固定成本，则公司将面临较高的经营风险。一般来说，固定成本在运营成本结构中所占比例较大，受到销量变化冲击利润的波动更大。

这里需要注意的是，业务部门无法使其经营风险为零，但可以通过控制一些因素来最大限度地降低风险，例如固定成本的回收提前，通过与供应商签订长期合同来最大限度地减少通货膨胀和需求量波动的影响等。

（1）盈亏平衡分析。企业经营的目标是获取利润，盈亏平衡分析是研究固定成本、可变成本、销量和利润之间关系的分析技术，也称为本量利（cost-volume-profit，CVP）分析或者盈亏平衡分析。

“盈亏平衡”的含义是公司在开始盈利之前必须销售多少单位的产品或服务才能弥补其固定成本和变动成本。从理论上来说，一个公司的产品单位价格必须设定在一个足够高的水平，足以收回所有直接单位成本（即可变成本），并为补偿固定成本和利润做出贡献。

固定成本是指不随公司业务量而变化的成本，而可变成本是可以通过调整员工工资、原材料利用率来改变和管理的。如果公司销售额增加，则随销售额增加的利润百分比就是营业杠杆。以航空公司为例，航空公司的固定成本将明显高于大多数其他行业的公司。固定成本包括租赁飞机的成本、租赁飞机机库和保险的成本无论航空公司是否有乘客（机票销售数量多少），这些成本都必须每月、每季度或每年支付，而可变成本是可以管理的，例如燃料成本、乘客餐食以及机组人员的工资（在某种程度上），在没有乘客和飞机起飞的情况下，航空公司仍需支付飞机费用（租赁费用或者飞机折旧费用）和保险费用，而飞机燃油和乘客茶点等可变成本可以显著降低。当销售额增加时，公司会增加更多收入，从而产生利润。当没有销售或销售额下降时，该公司仍然需要支付固定成本，从而导致亏损。成本、数量和利润之间的关系可以通过以下等式来表示：

利润 = 总收入 − 总成本
总收入 = 销售量 × 价格
总成本 = 固定成本 + 变动成本
变动成本 = 销售量 × 单位变动成本
利润 = 销售收入 − 变动成本 − 固定成本
　　= 销售量（Q）× 销售单价（P）− 销售量（Q）×
　　单位变动成本（VC）− 固定成本（FC）　（10-1）

盈亏平衡点（又称为保本点，break-even-point，BEP）是公司的收入等于成本的点（销售量或者销售额），当利润等于 0 时，保本点的销售量（Q）的计算方法推导如下：

$$\text{EBIT}=Q\times P-Q\times \text{VC}-\text{FC}$$

当利润等于 0 时，保本点的计算公式如下：

$$\text{BEP}(Q)=\text{FC}/(P-\text{VC})$$

例 10-1：一家生产摩托车头盔，售价为每件 50 元的公司。该公司每年的固定运营成本为 100 000 元，可变运营成本为每单位 25 元（不考虑销量）。

该摩托车头盔生产企业的保本点销售量的计算方法如下：

$$\text{BEP}(Q)=10\,000/(50-25)=4\,000\text{（件）}$$

对应的销售额 =$Q\times P$，例 10-1 中的保本点的销售额 =4 000 × 50=200 000（元）。本例中的成本、销量和利润之间的关系见图 10-1。从图 10-1 中可以看出当产销量高于保本点数量（4 000 件）时，公司盈利，反之则公司出现亏损。

单位售价高于单位变动成本的部分是边际贡献（contribution margin），含义是该部分在扣除固定成本后为企业贡献利润。

边际贡献（contribution margin）= 销售量（Q）× 销售单价（P）−
　　销售量（Q）× 单位变动成本（VC）

边际贡献率（contribution margin ratio）=［销售量（Q）× 销售单价（P）−
　　销售量（Q）× 单位变动成本（VC）］/ 销售量（Q）×
　　销售单价（P）
　　=［销售单价（P）− 单位变动成本（VC）］/ 销售单价（P）

例 10-1 中的边际贡献率为 50%，保本点销售额可以使用边际贡献率来计算，公式如下：

BEP（金额）= 固定成本（FC）/ 边际贡献率 =10 000/50%=200 000（元）

销售量超过保本点的部分是安全边际（margin of safety），含义是企业的销售量下降会出现亏损，安全边际越高，经营越安全。

例 10-1 中的产量 7 000 件时安全边际 =（7 000–4 000）/7 000=42.86%。

图 10-1 展示了不同生产和销售水平的总收入、总运营成本和利润之间的关系。由于我们此时只关心运营成本，因此我们在这里将利润定义为税前运营利润。该定义有意排除债务利息和优先股股息，这些成本不属于公司固定运营总成本，并且与经营杠杆的变动无关。

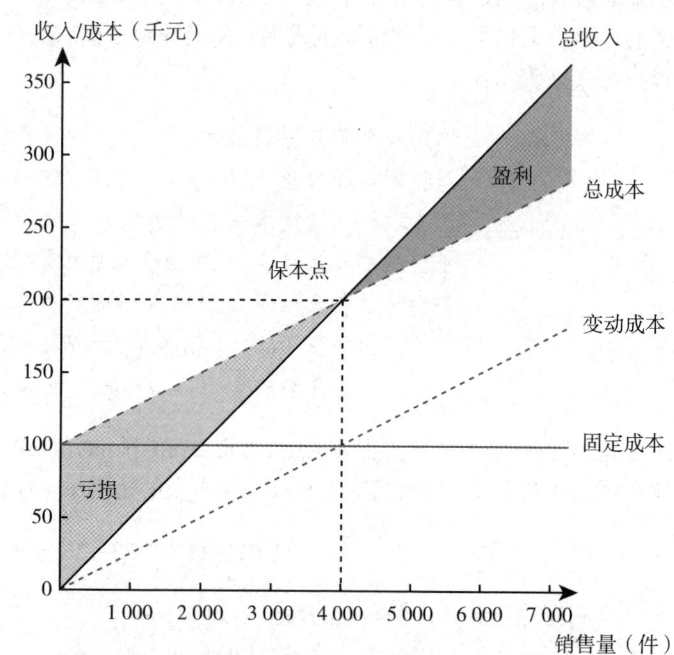

图 10-1　摩托车头盔生产企业的盈亏平衡点示意图

总成本线与总收入线的交点决定了盈亏平衡点。盈亏平衡点是总收入等于总运营成本或运营利润为零所需的销量。在图 10-1 中，这个盈亏平衡点是 4 000 单位的产出（或 200 000 元的销售额）。

公司销售量越接近盈亏平衡点销售量时，业务量变化对利润的影响越大。评估公司业绩或进行财务预测时分析师必须了解公司当前业务水平相对于正常业务量和盈亏平衡点的位置，公司固定成本的相对比重越大，经营杠杆的作用就越强。在资本密集型行业，如航空、钢铁、采矿、林产品和重型制造行业，大部分生产成本在很大范围内是固定的。

（2）经营风险的衡量：经营杠杆系数。经营风险可以使用经营杠杆系数（degree of operating leverage，DOL）来衡量，经营杠杆系数衡量营业利润变动对销售数量变化的敏感性。它是用营业利润的百分比变化除以销售量的百分比变化来衡量的：

DOL= 营业利润变化百分比 / 销售量变化百分比

如果我们计算某公司的经营杠杆系数为 3，这意味着该公司的销售量每增长 1%，其营业利润就会增加 3%。

经营杠杆也可以用以下公式计算：

$$DOL=Q\times(P-VC)/[Q\times(P-VC)-FC] \qquad (10\text{-}2)$$

其中分子是销售收入与变动成本的差额，又称为“边际贡献”，分母是营业利润，所以，经营杠杆也可以用以下公式表示：

DOL= 边际贡献 / 营业利润　　（10-3）

从式（10-2）中可以看出，影响经营杠杆系数的三个主要因素是固定成本、可变成本和销售价格。式（10-2）适用于单一产品情景下的 DOL 计算，式（10-3）可以适用于多产品计算 DOL。

例 10-2：接例 10-1，假定该公司的最大产能是年产 8 000 件，该摩托车头盔生产企业在不同产量水平（1 000 件递增）下的 DOL，如表 10-2 所示。

表 10-2　销售量与公司的经营杠杆

销售量（件）	销售收入（元）	变动成本（元）	固定成本（元）	EBIT（元）	DOL
0	0	0	100 000	−100 000	
1 000	50 000	25 000	100 000	−75 000	−0.33
2 000	100 000	50 000	100 000	−50 000	−1.00
3 000	150 000	75 000	100 000	−25 000	−3.00
4 000	200 000	100 000	100 000	0	—
5 000	250 000	125 000	100 000	25 000	5.00
6 000	300 000	150 000	100 000	50 000	3.00
7 000	350 000	175 000	100 000	75 000	2.33
8 000	400 000	200 000	100 000	100 000	2.00

从表 10-2 中看出，当销售量从 5 000 单位增加到 6 000 单位时，经营杠杆程度从 5 下降到 3。因此，销售量水平距离盈亏平衡点越远，经营杠杆程度就越低，安全性越高，这和前面的安全边际反映的是同一内容。一家公司的运营收入接近其收支平衡点——而不是其固定运营成本的绝对或相对数额——决定了其运营利润对销售量或销售额变化的敏感程度。经营杠杆系数不是一个静态衡量标准，它会随着产出水平而变化。在营业利润为负的产出水平下，经营杠杆系数也为负。在营业利润非常接近于零的产出水平下，DOL 对销售数量的变化非常敏感。在营业利润等于零的产出水平上，DOL 没有意义，因为公式中的分母为零。

需要注意的是，经营杠杆系数只是公司整体业务风险的一个组成部分，引起业务风险的其他主要因素是销售和生产成本的可变性或不确定性。公司的经营杠杆系数放大了这些其他因素对营业利润波动性的影响，但是，经营杠杆系数本身并不是波动性的根源。如果公司保持恒定的销售额和恒定的成本结构，那么高 DOL 就没有任何意义。将公司的运营杠杆系数等同于其业务风险是错误的。然而，由于销售和生产成本的潜在波动性，经营杠杆系数将放大营业利润的波动性，从而放大公司的业务风险。

低 DOL 通常意味着公司的可变成本大于其固定成本，而高 DOL 则意味着其固定成本高于其可变成本，如果可变成本较高，那么销售额的大幅增长并不会带来营业利润的大幅增长，航空公司超过一定的盈亏平衡点（机票收入等于变动成本和当期固定成本的点）之后，每个额外的乘客机票收入减去变动成本后（边际贡献）就是航空公司的营业利润（息税前利润，即 EBIT）。经济型航空公司由于机型和航线的设置和配备关系，经营杠杆系数通常低于大型航空公司，因此新冠疫情期间飞机停飞对拥有庞大机队的大型航空公司的利润冲击更大。

值得注意的是，一方面，短期内固定运营成本不会随着销售量的变化而变化，这些成本包括建筑物和设备的折旧、保险、部分公用事业费用以及部分管理成本等。另一方面，可变运营成本随产出水平直接变化，这些成本包括原材料、直接劳动力成本、部分整体公用事业费用、销售佣金以及管理费用。

适当的经营风险水平取决于几个因素：首先是行业特点，某些行业的公司可能需要承担一定水平的固定成本才能提高效率；其次是公司的财务健康状况，财务状况不良的公司对待经营风险的方式与财务状况更稳定的公司不同；最后是公司的总体策略和风险规避水平，由于较高的经营风险会同步放大损失和利润，当发现一些有利条件时，一些公司的管理层可能会承担较高的操作风险。

（3）贡献分析。贡献分析主要用于内部管理，但是越来越多的外部分析师在数据可获得的情况下使用这一分析方法，它将销售额与单个产品组或整个业务的边际贡献联系起来，对企业的固定成本、可变成本和费用进行分析或估计，并考虑经营杠杆的影响。贡献分析从销售额中减去直接可变成本，以反映运营对当期固定成本和利润的贡献，计算公式如下：

$$边际贡献率=（营业收入-变动成本）/营业收入$$

由于不同行业资本投资需求和结构存在差异，不同行业的边际贡献率可能存在显著差异，即使在特定的公司内，不同的产品或服务对固定成本和利润的贡献也可能截然不同。边际贡献率指标对数量、价格和直接成本三个关键因素比较敏感，从财务报表中得出的边际贡献率可以作为判断公司风险特征的工具。边际贡献率指标反映管理层在为其产品和服务定价时享有的回旋余地，边际贡献率高的公司降价的空间更大，尤其是在存在剩余产能的情况下，只要售价能够弥补变动成本，降价可能增加利润或者降低损失，民航业在淡季时机票打折就是由其成本结构（高经营杠杆）决定的。

2. 财务风险分析

价值创造的基本原则要求现有的投资以及未来的投资的回报率必须不仅超过债务成本，而且超过公司股东的期望回报，只有公司创造的回报率持续超过资本成本总和，才能真正为股东创造价值。

财务风险与公司的融资结构和债务融资成本有关。资本来源中债务的存在产生了以利息形式存在的固定支付义务，无论公司是否盈利，利息都需要强制性支付。

从广义上讲，财务风险既包括企业可能破产的风险，也包括因使用财务杠杆而导致的利润的波动性提高。随着公司增加债务融资在其资本结构中的比例，固定利息支出也会增加，可能导致无足够的现金偿债的可能性增加。

财务风险的产生是因为资本结构中债务的使用增加了股东回报的波动性。资本结构中没有债务的公司不存在财务风险。正常情况下，债务融资的成本低于股权融资，公司倾向于通过提高财务杠杆来提升股东的收益，但是债务融资水平较高的公司面临较高的财务风险，因为公司无法履行财务义务且破产的可能性较大，从而加大了债权人和股东面临的风险。债权人和股东会提高要求的回报率来补偿风险的上升，从而提高公司融资的成本。

可能影响公司财务风险的因素包括利率变化和债务融资占负债和权益融资总额的比例。股权融资规模较大的公司能够更好地应对债务偿还压力。常用的财务风险比率包括资产负债率、负债权益比率等，它们衡量的是公司债务和股权融资的相对比例。

3. 财务风险的衡量：财务杠杆系数

财务杠杆与债务融资成本有关，无论公司的经营状况如何，公司都需要按照合同约定支付债务本息，这对公司来说是一种固定的负担。与经营杠杆不同的是，财务杠杆是与公司的财务政策选择有关，有的公司不对外借入有息债务，全部依靠股权融资的公司就没有财务杠杆效应。而公司使用的经营杠杆（固定成本的比例）取决于公司运营的实际要求。例如，一家钢厂由于对工厂和设备进行了大量投资，因此其固定运营成本很大。

公司利用财务杠杆是否能够增加普通股股东的回报取决于公司的投资回报率。当公司使用以固定成本获得的资金（通过发行固定利率债务或固定股息率的优先股获得的资金）赚取的回报超过所支付的固定融资成本时，在支付固定融资成本后剩下的任何利润都属于普通股股东，这是财务杠杆的积极作用。相反，当公司投资取得的回报率低于固定融资成本时，就会出现负作用。

经营杠杆和财务杠杆会共同放大利润的波动性，首先经营杠杆放大了销售额变化对营业利润变化的影响，然后财务杠杆来进一步放大营业利润变化对净利润变化的影响。分析师经常采用经营杠杆系数和财务杠杆系数来衡量经营杠杆和财务杠杆对利润波动性的影响。

财务杠杆系数（degree of financial leverage，DFL）衡量的是公司由于债务融资带来的净利润变动对息税前利润变动的敏感性。因为如果一家公司使用债务融资，无论其收入如何，都必须支付债务利息。

财务杠杆系数可以通过以下公式计算：

DFL=（净利润变化百分比）/（EBIT 变化百分比）或者

DFL=EBIT/（EBIT－利息） （10-4）

DFL 衡量的是公司净利润（或每股收益）对其因依赖债务融资而导致的 EBIT 波动的敏感性，或“杠杆作用”。在其他条件相同的情况下，DFL 越高，公司净利润（或每股收益）的波动性就越大。与经营杠杆一样，财务杠杆放大了正增长带来的潜在回报，也放大了增长下降带来的损失。

计算 DFL 过程包括以下五个步骤。

步骤（1）：销售数量（Q）× 销售单价（P）= 销售收入

步骤（2）：从销售收入中减去变动成本得到边际贡献

边际贡献 = 销售数量（Q）×［销售单价（P）－单位变动成本（VC）］

步骤（3）：从边际贡献中减去固定成本得到息税前利润（EBIT）

息税前利润（EBIT）= 销售数量（Q）×［销售单价（P）－单位变动成本（VC）］－固定成本（FC）

步骤（4）：从营业利润中减去固定财务成本得到税前利润（EBT）

税前利润（EBT）= 销售数量（Q）×［销售单价（P）－单位变动成本（VC）］－固定成本（FC）－固定财务成本（I）

步骤（5）：用息税前利润除以税前利润得到 DFL

DFL={ 销售数量（Q）×［销售单价（P）－单位变动成本（VC）］－固定成本（FC）}/{ 销售数量（Q）×［单价（P）－单位变动成本（VC）］－固定成本（FC）－固定财务成本（I）}

例 10-3：接例 10-2，假设摩托车头盔公司在考虑是否需要通过利用财务杠杆提高股东的回报。当前该公司全部是股权融资和无息的经营性负债，包括应付账款、应付票据等。公司当前的总资产是 40 万元，经营性无息负债是 10 万元，公司可以从银行取得最高 10 万元的 5 年期长期借款，借款利率为 5%，如果借款，公司可以立即把借款用于回购股份 10 万元，公司的总资产不变。目前总的产销量 8 000 件，负债政策不会影响公司的产销政策，所得税税率为 25%，计算该公司采用借款方案前后的财务杠杆系数。

负债融资之前：

$$DFL=EBIT/(EBIT-I)=100\,000/(100\,000-0)=1$$

负债融资之后：

$$DFL=EBIT/(EBIT-I)=100\,000/(100\,000-100\,000\times 5\%)=1.05$$

负债融资之后公司的 DFL 为 1.05，意味着负债后 EBIT 增加 1%，税前利润增加 1.05%。

该回购政策虽然没有改变公司的总资产，但是改变了公司的资本结构，提升了公司股东的回报率，影响机制如下：

$$回购前\ ROA=EBIT/总资产=100\,000/400\,000\times 100\%=25\%$$

回购前的 ROE= 净利润 / 总资产 =100 000 ×（1–25%）/400 000 × 100%=18.75%。

回购后 ROA 仍然是 25%，但是公司的股东权益下降，ROE 提高。

$$ROE=(100\,000-100\,000\times 5\%)\times(1-25\%)/(400\,000-100\,000)\times 100\%=23.75\%$$

通过举债回购股份能够提高 ROE 的原因是资产的息税前回报率（25%）远高于举债的成本（税前利率 5%），同时举债的利息可以抵税（100 000 × 5% × 25%），举债的税后利息成本为 3.75% [=5% ×（1–25%）]。

这也是第 6 章中分析的星巴克、麦当劳举债回购公司股份的原因，通过举债提高公司的财务杠杆，降低对股东资金的占用，在低利率的环境下，扩大债务资本比率可以降低公司的综合资金成本，加上股权资本的缩小，快速提升了公司的 ROE，从而推动公司的股价的快速上升。

4．综合杠杆系数

综合杠杆系数（degree of total leverage，DTL）比率估计公司净利润对销售单位数量变化的敏感度。DTL 指标同时考虑了经营杠杆系数和财务杠杆系数。DTL 可以解释为：“销售单位数量每变化 1%，公司的净利润将增加（或减少）多少百分比”。因此，DTL 量化了公司的总杠杆系数，反映了经营杠杆系数和财务杠杆系数的综合影响。

DOL 越大，EBIT 对销售额变化越敏感。DFL 越高，净利润对 EBIT 变化越敏感。公司的总杠杆（经营杠杆和财务杠杆）可以对盈利和利润率的放大做出贡献，计算 DTL 的一种方法。

$$DTL=DOL\times DFL \tag{10-5}$$

假设一家公司的 DOL 为 1.20 倍，DFL 为 1.25 倍。公司的 DTL 等于 DOL 和 DFL 的乘积，即 1.50。

$$DTL= 1.20\times 1.25= 1.50$$

计算 DTL 的另一种方法是将净利润变化百分比除以销售数量变化百分比。假设一家公司经历了一个销售低谷，销售额下降了 4.0%。如果我们假设公司的 DTL 是 1.5 倍，则可以通过重新排列上面的公式来计算净利润的百分比变化。DTL 等于净利润变化百分比除以销售量变化百分比，因此隐含的净利润变化百分比等于销售额变化百分比乘以 DTL。

净利润变化百分比 =−4.0%×1.5=−6.0%

DTL= 边际贡献 /（边际贡献 − 固定成本 − 利息费用）

边际贡献等于"销售量 ×（销售单价 – 单位变动成本）"，因此该公式可以进一步扩展为：

DTL= 销售量（Q）×［销售单价（P）− 单位可变成本（VC）］/｛销售量（Q）×［销售单价（P）− 单位可变成本（VC）］− 固定成本（FC）− 利息费用（I）｝　（10-6）

例 10-4：假设一家公司以每件 5 元的价格出售了 1 000 件产品。如果每单位的变动成本为 2 元，固定成本为 400 元，利息费用为 200 元，则 DTL 为 1.25 倍。

$$DTL=1\,000\times(5-2)/[1\,000\times(5-2)-400-200]=1.25$$

因此，如果公司销售增长 1%，其净利润预计将增长 1.25%。

DTL 可以分解为 DOL 和 DFL，上例中 DOL 和 DFL 分别是：

$$DOL=1\,000\times(5-2)/[1\,000\times(5-2)-400]\approx 1.15$$
$$DFL=[1\,000\times(5-2)-400]/[1\,000\times(5-2)-400-200]=1.08$$
$$DTL=DOL\times DFL=1.08\times 1.15=1.25$$

财务杠杆系数、经营杠杆系数和综合杠杆系数之间的关系如表 10-3 所示。

表 10-3　财务杠杆系数、经营杠杆系数和综合杠杆系数之间的关系

分类	含义	基本计算方法
经营杠杆系数（DOL）	营业收入的变动对息税前利润的影响	Δ EBIT/ Δ营业收入
财务杠杆系数（DFL）	息税前利润的变动对税前利润的影响	Δ EBT/ Δ EBIT
综合杠杆系数（DTL）	营业收入的变动对税前利润的影响	Δ EBT/ Δ营业收入

10.2　风险

10.2.1　预期回报和风险

任何投资的特征都可以用两个变量来衡量——预期回报（代表投资机会）和标准差或方差（代表风险），除了预期回报之外，投资者现在还必须考虑以下因素，首先是实际回报与预期回报不同，实际回报围绕预期回报的分布，用方差或标准差（variance or standard deviation）来衡量；实际收益与预期收益的偏差越大，方差就越大。其次，正回报或负回报的偏差由分布

的偏度（skewness）表示。再次，分布尾部的形状通过分布的峰度来衡量；扁平的尾部导致较高的峰度（kurtosis），这代表了该投资的价格向任一方向跳跃（从当前水平向上或向下）的趋势。在收益呈现正态分布的特殊情况下，投资者不必担心偏度和峰度，正态分布是对称的（无偏度）并且定义峰度为零。

理性的投资者在面临标准差相同但预期回报不同的两项投资时，总是会选择预期回报较高的一项。在一般的情况下，分布既不对称也不正态，投资者将仅根据预期回报和方差来选择投资。然而在现实中，投资者更喜欢正偏态分布而不是负偏态分布。

最后，我们应该注意到，我们在实践中遇到的预期回报和方差几乎总是使用过去的回报而不是未来的回报来估计。当我们使用历史方差时，我们所做的假设是过去的回报分布在未来会延续，但如果资产的特征随着时间的推移发生了显著变化，历史估计可能不是很好的风险衡量标准。

10.2.2 非系统性风险和系统性风险

风险也可以分为系统性风险和非系统性风险。非系统性风险是指与公司从事的特定业务相关的风险，又称为“公司特有风险”，公司可以通过有关成本、费用、投资和营销的良好管理决策来降低非系统性风险水平，包括前面分析的财务风险和经营风险，例如空客公司推出的A380曾是世界上最大的商用喷气客机，但包括空客公司在内的整个民航业都没有想到，2007年10月15日，该机型首次交付于新加坡航空公司后，截至2019年2月，空客公司接到290个订单，并交付了235架飞机，之后该机型停产。空客公司对于航空业机型战略判断失误带来的损失即属于非系统性风险。

系统性风险是指与所有企业相关的一般风险水平，是企业由外部经济、政治和市场条件波动引起的基本风险，比如自然灾害风险、商品价格、汇率风险和利率风险。2020年暴发的新冠疫情对于整个航空业来说就是系统性风险。

10.3 资本成本

10.3.1 资本成本的含义

资本成本是金融学理论和金融实务最重要的概念之一，假设一家公司正在筹划一项可能的资本性支出，比如公司计划购入新的设备替代原有的设备，公司需要判断能够从该投资中获得多少回报。对一家公司来说，如果公司决定收购另一家公司时，公司面临的一种选择可能是将现金返还给股东，由股东自行决定再投资于其他公司。因此，并购方公司的资本成本是投资者承担风险而希望获得的回报，这一回报相当于股东将分红再投资于具有类似风险的其他投资项目预期能够赚取的回报。同样，战略决策的业务部门在评估单个投资项目价值时，正确的资本成本是公司投资在其他类似风险项目（不一定是整个公司）中期望获得的收益。在承担相同风险的情况下，理性的资本提供方会选择投资一家回报率更高的公司。

由于非系统性风险（公司特有风险）可以通过分散化投资消除，因此资本成本仅需要考虑系统性风险（不可分散风险）。从投资者的角度看资本成本是市场为吸引资金进行特定投资所需要到达的预期回报率。资本成本也可以简单地描述为适合预期风险水平的投资者预期回报（Knight，2015）。[㊀] 资本成本并非现金成本，而是机会成本，即投资者投资于某一项目或者公司而放弃的投资于具有类似风险特征的资产或资产组合可能获得的收益，因此资本成本又称为投资者要求的回报率或者预期回报率。

资本成本和投资者预期回报是一个硬币的两面，不考虑税收和交易成本的情况下，资金提供者的预期回报就是公司的资本成本。从公司的资产负债表左边来看，公司资产产生的未来现金流量按照一定的折现率折现即是公司的价值，从资产负债表右边来看，资本成本是资金提供者的预期和要求从公司获得的回报率，这就是为什么资本成本也被称为投资者的要求回报率或预期回报率。公司的资本来自于两类不同的提供者——股东和债权人，债权人提供资金给公司使用预期得到固定利息和本金，而股东享有的是剩余收益（见图 10-2）。对于公司的内部投资决策而言，资本成本是投资项目的最低要求的回报率（hurdle rate of return），外部投资者使用资本成本对公司进行估值。

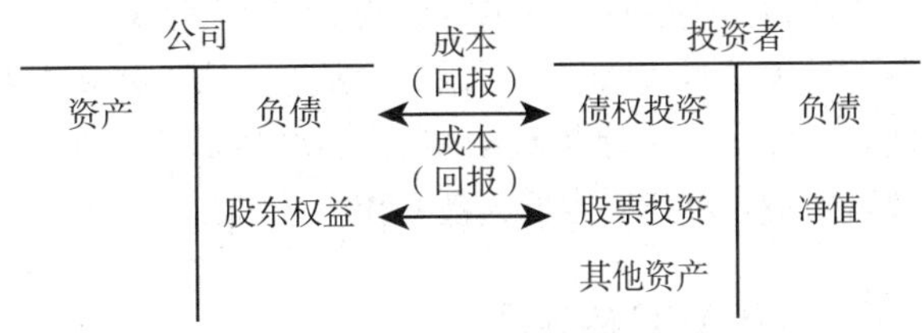

图 10-2　资本成本与投资者要求回报

10.3.2　衡量资本成本的意义

1．资本成本在公司财务决策中的作用

所有公司都必须决定是否以及在哪里投资稀缺资源（投资决策），使用什么债务和股权组合来筹集资金（融资决策）以及向公司所有者返还多少现金（股利决策）。对公司财务中的三大决策而言，资本成本是必不可少的工具。公司以项目的资金成本作为判断基准来决定是否投资该项目（即用资金成本计算项目的 NPV），而公司的资金成本取决于项目的融资方式以及不同融资方式的组合，同时公司还会使用资本成本（针对项目、部门或整个公司）作为绩效衡量的基准。

2．资本成本与资本结构

公司融资决策的重要内容是寻找最优的资本结构，从而最大化公司的价值，虽然米勒–莫迪利亚尼定理认为资本结构对公司价值影响不大，但是这一定理的前提是不存在交易成本的理想环境，在存在税收和违约风险的情况下，公司存在债务和股权的最佳组合，资本成本可以作为一种优化资本结构的工具，通过寻找债务和股权最优组合来降低资本成本，从而最大化公司的价值。要使用资本成本作为优化工具，必须将举借更多债务的影响纳入股本成本和债务成本的计算，因为两者都可能随着债务比率的上升而增加，前者是因为股权投资者将面临更高的风险，原因是在支付利息后，股权投资者将面临更不稳定的股权收益，债务成本的上升是因为违约风险将随着债务的增加而增加，需要对提供资金的债权人进行补偿。

3．资本成本与估值

在对公司进行估值时，最常用的现金流折现模型中的折现率通常就是公司的资本成本，因

㊀ https://hbr.org/2015/04/a-refresher-on-cost-of-capital。

此需要估计公司的资本成本从而确定折现率。与对项目的估值类似，投资者使用现金流折现模型对整个公司进行估值，在并购决策中并购方对于被并购方的价值评估需要明确资本成本，尤其是在采用债务融资进行杠杆并购时。

10.3.3 资本资产定价模型和资本成本

要使用现金流折现（DCF）模型对公司进行估值，需要按照加权平均资本成本（WACC）对预测的未来自由现金流（FCF）进行折现。WACC 代表公司所有投资者（股东和债权人）将其资金投资于一项特定业务而不是其他具有类似风险的业务而期望获得的回报。WACC 受到三个因素的影响：股权成本、税后债务成本以及公司的目标资本结构。

准确估计 WACC 很困难，因为无法直接衡量投资者的资本机会成本，尤其是股权成本。此外，许多年来行之有效的传统方法因欧美市场量化宽松货币政策而变得复杂化，量化宽松导致政府债券利率异常低，甚至出现负利率。

1. WACC 的计算

加权平均资本成本等于公司的税后债务成本和股本成本的加权平均值，具体计算公式如下：

$$\text{WACC}=\frac{D}{V}\times k_d\times(1-T)+\frac{E}{V}\times k_e \tag{10-7}$$

式中：$\frac{D}{V}$是目标负债水平占公司市场价值的比例；$\frac{E}{V}$是目标权益水平占公司市场价值的比例；k_d是公司的负债成本；k_e是公司的权益资本成本；T是公司的边际所得税税率。

对于同时发行其他证券（例如优先股或者可转债）的公司，可以在式（10-7）中添加相应的项目，使用每种证券的预期回报率和占企业总价值的百分比相乘。资本成本不包括经营性负债的预期回报，如应付账款，原因是对客户、供应商提供的资金的补偿已包含在经营费用中，估值时反映在自由现金流中。

（1）违约风险（信用风险）与债务资本成本。违约风险是债权人面临的最大风险，公司的违约风险是两个变量的函数。第一个是公司从经营中产生现金流的能力，第二个是其债务偿还义务，包括利息和本金支付。产生高现金流的公司相对于其财务义务产生的现金流量较低的公司，其违约风险较低。因此，能够产生相对较高现金流的公司将比不产生相对较高现金流的公司具有更低的违约风险。

违约风险除了受到公司现金流量大小的影响之外，还受到这些现金流量波动程度的影响，现金流量越稳定，公司的违约风险就越低。从事可预测和稳定业务的公司的违约风险低于从事周期性或波动性业务的其他类似公司。大多数违约风险模型使用财务比率来衡量现金流量覆盖范围（即现金流量相对于债务的大小）并控制行业影响来评估现金流量的变化。

最广泛使用的衡量公司违约风险的指标是公司债券评级，该评级通常由独立评级机构发布，国际著名的两家评级机构标准普尔和穆迪的评级在金融市场上具有重要的影响力。

估算公司债务的税后成本通常使用公司的长期债务税后到期收益率，对于债务交易不频繁或非交易债务的公司，使用公司的债务评级来估计到期收益率。由于自由现金流量是在没有利息税盾的情况下衡量的，因此需要使用税后债务成本将利息税盾纳入 WACC。

（2）权益资本成本。在金融领域使用时间最长且仍然为大多数公司所使用的标准风险与回报模型是资本资产定价模型（CAPM）。在本节中，我们将使用 CAPM 来估计公司的权益资本成本。

首先，我们需要估计股票市场的预期回报，尽管特定公司的资本成本不一定与整个市场相同，但市场回报为判断个别公司的股本成本估计是否合理提供了一个关键基准。协方差是一个百分比，很难通过协方差来判断投资的相对风险，例如知道波音与市场投资组合的协方差为 55% 并不能提供判断关于波音是否比平均资产风险更大或更安全所需要的信息，需要将每种资产与市场投资组合的协方差除以市场投资组合的方差来标准化风险度量，这就是资产贝塔的风险度量。每个投资者持有无风险资产和市场投资组合的某种组合这一事实得出了以下结论：资产的预期回报与资产的贝塔值线性相关，资产的预期回报可以写成无风险利率和该资产的贝塔值的函数。

要使用资本资产定价模型，我们需要三个基本要素。一是无风险资产，无风险资产被定义为投资者在分析的时间范围内确定地知道预期回报的资产。二是风险溢价，即投资者投资于市场组合（包括市场上所有风险资产）而不是投资于无风险资产所要求的溢价。三是特定资产的贝塔值，它衡量投资给市场投资组合带来的风险。CAPM 模型的计算公式如下：

$$E(r_a)=r_f+\beta_a\times(r_m-r_f) \tag{10-8}$$

式中：$E(r_a)$ 是证券 a 的期望回报率，即普通股的资本成本；r_m 是市场投资组合的回报率，通常使用指数回报率来代替；r_f 是无风险利率，通常使用中长期国债的利率来代替，(r_m-r_f) 是市场风险溢价。β_a 是证券 a 的贝塔系数，贝塔值用来衡量个别股票相对整个市场的波动，计算公式如下：

$$\beta_a=\frac{\mathrm{Cov}\left(r_a,r_m\right)}{\sigma_m^2} \tag{10-9}$$

式中：$\mathrm{Cov}(r_a,r_m)$ 是证券 a 的收益 (r_a) 相对于市场收益 (r_m) 的协方差，σ_m^2 是市场收益的方差。

贝塔系数反映了个股对市场（或大盘）变化的敏感性，也就是个股与大盘的相关性，一只个股贝塔系数为 1.5，说明当大盘涨 1% 时，它可能涨 1.5%，反之亦然；但如果一只个股贝塔系数为 –1.5 时，说明当大盘涨 1% 时，它可能下跌 1.5%，同理，大盘如果下跌 1%，它有可能涨 1.5%。通常贝塔系数是用个股与市场回报的历史数据进行回归来估算的。

对于公开交易的证券，估值分析师可以通过回归分析（最小二乘法等）来估计贝塔值，通过在过去一段回溯期内，对某只个股的超额收益和市场超额收益进行回归。回归的最优拟合线的斜率就是估计的贝塔值。采用回归方法估计股票估值模型中使用的贝塔系数时涉及估计周期，大多数数据库都会用 5 年期间的月回报率[⊖]来估计贝塔值。5 年的间隔可以确保贝塔系数不会因期间内的短期事件而受到异常冲击，但是也有理论认为较短的估计期间（2~3 年）可能更合适，因为它反映了公司当前的风险状况，特别是如果公司的业务或运营环境发生了变化。

⊖ 周回报率或者日回报率可能导致系统性偏差，原因是股票市场在短期内的波动率较高，同时部分股票可能流动性较差，部分交易日无交易。

2．有杠杆和无杠杆的贝塔值

投资估值过程中计算的权益资本成本是一个长期成本，在这种情况下，使用长期的国债利率显然要比使用短期的国库券利率更为合理，通常使用10年期国债利率作为无风险利率[⊖]。使用大盘或者分市场的指数回报率作为CAPM中的市场投资组合回报率的代表。

未上市公司通常没有市场价格，它们的贝塔系数不能直接进行估计，用CAPM来估计一个未上市公司的资本成本时，有必要为这个项目估计一个替代贝塔值，通常会使用一个行业组贝塔的平均数或中位数，或者选取具体的作为参照的上市公司的贝塔值。以下是影响贝塔系数估计结果的四种主要因素。

1）回归过程中所选取的回报率数据频度。通常有月、周、日三种不同的频度选择，不同数据频度下回报率的分布具备不同特征，从而导致贝塔估计结果的差异性。一般来说，估计的周期越长频度可以降低，比如10年期证券的估计期，可以选择月度估计，短期限的估计最好选择日度数据。

2）无风险利率的选择。常用的无风险利率的代理变量为银行定期存款利率、国债利率、银行同业拆借利率等，10年期国债利率是最佳的无风险利率的选择。

3）市场回报率的选择。沪深两市A股，可以使用沪深300、科创板指数、综合A股市场指数等作为市场回报率的代理变量，其他代表性广泛的指数也可以使用。

4）回归过程中所选取历史数据的区间长度。证券的风险收益特征可能随时间发生变化，那么历史数据的区间长度和区间范围的选择会对贝塔回归估计的结果产生显著影响。区间长度的延长通常来说可以使估计的贝塔值更加平滑，克服经济周期的影响，但是我国证券市场频繁的改革政策可能导致过长的周期估计的适用性存在问题，一般来说5~10年是一个合理的选择。

3．预测目标资本结构

估计WACC使用的债务和权益资本的权重需要用目标资本结构作为权重因子，对于资本结构相对稳定的公司，目标资本结构通常通过公司当前的债务与价值比率（使用债务和股权的市场价值）来近似替代，不能使用股权和债务账面价值来计算权重。

当我们进行估值时，我们评估的是某项投资的未来经济利益或收益的现值。这使得用来估值分析的资本结构应该反映未来的预期。换句话说，相对权重应该基于公司在长期计划期间内的目标资本结构的组成占比。目标资本结构是公司为长期运作所需要的债务、优先股和普通股而综合考虑的资本组合比例。

在选择资本结构假设的时候通常需要考虑用实际的还是理论（假想）的资本结构，如果一个公司要求在假设资本结构保持现状的情况下进行估值，那么就需要用公司实际的资本结构。以非控股和控股公司的估值为例，如果对拥有非控制股权的公司进行估值，那么使用估值日当天公司现有的债务水平是合适的做法，因为非控股股东没有权利来改变资本结构，相反如果对拥有控制股权的公司进行估值，使用目标资本结构会更好，因为控制人有权利改变资本结构。

贴现率用于确定未来现金流量的现值，代表投资者的风险偏好和现金流量的潜在不确定性。隐含风险越高，折现率越高，价值越低，反之亦然。两个投资项目或者公司的现金流会有

⊖ 在我国，有四个比较重要的利率通常被用作无风险利率，它们分别为银行存款基准利率、国债利率、银行间同业拆借利率和银行间债券回购利率。

不同的风险和回报，在实践中，不同的分析师对贴现率的一些关键组成部分的判断以及估计的贴现率在公司、市场和地理区域之间是有所不同的。

4. CAPM 计算需要注意的问题

选择与风险相匹配的贴现率，每个现金流量都有特定的风险结构。例如，如果分子选择的是股东自由现金流量，则应考虑使用权益成本（而不是加权平均资本成本）。

所选的 R_f（无风险利率）应与现金流的期限相匹配，例如使用长期利率对持续经营进行永久估值。

匹配实际和名义现金流量以及贴现率，对结合了预期通胀的名义现金流量使用名义贴现率，或对实际现金流量使用实际利率。

评估贴现率的整体合理性，在可能的情况下，应使用替代方法验证所计算的贴现率的合理性。除了 CAPM 的计算之外，观察行业平均贴现率并将隐含资本化率与广泛可比公司的倍数进行比较，最终确定合理的贴现率。

5. CAPM 的假设及局限

虽然多元化分散投资可能减少投资者面临的公司特定风险，但大多数投资者仅持有少数资产，即使是大型共同基金也很少持有超过数百只股票，其中许多大型共同基金只持有十到二十只股票。投资者未坚持多元化投资主要有两个原因，一是投资者或共同基金经理可以从相对较小的投资组合中获得多元化的大部分好处，因为随着投资组合变得更加多元化，多元化的边际效益变得更小。因此，这些收益可能抵消覆盖边际收益多元化成本，包括交易成本和监控成本。二是许多投资者（和共同基金经理）认为他们可以找到估值偏低的资产，因此选择不持有他们认为估值合理或估值过高的资产。

资本资产定价模型假设没有交易成本，所有资产都可以交易，并且投资是无限可分的（即投资者可以购买资产单位的任何部分），它还假设每个人都可以获得相同的信息，因此投资者无法在市场上找到价值偏低或过高的资产。做出这些假设可以让投资者在不增加成本的情况下保持多元化。在极端情况下，他们的投资组合不仅包括市场上的每一种交易资产，还包括风险资产的权重相同。

CAPM 理论假设证券的预期超额回报率和市场投资组合的预期超额回报率之间存在线性关系，但是在现实中，在公司风险状况没有大的变化的情况下，贝塔系数的值经常出现大幅度波动。另外 CAPM 在计算贝塔系数时的一个明显弱点是，它没有反映公司运营风险和财务风险，贝塔系数仅仅反映的是股票回报波动相对于市场回报波动的相关性关系。例如，当美国通用汽车公司的债券被三大主要评级机构降为“垃圾级”债券时，布隆伯格提供的通用汽车的贝塔系数是 1.4，而同期其他投资级债券的公司的贝塔系数远高于通用汽车，比如 IBM 为 1.6，英特尔为 2.3（Hackel，2011），不同的分析师使用不同的估计期间来估计公司的贝塔值会有不同的结果，即使是公司的高级管理人员，对于公司的贝塔系数也并非有完全的信心给出准确的估值。

CAPM 对于非上市公司无法使用，估计非上市公司的权益资本成本时，可以采用累积调整法，首先从无风险利率开始，然后加上全市场股权风险溢价、小股票溢价、行业风险溢价和任何公司特定的风险溢价，得到权益资本成本，这些溢价可以根据以往的经验进行估计，具体内容见第 11 章。

本章小结

风险分析需要考虑多种因素，例如，法律法规、行业竞争、技术变革、管理质量、竞争对手的行为，本章探讨了具有财务后果并影响财务报表的公司个体风险和系统性风险。

本章首先讨论了与杠杆相关的经营风险和财务风险，使用经营杠杆和财务杠杆来判断公司的杠杆收益和风险，这一过程体现了与运营或融资相关的固定成本限制了公司适应不断变化的经济、业务和公司特定条件的灵活性。

本章还讨论了风险与资本成本之间的关系，使用不同的方法衡量并计算公司的资本成本。风险是根据投资的实际回报与其预期回报的偏差来衡量的。根据风险的影响范围可以划分为两种类型，分别是非系统性风险和系统性风险，前者可以通过分散化投资消除，在股票投资中应该关注的风险是系统性风险。

思考题

1. 为什么航空公司会出售一折机票？还有哪些行业经常打折，这些行业具有什么共同点？（提示：从经营杠杆和边际贡献的角度分析）
2. 公司的经营风险和财务风险有什么不同？如何衡量公司的财务风险和经营风险？影响经营风险和财务风险的因素有哪些？
3. 公司的加权平均资本成本受哪些因素影响？如何衡量这些单项资本成本？

练习题

1. 假定投资于 ABC 公司的普通股，其持有期回报由两部分组成，股息率和资本收益（或损失），股利金额和未来股权出售价格的不确定性是股权投资者面临的风险。假设今天价值为 20 元的股票在一年内具有同等概率的预期收益和回报，如表 10-4 所示。

表 10-4 预期报酬率分布

经济状况	股利（元）	股价（元）	股息率	资本收益率	投资回报率	概率
好	2	24	10%	20%	30%	1/3
中	1	22	5%	10%	15%	1/3
差	0	18	0%	–10%	–10%	1/3

要求：计算该投资的预期回报率和回报率的标准差。

2. 目前市场的无风险报酬率为 6%，目前市场回报率为 9%，系统性风险水平（beta）为 1.3。要求：计算该公司的普通股期望报酬率是多少？请解释系统性风险。

3. Y 公司为汽车行业生产零部件，作为一家生产能力巨大的制造业公司，其成本结构的特点是固定成本较高。假定该公司目前只生产销售一款零部件，单价为 850 元，每件产品的变动成本为 250 元，每年的固定成本总额为 2 000 000 元。假设该公司现在每年生产和销售 10 000 件零部件，公司的产能是 15 000 件，请计算一下该公司产量增加 5% 时的经营杠杆系数。

4. 接上题，假设 Y 公司最近找到了一种有效的策略，将其部分生产外包给供应商，并按外包数量支付费用，公司将能够去除部分产能，降低固定成本，同时增加变动成本。Y公司每年将能够生产10 000辆汽车，成本结构如表10-5所示：每生产一个单位的变动成本为450元，固定成本总额为1 200 000元。计算该公司采用外包方案后的经营杠杆系数（见表10-5）。

表10-5　经营杠杆系数敏感性分析

项目	当前（元）	增产5%（元）	变动
售价	850	850	
单位成本	450	450	
产量	10 000	10 500	5.00%
销售收入	8 500 000	8 925 000	5.00%
变动成本	4 500 000	4 725 000	5.00%
固定成本	1 200 000	1 200 000	0.00%
总成本	5 700 000	5 925 000	3.95%
利润	2 800 000	3 000 000	7.14%
DOL			

要求：

（1）解释经营杠杆影响决策的两种方式并计算两个方案的经营杠杆系数。

（2）假设每个方案下的销售额在下一年增长5%，计算两个方案明年预计增加的经营利润，如果公司接下来的十年销售额每年增加5%，那么公司将会选择哪个方案？请解释为什么。

（3）假设公司可以选择购买新设备而非租赁，购买资金将通过债务进行融资。那么购买设备与租赁设备在财务报告上的列报有什么不同？

5. Y初创公司正在考虑其融资的方式和资本结构，假定需要募集1 000万元资金，创始人正在考虑三种资本结构（A、B和C），假设利率是8%，所得税税率是25%，每股价格是1元，募集资金全部用作公司的经营性资产1 000万元，方案A、B和C的融资计划结构如表10-6所示。

假定公司预期息税前利润水平可能为80万元（悲观）、160万元（正常）和240万元（乐观），请计算三种不同的融资方案下该公司在三种不同预计息税前利润水平下的每股收益、财务杠杆系数、ROA和ROE以及ROIC，分析公司的财务杠杆在面临不同的环境下对公司盈利能力的影响。

表10-6　方案A、B和C的融资计划结构　单位：万元

项目	方案A	方案B	方案C
付息债务	0	300	600
权益	1 000	700	400
合计	1 000	1 000	1 000

案例分析

1. 查找国航、东航、南航、海航、春秋、吉祥、华夏2017—2022年的财务报表，计算它们2018—2022年的DOL、DFL和DTL以及ROA、ROE，分析它们的经营风险、财务风险以及公司的盈利情况的变化，分析这些公司的业绩是否存在差异，以及存在差异的原因。

2. 计算以上七家公司的资本成本，分析它们的资本成本与经营风险、财务风险是否存在关系。

参考文献

[1] BALL R，BROWN P. An empirical evaluation of accounting income numbers[J]. Journal of accounting research，1968：159-178.

[2] GRABOWSKI R J, PRATT S P. Cost of capital: applications and examples [M]. New York: John Wiley & Sons, 2014.
[3] FAMA E F, FRENCH K R. Common risk factors in the returns on stocks and bonds [J]. Journal of financial economics, 1993, 33 (1): 3-56.
[4] FAMA E F, FRENCH K R. Industry costs of equity [J]. Journal of financial economics, 1997, 43 (2): 153-193.
[5] GEBHARDT W R, LEE C M C, SWAMINATHAN B. Toward an implied cost of capital [J]. Journal of accounting research, 2001, 39 (1): 135-176.
[6] GORDON J R, GORDON M J. The finite horizon expected return model [J]. Financial analysts journal, 1997, 53 (3): 52-61.
[7] HOU K, VAN DI JK M A, ZHANG Y. The implied cost of capital: a new approach [J]. Journal of accounting and economics, 2012, 53 (3): 504-526.
[8] LEE C M C, SO E C, WANG C C Y. Evaluating implied cost of capital estimates [J]. SSRN eLibrary, 2010, 6: 51.
[9] OHLSON J A, JUETTNER-NAUROTH B E. Expected EPS and EPS growth as determinants of value [J]. Review of accounting studies, 2005, 10: 349-365.
[10] 黄娟娟，肖珉．信息披露、收益不透明度与权益资本成本 [J]. 中国会计评论，2006，4 (1)：69-84.
[11] 姜付秀，陆正飞．多元化与资本成本的关系：来自中国股票市场的证据 [J]. 会计研究，2006 (6)：48-55；97.
[12] 徐浩萍，吕长江．政府角色、所有权性质与权益资本成本 [J]. 会计研究，2007 (6)：61-67；96.
[13] 毛新述，叶康涛，张頔．上市公司权益资本成本的测度与评价：基于我国证券市场的经验检验 [J]. 会计研究，2012 (11)：12-22；94.
[14] 许志，林星岑，赵艺青．我国上市公司隐含权益资本成本的测度与评价 [J]. 投资研究，2017，36 (3)：52-73.

财务预测

■ 学习目标

1. 掌握对未来期的资产负债表、利润表和现金流量表等财务报表进行预测的技能；
2. 识别重要的业务和战略因素并将其纳入预期未来的业务活动，通过对未来的会计预测来分析数据和财务报表；
3. 能够应用七步预测框架来构建财务报表预测；
4. 结合实例进行全面的财务预测，编制预测财务报表，预测融资需求；
5. 理解可持续增长并对可持续增长率进行预测。

■ 导入案例

共达电声吸收合并万魔声学的估值争议

共达电声（002655.SZ）主要从事微型电声元器件及电声组件的研发、生产和销售，公司于2012年上市，共达电声于2018年11月公告交易预案，拟通过向万魔声学的全体股东非公开发行股份的方式收购其100%股权，实施吸收合并。万魔声学这家轻资产的小米生态链公司超过30亿元的高估值使其在资本市场的“首秀”遭到质疑，9.95亿元的上市公司控制权交易消耗了万魔声学的绝大多数资金，以评估基准日计算，即便最终共达电声完成了对万魔声学的吸收合并，也只能获得约3亿元的净资产。2018年12月31日，万魔声学母公司的净资产为10.29亿元，采用收益法评估其股东全部权益价值为30.07亿元，增值率为192.06%。考虑到评估基准日后投资方对万魔声学增资3.96亿元及减资4 278万元，经交易双方协商，本次交易价格定为33.60亿元，交易方式为向万魔声学的全体股东非公开发行6.20亿股股份，发行价格为5.42元/股。

在此次吸收合并之前，2017年12月，共达电声原控股股东潍坊高科电子有限公司向爱声声学公司转让共达电声15.27%的股份，总价款为9.95亿元。爱声声学正是万魔声学的控股子公司，从而万魔声学间接控股共达电声，因此，标的公司万魔声学和共达电声的实控人均为谢冠宏。

与可比收购案例相比，无论是评估增值率还是市盈率，万魔声学的估值都明显偏高。传艺科技（002866.SZ）收购的东莞美泰电子有限公司增值率为1.03倍，预测期平均市盈率为7.1倍，世嘉科技（002796.SZ）收购的苏州波发特通讯技术股份有限公司㊀的增值率和预测期平均市盈率分别为4.72倍、13.2倍，经纬辉开（300120.SZ）收购的新辉开科技（深圳）有限公司的增值率和预测期平均市盈率分别为2.83倍、9.2倍，奋达科技（002681.SZ）收购的深圳市富诚达科技有限公司的增值率和预测期平均市盈率分别为10.59倍、10.7倍。

共达电声在交易预案中披露了评估机构对万魔声学未来五年净利润预测值，分别为：1.5亿元、2.2亿元、2.8亿元、3.5亿元和3.8亿元。然而根据审计报告，万魔声学2018年1—10月净利润仅为3 018.71万元，万魔声学的历史毛利率在23%以下。

中证中小投资者服务中心有限责任公司（简称"投服中心"）㊁在分析中发现万魔声学存在预测净利润明显异于历史数据的高增长现象，且大幅增长的可持续性较难实现。一是按照预测数据，万魔声学2019年如果需要实现1.5亿元的净利润，需要完成314%的同比增长，2019年以后预测净利润的复合增速亦高达26%，这与其审计报告中显示的2015—2017年仅2.8%的历史净利润复合增速存在较大差异。二是万魔声学主要产品为耳机，79.62%为授权贴牌生产（ODM）业务，其中第一大客户为小米公司，销售金额占比为63.16%。在现有的盈利模式及客户结构不发生改变的前提下，短期内万魔声学如果需要实现高增长，其ODM业务尤其是对小米公司的销售面临较大压力。然而小米公司2018年三季报数据显示，其智能手机毛利率与出货量都出现了不同程度的下滑，未来的业务增长重点也将向互联网服务倾斜，这显然无法支撑对万魔声学的高增长逻辑。

从现有客户结构来看，2016—2018年和2019年上半年，万魔声学对小米集团的销售收入占营收的比例依次为59.45%、64.24%、60.12%和57.65%，前五名客户贡献的销售收入占营收的比例依次为86.01%、83.17%、83.54%和91.47%，可见小米集团对万魔声学的经营至关重要。

为保护中小投资者的合法权益，投服中心于2018年12月参加了上市公司召开的重大资产重组媒体说明会，对万魔声学净利润高增长的合理性及可持续性进行了问询。万魔声学做出了如下回应：一是财务数据上，剔除股份支付的影响并考虑产品毛利率提升的因素，万魔声学2019年扣非后净利润实现翻倍增长是可行的；二是万魔声学未来三至五年的业绩预测有在手订单支持和客户合作的支撑，是基于对产品、市场和客户理解的客观预测。

2019年12月12日，中国证监会并购重组委发布了《2019年第68次会议审核结果公告》，当天上会的共达电声股份有限公司被否，并购重组委的公告显示，共达电声此次并购被否的原因为"关于标的资产近三年实际控制人未发生变更的披露不充分""标的资产销售和利润来源对关联方依赖度较高"。共达电声还可能以自有客户资源推高万魔声学业绩，从而提高标的估值，实现变相杠杆收购。2020年7月，万魔声学受新冠疫情影响，业绩增幅不及预期，同时鉴于国内证券市场和政策环境变化，故上市公司终止了本次重组。

资料来源：https://www.investor.org.cn/rights_interests_protection/exercise_service/exercise_

㊀ "苏州波发特通讯技术股份有限公司"已更名为"苏州波发特电子科技有限公司"。

㊁ 中证中小投资者服务中心有限责任公司是在2014年12月成立的证券金融类公益机构，归属中国证监会直接管理。投服中心的主要职责包括：面向投资者开展公益性宣传和教育；公益性持有证券等品种，以股东身份或证券持有人身份行权；受投资者委托，提供调解等纠纷解决服务；为投资者提供公益性诉讼支持及其相关工作；中国投资者网站的建设、管理和运行维护；调查、监测投资者意愿和诉求，开展战略研究与规划；代表投资者，向政府机构、监管部门反映诉求；中国证监会委托的其他业务。

news/qt/202111/t20211115_523013.shtml；https://research.cicc.com/frontend/recommend/detail?id=2992；https://www.sohu.com/a/360213862_477020。

本章的主要目标是说明如何编制预测性财务报表并将其整合到可用于现金需求评估和估值的模型中。具体目标包括两个方面：第一是制定驱动财务模型的关键假设；第二个是编制预测财务报表的过程。

11.1　财务预测及其意义

财务预测是通过研究历史业绩数据（例如收入、现金流、费用）来预测公司的未来财务状况、盈利能力和现金流量。财务预测需要建立在合理的假设基础上，因为未来许多不可预见的因素会影响公司的财务绩效。财务预测可以为公司招聘、预算和战略规划等内部业务决策提供所需要的信息，财务预测也是外部投资者对投资进行公司股票估值或者是并购的基础性工作。

11.1.1　财务预测的内容

常规的财务预测的内容主要包括：预测财务报表编制、现金预算、运营预算，预测财务报表体现了对公司未来业绩和资金需求的一系列假设，包括预测资产负债表、预测利润表和预测现金流量表，现金预算是对公司未来现金需求情况的详细预测，运营预算是对全公司或下属部门收入和/或支出的详细预测，营运预算是预测报表和现金流量表的附属部分。

预测是以历史数据为依据对公司未来发展做出合理估计的一种方法，公司利用预测信息确定如何分配财务资源，这需要公司对所提供的商品和服务的未来需求进行预计。预测财务报表代表了对公司未来经营、投资和筹资活动的综合描述，这些活动决定了公司未来的盈利能力、增长速度、财务状况、现金流量和风险水平。预测财务报表是重要的工具，因为分析师可以据此得出对股东未来回报的预期，包括收益、现金流和股利，这是公司价值评估的基础信息。

11.1.2　财务预测的意义

预测财务报表是公司内部重要商业决策所使用的重要工具，例如信贷决策需要对借款人未来现金流量进行预估，从而评价其能否支付借款的利息和本金。公司在确定合并或收购对象时，需要对潜在的并购标的进行估值，其价值取决于公司未来的利润或者现金流以及相关风险的估计。预测财务报表也是外部分析师分析投资公司的风险和对投资标的估值的基础工作。

对未来收益进行预测是本教材财务分析与估值六步框架中最有挑战性的一步，因为它要求分析师估计标的公司未来的业务发展状况，在当下复杂多变的环境中对未来所做的预测具有高度的不确定性，同时被并购方可能有意虚报未来发展潜力，提供乐观甚至是误导的信息给潜在的购买方，以谋求更高的交易价格。在企业并购中预测错误的代价可能非常高昂，国际知名的惠普在并购英国软件公司 Autonomy 时就因为对方操纵历史收入信息，导致惠普高估了交易对手的发展最终损失巨大（见案例 11-1）。乐观的预测可能导致分析师高估未来收益和现金流，或者低估风险，分析师可能根据夸大的信息做出错误的投资决策。悲观或保守的预测可能导致分析师低估未来收益和现金流或夸大风险，从而错失有价值的投资机会。因此分析师需要对未来收益和现金流做出客观公正的预测，才能够做出明智的投资决策。

⊙案例 11-1

Autonomy 是如何愚弄惠普的

2011 年，惠普斥资 111 亿元收购了英国软件公司 Autonomy，对于一家 2010 年收入近 10 亿元的公司来说，溢价达 64%，并且拥有“持续两位数收入增长的记录，毛利率高达 87%，营业利润率高达 43%”。2012 年惠普记录了 88 亿元的商誉减值损失，理由是 Autonomy 的会计不当行为，随后双方之间发生了收购欺诈诉讼。惠普指控Autonomy操纵并购前的财务数据，误导惠普的并购判断。

2016 年 11 月中旬，美国证券交易委员会（SEC）责令 Autonomy 美国业务前首席执行官 Christopher Egan 支付超过 80 万元的收购赔偿金，而惠普在赔偿中依赖的是他帮助 Autonomy 夸大的数字。在收购之前的 10 个季度中，Autonomy 的收入均低于分析师预期的 4%，这种精确度应该引起怀疑。

Autonomy 驻英国的高级管理人员指导了一项计划，使收入增加了近 2 亿元。Autonomy 通过“增值”经销商销售其软件，这些经销商在销售 Autonomy 的软件的同时，还向产品最终用户提供额外的服务和支持。只有五家经销商在 30 笔交易中向 Autonomy 提供了不能被称为合法的服务。

当 Autonomy 正在与最终用户进行销售谈判，但无法在季度末完成销售时，Egan 会在季度最后一天或接近该季度的最后一天与经销商联系，表示交易即将完成。Egan 向经销商支付高额佣金，诱骗他们购买 Autonomy 软件。然后，经销商可以将软件出售给指定的最终用户，但 Autonomy 保持对交易的控制，并在没有经销商协助的情况下处理与最终用户的谈判。这些交易获得的金额不应该确认收入。

Autonony 仍然保留了商品的风险、回报和所有权，按照会计准则的规定在将这些交易出售给最终用户之前，Autonomy 并不能确认相应的收入，但是 Autonony 确认了这些交易的收入，使收入“增长”了 15%。这些收入的确认至关重要：它们使公司能够在分析师预期的范围内报告财务业绩。

2009 年至 2011 年，一个季度结束后，Autonomy 最高级别的财务主管指示 Egan 从经销商处获取回溯的采购订单，这导致收入从后一个季度提前到刚刚结束的季度，有时收入刚好足以让 Autonomy 实现其收入目标。在任何人看来，追溯采购订单日期都是对事实的伪造。从国际会计准则角度来看，这些交易不能称为收入，因为 Autonomy 在季度末并未将软件所有权的风险和回报转移给买方，这发生在下一个季度。

Autonomy 需要向经销商获取现金，以便它们向 Autonomy 支付虚假销售费用，为审计员创建一份证明销售付款的书面记录——这是避免引起怀疑的必要手段。Autonomy 从经销商那里购买了各种剩余产品，经销商几乎同时向 Autonomy 偿还了所欠的债务。这些往返交易是由 Autonomy 的最高财务主管临时安排的，向 Autonomy 支付的虚假回报至少达 4 500 万元。

正是上述的虚假交易和操纵，使得惠普认为该公司未来具有快速增长的前景，据此做出了更高的估值，经过马拉松式的诉讼，最终在 2022 年 1 月 28 日伦敦法官做出裁定，惠普赢得诉讼，但赔偿金额远低于 50 亿元的索赔。

资料来源：财富中文网，Autonomy 怎样愚弄了惠普，2016-12-29。

高质量的财务预测有可能帮助投资者挑选股票并获得高额回报。Nichols 和 Wahlen（2004）[㊀] 的研究结果表明，如果投资者在 14 年的研究期间（样本期间是 1988 年至 2001 年）准确预测了样本中每家公司未来一年的盈利变化方向和变化幅度，投资者将获得超过市场的回报。他们研究还发现利润增长百分比最大的公司（即每年所有样本公司中排名前 10% 的公司）可以取得超过市场回报率 50% 的超额回报，而收益下降幅度最大的公司（每年所有样本公司中排名最后 10% 的公司）的股票回报率往往比整个市场每年平均低 22 个百分点。这些结果表明通过提高预测未来收益变化的准确性，分析师更有可能区分未来跑赢大盘和跑输大盘的股票，并获得更高的回报。

对于初创企业而言，财务预测的好处包括：①通过严格的方法评估公司预期发展可能需要多少现金，以及如果公司发展比预期更快或更慢的情况下可能需要多少现金，为融资决策提供支持；②预测可以帮助创业者客观的比较和评估不同的创业机会；③预测帮助管理层和投资者了解公司的优势和劣势、比较战略方案并选择预期最高的方案价值；④财务预测提供了比较实际绩效的基准，从而在公司发展未达到预期目标时及时预警。

11.2 财务预测的基本原则

1．明确预测的基本假设是所有预测的前提

财务预测是对未来的收入、费用、资产、负债和现金流的估计，这些估计需要建立在合理的假设基础上，这些假设可能来自对机会、可比公司信息的基本分析或专家判断。财务预测的假设包括利润表预测假设、资产负债表预测假设和现金流量表预测假设。

利润表预测的基本假设包括：企业未来的收入增速、毛利率、费用率、税率、息税折旧摊销前利润率、息税前利润率，收入增速和毛利率可以细分到不同业务板块的增速，以此预测营业收入、营业成本。

资产负债表预测的基本假设包括：总资产周转率用于预测总资产，存货周转率用于预测存货、固定资产周转率用于预测固定资产，应收账款周转率用于预测应收账款，应付账款周转率用于预测应付账款，资产负债率用于预测负债、净资产，生息资产收益率、计息负债成本率分别用于预测利息收入和财务费用、重要资产负债项目占比。

现金流量表预测的基本假设包括：未来资本支出假设、分红比例、折旧摊销占资产原值的比例。

2．收入预测是预测的起点

通常从收入预测开始构建财务模型是最简单的，因为企业的大多数其他方面支出（比如人工费用、原料采购等）都与收入直接或者间接相关。例如，目标销售水平或销售增长率可以决定生产能力的投资和必要的库存规模。

㊀ NICHOLS D C，WAHLEN J M. How do earnings numbers relate to stock returns? A review of classic accounting research with updated evidence［J］. Accounting horizons，2004，18（4）：263-286。

3. 使用不变价格或名义价格进行预测

名义预测包括对通货膨胀的明确预测，而实际预测则以不变金额计算。如果预期公司销售价格和投入成本变化幅度与通货膨胀率保持一致，可以采用名义价格预测。如果价格和成本与通货膨胀率无关，那么最好使用不变价格。在通货膨胀不严重的情况下可以使用名义价格进行预测。

4. 编制整合财务报表进行完整的预测

财务预测可能建立在不同的假设情景下，通过电子表格预测资产负债表、利润表和现金流量表以便测试结果对假设的敏感性，进行情景分析，要考虑乐观、正常和悲观情景下的预测结果。

5. 选择合适的预测时间跨度和预测时间间隔

财务预测涵盖的时间范围取决于预测的目的，如果预测用于确定融资需求，通常的预测期间是未来一年，如果预测用于投资估值，则该期间必须足够长，预计期末企业退出时能否获利。

适当的预测时间间隔取决于企业的生命周期。如果评估早期创业的资金需求，一年的间隔太长，创业者需要在更短的时间内（月度或者季度，通常是季度）预测现金需求，以便及时安排融资。如果预测用于内部控制和评估绩效，需要考虑初创企业发展的重要的绩效里程碑。

6. 评估模型的合理性

评估模型的合理性需要考虑财务报表内部和跨财务报表的假设和项目之间的关系。结合企业的历史数据和行业可比公司的数据，分析报表之间和报表项目之间的关系是否合理、内部是否一致。

11.3 财务预测的基本过程

1. 收集和分析历史财务信息

历史业绩往往是企业未来发展的参照，历史财务信息提供了企业过往财务状况、盈利能力和现金流量的信息，历史财务信息可以帮助评估企业的风险水平。然而，仅仅收集预测企业的历史信息是不够的，在估计未来之前需要回顾和分析历史财务数据，同时调整历史数据中非经常性、特殊项目的影响，包括公允价值变动损益、资产减值损失、营业外收支等，这些因素不具有可持续性。此外还需要了解企业业务的增长或下降的驱动因素，以及这些因素将如何影响企业未来的发展，比如房地产行业的需求与公司项目所在地的人口增长、收入水平、二手房数量密切相关。

2. 为企业的未来编制一个“故事”

“故事”是企业业务发展中的主要事实，弄清楚企业未来的发展“故事”是预测财务报表最重要、通常也是最具挑战性的一步。例如，ABC 公司去年因质量控制问题而停止运营，收入下降，公司雇用了更多员工来实施各种质量改进举措。对该公司预测时需要考虑未来潜在因素可能包括：未来的保修索赔或客户退货、可能的监管行动、产品召回或客户诉讼、公司声誉损害对收入的影响、与质量控制流程改进相关的成本。梳理的“故事”框架将帮助企业在完成其余步骤时保持一致的假设。

3．将“故事”转化为未来的财务信息

一旦构思好了故事，就可以在电子表格中输入相关的数字，有多种预测技术可用于预测财务报表的每个项目，具体内容见 11.4 节。

（1）测试财务预测假设的合理性。分析财务预测假设的合理性需要考虑以下问题：预测的增长率和利润率是否超过历史数字？与业内同行相比，假设增长率是否远超过行业整体增长率？预测是否符合行业的总体预期？是否存在可能阻碍实现预期财务业绩的关键风险因素？能否将这些风险因素纳入预测中？根据以上分析的结果，可能需要对预计的项目进行一些调整。

（2）编制预测性财务报表。经营现金流是决定企业融资需求的关键因素，股权自由现金流是现金流折现模型的核心。为了预测现金流量，我们首先预测利润表和资产负债表，然后使用这些报表（以及报表中的期间变化）来预测现金流量表。

在收入预测的基础上编制预测性利润表、资产负债表和现金流量表，利润表中的费用项目大多与收入存在直接或者间接的关系，比如利润表中的销售成本通常情况下可以使用预计的毛利率与收入相乘得到，销售费用与销售收入之间可能呈现线性关系，研发费用往往也是按照收入的一定比例来确定。预测性利润表主要预测企业利润的主要组成项目，不需要严格按照对外报告的利润表项目一一对应，预测利润表中关键的预测项目见 11.5 节。

11.4 财务预测技术

一般来说，分析师可以使用定量技术或定性技术进行财务预测。

11.4.1 定量技术

在进行准确的预测时，分析师通常会使用定量预测，或基于历史数据对未来的假设。

1．销售百分比法

预计报表编制的常用方法是销售百分法。此方法将财务报表主要项目的未来指标计算为销售额的百分比。销售商品的成本可能会随着销售额的增加而成比例增加，企业的销售费用通常也会按照销售额进行预算分配，对利润表和资产负债表的主要项目应用与销售额相同的增长率估计是合乎逻辑的。

要预测销售额百分比，首先需要计算特定报表项目与销售额的历史百分比。例如，如果销售成本过去几年平均占销售额的 30%，则假设这一趋势将持续下去。

2．直线法

直线法假设公司的历史增长率保持不变。预测未来收入涉及将公司上一年的收入乘以其增

长率。例如，如果上一年的增长率为 12%，则直线预测假设明年将继续增长 12%。尽管直线预测是一个很好的起点，但它没有考虑市场波动的现实。

3. 移动平均法

移动平均法涉及取之前时期的平均值（或加权平均值）来预测未来。这种方法需要更仔细地检查公司需求的高点和低点，因此通常有利于短期预测。例如，可以使用它通过上一季度的平均值来预测下个月的销售额。移动平均法可以帮助估计多个指标。虽然它最常应用于估计未来的存货价格，但它也用于估计未来的收入。

要计算移动平均值，可以使用以下公式：

$$A_1 + A_2 + A_3 \cdots + A_N / N \tag{11-1}$$

式中：A 是一段时间内的平均值，N 是周期总数，使用加权平均来强调最近时期可以提高移动平均预测的准确性，具体方法是赋予最晚的期间更高的权重。

4. 简单线性回归

简单线性回归基于两个变量之间的关系预测指标：自变量和因变量。因变量代表预测量，而自变量是影响因变量的因素。

简单线性回归的方程为：

$$Y = BX + A$$

式中：Y 是因变量，即需要预测数字的项目；B 是回归线的斜率；X 是自变量；A 是截距项。

5. 多元线性回归

如果两个或多个变量直接影响公司的业绩，分析师可以使用多元线性回归。多元线性回归可以实现更准确的预测，因为它考虑了最终影响性能的多个变量。要使用多元线性回归进行预测，因变量和自变量之间必须存在线性关系。

上述不同的定量方法需要建立在对公司的基本业务的充分了解基础上进行预测，比如利润表中的财务费用通常与公司的销售额之间不存在线性关系，财务费用是由有息负债的规模和市场利率共同决定的。

11.4.2 定性技术

在预测未来公司的财务状况时，单纯的数字并不总是能说明全部情况。还有其他影响业绩且无法量化的因素，定性预测依赖于专家的知识和经验来预测绩效，而不是使用历史数据。这些预测方法经常受到质疑，因为它们比定量方法更主观。然而它们可以提供有价值的预测见解，并解释无法使用历史数据预测的因素。

1. 德尔菲法

德尔菲法需要引入咨询专家，后者通过分析市场状况来预测公司的业绩。分析师向专家进行问卷调查，要求他们根据他们的经验和知识对业务绩效进行预测，然后分析师汇总专家的分析并将其发送给其他专家征求意见。

2. 市场研究

市场研究对于组织规划至关重要，它可以帮助管理人员获得基于竞争、波动条件和消费者模式的全面的观点。市场研究对于初创公司也至关重要，因为初创公司没有历史数据可以依赖，所以定量分析法的大部分方法无法使用。初创公司可以从财务预测中受益，因为它对募资和在运营的最初阶段制定预算至关重要。

需要说明的是，无论使用什么方法进行财务预测都不能保证准确无误。虽然预测无法做到准确无误，但是它对内外部的投资决策至关重要。通过对影响公司业绩的不同因素进行假设，并基于不同假设进行预测，观察预测结果的敏感性，可以帮助公司管理者和投资人保持适度的灵活性，以应对可能出现的不同情况。

11.5 企业生命周期与预测方法选择

11.5.1 企业生命周期与预测方法

企业在发展的不同阶段需要面临不同的重大决策，对不同发展阶段的企业进行财务预测时需要考虑企业的重大决策对未来发展的影响，选择合适的预测方法，表 11-1 简要描述了不同阶段可能适用的预测方法。

表 11-1 企业生命周期与预测方法

决策及预测阶段	产品开发阶段	市场测试和产品引入阶段	快速增长阶段	稳定阶段
常见决策	开发投入金额 产品设计 商业战略	最优产能规模 营销策略：包括流通和定价	产能扩张 营销战略 生产计划 销售策略	促销 定价 产品计划 库存
预测方法	Delphi 法 可比产品的历史分析法 投入产出分析 专家意见	消费者调查法 市场测试法 试验设计法	市场调查法	时间序列分析和预测 因果和计量分析模型 生命周期分析

11.5.2 FCF 预测的五步法

1. 准备和分析历史财务数据

在预测未来财务状况之前，必须构建并分析历史财务数据。可以使用公司年度报告中的财务数据构建模型，也可以通过商业数据库获得公司的历史财务数据，在原始数据表上，按照最初报告的方式记录财务数据，切勿将多个数据合并到单个单元格中。在收集了原始数据之后，就可以使用这些数据构建一组扩展（或简化）的财务报表：利润表、资产负债表、现金流量表。

2. 建立收入预测

几乎财务报表上的每个项目都直接或间接地依赖于收入。可以使用自上而下（基于市场）或自下而上（基于客户）的方法来估计未来收入。自上而下的预测方法是通过确定市场规模、市场份额和预测价格来预测收入。而自下而上的方法是使用公司自己对现有客户的需求、客户流失率以及新客户潜力的预测。如果数据在可获得的情况下可以结合使用这两种方法来确定预测范围。

自上而下的方法可以应用于任何公司，对于成熟行业的公司来说，总体市场增长缓慢且基本上与经济增长和其他长期趋势一致，例如消费者偏好的变化。使用自上而下的方法是需要考虑公司未来的定位问题及公司是否拥有获取市场份额所需的产品和服务，其他竞争对手的产品和服务是否会取代该公司的产品和服务。短期内，自上而下的预测应建立在公司宣布的增长意图和能力的基础上。例如，零售商的新店开业计划是其收入增长的主要推动力，像默克这样的制药公司拥有一套固定的专利药物和正在进行临床试验的药物，也可以使用卖方分析师对公司收入的预测数据。

自上而下的方法从总体市场开始并预测渗透率、价格变化和市场份额，而自下而上的方法则依赖于对客户需求的预测。对于初创企业的预测，可以汇总各个主要客户预计的采购额来预测当前客户群的短期收入。

无论采用何种方法，长期收入预测难以做到准确。长期内客户偏好、技术和公司战略都会发生变化，这些难以预测的变化可以深刻地影响市场上现有的公司。预测时必须评估当前的预测是否与行业动态、竞争定位以及企业增长的历史证据相一致，可以使用多种情景来对不确定性进行建模。

假定 ABC 公司的财务报表的历史数据如下：资产负债表（见表 11-2）、利润表（见表 11-3）、现金流量表（直接法）（见表 11-4）、现金流量表（间接法）（见表 11-5），财务预测假设见表 11-6。ABC 公司 2024 年的销售增长率为 15%，预计公司 2024 年的营业收入为 2 300 万元。

表 11-2 ABC 公司的资产负债表（简化） 单位：万元

项目	2021 年 12 月 31 日	2022 年 12 月 31 日	2023 年 12 月 31 日
现金	101	138	183
应收账款	185	200	300
存货	155	180	200
流动资产合计	441	518	683
固定资产	572	700	700
累计折旧	（100）	（200）	（300）
固定资产净值	472	500	400
无形资产	0	0	0
资产总计	913	1 018	1 083
应付账款	65	60	50
应付短期票据	165	165	150
流动负债合计	230	225	200

（续）

项目	2021 年 12 月 31 日	2022 年 12 月 31 日	2023 年 12 月 31 日
长期借款	245	245	200
负债合计	475	470	400
所有者权益	438	548	683
负债及所有者权益总计	913	1 018	1 083

表 11-3　ABC 公司的利润表（简化）　单位：万元

项目	2021 年	2022 年	2023 年	项目	2021 年	2022 年	2023 年
营业收入	1 750	1 850	2 000	税前利润	137	147	181
营业成本	1 320	1 400	1 500	所得税	34	37	45
销售及管理费用	170	180	200	净利润	103	110	135
折旧费用	100	100	100	股利	—	—	—
利息费用	23	23	20	留存收益	103	110	135

表 11-4　ABC 公司的现金流量表（直接法）　单位：万元

项目	2021 年	2022 年	2023 年
一、经营活动产生的现金流量：			
销售商品、提供劳务收到的现金	1 735	1 835	1 900
收到的税费返还			
收到其他与经营活动有关的现金			
经营活动现金流入小计	1 735	1 835	1 900
购买商品、接受劳务支付的现金	1 345	1 430	1 545
支付给职工以及为职工支付的现金			
支付的各项税费	34	37	45
支付其他与经营活动有关的现金支出	170	180	200
经营活动现金流出小计	1 549	1 647	1 790
经营活动产生的现金流量净额	186	188	110
二、投资活动产生的现金流量：			
收回投资收到的现金			
取得投资收益收到的现金			
处置固定资产、无形资产和其他长期资产收回的现金净额			
处置子公司及其他营业单位收到的现金净额			
收到其他与投资活动有关的现金			
投资活动现金流入小计			
购建固定资产、无形资产和其他长期资产支付的现金	130	128	—
投资支付的现金			
取得子公司及其他营业单位收到的现金净额			

（续）

项目	2021 年	2022 年	2023 年
支付其他与投资活动有关的现金			
投资活动现金流出小计	130	128	—
投资活动产生的现金流量净额	–130	–128	
三、筹资活动产生的现金流量：			
吸收投资收到的现金			
取得借款收到的现金			
收到其他与筹资活动有关的现金			
筹资活动现金流入小计			
偿还债务支付的现金			45
分配股利、利润或偿付利息支付的现金	23	23	20
支付其他与筹资活动有关的现金			
筹资活动现金流出小计	23	23	65
筹资活动产生的现金流量净额	–23	–23	–65
四、汇率变动对现金及现金等价物的影响			
五、现金及现金等价物净增加额	33	37	45
加：期初现金及现金等价物余额	68	101	138
六、期末现金及现金等价物余额	101	138	183

表 11-5 ABC 公司的现金流量表（间接法） 单位：万元

项目	2021 年	2022 年	2023 年
经营活动的现金流量			
净利润	103	110	135
调整：			
折旧	100	100	100
应收账款的增加	15	15	100
存货的增加	20	25	20
应付账款的减少	5	5	10
应付票据的增加	23	23	5
经营活动的净现金流量	186	188	110
投资活动的现金流量			
购买固定资产	130	128	0
投资活动的净现金流量	–130	–128	
筹资活动的现金流量			
清偿债务			45
支付股利及利息	23	23	20

（续）

项目	2021 年	2022 年	2023 年
筹资活动的净现金流量	–23	–23	–65
现金及现金等价物的净增加额	33	37	45
期初现金	68	101	138
期末现金	101	138	183

表 11-6　财务预测假设

项目	数据	项目	数据
销售额上升	15%	应付票据（万元）	100
新购置固定资产（万元）	100	股利支付率	0%
资产折旧（万元）	50	应付票据利率	5%
新增固定资产折旧年限	—	长期债务利率	6%
原有固定资产折旧年限	7	税率	25%

3．预测利润表

有了收入预测，就可以预测与利润表相关的各个项目。可以通过以下三个流程来预测利润表的主要项目。首先是确定驱动利润表主要项目背后的驱动经济因素，利润表中的大部分项目都与收入有着某种比例关系。其次是估计预测比率，对于利润表上的每个行项目，计算每个比率的历史值，然后计算每个预测期的估计值。最后将预测比率乘以对其驱动因素的估计。

1）销售成本预测：由于利润表中的大多数项目都是由收入驱动的，因此大多数预测比率（例如销售毛利率）应用于对未来收入的估计，通常企业的毛利率会保持相对稳定。比如，ABC 公司的销售成本率在过去三年稳定在 75%，根据 2024 年的营业收入，预计公司 2024 年的营业成本为 1 725 万元。

2）营业费用预测：利润表中的销售费用、管理费用、研发费用通常与收入保持相对稳定的关系，可以根据预测的收入来预测上述营业费用。利润表有时会在营业费用中包括某些非营业项目，在预测之前，需要对历史的利润表进行调整，将持续性费用与一次性费用分开。ABC 公司 2023 年的销售及管理费用占营业收入的比例为 10%，假定这一比例保持不变，可以预测 2024 年的销售及管理费用为 230 万元。

3）折旧及摊销费用预测：可以将折旧及摊销费用（以折旧费用为例）预测为固定资产或无形资产（以固定资产为例）的百分比，固定资产是折旧费用的驱动因素，一家每隔几年就会进行大量资本支出的公司，由于折旧与固定资产直接相关，因此只有在固定资产投资支出后折旧费用才会增加。表 11-7 展示了折旧费用预测以及累计折旧在预测资产负债表上的列示金额。摊销费用的预测与折旧费用预测类似，需要考虑公司无形资产的变动和摊销期限。

表 11-7　固定资产折旧预测　　单位：万元

项目	新购置固定资产	原有固定资产	合计
原值	100	700	800
预计使用年限	5	7	
折旧费	20	100	120
期初累计折旧	0	300	300
期末累计折旧	20	400	420
固定资产净值	80	300	380

4）非经常性损益项目：非经常性损益由非营业性资产产生，例如对联营企业和合营企业的股权投资，由于非经常性损益通常不包括在自由现金流中，并且相应的非营业资产与核心业务分开估值，因此预测不会影响核心业务的价值。而预测的非营业收入会影响公司预测现金流量，比如非房地产企业将闲置厂房或者办公用房对外出租获取的租金，计入其他与经营活动相关的现金，会影响经营活动现金流。

5）利息费用与利息收入：利润表某些特定项目在经济上与特定资产或负债相关，例如，利息收入通常由现金和有价证券产生，利息收入的预测应与资产负债表中现金和有价证券的平均余额相关，可以用历史比率乘以预测的现金和有价证券余额得到预测的利息收入。同理，利润表中的财务费用与资产负债表中的有息负债密切相关，可以用预测利率乘以预测的有息负债余额得到预测的利息费用。利息支出（或收入）应直接与产生支出（或收入）的负债（或资产）挂钩。利息支出的适当驱动因素是总债务。

为了简化对利息费用的预测，可以使用上年债务而不是同年末债务来计算利息支出。债务的增加将导致利息费用上升，利润进一步下降。利润水平的下降再次需要更多的债务。为了避免这种反馈效应的复杂性，可以将利息支出计算为上一年总债务的函数，这种简化方法可以避免循环预测。利息支出的预测需要利润表中的数据和资产负债表。ABC 公司的利息费用预测如表 11-8 所示。

表 11-8　ABC 公司的利息费用预测　　单位：万元

项目	2023 年 12 月 31 日	2024 年 12 月 31 日（预测数）	利率	利息费用
应付短期票据	150	100	5%	=150 × 5%=7.5
长期借款	200	200	6%	=200 × 6%=12
利息费用合计				19.5

当公司的资本结构是预测的关键部分时，需要将债务分为两类：现有债务和新增债务。在偿还之前，现有债务和借款合同利率决定公司未来的利息支出，新增债务的利息支出应按当前市场利率进行预计。利息收入估计原理与利息支出类似，利息收入可以通过多种投资产生，包括多余现金、债券投资等。如果公司财务报表脚注详细说明了利息收入与产生收入的资产之间的历史关系（并且这种关系很重要），那么需要为每项资产进行单独的计算。

6）所得税费用：不能使用法定税率来预测所得税，由于税收优惠和抵免，许多公司的实际税率低于法定税率。可以根据公司的历史实际税负来预测公司的所得税费用，可以用所得税费用除以税前利润来估算。

ABC 公司 2024 年的预计利润表如表 11-9 所示。

表 11-9　ABC 公司 2024 年的预计利润表　　单位：万元

行次	项目	金额	预测方法	注释
1	营业收入	2 300	=2 000 ×（1+15%）	营业收入增长率 15%
2	营业成本	1 725	= 行 1 × 75%	2023 年营业成本率 75%
3	销售及管理费用	230	= 行 1 × 10%	2023 年销售费用率 10%
4	折旧	120		见表 11-7 折旧费用预测
5	利息费用	20		见表 11-8 利息费用预测

（续）

行次	项目	金额	预测方法	注释
6	税前利润	206	= 行 2– 行 3– 行 4– 行 5	
7	所得税	51	= 行 6 × 25%	所得税税率 25%
8	净利润	154	= 行 7– 行 6	
9	股利	0	= 行 8 × 0%	股利支付率 0%
10	留存收益	154	= 行 8– 行 9	

注：财务费用四舍五入，和表 11-8 有尾数差异。

4. 预测资产负债表：投资资本和非经营资产

预测资产负债表时需要考虑的第一个问题是直接预测资产负债表中的每个项目（存量）还是通过预测账户的逐年变化（流量）来间接预测。存量法将年末应收账款预测为收入的函数，而流量法则将预测应收账款的变化作为收入增长的函数。存量法相对更加合理，原因是资产负债表科目和收入（或其他数量指标）之间的关系比资产负债表变化和收入变化之间的关系更稳定，如表 11-10 所示。

表 11-10 ABC 公司资产负债表项目预测的存量法和流量法对比

项目	第一年	第二年	第三年	第四年
营业收入（万元）	1 000	1 100	1 200	1 300
应收账款（万元）	100	105	121	120
存量法：应收账款 / 营业收入（%）	10	9.5	10.1	9.2
流量法：应收账款变动 / 营业收入变动（%）		5.0	16.0	–1.0

表 11-10 中的例子中应收账款与收入的比率保持在 9.2% ~10.1% 之间波动，而应收账款变化与收入变化的比率则在 –1% ~16% 之间变化，波动巨大。

表 11-11 总结了资产负债表上最常见的经营性项目的预测驱动因素和预测比率。营运资本预测是预测性资产负债表的主要项目，营运资本不包括任何非运营资产（例如多余现金）和融资项目（例如短期债务和应付股利）。在预测营运资本时，通常以占收入或每天销售额的百分比来估计大多数行项目，两个例外是库存和应付账款，由于这两个账户在经济意义上与上游供应商的销售价格相关，因此将它们估计为销售成本或营业成本的百分比（假定期初和期末库存保持稳定的情况下，当期的销售成本与当期的采购成本高度相关）。

表 11-11 资产负债表项目的驱动因素和预测比率

项目	驱动因素	预测比率
应收账款	营业收入	应收账款 / 营业收入
存货	营业成本	存货 / 营业成本
应付账款	营业成本	应付账款 / 营业成本
预计费用（工资等）	营业收入	预计费用 / 营业收入
固定资产净值	营业收入或者销量	固定资产净值 / 营业收入

ABC 公司的资产负债表项目预测我们采用了销售百分比法进行预测，资产负债表营运资本需求也可以根据营运资本周转率进行预测，可以参考同行业内其他公司的或者公司历史营运资本周转率进行预测。

根据ABC公司2023年资产负债表相关项目与销售收入之间的关系预测ABC公司2024年的融资需求如表11-12所示。

表11-12　ABC公司2024年的融资需求预测

项目	2023年实际	2023年占销售额百分比	2024年预测数	项目	2023年实际	2023年占销售额百分比	2024年预测数
现金	183	9.17%	211	应付账款	50	2.50%	58
应收账款	300	15.00%	345	应付短期票据	150	7.50%	100
存货	200	10.00%	230	长期借款	200	—	200
固定资产	700		800	**负债合计**	400		358
累计折旧	（300）		420	权益	683		838
固定资产净值	400		380	融资需求			（29）
无形资产	0	—	0	**负债及所有者权益合计**	1 083		1 166
资产合计	1 083		1 166				

根据表11-12的相关预测结果，编制ABC公司2024年12月31日预计资产负债表，如表11-13所示。

表11-13　ABC公司2024年预计资产负债表　　单位：万元

现金	211	应付账款	58
应收账款	345	应付短期票据	100
存货	230		
流动资产合计	786	**流动负债合计**	158
固定资产	800	长期借款	200
减：累计折旧	420	**负债合计**	358
固定资产净值	380	权益	838
无形资产		**融资缺口（分红）**	–29
资产总计	1 166	**负债及所有者权益总计**	1 166

5．预测现金流量表

完成利润表和资产负债表预测后，需要根据预计利润表和资产负债表的变动（期末与期初相比）来编制现金流量表，ABC公司2024年的预测现金流量表如表11-14所示。

表11-14　ABC公司2024年的预测现金流量表

项目	行次	金额（万元）	预测方法
一、经营活动产生的现金流量	1		
销售商品、提供劳务收到的现金	2	2 255	预计2024年利润表营业收入＋资产负债表2023年12月31日应收账款余额－预测资产负债表2024年12月31日应收账款余额
收到的税费返还	3		

（续）

项目	行次	金额（万元）	预测方法
收到其他与经营活动有关的现金	4		
经营活动现金流入小计	5	2 255	等于行2+行3+行4
购买商品、接受劳务支付的现金	6	1 798	预计2024年利润表营业成本+资产负债表2023年12月31日存货余额－预测资产负债表2024年12月31日存货余额+资产负债表2023年12月31日应付账款余额－预测资产负债表2024年12月31日应付账款余额+资产负债表2023年12月31日应付票据余额－预测资产负债表2024年12月31日应付票据余额
支付给职工以及为职工支付的现金	7		
支付的各项税费	8	51	预计2024年利润表所得税
支付其他与经营活动有关的现金	9	230	预计2024年利润表销售及管理费用
经营活动现金流出小计	10	2 079	=行6+行7+行8+行9
经营活动产生的现金流量净额	11	176	=行5－行10
二、投资活动产生的现金流量	12		
收回投资收到的现金	13		
取得投资收益收到的现金	14		
处置固定资产、无形资产和其他长期资产收回的现金净额	15		
处置子公司及其他营业单位收到的现金净额	16		
收到其他与投资活动有关的现金	17		
投资活动现金流入小计	18		
购建固定资产、无形资产和其他长期资产支付的现金	19	100	融资需求预测新购置固定资产
投资支付的现金	20		
取得子公司及其他营业单位收到的现金净额	21		
支付其他与投资活动有关的现金	22		
投资活动现金流出小计	23	100	=行19+行20+行21+行22
投资活动产生的现金流量净额	24	–100	=行18–行23
三、筹资活动产生的现金流量	25		
吸收投资收到的现金	26		
取得借款收到的现金	27		
收到其他与筹资活动有关的现金	28		
融资需求（分红）	29	–29	融资需求预测
筹资活动现金流入小计	30	–29	=行26+行27+行28+行29
偿还债务支付的现金	31		
分配股利、利润或偿付利息支付的现金	32	20	融资需求预测股利+预计利润表利息费用

（续）

项目	行次	金额（万元）	预测方法
支付其他与筹资活动有关的现金	33		
筹资活动现金流出小计	34	20	= 行 31+ 行 32+ 行 33
筹资活动产生的现金流量净额	35	−49	= 行 30− 行 34
四、汇率变动对现金及现金等价物的影响	36		
五、现金及现金等价物净增加额	37	28	= 行 11+ 行 24+ 行 35
加：期初现金及现金等价物余额	38	183	资产负债表 2023 年 12 月 31 日的现金余额
六、期末现金及现金等价物余额	39	211	= 行 37+ 行 38

11.6 可持续增长率

可持续增长率（SGR）是公司无须通过额外发行股票或者借款为增长融资即可维持的最大增长率。可持续增长率是在给定公司的盈利能力、杠杆率、股利支付和资产周转率水平下可以实现的最大增长率（Higgins，1977），换句话说，可持续增长率是一家公司在不改变其财务或运营政策的情况下可以实现的最大增长速度。

可持续增长率涉及在不增加财务杠杆的情况下最大化销售和收入增长，明确可持续增长率可以帮助公司防止过度杠杆化并避免财务困境。

11.6.1 可持续增长率的重要性

可持续增长率是一个重要的衡量标准，因为它可以让公司准确了解业务扩张和股权融资需求之间的关系，并非所有的公司都希望寻求额外的合作伙伴或进行外部融资，因此可持续增长率允许公司利用自己的收入和资本实现增长。

可持续增长率可以作为衡量公司目前处于生命周期哪个阶段的有用指标。一般来说，可持续增长率越高，其潜在的上升空间就越大。一旦公司进入其生命周期的后期阶段，长期保持较高的可持续增长率可能会具有挑战性，因为扩张和增长的机会最终会随着时间的推移而消失。此外，消费者需求不断变化，新进入者将不可避免地试图扰乱市场，从现有公司手中夺取市场份额，从而导致更高的资本支出和研发投入。

11.6.2 可持续增长率的计算方法

可持续增长率和股利增长率可以使用 ROE 来估算，假设该比率大致符合或略高于同行平均水平。分析师通常使用 ROE 对股票增长率和股利增长率进行估计。

要估计公司未来的增长率，可以使用 ROE 乘以公司的保留利润率，保留利润率是公司保留其当期盈利的一定比例用于再投资而非分配股利给股东，从而实现未来增长。增长速度低于其可持续速度的股票可能被低估，或者市场投资者可能认为公司的风险较高。远远高于或低于可持续增长率的增长率都需要进行额外的分析。

首先，获取或计算公司的 ROE。ROE 通过将净利润与公司股东权益进行比较来衡量公司的盈利能力。然后，用 1 减去公司的股利支付率得到公司的留存收益率。股利支付率是作为股利支付给股东的每股收益的百分比。最后，将差额乘以公司的 ROE。

可持续增长率是公司在不改变资本结构的情况下，仅依靠内部盈利积累可以实现的股东权益的增长，计算公式如下：

可持续增长率（g）= 净资产（股东权益）变动额 / 期初净资产（股东权益）
= 净利润 × 留存收益比率 / 期初净资产（股东权益）
= 净利润 / 期初净资产（股东权益）× 留存收益比率
= 保留利润率 ×ROE=（1− 股利支付率）×ROE （11-2）

假设有两家公司的股本回报率和净利润相同，但保留利润率不同，这意味着它们各自将有不同的可持续增长率。可持续增长率是一家公司无须改变资本结构可实现增长的比率。可持续增长率的计算公式为 ROE 乘以保留利润率（或 ROE 乘以 1 减去股利支付率）。例如，A 公司的 ROE 为 15%，保留利润率为 70%。B 公司的 ROE 也为 15%，但保留利润率为 90%。对于 A 公司来说，可持续增长率为 10.5%（15% × 70%）。B 公司的可持续增长率为 13.5%（15% × 90%）。

根据前杜邦财务分析体系对 ROE 的分解，上述公式可以进一步分解为：

g ={ROA+［ROA− 利率 ×（1− 所得税税率）］×
（负债资本 / 股权资本）}×（1− 股利支付率） （11-3）

公司的可持续增长率的详细分解见图 11-1，从图 11-1 中可以看出，公司的可持续增长率受到盈利能力（ROE）和公司的股利政策（股利支付率）的共同影响，公司还可以通过改变盈利能力、分红政策或者是改变资本结构实现高于可持续增长率的增速。

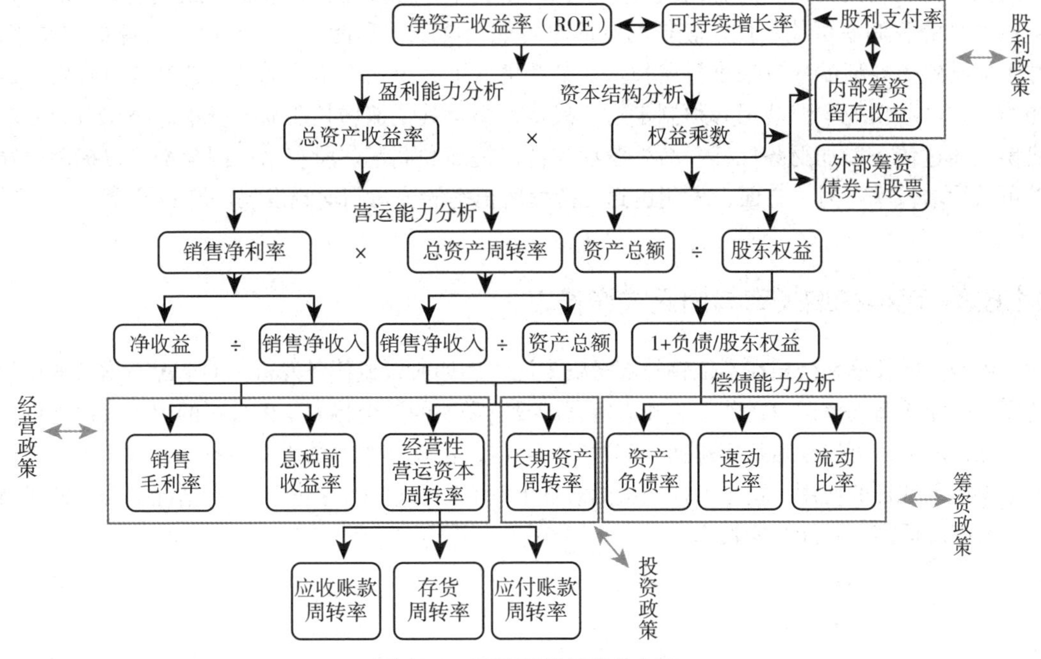

图 11-1 可持续增长率的分解

例 11-1：假设 ABC 公司的财务状况如下：归属于普通股股东的净利润为 5 000 万元，加权平均已发行股票 1 000 万股，年度股利为 2 500 万元，每股收益（EPS）和每股股利（DPS）可以使用这些假设来计算。

每股收益（EPS）=5 000/1 000=5.00（元）
每股股利（DPS）=2 500/1 000=2.50（元）

可以通过用 1 减去股利支付率来计算保留利润率，保留利润率 =1-（2.50/5.00）× 100%=50%

将净利润除以平均股东权益（我们假设为 2 亿元）来计算 ROE：

ROE=5 000/20 000 × 100%=25%

最后，可持续增长率可以通过保留利润率乘以净资产收益率来计算：

可持续增长率 =50% × 25%=12.5%

对于一家想要超过可持续增长率快速增长的公司而言，它需要最大限度地加大销售力度，并专注于高利润产品和服务（即提高销售利润率），此外，公司还需要加强对营运资本的管理，首先是库存管理（营运资本的周转率），管理层必须了解匹配和维持公司销售水平所需的持续库存。

管理应收账款的催收对于维持现金流和利润率至关重要，公司收回应收账款所需要的时间越长，其出现现金流短缺并难以为其运营提供适当资金的可能性就越大，公司需要承担额外的债务或股本来弥补现金流缺口。无法有效管理其应付账款和应收账款的公司会出现流动性的缺口，这类公司对于外源融资的依赖程度更高。

对于大多数公司来说，长期维持高增长率可能很困难，原因是随着收入的增加，公司的产品往往会达到销售饱和点。因此，为了保持增长率，公司需要扩展新产品或其他产品，而这些产品的利润率可能较低。较低的利润率可能会降低盈利能力，导致财务资源更加紧张，并可能导致需要新的融资来维持增长。在某些情况下，公司的增长速度会超过其自筹资金的能力。在这些情况下，公司必须制定财务战略，筹集其快速增长所需的资本。公司可以发行股票、通过债务增加财务杠杆、减少股利支付来提高利润率。所有这些因素都可以提高公司的可持续增长率。另一方面，未能达到可持续增长率的公司则面临发展停滞的风险。

11.6.3 可持续增长率与内涵式增长率

内涵式增长率是公司在不依赖外部融资来源（例如股票或债务发行）的情况下增长的最快速度。内涵式增长率假设运营资金和固定资产投资需要的资金将完全由公司的留存收益提供。

相比之下，可持续增长率包括外部融资的影响，但现有资本结构保持不变，由于可持续增长率考虑了杠杆的使用，这会增加回报的潜在上升空间和潜在的损失，一般情况下公司的可持续增长率应该高于内涵式增长率。

11.6.4　使用可持续增长率的局限性

实现可持续增长率是每个公司的目标，但一些阻力可能会阻止公司发展和实现可持续增长率。公司的预测和业务规划可能会削弱其实现长期可持续增长的能力。公司有时会将其增长战略与增长能力相混淆，错误地计算并估计其最佳可持续增长率。如果长期规划不佳，公司可能会在短期内实现高速增长，但无法长期维持这种增长。从长远来看，公司需要通过购建固定资产来进行再投资，这些固定资产包括房产、厂房和设备，因此，公司可能需要融资来为其长期增长提供资金。

可持续增长率的计算存在很多假设，尤其是关于公司的盈利能力、分红政策、资本结构保持相对稳定的假设，现实中公司的盈利能力、分红政策和资本结构可能受到外部环境的影响，尤其是竞争对手策略的影响，公司需要根据长期发展战略灵活调整资本结构。

本章小结

本章主要讨论编制预测财务报表的基本原则和程序。编制预测财务报表需要对公司未来的经营、投资和筹资活动做出大量假设，包括未来的销售额增长率、各种营运资本和固定资产的投资水平、公司的资本结构和股利支付等。预测财务报表的编制应该建立在对这些活动的合理预期基础上，以客观、现实地描述公司未来的业务发展。预测财务报表需要建立在不同假设情景下，并且考虑预测财务报表对不同假设的敏感性，可以使用 Excel 表格进行敏感性分析。

思考题

1. 可持续增长率与内涵式增长率有什么差异？
2. 公司的可持续增长率的影响因素有哪些？这些因素如何影响可持续增长率？
3. 可持续增长率分析有哪些局限性？

练习题

1. 桑德斯公司生产消费电子产品，其 2022 年和 2023 年部分利润表数据如表 11-15 所示。

要求：

（1）分析桑德斯公司的营业成本中固定成本和变动成本的比重。

（2）计算并确定桑德斯公司销售和管理费用的结构。

表 11-15　桑德斯公司 2022 年和 2023 年部分利润表数据

单位：百万元

项目	2022 年	2023 年
营业收入	8 296	8 871
营业成本	5 890	6 290
销售和管理费用	1 788	1 714
营业利润	618	867

（3）预计桑德斯公司未来几年的销售额将以以下百分比增长：第 1 年，12%；第 2 年，10%；第 3 年，8%；第 4 年，6%。使用要求（1）中得出的成本结构金额，预测桑德斯公司第 1 年至第 4 年的项目营业收入、营业成本、销售和管理费用以及营业利润。

（4）计算第一年至第四年营业利润与营业收入的比率。

2. 哈特公司设计、制造玩具并在国内和国际市场销售。2020 年销售额总计 40.22 亿元。2020 年年初应收账款总额为 6.55 亿元，2020 年年底应收账款总额为 6.12 亿元。

要求：

（1）使用平均余额计算公司 2020 年的应收账款周转率。

（2）哈特公司过去两年的复合年销售额增长率为 13.0%。假设该公司的销售额从第 1 年到第 5 年每年将继续以该速度增长，并且每年的应收账款周转率将等于 2020 年的比率。根据要求（1）中计算的应收账款周转率，预测年末至第 5 年的应收账款金额，并计算每个年末到第 5 年之间应收账款的百分比变化。

（3）考虑到销售平稳增长和销售额稳定的假设，你认为该公司应收账款的预测增长模式是否合理？

3. 本森特通过零售店和网络销售书籍，对于像本森特这样的零售商来说，库存是业务的关键要素，有必要拥有各种各样的商品。2020 年，本森特销售额总计 51.22 亿元，销售成本总计 35.41 亿元。库存是资产负债表上最大的资产，2020 年年底库存总计 12.03 亿元，2019 年年底库存总计 13.58 亿元。

要求：

（1）计算该公司 2020 年的库存周转率。

（2）该公司零售店数量保持相当稳定，销售额年复合增长率为 11.6%。假设商店数量保持不变，并且销售额在第 1 年和第 5 年之间每年继续以 11.6% 的速度增长。还假设未来的销货成本占销售额的百分比将等于 2020 年实现的百分比（这与过去三年的销货成本百分比非常相似）。使用（1）部分中计算的库存周转率来预测第 1 年到第 5 年年末的库存量。还计算 2020 年和第 5 年之间每个年末之间库存的百分比变化。考虑到销售平稳增长和销售成本百分比稳定的假设，你认为库存预测的增长模式是否合理？解释。

案例分析

ABC 公司 2021—2023 年财务报表和其他与预测相关的财务信息如表 11-16~ 表 11-21 所示。

表 11-16　资产负债表（简化）　　单位：万元

项目	2021 年 12 月 31 日	2022 年 12 月 31 日	2023 年 12 月 31 日
现金	73	83	100
应收账款	185	200	300
存货	155	180	200
流动资产合计	413	463	600
固定资产	572	700	700
累计折旧	（100）	（200）	（300）
固定资产净值	472	500	400
无形资产	0	0	0
资产总计	885	963	1 000

（续）

项目	2021 年 12 月 31 日	2022 年 12 月 31 日	2023 年 12 月 31 日
应付账款	65	60	50
应付短期票据	165	165	150
流动负债合计	230	225	200
长期债务	245	245	200
负债合计	475	470	400
所有者权益	410	493	600
负债及所有者权益总计	885	963	1 000

表 11-17　利润表（简化）

单位：万元

项目	2021 年	2022 年	2023 年	项目	2021 年	2022 年	2023 年
销售收入	1 750	1 850	2 000	利息费用	（44）	（44）	（38）
销售成本	（1 320）	（1 400）	（1 500）	税前利润	116	126	162
固定成本				所得税	（39）	（43）	（55）
变动成本				净利润	76	83	107
销售及管理费用	（170）	（180）	（200）	股利	0	0	0
折旧	（100）	（100）	（100）	留存收益	76	83	107

表 11-18　直接法下的现金流量表

单位：万元

项目	2021 年	2022 年	2023 年
一、经营活动产生的现金流量			
销售商品、提供劳务收到的现金	1 735	1 835	1 900
收到的税费返还	0	0	0
收到其他与经营活动有关的现金	0	0	0
经营活动现金流入小计	1 735	1 835	1 900
购买商品、接受劳务支付的现金	1 345	1 430	1 545
支付给职工以及为职工支付的现金	0	0	0
支付的各项税费	39	43	55
支付其他与经营活动有关的现金支出	170	180	200
经营活动现金流出小计	1 554	1 653	1 800
经营活动产生的现金流量净额	181	182	100
二、投资活动产生的现金流量			
收回投资收到的现金	0	0	0
取得投资收益收到的现金	0	0	0
处置固定资产、无形资产和其他长期资产收回的现金净额	0	0	0
处置子公司及其他营业单位收到的现金净额	0	0	0
收到其他与投资活动有关的现金	0	0	0

（续）

项目	2021 年	2022 年	2023 年
投资活动现金流入小计	0	0	0
购建固定资产、无形资产和其他长期资产支付的现金	131	128	0
投资支付的现金	0	0	0
取得子公司及其他营业单位收到的现金净额	0	0	0
支付其他与投资活动有关的现金	0	0	0
投资活动现金流出小计	131	128	0
投资活动产生的现金流量净额	（131）	（128）	0
三、筹资活动产生的现金流量			
吸收投资收到的现金	0	0	0
取得借款收到的现金	0	0	0
收到其他与筹资活动有关的现金	0	0	0
筹资活动现金流入小计	0	0	0
偿还债务支付的现金	0	0	45
分配股利、利润或偿付利息支付的现金	44	44	38
支付其他与筹资活动有关的现金	0	0	0
筹资活动现金流出小计	44	44	83
筹资活动产生的现金流量净额	（44）	（44）	（83）
四、汇率变动对现金及现金等价物的影响	0	0	0
五、现金及现金等价物净增加额	5	10	17
加：期初现金及现金等价物余额	68	73	83
六、期末现金及现金等价物余额	73	83	100

表 11-19 间接法下的现金流量表

单位：万元

项目	2021 年	2022 年	2023 年
期初现金	68	73	83
经营活动的现金流量			
净利润	76	83	107
调整：			
折旧	100	100	100
应收账款的减少	（15）	（15）	（100）
存货的减少	（20）	（25）	（20）
应付账款的增加	（5）	（5）	（10）
应付票据的增加	44	44	23
经营活动的净现金流量	180	182	100
投资活动的现金流量			

（续）

项目	2021 年	2022 年	2023 年
购买固定资产	（131）	（128）	0
投资活动的净现金流量	（131）	（128）	0
筹资活动的现金流量			
清偿债务			（45）
支付股利及利息	（44）	（44）	（38）
筹资活动的净现金流量	（44）	（44）	（83）
现金及现金等价物的净增加额	5	10	17
期末现金	73	83	100

表 11-20　历史财务比率及资本成本

项目	2021 年	2022 年	2023 年
盈利能力指标			
毛利率	24.57%	24.32%	25.00%
营业利润率	9.14%	9.19%	10.00%
息税折旧摊销前利润率	14.86%	14.59%	15.00%
销售净利率	4.36%	4.48%	5.35%
总资产收益率	8.62%	8.62%	10.69%
净资产收益率	18.62%	16.83%	17.82%
流动性指标			
流动比率	1.80	2.06	3.00
速动比率	1.12	1.26	2.00
现金流量对总负债的比率	0.43	0.45	0.59
营运资本	183	238	400
现金周期	63.47	70.75	91.25
偿债能力指标			
资产负债率	53.65%	48.81%	40.00%
长期债务 / 资本比率	37.40%	33.20%	25.00%
有形净值负债率	115.85%	95.34%	66.68%
利息保障倍数	3.61	3.84	5.26
固定费用偿付比率	2.03	2.08	2.37
经营效率指标			
总资产周转率	1.98	1.92	2.00
固定资产周转率	3.71	3.70	5.00
流动资产周转率	4.23	4.00	3.33
现金转换效率	10.31%	9.84%	5.00%

（续）

项目	2021 年	2022 年	2023 年
其他			
权益乘数	2.16	1.95	1.67
经营杠杆系数		1.09	2.18
财务杠杆系数		1.38	1.64
债务成本	10.80%	10.80%	10.86%
资本成本	11.50%	11.50%	11.50%
WACC	9.16%	9.37%	9.77%
EVA	45.63	43.07	53.88

表 11-21 企业的投融资策略

项目	2021 年	2022 年	2023 年
流动资产与销售额比率	23.62%	25.02%	29.99%
流动资产投资策略	流动资产与销售额比率上升，投资策略日渐宽松		
长期负债与权益与总资产的比率	73.98%	76.63%	80.00%
流动资产融资策略	长期资金来源支撑更多的资产，融资策略日渐保守		

要求：请根据历史财务信息和以下预测假设编制该公司 2024 年的融资需求预测、预测资产负债表、利润表和现金流量表。

预测假设：

1. 各种利息率及税率保持不变；

2. 销售成本，销售及管理费用，以及流动资产和流动负债（包括应收账款，存货和应付账款）都与销售额成正比例变化，销售及管理费用中，固定费用的比例一直维持 40%；

3. 其他项目假设如表 11-22 所示。

表 11-22 其他项目假设

项目	数据	项目	数据
销售额上升（%）	10	无形资产（万元）	0
新购置固定资产（万元）	100	应付短期票据（万元）	100
资产折旧（万元）	50	股利（万元）	24
应付票据利息（%）	12	无风险收益率（%）	4
长期债务利息（%）	10	市场组合预期收益率（%）	10
税率（%）	34	公司 β 系数	1.25

参考文献

[1] CHAMBERS J C，MULLICK S K，SMITH D D. How to choose the right forecasting technique［M］. Cambridge，MA，USA：Harvard University，Graduate School of Business Administration，1971.

公司股权的估值

■ 学习目标

1. 理解内在价值估值的基本原理；
2. 理解并能够熟练应用股利折现模型进行估值；
3. 理解并能够熟练应用现金流折现模型进行估值；
4. 理解并能够熟练应用剩余收益折现模型进行估值；
5. 了解不同的折现模型的适用情况以及优缺点，根据不同的估值需要合理选择估值方法；
6. 使用稳定增长、两阶段和三阶段 FCFF 和 FCFE 模型进行估值。

■ 导入案例

保全案件中的大连万达商业股权估值

2023 年，万科企业股份公司实控的海南万骏与大连万达集团（以下简称“万达集团”）在长春国际影都合作项目中产生了资金纠纷，进入仲裁流程，万科一方要求对万达集团 13.83 亿元财产进行保全。由于万达集团所持有的大连万达商业管理集团股份有限公司（以下简称“万达商业”）的股权均已在 4 月被质押，2023 年 6 月 5 日上海虹口法院对万达集团 10.95 亿元财产采取了保全措施，并冻结了万达集团持有的万达商业 19.79 亿股权（其中 4 527 万股为轮候保全）。

万达集团认为被保全的万达商业股权价额远超 2.88 亿元的保全缺额，于 6 月 15 日提起执行异议申请，请求法院按 65.62 元 / 股的标准计算，仅保留对 461 万股股权的保全。虹口法院随即解除了对万达商业 8.38 亿股股权的保全。万达集团于 6 月 28 日自行解除了持有万达商业股权的全部质押，虹口法院于 7 月 18 日又解除 8.55 亿股股份的查封，仍查封 2.86 亿股。

万达集团的观点：根据大华会计师事务所出具的审计报告，2022 年年末万达商业的股东权益（净资产）为 2 971 亿元，总股本为 45.27 亿股，对应每股净资产约为 65.62 元 / 股，应按此标准计算保全的股份数量。

万科一方的观点：万达商业的经营状况恶化，评估报告、审计报告和转让交易记录不具有参考意义，应按照注册资本，以每股 1 元来定价。

对法院来说，核心的要点在于：应该按什么标准对万达商业股权进行估值，并以此计算所需保全万达集团所持有的万达商业股权。

法院还可以参考的事实包括以下几点。

2018年1月，苏宁云商以95亿元购买大连万达商业3.91%的股权，对应价格为53.65元/股；2018年12月，永辉超市以35.31亿元买入万达商业1.5%股权，转让价格为52元/股。

2021年9月，万达商业将其持有的子公司珠海万达商管21.17%股权转让给22家战略投资者，获得投资额约为380亿元人民币（折合60亿美元）。万达商业保证珠海商管2021年预估实际净利润及2022年、2023年扣除非经常性损益的经审计净利润将分别不低于51.9亿元、74.3亿元及94.6亿元，如未达成，将以零对价转让股份或者支付现金补偿。如果珠海万达商管未能在2023年12月31日前在港交所上市，投资者可要求公司回购全部或部分股份，每股回购价格为投资对价获得每年8%的内部收益率产生的回报，加每股股份已宣派但未派付的股利之和。

大华会计师事务所2023年4月4日出具的审计报告显示，2022年年末万达商业的所有者权益（股东权益）合计为2 971亿元，其中归属于母公司所有者权益（股东权益）为2 932亿元，实收资本（股本）为45.27亿元。

2022年年底，北京三中院委托北京富川评估公司对万达商业股权的价值进行评估。基于万达商业2022年9月30日的合并资产负债表，北京富川评估公司采用资产基础法对其进行了评估，仅调整了万达商业的投资性房地产和无形资产（商业土地使用权）的价值，并于2023年1月6日出具了资产评估报告。其中最主要的调整是，北京富川评估公司将投资性房地产的账面价值4 544亿元调降为3 297亿元，增值率为−27.45%，这导致万达商业所有者权益从账面价值2 958亿元下降为评估值1 733亿元，增值率为−41.43%。再减去40亿元少数股东权益，归属于母公司所有者权益的评估价值为1 693亿元。

北京富川评估公司于2023年1月6日出具的资产评估报告认定，丁明山持有的万达商业1 160万股股权价额为3.94亿元（33.97元/股），该报告有效期至2023年9月29日。

2023年4月25日，北京三中院以评估结论的70%（即23.78元/股）设定起拍保留价，对1 160万股万达商业股权进行网络司法拍卖，但一拍流拍；此后，该案申请执行人申请按照一拍保留价接受以物抵债，2023年6月15日法院裁定同意。

2023年7月20日万达商业公告：标准普尔、惠誉、穆迪三家国际评级机构对公司信用评级进行调降，并维持负面观察展望，调整原因主要为：发行人公开市场再融资渠道暂未恢复、持续净偿还到期债务、子公司珠海商管上市进度不及预期、持有的部分股权被冻结等，流动性压力有所增加。万达商业国内外债券价格均暴跌。2023年7月28日，万达商业发布公告称，公司已完成“万达商业地产（香港）6.875% N20230723”美元债兑付。

2023年8月25日，万达商业以资本公积转增股本，每10股转增50股，公司总股本由45.27亿元增加至271.64亿元。

法院在裁决上述保全案件时，应该对万达商业的股权如何估值？在估值时还有什么因素需要加以考虑？

现金流折现是将证券的内在价值视为其预期未来现金流量的现值。当应用于股利时，DCF模型是贴现股利法或股利贴现模型（DDM）。在某种程度上，自由现金流比股利更有意义，并且分析师对自由现金流的估计有良好的经济技术基础，自由现金流模型在实际应用中具有很大的潜力。

本章首先讨论现金流折现（DCF）模型，之后将DCF分析扩展到通过评估公司自由现金流（FCFF）和股东自由现金流（FCFE）来评估公司及其股权价值。尽管股利是实际支付给股东的现金流，但自由现金流模型是基于可用于分配的现金流量。

公司的价值包括股权的价值和债权的价值。股权价值可以直接使用股东自由现金流（FCFE）进行估值，也可以首先使用企业自由现金流（FCFF）估计企业整体价值，然后从中减去非普通股资本（通常是债务）的价值，从而间接得出股权价值。在公司处于持续经营的情况下，债权通常在截至到期日的期限内即可兑现本息，其内在价值相对较为清晰。但股权则不然，其内在价值难以观测，只能基于大量假设进行预期和评估，因而评估结果往往具有巨大“噪声”。在本章，尽管我们采用自由现金流折现法等方法可以得出公司股权的具体价值评估，但该数值与现实世界市场定价之间的关系并不稳定。需要说明的是，基于众多假设的评估结果具有较强的脆弱性。当关键假设发生变化时，估值结果可能会产生巨大变动。

12.1　股权估值常用方法

在实操层面，基于企业在可预见的未来处于持续经营假设下，企业股权价值评估常用的方法有市场法、收益法和资产基础法。

12.1.1　市场法

市场法是指基于可比上市公司或者可比交易案例的估值情况，通过比较确定标的公司价值的方法。市场法属于相对估值法，因为其估值数据来源于市场，估值结果具有较强说服力。然而，市场法的一个重要假设是市场交易能够有效体现资产的合理价值。市场法的评估结果是否有效，较大程度上依赖于所比较基准估值的准确程度。我们根据所获取可比公司的数量、可比公司经营和财务数据的充分性及可靠性来判断是否应该采用市场法。

12.1.2　收益法

收益法是指将预期收益资本化或折现，并以此来确定标的公司价值的方法。收益法常用的模型包括股利折现模型和现金流折现模型，而后者又可以进一步细化为企业自由现金流折现模型和股东自由现金流折现模型。收益法属于绝对估值方法，评估结果体现的是公司股权的内在价值，采用的折现方法较为复杂，需要对公司未来的营业收入、成本、现金流等大量财务指标进行较强假设，在波动性较大的行业中所得出的估值结果稳定性不强。收益法强调的是公司资产未来预期的盈利能力，能较完整地体现公司的内在价值，适用的公司需要具有较为持续稳定的盈利模式和可靠的未来现金流。

12.1.3　资产基础法

资产基础法是指以标的公司在评估基准日的资产负债表为基础，对公司表内及可识别的表外各项资产、负债价值进行评估，进而确定标的公司价值的方法。该方法对标的公司现有资产、负债进行评估，能够较好地反映公司的资产重置价值，较为适用于重资产、资本密集型公司。但资产基础法的缺点是，较难反映公司客户资源、销售网络、品牌等无形资产的价值，也不能充分反映公司持续经营带来的未来现金流的价值，可能造成公司的价值被低估。

综合来看，三种不同的股权价值评估方法适用于不同类型的公司。在实践中，资产评估公司往往需要采用多种评估方法同时进行评估。例如，2006 年 12 月国务院国资委在《关于加强企业国有资产评估管理工作有关问题的通知》中要求：涉及企业价值的资产评估项目，以持续经营为前提进行评估时，原则上要求采用两种以上方法进行评估，并在评估报告中列示，依据实际状况充分、全面分析后，确定其中一个评估结果作为评估报告使用结果。该文件出台后，我国企业价值评估的实践往往采用二选一或三选一的做法。

12.2 收益法：股利折现模型

股利折现模型是将公司预期未来派发的现金股利以一定的折现率折算为现值以评估股票价值的方法，该方法是站在投资者的角度来考虑其未来所收取的现金流的内在价值。

公司根据自身不同的发展阶段会采用差异较大的股利政策。在成长期，公司的增速会高于市场平均增速，处于投资扩张阶段，现金分红比例较低，甚至不分红；在成熟期，公司增速放缓，不需要进行扩张性投资，往往具有充足的经营性现金流来满足维护性资本开支，可以提高现金分红比例；在衰退期，公司原有产品面临萎缩的市场机会，再投资所获收益较低，应维持较高现金分红比例，甚至卖出低效资产用多余资金对股东进行分配。

一般来说，股利折现模型对未来股利的增长通常采用永续增长假设和两阶段增长假设，永续增长股利模型见式（12-1）。

$$P_0 = \frac{D_1}{1+R} + \frac{D_2}{(1+R)^2} + \cdots + \frac{D_n}{(1+R)^n} = \frac{D_1}{R-g} = \frac{D_0(1+g)}{R-g} \qquad (12\text{-}1)$$

式中：D 是每股股利；R 是股票的折现率或股东要求的回报率；n 是第 n 年。

该方法依赖于对公司未来派发的股利有较为稳定的预期。值得注意的是，股利的永续增长率 g 不能太高，股票的折现率 R 需要大于股利的永续增长率 g。

例 12-1：假设公司 X 在 2024 年年初分配 2023 年现金红利，每股股利 1 元，市场预期公司的分红将以 5% 的速度永续增长，公司 X 的股东要求回报率为 10%，请根据股利折现模型估计 X 公司股票在 2024 年年初的价值。

$$P=1\times(1+5\%)/(10\%-5\%)=21\text{（元）}$$

在美国股票市场，大型蓝筹股通常进行相当稳定的现金分红。一般情况下，美股分红的每股金额不会随公司盈利的短期变动而波动。除非是公司判断盈利能力产生了较为长期的变化，公司才会宣布改变每股的现金分红金额，而此时市场往往会产生较为强烈的反应。

而在 A 股市场上，上市公司的现金分红政策通常与当年的税后净利润挂钩，比如，招商银行宣布的分红政策是原则上不低于 30% 的归属于普通股股东税后净利润。因此，A 股上市公司分红的每股金额会随着公司当年实际盈利的变化而波动。若因资本开支发生较大变化等原因需要调整分红政策时，公司通常会调整现金分配的比例，比如将分红的最低比例由 30% 上调为 50%。因为 A 股市场的分红金额更不稳定，股利折现模型对 A 股上市公司的适用性更差，只有少数盈利增长极为稳定的公司才较为适用。

12.3 收益法：企业自由现金流折现模型

现金流折现（discounted cash flow，DCF）模型是将公司未来产生的所有现金流量按照一定的折现率来计算现值的估值方法。前面提到的股利折现模型是站在股东的角度，现金流折现模型是站在公司的角度来评估未来收取现金流的内在价值。然而，由于上市公司存在代理成本等问题，公司收到的现金流与投资者（股东和债权人）所收到的现金流是不等值的，这个考虑对市场的实际估值会产生重要影响。

在使用现金流折现模型评估企业价值的时候，我们通常采用企业自由现金流（FCFF）来计算现金流。企业自由现金流指的是公司经营活动所产生的净现金流入减去资本开支所需后可以自由运用的资金，详细计算方法见第 8 章。对应所采用的折现率 r 应该是公司的加权平均资本成本（WACC），也就是包括股权和债权在内公司所有资本的要求回报率。一般来说，我们先对公司整体价值进行评估，再减去债权的价值从而得出公司股权的价值。

$$\mathrm{V}_t=\sum_{t=1}^{\infty}\frac{\mathrm{FCFF}_t}{(1+r)^t} \tag{12-2}$$

式中：V 是企业内在价值；FCFF 是企业自由现金流；r 是加权平均资本成本；t 是第 t 年。

值得注意的是，如果是对公司股权价值直接进行评估，也可以使用股票要求回报率 r_E 对股东自由现金流（FCFE）进行折现。股东自由现金流等于 FCFF 减去债务本息的支付。

与股利折现模型类似，自由现金流折现模型也应根据企业所处的发展阶段（处于成长期、成熟期还是衰退期）来对未来自由现金流的增长进行合理假设。最为简单的方法是假设企业未来将以恒定值稳定增长。但是，更为常见的是两阶段增长假设，将近期的转换增长期（例如高速增长期）和之后的稳定增长期进行不同的增长率假设。也可以采用三阶段增长假设，先假设公司以较高的速度增长一段时间，在过渡期间增长速度逐步下行，到了第三个阶段再以稳定的速度增长。

以下情况使用稳定增长模型：大公司的增长率接近于 GDP 增长、因面临管制而难以快速增长的公司、具备稳定增长特征（平均风险水平和再投资率）的公司。以下情况使用两阶段增长模型：大公司，以中速增长、有竞争或者进入门槛限制（比如专利保护）的公司。以下情况使用三阶段增长模型：小公司快速增长、存在进入限制、有明显不同于常规公司经营模式的公司。

被评估单位主营业务价值是指企业的经营性资产价值，被评估单位主营业务价值计算公式如下：

$$P=\sum_{i=1}^{n}\frac{\mathrm{FCFF}_i}{(1+r)^i}+\frac{\mathrm{FCFF}_{n+1}}{r\times(1+r)^n} \tag{12-3}$$

式中：P 为评估基准日的企业主营业务价值；FCFF_i 为详细预测期第 i 年企业自由现金流；FCFF_{n+1} 为详细预测期后企业自由现金流；r 为折现率（此处为加权平均资本成本，WACC）；n 为收益期；i 为详细预测期第 i 年。

12.3.1 估值模型中折现率的估计

在公司股权价值评估的过程中，折现率是极为关键的一个因素。在股利折现模型中，折现率是股权的资本成本或股东要求回报率。一般来说，我们采用第 10 章的资本资产定价模型（CAPM）来确定股权资本成本。

股权的资本成本或要求收益率为：

$$r_E = r_f + \beta \times (\overline{r}_m - r_f) \tag{12-4}$$

式中：β 是市场风险系数，反映一种股票与市场同向变动的幅度；r_f 是无风险报酬率；$(\overline{r}_m - r_f)$ 是市场风险溢价，反映未来较长期间市场组合预期收益率与无风险报酬率之差。

在估值时，需要注意的是，采用的无风险报酬率必须和现金流量预测时是同样的口径。如果投资分析是以名义现金流量进行的，无风险报酬率就必须是名义的无风险利率。在股权估值的分析中，可以采用长期政府债券的到期收益率作为无风险报酬率 r_f 的衡量指标，评估机构通常使用剩余到期年限 10 年以上国债的到期收益率平均值作为无风险报酬率的代表。

市场风险溢价在 CAPM 模型中也是一个重要的参数，所衡量的是投资者从无风险资产转移至市场平均风险投资时要求获得的风险补偿收益，受投资者的风险偏好和市场投资的风险状况这两个因素影响。

投资者往往采用较长历史时期的实际市场风险溢价数据作为对未来市场风险溢价的预测。不同市场中的投资者因计算方法不同可能得出差异较大的估计结果。例如，是从 1926 年算起还是从 1984 年算起，是采用算术平均法或是几何平均法，对美国市场风险溢价的估计结果都会不同。

在国内，评估机构采用 A 股市场设立至今的平均年回报率（例如：上证综指和深证成指年收益率几何平均值的算术平均值）减去无风险报酬率来估计我国的市场风险溢价 $(\overline{r}_m - r_f)$。

在实务中，评估机构往往还在 CAPM 模型的最后增加一个企业特有风险的调整项 α，该调整往往具有较强的主观性。

$$r_E = r_f + \beta \times (\overline{r}_m - r_f) + \alpha \tag{12-5}$$

12.3.2 贝塔系数的估计

在运用 CAPM 模型估计 r_E 的过程中，对贝塔系数的估算最为复杂和关键。

对上市公司而言，若公司的业务和系统性风险较为稳定，根据资本资产定价模型可以对其历史股票回报率和市场回报率进行回归得出对股票 β 的估计。

$$\text{CAPM：} r_i = r_f + \beta \times (r_m - r_f) = r_f \times (1 - \beta) + \beta \times r_m \tag{12-6}$$

回归模型：$r_i = a + b \cdot r_m$

回归模型中的斜率 b 就是对股票 β 值的估计；回归模型中的截距 a 则可以作为基于资本资产定价模型的股票实际市场表现的一种衡量指标。比如，如果发现 a 大于 r_f（$1-\beta$），说明股票在风险调整后的表现超出预期。

采用统计回归直接得出 β 值的估计方法还存在一些问题。首先是，贝塔值随着我们所选择的时间段和收益率的频率可能产生变化。评估的时候，是采用过去一年、三年还是五年的样本期间，是使用日收益率、周收益率还是月收益率，会对 β 值的预测结果产生较大影响。此外，若因为非系统性风险的因素导致公司股票价格大幅波动，或者公司的主营业务在特定期间发生了较大的变化，都会对 β 值的回归结果产生重要影响。

较为常见的另一个方式是参考同行业上市公司的 β 值进行评估，因为基于行业 β 值的估算较直接对单个公司进行 β 值的统计回归所受到的“噪声”影响更小。若被评估对象是非上市公司，更是只能采用这个方法。

公司股权的 β 由两个因素决定，公司资产的 β 值和财务杠杆。公司所处的行业及经营杠杆的运用决定了资产的系统性风险。

强周期行业的公司往往具有较大的系统性风险。一家公司所处行业对市场状况的变动越敏感，其周期性就越强，β 值就越高。例如，房地产、钢铁等强周期行业的公司往往具有较食品、饮料等弱周期行业更高的 β 值。

经营杠杆是企业息税前盈利变动率与销售额变动率之间的比率。通常，一家公司成本结构中固定成本的比重越大，其经营杠杆越高，系统性风险 β 值越大。也就是说，在同一个行业，商业模式上采用更高经营杠杆会放大公司的系统性风险。

此外，公司运用的财务杠杆会放大其资产的系统性风险；对于资产较为接近的同行业公司，高杠杆公司的股权具有更大的系统性风险，而低杠杆公司股权的系统性风险更小。

在实务中，许多强周期行业的公司往往不愿意使用高财务杠杆，以避免在周期底部陷入财务困境；而弱周期行业的公司经营较为稳定，则可以承受更高的财务杠杆。例如，水电等公用事业企业具有较低的 β 值，采用了较高的负债率进行水电站的建设和运营。

12.3.3　资产 β 与股权 β 的转换

公司股权的 β（β_E）也被称为考虑财务杠杆的 β；公司资产的 β（β_A）也被称为不考虑财务杠杆的 β。一般情况下，负债的贝塔系数很低，可以假设为零。那么，两者之间的换算公式如下：

$$\beta_E = \beta_A \times \left[1 + \frac{D}{E} \times (1 - T)\right] \tag{12-7}$$

当公司采用的付息债务是零（没有运用财务杠杆），β_E 等于 β_A；在公司运用了财务杠杆的情况下，β_E 大于 β_A。

评估某特定公司的 β_E，可以将其所处同行业可比上市公司股票的 β_E 转换为 β_A，进而计算出行业资产 β 的平均水平值（假设该公司资产的 β 与行业平均水平相当），再根据公司的资本结构计算该公司的 β_E（公司股权的 β）。

值得注意的是，在式（12-7）中对财务杠杆的衡量只考虑付息债务价值 D 和权益价值 E，应付账款等非付息债务的运用不直接影响 β 的转换。

12.3.4 A公司股权资本成本的计算案例

例 12-2：假设A公司所在行业有三个可比公司X、Y、Z，可比公司的β_E、付息债务的账面价值、股票的市值和实际税率如表 12-1 所示；A公司的付息债务账面价值、股票市值和实际税率如表 12-1 所示；假设债务的β为零，估算A公司的β_E。假设无风险报酬率为3%，市场风险溢价为7%，根据CAPM模型估计A公司的股权资本成本r_E。

表 12-1 A公司和可比公司主要数据

公司	β_E	D（亿元）	E（亿元）	T	D/E
X	0.8	10	90	25%	11.1%
Y	1	20	80	25%	25%
Z	1.5	50	50	15%	100%
A		40	60	25%	66.7%

先利用公式算出X、Y、Z公司资产的β_A（无财务杠杆的β）

$$\text{X 公司的 } \beta_A = 0.8/(1+0.111\times0.75)=0.739$$
$$\text{Y 公司的 } \beta_A = 1/(1+0.25\times0.75)=0.842$$
$$\text{Z 公司的 } \beta_A = 1.5/(1+1\times0.85)=0.811$$
$$\text{行业加权平均 } \beta_A = (100/300)\times0.739+(100/300)\times0.842+(100/300)\times0.811=0.797$$

假设A公司的资产为$\beta_A = 0.797$，A公司的权益贝塔为：

$$\text{A 公司的 } \beta_E = 0.797\times[1+66.7\%\times(1-25\%)]=1.2$$

根据CAPM模型，得到A公司的股权资本成本r_E为：

$$r_E = r_f + \beta_E(r_m - r_f)=3\%+1.2\times7\%=11.4\%$$

12.3.5 加权平均资本成本的计算

在运用自由现金流折现模型对企业价值评估时，折现率应该是公司的加权平均资本成本，是股权资本成本和债务资本成本的加权平均，也被称为公司资本成本。

$$\text{加权平均资本成本} = \left(\frac{E}{E+D}\right)\times r_E + \left(\frac{D}{E+D}\right)\times r_D \times (1-T) \tag{12-8}$$

式中：E是股权价值；D是付息债务价值；T是公司的所得税税率；r_D是税前负债成本；r_E是权益成本。

相较于股权的资本成本r_E，债权的资本成本r_D在大多数情况下较为易于估算。通常，我们仅需考虑付息债务。比如，我们可以将公司银行贷款和发行债券等付息债务的利率进行加权

平均即可得出 r_D。代入上述公式后，我们可以求出公司的加权平均资本成本。

采用加权平均资本成本对公司的未来企业自由现金流进行折现，可以得到公司有效经营性资产的价值，再对非经营性、溢余资产[㊀]和负债进行调整，可得到企业整体价值。最后，将企业整体价值减去付息债务价值即可得到股东权益的内在价值。

12.3.6　A 公司加权平均资本成本的计算案例

例 12-3：前面我们已经估计了 A 公司的股权资本成本 r_E 为 11.4%，现在 A 公司的资本结构如表 12-2 所示，请估计其加权平均资本成本。

表 12-2　A 公司资本结构

项目	总股本数（亿股）	股价（元 / 股）	价值（亿元）	占比
普通股	10	6	60	60%
短期借款			10	10%
一年内到期的长期贷款			10	10%
长期债券			20	20%
总价值			100	100%

同时我们也可以查到 A 公司各类付息债务的年利率，如表 12-3 所示。

表 12-3　A 公司债务成本

借款类型	年利率	借款类型	年利率	借款类型	年利率
短期借款	3%	一年内到期的长期贷款	5%	长期债券	4%

A 公司的债务成本为

$$r_D=(10/40)\times 3\%+(10/40)\times 5\%+(20/40)\times 4\%=4\%$$

A 公司加权平均资本成本（WACC）的计算公式为：

$$r_{\text{WACC}}=(60/100)\times 11.4\%+(40/100)\times 4\%\times(1-0.25)=8.04\%$$

㊀ “溢余资产”是相对于“有效资产”而言的，溢余资产指不能参与生产经营，不能对企业盈利能力做出贡献的相对过剩及无效的资产。如，闲置的固定资产，虽然历史上属于经营性资产（计入固定资产账户），但在被评估企业价值时已失去经营能力和获利能力。《企业国有资产评估报告指南》讲解，溢余资产是指与企业收益无直接关系的资产，包括非经营性资产、无效资产等。溢余资产可以理解为企业持续运营中并不需要的资产，如多余现金、有价证券、与预测收益现金流不直接相关的其他资产。非经营性资产是指不参与企业生产经营的资产，但有些对于经营性资产配套是必需的。根据该讲解，溢余资产与非经营性资产的关系为：一般来说非经营性资产是溢余资产，但是溢余资产并不全部是非经营性资产。经营性资产和非经营性资产均可能作为溢余资产，因为溢余资产是在预测未来经营期间的现金流中所未能涵盖或者不需要的资产。

12.3.7 自由现金流折现模型适用情形

自由现金流折现模型适用于被评估企业经营稳定、未来期间有持续的现金流流入，且能够对未来现金流做出合理预测的情形；评估人员需了解被评估企业未来经营发展，且能合理预测企业的经营情况和发展速度。

12.4 收益法：剩余收益折现模型

股权价值剩余收益模型已成为投资实践和研究中广泛认可的工具。剩余收益等于净利润减去普通股机会成本，它是考虑公司所有资本成本后的剩余或剩余收入。剩余收益折现模型克服了传统会计核算方法的缺点，利润表以利息费用形式考虑了债务资本成本费用，但不考虑股权资本成本费用，可能导致管理者把股权资本视为免费的资本来源。盈利的公司如果其盈利不超过其股本成本，则可能仍然无法真正为股东增加价值。剩余收益折现模型明确承认用于产生收入的所有资本的成本，包括股权资本和债权资本。

剩余收益理论最早可以追溯到 19 世纪末的阿尔弗雷德·马歇尔（Alfred Marshall，1890）。早在 20 世纪 20 年代，通用汽车就使用这一概念来评估业务部门的业绩。剩余收益有时被称为经济利润、异常收入或经济增加值（EVA）。

剩余收益的计算方法为净利润减去股权资本成本的扣除额。扣除额称为股权资本成本，等于股本乘以所需的股本回报率。

经济增加值是剩余收入概念的商业实现。EVA=NOPAT-（C%×TC），其中 NOPAT 是税后经营业务净利润，C% 是资本成本百分比，TC 是总资本。

我们可以将每股剩余收益预测为预测每股收益减去所需要的股本回报率乘以每股期初账面价值。或者，每股剩余收益可以通过每股期初账面价值乘以预测股本回报率与所需股本回报率之间的差额来预测。在剩余收益模型中，一股普通股的内在价值是每股账面价值与预计未来每股剩余收益的现值之和。公司的价值（或公司的股权）可以是三个组成部分的总和：① 原始投资资金，即投资者（股东）最初投入的资金的起始价值；②正常投资资本回报率，即资本成本；③超额回报，即高于正常回报率的异常收入（剩余收益）。在剩余收益折现模型中，普通股内在价值的等效数学表达式为：

$$V = BVE_0 + \frac{NI_1 - r_e \times BVE_0}{(1+r_e)} + \frac{NI_2 - r_e \times BVE_1}{(1+r_e)^2} + \frac{NI_3 - r_e \times BVE_2}{(1+r_e)^3} + \cdots + \frac{NI_t - r_e \times BVE_{t-1}}{(1+r_e)^t} \tag{12-9}$$

式中：BVE_0 是期初净资产账面价值；NI 是净利润；r_e 是股权资本成本；V 是股票价值。

剩余收益折现模型的基本步骤如下。

1）找到最近年度的资产负债表的股东权益账面价值。

2）预计预测期内各期利润与股利情况。

3）根据当前股东权益的账面价值和预测的未来收益与股利情况，预测公司未来的股东权益账面价值，期末股东权益的账面价值 = 期初股东权益账面价值 + 当期利润 - 股利。

4）根据预计的未来收益与股东权益的账面价值情况，计算各期的剩余收益。

5）将剩余收益贴现，计算得到现值。

6）计算公司在预测期末的持续价值。

7）将持续价值贴现，计算得到现值。

8）将1）、5）和7）的计算结果相加，得到股东权益价值。

例 12-4：ABC 公司在预测期内（从第 1 年到第 4 年），每股净资产的账面价值最初为 20.00 元，公司的净资产每年将增加 2.00 元，在第 4 年年初达到 26.00 元。在同一时间范围内，该公司第一年的每股收益（EPS）为 2.50 元，在预测期内的剩余时间内将分别以 20.00%、12.00% 和 7.00% 的增长率增长。

我们假设股权资本成本为 10.00%。每股剩余收益可以通过从每个期间的每股收益（EPS）中减去相应的股权费用来确定。完成后，我们必须使用权益成本将每股剩余收益折算回当前日期。例如，第 4 年每股剩余收益的现值（PV）为 0.68 元。每股剩余收益现值（PV）= 1.00/（1+10%）^{4}= 0.68（元）。

在最后一步中，我们将每股净资产的初始账面价值添加到公司剩余收入的现值（PV）之和中。

每股期初账面价值 = 20.00 元

剩余收益现值（PV）= 2.51 元

预计每股股本价值 = 20.00 + 2.51=22.51（元）

总之，从剩余收益折现模型得出的每股隐含股权价值（或股票价格）在第 4 年年初为 22.52 元，具体计算过程如表 12-4 所示。

表 12-4　剩余收益折现模型估值计算过程

项目	当前（*T*=0）	第 1 年	第 2 年	第 3 年	第 4 年
预测期		1	2	3	4
期初账面价值（元）		20.00	22.00	24.00	26.00
年度增长（元）			2.00	2.00	2.00
ESP 增速			20.00%	12.00%	7.00%
EPS（元）		2.50	3.00	3.36	3.60
资本成本		10.00%	10.00%	10.00%	10.00%
剩余收益（元）		0.50	0.80	0.96	1.00
现值系数		0.9091	0.8264	0.7513	0.6830
剩余收益现值（元）		0.45	0.66	0.72	0.68
剩余收益现值之和（元）	2.51				
每股价值（元）	22.51				

例 12-5：例 12-4 中我们只估计了明确预测期（4 年）的情况，未考虑 4 年之后的剩余收益，也未考虑公司的股利支付情况，现实中需要考虑永续期的剩余收益以及公司的股利支付政策，假定例 12-4 中 ABC 公司 4 年后剩余收益保持 4% 的永续增长，同时从第四年之后（含第 4 年）公司的股利支付率为 20%，在预测期内的剩余时间，每股收益（EPS）将分别以 20.00%、13.30%、5.80% 的速度增长，我们重新估算该公司的股权价值。

计算的基本过程同例 12-4，结果见表 12-5。

表 12-5 剩余收益法估值计算过程——考虑股利及永续增长

项目	当前（T=0）	第 1 年	第 2 年	第 3 年	第 4 年
预测期		1	2	3	4
期初账面价值（元）		20.00	22.00	24.00	26.00
年度增长（元）			2.00	2.00	2.00
ESP 增速			20.00%	13.30%	5.80%
EPS（元）		2.50	3.00	3.40	3.60
每股股利（元）		0.50	1.00	1.40	1.60
资本成本		10%	10%	10%	10%
剩余收益（元）		0.50	0.80	1.00	1.00
现值系数		0.909 1	0.826 4	0.751 3	0.683 0
剩余收益和股利的现值（元）		0.91	1.49	1.80	1.78
剩余收益现值之和（元）	5.98				
永续价值（元）					45.00
永续价值现值（元）	30.74				
每股价值（元）	56.71				

同表 12-4 不同的是，我们还需要考虑股利带来的折现价值，将四年的每股股利和剩余收益分别加总后再进行折现可得 0.91 元、1.49 元、1.80 元和 1.78 元，其总和为 5.98 元。

此外，我们还需要考虑公司第四年以后保持永续增长未来永续期间的剩余收益 = 第 4 年（剩余收益 + 股利）×（1+ 永续增长率）/（资本成本 – 永续增长率）=（1.6+1）×（1+4%）/（10%–4%）=45.00 元。

然后将永续值折现到当前得到现值 30.74 元，公司的每股价值 =5.98+30.74+20=56.72 元。

剩余收益受以下两大因素的影响。

1）普通股权益报酬率。如果预计公司的投入资本回报率（ROIC）等于普通股权益的必要报酬率，那么，剩余收益就等于 0，此时，评估价值 = 账面价值。如果预计的 ROIC 大于普通股权益的必要报酬率，那么，评估价值 > 账面价值。如果预计的 ROIC 小于普通股权益的必要报酬率，那么，评估价值 < 账面价值。

2）企业投资资本（净资产加上有息负债）的增长情况。剩余收益会随着 ROIC 和投入资本的变动而变化，剩余收益估值在股权的账面价值基础上加上预期未来剩余收益带来的增值。

避免为规模推动的利润支付过高的价格（如果规模扩大未带来超过预期收益的利润，则不创造价值）。剩余收益估值不受股利、股份发行、回购的影响，但是如果股票发行或者回购价格不反映公允价值，可能影响现有股东和潜在股东之间的价值分配。

由于 FCFF 是流向公司所有投资者的税后现金流量，因此可以根据预测的 FCFF 按照企业加权平均成本折现得到公司的整体价值，然后通过从公司价值中减去债务价值来得出股权价值。另外一种估值思路是直接将预测的 FCFE 按照股权资本的成本进行折现直接得到股权的价值。如果公司的资本结构相对稳定，FCFE 比 FCFF 使用更直接、更简单。对于 FCFE 为负的高杠杆公司来说，可以使用第一种思路对股票进行估值，分析师将折现 FCFF 以求出经营资产的现值，加上现金和有价证券以获得公司总价值，然后减去债务的市场价值以求出股权的内在价值。

12.5　估值需要考虑的特殊因素

12.5.1　缺少流动性折扣

目前在大多数采用收益法的评估报告中，对公司部分股权的市场价值进行评估的方法一般都是先得出股东全部权益价值，再对缺乏控制权和缺少流动性带来的影响进行提示，而非直接量化估算。然而，根据现有学术研究，控制权和流动性对公司股权的估值带来的综合影响可以达到估值的 50%（李忠余和王慧，2020），如不进行明确估算并在交易价格中加以考虑，可能对相关利益者带来巨大损失。例如，在国有上市公司对民营非上市公司的少数股权收购中，如不考虑缺少流动性折扣和少数股权折价，就有可能造成国有资产流失和中小股东利益受损。

非上市公司股权流动性较差，投资者难以快速非贬值地变现股权资产，这导致非上市公司的股权价值一般低于上市公司。但是，在估值时参考的同行业公司往往都是上市公司，因此其股份价额的评估需要考虑缺少流动性导致的折扣。

1．流动性折扣估值方法

第一种方法是在对股东权益价值评估的基础上来考虑缺少流动性折扣，也就是将原有评估结果乘以（1—缺少流动性折扣率）来作为最终评估结果。国内资产评估行业对缺少流动性采用的折扣经验数在 25% 左右（胡晓明，2016）。

第二种方法是在 CAPM 中最后的特有风险调整项 α 中对流动性风险进行考虑。例如，可以考虑将 α 设为 2% 以反映非上市公司因缺乏流动性所带来的股权融资成本上升。

$$r_E = r_f + \beta \times (\overline{r}_m - r_f) + \alpha \qquad (12\text{-}10)$$

李忠余和王慧（2020）认为，非上市公司的控股股东可以通过促成公司上市来克服流动性问题，而少数股东却没有这个选择权，因此采用收益法评估非上市公司的控制权价值在一般情况下可以不考虑缺少流动性折扣，即使考虑也不超过实施股票发行上市的成本，但在对少数股权的估值中则需考虑缺乏控制权和缺少流动性的影响，如图 12-1 所示。

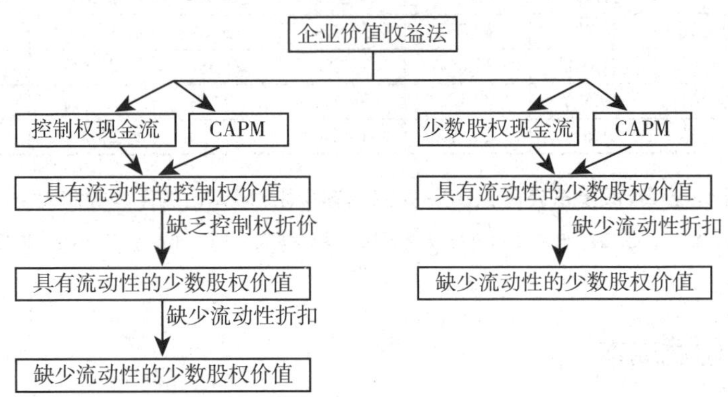

图 12-1　企业价值收益法还需考虑控制权和流动性

资料来源：李忠余，王慧. 关于企业价值收益法评估中少数股权折价及流动性折扣的量化考虑［J］. 中国资产评估，2020（3）：54-57.

2．流动性折扣率的确定方法

股权流动性折扣通常可参考看跌期权法的分析结果确定，或参考第三方机构的统计分析数据，结合行业经验确定。采用看跌期权法评估非上市公司股权的流通受限因素是利用看跌期权定价模型衡量因流通受限导致的股权价值折损，并以此作为非上市公司股权与上市股票间流动性差异的参考。

12.5.2 控制权溢价、少数股权折价

作为一种股东权益，控制权使得控股股东在战略、人事、经营等方面具有非控股股东无法拥有的决定权。公司的控股股东或实际控制人可利用控制权得到与其所持股权份额比例不对等的超额利益，因此控股股东所持有的股份往往具有超出少数股东所持有股份的溢价。在某种程度上，控制权溢价抑或少数股权折价也是控股股东和少数股东之间代理成本的一种体现。

公司控制权溢价在国内外已得到较为广泛的研究，因此在企业价值评估实践中需要予以考虑。例如，崔劲、殷霞和张莹（2023）采用大额股权交易溢价法对 2016 年至 2021 年间所有 A 股上市公司控制权转移的股权交易进行研究，发现中国上市公司的平均控制权溢价在 10%~30% 的范围（见图 12-2）。具体而言，控制权溢价的水平受公司规模、所有制性质、盈利能力、所处行业和交易特征等因素的影响。例如，在受让方为国有性质的交易中，控制权溢价为 15%，而在受让方为非国有性质的交易中控制权溢价就大幅提高至 26%。

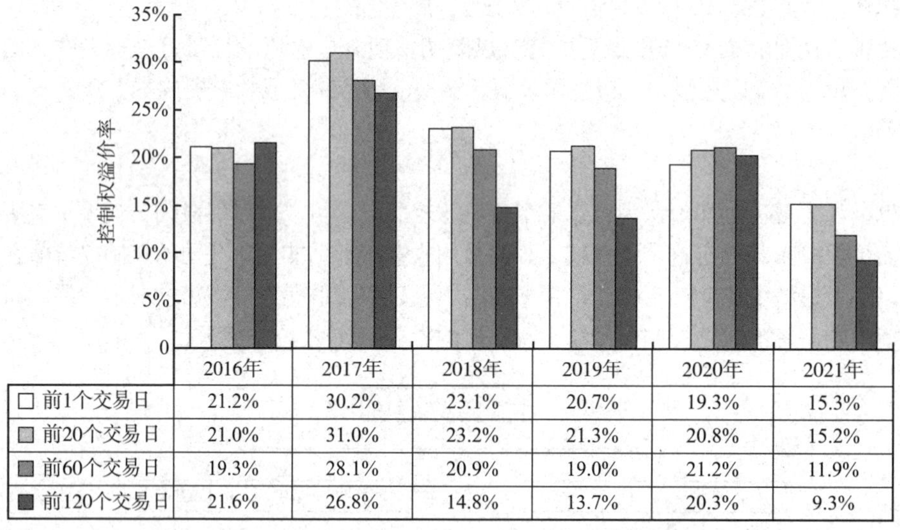

	2016年	2017年	2018年	2019年	2020年	2021年
□ 前1个交易日	21.2%	30.2%	23.1%	20.7%	19.3%	15.3%
前20个交易日	21.0%	31.0%	23.2%	21.3%	20.8%	15.2%
前60个交易日	19.3%	28.1%	20.9%	19.0%	21.2%	11.9%
■ 前120个交易日	21.6%	26.8%	14.8%	13.7%	20.3%	9.3%

图 12-2　A 股上市公司 2016—2021 年不同比较基准的平均控制权溢价

资料来源：崔劲，殷霞，张莹．中国资本市场控制权溢价实证研究［J］．中国资产评估，2023（3）：53-65.

12.5.3 财务困境成本

财务困境成本（financial distress cost）分为直接成本和间接成本。直接财务困境成本来自不同求偿人和权益所有者间进行协商和谈判的交易成本，包括律师和会计师等相关费用以及管

理层消耗在处理债务相关事务上的时间价值等成本。

而间接财务困境成本所涉及的维度则更为广泛。即使是公司尚未进入破产状态，但只要公司陷入财务困境，就会损害包括供应商、客户、雇员和债权人等交易方的财务利益关系体系，从而产生间接财务困境成本（见表 12-6）。Andrade 和 Kaplan（1998）评估在美国市场企业的间接财务困境成本为 10%~17%。吕长江和韩慧博（2004）认为我国上市公司的间接财务困境成本为企业价值总额的 25%~36.5%，负债率越高的企业，其财务困境成本越大。例如，若公司遭遇了境内外评级集中下调，说明公司面临着较大的流动性压力，是处于财务困境的体现。此时，对公司股权的估值需要考虑间接财务困境成本。

表 12-6 间接财务困境成本的来源及结果

来源		结果
供应商	供应商对财务困境企业的持续经营持怀疑态度将损害企业与供应商之间的业务关系	供货减少，交易费用上升
客户	客户对财务困境企业的持续经营持怀疑态度将损害企业与客户之间的业务关系	企业的销售、盈利和商誉受损
雇员	企业陷入财务困境使雇员感觉工作不稳定，更不谈升迁和加薪	优秀雇员流向竞争对手等其他企业
债权人	出于贷款安全性的考虑，债权人往往不愿意向财务困境企业提供新的财务支持	贷款利率提高，融资成本上升
管理者	财务困境企业被迫低价出售资产以偿债：为了保持流动性，不得不削减 R&D 和培训支出，收紧信用政策，降低存货水平；财务重组使得管理者身陷各种重组事务之中，影响企业的运营效率	持续经营价值受损

资料来源：章之旺，吴世农. 财务困境成本理论与实证研究综述［J］. 会计研究，2006（5）：73-79；96.

12.6 估值综合案例：安阳中联水泥股权价值评估报告分析

评估报告认为：安阳中联水泥成立时间较长、生产经营情况与水泥行业的波动基本一致，能够独立产生现金流，且其现金流能够根据其产能规模、市场需求情况、周期市场价格波动情况等进行合理预测。同时，资本市场有适合的可比企业，通过分析比较、测算可比企业的风险情况，能够合理衡量被评估单位获取未来收益所承担的风险情况，因此适合采用收益法进行评估。

同时，由于《资产评估执业准则——企业价值》要求，“对于适合采用不同评估方法进行企业价值评估的，资产评估专业人员应当采用两种以上评估方法进行评估”。评估报告对安阳中联水泥的估值同时选取市场法和收益法两种方法进行评估。表 12-7 是安阳中联水泥 2020 年 7 月之后自由现金流的预测。

$$\text{企业自由现金流} = \text{税后净利润} + \text{折旧与摊销} + \text{税后利息费用} - \text{资本性支出} - \text{营运资金变动额}$$

表 12-7 安阳中联水泥 2020 年 7 月之后自由现金流的预测 单位：万元

项目	2020 年 7–12 月	2021 年	2022 年	2023 年	2024 年	2025 年	稳定增长年度
营业收入	111 480.50	204 292.61	194 078.93	190 642.26	188 424.26	187 327.45	187 327.45
减：营业成本	65 380.87	121 177.27	118 672.76	118 688.93	118 742.08	118 833.16	118 833.16
税金及附加	1 247.13	2 360.73	2 289.21	2 265.14	2 249.61	2 241.93	2 241.93
销售费用	2 150.96	2 763.01	2 755.77	2 783.83	2 821.32	2 868.10	2 868.10
管理费用	5 614.74	11 219.63	11 365.01	11 630.39	11 939.23	12 292.35	12 292.35
研发费用	—	—	—	—	—	—	—
财务费用	3 026.78	6 049.35	6 047.04	6 046.26	6 045.76	6 045.52	6 045.52
加：其他收益	1 393.40	1 844.99	1 721.83	1 721.83	1 721.83	1 721.83	1 721.83
投资收益							
信用减值损失							
资产减值损失							
资产处置收益							
营业利润	35 453.41	62 567.61	54 670.96	50 949.53	48 348.09	46 768.23	46 768.23
加：营业外收支净额							
利润总额	35 453.41	62 567.61	54 670.96	50 949.53	48 348.09	46 768.23	46 768.23
减：所得税费用	8 900.96	15 693.30	13 716.57	12 785.34	12 134.43	11 739.19	11 739.19
净利润	26 552.45	46 874.31	40 954.39	38 164.18	36 213.66	35 029.04	35 029.04
加：税后利息支出	2 251.20	4 502.39	4 502.39	4 502.39	4 502.39	4 502.39	4 502.39
折旧	3 796.98	7 593.95	7 593.95	7 593.95	7 593.95	7 593.95	7 593.95
摊销	1 587.71	3 175.42	3 175.42	3 175.42	3 175.42	3 175.42	3 175.42
减：资本性支出	5 384.69	10 769.38	10 769.38	10 769.38	10 769.38	10 769.38	10 769.38
营运资金追加额	5 465.79	102.71	−4.55	68.71	50.38	33.89	—
净现金流量	23 337.85	51 274.00	45 461.34	42 597.86	40 665.68	39 497.54	39 531.44

注：数据可能由于四舍五入的原因存在误差。

1．无风险报酬率的确定

在实务中，一般采用国债收益率作为无风险报酬率。根据中国资产评估协会发布的《资产评估专家指引第 12 号——收益法评估企业价值中折现率的测算》、中国证监会发布的《监管规则适用指引——评估类第 1 号》，评估机构用剩余到期年限 10 年以上国债的到期收益率平均值作为无风险报酬率。

在评估报告中，无风险报酬率 r_f 使用了当时评估机构研究发布的指标值 4.01%。

2．市场风险溢价的计算

根据中国资产评估协会发布的《资产评估专家指引第 12 号——收益法评估企业价值中折现率的测算》、中国证监会发布的《监管规则适用指引——评估类第 1 号》，评估机构市场风险溢价采用上证综指和深证成指年收益率几何平均值的算术平均值减去无风险报酬率指标值计算，取值时间跨度为自指数设立至今。评估报告的市场风险溢价采用了当时评估机构研究发布的指标值 6.76%。

3. β 系数的计算

如果对一家未上市公司进行估值，需要与同行业已上市公司进行对标，已上市公司已经有可以观察到的市场交易数据，通过与市场指数收益率进行回归分析，可以获得该上市公司股票相对于整个股市的价格波动情况，也就是该公司股票的 β 系数，上市公司如果有负债，那么这个 β 系数是这个上市公司的带杠杆的 β 系数，即体现了含公司负债影响程度的 β 系数。但是每个上市公司的负债水平不一样，那么就需要将同行业这些上市公司的带杠杆 β 系数去杠杆得到一个无杠杆的 β 系数，带杠杆和去杠杆的 β 系数关系如下：

$$\text{无杠杆}\ \beta\ \text{系数} = \text{带杠杆}\ \beta\ \text{系数} / [1+(1-t)\times D/E] \quad (12\text{-}11)$$

式中：t 是所得税税率，D 是公司的债务价值，E 是股权的价值。

通过式（12-11）可以得到一个这个同行业上市公司没有杠杆的 β 系数。当所有对标的上市公司的 β 系数都去杠杆后，再将这些上市公司去杠杆的 β 系数进行加权平均，得到这个行业所有公司的无杠杆的 β 系数，然后用这个行业平均的无杠杆 β 系数乘以这个未上市公司的杠杆率水平，即得到这个公司带杠杆 β 系数，表示如果这个公司上市的话，大概是一个怎样的市场波动水平。带杠杆 β 系数公式可以表示为：

$$\text{带杠杆}\ \beta\ \text{系数} = [1+(1-t)\times D/E] \times \text{无杠杆}\ \beta\ \text{系数（行业平均水平）}$$

其中的 D/E 代表这个未上市公司的负债水平，由于利息费用是税前支出，有节税效应，减少了利润的波动性，因此需要考虑所得税的影响（$1-t$），即负债和税收整体对该未上市公司市场波动率的影响用［$1+(1-t)\times D/E$］来表示。

在评估报告中，同行业公司选取了上峰水泥、天山股份和海螺水泥三家行业龙头企业。Wind 资讯平台提供了这几家公司采用市场模型回归得出的考虑财务杠杆（股权）的 β 系数（见表 12-8）。先根据公式将这些公司的股权 β 系数转换为不考虑财务杠杆（资产）的 β 系数，可见上峰水泥、天山股份和海螺水泥资产的 β 系数分别为 0.688 4、1.073 9 和 0.906 4。

表 12-8　行业 β 系数

证券简称	考虑财务杠杆的 β	$D/(D+E)$	$E/(D+E)$	T	不考虑财务杠杆的 β
上峰水泥	0.715 6	5.01%	94.99%	25.00%	0.688 4
天山股份	1.181 5	11.79%	88.21%	25.00%	1.073 9
海螺水泥	0.942 7	5.06%	94.94%	25.00%	0.906 4
平均					0.889 6

最终，可以计算出安阳中联水泥的资产 β 系数为 0.889 6。再以评估基准日（2020 年 6 月 30 日）的行业资本结构作为预测期资本结构，最终确定安阳中联水泥股权的预测年度 β 系数为 0.942 0。

这里需要思考的是，评估报告选取的行业对标公司是否合理？同行业资本结构是否可以作为安阳中联水泥预期的资本结构？

如果并购方预计被并购方未来的资本结构保持稳定，那么可以采用历史的资本结构；如果并购方对于集团有统一的资本结构的控制，那么可以采用未来目标资本结构。

4．企业特有风险的调整

评估报告认为，由于选取样本上市公司与安阳中联水泥经营环境不同，同时考虑安阳中联水泥自身经营风险，将企业特有风险 α 调整为 2%。

$$r_E = r_f + \beta \times (\overline{r}_m - r_f) + \alpha \tag{12-12}$$

5．股权资本成本的计算

根据 CAPM，计算出安阳中联水泥预测年度股权资本成本为 12.38%。

6．付息债务资本成本

根据安阳中联水泥评估基准日付息债务情况，确定付息债务资本成本为 4.25%。

7．加权平均资本成本的确定

依据式（12-13）计算加权平均资本成本为 11.71%。

$$\text{加权平均资本成本} = \left(\frac{E}{E+D}\right) \times r_E + \left(\frac{D}{E+D}\right) \times r_D \times (1-T) \tag{12-13}$$

8．确定经营性资产价值

根据对经营性现金流的估算和加权平均资本成本的预测，评估报告对安阳中联水泥业务价值估算为 378 495.85 万元，具体情况如表 12-9 所示。

表 12-9　安阳中联水泥业务价值　　单位：万元

项目	2020 年 7—12 月	2021 年	2022 年	2023 年	2024 年	2025 年	稳定增长年度
净现金流	23 337.85	51 274.00	45 461.34	42 597.86	40 665.68	39 497.54	39 531.44
折现率	11.71%	11.71%	11.71%	11.71%	11.71%	11.71%	11.71%
折现系数	0.972 7	0.895 2	0.801 4	0.717 4	0.642 2	0.574 9	4.909 5
现金流现值	22 700.73	45 900.48	36 432.72	30 559.71	26 115.50	22 707.14	194 079.58
经营性资产价值	378 495.85						

9．非经营性、溢余资产、负债价值

（1）非经营性、溢余资产价值的估算。2020 年 6 月 30 日，安阳中联水泥非经营性、溢余资产评估价值为 29 068.61 万元，具体情况如表 12-10 所示。

表 12-10　安阳中联水泥非经营性、溢余资产价值　　单位：万元

序号	核算科目	内容	评估值
1	其他应收款	往来款、手续费等	23 679.43
2	其他流动资产	预缴税款	348.24
3	递延所得税资产	待抵扣进项税额等	2 650.62
4	其他非流动资产		2 390.31
	合计		29 068.61

（2）非经营性、溢余负债价值的估算。安阳中联水泥非经营性、溢余负债项目评估值为40 330.45 万元，具体情况如表 12-11 所示。

表 12-11　安阳中联水泥非经营性、溢余负债价值　　单位：万元

序号	核算科目	内容	评估值
1	其他应付款	押金等	38 616.84
2	一年内到期的非流动负债	荒地	99.91
3	其他流动负债	电费、开采费	1 613.70
4	递延所得税负债	原在中联合并层面的评估增值调整移至安阳海皇单体，用于计算持续净资产	0.00
	合计		40 330.45

10．付息债务情况

截至评估基准日，安阳中联水泥经审计的资产负债表披露，付息债务包括其他应付款103 069.29 万元。

11．股东全部权益的市场价值确定

在保持现有用途持续经营前提下，根据下列公式可计算，安阳中联水泥采用收益法的股东全部权益价值为 264 164.72 万元。

股东全部权益价值＝企业整体价值－付息债务
＝经营性资产价值＋非经营性资产、溢余资产价值－
非经营性、溢余负债－付息债务＝264 164.72（万元）

相对于截至评估基准日（2020 年 6 月 30 日）安阳中联水泥的所有者权益账面价值204 542.49 万元，评估增值额为 59 622.23 万元，增值率为 29.15%。

本章小结

本章讨论企业股权价值评估常用的方式，分别介绍了市场法、收益法和资产基础法。本章重点是收益法估值，在收益法中，较为重要的有股利折现模型、企业自由现金流折现

模型和剩余收益折现模型。本章重点讨论了企业自由现金流折现模型的应用，分别对折现率的估计、β 系数的估计、资产 β 系数与股权 β 系数的转换、加权平均资本成本的计算进行了详细阐述。此外，对企业股权进行估值还需要考虑缺少流动性折扣、控制权溢价、财务困境成本等因素。最后，本章通过安阳中联水泥股权价值评估报告分析的案例，展示了在资产评估实务层面采用收益法对非上市公司股权进行评估的细节。

思考题

1. 在实践中，资产评估公司选择评估报告结果采用评估方法的最重要影响因素是什么？
2. 在我国，哪些公司的资产具有的系统性风险在理论上可能是零甚至是负数？应该如何对此类资产进行估值？
3. 我国的上市公司往往具有较强的代理成本，包括大股东代理成本和管理层代理成本。在对公司股权进行估值时，应该如何考虑代理成本的影响？

练习题

评估公司的评估师提供了一家被评估客户 ABC 公司的预测数据（见表 12-12），要求其助理根据这些资料对客户 2022 年年末流通在外的 13.8 亿股的股份进行估值，该客户 2023 年年末的股权账面价值为 4 310 万元，折现率为 10%。假定该公司在 2028 年后的剩余收益保持 5% 的永续增速。

表 12-12 ABC 公司的预测数据

项目	2024 年	2025 年	2026 年	2027 年	2028 年
利润（万元）	388.0	570.0	599.0	629.0	660.4
股利（万元）	115.0	160.0	349.0	367.0	385.4

要求：

（1）利用上述信息计算该公司在 2024—2028 年股东权益账面价值、ROE 和剩余收益。

（2）预计该公司在 2024—2028 年股东权益账面价值和剩余收益的增长率。

（3）根据你的计算，该公司的市净率是多少？

案例分析

ABC 公司是一家上市运动鞋和服装零售商，公司在 2023 年年底收到一家私募股权公司的收购要约，该私募股权公司的报价为每股 50 元，要约价较 2023 年年底的股票收盘价溢价 45.57%。面对网上购物的挑战，ABC 公司在过去三年中并未经历持续的两位数增长年。收到高额收购要约进一步将董事会带入两难的境地：是否将公司出售给私募股权公司。假设你是刚毕业入职公司的总裁特别助理，总裁要求你帮助董事会进行一项内部研究，以确定公司的内在价值，帮助公司决定是否出售股权。

截至 2023 年 12 月 31 日，该公司在全球经营超过 3 000 家门店。我国是公司的关键市场，占其门店总数的 75%，其次是欧洲，占 18%，公司在实施积极计划，通过收购进一步发展其在德国的业务后，这一数字很快就会增加。其余市场分别为加拿大（占 4%）和澳大利亚（占 3%）。目前，ABC 公司是全球最大的专业运动零售商之一。其主要业务是男鞋、女鞋和童装。鞋子可分为运动鞋、靴子和休闲鞋，而服装产品则分为运动服装和休闲服装。此外，该公司还销售配件，包括但不限于背包、皮带、帽子和袜子。

表 12-13 和表 12-14 分别列出了 ABC 公司的利润表和资产负债表以及过去五年相应的共同规模分析。

表 12-13　ABC 公司 2019—2023 年利润表（单位：百万元）和共同比利润表

项目	2019 年	2020 年	2021 年	2022 年	2023 年
营业收入	5 237	4 854	5 049	5 623	6 182
营业成本	3 777	3 522	3 533	3 827	4 148
毛利	1 460	1 332	1 516	1 796	2 034
营业费用	1 304	1 262	1 263	1 361	1 424
营业利润	156	70	253	435	610
利息费用	16	10	9	6	11
利息收入	–241	14	13	6	8
税前利润	–101	74	257	435	607
所得税	–21	26	88	157	210
净利润	–80	48	169	278	397
每股收益	–0.52	0.31	1.08	1.82	
发行在外普通股数量	154	156	156	153	
所得税税率	20.80%	35.10%	34.20%	36.10%	34.60%
项目	**2019 年**	**2020 年**	**2021 年**	**2022 年**	**2023 年**
营业收入	100.00%	100.00%	100.00%	100.00%	100.00%
营业成本	72.12%	72.56%	69.97%	68.06%	67.10%
毛利	27.88%	27.44%	30.03%	31.94%	32.90%
营业费用	24.90%	26.00%	25.01%	24.20%	23.03%
营业利润	2.98%	1.44%	5.01%	7.74%	9.87%
利息费用	0.31%	0.21%	0.18%	0.11%	0.18%
利息收入	–4.60%	0.29%	0.26%	0.11%	0.13%
税前利润	–1.93%	1.52%	5.09%	7.74%	9.82%
所得税	–0.40%	0.54%	1.74%	2.79%	3.40%
净利润	–1.53%	0.99%	3.35%	4.94%	6.42%
每股收益					
发行在外普通股数量					
所得税税率					

表 12-14 ABC 公司 2019—2023 年资产负债表（单位：百万元）和共同比资产负债表

项目	2019/12/31	2020/12/31	2021/12/31	2022/12/31	2023/12/31	2019/12/31	2020/12/31	2021/12/31	2022/12/31	2023/12/31
流动资产										
货币资金	385	582	696	851	880	13.38%	20.67%	24.03%	27.90%	26.14%
交易性金融资产	23	7	0	0	48	0.40%	0.25%	0.00%	0.00%	1.43%
应收账款	60	37	41	50	68	1.20%	1.31%	1.42%	1.64%	2.02%
存货	1 120	1 037	1 059	1 069	1 167	21.40%	36.83%	36.57%	35.05%	34.66%
其他流动资产	176	109	138	109	200	3.30%	3.87%	4.77%	3.57%	5.94%
流动资产合计	1 764	1 772	1 934	2 079	2 363	33.70%	62.93%	66.78%	68.16%	70.18%
非流动资产										
固定资产－成本	1 261	1 527	1 525	1 562	1 651	24.10%	54.23%	52.66%	51.21%	49.03%
累计折旧	−829	−1 140	−1 139	−1 135	−1 161	−15.80%	−40.48%	−39.33%	−37.21%	−34.48%
固定资产净值	432	387	386	427	490	8.30%	13.74%	13.33%	14.00%	14.55%
商誉	144	145	145	144	145	2.80%	5.15%	5.01%	4.72%	4.31%
无形资产	113	99	72	54	40	2.20%	3.52%	2.49%	1.77%	1.19%
长期股权投资	424	413	359	346	329	8.00%	14.67%	12.40%	11.34%	9.77%
非流动资产合计	1 113	1 044	962	971	1 004	21.20%	37.07%	33.22%	31.84%	29.82%
资产总计	2 877	2 816	2 896	3 050	3 367	54.90%	100.00%	100.00%	100.00%	100.00%
流动负债										
应付账款	187	215	223	240	298	3.60%	7.63%	7.70%	7.87%	8.85%
其他应付款	231	218	266	308	338	4.40%	7.74%	9.19%	10.10%	10.04%

（续）

项目	2019/12/31	2020/12/31	2021/12/31	2022/12/31	2023/12/31	2019/12/31	2020/12/31	2021/12/31	2022/12/31	2023/12/31
流动负债合计	418	433	489	548	636	8.00%	15.38%	16.89%	17.97%	18.89%
非流动负债										
长期借款	142	138	137	135	133	2.70%	4.90%	4.73%	4.43%	3.95%
应付债券	393	297	245	257	221	7.50%	10.55%	8.46%	8.43%	6.56%
非流动负债合计	535	435	382	392	354	10.20%	15.45%	13.19%	12.85%	10.51%
负债合计	953	868	871	940	990	18.20%	30.82%	30.08%	30.82%	29.40%
股东权益										
股本	691	709	735	779	856	13.20%	25.18%	25.38%	25.54%	25.42%
留存收益	1 581	1 535	1 611	1 788	2 076	30.20%	54.51%	55.63%	58.62%	61.66%
库存股	−102	−103	−152	−253	−384	−2.00%	−3.66%	−5.25%	−8.30%	−11.40%
其他综合收益	−246	−193	−169	−204	−171	−4.70%	−6.85%	−5.84%	−6.69%	−5.08%
所有者权益合计	1 924	1 948	2 025	2 110	2 377	36.70%	69.18%	69.92%	69.18%	70.60%
负债和所有者权益总计	2 877	2 816	2 896	3 050	3 367	54.90%	100.00%	100.00%	100.00%	100.00%

过去三年里，ABC公司的股价从11.29元上涨了两倍，达到目前的水平，复合年回报率为44.90%。同期，标准普尔500指数的复合年回报率为16.07%，但ABC公司的复合年销售额增长率仅为8.40%。这几年，ABC公司的业务可谓是坐过山车，起起伏伏。2020年是令人失望的一年，销售额下降7.31%，但2022年销售额增长11.37%，2023年增长9.94%，出现反弹。

面对上述业绩波动，ABC公司董事会陷入了两难境地：是否将公司出售给私募股权公司。你作为知名商学院的毕业生，是价值投资理念的坚定拥护者，认为公司的价值是由其贴现的未来现金流量决定的。只有当公司投资于净现值为正的项目时，价值才会被创造，这意味着资本回报必须超过资本成本。为了更直接地关注价值创造，公司应该根据贴现现金流价值设定目标，这是价值创造最直接的衡量标准。公司的价值与经济价值的基本驱动因素有关，例如销售增长、自由现金流和投入资本回报率。ABC公司的会计部门提供了公司过去5年的各种估值指标，如表12-15所示。

表12-15　公司过去5年相关财务指标

项目	2019年	2020年	2021年	2022年	2023年
营业收入增长率	−3.68%	−7.31%	4.02%	11.37%	9.94%
税后经营净利润（NOPLAT）(百万元)	123.24	45.07	166.37	278	398.96
税后经营净利润（NOPLAT）增速		−63%	269%	67%	44%
投入资本（IC）(百万元)	2 012	1 963	2 048	2 156	2 354
企业自由现金流（FCFF）(百万元)	372.24	147.07	105.37	135	233.96
投入资本回报率（ROIC）	5.05%	2.24%	8.48%	13.57%	18.50%

在评估了公司的历史财务业绩后，你决定用三种现金流折现（DCF）模型：企业现金流折现（EDCF）模型、经济利润折现（DEP）模型和调整后的现值（APV）模型。根据特许金融分析师（chartered financial analyst）协会成员进行的一项调查显示，1 980名调查受访者中有78.8%的人表示在59.5%的估值案例中使用了基于现金流折现的模型。

EDCF模型根据以下因素对公司的普通股进行估值时有一个四步流程：

首先，通过按加权平均资本成本（WACC）贴现自由现金流来计算公司的运营价值。其次，将运营价值与短期和长期投资等非经营资产的价值相加，就得出了企业价值。再次，从企业价值中减去债务和非股权债权的价值，如短期债务、长期债务、其他长期债务、养老金负债等，得到普通股的价值。最后，普通股价值除以已发行普通股数量即可得出每股内在价值。

由于自由现金流无法洞察公司的经济表现，而经济利润凸显了公司创造价值的方式和时间。DEP模型与EDCF模型在四步估值过程中的程序差异在于第一步，其中DEP模型的运营价值为年初投入资本加上贴现的未来经济利润之和。接下来的三个步骤对于两种模型都是相同的。

APV模型中确认利息支付的税收优惠，因为债务支付的利息是可免税的，及利息税盾效应（tax shield）。APV模型与上述两个基于WACC的模型不同，它将运营价值分为两个部分：假设公司全部由股权融资的运营价值和税盾的现值，求出值后，最后三步与上述两个模型相同。

总之，经营价值包括10年预测期内以自由现金流、经济利润或利息税盾衡量的现金流现值以及10年预测期内基于永续的持续价值的现值。ABC公司的未来预测数据如表12-16所示。

表12-16列出了未来10年税后经营净利润（NOPLAT）、投入资本（IC）、投入资本回报率（ROIC）、企业自由现金流（FCFF）和利息税盾（ITS）。在预测期内，税后经营净利润（NOPLAT）增速（g）、新投资资本的预期回报率（RONIC）以及公司的WACC和无杠杆权益成本（Ku）如表12-17所示。RONIC的选择应与公司在预测期内的预期竞争状况相一致，将ABC公司的RONIC设定为13%。

表12-16　估值参数预测

项目	2024年	2025年	2026年	2027年	2028年
	t=1	t=2	t=3	t=4	t=5
税后经营净利润（NOPLAT）	434.87	460.96	488.62	517.94	549.01
投入资本（IC）	2 565.86	2 707.71	2 858.08	3 017.46	3 186.41
投入资本回报率（ROIC）	18.47%	17.97%	18.05%	18.12%	18.19%
企业自由现金流（FCFF）	207.62	307.92	326.4	345.98	366.74
利息税盾（ITS）	8.72	9.25	9.81	10.4	11.02
项目	2029年	2030年	2031年	2032年	2033年
	t=6	t=7	t=8	t=9	t=10
税后经营净利润（NOPLAT）	576.46	605.29	35.55	654.62	674.25
投入资本（IC）	3 335.65	3 492.35	3 656.88	3 760.54	3 867.31
投入资本回报率（ROIC）	18.09%	18.15%	18.20%	17.90%	17.93%
企业自由现金流（FCFF）	415.46	436.23	458.04	542.79	559.07
利息税盾（ITS）	11.68	12.27	12.88	13.52	13.93

其他估值需要的参数见表12-17。

表12-17　其他估值参数

项目	数据	项目	数据
税后经营净利润（NOPLAT）增速（g）	3.00%	加权平均资本成本（WACC）	8.49%
新投资资本的预期回报率（RONIC）	13.00%	无杠杆权益成本（Ku）	8.66%

同时公司证券部提供了竞争对手的相关数据如表12-18所示。

表 12-18　相对价值估值倍数

	P/B	P/E	P/S	EV/EBITDA
	基于 2023 年 12 月 31 日股价：34.35 元			
本公司	2.70	13.10	0.84	6.97
竞争对手 1	2.62	16.20	0.90	6.85
竞争对手 2	2.58	15.50	1.02	8.39
	基于收购方报价 50.00 元			
本公司	3.92	19.00	1.22	10.79

要求：

1. 列出一些现金流折现（DCF）模型和相对估值模型（倍数），并讨论每种模型的优缺点。

2. 使用表 12-19 所示的企业现金流折现模型，计算 ABC 公司每股普通股的内在价值是多少？

表 12-19　现金流折现模型

t	预测年度	FCF× 或 CV×	折现系数	现值
1	2024			
2	2025			
3	2026			
4	2027			
5	2028			
6	2029			
7	2030			
8	2031			
9	2032			
10	2033			
11	永续经营价值（CV）			
=	经营价值（现金流现值之和）×			
+	非经营性资产价值			
=	企业价值			
−	负债价值			
=	普通股权益价值			
÷	发行在外股份数			
=	每股内在价值			

3. 使用表 12-20 所示的经济利润折现模型，计算 ABC 公司每股普通股的内在价值是多少？

表 12-20　经济利润折现模型

t	预测年度	投入资本	ROIC	经济利润	折现系数	现值
1	2024					
2	2025					
3	2026					
4	2027					
5	2028					
6	2029					
7	2030					
8	2031					
9	2032					
10	2033					
11	永续经营价值（CV）					
=	经营价值（现金流现值之和）×					
+	2023 年投入资本					
=	经营价值					
+	非经营性资产价值					
=	企业价值					
−	负债价值					
=	普通股权益价值					

4. 使用表 12-21 所示的调整后的现值模型，计算 ABC 公司的每股普通股的内在价值是多少？

表 12-21　调整后的现值模型

t	预测年度	企业自由现金流（FCFF）	利息税盾（ITS）	折现系数	FCFF 现值	ITS 现值
1	2024					
2	2025					
3	2026					
4	2027					
5	2028					
6	2029					
7	2030					
8	2031					
9	2032					
10	2033					
11	永续经营价值（CV）					
=	经营价值［企业自由现金流（FCFF）和利息税盾（ITS）现值之和］					

（续）

t	预测年度	企业自由现金流（FCFF）	利息税盾（ITS）	折现系数	FCFF 现值	ITS 现值
+	非经营性资产价值					
=	企业价值					
−	负债价值					
=	普通股权益价值					
÷	发行在外普通股数量					
=	每股内在价值					

5. 根据表 12-20 所示的相对估值指标，私募股权公司的现金报价是否可以接受？
6. 你会向公司董事会提出什么建议？

参考文献

[1] ANDRADE G, KAPLAN S N. How costly is financial (not economic) distress? Evidence from highly leveraged transactions that became distressed [J]. The journal of finance, 1998, 53 (5): 1443−1493.

[2] GOVINDARAJAN V, RAJGOPAL S, SRIVASTAVA A. Why financial statements don't work for digital companies [J]. Harvard business review, 2018, 2: 2−6.

[3] 吕长江，韩慧博．财务困境、财务困境间接成本与公司业绩［J］．南开管理评论，2004，7（3）：80−85.

[4] 章之旺，吴世农．财务困境成本理论与实证研究综述［J］．会计研究，2006（5）：73−79；96.

[5] 胡晓明．非流动性折扣的度量与行业差异分析［J］．会计之友，2016（24）：2−5.

[6] 李忠余，王慧．关于企业价值收益法评估中少数股权折价及流动性折扣的量化考虑［J］．中国资产评估，2020（3）：54−57.

[7] 崔劲，殷霞，张莹．中国资本市场控制权溢价实证研究［J］．中国资产评估，2023（3）：53−65.

初创企业估值

■ 学习目标

1. 理解内在价值估值和相对价值估值之间的差异；
2. 理解初创企业估值的特殊性；
3. 应用风险调整折现率法对初创企业估值；
4. 应用确定性当量法对初创企业估值；
5. 运用相对价值估值法对初创企业进行估值；
6. 理解并应用风险投资和天使投资估值方法对初创企业进行估值。

■ 导入案例

蔚来汽车的估值

蔚来汽车是一家高性能的智能电动汽车公司，成立于 2014 年，成立之后一直到 2016 年公司专注于研发 EP9 高性能纯电动超跑以及 ES8、ES6 两款纯电动智能 SUV 车型，直至 2017 年才对外销售。2015 年以来蔚来汽车经历了多轮融资（见表 13-1），2018 年 ES8 累计交付 11 348 辆，蔚来汽车于 2018 年 9 月 12 日在纽交所上市（纽约证券交易所代码：NIO），2019 年交付了 20 565 辆汽车，同比增长 81%，2019 年收入增长了 56%。2018 年 9 月上市后，蔚来汽车直至 2019 年 1 月底公告了三季报，其 P/S 在 2019 年 3 月 1 日至 2019 年 3 月 13 日的均值为 10.44，远超过特斯拉同期市销率（P/S）2.29 的均值，也高于特斯拉刚上市时 7.3 倍的 P/S 值。不过，2020 年中期蔚来的动态 P/S 为 6 倍，而特斯拉的动态 P/S 为 7 倍。与特斯拉相比，这是否使蔚来成为更好的投资选择呢？

表 13-1　蔚来汽车融资情况

融资时间	融资方式	融资金额	投资机构
2015 年 6 月	A 轮	1 亿美元	腾讯、京东、高瓴资本等

（续）

融资时间	融资方式	融资金额	投资机构
2015 年 9 月	B 轮	5 亿美元	红杉、和玉等
2016 年 6 月	C 轮	1 亿元人民币	淡马锡、联想创投等
2017 年 3 月	战略融资	6 亿元人民币	百度、腾讯、IDG 等
2017 年 11 月	D 轮	10 亿美元	腾讯、华夏资本
2018 年 9 月	纽交所上市	10 亿美元	公开发行
2018 年 10 月	战略融资	未披露	Baillie Gifford
2019—2020 年	债权融资	10.85 亿美元	高瓴资本、腾讯等
2020 年 4 月	战略融资	70 亿元人民币	合肥战投
2020 年 6—12 月	ADS 增发	48 亿美元	公开发行 2.4 亿股 ADS
2021 年 1 月	债权融资	15 亿美元	公开发行可转换优先债券
2022 年 2 月	港交所二次上市	—	不涉及新股发行

资料来源：公司公告，国信证券经济研究所整理。

虽然蔚来的收入高速增长，但是该公司的财务状况仍然严峻，2019 年收入为 11 亿美元，净亏损为 16 亿美元，毛利率仍然为负，2020 年 4 月 29 日合肥市建设投资控股（集团）有限公司等战略投资者签署协议投资蔚来，共计投资 70 亿元人民币。

与蔚来相比特斯拉更加成熟，2019 年总交付量增长 50%，达到 36.75 万辆汽车。同时，特斯拉的产品阵容也更加多元化，与蔚来相比，特斯拉价格最低的 Model 3 起价为 3.8 万美元。特斯拉的商业模式看起来也越来越可行，毛利率超过 20%，而且公司失败的风险现在很低。特斯拉在自动驾驶软件领域也具有竞争优势，因为其在路上的车辆数量庞大，而且电池成本也是业内最低的。

总体而言，虽然蔚来汽车较快的增长速度和略低的估值倍数为投资其股票提供了理由，但考虑到其高现金消耗率以及其赖以生存的中国市场的竞争，与特斯拉相比，它仍然是一项风险更大的投资。尽管特斯拉股票看起来昂贵，但该公司拥有优秀的品牌效应、行业领先的技术和软件差异化以及快速提高的盈利能力可以为投资者提供更好的股价下行保护。

资料来源：https://www.nasdaq.com/articles/tesla-nio-xpeng%3A-how-do-we-make-sense-of-ev-stock-valuations-2020-12-04，https://www.trefis.com/data/companies/TSLA/no-login-required/B8Dkvpdi/Tesla-s-Valuation-Expensive-Or-Cheap-?fromforbesandarticle=trefis200618。

在第 12 章中讨论的内在价值估值方法更适用于成熟企业的估值。风险投资和私募股权投资者通常投资于初创企业，创业者的创业想法和执行能力是影响初创企业价值评估的关键因素。风险投资公司如何选择它们投资的项目并对选定的项目进行估值和定价？它们如何确定投资协议条款和条件？

在本章中，我们首先介绍初创企业的特点和初创企业估值存在的认识误区，其次介绍常用的初创企业估值方法以及各自的优点和缺点，讨论不同方法适用的情景，然后介绍风险投资和天使投资方法，最后介绍非上市企业估值的方法选择。

13.1 初创企业的特征与初创估值的误区

13.1.1 初创企业及其特征

Birley 和 Westhead（1994）将初创企业定义为由个体经营者建立的小型、新的、独立的企业。Granlund 等（2005）认为通信和信息技术行业初创企业是信息和通信技术业务以及生物技术（生命科学）行业中快速增长或已经快速增长的企业（也称为新经济企业）。Davila 和 Foster（2005）认为初创企业是具有以下特征的企业：①至少有 50 名员工，最多有 150 名员工；②成立时间不到 10 年；③独立；④产品和服务覆盖地理区域有限。科尔曼等（2016）认为初创企业必须具备三个特征：成立时间不超过 10 年、拥有高度创新的技术和 / 或商业模式以及拥有（或争取）显著的员工和（或）销售增长。著名企业家 SteveBlank 将初创企业定义为寻求可扩展、可重复、盈利的商业模式的临时组织。Kolvereid 和 Isaksen（2006）给出了普遍接受的初创企业定义："从头开始的新企业。"

初创企业在当今经济中的重要性日益上升，初创企业是推动技术创新的主要参与者（Choi 等，2020），初创企业对创造就业做出了巨大贡献。考虑到初创企业对经济的重要性，了解其价值评估方法非常重要，无论是对投资者还是创业者都是如此。

正如前面章节反复强调的基本估值原则，任何投资的价值取决于其产生未来现金流的能力，以及这些现金流风险的高低。初创企业的两个特征使风险投资对初创企业估值变得特别困难。首先，初创企业的未来现金流量不稳定且难以预测，原因是初创企业没有历史财务数据和客户相关的信息。其次，由于初创企业的风险水平存在很大的不确定性，适合特定初创企业现金流折现的折现率难以估计。初创企业往往是对目前在位企业的颠覆式创新或者是创造了一个新兴的领域，难以找到直接的对标企业，因此适用的资本成本（或者折现率）难以确定。

尽管精准估计初创企业的现金流几乎不可能，但大多数商业计划中都会做利润和现金流预测。一方面创业者团队为了评估融资需求及融资时机需要对盈利和现金流做出合理的预估，同时风险投资人和投资者也会进行相应的预测作为交易估值的基础，双方的利润和现金流预测的可能存在比较大的差异，通常情况下创业者的估计要比投资者更加乐观，这种乐观可能是建立在创业者对创业的想法和技术的自信心之上的，可能低估技术和想法的商业转化的难度。另一方面创业者对于市场竞争的信息掌握少于风险投资人。由于初创企业估值还没有公认的方法，因此导致投资人和创业者对于初创企业估值存在误区。

13.1.2 初创企业估值误区

1．误区一："情人眼里出西施"

戈登·贝蒂（GordonBaty，1990）写道："为一家新公司的股票定价很像为任何其他魅力物品（如香水、绘画、稀有硬币）定价，其吸引力基于情感因素和理性因素。"虽然可以合理地预期企业家可能会关心定性因素，但即使是那些热衷于为社会做些好事的投资者也常常表示虽然他们想"做好事"，但他们也想"把事情做好"，并且不愿意为了社会目标而牺牲经济回报。风险投资机构作为专业投资者更加认同现金流和风险是驱动企业价值的关键因素。

另外不同的风险投资机构具有自己的行业专长和专注的投资领域，不同的投资机构可能对于同一个投资项目的判断会大相径庭。即使是投资相同领域的投资者，由于投资人偏好、经验等因素的影响，也会使不同投资人对同一个项目的估值存在重大差异，创业企业和投资者的适配对于项目的估值至关重要。

2. 误区二：未来是任何人都可以猜测的

尽管现金流很重要，但初创企业的未来现金流的不确定性如此之大，对其进行预测的意义可能会存在争议，确实对新企业的单一情境预测不太可能有多大价值。尽管初创企业的财务预测存在很大的不确定性，但这种不确定性并没有使预测变得毫无价值，反而使预测变得至关重要。创始人通过预测可以了解不确定性的程度、性质和影响因素，采用情景分析和模拟来理解和处理初创企业的风险、评估未来资金需求，从而做好提前规划。

3. 误区三：投资者要求非常高的回报率以补偿风险

投资初创企业是一项高风险、长周期的投资，通常风险投资机构投资项目的退出时间是5到8年，甚至是10年的时间，并且风险投资退出方式有限，这导致人们普遍认为风险投资所需的回报率必须非常高。Michael Roberts 和 Howard Stevenson（1992）认为："为了补偿投资的高风险，给自己的投资者丰厚的回报，并为自己赚取利润，风险投资公司追求高回报率。50% 或 60% 的目标回报率并不罕见。" Jeffrey Timmons 和 Stephen（2008）认为风险投资机构在不同阶段的投资要求的回报率不同，但基本上是投入越早，持有时间越长，要求的回报率越高（见表 13-2）。Gompers 等（2020）的问卷调查发现风险投资机构回报的中位数是 30%，现金回报倍数约为 5.5 倍，风险投资机构向 LP（有限合伙人）营销募集资金时提供的回报率是 24%，现金回报倍数是 3.5 倍。

表 13-2　风险投资机构融资阶段与预期回报率

阶段（融资方式）	年化回报率	持有年限	阶段（融资方式）	年化回报率	持有年限
种子和初创阶段	50%~100% 或以上	10 年以上	过桥及夹层融资	20%~30 %	1~3 年
第一阶段	40%~60%	5~10 年	杠杆收购	30%~50 %	3~5 年
第二阶段	30%~40%	4~7 年	扭转局面融资	50%+	3~5 年
扩张阶段	20%~30%	3~5 年			

资料来源：TIMMONS J A，SPINELLI S，TAN Y. New Venture creation：entrepreneurship for the 21st Century.［M］. New York：McGraw-Hill，2004.

目标回报率（预期回报率、要求回报率）是风险投资人确定他们在对拟投资的新企业的预计现金流进行贴现时所采用的利率，并非是风险投资机构的实际回报率，如果可以合理预期回报率能够到达 60% 左右，资本就会蜂拥至风险投资市场，竞争将把回报率推至与其他类似投资相同的回报率水平。

不同的研究对于不同发展阶段的初创企业估值预期回报率的估计存在一定的差异（见表 13-3），主要的原因是作为私募股权交易无须对外披露详细的交易价格和股权比例，导致数据的可获得性较差。

表 13-3 风险投资企业要求回报率

阶段	Plummer / QED median	Scherlis and Sahlman	Sahlman，Stevenson and Bhide	Damodaran
种子阶段	50%~70%	50%~100%	50%~70%	50%~70%
第一阶段	40%~60%	40%~60%	40%~60%	40%~60%
第二阶段	35%~50%	35%~50%	30%~40%	35%~50%
IPO 阶段	25%~35%	20%~35%	20%~30%	25%~35%

资料来源：KPMG，2021，Start−ups and Early Stage Companies−A Valuation insight，https://assets.kpmg.com/content/dam/kpmg/kw/pdf/insights/2021/05/valuation−startup−web.pdf。

对投资新企业的实际平均回报的考察却显示出与预期回报率截然不同的情况。截至 2021 年 12 月 31 日的统计数据显示（见表 13-4），美国风险投资基金（加州风险投资）5 年、10 年、15 年、20 年、25 年的平均年回报率分别为 29.5%、20.8%、15.0%、11.5%、28.7%，同期标普 500 的回报率为 18.7%、16.9%、10.8%、10.2% 和 9.8%。

表 13-4 美国私募和风险投资回报率

指数	6 个月	1 年	3 年	5 年	10 年	15 年	20 年	25 年
罗素 2000	−2.3%	14.7%	20.4%	12.6%	14.3%	9.3%	9.9%	9.5%
标普 500	11.6%	28.6%	26.2%	18.7%	16.9%	10.8%	10.2%	9.8%
加州风险投资	17.1%	54.6%	41.2%	29.5%	20.8%	15.0%	11.5%	28.7%
纳斯达克综合指数	8.2%	22.2%	34.3%	25.0%	21.0%	14.4%	12.0%	11.3%

资料来源：https://publishedresearch.cambridgeassociates.com/wp−content/uploads/2022/08/2022−08−US−PE−VC−Benchmark−Commentary−CY2021−Data.pdf。

理解被估值企业当前的发展阶段对于确定风险投资投资者相应的折现率（即风险预期）至关重要。基本的要求是越早期阶段初创企业的风险和不确定性更大，通常采用更高的折现率来补偿风险投资者面临的风险，避免过高的估值。

4．误区四：投资者决定企业的价值

创业者一个常见的论点是，如果投资人不接受创业者的估值，创业者对项目进行估值是毫无意义的，创业者最好把精力用在其他方面。这种观点的问题在于它没有考虑估值对于创业者和投资者达成协议的关键作用，以及估值在帮助企业家决定是否进行创业时可以发挥的作用。

投资者普遍根据自己的研究和假设进行估值。然而，初创企业的融资谈判不仅仅是简单地用一定比例的股权换取资金。在融资谈判中，估值对创业者来说很重要，主要原因有三个：首先，创业者可以更好地了解潜在投资者可能如何评价该企业；其次，创业者可以更好地了解企业对自己的价值与对投资者的价值有何不同；最后，创业者需要了解不同融资方案交易结构如何影响企业整体价值。

创业者可能期望潜在的投资者之间的竞争使得估值没有必要，这种观点是不正确的。即使多个投资者竞争参与对一家企业的投资，他们也可能对该企业的战略有不同的估值，并且可能会有不同的股权比例和融资结构安排，这些都会导致产生不同的估值结果。对基本估值技

术的深入了解可以确保创业者更好地了解投资者如何看待眼前的机会，并帮助双方达成互利的协议。

除非投资者看到创业想法的优点并认为创业者团队有能力实施该想法或与投资者合作建立一支有能力的团队，否则创业想法本身不会获得投资者的青睐。从创业者的角度来看，还存在和投资人适配度和融资时机选择的问题，创业者需要考虑的是除了资金外，投资者能否为企业提供其他有价值的服务，不同的投资机构的投后赋能的服务能力存在差异。

13.2 初创企业估值方法

对于只关心财务回报的投资者来说，任何投资的价值都是其未来现金流的现值。考虑到初创企业的特殊性（例如，没有收入、客户对新产品或服务的兴趣未知、不断变化的运营模式等），第 12 章的 DCF 估值方法可能无法恰当地反映初创企业的风险回报状况。因此，“另类”估值方法经常应用于初创企业，这些方法包括：相对价值（RV）估值法、Berkus 估值法、风险投资（VC）估值法和第一芝加哥方法。

13.2.1 DCF 估值法

我们在第 12 章现金流折现基础上考虑两种 DCF 估算，分别是风险调整折现率（RADR）方法和确定性当量（CEQ）方法。

1. 风险调整折现率（RADR）方法

根据 RADR，把预期未来现金流量按照能够反映货币时间价值和未来现金流量风险的贴现因子贴现为现值，基本的计算公式同第 12 章的现金流折现方法，不同的是对于初创企业需要根据不同发展阶段的现金流风险程度选择对应的折现率，基本计算公式如下：

$$PV=\sum_{t=1}^{\infty}\frac{FCF_t}{(1+r_t)^t} \tag{13-1}$$

式中：PV 是投资项目的现值（内在价值）；FCF 是投资项目的未来现金流；r 是风险调整后的贴现率；t 是时间。

（1）识别与投资相关的现金流。式（13-1）分子的现金流是投资者预期获得的现金流。为了确定相关的现金流，我们需要准确了解正在评估的资产，资产可以是整个企业或企业的特定财务权利，例如普通股、优先股或债务的一部分。股票以现金股利的形式产生现金流。当然，风险投资者在有限期限内拥有股票不会收到全部的股利，甚至在投资期内初创企业可能不分红，投资者在出售股权时获得的一次性款项是投资的最主要的现金流。根据出售后预期的现金流，在未来某个日期出售股票的预期收益可以被视为该股票当时的“持续价值”。第 12 章我们的估值对象是企业价值的话，则相关现金流是企业产生的可供所有资本提供者（债权人和股东）享有的企业自由现金流。

（2）确定折现率

因为初创企业的预测现金流有很大的不确定性，其折现率比成熟公司的折现率要高得多，可以使用以下公式估计折现率：

$$r_{jt} = r_f + rp_{jt} \qquad (13\text{-}2)$$

式中：r_f是投资于无风险资产的回报率；rp_{jt}是风险溢价。

根据初创企业所处的发展阶段，VC 要求的风险溢价有所不同，越是早期的项目，VC 要求的溢价越高。具体的溢价水平取决于投资者的风险偏好和风险承受能力。

2．确定性当量（CEQ）方法

确定性当量是金融中的一个关键概念，代表个人或经济实体今天接受的确定的现金金额，而不是潜在风险或不确定的未来现金流。确定性当量和风险厌恶程度密切相关，较高水平的风险厌恶程度会导致较低的确定性当量，这意味着厌恶风险的个人或经济实体今天需要更高的保证回报才能接受有风险或不确定的未来现金流。确定性当量反映了人们倾向于选择确定的结果而不是不确定的结果，即使不确定的结果可能具有更大的潜在上行空间。确定性当量的主要目的是提供一种工具来量化投资者愿意接受的风险水平，从而成为财务决策的关键要素。它在投资、资本预算、投资组合管理和保险等领域为财务经理、投资者和政策制定者提供帮助，提供系统的方法来理解和管理与各种金融交易相关的风险。

DCF 估值的 CEQ 方法中，不是通过调整贴现率，而是对现金流量进行风险调整，把不确定的现金流量转换为确定当量的现金流量，不同于 RADR 方法需要调整折现率，采用 CEQ 方法时，风险调整体现为对现金流量的调整，即把不确定的现金流量根据风险程度转换为经风险调整（或确定性当量）的现金流量，然后按无风险利率贴现转换为现值，对于新企业来说，估算 CEQ 现金流量通常更容易。

RADR 方法和 CEQ 方法之间的区别在于如何将风险调整纳入计算中。如果以一致的方式应用这些方法并且基本假设一致，它们将产生相同的估值结果，RADR 方法相对于 CEQ 使用更加广泛。

13.2.2 相对价值估值法

相对估值使用其他公司或其他交易的市场数据作为推断目标企业价值的基础，这种方法有时被称为“可比交易法”或“倍数估值法”。它在实践中被广泛使用，可以提供快速、简单的大致价值估计。相对价值估值法的基本逻辑是，如果预计两家不同的公司将产生相同的未来现金流并承受相同的风险，那么它们应该具有相同的价值。

公司的价值由其盈利能力、预期增长和风险驱动。在相对价值估值法分析中，我们可以将倍数分为两类：①基于资本化价值的倍数股权；②基于企业价值的倍数。其中企业价值定义为股权的市场价值加上有息债务，减去超额现金。相对价值估值法可以分为：① 基于会计的相对价值估值；②基于非会计的相对价值估值。

1．基于会计的相对价值估值方法

基于会计的相对价值估值方法首先要挑选与非上市公司同行业可比或可参照的上市公司，以同类公司的股价与财务数据为依据，计算出主要财务比率，然后用这些比率作为市场价格乘数来推断目标公司的价值。市场乘数法适用于存在多家上市公司与被评估企业在业务性质与构成、企业规模、企业所处经营阶段、盈利水平等方面相似，或同行业近期存在类似交易案例的情形；评估人员需获取被评估企业与可比公司价值乘数的相关数据，用于计算估值结果。

市场法是利用相同或类似的资产、负债或资产和负债组合的价格以及其他相关市场交易信息进行估值的技术，市场法要挑选可参照的同行业上市公司或与可比的非上市公司同行业交易，以可参考的市场数据为依据计算出估值比率，然后采用这些比率来推断标的公司的价值。

市场法中较为常用的比率有：P/E（市盈率）、P/B（市净率）、P/S（市销率）、企业价值倍数（EV/EBITDA）。这些估值比率中的第一类为基于股权价值的倍数；第二类为基于企业价值的倍数，其中企业价值大致等于股权价值加上有息债务再减去超额现金。由于市场法较为简单直接，因此在实践中被广为使用。

（1）市盈率法。市盈率（price to earnings，P/E）法是一种根据标的公司净利润的倍数来估算其股权价值的方法，在实践中最为常用。市盈率法较为适用于被估值企业周期性较弱、有较为稳定盈利的情况。采用市盈率作为估值倍数的基准存在一些问题，例如：公司内在价值的决定因素是现金流而非会计利润；会计利润受会计政策的影响较大，在实践中容易被操纵；单纯看市盈率倍数忽视了债务等风险因素的影响。在国内的风险投资市场，市盈率法是比较常见的估值方法。市盈率法是一种根据目标公司报告的净利润的倍数来估算其股权价值的方法，计算公式如下：

$$\text{目标公司价值} = \text{可比公司市价（交易价格）}/\text{可比公司的净利润} \times \text{目标公司净利润} \tag{13-3}$$

市盈率法适用于被估值企业有盈利的情况，并参照可比公司（对标公司）的市盈率倍数进行估值。

例 13-1：ABC 公司是一个制造业企业，其每股收益为 0.5 元 / 股。假设在制造业上市公司中，增长率、股利支付率和风险与 ABC 公司类似的有 3 家，它们的本期市盈率如表 13-5 所示。

表 13-5　ABC 公司所在行业可比公司的市盈率

公司名称	市盈率	公司名称	市盈率
甲公司	24.3	丙公司	33.3
乙公司	32.1	平均数	29.9

经评估人员分析，认为可比公司平均市盈率倍数可以反映目标公司的情况：

$$\begin{aligned}\text{A 公司每股价值（未考虑流动性折扣）} &= \text{可比公司市盈率} \times \text{目标公司每股收益} \\ &= 29.9 \times 0.5 = 14.95\text{（元 / 股）}\end{aligned}$$

假设 A 公司所处行业的股票平均流动性折扣为 20%，A 公司每股价值 = 未考虑流动性折扣的每股价值 ×（1– 流动性折扣）=14.95 ×（1–20%）=11.96（元 / 股）。

市盈率法估值的优点是数据容易获得，简单易行，直接将资产或者目标企业的买价与资产（或者企业）目前的收益水平有机地联系起来。美国的实证研究发现，与其他的基本面乘数估值方法相比，市盈率法估值更接近于实际市场价格（Liu，Nissim 和 Thomas，2007），也是美国注册金融分析师（CFA）协会会员最常使用的估值方法。

虽然市盈率法估值有以上优点，但是市盈率法忽视了公司的风险，如高债务杠杆，因为同样的市盈率，用了高债务杠杆得到的盈利与毫无债务杠杆得到的盈利是截然不同的。市盈率无法顾及远期盈利，对周期性及亏损企业估值困难。市盈率法的分母净利润受到公司摊销与折旧、资本开支、研发费用资本化等会计政策的影响，不同公司的会计政策差异会影响估值的结果。每股收益没有区分经常性和非经常性损益，而经常性损益才是决定内在价值最重要的部分。

针对不同公司的财务杠杆差异，市盈率法可以做出适当的调整，使用息税前利润作为分母，而非净利润做分母，企业价值做分子，产生了 EV/EBIT 倍数法，在运用企业价值倍数法计算得出目标企业价值，扣减净负债并对非经营性资产和负债以及少数股东权益进行调整得出企业全部股权价值后，按照持股比例计算股权价值，再扣减股权流动性折扣，得出非上市公司股权价值。

例 13-2：目标公司 B 主要从事餐饮连锁业务，需要评估其于 2023 年 12 月 31 日股权的公允价值。评估人员主要基于市场数据以市场法作为目标公司股权公允价值评估的主要分析方法。

评估人员查找了同样从事餐饮连锁业务的可比公司，考虑了目标公司 B 的规模、经营区域和发展情况，选取了 8 家上市公司作为对标对象。评估人员主要选用过去 12 个月的企业价值 / 息税前利润（EV/EBIT）乘数。这是由于目标公司 B 从事餐饮连锁行业，固定资产和折旧摊销费用相对较小，与可比公司的情况一致，8 家可比公司的 EV/EBIT 乘数如表 13-6 所示。

表 13-6 可比公司的 EV/EBIT 乘数

对标公司序号	1	2	3	4	5	6	7	8
EV/EBIT 乘数	9.4	22.5	6.7	21.1	15.6	17	12.9	18.6

上述公司 EV/EBIT 乘数的平均值为 15.475，评估人员将目标公司 B 与可比公司的主要财务指标进行了对比，发现其各项指标与行业均值相近，故选取平均值 15.475 作为估值乘数。B 公司去年 EBIT 为 8 684 万元，故 B 公司价值 =EBIT × B 公司价值倍数 =8 684 × 15.475=134 384.9（万元）。

假设 B 公司债务公允价值为 56 000 万元，B 公司股权价值 =B 公司价值 –B 公司债务价值 =134 384.9–56 000=78 384.9（万元）。

假设某私募股权公司持有 B 公司 5% 的股份，且根据历史数据统计分析，餐饮连锁行业非上市公司股权的流动性折扣平均为 20%，该公司持有 B 公司股票价值 =B 公司股权价值 × 持股比例 ×（1– 流动性折扣）=78 384.9 × 5% ×（1–20%）=3 135.396（万元）。

（2）市价现金利润倍数法。与市盈率法不同，市价现金利润倍数法的分母是现金利润，即净利润加上非现金费用来衡量，计算公式如下：

$$\begin{aligned}\text{目标公司价值} &= \text{可比公司市价（交易价格）/ 可比公司的现金利润} \times \text{目标公司现金利润} \\ &= \text{可比公司市价（交易价格）/［可比公司的净利润} + \text{非现金费用} \\ &\quad \text{（折旧费、摊销费）］} \times \text{（目标公司净利润} + \text{折旧费} + \text{摊销费）} \qquad (13\text{-}4)\end{aligned}$$

市价现金利润倍数法与市盈率法相比，优势是不受不同公司的折旧和摊销等会计政策的影响。

（3）市价自由现金流倍数法。与市价现金利润倍数法不同，市价现金利润倍数法的分母是现金利润，市价自由现金流倍数是净利润加上非现金费用减去营运资本增加和固定资产的增加来衡量，计算公式如下：

目标公司价值＝可比公司市价（交易价格）/ 可比公司的杠杆自由现金流 ×
目标公司杠杆自由现金流＝可比公司市价（交易价格）/
［可比公司的净利润＋非现金费用（折旧费、摊销费）+
营运资本增加＋固定资产增加］×［目标公司净利润＋
非现金费用（折旧费、摊销费）+ 营运资本增加＋固定资产增加］　（13-5）

与 P/E 和市价现金利润倍数不同，市价自由现金流倍数减去了净营运资本和固定资产的增加，可以克服不同公司的折旧摊销政策、营运资本占用和固定资产投资规模变动对估值的影响。

（4）市销率法。市盈率法只能适用于盈利企业的估值，但是很多初创企业在早期通常是亏损状态，尤其是前期需要大量投资于研发和固定资产的企业更是如此，对于此类企业通常会使用市销率（price to sales，P/S）法估值。

市销率法是一种根据标的公司销售收入的倍数来估算其股权价值的方法。相较于净利润，销售收入更为稳定，波动性较小，一般不会为无意义的负值，且不易被操控。市销率法较为适用于处于早期亏损或微利状态下的初创企业，尤其是前期需要大量投资于研发和固定资产的企业。市销率是市价与销售额的倍数，市销率法的计算公式如下：

目标公司价值＝可比公司市价（交易价格）/ 可比公司的销售收入 ×
目标公司销售收入　（13-6）

销售收入最稳定，波动性小；并且营业收入不受公司折旧、存货、非经常性收支的影响，不像利润那样易操控；收入不会出现负值，不会出现没有意义的情况，即使净利润为负也可使用。所以，市销率法可以和市盈率法形成良好的补充。

（5）市净率法。市净率（price to book，P/B）法是一种根据标的公司股东权益（净资产）的倍数来估算其股权价值的方法。市净率法较为适用于具有重资产（资本）或盈利不稳定（强周期）的企业。市净率是公司的市价与股东权益（净资产）的比率，市销率法的计算公式如下：

目标公司价值＝可比公司市价（交易价格）/ 可比公司的净资产 ×
目标公司净资产　（13-7）

市净率是从公司资产价值的角度去估计公司股票价格的基础，虽然上市公司很容易获得会计数据，但基于会计的倍数估值法存在两个主要问题。首先，它们会受到会计选择的影响，这可能导致公司之间的比较不准确。其次，财务报表中的数据是历史数据，而企业当前的价值取决于预期的未来表现。

不同企业的会计政策差异相关的问题可以通过仔细分析来克服，对于历史数据的问题我们还可以通过对可比公司的预测财务数据对照进行相对价值估值分析。例如，我们可以根据与预测盈利相关的倍数来进行价值估计，而不是根据上一年的盈利来计算市盈率。当然，只有当目标公司和可比公司具有相似的预期增长率时，简单的基于比率的比较才有用。如果预期增长率不一致，可以通过调整的方法将增长预期纳入倍数估值，以下是最常见的两个调整增长率的估值方法：PEG 估值法和企业价值倍数法增长调整方法是处理目标公司与可比公司之间的增长预期差异的方法。

基于会计指标的相对价值估值方法对于初创企业的早期估值的适用性取决于公司的发展阶段，在没有收入和利润产生以前，P/S、P/E、P/B 方法都无法适用，自由现金流估值的方法也可能因为公司的自由现金流为负而失去意义。此外，创新型的企业难以找到可比公司来对标。风险投资看重的是企业的未来发展前景，所以未来现金流折现估值方法可能是一个较好的选择。

（6）PEG 估值法。PEG（price/earnings to growth ratio）是在 P/E 法的基础上发展起来的，PEG 比率将公司的市盈率与其预期增长率进行比较，是评估其价值的关键因素。在其他条件相同的情况下，一家预计收入、盈利和现金流高速增长的公司比一家几乎没有增长机会的公司更有价值。PEG 估值法弥补了 P/E 对企业动态成长性估计的不足，PEG 的计算公式如下：

$$\text{PEG}=\text{市盈率}/\text{盈利增长率}\times 100 \tag{13-8}$$

PEG 估值法相对更适用于 IT 企业等高成长性企业以及非周期性股票的估值。PEG 比率可以说是比单独的市盈率更有意义的价值衡量标准。通过考虑增长因素，PEG 比率可以帮助投资者根据公司未来盈利增长潜力来评估公司的价格。与此同时，PEG 比率增加了额外的不确定性，因为必须估计未来的增长。因此，虽然 PEG 比率可能是评估潜在投资的有用指标，但它不应取代对公司财务报表、管理层、整个行业和其他相关因素的基本面分析。

（7）企业价值倍数法。企业价值倍数（EV/EBITDA）法是一种根据标的公司息税折旧摊销前利润（EBITDA）来计算其企业价值（EV）的估值方法。得出标的公司的企业价值后，可以再调整有息债务等项目最终获得公司股权的价值。

$$\text{目标公司价值}=\text{可比公司企业价值（EV）}/\text{可比公司的 EBITDA}\times\text{目标公司 EBITDA} \tag{13-9}$$

EV 是企业整体的价值，既包括股东权益的价值也包括债权的价值。而 EBITDA 则反映了所有投资人所获得的对息税折旧摊销前收益水平。

企业价值倍数法在市场法中属于较为复杂的方法，但由于该方法弥补了市盈率法等方法面临的一些缺陷，排除了所得税政策影响、财务杠杆使用程度高低、折旧摊销政策选择、长期投资水平等因素的影响，因此该方法对公司的内在价值评估更为准确，使用范围更为广泛。

首先，EV/EBITDA 排除了所得税的影响，使得不同国家、不同市场中的估值更具可比性；其次，EV/EBITDA 考虑了债权人的收益，不受资本结构的影响，有利于不同资本结构公司的估值比较；最后，EV/EBITDA 不受折旧、摊销等非现金会计成本的影响，也不包括投资收益、营业外收支等其他收益项目，过滤了一部分盈余管理带来的“噪声”，可以更准确地反映公司持续经营带来的内在价值。

在使用市场乘数法评估企业价值时，应考虑与计量相关的定性和定量因素，选择恰当的价值乘数，具体操作步骤如下。

第一步：选取可比公司或交易案例。选择可比公司时应考虑业务性质与构成、企业规模、企业所处经营阶段和盈利水平等因素；选择交易案例时应选择与评估对象在同一行业或受同一经济因素影响的交易，交易的发生时间与估值日接近。

第二步：对所选择可比公司的业务和财务情况进行分析，与评估对象的情况进行比较。

第三步：从市盈率（P/E）、市净率（P/B）及企业价值倍数（EV/EBITDA）等价值比率中选取适合的乘数，计算其数值，并根据以上结果对价值比率进行必要的调整。

第四步：将价值乘数运用到评估对象所对应的近期财务数据，得到企业每股价值或企业价值（EV）。运用企业价值倍数法计算得出的企业价值后，还需扣除负债，并考虑是否存在非运营资产或负债，得到企业股权价值。

第五步：在企业每股价值或企业股权价值的基础上，考虑持股情况、流动性折扣等因素得出非上市公司股权公允价值。

2．基于非会计指标相对估值法

相对价值估值的另一类乘数是基于行业特定的非财务指标，比如杂志出版企业可以根据预计订户数量或预计广告页数进行估值；生物技术企业价值的代表可能是专利数量；制药企业的价值可以使用 FDA（食品药品监督管理局）批准的各个阶段的产品数量来估计；互联网企业可以根据网站访问次数和花费的时间进行估值。

有一些证据表明，与基于会计指标的倍数估值法相比，特定行业的衡量标准可以成为更好的价值预测指标。特定行业的倍数可用于估计股权或企业价值，如果估值中使用的可比公司主要是债务融资，但该企业完全是通过股权融资，那么可比比率需要以企业价值为基础。

在相对价值中，可比公司或交易选择中隐含的假设非常重要。例如，如果一家私营企业根据上市公司的倍数进行估值，那么结果就是对该企业的价值进行估计，就像该企业是上市企业一样。如果可比交易是非公开交易，例如收购，则估计就像要收购该企业一样。上市或收购退出的选择并不是任意的。有些公司更适合首次公开募股，而另一些公司更适合收购。如果可比对象代表了最适合的退出选择，则估值可能会更可信。

相对价值倍数的主要缺点是，当前的财务指标主要与现有资产挂钩，与未来可能的业绩关系不大，这可能会影响现有资产的价值。另外可比公司和可比交易数据可能很难收集。但是风险投资行业经常使用倍数估值法，这种方法的另外一个缺陷是估值会随着经济周期呈现大幅度的波动。

13.3 风险投资和天使投资估值方法

13.3.1 Berkus 估值法

Berkus 估值法是用一个简单方便的经验法则来估计初创企业的价值的方法。Berkus 估值法通过对五个关键成功因素：①基本价值；②技术；③执行力；④核心市场的战略关系；⑤生产和销售的长期评估来评估一个初创企业，每一个项目给予不超过 50 万美元的价值，根据经验和评估结果确定具体的金额，如表 13-7 所示。

Berkus 估值法是天使投资人的经验估值法则，一些投资者不会为没有至少最低限度的客户反馈或知识产权的公司提供资金。这一方法的基本估值思路是初创企业进展得越远，投资者的风险就越低，其价值就越高。发展阶段的例子包括：高质量的创业想法、拥有一支出色的工程技术团队和一位出色的商业人士、开发出了最小可行产品（MVP）、拥有合作伙伴、客户群和潜在客户渠道、有收入增长和明显的盈利途径。

表 13-7 Berkus 估值法

关键成功因素	投前估值增加额（万美元）
基本价值	0~50
技术	0~50
执行力	0~50
核心市场的战略关系	0~50
生产和销售的长期评估	0~50

13.3.2 风险投资估值法

风险投资估值法结合了 DCF 和 RV 的元素，在私募股权投资领域被广泛使用。风险投资估值法首先以成功为条件对未来价值进行估计，这涉及假设退出时间表，通常为三到五年，然后估计退出形式和由此产生的未来价值。

风险投资估值法是风险投资估值的传统方法，也是评估早期企业最简单的方法。在风险投资估值法中，价值是在假设企业满足其绩效目标的情况下根据预计收获日现金流量进行估计的。企业实现其目标的情景通常被称为“成功情景”。步骤如下。

步骤 1：通过确定一个点来选择估值的终止年份，如果企业成功，则可以通过收购或 IPO 收获退出，根据成功情景估计当年的净利润或其他现金流。

步骤 2：使用适当的市盈率或其他倍数以及退出日收益或现金流量预测来计算持续价值。该倍数应体现已达到情景中所反映的成功水平的公司的预期收益或现金流资本化。

步骤 3：通过足够高的折现利率贴现，将持续价值估计转换为现值，该折现率足够高，以补偿时间价值、风险、无法实现成功情景的概率以及预期未来融资轮次的稀释。

步骤 4：根据估计的现值，可以计算出投资者为交换给定量的资本而需要的最低所有权比例。

由于多种原因，风险投资估值法存在一些问题。大多数统计数据都是基于对未来的乐观预测。虽然最低资本回报率旨在补偿乐观的现金流估计，没有迹象表明这种成功方案有可能实现。为了抵消乐观预测价值的影响，最低资本回报率必须远高于资本成本，该方法经常选择超过 50% 的最低资本回报率。最重要的是，风险投资估值法折现率的选择完全是基于主观判断。

13.3.3 第一芝加哥方法

第一芝加哥方法（the first Chicago method）也被从业者广泛使用，它代表了对风险投资估值法的改进。第一芝加哥方法的目标是提供一种执行 DCF 估值的简单方法并降低风险投资估值法的估值偏差。第一芝加哥方法并没有将分析限制在成功的情景，而是使用概率加权情景来对预期现金流量做出更可靠的估计，然后使用更现实的资本成本（而不是风险投资估值法中使用的高利率）对这些预期现金流量进行贴现。如果情景概率权重正确，则适当的折现率与 RADR 方法在 DCF 估值中使用的折现率相同。第一芝加哥方法的好处是，它要求分析师考虑企业可能的结果范围及其概率。

根据第一芝加哥方法，分析师需要识别不同情景并使用反映资本成本的折现率对它们进行估值。通常情况下，第一芝加哥方法基于三种情景："成功""平庸"和"失败"。成功情景可能与风险投资估值法中的相同。失败的情景是投资者基本上没有实现投资回报并损失本金。平庸情景是一种业绩中等的情况，即该企业陷入困境，没有高价值结果的前景；在这种情况下，投资者可能会获得优先股股息回报并收回初始投资，但仅此而已。第一芝加哥方法旨在纠正风险投资估值法的偏差，选择情景及其概率权重，以便使用资本机会成本评估出情景现金流量的正确折现率。该方法的实施包括以下步骤。

步骤1：根据成功后可能的收获日期选择评估的终止年份。

步骤2：基于"成功""平庸"和"失败"三种情景估计明确估计期内的现金流量。

步骤3：通过应用乘数来计算连续值财务预测。该倍数应体现已达到情景中所反映的成功水平的公司预期收益或现金流资本化，平庸情景的乘数可能会有所不同，具体取决于资本化中使用的预期增长率的差异。在失败的情况下，企业可能不会被出售，但资产的清算价值（如果有）应计入现金流量。

步骤4：通过适当加权情景来计算每个期间的预期现金流量。

步骤5：通过贴现预期现金流量来计算现值，包括按资本机会成本计算的预期持续价值。

步骤6：根据现值确定投资者应要求的最低所有权比例，以换取相应的资金。

哪种估值工具最适合特定创业企业的估值这个问题没有确定的答案，与任何定量方法一样，每种方法的结果取决于其所需信息的可用性和质量。在数据可获得的情况下，使用不同技术可能得到不同的估值结果，如果不同结果间存在重大差异，需要分析重大差异的原因。在给定的情况下，一种方法比其他方法更可靠，更有可能的是，每个方法都提供了一些有用的信息，分析师的任务是决定如何最好地权衡不同的估计并选择合适的方法。

13.4 非上市企业估值技术的选择

13.4.1 发展阶段与估值方法选择

企业发展通常会经历种子期、起步期、成型期、发展期和成熟期等发展阶段，结合不同估值方法的使用前提和基本原则，选择合适的估值方法。

成立初期企业，企业产品往往处于概念阶段或准备面市，公司规模较小，尚未形成收入、利润。此类企业通常适用资产基础法进行估值；若企业最近一年有融资且融资价格公允，或已形成可比关键行业指标的，最近融资价格调整法、行业指标倍数法可作为复核估值结论是否合理的重要参考。

早期发展企业，企业产品通常已经上市，并逐步被市场认知，客户群体和收入水平稳步发展；此类企业通常适用收益法进行估值；市场法中销售市场倍数法、行业指标倍数法及最近融资价格调整法可进行交叉复核。

稳定发展企业，企业产品通常已经成型，市场认知度逐步提高，客户和收入水平较为稳定，此类企业通常适用收益法和市场法进行估值。

13.4.2　行业特征与估值方法选择需要考虑的事项

1．生物医药企业

生物医药企业通常单个药品开发周期长、投入大、风险高。创新药品从开发立项到最终商业化，需经过临床前研究、药监局待批临床、临床试验、药监局批准及试生产等多个阶段。

对于生物医药企业的估值，管线估值法、交易案例比较法、上市公司比较法等估值方法较为适用。通常需要关注：主要产品所处的研发阶段、市场需求、药品许可证的知识产权等重要影响因素，并关注与价值密切相关的主要经营指标，如：市销率（P/S）、股价 / 销售峰值（price-to-peak-sales）等。

2．人工智能企业

人工智能企业基于大数据和互联网资源，通过数据工程和模型算法，高效解决标准化、个性化的各类需求。人工智能技术广泛应用在各个领域，行业细分程度较高，具有典型的轻资产特征，新技术、新业态、新模式在人工智能行业广泛应用。

对于人工智能企业的估值，现金流量折现法、交易案例比较法、最近融资价格调整法、行业指标倍数法、重置投资成本法、上市公司比较法等估值方法较为适用。通常需要关注研发投入、技术成熟度、市场需求、专有技术产权价值、交易案例的可比性等重要影响因素，并关注与价值密切相关的主要经营指标，如：企业价值与销售收入比（EV/S）、企业价值与息税折旧摊销前利润之比（EV/EBITDA）等。

3．集成电路企业

集成电路企业具有技术难度高、研发周期长、产品迭代快、资金投入大、客户认证周期长、行业集中度高等特点。

对于集成电路企业的估值，现金流量折现法、交易案例比较法、最近融资价格调整法、行业指标倍数法、重置投资成本法、上市公司比较法等估值方法较为适用。通常需要关注经营模式（无生产线设计，fabless；芯片生产制造，foundry；国际整合元件，IDM 等）、研发投入、技术壁垒、应用领域、市场需求、商标和专有技术产权价值、交易案例的可比性等重要影响因素，并关注与价值密切相关的主要经营指标，如：收入类价值指标 EV/S、利润类价值指标 EV/EBITDA 等。应重点关注对成长性、技术壁垒等差异的修正。

4．互联网企业

互联网企业通常指以计算机网络技术为基础，利用网络平台提供服务并获得收入的企业。

对于互联网企业的估值，现金流量折现法、交易案例比较法、最近融资价格调整法、行业指标倍数法、重置投资成本法、上市公司比较法等估值方法较为适用。通常需要关注：客户规模、技术成熟度、商标和专有技术产权价值、交易案例的可比性等重要影响因素，并关注与价值密切相关的主要经营指标，如：市销率（P/S），企业价值 / 每用户平均收入（EV/ARPU），市价 / 月（日）活用户数［P/MAU（DAU）］等。

5. 文化创意企业

文化创意企业通常依靠创意人的智慧、技能和天赋，借助于高科技对文化资源进行创造与提升，通过知识产权的开发和运用，生产出高附加值产品或服务。文化创意产业具有社会性、艺术性、历史性、民族性、群众性等显著特点，精神性的观念价值往往大于其物质性的使用价值。

对于文化创意企业的估值，收益法和市场法及其衍生方法较为适用。通常需要关注文化类型、技术成熟度、使用期限、转让内容、市场需求、风险因素、同行业价格、更新换代情况、交易案例的可比性等重要影响因素。

对非上市企业进行估值选择估值技术时，至少应当考虑以下因素。

根据可获得的市场数据和其他信息，考虑其中一种估值技术是否比其他估值技术更恰当；其中一种估值技术所使用的输入值是否更容易在市场上观察到或者只需进行更少的调整；其中一种估值技术得到的估值结果区间是否在其他估值技术的估值结果区间内；多种估值技术的估值结果存在较大差异的，进一步分析存在较大差异的原因，例如其中一种估值技术可能使用不当，或者其中一种估值技术所使用的输入值可能不恰当等。

本章小结

本章讨论初创企业股权价值评估常用的方式，分别介绍了市场法和风险投资及天使投资估值法。在市场法中，P/E（市盈率）、P/B（市净率）、P/S（市销率）、企业价值倍数（EV/EBITDA）是较为常用的估值比率。美国的风险投资企业使用的经验估值法包括Berkus方法、风险投资估值法和第一芝加哥方法。上述方法的选择和使用需要对初创企业估值的特殊性有充分的理解，同时对初创企业的估值存在很大的不确定性。

思考题

1. 初创企业相对于成熟企业而言在估值时面临哪些特殊的问题和挑战？
2. 相对价值估值和内在价值估值的差异体现在哪些方面？

练习题

东方资产评估公司的评估人员获取了目标公司D未来5年的财务预测，预测了D公司未来5年的收入、成本、费用、所得税等，并对资本性支出、折旧摊销进行了预测，如表13-8所示。

表13-8　收入、成本、费用、所得税、资本性支出、折旧摊销预测　　单位：万元

项目	2024年	2025年	2026年	2027年	2028年	永续期
主营业务收入	87 260.00	95 986.00	115 183.00	133 613.00	146 974.00	151 383.00
主营业务成本	62 463.00	67 460.00	73 531.00	82 355.00	88 944.00	91 612.00
税金及附加	80.00	113.00	151.00	195.00	223.00	230.00
主营业务利润	24 717.00	28 413.00	41 501.00	51 063.00	57 807.00	59 541.00
销售费用	8 121.00	8 787.00	9 490.00	10 534.00	11 376.00	11 945.00

（续）

项目	2024 年	2025 年	2026 年	2027 年	2028 年	永续期
管理费用	11 206.00	12 102.00	13 192.00	14 511.00	15 672.00	16 612.00
息税前利润	5 390.00	7 524.00	18 819.00	26 018.00	30 759.00	30 984.00
减：所得税费用	1 347.50	1 881.00	4 704.75	6 504.50	7 689.75	7 746.00
净利润	4 042.50	5 643.00	14 114.25	19 513.50	23 069.25	23 238.00
折旧与摊销	1 381.00	2 038.00	2 127.00	2 301.00	2 363.00	2 534.00
营运资金变动	7 567.00	8 155.00	13 525.00	15 490.00	12 730.00	11 520.00

在此基础上，评估人员进一步考虑货币的时间价值、通货膨胀以及被评估资产的有关风险，选取了合适的折现率 10%，预计的永续期增长率为 3%。假设目标企业的股本 10 亿元，债务 5 亿元，税前债务资本成本为 5%，企业所得税税率为 25%，市场无风险收益率为 3.612 3%，资本市场平均收益率为 15.33%。可比公司的相关信息如表 13-9 所示。

表 13-9　可比公司的相关信息

可比公司编号	贝塔系数	总债务与普通股东权益比率（%）	有效税率	去杠杆系数	去杠杆后贝塔系数
可比公司 1	1.66	94.91	22.47	0.58	0.95
可比公司 2	1.33	27.62	25.73	0.83	1.10
可比公司 3	1.61	22.09	5.82	0.83	1.33
可比公司 4	1.15	48.8	35.77	0.76	0.87
可比公司 5	1.47	25.87	36.06	0.86	1.26
可比公司 6	1.88	28.37	39.70	0.85	1.60
平均值	1.51	41.27	27.59	0.78	1.19

要求：

（1）估计 D 公司未来 5 年和永续期的自由现金流。

（2）采用自由现金流折现估计 D 公司的股权价值。

案例分析

WeWork 的估值幻灭

2008 年 5 月，Adam Neumann 和 Miguel McKelvey 在布鲁克林创办了 GreenDesk，这是一个“生态友好的联合办公空间”。2010 年，两人出售了 GreenDesk，并用出售所得创办了 WeWork，旨在为商业梦想家、新企业、专家和企业提供合作办公空间。WeWork 相信可以创造一个能够提升人们工作、生活和成长方式的空间。它的第一个区域是纽约的 SoHo 区，曼哈顿土地设计师乔尔·施赖伯（Joel Schreiber）提供了一半融资，他以 1 500 万美元获得了该组织 33% 的股份，总部位于美国纽约市。WeWork 所做的就是签署一些办公空间的长期租约，花一些钱使该空间更具吸引力，然后将该空间短期出租给其他公司（或个人）。与一般共享办公不同的是，与 20 世纪的隔间密集的办公空间相反，WeWork 的空间设计具有创造性、协作性和美观性，租赁条款灵活，可按月租赁。这一概念很快流行起来，一开始吸引了个人和小公司，但逐渐也吸引了那些正在寻找新办公空间的大公司（Vincent，2020）。

1. WeWork 的快速扩张

2015 年 1 月，该公司在美国、欧洲和以色列等地拥有 51 个合作区域，已经达到 2014 年年底的两倍。目前，该公司在全球 700 多个地区设有代表处，在美国许多城市地区以及巴西、德国和泰国等 38 个国家 / 地区设有站点。2018 年，WeWork 管理了 4 663 万平方英尺（1 平方英尺 =0.092 9 平方米）的空间。WeWork 为个人和公司构建和制造物理和虚拟共享空间以及办公室管理。WeWork 在 38 个国家 / 地区拥有 700 多个工作空间。2019 年 1 月，该公司宣布计划更名为“The We Company”。截至 2021 年第一季度，WeWork 为 29 个国家 / 地区的 111 个城市的 528 个地点的 527 000 名自由职业者、初创企业和企业提供灵活的共享工作空间和办公服务。

2. WeWork 的融资

WeWork 不仅仅是短期办公空间出租的二房东，该公司将自己定位为一家“社区公司”，是 Uber 或 Airbnb 模式中的颠覆性革命者（Bliss，2018）。将 WeWork 与 Uber 和 Airbnb 进行比较是恰当的，不仅因为 WeWork 是“共享经济”领域备受瞩目的办公空间提供商，还因为 WeWork 受到了一众风险投资机构的追捧，包括联想控股、弘毅投资，最引人注目的一笔投资来自软银，WeWork 迄今为止最大的一轮风险融资是在 2017 年 8 月，当时软银愿景基金为其 G 轮融资投资了 44 亿美元。G 轮融资后，其估值飙升至 200 亿美元。现在的 The We Company 在 2019 年 1 月在软银主导的 H 轮融资中筹集了 10 亿美元后，最后估值为 470 亿美元。从 2011 年 100 万美元的种子轮融资，到 2019 年 470 亿美元的估值（见表 13-10），WeWork 的升值速度非常快。

表 13-10 WeWork 的融资历史

轮次	日期	交易额（百万美元）	投后估值（百万美元）	累计募资	投入资本倍数
种子轮 1	2011 年 11 月	1		1	
种子轮 2	2012 年 1 月	7		8	
A	2012 年 7 月	17	97	25	3.9
B	2013 年 5 月	40	440	65	6.8
C	2014 年 2 月	150	1 493	215	6.9
D	2014 年 12 月	355	5 000	570	8.8
E	2015 年 6 月	434	10 234	1 004	10.2
F	2016 年 10 月	690	16 900	1 694	10.0
G	2017 年 8 月	1 700	21 200	3 394	6.2
H	2019 年 1 月	4 000	47 000	7 394	6.4
IPO（高）	2019 年 8 月	1 000	47 000	8 394	5.6
IPO（低）	2019 年 8 月	1 000	1 000	8 394	1.2

资料来源：http://www.ianhathaway.org/blog/2019/9/16/weworks-collapsing-valuation-in-context。

3．WeWork 的商业模式

从表面上看，WeWork 的商业模式类似于一个相当普通的二房东游戏。正如 WeWork 网站所示，这些公共工作空间面向新企业和小型组织、专家、顾问和远程办公人员。热门区域的费用为每月 190 美元起，在旧金山等昂贵的城市社区可以达到 600 美元以上。在其运营的 700 多个区域中，从个体商人到大型组织的每个人都可以租赁从工作区到私人楼层的一切。WeWork 根据要求提供临时租赁的适应性空间（有时甚至是按月租赁）。这解决了影响发展中企业的随着业务扩展需要不断搬家改变办公场地的问题。当一个组织超过其 WeWork 参与度时，它可以转移到更广泛的替代空间、私人办公室，甚至私人楼层，从而减少变化带来的侵蚀。客户不需要考虑租赁办公空间的所有细节，并且可以获得许多办公室优势（免费浓缩咖啡、快速网络等）。对于一手房东来说，WeWork 提供了巨大的激励措施，包括更高的租金、扩大的租赁客户群以及土地价值的增加。在 2018 年发布的博客文章中，该组织宣布其在纽约和洛杉矶管理的建筑的租赁溢价在 15%~29% 之间。WeWork 仅在纽约、芝加哥和洛杉矶就为业主带来了 2.5 亿美元的额外收入。

4．WeWork 的增值服务

WeWork 保证“更高的盈利能力、更多的发展”的一个因素是该组织为个人提供的增值服务。2018 年，它重新启动了 We Work Labs，这是一个针对新公司的孵化器计划，旨在帮助它们发展业务。We Work Labs 是 WeWork 如何利用受尊重的管理来吸引组织加入 WeWork 系统的一个引人注目的案例。We Work Labs 是 WeWork 的“全球发展舞台”——一个内部创业孵化场，扩大了 WeWork 的中央工作空间，提供了额外的亮点，包括专门的项目总监、每周举办的活动、推介晚会、研讨会和金融专家演示。该组织表示，截至 2018 年 12 月，该计划已培育了 1 000 家新企业。

We Work Labs 与其他初创加速剂的区别在于行动计划；We Work Labs 没有采用标准的孵化场模式来获取业务价值，而是收取一定的费用，基本上是初创公司以某种方式对 WeWork 空间进行补偿的追加费用。该计划在美国地区的费用为每月 300 美元 ~600 美元。

2019 年 2 月，该组织报告了 WeWork 应用程序的重新设计，其中包括新的能力共享亮点，旨在让客户更轻松地发现、互动和与不同的人合作。一旦人们进入 WeWork 环境，他们就很难离开，因为它所带来的好处。WeWork 正在开发具有重要价值的展览包括行政管理——从浓缩咖啡和办公用品到展示节目和行政商业中心。如果组织或个人搬到另一个城市，将会有另一个 WeWork 空间等待他们。如果需要重要的合作伙伴或专业组织，WeWork 可以帮助他们找到理想的选择。更重要的是，随着组织从小型初创公司发展为大型组织，WeWork 的管理规模不断扩大，以跟上升级的步伐。

5．数据分析

WeWork 生态系统的一个重要组成部分是信息的利用。很长一段时间以来，WeWork 一直在利用信息为参与组织提供有关领域、应设置在何处以及工作场所、工作空间的组合应该是什么样子的建议。WeWork 开始利用其信息能力创建产品，并提供“Powered by We”的“空间即管理”服务。Powered by We 于 2017 年推出，标志着 WeWork 的一项重大变革。此前，WeWork 的管理仅限于其所涉及的空间。通过 Powered by We，该组织开始将其租赁范围扩大到组织当前的空间。

6. WeWork IPO 折戟沉沙

2019 年 8 月美国联合办公空间 WeWork（现称为 The We Company）发布了其 S-1 上市文件。鉴于该公司 16 亿美元的巨额亏损以及快速增长（收入同比增长 86%，18 亿美元收入），引发了人们对该公司 470 亿美元估值的担忧。根据其 S-1 文件，该公司的收入从 2016 年的 4.461 亿美元增长到 2018 年的 18.2 亿美元。在实现高速增长的同时，该公司的运营亏损从 2016 年的 3.963 亿美元增加到 2018 年的 16.9 亿美元。

它还再次引发了人们对 WeWork 自称是一家科技公司的质疑（“科技”一词在其招股说明书中出现了 110 次），以及它是否值得科技类高估值。专家们长期以来一直认为，它不是一家科技公司，而是一家现代房地产公司——从房东那里购买长期租约，然后将其作为短期租约出租给租户。许多人还认为，WeWork 不值得获得通常归因于科技公司的基于 EBITDA 的高估值倍数。

2019 年 9 月 30 日，WeWork 正式撤回其 S-1 文档。拟议的首次公开募股因此被推迟。WeWork 首席执行官 Adam Neumann 清算了价值 7 亿美元的股票，并在 WeWork IPO 之前辞职。据报道，WeWork2019 年第三季度现金流为 -12 亿美元。该组织的估值跌至 100 亿美元以下，与 2010 年以来筹集的 128 亿美元相差甚远。投机研究专家 Smartkarma 表示：“我们无法理解重塑对于在这里表达盈利方式的重要性。”同时指出他预计该组织的估值不会超过 200 亿美元。

在 2021 年 3 月，该公司宣布已达成协议，通过与 SPAC BowX Acquisition Corp 合并进行上市，2021 年 10 月 21 日，该公司公开交易，当天收盘时股价上涨 13%，至 11.38 美元。因此，WeWork IPO 估值最终为 90 亿美元。软银报告称，由于投资失败，软银 2019 年第四季度利润损失了 99%。最终面临的总估值几乎是软银投资规模的一半。那么现在你会投资 WeWork 吗？

讨论问题：

1. 你认为 WeWork 的商业模式最重要的特点是什么？如果你是投资人，你认为这种商业模式最大的风险和机会分别是什么？
2. 你认为 WeWork 的估值可能适用什么技术？
3. 你认为 WeWork 进入中国后如何让原有的商业模式更加可持续？

参考文献

[1] TIMMONS J A，SPINELLI S，TAN Y. New venture creation：entrepreneurship for the 21st century［M］. New York：McGraw-Hill/Irwin，2004.

[2] BIRLEY S，WESTHEAD P. A taxonomy of business start-up reasons and their impact on firm growth and size［J］. Journal of business venturing，1994，9（1）：7-31.

[3] LIU J，NISSIM D，THOMAS J. Is cash flow king in valuations?［J］. Financial analysts journal，2007，63（2）：56-68.

[4] BLANK S，DORF B. The startup owner's manual：The step-by-step guide for building a great company［M］. New York：John Wiley & Sons，2020.

[5] CHOI D S, SUNG C S, PARK J Y. How does technology startups increase innovative performance? The study of technology startups on innovation focusing on employment change in Korea [J]. Sustainability, 2020, 12 (2): 551.

[6] SAHLMAN W, SCHERLIS D. A method for valuing high-risk long term investments [J]. Harvard Business School, 1989: 9-288.

[7] GOMPERS P A, GORNALL W, KAPLAN S N, et al. How do venture capitalists make decisions? [J]. Journal of financial economics, 2020, 135 (1): 169-190.

[8] GRANLUND M, TAIPALEENMÄKI J. Management control and controllership in new economy firms—a life cycle perspective [J]. Management accounting research, 2005, 16 (1): 21-57.

[9] KOLVEREID L, ISAKSEN E. New business start-up and subsequent entry into self-employment [J]. Journal of business venturing, 2006, 21 (6): 866-885.

[10] ROBERTS M J, STEVENSON H H. Alternative sources of financing [J]. The entrepreneurial venture, 1992, 1: 171-178.

[11] DAMODARAN A.Valuing young, start-up and growth companies: estimation issues and valuation challenges [J]. School Science electronic publishing, 2009.

会计信息质量分析

■ 学习目标

1. 理解会计信息质量的含义及其影响因素；
2. 理解盈余管理的含义以及管理者进行盈余管理的动机；
3. 理解会计信息的决策有用性及其影响因素；
4. 理解管理层可能使用的会计操纵和舞弊的工具和手段；
5. 理解会计舞弊理论并应用该理论识别可能操纵财务报表的情况；
6. 能够对财务报表进行完整的会计质量分析，识别财务报表可能存在的问题；
7. 能够将会计质量分析与财务报表分析相结合，以评估公司盈利的可持续性。

■ 导入案例

康美药业财务造假事件

2021 年 11 月 17 日，广东省佛山市中级人民法院对康美药业（*ST 康美，600518.SH）原董事长、总经理马兴田等 12 人操纵证券市场案公开宣判。马兴田因操纵证券市场罪、违规披露、不披露重要信息罪以及单位行贿罪数罪并罚，被判处有期徒刑 12 年，并处罚金人民币 120 万元；康美药业原副董事长、常务副总经理许冬瑾及其他责任人员 11 人，因参与相关证券犯罪被分别判处有期徒刑并处罚金。

法院审理查明：2015 年至 2018 年期间，马兴田伙同他人违规筹集大量资金，利用实际控制的股票交易账户自买自卖、连续交易，操纵康美药业股票价格和交易量，致使共计 20 次连续 10 个交易日累计成交量达到同期该证券总成交量 30% 以上，共计 7 次连续 10 个交易日累计成交量达到同期该证券总成交量 50% 以上。马兴田还组织、策划、指挥公司相关人员进行财务造假，向公司股东和公众披露虚假经营信息；故意隐瞒控股股东及关联方非经营性占用资金超过 116 亿元。此外，2005 年至 2012 年期间，马兴田为康美药业谋取不正当利益，向多名国家工作人员行贿共计港币 790 万元，人民币 60 万元，康美药业及马兴田均构成了单位行贿罪。

早在2019年8月16日，中国证监会对康美药业等做出处罚及禁入告知。中国证监会措辞严厉地表示：康美药业有预谋、有组织，长期、系统实施财务造假行为，恶意欺骗投资者，影响极为恶劣，后果特别严重。中国证监会对康美药业及公司的董事、监事和高管等共罚款595万元。经中国证监会查明，康美药业在2016—2018年虚增营业收入、利息收入、营业利润、货币资金，在2018年虚增固定资产等，具体如表14-1所示。

表14-1 康美药业财务造假详细情况 单位：亿元

项目	2016年	2017年	2018年（半年报）	2018年（年报）	合计
营业收入	89.99	100.32	84.84	16.13	291.28
利息收入	1.51	2.28	1.31		5.10
营业利润	6.56	12.51	20.29	1.65	41.01
货币资金	225.49	299.44	361.88		886.81
固定资产等				36	36

由于康美药业财务造假的恶劣影响和持续时间长，该事件受到中央电视台“焦点访谈”节目的关注㊀。康美药业的财务报表审计机构广东正中珠江会计师事务所（特殊普通合伙）（以下简称“正中珠江”）被中国证监会立案调查。2021年11月12日，广州市中级人民法院对康美药业证券特别代表人诉讼（“即集体诉讼”）一审宣判，相关被告被判赔偿证券投资者损失总金额达24.59亿元，公司实际控制人马兴田夫妇及邱锡伟等4名原高管人员组织策划实施财务造假，属故意行为，承担100%的连带赔偿责任；另有13名高管人员按过错程度分别承担20%、10%、5%的连带赔偿责任。独立董事承担的是最低的5%~10%的连带赔偿责任，按照24.59亿元的赔偿总额，独立董事最低需要赔付约1.23亿元，引发独立董事辞职担忧。审计机构正中珠江未实施基本的审计程序，承担100%的连带赔偿责任，正中珠江合伙人和签字会计师杨文蔚在正中珠江承责范围内承担连带赔偿责任。

2021年12月29日，广东省揭阳市中级人民法院裁定：康美药业破产重整计划执行完毕，终结重整程序。康美药业全部债务已通过现金、股份、信托权益等方式实现100%清偿。根据康美药业的重整计划及重整投资协议的相关安排，广东神农氏以不超过54.19亿元的投资资金对康美药业进行投资，获得康美药业25.31%的股份，成为公司第一大股东且可实际支配的上市公司股份表决权足以对公司股东大会的决议产生重大影响，广东神农氏成为康美药业的控股股东。至此，作为轰动全国的A股史上最大财务造假案主角，康美药业破产重整以如期实现重整目标结案。

虽然这一案件已经结案，但是康美药业持续、巨额财务造假暴露出我国上市公司内外部治理环境未能及时预防、发现财务造假，给投资者造成严重损失，虽然通过集体诉讼制度得到了一定的补偿，但提升上市公司财务信息质量的任务依然艰巨，道路漫长。

中国的康美药业、康得新和美国的安然、世通等企业恶劣的财务造假事件都说明虚假的会计信息质量可能给投资者造成巨额损失。诸如盈利质量、会计信息质量、会计造假、盈余管理、财务操纵等术语经常出现在财经媒体上，然而这些术语常常没有严格的定义，尽管会计

㊀ 资料来源：“焦点访谈：财务造假须严惩”，央视综合高清，发布时间：2019-08-09，https://www.chinanews.com.cn/sh/shipin/2019/08-09/news826905.shtml。

信息质量有很多维度，但是上述财务操纵行为的本质是会计没有正确地反映公司的基本经济业务实质和盈利能力、现金流量以及财务状况。因此，本章我们重点关注和财务分析与估值相关的两个核心的会计质量问题：会计信息是否公允、完整地反映公司的财务状况、经营业绩和风险；会计信息是否提供了预测公司未来收益和现金流所需要的信息。

会计信息质量是指公司的财务报表及附注所提供的信息能否以及在多大程度上反映企业的经济业务实质。这个会计信息质量定义相对比较宽泛，原因是财务报表的每一个要素都与其他要素相互关联，公司的会计质量取决于所有这些要素的质量。

财务报表分析的前提是假设所分析的财务报表信息是可靠的，但是在现实中会计信息质量存在较大的差异，会计舞弊可能导致虚假会计信息的产生，因此需要对会计信息质量进行评价，评价会计信息是否以及在多大程度上反映了经济业务和交易的实质。本章首先介绍影响会计信息质量的财务报告环境，在此基础上分析影响会计信息质量的因素，然后介绍会计信息质量分析的步骤和方法，最后介绍会计舞弊的理论和舞弊识别的方法。

14.1 财务报告环境

会计这门商业语言会受到会计报告环境的影响，现代会计适应经济和商业发展的需要而产生，并且随着股份公司的发展，企业所有权和经营权的分离要求经营管理者作为代理人定期向股东即委托人报告经营结果，定期报告的主要手段是财务报表，企业编制财务报表必须遵循会计准则和相关的会计制度规范，上市公司作为公众持股公司必须按照证券监管法规的要求向股东提供经过审计的财务报表。编制财务报表的责任主体是企业，外部审计师承担的是审计责任。会计信息的编制和报告可能受到会计准则、外部审计和法律责任的约束。

14.1.1 会计准则和会计制度

如果说会计是商业语言的话，那么会计准则和制度就是这门语言的语法。正如语法是在实践中自然形成的一样，会计准则和制度是在会计实践的基础上总结的，并随着环境的变化而演变。会计准则制定者制定的会计准则和制度确立了企业衡量企业经济交易活动、财务绩效和财务状况的基本原则和依据。各国的准则制定者还制定了审计准则，作为审计师开展审计业务共同的标准，同时作为审计师出具审计报告的基础，会计准则和审计准则是确保企业对外披露的财务信息可比性的重要制度。

每一个国家和地区都有自己的会计习惯和惯例，但是随着市场经济的发展和企业跨国经营的需要，跨国经营企业需要可比的信息进行决策，由此产生了对国际财务报告准则的需求。根据 2018 年国际财务报告准则基金会发布的《国际财务报告准则全球使用情况》和对 166 个国家与地区的分析，全球范围内应用“国际财务报告准则”（IFRS）的国家一共有 156 个，包括强制要求本国全部公众公司应用的国家 144 个，允许但不强制要求本国公众公司应用的国家 12 个。我国虽然没有直接采用 IFRS，但是我国会计准则基本上与 IFRS 保持实质上的趋同。目前的主要经济体中美国仍然保留自己的会计准则，虽然个别报表准则与 IFRS 保持一致，比如收入准则。

我国现行的会计准则体系包括一项基本准则和 41 项具体准则，基本准则规定了财务报告的目标（为财务信息使用者提供决策必需的信息和反映管理层受托责任的履行情况）、会计基本假设（会计主体、会计分期、持续经营、货币计量）、权责发生制、会计信息质量要求（可靠性、相关性、可理解性、可比性、实质重于形式、重要性、谨慎性、及时性）、会计六要素（资产、负债、所有者权益、收入、费用、利润）、会计计量的属性、财务报告组成（至少应当包括资产负债表、利润表、现金流量表等报表以及相关附注披露信息），基本会计准则是制定具体准则的基础，具体准则规范了具体业务的会计处理原则、财务报告和信息披露的原则，以及特殊业务的会计处理原则。

虽然会计准则规定了会计确认和计量的基本原则，但为了更好地反映经济业务的实质，会计准则制定者在准则中给予管理者判断和会计政策选择的空间，比如固定资产使用年限的判断和不同折旧政策的选择、应收账款未来坏账的估计。这些判断和选择的空间也给企业提供了操纵会计信息的可能，比如为了完成当期的业绩考核指标或者满足银行信贷合同约定的负债比率而选择有偏差的估计，有的企业甚至虚构收入和资产操纵会计报表，提供虚假会计信息，因此，为了提升管理层提供的会计信息的可信度，需要独立的第三方对财务信息进行鉴证，发表独立意见，由此产生了外部审计的需求。

14.1.2　外部审计以及审计意见类型

1. 外部审计的产生

对管理层提供的财务报表信息的独立验证需求是外部审计存在的根本原因，通过对管理层定期提供的财务报表的独立鉴证，注册会计师对于财务报表是否客观公允（注意：这里的“客观公允”与通常意义上的“真实”有区别）反映企业特定期间的经营成果、现金流量以及特定时点的财务状况发表审计意见，通过审计促使管理层遵循会计准则，合理选择会计政策、谨慎地进行会计估计。目前注册会计师行业承担了对上市公司和其他需要第三方审计的公司的审计服务工作，我国注册会计师的审计工作必须遵循中国注册会计师协会发布的《中国注册会计师审计准则》，勤勉尽责执行审计程序，合理保证会计信息质量，如果违反《中国注册会计师审计准则》，或者审计程序执行未做到勤勉尽责，需要承担相应的法律责任，比如我国的康美药业造假事件中，其审计机构及其签字审计人员就被法院判定承担连带责任。

2. 审计意见类型

根据《中国注册会计师审计准则第 1501 号——对财务报表形成审计意见和出具审计报告》规定，注册会计师发表的审计意见类型包括：标准的无保留意见、带强调事项段的无保留意见、保留意见、否定意见、无法表示意见，后三类统称为非无保留意见。

（1）无保留意见。无保留意见是指当注册会计师认为财务报表在所有重大方面按照适用的财务报告编制基础的规定编制并实现公允反映时发表的审计意见。

带强调事项段的无保留意见是指注册会计师认为被审计者编制的财务报表符合相关会计准则的要求并在所有重大方面公允反映了被审计者的财务状况、经营成果和现金流量，但是存在需要说明的事项，如对持续经营能力产生重大疑虑及重大不确定事项等。

但是当存在下列情形之一时，注册会计师应当在审计报告中发表非无保留意见：①根据获取的审计证据，得出财务报表整体存在重大错报的结论；②无法获取充分、适当的审计证据，不能得出财务报表整体不存在重大错报的结论。

（2）保留意见。当存在下列情形之一时，注册会计师应当发表保留意见：①在获取充分、适当的审计证据后，注册会计师认为错报单独或汇总起来对财务报表影响重大，但不具有广泛性；②注册会计师无法获取充分、适当的审计证据以作为形成审计意见的基础，但认为未发现的错报（如存在）对财务报表可能产生的影响重大，但不具有广泛性。

（3）否定意见。在获取充分、适当的审计证据后，注册会计师如果认为错报单独或汇总起来对财务报表的影响重大且具有广泛性，注册会计师应当发表否定意见。

（4）无法表示意见。如果无法获取充分、适当的审计证据来作为形成审计意见的基础，但注册会计师认为未发现的错报（如存在）对财务报表可能产生的影响重大且具有广泛性，注册会计师应当发表无法表示意见。

14.1.3 会计监管

由于会计信息在投资者决策中的重要作用，同时我国对于公司首次发行股份（IPO）、增发股份、退市等监管措施很多与会计信息（主要是盈利状况）挂钩，因此会计信息的提供者、审计师和会计信息的使用者可能就会计信息是否客观公允地反映企业的财务状况、经营成果和现金流量产生争议，这时候需要监管机构对于企业是否违反会计准则规定、审计师是否遵循审计准则等专业性争议问题做出裁决，这些裁决结果可能成为法院判决或者争议仲裁的依据。

1．会计准则的制定

我国的会计准则制定机构是财政部会计准则委员会，该委员会负责准则的制定、修订以及准则运用的解释，除了发布会计准则外，还会就实践中的具体问题、准则运用发布解释和指南，这些都是会计规范体系的组成部分，企业的会计核算、财务报告编制都必须遵循会计准则。

国际财务报告准则的制定机构是 1973 年成立的国际会计准则委员会（International Accounting Standards Committee，IASC），2001 年更名为国际会计准则理事会（International Accounting Standards Board，IASB），IASB 的成员是由来自美国、英国、中国等不同国家的专业人员组成，IASB 发布的国际会计准则（IAS）（或国际财务报告准则，IFRS）为经济全球化背景下跨国上市、投资、并购提供统一的会计准则和规范，2005 年该准则在欧盟、南非和中国香港地区被采纳使用，目前已经成为影响最为广泛的会计准则。

不同于我国会计准则的制定机构是官方性质，美国的法律规定的会计准则制定机构是美国证券交易委员会（United States Securities and Exchanges Commission，SEC），但是从 1973 年开始，SEC 将准则的制定权授予民间机构财务会计准则委员会（Financial Accounting Standards Board，FASB），目前 FASB 发布的准则是除了 IFRS 和我国会计准则之外影响最大的会计准则。

2．会计信息披露监管

我国的上市公司的会计核算和财务报告编制除了需要遵循会计准则外，还需要遵循中国证监会和证券交易所发布的上市公司信息披露相关政策和法规。从 2019 年科创板实施注册制后，注册制取代审批制成为我国证券上市交易的基本制度，注册制下证券监管的核心是信息披露，根据中国证监会 2007 年发布 2021 年修订的《上市公司信息披露管理办法》的规定，中国证监会依法对信息披露文件及公告的情况、信息披露事务管理活动进行监督检查，对信息披露义务人的信息披露行为进行监督管理。证券交易所应当对上市公司及其他信息披露义务人的信息披露行为进行监督，督促其依法及时、准确地披露信息，对证券及其衍生品种交易实行实时监控。证券交易所制定的上市规则和其他信息披露规则应当报中国证监会批准。

对违反《上市公司信息披露管理办法》的信息披露义务人及其董事、监事、高级管理人员，上市公司的股东、实际控制人、收购人及其董事、监事、高级管理人员，中国证监会可以采取进行监管谈话，出具监管警示函，责令改正，将其违规事实及所受到的处罚、不履行公开承诺等情况记入诚信档案并公布，将其认定为不适当人选等监管措施。保荐人或证券服务机构违反中国证监会规定的，中国证监会依法采取责令改正、监管谈话，出具警示函、记入诚信档案等监管措施，应当行政处罚的，中国证监会依法处罚。

14.1.4　会计信息相关法律责任

上市公司信息披露文件包括定期报告、临时报告、招股说明书、募集说明书、上市公告书、收购报告书等，其中定期报告包括年度报告、中期报告，目前上市公司必须披露一季度报告、中期报告、三季度报告和年度报告。

会计信息披露主体承担的是会计责任，注册会计师承担的是审计责任，两者不能相互替代。根据我国《上市公司信息披露管理办法》规定，上市公司的董事、监事、高级管理人员应当忠实、勤勉地履行职责，保证披露信息的真实、准确、完整，信息披露及时、公平。上市公司董事长、经理、财务负责人应当对公司财务会计报告的真实性、准确性、完整性、及时性、公平性承担主要责任。定期报告中财务会计报告被出具非标准审计意见的，上市公司董事会应当针对该审计意见涉及事项做出专项说明。定期报告中财务会计报告被出具非标准审计意见，证券交易所认为涉嫌违法的，应当提请中国证监会立案调查。

14.2　会计信息质量

14.2.1　会计信息质量特征

我国和国际会计准则都规定了会计信息的基本质量特征，包括可靠性、相关性、可理解性、可比性、实质重于形式、重要性、谨慎性、及时性等定性特征，具体含义如表 14-2 所示。

表 14-2　企业会计信息质量特征

质量特征	含义
可靠性	企业应当以实际发生的交易或者事项为依据进行会计确认、计量和报告，如实反映符合确认和计量要求的各项会计要素及其他相关信息，保证会计信息真实可靠、内容完整
相关性	企业提供的会计信息应当与财务会计报告使用者的经济决策需要相关，有助于财务会计报告使用者对企业过去、现在或者未来的情况做出评价或者预测
可理解性	企业提供的会计信息应当清晰明了，便于财务会计报告使用者理解和使用

（续）

质量特征	含义
可比性	同一企业不同时期发生的相同或者相似的交易或者事项，应当采用一致的会计政策，不得随意变更。确需变更的，应当在附注中说明 不同企业发生的相同或者相似的交易或者事项，应当采用规定的会计政策，确保会计信息口径一致、相互可比
实质重于形式	企业应当按照交易或者事项的经济实质进行会计确认、计量和报告，不应仅以交易或者事项的法律形式为依据
重要性	企业提供的会计信息应当反映与企业财务状况、经营成果和现金流量等有关的所有重要交易或者事项
谨慎性	企业对交易或者事项进行会计确认、计量和报告应当保持应有的谨慎，不应高估资产或者收益、低估负债或者费用
及时性	企业对于已经发生的交易或者事项，应当及时进行会计确认、计量和报告，不得提前或者延后

资料来源：根据《企业会计准则——基本准则》整理而成。

14.2.2 会计信息决策相关性

决策相关性原则是会计信息质量的重要特征，也是会计信息的价值体现，无论是我国会计准则还是国际财务报告准则、美国一般公认会计原则都把决策相关性原则列为会计信息质量的特征之一，我国的规定比较笼统，要求“有助于财务会计报告使用者对企业过去、现在或者未来的情况作出评价或者预测”。而美国一般公认会计原则概念框架规定[⊖]通用财务报告的目标在于向现有和潜在的投资者、贷款人及其他债权人提供关于报告主体有用的财务信息，以帮助他们做出向报告主体提供资源的有关决策，包括买入、卖出或者持有权益证券和债券。

上市公司会计信息最重要的使用者是证券市场投资者，会计信息是他们做出向上市公司提供资金决策的重要依据，如何衡量会计信息对于证券市场投资者的相关性最常用的方法是考察股票价格与财务信息的关系，虽然这一方法的有效性仍然存在争议，但目前尚未有更为广泛接受的衡量方法。

会计信息是一个庞杂的体系，其中盈利信息和净资产信息是最为概括和重要的信息，因此常用会计收益（利润）和账面净资产对公司股票价格的解释能力来判断会计信息的相关性，基本的回归分析模型如下（Barth 和 Kallapur，1996）：

$$MV_{it} = \propto_{1t} + \propto_{2t} NI_{it} + \propto_{3t} BV_{it} + \propto_{4t} NSH_{it} + \varepsilon_{it} \tag{14-1}$$

式中：MV 是公司的市值；NI 是净利润；BV 是股东权益账面价值；NSH 是流通在外的普通股数量；下标 i，t 分别是公司和年度。

使用式（14-1）分年度进行回归得到的 R^2 代表盈利信息和账面价值信息对公司股价的解释能力。

研究发现会计金额（尤其是收益）对公司的价值解释能力下降，说明会计信息的对投资决策相关性已经下降，将这种下降归因于这种新经济的崛起，并得出会计信息已经失去了相关性

⊖《财务会计概念公告第 8 号——财务报告概念框架》，美国财务会计准则委员会（FASB）2010 年发布。

的结论（Barth, Beaver 和 Landsman 2001;Lev 和 Gu，2016），Lev 和 Gu 的研究发现，随着公司的研发投入占收入的比重上升，会计利润对公司的价值的解释能力不断下降（见图 14-1），主要的原因是大部分国家的会计准则对于研发投入都要求计入当期费用，不能计入资产价值（即不能资本化），导致利润和公司的未来增长潜力的相关性下降，我国会计准则和国际财务报告准则虽然允许研发投入的部分资本化，但是设置了比较严格的条件，主要的原因是研发投入的产出具有很高的不确定性，从谨慎性的原则出发，只允许满足特定条件的研发投入可以资本化。

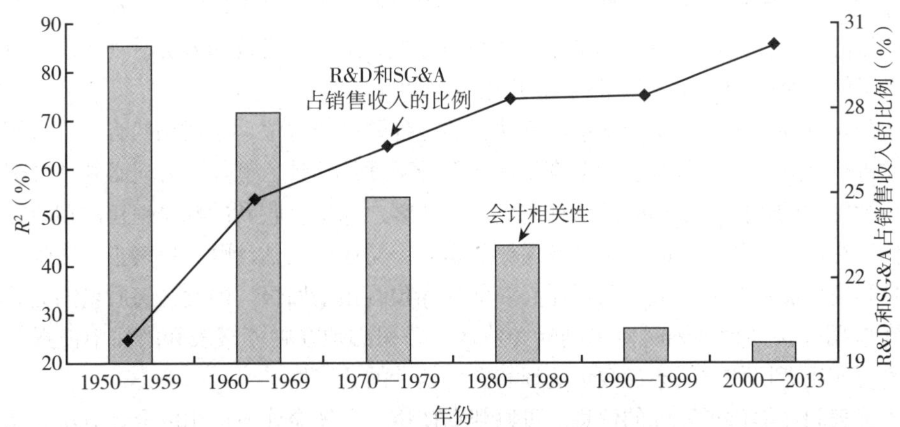

图 14-1 会计信息的价值相关性

资料来源：列夫，谷丰．会计的没落与复兴［M］．方军雄，译．北京：北京大学出版社，2018.

14.2.3 高质量会计信息特征

1. 客观反映公司的经济业务实质

高质量的会计信息应该能够公允、完整地反映公司经济交易的实质及后果。高质量的会计信息必须能够准确地描绘公司财务状况、经营业绩和风险状况，也就是说高质量的会计信息可以最大限度地减少测量误差和偏差。会计计量和核算需要对未来不确定的因素进行估计，比如资产使用年限的估计、应收账款回收可能性的估计等。高质量的会计信息必须建立在管理者没有偏颇的估计基础上，如果管理者为了特定的目标，比如提高报告利润，而进行乐观的估计，可能导致估计折旧年限延长少计折旧费用或者低估应收账款、坏账损失，从而高估利润。

高质量的资产负债表能够反映公司拥有或者控制的经济资源，这些经济资源预计在未来能够给公司带来经济利益。资产负债表上的资产应反映公司控制的经济资源，具体包括：现金、投资性证券、可收回的应收账款、可销售库存、可用于生产的工厂和设备、无形权利。如果对预期未来经济利益的衡量具有高度不确定性，如来自某些研发支出、广告支出，高质量的资产负债表不应该将这些项目资本化，而应该让其体现在利润表中，直接计入当期费用。

高质量的资产负债表还应该完整、公允地反映公司在某个时间点承担的偿还债务的义务，包括未来长期应付款义务（例如，养老金、租赁和其他承诺）的现值，同时还需要对短期和长期负债进行适当分类，以便报表使用者了解公司的资产、负债的流动性的高低。所有者权益代表公司在特定时间点的净资产状况，是公司资产扣除公司债务后的净值，高质量所有者权益披露可以让使用者了解所缴股本的来源、收益再投资或者向投资者支付股利的比例。

高质量的利润表需要完整、公允地反映公司在一段时间内（报告期）的收入和费用以及其他交易或事件带来的其他收益或损失。高质量的利润表需要反映公司在报告期内赚取的所有收入，并且这些收入预计能够收回现金。高质量的利润表还需要反映公司报告期内为赚取收入所消耗的所有资源的成本，包括在生产过程中为产生收入而消耗的资源（即与收入直接相关的成本，例如生产成本），以及该期间的固定管理成本和利息支出等。

高质量的现金流量表需要能够反映公司在一段时间内的收入、费用、资产和负债的变化对现金流量的影响。期间内公司全部非现金交易只需要在报表附注中披露，不在现金流量表中报告。高质量的现金流量表将现金流量足够详细地分类为经营、投资和筹资活动的现金流量，以便使用者了解每个时期的现金流量变化的原因和结果。

即使公司选择了最能反映其活动经济状况的会计原则或方法，公司仍然必须在应用这些会计原则时进行估计，几乎所有会计金额都需要某种程度的估计，例如，公司必须估计建筑物和设备将持续使用的年限，公司必须估计它们最终从客户那里将收到的赊账销售的现金数额，公司必须估计在此期间销售产品未来预计保修成本，公司还必须估计财务报表报告或附注披露的金融工具和衍生品的公允价值，公司还必须估计和预测预期回报。因此，高质量的会计信息需要公司在应用公认会计准则时做出判断和估计，公司必须在财务报表和附注中披露足够的信息，以方便使用者评估这些会计政策选择和会计估计的适当性。

财务报表附注提供了额外的信息，可以帮助使用者了解企业所使用的会计方法以及公司的判断和估计。在年度报告的管理层讨论与分析（MD&A）部分要求披露包含对运营和风险的定性讨论。高质量的附注应该提供有用的财务报表金额的定量分类和解释。

财务报表使用者在评价会计信息质量时应考虑以下因素：会计计量和分类的经济真实性、会计计量的可靠性、公司的会计政策选择是否反映其自身的经济活动实质、会计估计的合理性、会计信息披露的充分性和定性讨论的可信度。

2．高质量的会计信息必须能够反映公司盈利的情况

公司价值取决于对未来投资者获得收益的预测，收益可能表现为股利、自由现金流或利润。因此，会计信息质量的其中一个维度是会计信息能否反映当前收益的未来可持续性及波动程度。当使用财务报表来评估一家公司时，分析师应该考虑以下问题：当期报告金额能否可持续？回答以上问题，需要区分经常性损益和非经常性损益。

周夏飞和魏炜（2015）发现企业一是通过经常性费用和非经常性损失或经常性收入和非经常性收益之间的归类变更，从源头上操纵了营业外收支，进而改变了非经常性损益金额的确认；二是在披露非经常性损益表时有选择地隐瞒，尽可能少披露收益，而对损失披露较充分。中国证监会对非经常性损益披露进行严格的监管，目的是防止上市公司利用非经常性损益项目美化和扭曲公司的持续经营业绩，从而达到上市要求或者避免被退市。但是中国证监会的规定属于信息披露的规范性要求，会计准则未对经常性和非经常性损益进行区分，导致实务中上市公司可能利用这个模糊地带操纵分类，从而规避相应的监管措施。例如，A 股上市公司新都股份为了

扫码阅读
A 股不死鸟——新都股份

避免被退市，利用非经营性损益的认定模糊地带操纵非经营性损益（详情见扫码阅读材料）。

14.2.4 会计准则的局限性与会计信息质量

1. 研发支出会计：资本化与费用化的争议

在知识经济时代，通过研发创新开发新的产品和服务是企业竞争力的来源。企业的研发支出成为企业重要的开支项目，尤其是软件、电子、生物制药、电信和互联网服务行业的快速发展，使无形资产的投资率远超过有形资产的投资率，在美国等发达经济体尤为突出（见图 14-2），但是各国会计准则对于研发支出的会计处理存在差异，影响投资者对于公司研发支出信息的判断。美国一般公认会计原则（US–GAAP）规定除了软件开发企业外，其他企业的研发支出直接计入当期费用（Lev 和 Gu，2018），而根据国际财务报告准则（IFRS），开发阶段的支出在满足一定的条件下可以计入资产（资本化，capitalized），我国会计准则的规定基本上与国际财务报告准则保持一致，研究阶段的支出应当在发生时全部计入当期损益，即费用化；开发阶段的支出满足资本化条件时计入无形资产的成本。无法区分研究阶段和开发阶段的支出，应当在发生时作为管理费用，全部计入当期损益，达到预定用途之后发生的计入当期费用。

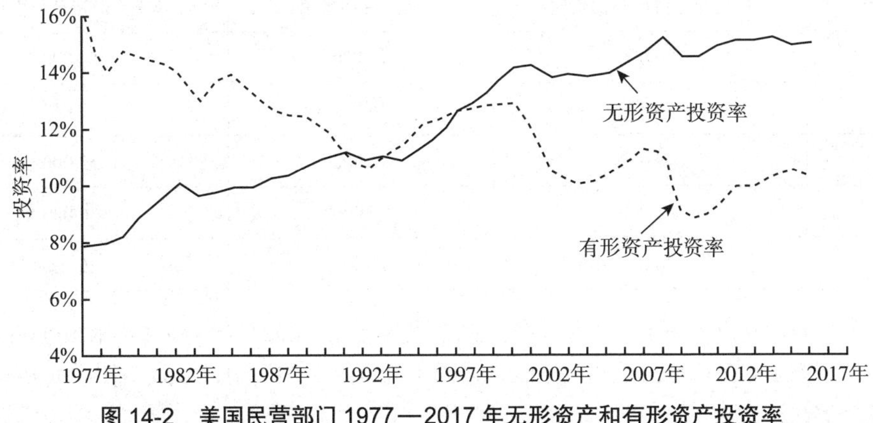

图 14-2 美国民营部门 1977—2017 年无形资产和有形资产投资率

资料来源：Lev B. Ending the accounting–for–intangibles status quo［J］. European accounting review，2019，28（4）：713–736.

我国会计准则规定的开发阶段支出资本化的条件包括：完成该无形资产以使其能够使用或出售在技术上具有可行性、具有完成该无形资产并使用或出售的意图、无形资产能够为企业带来未来经济利益、有足够的技术、财务资源和其他资源支持，以完成该无形资产的开发，并有能力使用或出售该无形资产[⊖]；归属于该无形资产开发阶段的支出能够可靠地计量，否则开发阶段的支出只能费用化（见图 14-3）。

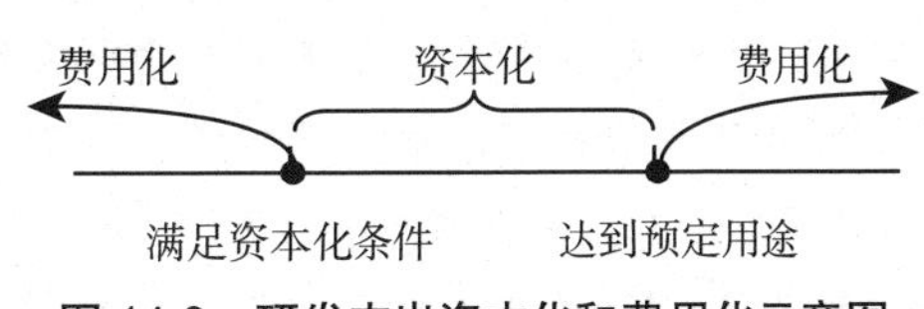

图 14-3 研发支出资本化和费用化示意图

⊖ 这一条件主要包括：①为完成该项无形资产开发具有技术上的可靠性；②财务资源和其他资源支持；③能够证明企业在开发过程中所需的技术、财务和其他资源，以及企业获得这些资源的相关计划等。

虽然会计准则规定了明确的资本化条件，是谨慎性原则在无形资产核算中的体现，但是在实际应用时，仍然存在大量的判断空间，包括研究阶段和开发阶段的划分、资本化条件是否满足等，因此企业可能利用准则赋予的判断空间操纵研发支出的会计处理，达到希望的结果。研发支出发生时费用化，直接减少当期利润，导致利润的波动，同时使资产账面价值降低，净资产降低，导致会计信息的决策相关性降低，尤其是对于高研发投入的公司，这也是当前无形资产会计引起争议的主要原因（Lev，Sarath 和 Sougiannis，2005）。资本化意味着当期的研发支出计入无形资产，随后在寿命期内摊销的部分计入利润表，相对于费用化的处理，资本化对当期利润冲击较小，同时增加资产的账面价值。虽然两种方法对于现金流量的影响不存在差异（假定不考虑利润差异对于所得税的影响），但两者不同的会计处理方法直接影响 ROA、ROE 和 ROIC，两种方法对财务报表的不同影响见例 14-1。

例 14-1：假设 ABC 公司 2022 年研发支出 100 000 元，形成的无形资产的估计残值是 20 000 元，无形资产的预期寿命是 5 年，无形资产使用直线法摊销。

如果上述的研发支出满足资本化条件，确认无形资产 100 000 元，则寿命期内每年摊销 16 000［=（100 000–20 000）/5］元，寿命期内每年的资产账面价值和利润表确认的费用如表 14-3 所示。

表 14-3　ABC 公司的无形资产摊销表

年度	年初无形资产账面价值	无形资产摊销	年末无形资产账面价值
1	100 000	16 000	84 000
2	84 000	16 000	68 000
3	68 000	16 000	52 000
4	52 000	16 000	36 000
5	36 000	16 000	20 000

如果上述研发支出不满足资本化条件，则在发生当年（2022 年）确认费用 100 000 元，直接减少当期利润 100 000 元，后期产生收入，而不确认相关的费用，导致高估后期利润和相关的盈利能力指标。

⊙案例 14-1

康弘药业的研发支出处理

2021 年 4 月 26 日，康弘药业发布公告称：由于康柏西普眼用注射液海外Ⅲ期临床试验失败，该研发项目预计未来已无法带来经济利益的流入，其截至 2020 年年末累计资本化支出 13.9 亿元转入当期损益，相应减少 2020 年度利润总额及营业利润 13.9 亿元，减少所得税费用 3.8 亿元，减少净利润 10.1 亿元。将 13.9 亿元资本化支出转为当期损益，净利润从 8.4 亿元变为 −2.7 亿元。营业利润从 9.95 亿元修正为亏损 5.12 亿元，利润总额从 9.88 亿元修正为亏损 5.19 亿元，较修正前减少 15.07 亿元；总资产从 80.25 亿元修正为 70.01 亿元，具体如表 14-4 所示。

表 14-4 康弘药业 2020 年度财务报表重述 单位：万元

项目	2020 年度		2019 年度	修正后与上年同期的增减变动幅度
	修正前	修正后		
营业总收入	329 543.01	329 543.01	325 743.01	1.17%
营业利润	99 488.50	−51 228.80	82 075.26	−162.42%
利润总额	98 766.03	−51 951.27	83 517.95	−162.20%
归属于上市公司股东的净利润	83 875.58	−26 985.31	71 819.03	−137.57%
基本每股收益（元）	0.96	−0.31	0.82	−137.80%
加权平均净资产收益率	16.21%	−5.84%	16.66%	−22.50%
项目	2020 年年末		2020 年年初	修正后与 2020 年年初的增减变动幅度
	修正前	修正后		
总资产	802 588.84	700 115.86	582 701.68	20.15%
归属于上市公司股东的所有者权益	686 442.48	575 581.59	462 054.78	24.57%
股本	91 946.40	91 946.40	87 355.74	5.26%
归属于上市公司股东的每股净资产（元）	7.47	6.26	5.29	18.34%

数据来源：康弘药业 2020 年度业绩快报修正公告。

在修正之前，康弘药业将康柏西普临床开发支出作为资产计入资产负债表开发支出，公告的理由是康柏西普眼用注射液海外Ⅲ期临床试验，同时满足会计准则规定的其他资本化条件。康弘药业 2016 年至 2019 年的资本化率（资本化开发支出 / 研发支出）分别为 16.43%、45.14%、33.97%、63.56%。而同为医药行业的恒瑞医药在 2020 年年报中将开发阶段的支出归为研发费用，而非无形资产。在其无形资产中，当期期末通过内部研发形成的无形资产占无形资产余额的比例为 0%。

大多数生物医药上市公司在开发阶段达到资本化规定时会将开发支出资本化，也有少数公司选择开发支出费用化。是否满足资本化条件，研发支出资本化的标准是否合理？外部投资者难以判断。研发支出是资本化还是费用化，以及费用化的比例都可能成为利润调节器。

2. 金融工具会计：负债和权益区分

金融工具是指形成一方的金融资产并形成其他方的金融负债或权益工具的合同。金融工具可以是现金（货币）、在其他实体中拥有所有权权益的凭证（股份），或者是收取或交付的契约权利（债权：债券、贷款；股权：股票；金融衍生工具：期权、期货、远期契约）。

金融工具也可以根据资产类别进行划分，分类为债务权益或者股权工具。权益工具代表对资产的所有权，比如普通股的持有者享有对企业净资产的所有权。债务工具是指投资者向企业提供的贷款或者商业信用融资，比如企业在采购商品时签发的承诺付款的票据，对于签发方而言是一项债务，即商业票据，一般期限不超过一年。长期债务金融工具的期限超过一年，比如企业发行的普通债券。

债务工具的基本特征是发行人需要在约定的期限内向持有人支付合同约定的本息，即支付未来现金流的义务，并且发行人无权无限期推迟支付本息的义务，因此财务工具有合同约定的现金流。而权益工具没有合同约定的现金流，即发行方没有支付约定现金流的义务，持有人享有的是分享发行人净资产的权利，这种权利对应的净资产是在不断变动中的。普通债和普通股分别代表了债务工具和权益工具的两个极端，随着金融市场的发展和金融创新工具的不断涌现，市场上出现了同时具有债务工具和权益工具属性的混合金融工具，包括可转债、永续债、优先股等，对于这些工具的分类存在模糊地带，部分上市公司可能利用这些工具的似股似债的特性操纵分类，以满足特定需求。通常情况下许多上市公司把实质上是债务的工具包装成股权，形成明股实债的分类，目的是降低名义上的财务杠杆比率，原因是如果债务数额巨大，可能会影响借款人的债务契约、信用评级、资金成本、偿付能力，以及金融机构的资本充足率措施。

了解发行人是否有能力完全避免支付未来现金流的义务对于股权和债务工具的准确分类至关重要。债务工具是要求发行人在未来某个时刻或可能要求发行人在发生超出其控制范围的事件时支付现金。而权益工具则无此类义务——发行人可以选择支付现金（例如，宣布股息），也可以选择不支付股利。发行人是否拥有支付现金的“自由裁量权”对于股权分类至关重要。

债务工具的特征包括：在未来某个时间点或发行人无法控制的事件（例如，违约事件、或有结算事件）时以现金偿还，具有强制性利息的永续工具，如果在规定时间内没有成功上市则需要偿还本息，以发行人可变数量的自有股份结算（根据发行人的股价决定结算股份的数量）。

权益工具的特征包括：拥有无条件避免支付现金的权利（酌情支付股息），由发行人自行决定或完全在其控制范围内的事件发生时偿还本息，以固定数量的自有股份结算。

2013 年武汉地铁集团有限公司成功发行了可续期公司债券（13 武续债），此后永续债发行规模不断上升，对于永续债到底是股还是债分类并不一致，因此财政部于 2019 发布《永续债相关会计处理的规定》（财会〔2019〕2 号）[⊖] 要求企业根据到期日、清偿顺序、利率跳升和间接义务因素进行分类，根据现有条款，存量永续债多数将被归为金融负债。

分析师在分析发行复杂金融工具的公司的财务状况时，需要根据发行条款的实质来判断发行人的分类是否合理，是否有意通过分类操纵财务杠杆，误导投资者。

⊙案例 14-2

13 武续债

13 武续债的基本条款如表 14-5 所示。

表 14-5　武汉地铁集团有限公司的永续债条款

债券名称	2013 年武汉地铁集团有限公司可续期公司债券	付息方式	周期性付息
债券简称	13 武续债	起息日期	2013 年 10 月 29 日
债券代码	124999	止息日期	2018 年 10 月 28 日
债券类型	普通企业债	付息日期	10 月 29 日
债券面值（元）	100	年付息次数	1
债券年限（年）	5	发行价格（元）	100

⊖ https://www.gov.cn/xinwen/2019-01/31/5362750/files/fcac47b560ef4588a2f9c78edb666b6c.pdf。

（续）

票面利率（%）	8.5	发行规模（亿元）	23
到期日期	2018 年 10 月 29 日	发行日期	2013/10/29
兑付日期	2018 年 10 月 29 日	上市日期	2013/12/6
计息方式	浮动利率	信用等级	AA+
利率说明	本期债券采用浮动利率形式，单利按年计息。票面年利率由基准利率加上基本利差确定。基准利率每 5 年确定一次。首次基准利率为发行公告日前 1 250 个工作日的一周上海银行间同业拆放利率（Shibor）的算术平均数（四舍五入保留两位小数），其后每 5 年的基准利率为在该 5 年计息周期起息日前 1 250 个工作日的一周上海银行间同业拆放利率的算术平均数（四舍五入保留两位小数）。本期债券基本利差上限为 5.70%，由发行人和主承销商在发行时根据簿记建档结果确定，基本利差确定后在债券存续期保持不变。首次发行利率在发行前报国家有关主管部门备案。		

资料来源：根据债券发行公告整理。

3．股权激励会计处理争议

股权激励是公司以股票来替代部分现金薪酬激励董事、高级管理人员和其他员工的薪酬政策。高科技公司通常使用股权激励来吸引核心技术人员和管理者，随着股份支付成为员工和高管薪酬的重要组成部分，会计准则制定者开始制定相关的准则对股权激励科技确认和计量进行规范。美国的会计准则委员会（FASB）最早开始发布相关准则，要求将股权激励相关的成本计入当期费用，原因是股权激励和现金薪酬类似，都是公司支付员工薪酬的不同方式，在此之前大部分公司都不确认股权激励相关的成本。

（1）股权激励的方式。股权激励方式包括股票期权、限制性股票、股票增值权以及员工持股计划等多种方式。

股票期权是赋予持有人权利但无义务在指定时间内以预定价格购买（看涨）或出售（看跌）一定数量股票的合同，大多数员工股票期权都是看涨期权，因为它们赋予员工购买公司股票的权利。

限制性股票是授予员工的股票，在特定期限内禁止出售，大多数向员工授予的限制性股票必须满足某些归属条件才能获得收益。

股票增值权（SAR）是赋予员工获得一定数额股票或现金的权利的合同，其价值等于奖励授予日与其归属 / 行权日之间公司股价的升值。SAR 一般不涉及支付行权价格。SRA 不涉及股票或者股权的转让，激励对象享有的是股票或股权的增值收益。

员工持股计划（ESOP）是指公司将本公司的股票或者股权授予公司经营者（高管、核心员工、员工等），使其成为公司股东以获得共享公司收益以及参与公司经营决策的权利。不同于股票期权或者限制性股票直接授予符合条件的激励对象，ESOP 通常是将一定的股份划入持股计划池设立基金，激励对象享有的是基金内股票的收益。

我国目前最常见的激励方式是股票期权、限制性股票和员工持股计划。

（2）股权激励会计处理的争议。FASB 在 1994 年要求对股票期权激励的成本计入当期费用，但由于政治和高科技行业的反对而最终失败了。反对方的理由包括：第一，由于股票期权在公布激励方案时不涉及现金流出，因此不应该在利润表里确认费用，股票期权只有当行权价低于股价时激励对象才会行权，此时还能有现金“流入”而不是流出；第二，按照 FASB 要求的方法，需要使用估值模型来估计股票期权的成本，而估值模型要求大量假设估计，这样的数字放进财务报告，一定会影响报表的准确性；第三，股票期权激励的费用化处理会降低公司利润，导致股价下跌，让美国的高科技行业受到冲击。

FASB 的支持方认为股权激励应该和现金薪酬采用同样的会计处理原则，它们本质上都是支付给员工的薪酬。支持方的典型代表是股神巴菲特，他在1992年致股东信中说："几十年来，许多商界人士一直与会计准则制定者展开斗争，试图阻止股票期权的成本反映在发行股票期权的公司的利润中。通常，高管们认为期权很难估值，因此应该忽略它们的成本。经理们也曾说过，为期权分配成本会损害小型初创企业的利益。有时他们甚至郑重声明，'价外'期权（行使价等于或高于当前市场价格的期权）在发行时没有任何价值。"

对此，巴菲特反问："在我看来，股票期权的现实可以非常简单地概括：如果期权不是一种薪酬形式，那么它们是什么？ 如果薪酬不是费用，那是什么？而且，如果费用不应该计入利润表中，那么它们到底应该去哪里呢？"

（3）现行准则的处理。在首次提出的处理方法遭到反对后，FASB 做出了退让，维持原有的不确认费用的方法，直到 2004 年 12 月，FASB 发布了修改版的 SFAS No. 123（SFAS No. 123R "Share-Based Payment"），确认了之前决定取消期权内在价值的会计处理。把之前的鼓励（encourage）改成了要求（require）使用公允价值法。

目前无论是中国会计准则、国际财务报告准则，还是美国一般公认会计原则，都通过明确的条款将股权激励视为"职工薪酬的组成部分"，要求在财务报表中确认相应的成本费用，即按照授予日（grant date）权益工具的公允价值（fair value），对可行权（vest）部分所对应的总价值在员工服务期间计入相关成本或费用。

如果公司已上市，针对限制性股票，其公允价值是员工支付的金额与公司股票在二级市场价格之间的差额；针对股权期权，则可以通过估值模型来计量。由于公允价值的计量受到公司授予日股价的影响，公司有动力在筹划方案时压低授权日股价，从而降低公允价值，操纵计入利润表的费用。

⊙案例 14-3

泰坦科技股权激励

2016 年 1 月 21 日，包括马琳杰在内的泰坦科技部分股东曾以 0.1 元 / 股的低价向公司 6 名创始团队成员转让股票，理由是公司其他股东为奖励公司创始团队历年来对公司发展所做贡献。而根据上海申威资产评估有限公司出具的估值报告，该公司 2015 年 12 月 31 日股东全部权益价值评估值为 3.57 亿元，对应每股市场价值为 8.14 元。也就是说，0.1 元 / 股的转让价仅为当时泰坦科技每股市场价值的 1.23%，其具体情形如表 14-6 所示。

表 14-6 泰坦科技股权转让具体情况

时间	股权转让方	股权受让方	转让价格（元 / 股）	数量（股）
2016 年 1 月 21 日	上海大创投、河北产业基金、河北产业投资、上海威派、上海裕泽、马琳杰、上海茂丰、上海受丰	谢应波、张庆、张华、王靖宇、许峰源、张维燕	0.1	1 406 000.00

资料来源：根据泰坦科技回复上海证券交易所监管问询函整理而成。

泰坦科技同时披露了以下四项指标，①截至2015年12月31日的公司每股净资产为4.25元/股；②在股权转让后6个月内，挂牌转让系统为4元/股；③本次确认股份支付所涉及的股份所对应公允价值，主要系根据上海申威资产评估有限公司出具的《估值报告》(沪申威咨报字（2019）第1002号）确定，公司2015年12月31日股东全部权益价值评估值为35 700.00万元，故对应的为股份支付估值为8.14元/股；④转股价格为0.1元/股。

最终泰坦科技的会计师将评估报告确定的估值确定为股权转让的公允价值，并且确认了该公允价值下市盈率与同期同行业的其他公司具有可比性。该价值与转股价格存在着较大的差额，因此应当将该项差额进行当期的会计处理。会计师将本次股份支付直接冲减了当期损益，计入"管理费用"科目，并调增了"资本公积"科目。根据上海申威资产评估有限公司出具的《估值报告》(沪申威咨报字（2019）第1002号）确定，即8.04（=8.14–0.1）元/股，共计1 406 000股。公司进行相应的会计处理，增加管理费用1 129.97万元，同时增加资本公积——其他资本公积1 129.97万元。

14.3　会计舞弊

14.3.1　舞弊理论

1．舞弊三角理论

舞弊三角理论是Jane F. Mutchler提出的，该理论认为，公司舞弊事件的发生有三个方面的因素，即压力、自我合理化和机会。因此任何一个组织都必须建立强有力的内部控制制度、零容忍政策和适当的道德准则来防止欺诈，从而激励员工遵守道德规范。为了预防和发现舞弊，必须有突击检查和审计，也必须鼓励内部审计，必须有强有力的舞弊威慑政策，使任何员工都不会想到舞弊。

压力是欺诈行为背后的动机，压力可以是个人的经济压力，也可以是来自上级的压力。压力产生了舞弊的动机和欺诈机会。如果压力无法通过理性和法律手段解决，那么人们可能会采取非理性的方式。个人财务压力的一些常见例子包括收入短缺、银行偿还贷款的压力。借款合同中对于资产负债率的上限约定，新增借款的约定，这些借款违约可能带来的不利后果是企业操纵财务杠杆的压力。另外员工的奖金福利与公司的业绩指标挂钩，也会带来操纵会计信息的动机。行业监管措施也可能使被监管对象通过财务操纵甚至是舞弊来满足监管要求，比如我国2018年出台对房地产企业的三条红线政策可能使面临即将违反三道红线政策的房地产公司更有动机操纵财务指标。

当压力存在时，员工可能就会寻找实施欺诈的机会。例如，如果在物品仓库没有适当的监控措施，员工可能就会找到机会偷窃公司物品并在市场上出售。舞弊可以通过滥用职权的方式来实现，例如上级对下属施压，通过会计政策的选择和交易设计粉饰账目。公司的内部控制机制不完善可能会给存在压力的员工和管理人员创造舞弊的机会，使舞弊动机转化为舞弊行动。

合理化是欺诈三角理论的最后阶段，此阶段欺诈者通常通过寻找借口证明欺诈行为的合理性。

2. GONE理论

GONE理论由Bologua于1993年提出，该理论认为，金融欺诈是由G(greed)、N(need)、O(opportunity)和E(exposure)四个因素造成的。

G(greed)是“贪婪”因素，用来反映个体的道德水平。道德水平对人类的行为和认知起着非常重要的作用。它表现为一种个人的价值判断，当人们思考自己是否会做某事时，它会深刻地影响人们。诈骗者往往道德意识差，或者道德意识中存在消极的价值判断。在这种不良道德的存在下，金融欺诈已经成为一种符合其价值观的行为，这也是欺诈最终发生的内在原因。

N(need)被称为“需求”因素，是不当会计行为的关键原因。正确的会计行为动机可能引导公司采用适当的会计实务，而不当的会计行为动机则可能导致公司采用不适当的会计实务，如财务舞弊。“需求”是财务造假的直接原因。对资金的需要，对提高股价的需要，对个人利益的需要，都可能导致公司管理者作弊。由于资本市场的信息获取成本较高，一般投资者无法辨别上市公司所提供的信息是否真实。因此，上市公司财务造假的“需求”依然存在。

O(opportunity)是“机会”因素，该因素与公司的法人治理结构和监督缺陷有关。良好的公司治理结构，首先来自合理的结构。股权结构决定公司治理结构的基调和框架。合理的股权结构是管理者实现利益相关者利益最大化的基础，也是消除内部人员冲突的根本保证。合理的股权结构还可以保证董事会、监事会等具体安排的落实。股权过度集中会产生侵占效应，表现为控股股东与少数股东之间的利益冲突，使控股股东为了自身利益而牺牲少数股东。

监督权的大小关系到相关中介机构的独立性。注册会计师作为财务舞弊防范工程的最后一道工序（大多数情况下），在防范上市公司财务舞弊方面发挥着非常重要的作用。如果注册会计师的地位不够独立，就会给上市公司欺骗投资者的机会。因此，如果没有健全的制度、合理的公司治理结构和独立的相关中介机构对拥有权力的管理者进行适当的监督，他们就会有机会通过非法会计行为获取利益。

E(exposure)是“暴露”因素，暴露是指金融欺诈被发现和披露的可能性以及对作弊行为的惩罚程度，这将震慑潜在的作弊者。欺诈就是欺骗和隐瞒，财务欺诈被发现的可能性以及对欺诈行为的惩罚程度将影响想要欺诈的人做出的决定。一方面，财务欺诈被发现和披露的可能性越高，财务欺诈发生的可能性就越低。另一方面，对欺诈的处罚程度越低，发生财务欺诈的可能性就越高。

总而言之，G(greed)和N(need)与个体行为相关，而O(opportunity)和E(exposure)与环境更相关。这意味着，如果一个贪婪、需要金钱的管理者有机会腐败，并相信其举动不被发现，那么腐败就有可能发生。为有效防范财务欺诈行为的发生，需要针对这四个因素所代表的领域采取行动进行管控。

国际证券交易委员会组织(COSO)通过对过去10年347起财务报告欺诈案件的研究，发现了伪造财务报告的众多具体动机，包括：满足分析师和其他人的外部盈利预期；实现内部设定的财务目标或让公司看起来业绩更好；隐瞒公司不断恶化的财务状况；提高股价；美化财务状况以实现股权或债务融资；通过股票增值和实现奖金目标来增加管理层薪酬；掩盖为谋取私利而挪用的资产等(Beasley等，2010)。

3. 盈余管理、会计操纵与会计欺诈

财务报表中的每一个项目都是管理层交易结构决策和财务报告决策相互作用的结果，管理

层的交易结构决策和财务报告决策共同决定了会计信息的质量。Healy 和 Wahlen（1999）认为盈余管理是管理者运用财务判断，构造交易以改变财务报告，来误导某些利益相关者对公司基本经济绩效的认识或者影响基于会计数据的合同结果。为了实现财务分析师的预测或者为了实现预算目标，管理层可能利用会计准则的漏洞或会计准则给予的职业判断空间操纵盈利数字。当这些调整“超出了可接受的会计实践的范围”就形成了会计欺诈。

14.3.2 我国上市公司财务舞弊现状

对我国上市公司 2010—2019 年间的 113 家样本公司的财务舞弊基本特征进行分析发现，我国上市公司财务造假按照行业分布中的制造业，农、林、牧、渔业上市公司涉及财务舞弊的较多，农、林、牧、渔业舞弊家数较多且占行业公司总数的比例较高，制造业内部，其二级行业“化学原料和化学制品制造业”的舞弊占比最高，具体如表 14-7 所示。

表 14-7 我国上市公司 2010—2019 年财务舞弊行业分布

证监会行业类别	舞弊家数（家）	A 股上市公司总数 *（家）	舞弊公司占比
制造业——设备制造业	23	810	2.84%
制造业———般制造业	19	795	2.39%
制造业——化学原料和化学制品制造业	9	248	3.63%
制造业——医药制造业	8	231	3.46%
制造业——电气机械和器材制造业	8	241	3.32%
农、林、牧、渔业	14	143	9.79%
信息传输、软件和信息技术服务业	7	311	2.25%
租赁和商务服务业	4	56	7.14%
建筑业	4	94	4.26%
交通运输、仓储和邮政业	3	104	2.88%
电力、热力、燃气及水生产和供应业	3	112	2.68%
房地产业	3	122	2.46%
批发和零售业	3	167	1.80%
采矿业	2	77	2.60%
住宿和餐饮业	1	9	11.11%
综合	1	22	4.55%
文化、体育和娱乐业	1	59	1.69%
合计	113	3 601	3.14%

注：*A 股上市公司家数选取 2020 年 5 月数据口径。

资料来源：黄世忠，叶钦华，徐珊，等。2010—2019 年中国上市公司财务舞弊分析［J］. 财会月刊，2020（14）：153-160.

如果按照舞弊类型（舞弊涉及会计项目）划分，排在首位的是收入舞弊，主要是虚增收入，其次是费用舞弊，然后是货币资金舞弊，具体舞弊类型分布如表 14-8 所示。

表 14-8 我国上市公司 2010—2019 年财务舞弊类型分布

舞弊类型	舞弊家数（家）	占比 *	舞弊类型	舞弊家数（家）	占比 *
收入舞弊	77	68.14%	减值舞弊	13	11.50%
费用舞弊	25	22.12%	营业外收支舞弊	10	8.85%
货币资金舞弊	24	21.24%	投资收益舞弊	7	6.19%
成本舞弊	17	15.04%	其他舞弊	2	1.77%

注：* 舞弊科目以影响主要会计科目为统计口径，如收入舞弊同时引起成本及其他资产科目变动，本文仅统计收入科目。一家公司可能涉及多种舞弊类型，如同时进行收入虚增和费用虚减，二者之间相互独立，则分别作为舞弊类型统计，故上表中占比合计数不为 100%。

资料来源：黄世忠，叶钦华，徐珊，等 . 2010—2019 年中国上市公司财务舞弊分析［J］. 财会月刊，2020（14）：153-160.

1. 收入确认和计量

收入是企业获取利润的前提，直接关系到企业的财务状况和经营成果。上市公司自 2020 年 1 月 1 日起全面执行新修订的《企业会计准则第 14 号——收入》（简称“收入准则”），和原收入准则相比，新收入准则要求采用统一的收入确认模型规范所有与客户之间的合同产生的收入，并以控制权转移作为收入确认时点的判断标准。

虽然收入准则明确了收入确认和计量的基本条件，但是在实际业务中收入的确认需要大量的职业判断，结合业务的具体实质来确认和计量收入，在财务报表舞弊案件中，涉及收入确认的舞弊占有很大比例，收入确认已成为注册会计师审计的高风险领域[⊖]。企业收入舞弊的手段包括虚增或者提前确认收入，也可能出于降低税负的目的少计或者推迟确认收入。

（1）虚增收入或提前确认收入的常见手段。企业利用与未披露关联方之间的资金循环虚构交易或者通过未披露的关联方进行价格显失公允的交易。例如，企业以明显高于其他客户的价格向未披露的关联方销售商品。

企业通过虚开商品销售发票虚增收入，而将货款挂在应收账款中，并可能在以后期间计提坏账准备，或在期后冲销。或者为了虚构销售收入，将商品从某一地点移送至另一地点，凭出库单和运输单据为依据记录销售收入，而实际上并未完成商品的销售。

在与商品相关的风险和报酬尚未全部转移给客户之前企业提前确认销售收入。例如，销售合同中约定被审计单位的客户在一定时间内有权无条件退货，而被审计单位隐瞒退货条款，在发货时全额确认销售收入。

⊙案例 14-4

大智慧的收入造假

2016 年 7 月上海大智慧股份有限公司（601519.SH，简称“大智慧”）收到了中国证监会行政处罚通知，处罚报告显示该公司 2013 年实现营业收入 8.94 亿元，利润总额为 4 292.12 万元。经查，大智慧通过承诺“可全额退款”的销售方式提前确认收入，以“打新股”等为名进行营销、延后确认年终奖少计当期成本费用等方式，共计虚增 2013 年度利润 1.21 亿元，占当

⊖《中国注册会计师审计准则问题解答第 4 号——收入确认》。

年对外披露的合并利润总额的281%。

大智慧在提供金融资讯和数据服务前向客户收取全部款项，包括证券信息初始化费用和后续维护费用。公司收取的证券信息初始化费用，在客户获得授权（授权方式为PC软件或WEB软件开通及相应服务开始提供）时确认收入，收入的后继维护运行费，按照约定的比例，在提供服务的期间内分期确认收入。大智慧根据每月符合收入确认条件的销售记录建立台账，合同总金额的60%作为初始化费用确认为当期收入，40%作为服务收入，根据服务期建立分期摊销表，按月确认收入。

2013年，大智慧（合并财务报表）前三季度收入总额为54 106.90万元，利润总额为−18 896.40万元，第四季度单季收入为35 319.34万元，利润总额为23 188.51万元，全年利润总额为4 292.11万元。第四季度实现收入占全年收入的39.49%，实现利润占全年的540.26%。其中，大智慧（合并财务报表）第四季度收入、利润增加的主要原因之一是2013年12月大智慧直接对外销售软件及提供投顾服务收入增加。2013年12月，大智慧针对售价在3.8万元以上的软件产品（3.8万元策略投资终端、9.8万元投资家机构版、19.8万元投资家VIP版、58万元投资家至尊投资顾问版）制定了包含“若在2014年3月31日前不满意，可全额退款”条款的营销政策。2013年12月3日至11日，此营销政策在大智慧官方网站上进行过公开宣传；后虽在大智慧管理层要求下将“可全额退款”的条款从网站上删除，但2013年12月全月，大智慧所有营销区域的销售人员在营销中，均向客户承诺“可全额退款”。在无法预计客户退款可能性的情况下，大智慧仍将所有销售认定为满足收入确认条件，并按收入确认方法确认为当期销售收入。

30位愿意接受现场询问的大智慧客户中的12位在笔录中称：2013年12月，应大智慧电话营销人员要约，参与大智慧集中打新股或购买大智慧承诺高收益的理财产品。经查，大智慧将上述收款直接以软件产品销售款为名虚增2013年收入2 872 486.68元，未真实反映上述业务情况。该12名大智慧客户在笔录中称：其向大智慧支付的款项并非购买软件款，也未实际使用过大智慧提供的软件产品。经查，2013年购买软件的部分客户向大智慧汇款时备注摘要内容均与购买软件性质完全不符，如“打新股资金”“保证金”“投资理财”“助公司避免ST”等。同时，大智慧2013年确认的收入2 872 486.68元，后续已应客户的要求全部退款。由此导致大智慧2013年12月提前确认收入87 446 901.48元，涉及的合同金额为138 443 830.90元。

除了提前确认收入外，大智慧将2013年年终奖合计31 241 057.90元（含个人所得税）于2014年1月发放并计入2014年的成本费用，将2012年年终奖合计6 286 741.25元（含个人所得税）于2013年1月发放并计入2013年的成本费用，大智慧通过多种方式累计虚增2013年利润24 954 316.65元。

大智慧受到处罚后，大量投资者也以该虚假陈述行为造成其投资损失为由，对公司及相关责任人提起证券虚假陈述责任纠纷诉讼。2021年9月中证中小投资者服务中心有限责任公司代表大智慧诉该公司时任董监高张长虹、王枚、王日红、洪榕等。这是上市公司因证券欺诈被判令承担民事赔偿责任后，全国首例由投资者保护机构代位提起的向公司董监高追偿的案件。2021年11月，大智慧公司起诉张长虹等5名董监高，请求支付其在证券虚假陈述责任纠纷系列案件中向投资者支付的民事赔偿款约3.25亿元，后变更诉请为3.35亿元。

2023年2月20日，上海金融法院裁定了全国首例由投资者保护机构根据《中华人民共和国证券法》第94条新规提起的股东派生诉讼，经过审理公司控股股东、实际控制人张长虹与公司达成和解，张长虹需要向公司支付赔偿款及案件受理费，两案中大智慧公司将获控股股东

3.35 亿元全额赔偿。因和解支付金额巨大，出于资金需求，张长虹拟自公告日起 15 个交易日后的 6 个月内，通过竞价交易方式减持不超过 4 071.74 万股，占公司总股本的 2%，通过大宗交易的方式减持不超过 8 143.48 万股，占公司总股本的 4%，共计拟减持股份不超过 6%。

公司还可能通过隐瞒售后回购或售后租回协议，而将以售后回购或售后租回方式发出的商品作为销售商品确认收入。公司在采用完工百分比法确认劳务收入时，故意低估预计总成本或多计实际发生的成本，以通过高估完工百分比的方法实现当期多确认收入。

例 14-2：2022 年 11 月，ABC 公司与客户订立一项装修一幢 3 层建筑并安装新电梯的合同。已承诺的装修服务（包括安装电梯）是一项在一段时间内履行的履约义务。合同价格为 500 万元，预计总成本为 400 万元，其中包括电梯（外购）成本 150 万元和施工成本 250 万元。

ABC 公司使用投入法，基于已发生的成本来计量其履约义务的履约进度。客户在 2022 年 12 月电梯运抵该建筑时获得对电梯的控制，尽管电梯直至 2023 年 6 月才进行安装。ABC 公司未参与电梯的设计或制造。2022 年 12 月 31 日，已发生的其他成本（不包括电梯）为 50 万元。

如果将购买电梯的成本纳入履约进度的计量将导致对履约程度的高估，即已发生的成本与企业履行履约义务的进度不成比例。因此，ABC 公司对履约进度的计量做出调整，将购买电梯的成本排除在已发生成本的计量及交易价格之外。该公司按电梯购买成本的金额确认转让电梯所产生的收入（即，零毛利）。

2022 年 12 月 31 日已发生的其他成本（不包括电梯）为 50 万元，履约进度为 20%（即 50/250）。

2022 年 12 月 31 日，ABC 公司确认收入、成本和利润如表 14-9 所示。

表 14-9　ABC 公司的收入、成本和利润确认

项目	金额（万元）	计算方法
营业收入	220	=20% × 350（交易价格 500 万元 – 电梯成本 150 万元）+150
营业成本	200	= 已发生成本 50 万元 + 电梯成本 150 万元
利润	20	= 营业收入 – 营业成本

目前上市公司的收入舞弊比较多见的是虚增或者夸大收入或提前确认收入，目的是做大公司的利润以支撑股价，便于实际控制人或者拥有股份的高管在股价高点抛售股票，或者在公司面临亏损的情况下扭亏为盈，以完成公司确定的业绩目标，但是在特定情况下部分上市公司可能存在虚减收入或推迟确认收入的情况，以便做低利润，比如公司当年的业绩异常高的情况下，公司有动机将利润延后，可能低估本期收入或者隐藏当期收入，或者公司即将推出股权激励方案时，为了以较低的价格授予激励对象，可能又以压低业绩抑制股价上涨，原因是我国的监管部门要求公司授予股权激励的授予价格不低于授予前一段时间的股价（股票期权）或者以市场价格的一定折扣购买本公司股票（限制性股票）。

（2）虚减收入或推迟确认收入的常见手段。部分公司在商品发出、收到货款并满足收入确认条件后，不确认收入，而将收到的货款作为负债挂账，或转入本单位以外的其他账户。部分公司采用以旧换新的方式销售商品时，以新旧商品的差价确认收入（正确的做法是按照原价分别确认新产品的收入和换入的旧产品的成本）。

在提供劳务或建造合同的结果能够可靠估计的情况下，不在资产负债表日（期末）按完工

百分比法确认收入，而推迟到劳务结束或工程完工时确认收入。

上市公司低估利润的情况常见于当期业绩远高于预期，为避免下期业绩下滑，把部分收入推迟到以后期间确认，或者在公司推出股权激励计划时有意通过压低利润从而压低股价，降低股权激励的成本和费用。例如，上市公司金正大利用预收账款推迟确认收入，从而降低股权激励的费用（详情见扫码阅读案例）。

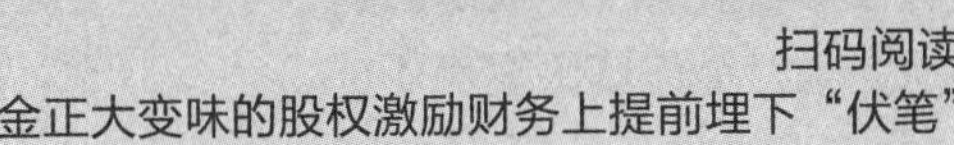

2. 金融工具和股权投资

企业除了通过内部的投资实现内涵式扩张之外，很多企业还通过股权投资方式投资于其他企业，实现外延式的扩张，企业持有的其他企业的股权根据投资的战略意图或者商业模式在资产负债表中分类为不同类别的资产（见表14-10），对持有期间的投资收益有不同的核算方法，对利润产生不同的影响，部分企业利用分类的转换或者操纵来扭曲财务业绩（利润）和财务状况（资产负债）。

表 14-10 企业股权投资及其分类

对被投资方影响力	无控制、共同控制和重大影响		重大影响	共同控制	控制
与被投资方关系	财务投资		联营企业	合营企业	母子公司
初始计量	公允价值		公允价值	公允价值	非同一控制：公允价值 同一控制：账面价值
持有期间公允价值变动	交易性金融资产：计入利润	其他权益工具：计入综合收益	权益法：被投资方盈利或者亏损同比例计入投资方利润		母公司个别报表用成本法，不受公允价值变动影响； 合并报表：内部交易抵消
资产减值	交易性金融资产：不需要考虑减值	其他权益工具：计入综合收益，不得转回到利润	减值计入利润		

资料来源：根据中国会计准则相关规定整理而成。⊖

上述的分类判断，持股比例是一个重要的判断依据，但不是唯一的标准，通常情况下作为金融资产核算的股权投资一般是财务投资，投资方不会谋求也没有能力对被投资方施加影响，

⊖ 本表不涉及公司的债权投资，债权投资根据企业对债权投资资产的管理模式可以划分为交易性金融资产、债权投资和其他债权投资三类，其中交易性金融资产中的债权投资核算和股权类交易性金融资产一致，前提是公司持有该类债权主要是交易为主，赚取市场差价，第二类的债权投资是按照摊余成本核算，不考虑公允价值变动，前提是公司对此类资产是以收取债券本息为主，不同于其他权益工具，此分类下的债权投资资产的减值在未来价格回升时可以转回到利润，第三类的其他债权投资企业持有该类资产的模式不是以收取本息为主，而是兼有收取本息和出售。

持股比例在 20% 以下。如果能够对被投资方的重大经营和财务政策施加重大影响或者共同控制，甚至能够控制被投资方，这类投资通常是战略性投资，目的是形成产业链或者战略联盟。但是随着持股比例的变动，这些分类都有可能发生转换，部分企业利用不同类别的转换来操纵公允价值变动或者投资收益对于利润的影响，上市公司雅戈尔利用持股比例微小变动操纵分类进而试图操纵利润就是一个例证（案例 4-6）。

3. 资产减值

资产是企业拥有或者控制的能够给企业带来未来经济利益的经济资源，但是资产带来未来经济利益的能力可能随着时间的变化而变动，当这一能力变动时资产的市场价格可能随之变动，当资产带来的未来经济利益下降时，需要提取减值准备。

减值资产是指资产的市场价值低于公司资产负债表上的账面价值，当一项资产减值时，需要将其在公司资产负债表上的账面价值减记至其当前市场价值，这一过程就是资产减值会计。

如果一项资产的预计未来现金流量低于其当前账面价值，则该资产将发生减值，比如由于法律因素的重大不利变化、消费者需求变化或资产的物理状况受损时，资产可能会发生减值。例如，政府出台更加严格的环保治理法规和政策时，会导致排放标准较低的运输卡车被淘汰，其市场价值严重下跌，就会发生资产减值。或者客户出现严重的财务困境，导致无力偿还欠款，相应的应收账款就可能发生减值。可能发生减值的资产项目包括应收账款、存货、固定资产、无形资产、长期股权投资，以及可供出售的金融资产（包括其他权益工具、其他债务工具）。

由于资产可能发生减值，根据《企业会计准则》的规定公司应当定期对资产进行减值测试，以防止资产负债表上的虚报资产价值。当确认资产发生减值时，需要将资产的账面价值调整到市场价值，同时将减值部分计入利润表（资产减值损益项目）或者资产负债表（其他综合收益，主要反映可供出售类金融资产的减值）。

⊙案例 14-5

微软的商誉减值

2015 年，微软确认了与 2013 年收购诺基亚相关的商誉和其他无形资产减值损失。当时微软确认了与收购诺基亚相关的商誉，即微软支付的收购金额高于诺基亚净资产公允价值的部分，微软支付了 55 亿美元的溢价（支付金额高于诺基亚净资产公允价值的部分），另外还确认了 45 亿美元的其他无形资产，主要是微软从诺基亚购买的专利。微软之所以愿意支付高额溢价，是希望通过收购诺基亚进军智能手机市场，由于微软未能抓住手机业务的时机，该公司确认了 76 亿美元的减值损失，其中包括全部 55 亿美元的商誉。

这次的资产减值是微软有史以来规模最大的一次，比 2012 年微软因 2007 年收购在线营销和广告公司 aQuantive 失败而支出的 62 亿美元费用高出了 23%。在计提巨额资产减值的同时，微软还宣布将裁员约 7 800 人，其中大多数在智能手机部门，这些裁员以及其他重组费用将使公司再损失 7.5 亿美元至 8.5 亿美元。此次裁员是微软在 2014 年裁减 18 000 名员工的基础上的一次裁员，这是该公司有史以来最大规模的一次裁员。当裁员结束时，微软将仅保留其继承的 1/5 的前诺基亚员工。

资料来源：Microsoft writes off \$7.6B，admits failure of Nokia acquisition ‘Monumental mistake’ by former CEO Steve Ballmer comes home to roost，https://www.computerworld.com/article/2945371/microsoft-writes-off-76b-admits-failure-of-nokia-acquisition.html。

资产减值是否发生以及减值的金额都需要会计判断，因此存在通过判断操纵减值的提取时间和具体的金额。由于资产减值对利润带来的负面冲击，公司为了避免减值对利润的影响，在资产已经发生减值的情况下故意不提取或者少提取资产减值准备，虚增利润，或者在预计即将出现亏损的年份提取过多的资产减值准备，在未来年度把减值转回，虚增未来年度利润，实务中把这种现象称为“洗大澡”（big bath）。

⊙案例 14-6

獐子岛的扇贝减值游戏

獐子岛集团股份有限公司（简称“獐子岛”）始创于1958年，主要从事海珍品育种育苗、海水养殖增殖、海洋食品研发、加工与销售、冷链物流、渔业装备等产业，公司于2006年在深圳证券交易所挂牌上市。

2014年，獐子岛在发布的《关于部分海域底播虾夷扇贝存货核销及计提存货跌价准备的公告》中称，受到水温日变幅加大影响，贝类饵料生物生长受限，造成虾夷扇贝的基础摄食率不足，生长趋慢和营养积累不足。因此公司2014年第三季度存货核销及存货跌价准备共计提7.63亿元，当年净利润为 −11.95 亿元。

獐子岛在2014年、2015年连续两个会计年度经审计的净利润为负值。獐子岛公司的股票自2016年5月4日起被实行“退市风险警示”特别处理，股票简称变更为“*ST 獐子岛”。

2016年獐子岛实现营业收入30.52亿元，同比增长11.93%，而归属于上市公司股东的净利润为7 959.34万元，同比增长132.76%，公司在2017年年初成功摘掉“ST”的帽子。

2018年1月31日，獐子岛发布业绩预告修正公告称，公司预计2017年亏损5.3亿元～7.2亿元。之前在2017年三季报中，公司还预计2017年归属于上市公司股东的净利润为0.9亿元~1.1亿元，同比增长13.07%~38.20%。

2018年2月，獐子岛在《关于底播虾夷扇贝2017年终盘点情况的公告》又宣布对底播虾夷扇贝存货进行核销处理，对底播虾夷扇贝存货计提跌价准备，两项合计计提6.29亿元。这次的原因是“降水量大幅下降，导致海域内营养盐补充不足”“养殖规模过大，局部超出养殖容量”。

獐子岛2019年年报披露：“2019年秋，獐子岛底播虾夷扇贝再次发生大规模死亡事件，受此影响，公司经营业绩再次出现较大额度亏损，全年亏损3.92亿元。”

2018年2月，獐子岛因为涉嫌信息披露违法违规被中国证监会立案调查。2019年7月9日，獐子岛收到中国证监会下发的处罚告知书（处罚字〔2019〕95号），告知书表明，证监会拟将獐子岛及其24名相关责任人悉数采取不同程度的罚款及市场禁入措施。主要原因有三项，分别是财务造假、虚假记载与未及时披露信息。

第一项财务造假指的是獐子岛做高了2016年的资产及利润，随后做低了2017年的利润，通过成本的转移实现年度间的利润调节。在2016年的时候，经中国证监会调查确认，獐子岛的实际捕捞程度以及底播情况均远超财务报表的记录，所以相应少计提了0.6亿元的营业成本及0.71亿元的营业外支出，调整后业绩将扭盈为亏。而相应的2017年，公司披露扇贝的捕捞情况则大幅少于实际情况，且同时存在对于以往已部分采捕又在年末底播或存续的海域重复计提营业外支出及存货减值的情况，即重复结转成本的情形。考虑上述因素，2017年獐子岛合计虚减业绩2.79亿元，调整后业绩仍为亏损。也就是说獐子岛的真实业绩应是2016年和2017年连续两年亏损。

第二项虚假记载指的是獐子岛在2017年秋季对扇贝的抽盘时，秋测随机抽取了120个点位，实际盘点只完成了不到一半。

第三项为信息未及时披露，即对于2017年业绩大幅下滑獐子岛应及时披露业绩预告修正公告，但实际上獐子岛错过了信息披露时点，涉嫌未及时披露信息。

2022年1月20日，大连人民检察院对獐子岛公司原董事长、总裁吴厚刚等人向大连市中级人民法院（以下简称“大连中院”）提起公诉。同年10月31日，大连中院作出判决，以违规披露重要信息罪、诈骗罪、串通投标罪、对非国家工作人员行贿罪对被告人吴厚刚数罪并罚，决定执行有期徒刑15年，并处罚金人民币92万元；分别判处其他11名被告人有期徒刑11年至有期徒刑1年7个月不等（部分适用缓刑），并处罚金。宣判后，吴厚刚等5人提出上诉。2023年5月25日，辽宁省高级人民法院二审裁定驳回上诉，维持原判。

资料来源：獐子岛发布的相关公告。

在2007年以前我国《企业会计准则》不限制公司对于资产减值准备的转回，部分公司利用长期资产减值的计提和转回操纵利润，比如抚顺特钢在2005年利用固定资产减值准备的转回创造了当年83.07%的利润总额，转回相当于净利润的197.95%，也就是说如果没有当年的资产减值准备的转回，2005年公司将出现亏损（见表14-11）。正是由于长期资产减值准备可能被用在操纵利润上，2007年修订后的《企业会计准则》限制固定资产、无形资产、长期股权投资的长期资产减值准备的转回。

表 14-11 抚顺特钢的固定资产减值准备

项目	2003年	2004年	2005年	2006上半年
固定资产减值准备 / 固定资产	3.29%	3.12%	2.05%	2.02%
固定资产减值转回 / 初期减值余额	0.001%	0.000 8%	37.11%	6.42%
转回 / 利润总额	0.032%	0.001 7%	83.07%	17.51%
转回 / 净利润	0.004 2%	0.004 8%	197.95%	25.92%

资料来源：根据公司年报数据计算所得。

14.4 会计信息质量分析的步骤

14.4.1 识别公司的会计政策

公司所处行业的特征和公司的竞争战略决定了公司的成功因素和风险，财务报表的一个重要目标是评价公司的管理者管理效果，在会计质量分析中，分析师应该识别和评价管理者所采用的会计政策和估计是如何影响对风险和成功因素的计量的。

不同行业影响风险的因素存在差异，比如银行业对利率和信用风险的管理是决定银行盈利能力和风险的主要因素；对于零售行业而言，存货管理水平是管理者最关注的指标；对于制造业依靠产品质量和创新作为竞争优势的企业而言，研发费用投入、研发效率和产品质量缺陷的检测是这类企业成功的重要因素。而对于租赁行业企业而言，租赁资产残值的估计会影响租金的定价，进而最终决定企业的盈利能力。对于以上情况在进行会计政策分析时，需要关注银行业的贷款损失准备政策以及贷款损失的估计，不同的政策和估计方法决定了当期需要提取或转回的贷款损失，而贷款损失准备政策是影响银行盈利的重要政策。具体而言，当期少计提贷款损失准备可以提高报告利润，但是会虚增贷款资产的价值。对于销售长期耐用品的企业，比如汽车制造、零部件制造企业而言，产品售后质量保证是影响企业利润和竞争力的重要因素，因此需要关注此类企业产品质量保证金估计是否合理，而对于设备租赁企业来说，设备租赁期满的设备残值高估会导致租金定价过低，资产价值高估。

14.4.2 评估公司的会计政策选择弹性

正如 14.2 节关于会计准则对于会计信息质量的影响中指出的一样，会计准则给予企业管理者一定的会计选择和判断的空间，目的是让会计信息更好反映经济业务的实质，但是不同企业的会计判断空间是不同的，比如不同国家的会计准则对于研发支出是否可以计入无形资产的规定存在差异，即使允许计入资产，不同行业的判断难度也存在差异，比如对生物医药企业而言，研究和开发的临界点判断存在技术上面的难度，如何划分研究和开发支出存在争议，对于外部审计师来说需要借助行业专家的支持才能评价企业的判断是否合理。银行业的贷款损失准备是否足额提取，外部审计师难以判断银行贷款质量分类是否准确客观。对于信息技术、网络游戏和互联网服务企业来说销售收入的确认是确认为当期收入还是需要根据未来提供的服务递延到未来期间的收入，存在判断的灰色地带。

扫码阅读

无耻还是创新？安永对于 Facebook 等社交媒体收入确认

14.4.3 评估公司的会计策略

管理者拥有的会计选择和判断的空间，可能更好地反映经济业务的实质，也可能被用于扭曲企业真实的经营业绩。评估企业的会计策略需要考虑报告动机、是否偏离行业惯例、会计政策变更、过往会计差错、是否构成交易等因素。

报告动机直接决定公司的会计政策选择策略。比如公司是否面临业绩压力，包括高管的奖励与业绩是否挂钩，公司是否面临亏损临界点，公司是否面临违反债务条款的压力等，存在以上情况的公司更可能操纵会计政策，高估收入、低估费用，来达到高估利润的目的。我国上市公司的退市监管政策直接与公司是否连续亏损挂钩，导致已经亏损两年的公司在第三年通过高估收入或者低估费用的方式避免连续三年亏损被 ST 处理，进而被退市，正如獐子岛案例中该公司在2014和2015年连续亏损，面临“ST”和被退市的压力，因此该公司2015年和2016年通过操纵存货减值避免连续亏损。存在并购业绩对赌的公司在对赌期内为了完成业绩承诺，高估利润，业绩承诺期过后利润迅速下滑。

异常会计政策通常是与利润的操纵相关，比如公司的坏账准备、产品质量保证异常高于（低于）同行数据或者历史数据，就存在操纵利润的嫌疑。

分析师需要关注企业的会计政策变更和会计估计变更，因为这些变更可能被用来操纵利润。会计政策变更是对相同的事项或者交易采用和前期不同的会计政策，除了会计准则要求的变更外，分析师需要关注会计政策变更的原因和影响。比如固定资产的折旧政策由直线法改变为加速折旧法，需要分析政策变更的说明是否符合实际情况。会计估计变更是对固定资产使用年限、残值的估计发生更改，或者对公司的质量保证金比例进行变更，同样需要研究变更是否合理，是否通过变更满足特定的报告需要。

14.4.4 评估公司会计披露的质量

管理者可能通过信息披露的详细程度或者分类使外部分析师难以了解企业的真实状况，比如公司可能通过操纵现金流的分类来夸大企业经营活动现金流，企业操纵现金流分类的原因是管理者认为投资人和分析师更加重视企业的经营现金流。评估会计披露质量时同样需要考虑公司对会计政策、估计、分类的说明是否详细，与同行业相比是否存在异常的分类和政策选择。我国监管部门要求上市公司披露分部信息，包括按照产品、地域划分的分部，以便投资者了解不同分部对公司整体业绩的贡献，分部划分的标准是否一致是投资者和分析师需要关注的重点。

14.4.5 识别潜在的会计操纵

分析师需要对公司存在操纵会计信息的潜在风险项目予以更多的关注和调查，包括未加解释的会计政策和估计变更，未加解释的增加利润的特殊交易，异常的应收账款增加，存货增加，现金流与利润的大幅度偏离，企业的会计利润与应纳税所得大幅度偏离，异常的公司资产减值与核销，异常的年末调整事项，非标准无保留审计意见，关联方交易事项，附带业绩承诺带来的并购商誉，非经常性损益大幅增加等，对于一些特定行业需要关注资产真实性相关的风险，比如我国出现的财务造假的公司在农业（包括种植业、养殖业）行业比较常见，原因是这些行业的现金交易的比例较高，资产真实性验证存在难度等，獐子岛利用存货减值操纵利润就是典型的代表。

14.4.6 调整可疑交易和事项，重编财务报表

如果怀疑公司存在操纵利润、资产的嫌疑，在可能的情况下，需要对这些交易和事项进行调整，重编财务报告，对比调整前后报表差异，评估可能被操纵的事项对经营业绩和资产的影响。

14.5　会计舞弊风险信号

14.5.1　我国上市公司会计异常

我国《上市公司信息披露管理办法》第十一条规定，证券交易所应当对上市公司及其他信息披露义务人的信息披露行为进行监督，督促其依法及时、准确地披露信息，问询函是证券交易所履行上市公司信息披露监管职责的重要途径之一。2013 年信息披露直通车改革后，问询函形式的监管现象逐渐成为资本市场监管的重要手段，2021 年监管报告涉及的主要问题如表 14-12 所示。

表 14-12　会计监管报告涉及主要会计问题

会计问题	准则规定	具体表现
收入确认的总额法与净额法	企业应当评估特定商品在转让给客户之前是否控制该商品，确定其自身在该交易中的身份是主要责任人还是代理人。控制该商品者，其身份为主要责任人，用总额法确认收入；不控制该商品者，其身份为代理人，用净额法确认收入	未能准确判别公司在交易中的身份，错误地使用总额法确认收入，从而“扭曲夸大”了收入规模
非经常性损益的认定	企业应当根据“与正常经营业务的相关性”“性质特殊和偶发性”“体现公司正常的经营业绩和盈利能力”来区分经常性和非经常性损益	部分公司试图将投资理财产生的公允价值变动收益、投资收益认定为经常性损益，以此规避退市指标
计提大额商誉减值	企业合并所形成的商誉，至少应当在每年年度终了进行减值测试	公司在对商誉进行具体减值测试时，容易出现未按规定步骤进行商誉减值测试，未将减值金额在归属于母公司股东和少数股东的商誉之间进行分摊，未恰当计提商誉减值损失和相关资产组或资产组组合的减值损失等问题
预计负债	对于未决诉讼、未决仲裁等形成的或有负债，随着时间推移和事态的进展，相关未决诉讼在被证实很可能导致经济利益流出，且该义务金额也能够可靠计量时，企业应当确认预计负债	存在预计负债计提不完全、不准确的问题。对于临近报告期期末的未决诉讼，部分公司在法院一审判决其败诉并要求对原告进行赔偿的情况下，仍以上诉为由未确认相关损失和预计负债，缺乏合理性
债务重组收益	上市公司通常应在破产重整协议履行完毕后确认债务重组收益，除非有确凿证据表明上述重大不确定性已经消除	通过突击实施大额债务重组交易方式，以期实现净资产转正并规避财务类退市
合并报表范围	控制的定义包含三个核心要素：一是投资方拥有对被投资方的权力，有能力主导被投资方的相关活动；二是投资方对被投资方享有可变回报；三是投资方有能力运用对被投资方的权力影响其回报金额。上市公司应当综合考虑所有相关事实和情况，审慎判断是否满足控制的条件，进而判断是否符合纳入合并报表范围的条件	上市公司子公司失控的问题频繁发生，进而衍生的问题就是上市公司是否仍可以将子公司纳入合并报表范围，因为是否纳入合并报表对上市公司财务信息具有重大影响

（续）

会计问题	准则规定	具体表现
非同一控制下企业合并的或有对价	非同一控制下企业合并中的或有对价构成金融资产或金融负债的，应当以公允价值计量并将其变动计入当期损益；或有对价属于权益性质的，应将其作为权益性交易进行会计处理	上市公司实施并购重组时往往会与交易对方签订业绩对赌协议，在业绩承诺无法实现时，上市公司有权要求交易对方给予现金或股份补偿。对于股份补偿，一般是在业绩承诺未达预期之后，补偿义务人以1元名义价格返还给上市公司作为补偿，股份补偿数量与业绩承诺和实际利润差额大小有关

资料来源：根据中国证监会发布的《2021年上市公司年报会计监管报告》整理而成。

14.5.2 我国上市公司财务舞弊

在我国上市公司财务舞弊中，财务报表异常特征主要涉及的项目包括：收入、毛利率、货币资金、存货等项目。而在非财务报表异常特征中，前五大客户出现关联方/隐性关联方、主要客户供应商变动频繁、控股股东股权高质押等非财务特征的次数最多，具体见表14-13所示。

需要说明的是，财务舞弊的识别和认定无论是在中国还是在全世界都是一个难题，根据黄世忠等（2020）的研究，我国上市公司从舞弊发生到被监管处罚的间隔周期一般在3年以上，5年以上的占29.2%，3~5年的占43.36%。

表 14-13　我国上市公司2010—2019年财务舞弊异常特征

异常识别特征	出现次数
一、财务报表异常特征	
收入增长率和毛利率联动异常	37
毛利率和存货联动异常	26
存货周转天数指标异常	21
营业收入和预付账款联动异常	18
货币资金和利息收入联动异常（存贷双高）	13
二、非财务报表异常特征	
前五大客户出现关联方或隐性关联方	37
主要客户、供应商变动频繁	33
控股股东股权高质押	30
收入确认不符合会计准则或背离行业惯例	28
核心高管频繁变动	17

资料来源：黄世忠，叶钦华，徐珊，等. 2010—2019年中国上市公司财务舞弊分析［J］. 财会月刊，2020（14）：153-160.

本章小结

第2章讨论的财务分析框架的前提是公司报告的财务报表数据准确地反映了公司的经济交易和事项。本章提出了会计质量的概念，作为评估报告的财务报表数据的信息内容以及在评估公司的盈利能力和风险或预测或评估公司之前调整该数据的基础。

本章还讨论了盈余管理以及触发盈余管理的条件。在讨论需要调整财务数据以更好地反映财务数据的经济信息内容时，会计信息质量和盈余管理的概念常常被联系在一起。

思考题

1. 会计信息质量分析的基本步骤有哪些?
2. 会计信息质量必须具备的特征有哪些?
3. 企业财务舞弊的三因素理论如何解释财务舞弊出现的原因?
4. 审计意见的类型有哪些? 分别针对什么情况出具?

参考文献

[1] ABOODY D, BARTH M E, KASZNIK R. Firms' voluntary recognition of stock-based compensation expense [J]. Journal of accounting research, 2004, 42 (2): 123-150.

[2] DEDYANSYAH A F, PUJININGSIH S, MAHARANI S N. The impact of IFRS adoption on the quality of accounting information: systematic literature review [J]. Accounting & finance/oblìk ì finansi, 2021 (94).

[3] ASNESS C S, FRAZZINI A, PEDERSEN L H. Quality minus junk [J]. Review of accounting studies, 2019, 24 (1): 34-112.

[4] BARTH M E, BEAVER W H, LANDSMAN W R. The relevance of the value relevance literature for financial accounting standard setting: another view [J]. Journal of accounting and economics, 2001, 31 (1-3): 77-104.

[5] LEV B, GU F. The end of accounting and the path forward for investors and managers [M]. New York: John Wiley & Sons, 2016.

[6] GOVINDARAJAN V, RAJGOPAL S, SRIVASTAVA A. Why financial statements don't work for digital companies [J]. Harvard business review, 2018, 2: 2-6.

[7] LIU J, OHLSON J A, ZHANG W. An evaluation of Chinese firms' profitability: 2005–2013 [J]. Accounting horizons, 2015, 29 (4): 799-828.

[8] JENNERGREN L P. Value driver formulas for continuing value in firm valuation by the discounted cash flow model [J]. The engineering economist, 2013, 58 (1): 59-70.

[9] 周夏飞,魏炜.非经常性损益披露监管与归类变更盈余管理:来自中国上市公司的证据[J].浙江大学学报(人文社会科学版),2015,45(5):119-132.

[10] 黄世忠,叶钦华,徐珊,等.2010—2019年中国上市公司财务舞弊分析[J].财会月刊,2020(14):153-160.

[11] 列夫,谷丰.会计的没落与复兴[M].方军雄,译.北京:北京大学出版社,2018.

[12] 罗党论,黄悦昕,何建梅.上市公司财务舞弊的治理:经验与理论分析[J].财会月刊,2022(22):29-37.

[13] 邓祎璐,陆晨,兰天琪,等.非处罚性监管与企业风险承担:基于财务报告问询函的证据[J].财经研究,2021,47(8):123-138.

附录 A：一般企业资产负债表、利润表和所有者权益变动表

表 A–1 资产负债表

编制单位：

单位：元

资产	期末余额	上年年末余额	负债和所有者权益（或股东权益）	期末余额	上年年末余额
流动资产：			流动负债：		
货币资金			短期借款		
交易性金融资产			交易性金融负债		
衍生金融资产			衍生金融负债		
应收票据			应付票据		
应收账款			应付账款		
应收款项融资			预收款项		
预付款项			合同负债		
其他应收款			应付职工薪酬		
存货			应交税费		
合同资产			其他应付款		
持有待售资产			持有待售负债		
一年内到期的非流动资产			一年内到期的非流动负债		
其他流动资产			其他流动负债		
流动资产合计			流动负债合计		
非流动资产：			非流动负债：		
债权投资			长期借款		

（续）

资产	期末余额	上年年末余额	负债和所有者权益（或股东权益）	期末余额	上年年末余额
其他债权投资			应付债券		
长期应收款			其中：优先股		
长期股权投资			永续债		
其他权益工具投资			租赁负债		
其他非流动金融资产			长期应付款		
投资性房地产			预计负债		
固定资产			递延收益		
在建工程			递延所得税负债		
生产性生物资产			其他非流动负债		
油气资产			非流动负债合计		
使用权资产			负债合计		
无形资产			所有者权益（或股东权益）：		
开发支出			实收资本（或股本）		
商誉			其他权益工具		
长期待摊费用			其中：优先股		
递延所得税资产			永续债		
其他非流动资产			资本公积		
非流动资产合计			减：库存股		
			其他综合收益		
			专项储备		
			盈余公积		
			未分配利润		
			所有者权益（或股东权益）合计		
资产总计			负债和所有者权益（或股东权益）总计		

表 A–2　利润表

编制单位：　　　　　　　　　　　　　　　　　　　　　　单位：元

项目	本期金额	上期金额
一、营业收入		
减：营业成本		
税金及附加		
销售费用		

（续）

项目	本期金额	上期金额
管理费用		
研发费用		
财务费用		
其中：利息费用		
利息收入		
加：其他收益		
投资收益（损失以“–”号填列）		
其中：对联营企业和合营企业的投资收益		
以摊余成本计量的金融资产终止确认收益（损失以“–”号填列）		
净敞口套期收益（损失以“–”号填列）		
公允价值变动收益（损失以“–”号填列）		
信用减值损失（损失以“–”号填列）		
资产减值损失（损失以“–”号填列）		
资产处置收益（损失以“–”号填列）		
二、营业利润（亏损以“–”号填列）		
加：营业外收入		
减：营业外支出		
三、利润总额（亏损总额以“–”号填列）		
减：所得税费用		
四、净利润（净亏损以“–”号填列）		
（一）持续经营净利润（净亏损以“–”号填列）		
（二）终止经营净利润（净亏损以“–”号填列）		
五、其他综合收益的税后净额		
（一）不能重分类进损益的其他综合收益		
1. 重新计量设定受益计划变动额		
2. 权益法下不能转损益的其他综合收益		
3. 其他权益工具投资公允价值变动		
4. 企业自身信用风险公允价值变动		
……		
（二）将重分类进损益的其他综合收益		
1. 权益法下可转损益的其他综合收益		
2. 其他债权投资公允价值变动		
3. 金融资产重分类计入其他综合收益的金额		
4. 其他债权投资信用减值准备		

（续）

项目	本期金额	上期金额
5. 现金流量套期储备		
6. 外币财务报表折算差额		
……		
六、综合收益总额		
七、每股收益：		
（一）基本每股收益		
（二）稀释每股收益		

表 A–3 所有者权益变动表

编制单位： 单位：元

项目	本年金额												上年金额											
	实收资本（或股本）	其他权益工具			资本公积	减：库存股	其他综合收益	专项储备	盈余公积	未分配利润	所有者权益合计	实收资本（或股本）	其他权益工具			资本公积	减：库存股	其他综合收益	专项储备	盈余公积	未分配利润	所有者权益合计
		优先股	永续债	其他									优先股	永续债	其他							
一、上年年末余额																								
加：会计政策变更																								
前期差错更正																								
其他																								
二、本年年初余额																								
三、本年增减变动金额（减少以“–”号填列）																								
（一）综合收益总额																								
（二）所有者投入和减少资本																								
1. 所有者投入的普通股																								
2. 其他权益工具持有者投入资本																								
3. 股份支付计入所有者权益的金额																								
4. 其他																								
（三）利润分配																								
1. 提取盈余公积																								
2. 对所有者（或股东）的分配																								
3. 其他																								

（续）

项目	本年金额											上年金额										
	实收资本（或股本）	其他权益工具			资本公积	减：库存股	其他综合收益	专项储备	盈余公积	未分配利润	所有者权益合计	实收资本（或股本）	其他权益工具			资本公积	减：库存股	其他综合收益	专项储备	盈余公积	未分配利润	所有者权益合计
		优先股	永续债	其他									优先股	永续债	其他							
（四）所有者权益内部结转																						
1. 资本公积转增资本（或股本）																						
2. 盈余公积转增资本（或股本）																						
3. 盈余公积弥补亏损																						
4. 设定受益计划变动额结转留存收益																						
5. 其他综合收益结转留存收益																						
6. 其他																						
四、本年年末余额																						

附录 B：一般企业现金流量表

表 B–1 现金流量表

编制单位： 单位：元

项目	本期金额	上期金额
一、经营活动产生的现金流量：		
销售商品、提供劳务收到的现金		
收到的税费返还		
收到其他与经营活动有关的现金		
经营活动现金流入小计		
购买商品、接受劳务支付的现金		
支付给职工以及为职工支付的现金		
支付的各项税费		
支付其他与经营活动有关的现金		
经营活动现金流出小计		
经营活动产生的现金流量净额		
二、投资活动产生的现金流量：		
收回投资收到的现金		
取得投资收益收到的现金		
处置固定资产、无形资产和其他长期资产收回的现金净额		
处置子公司及其他营业单位收到的现金净额		
收到其他与投资活动有关的现金		
投资活动现金流入小计		
购建固定资产、无形资产和其他长期资产支付的现金		
投资支付的现金		
取得子公司及其他营业单位支付的现金净额		
支付其他与投资活动有关的现金		
投资活动现金流出小计		
投资活动产生的现金流量净额		
三、筹资活动产生的现金流量：		
吸收投资收到的现金		
取得借款收到的现金		
收到其他与筹资活动有关的现金		

（续）

项目	本期金额	上期金额
筹资活动现金流入小计		
偿还债务支付的现金		
分配股利、利润或偿付利息支付的现金		
支付其他与筹资活动有关的现金		
筹资活动现金流出小计		
筹资活动产生的现金流量净额		
四、汇率变动对现金及现金等价物的影响		
五、现金及现金等价物净增加额		
加：期初现金及现金等价物余额		
六、期末现金及现金等价物余额		